地球の歩き方 A04　2021～2022年版

湖水地方＆
スコットラン

The Lake Distri

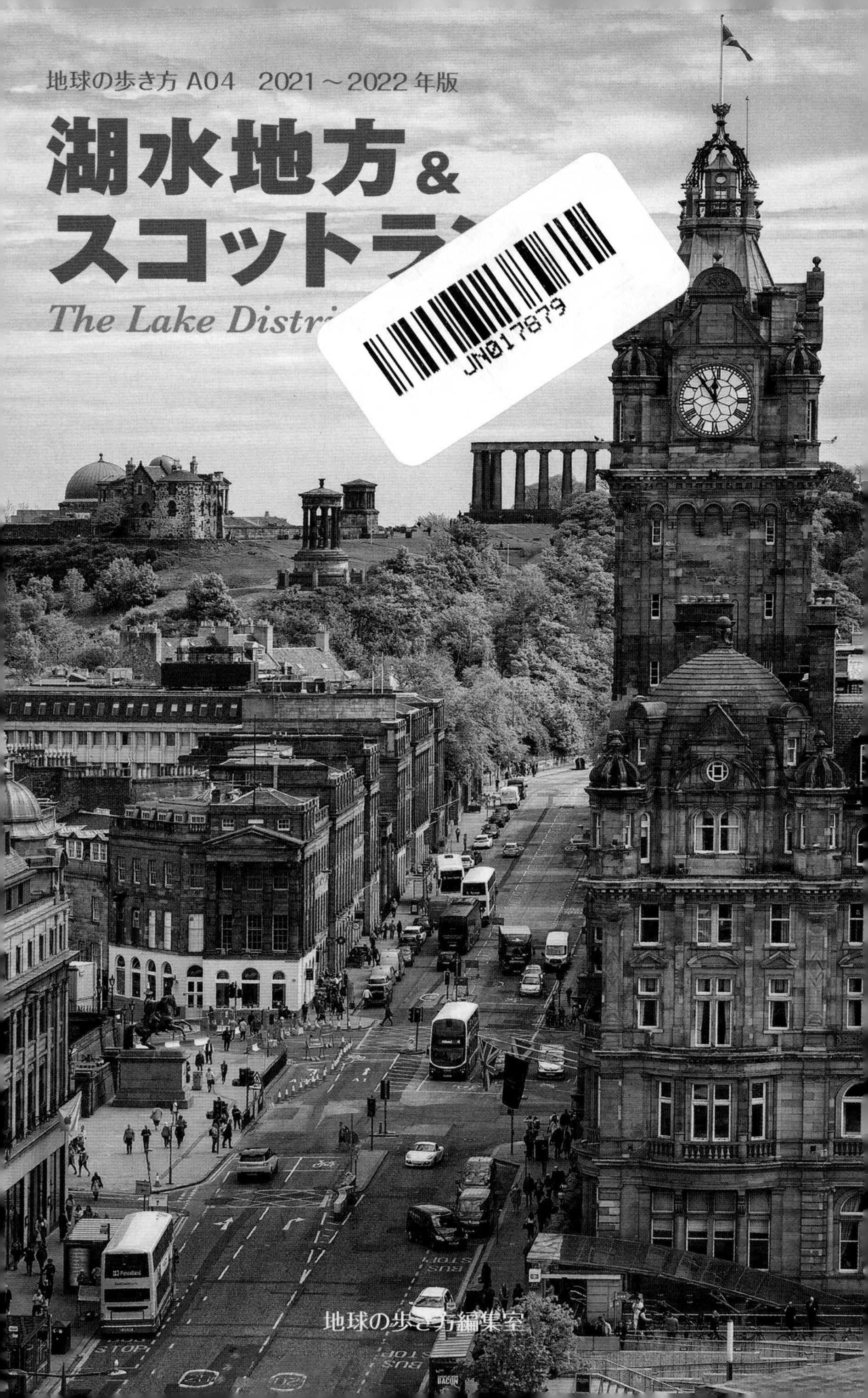

地球の歩き方編集室

LAKE DISTRICT & SCOTLAND 

CONTENTS

ウィンダミア湖

エディンバラ旧市街のボビーの像

スターリングのホーリー・ルード教会

基本情報

239 セント・アンドリューズとスコットランド中東部
St Andrews & Middle Eastern Scotland

269 アバディーンとグランピアン地方
Aberdeen & Grampian

291 ネス湖とハイランド、スカイ島
Loch Ness, Highland & Isle of Skye

351 アウターアイランズ
Outer Islands

375 旅の準備と技術
Travel Advice

ウオーキングに出かけてみよう!

スコットランドがよくわかるコラム

出発前に必ずお読みください!
旅のトラブルと安全情報…9、405

歩き方の使い方

本書で用いられる記号・略号

紹介している地区の場所を指します。

掲載地域の人口と市外局番

飛行機　鉄道
バス　フェリー
住 住所
TEL 電話番号
携帯電話番号
FAX ファクス番号
FREE 日本国内で利用できる無料通話
URL ホームページアドレス
（http://は省略しています）
Mail eメールアドレス
開 開館時間　休 休業日
料 入場料
写真撮影禁止
フラッシュ撮影禁止

スコットランド王家ゆかりの町

リンリスゴー Linlithgow

●市外局番01506　●人口5300人

リンリスゴー
エディンバラ

❖リンリスゴーへの行き方
●エディンバラから
頻発、日曜は1時間に2便程度
所要:20分
ファースト社X38が20分に1便程度
所要:約1時間
ロジアンカントリー社EX2が30分に1便程度
所要:約50分
●スターリングから
ファースト社X38が20分に1便程度
所要:約1時間10分
●グラスゴーから
1時間に2～3便程度
所要:30分

■リンリスゴーの i
2020年3月現在、リンリスゴーに i はない。最寄りの観光案内所はエディンバラなど

■バラ・ホールズ
住 The Cross, EH49 7AH
TEL (01506)282720
URL www.linlithgowburghhalls.com
開 9:00（日11:00）～17:00

リンリスゴー宮殿で行われていた寸劇

風光明媚な湖畔にたたずむリンリスゴー宮殿は歴代のスコットランド王家が愛でた美しい建物。いまは廃墟になっているが、湖から眺める宮殿は美しい風景画のようだ。

歩き方

町の中心、ザ・クロス

鉄道駅を出て坂を下りていくと、メインストリートのハイ・ストリートHigh St.に出る。この通りを左に曲がり、しばらく行くと右側に広場が見える。この広場が町の中心のザ・クロスThe Crossだ。広場の奥に見える立派な建物は、バラ・ホールズThe Burgh Hallsと呼ばれる建物で、1668年に建てられたタウンハウス。ギャラリーやカフェが入っている。

バラ・ホールに向かって左側の路地、カークゲートKirkgateを歩いていくと、正面にリンリスゴー宮殿の城門、右側に墓地と聖マイケル教会が見える。リンリスゴー湖の湖岸は遊歩道がある緑豊かな公園だ。

聖マイケル教会と道を挟んで向かい側にある家はクロス・ハウスCross Houseと呼ばれ、18世紀初頭に建てられたものだ。

バラ・ホールの上階にあるギャラリーは、ひと息つくのにピッタリの場所

かつての郵便局を改装した人気パブ、The Old Post Office

150

※記号・表記説明用のサンプルです

地図

- i 観光案内所
- H ホテル
- R レストラン
- S 商店、旅行会社など
- 郵便局
- バス停
- バスターミナル

■本書をご利用になる前に

本書は、イギリスの湖水地方とスコットランドの多彩な魅力をいろいろな角度から取り上げています。初めての滞在でも個人で歩けるよう、交通機関や観光ポイントのデータを重視し、割安なホテルやB&Bなどの情報も豊富に掲載しています。なお「地球の歩き方」のイギリス関連書籍は本書のほかに『A02イギリス』『A03ロンドン』『A05アイルランド』があります。ご旅行の地域に合わせてお選びください。

■取材時期

本書は2020年2～3月の調査をもとに編集しています。ただし、取材期間の後、新型コロナウィルスの影響で現地の状況が大きく変化していることが予想されますので、旅行の際は最新情報を入手の上、計画を立ててください。

■掲載金額と祝日

掲載の料金には原則として税金やサービス料などは含まれません。

なおイギリスでは、正式に発表されていなくても、クリスマス前から正月にかけて、またイースター（2021年は4月4日）前後の数日間に休業する施設（博物館や美術館、ホテル、B&B、レストラン等）が多い傾向にあります。これらの休日や、不定期な休業日は取材時に回答がなかった場合本書に記載されておりませんので、現地でお確かめください。

■発行後の最新情報

本書に掲載している情報で、発行後に変更されたものについては、「地球の歩き方」ホームページのガイドブック「更新・訂正情報」で、可能なかぎり最新のデータに更新しています（ホテル、レストラン料金の変更は除く）。旅立つ前に、ぜひ最新情報をご確認ください。

URL **book.arukikata.co.jp/support**

■読者投稿

囲み記事、ホテル情報、観光ポイントなどで、読者投稿マークがあるものはすべて読者の体験談です。データについてはすべて現地で確認していますが、体験や感性には、個人差があることをご承知ください。なお投稿年の春は2～5月、夏は6～9月、秋は10・11月、12月と1月についてはその旨明記してあります。

※みなさんの投稿をお待ちしています。詳細は→P.374

記号、略号説明

本文中に使われている記号、略号は以下のとおりです。

～通り＝～St. (Street)
～Rd. (Road)
～Av. (Avenue)
～Dri. (Drive)
～Ter.(Terrace)
～Ln. (Lane)
～ Cres. (Crescent)
～ Cir.(Circus)
～ Pde. (Parade)
～広場＝～ Sq. (Square)
～ Pl. (Place)
～橋＝～ Br. (Bridge)
～公園＝～Pk. (Park)
～ Gdns.(Gardens)
上～＝Upr.～(Upper)
下～＝Lwr.～ (Lower)
～ショッピングセンター
＝～S. C. (Shopping Centre)

レストラン

※記号·表記説明用のサンプルです

ハウイース Howies

●四季折々の素材を用いたモダン・スコティッシュの店。センスあふれる店内には、昼間はランチを楽しむビジネスマンが多く訪れる。ランチは£8.95～13.95。ディナーは£21～25。ワインも各種揃っている。

Map P.273A2　英国料理
住 50 Chapel St., AB10 1SN
TEL (01224) 639500
URL www.howies.uk.com
開 12:00～14:30　17:00～23:00
休 12/25～28、1/1～7
£　M V

ショップ

※記号·表記説明用のサンプルです

オフタールーニーズ·オブ·セント·アンドリューズ
Auchterlonies of St Andrews

●オフタールーニーズは1895年創業のクラブメーカー。世界中から注文が殺到しているヒッコリー·パターは抜群の性能をもつ芸術品。頼めば、奥の工房を見学できることもある。手作り木製パターは£120～。Glenmuir社のゴルフウェアなども取り扱っている

Map P.253A　ゴルフ用品
住 2 Golf Pl., KY16 9JA
TEL (01334) 473253
URL www.auchterlonies.com
開 9～5月9:00～17:00
(日12:00～16:00)
6～8月8:00～20:00
(土9:00～17:00、日10:00～17:00)
休 12/25·26、1/1
£　A M V

ホテル

※記号·表記説明用のサンプルです

アレクサンドラ Alexandra Hotel

●ザ・パレードに面した3つ星ホテル。鉄道駅やバス停にも近く、立地は抜群。風格ある建物はフォート・ウィリアムのシンボル的存在。併設のレストランとビストロではハイランド産の食材を使ったステーキやグリルが楽しめる。エレベーターがあるので重い荷物があっても安心。

Map P.321B　中級　93室
住 1 The Parade, PH33 6AZ
TEL (01397) 702241
FAX (01397) 705554
URL www.strathmorehotels.com
£55～90
£69～139
£　A M V

ホテルの設備・支払い方法

客室設備

全室対応　部分対応

- ミニバー
- テレビ
- ドライヤー
- ティーセット
- セーフティボックス
- 無線LAN (Wi-Fi)
- 有線LAN

- DOM ドミトリー／相部屋
- シングルルーム
- ダブルorツインルーム
- 部屋にシャワー付き
- 共同シャワー
- 部屋にバスタブ付き
- 部屋にバスタブなし
- 部屋にトイレ付き
- 共同トイレ
- 宿泊料金に朝食が込み
- 宿泊料金に朝食は含まれない

- 現金
  - JPY 日本円　€ ユーロ
  - £ イギリスポンド
  - US$ アメリカドル
- クレジットカード
  - A アメリカン·エキスプレス
  - D ダイナース
  - J JCB
  - M マスターカード
  - V ビザカード

■ホテルのカテゴリー

本書では、旅のスタイルに合った宿泊施設を見つけるための手引きとして、掲載宿泊施設をいくつかのカテゴリーに分けています。そのうち｢ユースホステル｣は、国際ユースホステル連盟に加盟しているホステル（イングランドとウェールズはYHA、スコットランドはSYHAと表記)を指します。それ以外の非加盟ホステル（プライベートホステル、バックパッカーズホステルなど)は、本書では｢ホステル｣と分類しました。

■ホテルの料金

客室の料金は時期によって大きく変動します。本書では特に記載のない限り、取材時の実勢価格を掲載しています。夏期やハイシーズンはさらに料金が上がる可能性があります。予約時にご確認ください。

■博物館、美術館の展示

博物館や美術館では展示物をほかの施設に貸し出したり、補修などのために非公開とすることもあります。記載されている展示物は変更になることもあります。

■掲載情報に当たって

編集室では、できるだけ最新で正確な情報を掲載するように努めていますが、現地の規則や手続きなどがしばしば変更されたり、またその解釈に見解の相違が生じることもあります。

このような理由に基づく場合、または弊社に重大な過失がない場合は、本書を利用して生じた損失や不都合などについて、弊社は責任を負いかねますのでご了承ください。

また、本書をお使いいただく際は、掲載されている情報やアドバイスがご自身の状況や立場に適しているか、すべてご自身の責任でご判断のうえでご利用ください。

スコットランドの基本情報

▶旅の会話集
→P.406

国　旗　スコットランドの旗は青地に白い斜め十字のセント・アンドリューズ・クロスSt Andrew's Cross。これにイングランドのセント・ジョージズ・クロスSt George's Crossと、アイルランドのセント・パトリックス・クロスSt Patrick's Crossが合わさって英国旗ユニオンジャックUnion Jackはできている。

正式国名　グレート・ブリテンおよび北アイルランド連合王国United Kingdom of Great Britain & Northern Ireland

国　歌　公式には英国国歌の「神よ女王を守り給え」だが、「スコットランドの花」"Flower of Scotland"や「勇敢なるスコットランド」"Scotland the Brave"が国際スポーツイベントなどでは歌われている。

面　積　7万8765km²（北海道とほぼ同じ）

人　口　543万8100人（2018年）

首　都　エディンバラ Edinburgh
英国の首都はロンドンLondon

元　首
女王エリザベス2世 Queen Elizabeth Ⅱ

政　体
立憲君主制、議院内閣制

民族構成
ケルト系スコットランド人、アングロサクソン人など。

宗　教
長老派、英国国教会派、カトリックなど。

言　語　英語、ゲール語、スコッツ語（英語とは姉妹関係）

通貨と為替レート

£

▶旅の予算と両替
→P.382

　通貨単位はポンド（£）。補助単位はペンス（p）。1£=100p≒134.33円（2020年7月6日現在）

　紙幣は£5、£10、£20、£50。硬貨は1p、2p、5p、10p、20p、50p、£1、£2。

　スコットランドではロイヤル・バンク・オブ・スコットランドThe Royal Bank of Scotland、バンク・オブ・スコットランドBank of Scotland、クライズデール・バンクClydesdale Bankの3つの銀行が独自の紙幣を発行しているが、イングランド銀行発行のものと価値は同じで、イングランドでも使うことができる。ただし、日本で換金はできない。

両　替　銀行や"Bureau de Change"の看板のある両替所で行える。空港や大きな駅の構内、駅周辺などに多い。

クレジットカード　VISA、MasterCard、アメリカン・エキスプレス、JCBなどの国際的に信用度の高いカードは重宝する。ATMでキャッシングも可能で、電話もかけられる。

1ポンド

2ポンド

5ポンド

10ポンド

20 ポンド

50 ポンド

1 ペニー

2 ペンス

5 ペンス

10 ペンス

20 ペンス

50 ペンス

電話のかけ方

▶通信・郵便事情
→P.398

日本からイギリスへかける場合

例エディンバラの（0131）1234-5678へかける場合

国際電話会社の番号
001（KDDI）※1
0033（NTTコミュニケーションズ）※1
0061（ソフトバンク）※1
005345（au携帯）※2
009130（NTTドコモ携帯）※3
0046（ソフトバンク携帯）※4

＋ 国際電話識別番号 **010** ＋ イギリスの国番号 **44** ＋ 市外局番（頭の0は取る） **131** ＋ 相手先の電話番号 **1234-5678**

※1「マイライン」国際区分に登録している場合は不要。詳細は www.myline.org
※2 auは005345をダイヤルしなくてもかけられる。
※3 NTTドコモは事前登録が必要。009130をダイヤルしなくてもかけられる。
※4 ソフトバンクは0046をダイヤルしなくてもかけられる。
※　携帯電話の3キャリアは「0」を長押しして「＋」を表示し、続けて国番号からダイヤルしてもかけられる。

出入国

ビザ

観光目的の旅であれば、通常は6ヵ月以内の滞在についてビザは不要。

パスポート

パスポートの有効残存期間は基本的に滞在日数以上あればOKだが、できればば6ヵ月以上が望ましい。

2019年5月より日本人はイギリスの入国審査で自動化ゲートが利用できるようになった。それまで記入が必要だった入国カードは廃止された。

▶イギリスへのアクセス
→P.384

日本からのフライト時間

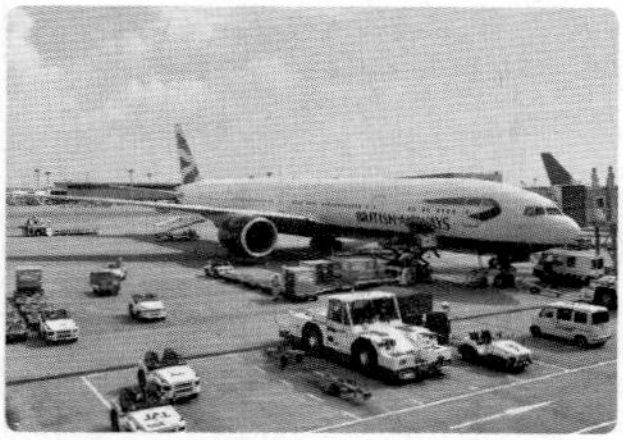

日本からイギリスまでの直行便は、2020年5月現在3社（日本航空、全日空、ブリティッシュ・エアウェイズ）が運航している。いずれもノンストップで所要時間は約12時間30分。羽田空港からは1日5便、関西国際空港からは週4便の運航。ヨーロッパ主要都市からの経由便も多い。

▶イギリスへのアクセス
→P.384

気　候

イギリスは北海道よりずっと北に位置する。夏は日本よりかなり涼しいが、冬の冷え込みはそれほど厳しくはない。イギリスは雨が多いイメージの国だが、梅雨時の日本の3分の1ほどの降水量が、ほぼ年間をとおして続く。

気候の特徴は1日の天気が変わりやすいこと。1日のうちにも、日が照りつけたと思ったら、どしゃ降りになって冷え込んだりと、めまぐるしい気温の変化がある。1日中雨が降り続けるようなことはめったにないが、1日のうちの数時間雨が降るようなことが多い。雨具の準備は忘れずに。夏でもカーディガンやトレーナーなどを持っていったほうがよい。

▶旅のシーズン
→P.378

エディンバラと東京の気温と降水量

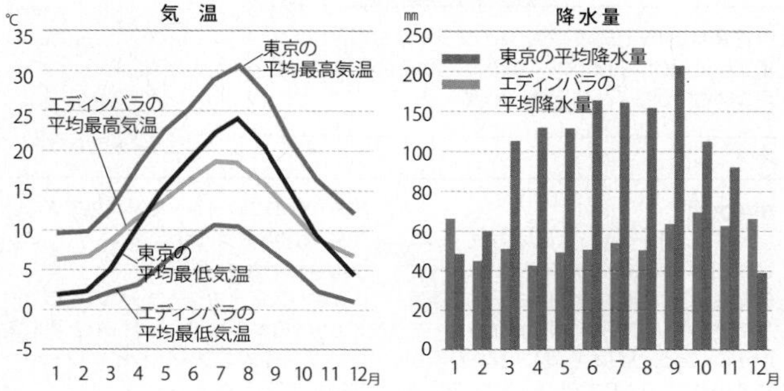

イギリスから日本へかける場合　例 (03) 1234-5678または(090) 1234-5678へかける場合

国際電話識別番号		日本の国番号		市外局番と携帯電話の最初の0を除いた番号※2		相手先の電話番号
00※1	+	81	+	3または90	+	1234-5678

※1 ホテルの部屋からは、外線につながる番号を頭につける
※2 携帯電話などへかける場合も、「090」「080」などの最初の0を除く

▶イギリス国内通話　市内へかける場合は市外局番は不要。市外へかける場合は市外局番からダイヤルする

▶公衆電話のかけ方
①受話器を持ち上げる
②テレホンカードを、カードに示された矢印の方向に入れる
③相手先の電話番号を押す
④テレホンカードの残りが画面に表示される。通話が終わったら、受話器を置き、カードを取る

時差とサマータイム

日本との時差は9時間で、日本時間から9時間引けばよい。つまり、日本のAM7:00がイギリスでは前日のPM10:00となる。これがサマータイム実施中は8時間の時差になる。

サマータイム実施期間は、3月最終日曜のAM1:00（＝AM2:00）～10月最終日曜のAM1:00（＝AM0:00）。

ビジネスアワー

以下は一般的な営業時間の目安。

銀　行　月～金曜は9:30～16:00、16:30。土・日曜、祝日は休業。

デパートやショップ　月～土曜10:00～18:00または19:00。休日は日曜、祝日。最近は日曜も営業する店もある。

レストラン　朝食9:00～11:00、昼食12:00～14:30、アフタヌーンティー15:00～17:00、ディナー17:30～23:00頃。

パブ　月～土曜11:00～23:00、日曜12:00～22:00。

祝祭日（おもな祝祭日）

バンクホリデイとは、1871年に制定された法律によって銀行が休業することから来ている。バンクホリデイは、銀行や一般企業は休みとなるが、公共機関や交通機関、ショップの多くは通常営業している。スコットランドを除く地域の祝日（※印）、スコットランドのみの祝日（★印）に注意。祝日が土・日曜と重なる場合は、その翌日が振替休日となる。

1月	1/1			新年
	1/4（'21）		★	バンクホリデイ
3月	4/2（'21）	4/15（'22）		聖金曜日
4月	4/4（'21）	4/17（'22）		イースター
5月	5/3（'21）	5/2（'22）		メーデー・バンクホリデイ
	5/31（'21）	5/30（'22）		スプリング・バンクホリデイ
8月	8/2（'21）	8/1（'22）	★	サマー・バンクホリデイ
	8/30（'21）	8/29（'22）	※	サマー・バンクホリデイ
11月	11/30		★	セント・アンドリューズ・デイ（一部銀行は営業）
12月	12/25-26			クリスマス、ボクシングデイ

電圧とプラグ

電圧は240Vで周波数50Hz、プラグは3本足のBFタイプが一般的。日本国内の電化製品はそのままでは使えないものが多く、変圧器が必要。

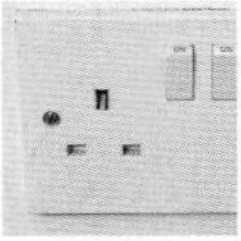

ビデオ方式

DVD方式

イギリスのテレビ・ビデオ方式（PAL）は、日本（NTSC）と異なるので、一般的な日本国内用DVDプレーヤーでは再生できない。DVDソフトは地域コードRegion Codeが日本と同じ「2」と表示されていれば、DVD内蔵パソコンでは通常PAL出力対応なので再生できるが、一般的なDVDプレーヤーでは再生できない（PAL対応機種なら可）。

ブルーレイ方式

イギリスを含むヨーロッパの地域コード（B）は日本の地域コード（A）と異なるため、一般的なブルーレイプレーヤーでは再生できない。

チップ

レストランやホテルなどの料金にはサービス料が含まれていることもある。必ずしもチップ（ティップと発音）は必要ではない。快いサービスを受けたときには、以下の相場を参考に。

また、大型ホテルなどになれば、サービス料、VAT（付加価値税）が別料金というところも増える。

タクシー　料金の10～15%くらいの額。

レストラン　店の格にもよるが、一般にはサービス料が請求されないときに10～15%くらい。クレジットカードの場合は伝票の合計額にチップ相当額を自分で書き足して支払う。

ホテル　ベルボーイやルームサービスに対し、1回につき£1程度。

飲料水

イギリスの水道水は、日本の軟水とは異なり硬水の地域が多いが、そのまま飲むことができる。体調が不安な人はミネラルウオーターを買おう。500mℓで約60p～£1。炭酸なし(Still)と、炭酸入り(Sparkling)がある。

郵　便

イギリスの郵便はロイヤル・メール Royal Mailと呼ばれる。郵便局にはMain Post Office（本局）とSub Post Officeの2種類がある。営業時間は一般的に、平日9:00～17:30、土曜は12:30まで。日曜、祝日は休み。田舎の郵便局は昼休みを取ることも。

郵便料金

日本へのエアメールの場合、はがきや封書が10gまで£1.42、20gまで£1.63。

▶通信・郵便事情
→P.398

税　金

イギリスではほとんどの商品にVATと呼ばれる付加価値税が20%かかっている。旅行者は手続きをすればこの税金から手数料などが引かれて戻ってくる。ちなみに戻ってくるのは買い物で支払った税金。ホテル代や飲食代のぶんは還付されない。

免税を受けるには、免税の対象店（Tax Free Shopの表示がある店）で書類を作成してもらい、それを出国時に税関に提出すれば、払い戻しが受けられる。

TAX

▶VATの払い戻し
→P.385

安全とトラブル

イギリスは比較的安全な国ではあるが、ロンドンやエディンバラ、グラスゴーなど大都市になるほど犯罪件数が多い。都市部に行ったら気を引き締めるように心がけたい。

スリ

地下鉄や駅構内など、人混みでのスリも多い。外から見えるバッグに多額の現金を入れておくのはやめておこう。また、持ち歩く現金はいつも少なめにしておきたい。

置き引き

高級ホテルでは、ビュッフェ式の朝食が多いが、荷物を椅子に置いたまま料理を取りにいったりしないこと。駅でも同じだが、荷物から手を離したら、持っていっていいと言っているようなものだ。

エディンバラ日本総領事館
Consulate-General of Japan
Map P.110A2
住2 Melville Crescent, Edinburgh EH3 7HW
TEL (0131) 2254777
FAX (0131) 2254828
URL www.edinburgh.uk.emb-japan.go.jp
このほかロンドンに日本大使館がある。

警察・消防・救急　999

▶旅のトラブルと
安全対策
→P.405

年齢制限

イギリスでは18歳未満の酒類とたばこの購入は禁止されている。年齢確認が日本より厳密に行われているためパスポートは必携。レンタカーは会社により年齢制限があることも。

度量衡

イギリスでは公式にはメートル法が採用されているが、日常では、長さはインチinch（＝約2.54cm）、重さはポンドlb（＝約453.6g）、距離はマイルmile（＝約1.61km）といった単位が使用されている。ショッピングの際のサイズ表示の違いなどにも気をつけたい。

その他

マナー

エスカレーターでは右側に立ち、左側を空ける。列（キュー queueという）を作るときはフォーク式（窓口がいくつあっても列に並び、順番が来たら空いた窓口に行く）に。

禁煙

公共の屋内空間、飲食店（パブなども含む）では禁煙。

アルコール飲料の販売時間

スーパーマーケットや酒屋などで購入できるのは10:00～22:00なので注意。

スコットランド&イングランド北部

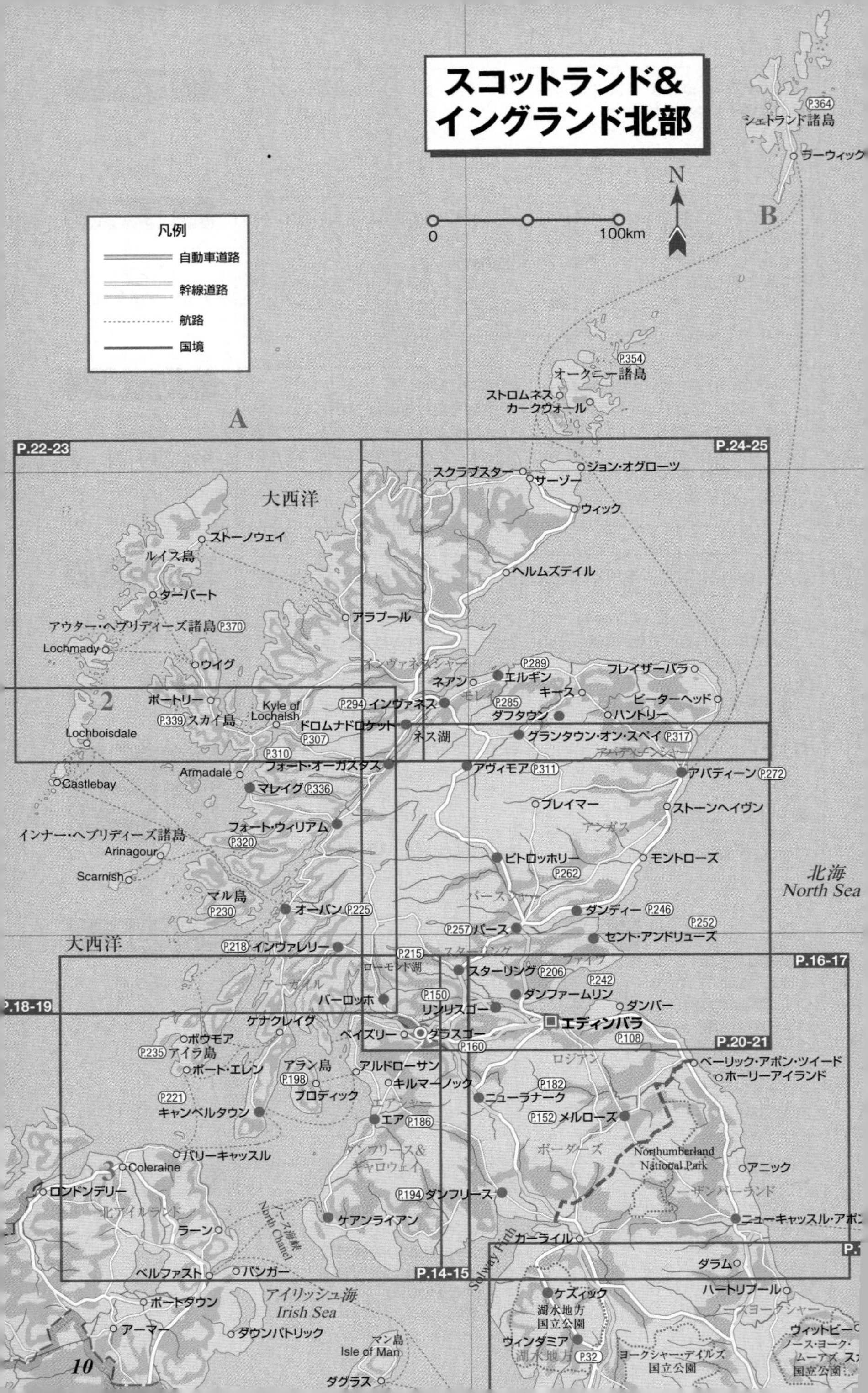

凡例
自動車道路
幹線道路
航路
国境
N
0
100km
A
B
2
3
P.22-23
P.24-25
P.18-19
P.16-17
P.20-21
P.14-15
大西洋
大西洋
北海
North Sea
アイリッシュ海
Irish Sea
ノース海峡
North Chanel
Solway Firth
P.364
シェトランド諸島
ラーウィック
P.354
オークニー諸島
ストロムネス
カークウォール
スクラブスター
サーゾー
ジョン・オグローツ
ウィック
ヘルムズデイル
ストーノウェイ
ルイス島
ターバート
アウター・ヘブリディーズ諸島 P.370
Lochmady
ウイグ
アラプール
インヴァネスシャー
P.289
エルギン
ネアン
モレイ
フレイザーバラ
キース
ピーターヘッド
P.285
ダフタウン
ハントリー
ポートリー
Kyle of Lochalsh
P.294 インヴァネス
P.339 スカイ島
ドロムナドロケット
P.307
ネス湖
グランタウン・オン・スペイ P.317
アバディーンシャー
Lochboisdale
P.310
フォート・オーガスタス
アヴィモア P.311
アバディーン P.272
Armadale
Castlebay
マレイグ P.336
ブレイマー
ストーンヘイヴン
フォート・ウィリアム
アンガス
インナー・ヘブリディーズ諸島
P.320
Arinagour
ピトロッホリー
P.262
モントローズ
Scarnish
マル島
P.230
パースシャー
オーバン P.225
ダンディー P.246
P.252
P.257 パース
セント・アンドリューズ
P.218 インヴァレリー
P.215
ローモンド湖
スターリング
スターリング P.206
ファイフ
P.242
アーガイル
ダンファームリン
P.150
バーロッホ
リンリスゴー
ダンバー
ケナクレイグ
エディンバラ
ボウモア
ペイズリー
グラスゴー
P.108
P.235 アイラ島
P.160
ロジアン
ベーリック・アポン・ツイード
ホーリーアイランド
アラン島
アルドローサン
ポート・エレン
P.198
キルマーノック
P.182
ブロディック
ニューラナーク
P.221
エアシャー
キャンベルタウン
エア P.186
P.152 メルローズ
ダンフリース&
ギャロウェイ
ボーダーズ
Northumberland
National Park
バリーキャッスル
Coleraine
アニック
ロンドンデリー
P.194 ダンフリース
ノーザンバーランド
北アイルランド
ケアンライアン
ニューキャッスル・アポン
ラーン
カーライル
ダラム
ベルファスト
バンガー
ポートダウン
ケズィック
ハートリプール
湖水地方
国立公園
ノースヨークシャー
アーマー
ダウンパトリック
ウィットビー
ノース・ヨーク・
ムーアズ
国立公園
マン島
Isle of Man
ウィンダミア
湖水地方
P.32
ヨークシャー・デイルズ
国立公園
ダグラス

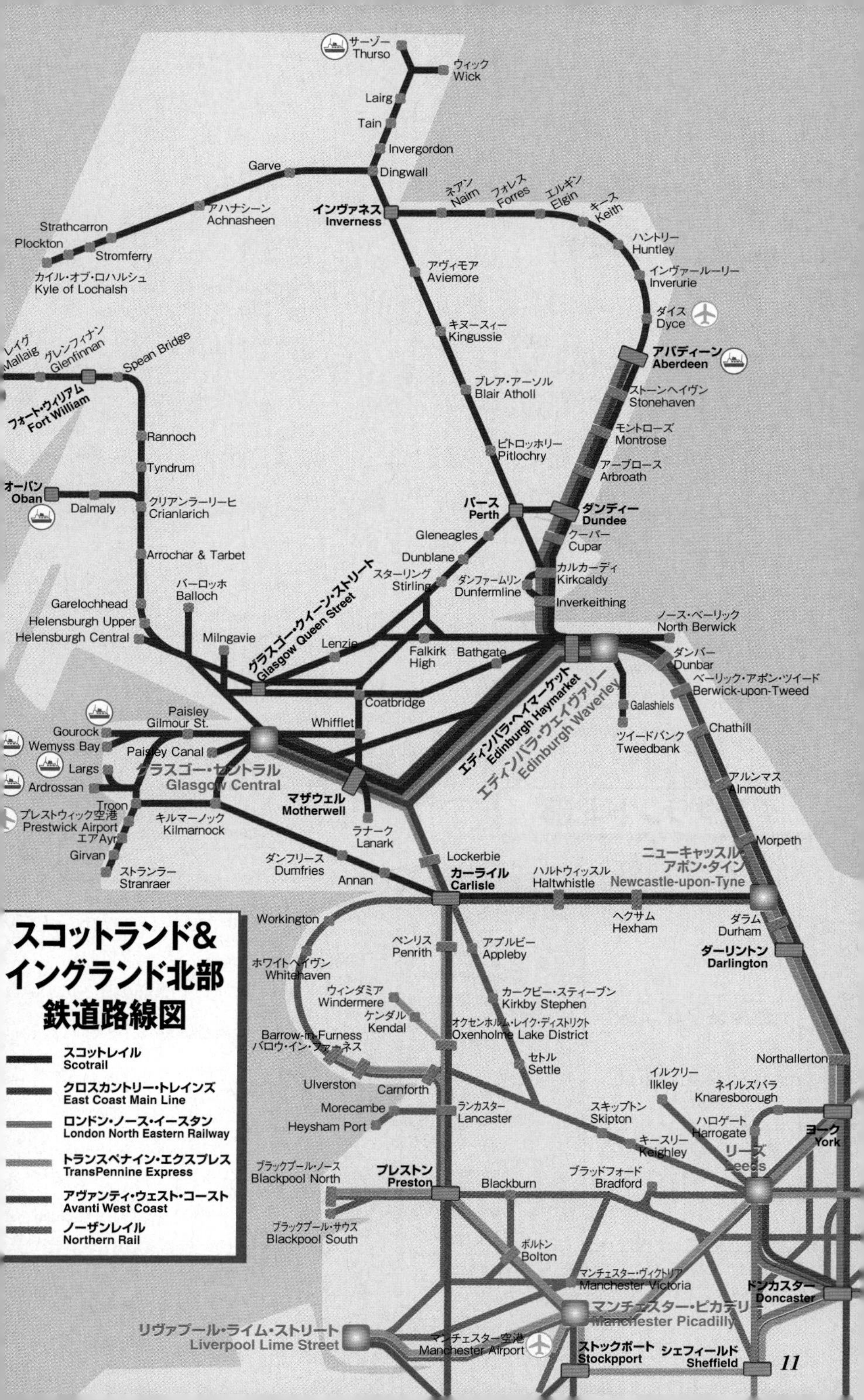
スコットランド&
イングランド北部
鉄道路線図
スコットレイル
Scotrail
クロスカントリー・トレインズ
East Coast Main Line
ロンドン・ノース・イースタン
London North Eastern Railway
トランスペナイン・エクスプレス
TransPennine Express
アヴァンティ・ウェスト・コースト
Avanti West Coast
ノーザンレイル
Northern Rail
サーゾー
Thurso
ウィック
Wick
Lairg
Tain
Invergordon
Garve
Dingwall
ネアン
Nairn
フォレス
Forres
エルギン
Elgin
キース
Keith
インヴァネス
Inverness
アハナシーン
Achnasheen
Strathcarron
Plockton
Stromferry
カイル・オブ・ロハルシュ
Kyle of Lochalsh
ハントリー
Huntley
インヴァールーリー
Inverurie
アヴィモア
Aviemore
ダイス
Dyce
キヌースィー
Kingussie
アバディーン
Aberdeen
レイグ
Mallaig
グレンフィナン
Glenfinnan
Spean Bridge
フォート・ウィリアム
Fort William
ブレア・アーソル
Blair Atholl
ストーンヘイヴン
Stonehaven
モントローズ
Montrose
Rannoch
Tyndrum
ピトロッホリー
Pitlochry
アーブロース
Arbroath
オーバン
Oban
Dalmaly
クリアンラーリーヒ
Crianlarich
パース
Perth
ダンディー
Dundee
Gleneagles
クーパー
Cupar
Arrochar & Tarbet
Dunblane
スターリング
Stirling
カルカーディ
Kirkcaldy
ダンファームリン
Dunfermline
バーロッホ
Balloch
グラスゴー・クイーン・ストリート
Glasgow Queen Street
Garelochhead
Helensburgh Upper
Helensburgh Central
Milngavie
Inverkeithing
ノース・ベーリック
North Berwick
Lenzie
Falkirk High
Bathgate
ダンバー
Dunbar
ベーリック・アポン・ツイード
Berwick-upon-Tweed
Coatbridge
Galashiels
Paisley Gilmour St.
Gourock
Wemyss Bay
Whifflet
エディンバラ・ヘイマーケット
Edinburgh Haymarket
エディンバラ・ウェイヴァリー
Edinburgh Waverley
ツイードバンク
Tweedbank
Chathill
Paisley Canal
Largs
グラスゴー・セントラル
Glasgow Central
Ardrossan
マザウェル
Motherwell
アルンマス
Alnmouth
Troon
プレストウィック空港
Prestwick Airport
キルマーノック
Kilmarnock
ラナーク
Lanark
エアAyr
Girvan
ダンフリース
Dumfries
Lockerbie
Morpeth
ニューキャッスル・アポン・タイン
Newcastle-upon-Tyne
ストランラー
Stranraer
Annan
カーライル
Carlisle
ハルトウィッスル
Haltwhistle
Workington
ヘクサム
Hexham
ダラム
Durham
ペンリス
Penrith
アプルビー
Appleby
ダーリントン
Darlington
ホワイトヘイヴン
Whitehaven
カークビー・スティーブン
Kirkby Stephen
ウィンダミア
Windermere
ケンダル
Kendal
オクセンホルム・レイク・ディストリクト
Oxenholme Lake District
Barrow-in-Furness
バロウ・イン・ファーネス
セトル
Settle
Northallerton
Ulverston
Carnforth
イルクリー
Ilkley
ネイルズバラ
Knaresborough
Morecambe
ランカスター
Lancaster
スキップトン
Skipton
ハロゲート
Harrogate
Heysham Port
ヨーク
York
キースリー
Keighley
リーズ
Leeds
ブラックプール・ノース
Blackpool North
プレストン
Preston
Blackburn
ブラッドフォード
Bradford
ブラックプール・サウス
Blackpool South
ボルトン
Bolton
マンチェスター・ヴィクトリア
Manchester Victoria
ドンカスター
Doncaster
マンチェスター・ピカデリー
Manchester Picadilly
リヴァプール・ライム・ストリート
Liverpool Lime Street
マンチェスター空港
Manchester Airport
ストックポート
Stockpport
シェフィールド
Sheffield

イングランド北部
Solway Firth
Beckfort
Oulton
Thurby
Dalston
Cotehill
Cumrew
Blanchland
Mawbray
Waverton
Wigton
Rosley
Gaitsgill
Armathwaite
Ainstable
Croglin
Alston
Carr Shield
Allenheads
Westnewton
Allonby
Renwick
Nenthead
Aspatria
Mealsgate
Sebergham
Kirkoswald
Garrigill
Caldbeck
Gamblesby
Westgate
Bothel
Ireby
Calthwaite
Glassonby
St John's Chapel
Maryport
Dearham
Plumpton
Melmerby
Flimby
Langwathby
Skirwith
Outberry Pike
Bassenthwaite
Great Broughton
Cockermouth
ペンリス
Penrith
Blencarn
Clifton
Birgham
Milburn
Workington
Penruddock
Great Clifton
Newbiggin
Mickel Fell
P.68
ケズィック
Keswick
Derwent Water
P.82
ホワイトヘイヴン
Whitehaven
Lamplugh
Dockray
Wreay
Ullswater
Newby
Morland
Murton
Hilton
Arlecdon
Loweswater
Little Strickland
Appleby-in-Westmorland
Kirkland
P.79
Bampton
Crosby Ravenworth
Frizington
Buttermere
Grange
Thirlmere
グレンリディング
Glenridding
Shap
Great Ormside
Brough
Cleator Moor
Cleator
湖水地方
The Lake District
Warcop
Great Asby
Soulby
Winton
St. Bees
Egremont
P.32
Kirkby Stephen
Beckermet
世界遺産
湖水地方国立公園
Wast Water
P.58
アンブルサイド
Ambleside
Gosforth
Tebay
Newbiggin-on-Lune
Seascale
Boot
P.46
Birkdale
Drigg
P.74
コニストン
Coniston
Hawkshead
ウィンダミア
Windermere
Grayrigg
Aisgill
Great Shunner Fell
Muker
Ravenglass
Near Sawry
Torver
Winster
P.84
ケンダル
Kendal
Ulpha
Windermere
Sedbergh
Stub Place
Oxenholme
Garsdale
Hawes
Bootle
Broughton-in-Furness
Cartmel Fell
Newby Bridge
Levens
Whitbeck
Grizebeck
Endmoor
Marsett
Silecroft
Haverthwaite
Yorkshire Dales National Park
Millom
Haverigg
Lindale
Milnthorpe
Barbon
Ulverston
Arnside
Kirkbylonsdale
Askam-in-Furness
Grange-over-Sands
Cowan Bridge
Dalton-in-Furness
Silverdale
Pen-y-Ghent
Starbotton
N
Arkholme
Ingleton
Horton-in-Ribblesdale
Arncliffe
Morecambe Bay
Melling
バロウ・イン・ファーネス
Barrow-in-Furness
Carnforth
Clapham
P.80
Bolton-le-Sands
Stainforth
Rampside
Slyne
Claughton
Morecambe
Brookhouse
Lowgill
セトル
Settle
0
20km
Heysham
ランカスター
Lancaster
Wham
Overton
White Hill
Long Preston
Ward's Stone
Wigglesworth
Hellifield
Galgate
Tosside
Dolphinholme
Halton West
Gargrave
Slaidburn
Paythorn
スキップトン
Skipton
Forton
ランカシャー
Lancashire
Newton
Gisburn
Knott End-on-Sea
Fleetwood
Sawley
Barnoldswick
Earby
Garstang
West Bradford
Downham
Cleveleys
Thornton
Bowgreave
Catterall
Chipping
Clithorpe
Foulridge
Great Eccleston
Colne
Great Mitton
Trawden
Pouton-le-Plyde
Nelson
ブラックプール
Blackpool
Longbridge
Ribchester
Whalley
Brierfield
Grimsgargh
Padiham
Burnley
Worsthorne
プレストン
Preston
P.22～P.23
P.24～P.25
Lytham St. Anne's
Hutton
Bamber Bridge
Blackburn
Hebden Bridge
P.18～P.19
P.20～P.21
Leyland
Haslingden
Bacup
Banks
Tarleton
Darwen
Rawtenstall
Croston
Edenfield
Whitworth
Southport
Rufford
Eccleston
Chorley
Ramsbottom
P.14～P.15
P.16～P.17
Mawdesley
Belmont
Egerton
Littleborough
Adlington
Tottington
Rochdale
Arnside
Burscough
Standish
ボルトン
Bolton
Little Lever
Bury
Heywood
Shevington
Aspul
Omskirk
Formby
Radcliffe
Skelmerdale
Wigan
Farnworth
Whitefield
Oldham
Hightown
Maghull
Ince-in-Makerfield
Atherton
Tyldesley
Failsworth
Rainford
Salford
Crosby
Billinge
Leigh
Kirkby
マンチェスター
Manchester
Litherland
Golborne
Glazebury
世界遺産
St. Helens
Bootle
Culcheth
Irlam
Stretford
Wallasey
リヴァプール
Liverpool
Burtonwood
Partington
Hoylake
Stockport
Birkenhead
Warrington
Altrincham
Gatley
Greasby
Hale
Bramhall
Talacre
Bebington
Garston
Widnes
Ashley
Prestatyn

凡例
自動車道路
幹線道路
道路
鉄道
航路
国境
国際空港
空港
市街地
森
森林公園
教会、修道院跡
城跡
スキー場
A
1
2
3
North York Moors
National Park
North Yorkshire
East Riding of
Yorkshire
North Lincolnshir
Peak District
National Park
ダラム
Durham
ダラム大聖堂
Durham Cathedral
世界
遺産
ハートルプール
Hartlepool
Seaton Carew
ミドルスブラ
Middlesbrough
Stockton-on-Tees
ダーリントン
Darlington
ウィットビー
Whitby
Robin Hood's bay
スカーボロ
Scarboroug
ハロゲート
Harogate
ヨーク
York
リーズ
Leeds
ブラッドフォード
Bradford
ハダースフィールド
Huddersfield
キングストン・アポン・ハル
Kingston-upon-Hull
ドンカスター
Doncaster
ロザラム
Rotherham
シェフィールド
Shefield
ファウンテンズ・アビー
Fountains Abbey
Ripon
Thirsk
Wetherby
Selby
Goole
Scunthorpe
Gainsborough
Barnsley
Wakefield
Pontefract
Dewesbury
Stanley
Sacriston
Seaham
Hetton-le-Hole
Murton
Edmondsley
Pittington
Easington
Peterlee
Esh Winning
Brandon
Thornley
Tudhoe
Willington
Spennymoor
Hart
Elwick
Perryhill
Witton Park
Sedgefield
Greatham
St. Helen Auckland
Newton Aycliffe
Billingham
Hellington
Bishopton
Grangetown
Staindrop
Gainford
Eston
Skelton
Sadberge
Caldwell
Stainton
Guisborough
Aldbrough
Egglescliffe
Seamer
Great Ayton
Commondale
Ugthorpe
Bearninghan
Hurworth
Stokesley
Castleton
Scotch Corner
Kirkby
Westerdale
Grosmont
Sleights
Great Smeaton
Hutton Rudby
Carlton-in-Cleveland
Richmond
Deighton
Goathland
Ravenscar
Staintondale
Catterick
Danby Wiske
Scotton
Brompton
Rosedale Abbey
Harwood Dale
East Hauxwell
Yafforth
Northallerton
Burniston
Morton-on-Swale
Scalby
Leyburn
Gillamoor
Hutton-le-Hole
Hackness
Middleham
Bedale
Borrowby
Hawnby
Appleton-le-Moors
East Witton
Kirkbymoorside
East Ayton
Snape
Kirby Wiske
Felixkirk
Helmsley
Marton
Pickering
Sawdon
Eastfield
Seamer
Filey
Healey
Masham
Bagby
Sproxton
Snainton
Nunnington
Staxton
Muston
Coxwold
Stonegrave
Brauby
Yedingham
Ganton
Hunmanby
Grewelthorpe
Dalton
Hovingham
Slingsby
Great Habton
Reighton
Lofthouse
Kirkby Malzeard
Thirmanby
Oulston
Appleton-le-Street
Wintringham
Cundall
Brandsby
Malton
Foxholes
Grantley
Crayke
Coneythorpe
Grindal
Easingwold
Sawley
Boroughbridge
Stillington
Farlington
Welburn
Langton
Duggleby
West Lutton
Langtoft
Markington
Tollerton
Foston
Westow
Birdsall
Sledmere
Staveley
Flaxton
Acklam
Thixendale
Towthorpe
Burton Agnes
Darley
Ripley
Arkendale
Linton-on-Ouse
Strenthorpe
Westwang
Birstwith
Knaresborough
Flaxby
Haxby
Bugthorpe
Driffield
Skelton
Stanford Bridge
Huggate
Tibthorpe
Kirkburn
Little Ribston
Knapton
North Dalton
Hutton Cranswick
Pannal
Wilberfoss
Pocklington
Ilkley
North Rigton
Leathley
Otley
Harewood
Bishopthorpe
Naburn
Hayton
Wheldrake
Leven
Guiseley
East Rigton
Tedcaster
Escrick
Shiptonthorpe
Leconfield
Long Riston
Yeadon
Baildon
Horsforth
Shipley
Towton
Stirllingfleet
Ellerton
Market Weighton
Beverley
Saxton
Cawood
Riccal
Hole-on-Spalding-Moor
Sancton
Walkington
Wawne
Pudsey
Garforth
Sherburn-in-Elmet
Barlby
Breighton
North Newbald
Dunswell
New Farnley
Kippax
Hemingbrough
North Cave
Cottingham
Morley
Rothwell
Ledston
Gateforth
Howden
Birkin
Cambleforth
Skelton
Brough
Humber
Hessle
Cleckheaton
Bateley
Lofthouse
Stanley
Castleford
Liverside
Heckmondwike
Normanton
Knottingley
Carlton
Whitton
Barton-upon-Humber
Ossett
Snaith
West Halton
Featherstone
Crofton
Fenwick
Burton-upon-Stather
Winterton
Fitzwilliam
Norton
Askern
Moorends
Eastoft
Normanby
Highburton
Kirkburton
West Bretton
Hemsworth
Crowle
Appleby
Honley
Skelmanthorpe
Royston
South Elmsall
Stainforth
Meltham
Denby Dale
Cudworth
Carcroft
Hatfield
Melton Ross
Holmfirth
Adwick le Street
Broughton
Brigg
Thurnscoe
Belton
Grasby
Penistone
Goldthorpe
Wombwell
Epworth
Messingham
Clixby
Holyland
Mexborough
Haxey
Scotter
Caistor
Stockbridge
Conisborough
Kirton-in-Lindsay
Rawmarsh
Northorpe
Chapeltown
Graingham
Misterton
Claxby
Bradfield
Middlewood
Tickhill
Bawtry
Walkeringham
Willoughton
Harworth
Market Rasen
Edale
Clayworth
Glentworth
Dinnington
Blyth
Upton
Lea
Linwood
Bamford
Todwick
Barnby Moor
Sturton-le-Steeple
Spridlington
Ouse
A691
A690
A177
A1
A688
A689
A19
A178
A68
A67
A167
A171
A172
A169
A170
A168
A64
A659
A59
A658
A661
A61
A58
A162
A63
A163
A166
A614
A164
M1
M62
M18
M180
A161
A628
A635
A616
A638
A159
A15
A46
A60
A631
A57
A516
A1079
B1257
B1248
B1249
B1253
B1363
B1222
B1278
B1034
B1077
B1240
B1258
B6265

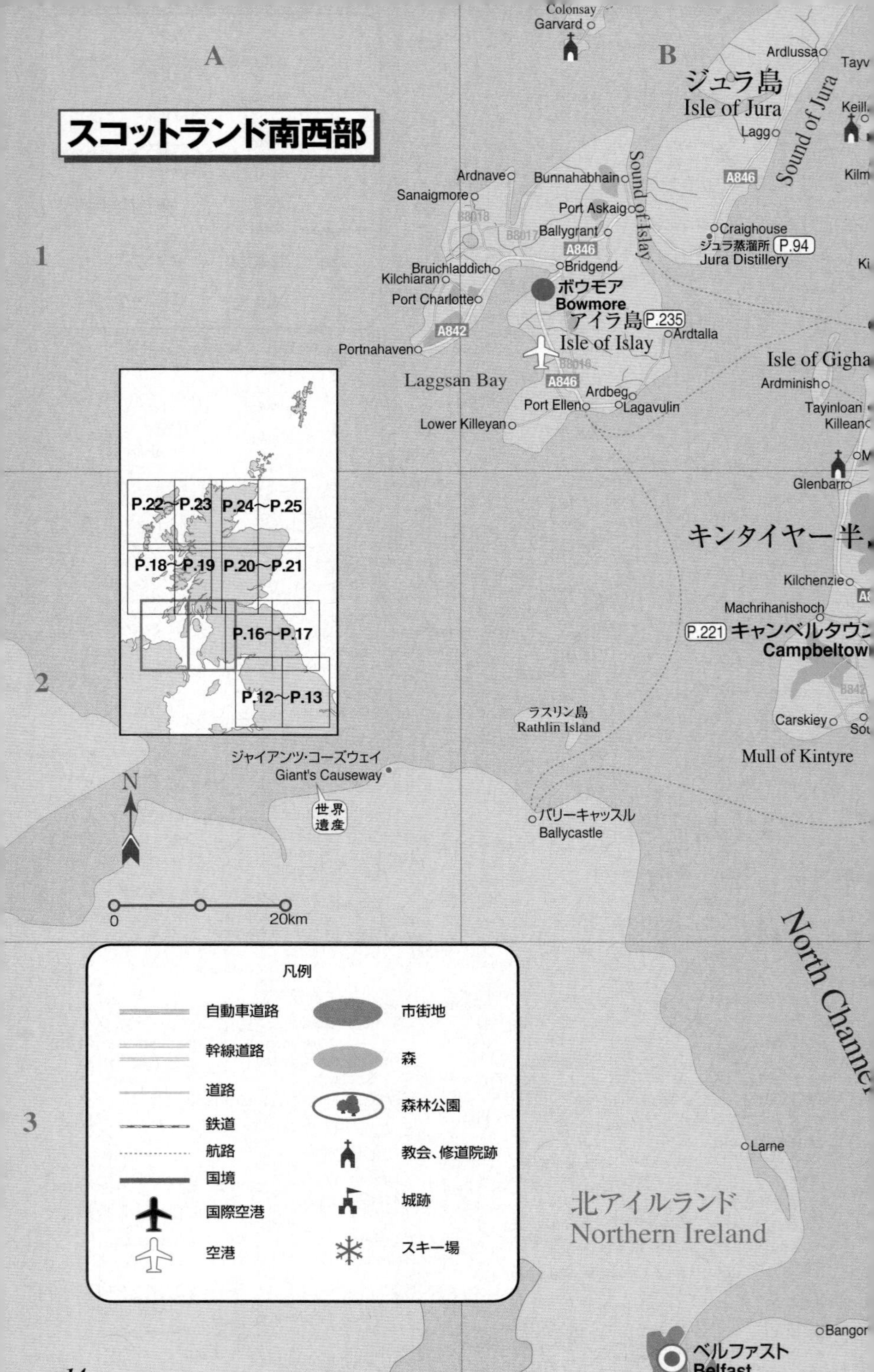
スコットランド南西部
A
B
1
2
3
Colonsay
Garvard
ジュラ島
Isle of Jura
Ardlussa
Tayv
Keill
Lagg
Sound of Jura
Kilm
A846
Ardnave
Sanaigmore
Bunnahabhain
Sound of Islay
Port Askaig
B8018
B8017
Ballygrant
A846
Craighouse
ジュラ蒸溜所 P.94
Jura Distillery
Bruichladdich
Kilchiaran
Bridgend
ボウモア
Bowmore
アイラ島 P.235
Isle of Islay
Port Charlotte
A842
Ardtalla
Portnahaven
B8016
A846
Laggsan Bay
Isle of Gigha
Ardminish
Ardbeg
Port Ellen
Lagavulin
Tayinloan
Killean
Lower Killeyan
Glenbarr
P.22〜P.23
P.24〜P.25
P.18〜P.19
P.20〜P.21
P.16〜P.17
P.12〜P.13
キンタイヤー半
Kilchenzie
Machrihanish
P.221 キャンベルタウン
Campbeltow
B842
ラスリン島
Rathlin Island
Carskiey
Mull of Kintyre
ジャイアンツ・コーズウェイ
Giant's Causeway
世界遺産
N
バリーキャッスル
Ballycastle
0
20km
North Channel
凡例
自動車道路
幹線道路
道路
鉄道
航路
国境
国際空港
空港
市街地
森
森林公園
教会、修道院跡
城跡
スキー場
Larne
北アイルランド
Northern Ireland
Bangor
ベルファスト
Belfast

Argyll Forest Park
C
D
1
2
3
スターリング
P.206 Stirling
Lochgilphead
Ardishaig
Otter Ferry
Auchenbreck
Kilfinan
Dunoon
Tighnabruaich
Colintraive
Kames
Portavadie
West Tarbert
Innellan
Port Bannatyne
Rothesay
Ascog
Kingarth
Kilchattan Bay
Millport
Largs
Fairlie
Lochranza
Pirmmill
Corrie
Brodick Bay
High Dougarie
ブロディック
Brodick
P.198
アラン島
Isle of Arran
Lamlash
Whiting Bay
Kilmory
Lochgair
Cairnbaan
Ardentinny
Coulport
Garelochhead
Shandon
Kilmun
Clachaig
Hunter's Quay
Rhu
Hellensburgh
Kilcreggan
Craigendoran
Gourock
Greenoch
Port Glasgow
P.173
Inverkip
Wemyss Bay
Kilmacolm
Luss
Balmaha
Drymen
Gartocharn
バーロッホ
Balloch
Alexandria
Renton
Bonhill
Cardross
ダンバートン
Dumbarton
オーヘントッシャン蒸溜所
Auchentoshan Distillery
Balfron
Fintry
Killearn
Strathblane
Clachan of Campsie
P.174
Lennoxtown
カーキンティロッホ
kirkintiloch
Kilsyth
Denny
Falkirk
Slamannan
ダルミューア
Dalmuir
グラスゴー
P.160
Glasgow
Houston
ペイズリー
Paisley
Coatbridge
Airdrie
Kirk of Shotts
Bellshill
Shotts
ハミルトン
マザウェル
Hamilton
Motherwell
Blantyre
Busby
East Kilbride
Barrhead
Neilston
Newton
Howwood
Lochwinnoch
Kilbirnie
Beith
Lugton
Dunlop
Mearns
Eaglesham
シャッテロー・カントリー・パーク
Chatelherault Country Park
Larkhall
Carluke
Chapelton
Glassford
Strathaven
Stonehouse
Lesmahagow
Dalry
West Kilbride
キルウィニング
Kilwinning
アルドローサン
Ardrossan
Saltcoats
Stevenston
Irvine
Stewarton
Fenwick
Kilmaurs
キルマーノック
Kilmarnock
Galston
Darvel
Drumclog
Coalburn
Dundonald
Symington
Craigie
Troon
Tarbolton
Mauchline
Glenbuck
Douglas
Muirkirk
Sorn
Catrine
Prestwick
P.186
エア
Ayr
Annbank
Auchinleck
Ochiltree
Lugar
CumNock
アロウェイ
Alloway
Coylton
Skares
Dunure
P.191
カリーン城&カントリーパーク
Culzean Castle & Country Park
Dalrymple
Rankinston
New Cumnock
Kirkconnel
Sanquhar
Mennock
Connel Park
Dalleagles
Maybole
Patna
Kirkmichael
Maidens
Kirkoswald
Crossh
Straiton
Dalmellington
Enterkinfoot
エアシャー
Ayrshire
Dailly
Girvan
Dalquhaim
Barr
Pinmore
Lendalfoot
Carsphairn
Penpont
Tynron
Miniaive
Kirkland
Galloway
Fotest Park
Colmonell
Ballantrae
Barrhill
St John's
Town of Dalry
Balmaclellan
New Galloway
Bargrennan
ダンフリース&ギャロウェイ
Dumfries & Galloway
Corsock
Crocketford
Kirkcolm
Cairnryan
Leswalt
New Luce
Broadsea Bay
Stranraer
Kirkcovan
Newton Stewart
Palnure
Crossmichae
Laurieston
Haug of Ur
Castle Douglas
Dalbeattie
Gelston
Creetown
Dunragit
Glenluce
Partpatrick
Wigtown
Anwoth
Gatehouse of Fleet
Ringford
Palnackie
Twynholm
Kirkcudbright
Auvhencairn
Sandhead
Kirkinner
Whauphill
Borgue
Ardwell
Luce bay
Mochrum
Sorbie
Garlieston
Port William
Kirkcudbright Bay
Port Logan
Monreith
Whithorn
Kirkmaiden
Drummore
Isle of Whithorn
Mull of Galloway

スターリング
P.206 Stirling
Saline
Cowdenbeath
Kirkcaldy
P.131 スコティッシュ・シーバード・センター
Scottish Seabird Centre
Airth
Kincardine
A907
Carnock
Auchtertool
A921
Crossgates
A909
Kinghorn
ダンファームリン
P.242 Dunfermline
Aberdour
Burntisland
A
B
Dirleton
ノース・ベーリック
North Berwick
M9
M80
M876
A83
Denny
Larbert
Rosyth
世界遺産
P.130
フォース鉄橋
Forth Bridge
Inverkeithing
Queensferry
フォース湾
Firth of Forth
Gullane
Whitekirk
Aberlady
Drem
Falkirk
A803
Kilsyth
M9
A801
Shieldhill
リンリスゴー
Linlithgow
P.150
A706
P.108
Musselburgh
Athelstaneford
Cockenzie
Prestonpans
Longniddry
A1
East Linton
Stenton
A199
ハディントン
Haddington
Garvald
A80
A73
Slamannan
Bathgate
エディンバラ
Edinburgh
世界遺産
Armadale
Livingston
Mid Calder
A71
Dalkeith
A6093
Pencaitland
グレンキンチー蒸溜所
Glenkinchie Distillery
P.94
A89
Coatbridge
Airdrie
M8
Kirknewton
スチュワート・ブリューイング
Stewart Brewing
P.97
ロスリン礼拝堂
Rosslyn Chapel
P.149
Newtongrange
Kirk of Shotts
Harthill
A705
Longridge
West Calder
Humbie
ロジアン
Lothian
A704
A70
A702
Penicuik
Gorebridge
Fala
Bellshill
Shotts
Fauldhouse
A71
A706
ハミルトン
Hamilton
マザウェル
Motherwell
Blantyre
P.174
Rootpark
Howgate
Temple
A7
Carlops
Leadburn
A68
Oxton
M74
A723
シャッテロー・カントリー・パーク
Chatelherault Country Park
Auchengray
West Linton
A701
Heriot
Braehead
Dunsyre
Fountainhall
A68
Westruther
Glassford
Stonehouse
Carstairs
Carnwath
Dolphinton
Eddleston
Lauder
A697
Newbigging
Libberton
A721
Elsrickle
A703
Stow
Legerwood
Strathaven
P.182 ラナーク
Lanark
ニューラナーク
New Lanark
P.182
ピーブルズ
Peebles
A72
A71
Langshaw
Lesmahagow
Skirling
Earlston
A7
Drumclog
M74
Biggar
Stobo
Kirkton Manor
Innerleithen
A72
ガラシールズ
Galashiels
Tweedbank
P.152
メルローズ
Melrose
世界遺産
A73
Broughton
P.129
Traquair
Coalburn
Coulter
Drumelzier
ダウィック植物園
Dawyck Btanic Garden
P.155
ボウヒル・ハウス
Bowhill House
A707
Bowden
St Boswells
Rigside
Wiston
A702
Yarrow
Selkirk
Maxton
Douglas
Lamington
Glenbuck
Roberton
Midlem
A70
Muirkirk
Clyde
A74
Tweedsmuir
A708
Ettrickbridge
Lilliesleaf
Ancrum
Nisbet
Crawfordjohn
Abington
Cappercleuch
Ashkirk
Lanton
Crawford
ボーダーズ
Borders
A7
A698
Denholm
Elvanfoot
2
Bedrule
Leadhills
Hawick
Kirkton
Roberton
Wanlockhead
Ramseycleuch
Kirkconnel
Bonchester Bridge
Sanquhar
A701
A708
Newmill
A702
Mennock
A74
A76
Moffat
Teviothead
Enterkinfoot
Durrisdeer
P.196 ドラムランリグ城
Drumlanrig Castle
Beattock
Davington
Carronbridge
A7
Eskdalemuir
Locherben
A701
Thornhill
Newton
Penpont
Tynron
St Ann's
Johnstonebridge
Closeburn
Boreland
Miniaive
Kirkland
Ewes
Bentpath
ダンフリース&ギャロウェイ
Dumfries & Galloway
Parkgate
Kielder
Newcastleton
Templand
A74
Corrie Common
Langholm
Lochmaben
A76
Duncow
Bankshill
Kershopefoot
St John's Town of Dalry
Tinwald
P.194
Balmaclellan
Hightae
New Galloway
ダンフリース
Dumfries
Waterbeck
Canonbie
Rowanburn
A712
Corsock
Collin
Roughsike
Catlowdy
Ecclefechan
Middlebie
Milltown
Bewcastle
Crocketford
Dalton
Eaglesfield
A7
Mouswald
Parton
A710
A75
Longtown
Kirkkpatrick Durham
Bankend
A74
A713
Beeswing
Glencaple
Ruthwell
Brydekirk
Hethersgill
Kirkcambeck
Crossmichael
A75
A75
Rigg
Gretna
Gilsland
Haugh of Urr
Cummertrees
Annan
Eastriggs
Smithfield
Banks
A711
P.196 カラヴァロック城
Caerlaverock Castle
Boeness-on-Solway
Scaleby Hill
Castle Douglas
Dalbeattie
Rockcliffe
Irthington
Low Row
Hayton
3
Kirkbean
Drumburgh
Halton Lea
Ringford
A69
Farlam
Palnackie
Caulkerbush
Kirkbride
Kirkbampton
カーライル
Carlisle
Skinburness
Castle Carrock
A710
Twynholm
A711
Rockcliffe
Silloth
Newton Arlosh
Wetheral
Aikton
A595
Cumwhitton
Kirkcudbright
Auvhencairn
Oulton
M6
Cumrew
Thurby
Dalston
Cotehill
Beckfort
Borgue
Wigton
A6
Solway Firth
Dundrennan
Mawbray
Waverton
Gaitsgill
Croglin
Rosley
Armathwaite
Ainstable
Westnewton
A596
Allonby
Renwick
Kirkcudbright Bay
Aspatria
Mealsgate
Sebergham
Kirkoswald
Caldbeck
A686
Plumbland
Calthwaite
Ireby
Glassonby
Plumpton
Maryport
Dearham
A591
湖水地方
P.32
Flimby
A594
A595
A6
Langwathby
P.73
The Lake District
Great Broughton
ペンリス
Penrith
Clifton
Brigham
コッカーマス
Cockermouth
Workington
A595
Penruddock
A66

スコットランド南東部
凡例
自動車道路
幹線道路
道路
鉄道
航路
国境
国際空港
空港
市街地
森
森林公園
教会、修道院跡
城跡
スキー場
0
20km
P.22～P.23
P.24～P.25
P.18～P.19
P.20～P.21
P.14～P.15
P.12～P.13
C
D
1
2
3
N
St Abbs
Coldingham
Eyemouth
Reston
Ayton
Burnmouth
Chirnside
Foulden
Hutton
Whitsome
Paxton
ベーリック・アポン・ツイード
Berwick-upon-Tweed
Tweedmouth
Horncliffe
Norham
Cheswick
Goswick
Ancroft
Beal
Holy Island
ホーリーアイランド
Holy Island
Duddo
Bowsden
Etal
Lowick
Crookham
Ross
Branxton
Flodden
Milfield
Doddington
Belford
Bamburgh
Kilham
Kirknewton
Akeld
Chatton
Lucker
Seahouses
Town Yetholm
Wooler
Newham
Beadnell
Chillingham
Chathill
Ellingham
Middleton
Ilderton
North Charlton
Embleton
Wooperton
Eglingham
Craster
Rennington
Howick
Ingram
Beanley
Longhoughton
Glanton
Boulmer
アニック
Alnwick
Prendwick
Whittingham
Lesbury
Alnmouth
Edlingham
Shilbottle
Alwinton
Netherton
Newton on the Moor
Warkworth
Harbottle
Amble
Snitter
Holystone
THropton
Longframlington
Acklington
Broomhill
Hepple
Rothbury
Felton
West Chevington
Chevington
Longhorsley
Cresswell
Otterburn
Elsdon
Ulgham
Ellington
Lynemouth
Netherwitton
Longhirst
Newbiggin-by-the-Sea
West Woodburn
Hartburn
Morpeth
Ridsdale
Kirkwhelpington
Mitford
Meldon
Cambois
Bedlington
Redesmouth
Capheaton
Whalton
Belsey
Stannington
Kirkheaton
Ogle
Crainlington
Wark
Birtley
Hallington
Milbourne
Seaton Sluice
Ryal
Ponteland
Wide Open
Seaton Delaval
Chollerton
Matfen
Dinnington
Humshaugh
Stamfordham
Tynemouth
South Shields
Wall
Great Whittington
Acomb
Horsley
Sandhoe
ニューキャッスル・アポン・タイン
Newcastle-upon-Tyne
Ryton
Blayton
Haydon Bridge
Hexam
Corbridge
Prudehoe
Gateshead
Whitburn
Riding Mill
Whitley Chapel
Slaley
Chopwell
Whickham
Catton
Rowlands Gill
Whittonstall
Allendale Town
Ebchester
Burnopfield
サンダーランド
Sunderland
Birtley
Consett
Stanley
Houghton-le-Spring
Ryhope
Blanchland
Castleside
Seaham
Edmundbyers
Sacriston
Carr Shield
Lanchester
Hetton-le-Hole
Edmondsley
Murton
Allenheads
Satley
Pittington
Haswell
Easington
Rookhope
Esh Winning
ダラム
ダラム大聖堂
Peterlee
Durham
Durham Cathedral
Westgate
Tow Law
Brandon
Thornley
Stanhope
St John's Chapel
Eastgate
Wolsingham
Tudhoe
世界遺産
Frosterley
Grook
Willington
Hart
Spennymoor
イングランド
England
Witton-le-Wear
Elwick
Hartlepool
Hamsterley
Ferryhill
Witton Park
Sedgefield
Seaton Carew
Newbiggin
St Helen Auckland
Greatham
A1107
A6105
A1
A698
A697
A68
A696
A193
A19
A69
A694
A693
A691
A689
A177
A690
A688
B6355
B6437
B646
B6353
B1342
B1341
B6348
B1340
B6320
B6342
B6309
B6318
B6295
B1278

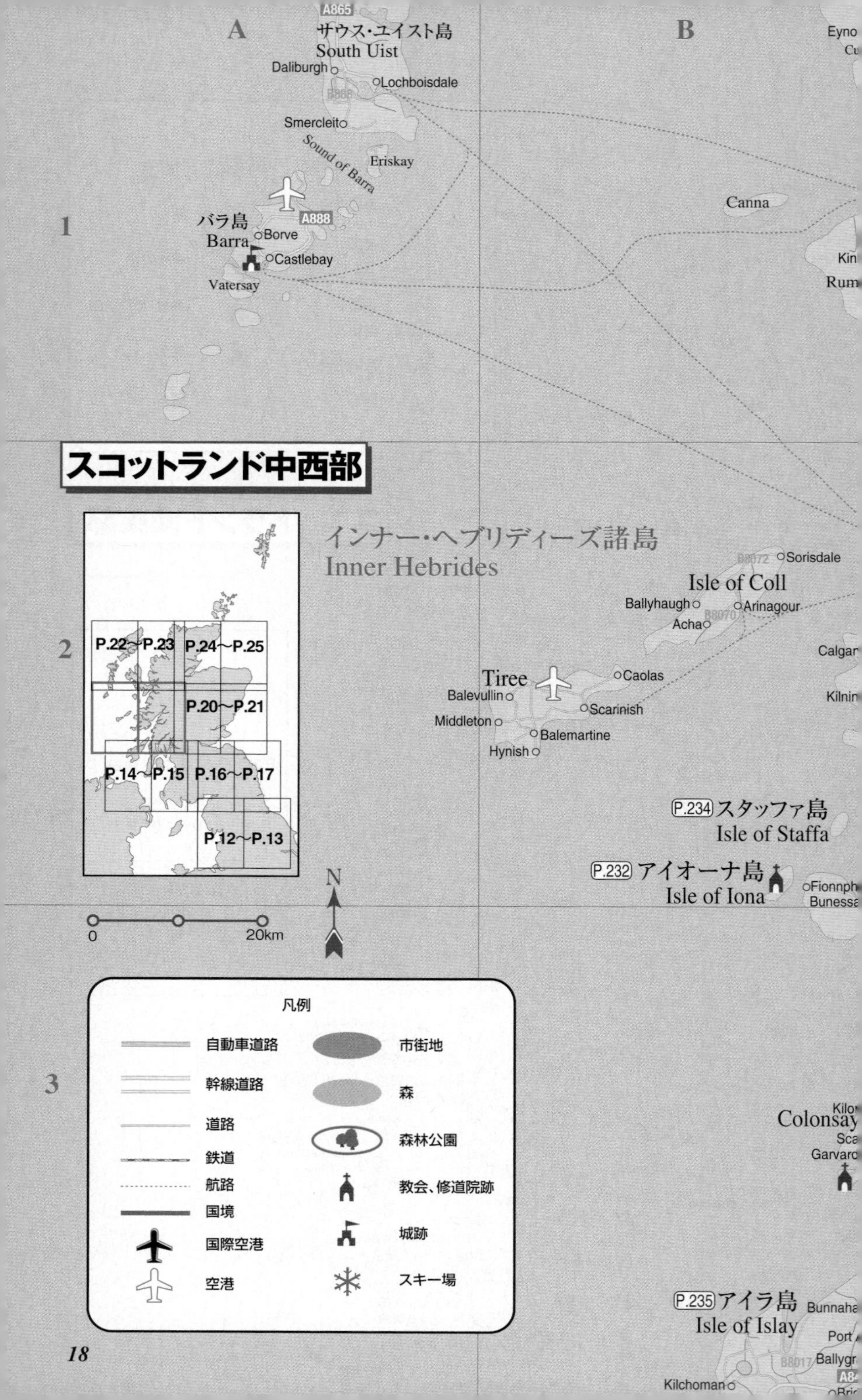

スコットランド中西部
A
B
1
2
3
A865
サウス・ユイスト島
South Uist
Daliburgh
Lochboisdale
B888
Smercleit
Sound of Barra
Eriskay
バラ島
Barra
A888
Borve
Castlebay
Vatersay
Canna
Eyno
Kin
Rum
インナー・ヘブリディーズ諸島
Inner Hebrides
P.22〜P.23
P.24〜P.25
P.20〜P.21
P.14〜P.15
P.16〜P.17
P.12〜P.13
B8072
Sorisdale
Isle of Coll
Ballyhaugh
Arinagour
B8070
Acha
Calgar
Tiree
Caolas
Balevullin
Kilnin
Scarinish
Middleton
Balemartine
Hynish
P.234 スタッファ島
Isle of Staffa
P.232 アイオーナ島
Isle of Iona
Fionnph
Bunessa
N
0
20km
凡例
自動車道路
市街地
幹線道路
森
道路
森林公園
鉄道
航路
教会、修道院跡
国境
国際空港
城跡
空港
スキー場
Colonsay
Sca
Garvard
P.235 アイラ島
Isle of Islay
Bunnaha
Port
Ballygr
B8017
Kilchoman

カイル・オブ・ロハルシュ
Kyle of Lochalsh
カイルアキン
Kyleakin
Kirikton
A890
Killilan
A87
Dunan
Corry
Loch Alsh
Dornie
アイリーン・ドナン城
P.342
Eilean Donan Castle
Letterfearn
スカイ島
Isle of Skye
Broadford
Kylerhea
Glenelg
Inverinate
Shiel Bridge
A851
Heaste
Drumfearn
Isleornsay
Teangue
Sound of Sleat
Loch Hourn
Arnisdale
Kinloch Hourn
Airor
アーマデイル
Armadale
Inverie
Loch Nevis
P.336
マレイグ
Mallaig
Bracora
Loch Morar
A830
Arisaig
Lochailort
グレンフィナン
Glenfinnan
Kinlocheil
A861
Rois Bheinn
Loch Shiel
Ardmolich
Ockle
Kentra
Acharacle
Salen
Scotstown
Loch Sunart
Strontian
Glenborrodale
A884
Drimnin
Sound of Mull
Claggan
Fiunary
Lochaline
Fishnish
A849
Knock
Craignure
Lochdon
P.230
マル島
Isle of Mull
ケルラー島
Isle of Kerrera
Croggan
Lochbuie
Carsaig
Firth of Lorn
Kilninver
シイル島
Isle of Seil
Balvicar
Cullipool
Kilmelford
Toberonochy
Scarba
Ardfern
Kinauchdrachd
Kilmartin
Ford
Crinan
Cairnbaan
Ardlussa
Tayvallich
Lochgilphead
Kilmichael of Inverlussa
Ardishaig
ジュラ島
Isle of Jura
Sound of Jura
Keillmore
Lagg
Kilmory
Achahoish
A846
Craighouse
Kilberry
West Tarbert
Tarbert
Portavadie
Tighnabruaich
Kames
Kilfinan
Otter Ferry
Clachan of Glendaruel
Auchenbreck
Colintraive
Port Bannatyne
Rothesay
A886
A83
A816
Kilmichael Glassary
Lochgair
Minard
Loch Fyne
Furnace
Kilbride
Oban
オーバン
P.225
Connel
Benderloch
South Shian
Achnacroish
Port Appin
Portnacroish
Creagan
A828
A85
Taynuilt
Ben Cruachan
Loch Etive
Kilchrenan
Cladich
Lochan Shira
Loch Avich
Loch Awe
A819
インヴァレリー
P.218
Inveraray
A83
Cairndow
アーガイル
Argyll
A815
Creggans
Strachur
Newton
Garbhallt
Argyll Forest Park
Carrick Castle
Lochgoilhead
Ardentinny
Coulport
Kilmun
Clachaig
Hunter's Quay
Dunoon
Innellan
A815
Inverkip
Wemyss Bay
Gourock
Greenoch
Port Glasgow
Hunter's
Kilcreggan
Rosneath
Rhu
Shandon
Garelochhead
Helensburgh
Craigendoran
Cardross
Renton
Alexandria
バーロッホ
Balloch
A809
A813
A82
ダンバートン
Dumbarton
Bishopton
Kilmacolm
A761
A810
ペイズリー
Paisley
Luss
ローモンド湖
Loch Lomond
P.215
Ben Lomond
Tarbet
タールベット
Arrochar
A814
Balmaha
Drymen
Gartocharn
Gartmore
Queen Elizabeth Forest Park
Brig o' Turk
Inversnaid
Stronachlachar
Ben Vorlich
Ardlui
Crianlarich
A85
Balquhidder
Tyndrum
Dalmally
Beinn Dòrain
Bridge of Orchy
Ben Starav
Gualachulain
Invercreran
Cashlie
Loch an Daimh
Bidean nam Bian
Kentallen
Loch Linnhe
バラフーリッシュ
Ballachulish
グレンコー
P.333
Glencoe
A' Chruach
Blackwater
Bridge of Gaur
Kinlochleven
North Ballachulish
Onich
Corran
Ben Nevis
ベン・ネヴィス
P.328
Ben Alder
Loch Ericht
フォート・ウィリアム
P.320
Fort William
Camusnagaul
Blaich
Banavie
Corpach
Caol
A861
Spean Bridge
A86
Roybridge
Loch Laggan
Gairlochy
Achnasaul
Loch Arkaig
Loch Lochy
A82
Laggan
Invergarry
Tomdoun
Loch Garry
Loch Loyne
Loch Cluanie
A87
P.310
フォート・オーガスタス
Fort Augustus
Invermoriston
A887
Loch Ness
ネス湖
Fovers
Loch Benin a Mheadhbin
P.307
ドロムナドロケット
Drumnadrochit

P.307
ドロムナドロケット
Drumnadrochit
A
East Croachy
P.317
グランタウン・オン・スペイ
Grantown-on-Spey
B
Tomnavoulin
Knockandhu
Chapeltown
Badenoch
Loch Ness
Errogie
Fovers
Duthil
A938
Dulnain Bridge
A939
カーブリッジ
Carrbridge
A95
Nethy Bridge
Boat of Garten
Tomintoul
Loch Mhor
Coignafearn
Invermoriston
A887
A82
Kirkton of Glenbuchat
Strathdon
アヴィモア
P.311
Aviemore
Inverdruie
Loch Morlich
フォート・オーガスタス
P.310
Fort Augustus
Alvie
Cock Bridge
A939
A82
キンクレイグ
Kincraig
Invergarry
1
キヌースィー
Kingussie
Insh
P.314
ケアンゴーム山
Cairngorm Mountain
Ben Avon
ニュートンモア
Newtonmore
A86
A9
Crathie
Laggan
Catlodge
A889
A93
Inverery
ブレイマー
Braemar
Loch Laggan
Dalwhinnie
A86
Beinn Dearg
P.266
Braedownie
ブレア城
Blair Castle
Beinn a' Ghlo
Loch Ericht
Dalnaspidal
Ben Alder
Spittal of Glenshee
Achavan
P.266
ブルアーの滝
Falls of Bruar
ブレア・アーソル
Blair Atholl
A9
Forter
Folda
アンガス
Angus
クイーンズ・ビュー
Queen's View
Killiecrankie
A924
Kirkmichael
Blackwater
Kinloch Rannoch
Blacklunans
Tummel Bridge
Foss
ピトロッホリー
P.262
Pitlochry
A' Chruach
Bridge of Gaur
Loch Rannoch
Kirkton
Loch of Lintrathen
Tay forest Park
Grandtully
A827
Ballinluig
Bridge of Cally
2
Balnaguard
A923
A93
Kiltneyburn
Weem
Aberfeldy
Dowally
Alyth
Loch an Daimh
Bridge of Balgie
Fortingall
A826
Tay
Glamis
Kenmore
ダンケルド
Dunkeld
Blairgowrie
Meigle
Acharin
Invero
バーナム
Birnam
Cashlie
Ben Lawers
Lawers
Garrow
Trochry
A94
Coupar Angus
Beinn Dòrain
Loch Tay
Loch Freuchie
Meikleour
A827
パースシャー
Amulree
Bankfoot
Cargill
Burrelton
A923
Ardeonaig
Perthshire
Stanley
Guildtown
Collace
Killin
Tyndrum
A82
Harrietfield
Luncarty
Balbeggie
Kinnaird
Loch Lednock Resr
A9
A93
P.259
Inchture
A85
Crianlarich
Lochearnhead
A85
St Fillans
A822
Methven
Monzie
Gilmerton
P.257
パース
Perth
スクーン宮殿
Scone Palace
A90
A82
Loch Earn
Comrie
Crieff
A85
Madderty
Errol
Glencarse
Balquhidder
Kingshouse
クリーフ・ビジターセンター
P.260
Crieff Visitor Centre
Newburgh
A84
Strathyre
Muthill
Aberuthven
A9
Forteviot
Forgandenny
Ardlui
Dalchruin
A823
Dunning
Monimail
A822
Auchterarder
Muirton
Stronachlachar
Glenfarg
A912
Strathmiglo
Inversnaid
Braco
A91
Ladybank
A82
Brig o' Turk
カレンダー
Callander
A9
Blackford
Kinbuck
Greenloaning
Tarbet
Queen Elizabeth Forest Park
A81
A823
Milnathort
A911
A92
3
Port of Menteith
Doune
スターリング
Pool of Muckhart
Kinross
Markinch
Leslie
Ben Lomond
Aberfoyle
Dunblane
Stirling
A977
Glenrothes
ローモンド湖
P.215
A873
Rumbling Bridge
M90
Thornton
Gartmore
A84
A91
Tillicoultry
East Wemyss
West Wemyss
Loch Lomond
A811
Kippen
M9
A823
Kelty
Luss
A81
Buchlyvie
Gargunnock
スターリング
Stirling
P.206
Saline
Lochgelly
Balmaha
A875
Cowdenbeath
Kirkcaldy
A82
Drymen
Balfron
バノックバーン
Bannockburn
A907
Carnock
Auchtertool
A921
Gartocharn
Killearn
Fintry
M9
Kincardine
ダンファームリン
Dunfermline
P.242
Crossgates
A909
Kinghorn
Burntisland
バーロッホ
Balloch
M80
Denny
M876
A83
Larbert
Rosyth
A921
Aberdour
Inverkeithing
世界遺産
A809
Alexandria
Clachan of Campsie
Bo'ness
Queensferry
フォース鉄橋
Renton
Strathblane
Falkirk
P.150
Forth Railway Bridge
P.13
A82
A813
Dumbarton
Kilsyth
A803
P.174
Lennoxtown
M9
A801
リンリスゴー
Linlithgow
Port Glasgow
カーキンティロッホ
Kirkintilloch
A80
Shieldhill
A706
P.108
Musselburgh
Bishopton
Kilmacolm
A810
Slamannan
Bathgate
A761
Houston
グラスゴー
P.160
Glasgow
A73
Armadale
Livingston
A71
エディンバラ
Edinburgh
Kirknewton
A89
Loanhead
ペイズリー
Paisley
Coatbridge
Airdrie
Harthill
M8
A705
Balerno
ロスリン礼拝堂
Rosslyn Chapel
Kirk of Shotts
West Calder
A70
P.149
Newtongrange

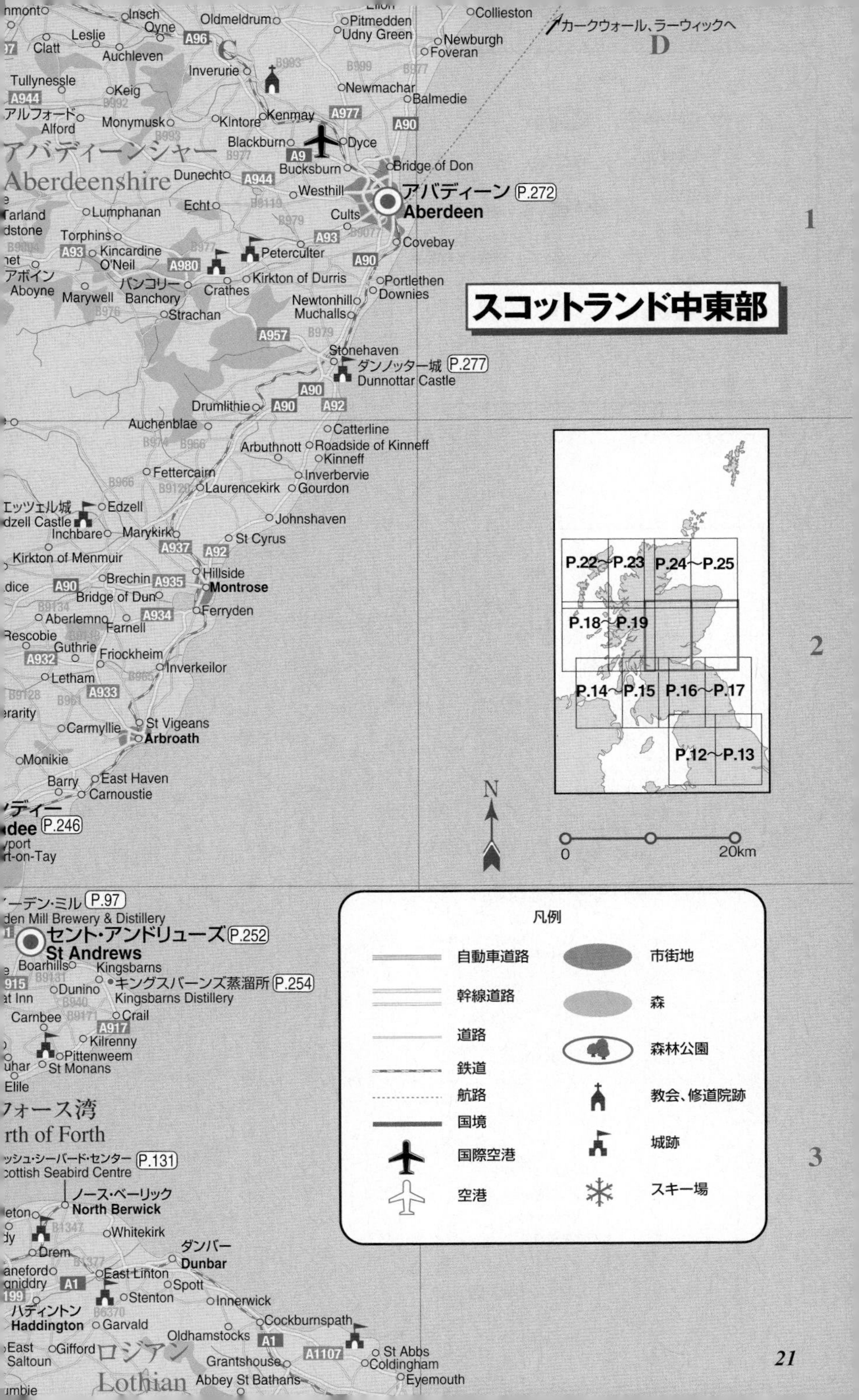
スコットランド中東部
カークウォール、ラーウィックへ
C
D
1
2
3
アバディーンシャー
Aberdeenshire
アバディーン P.272
Aberdeen
ダンノッター城 P.277
Dunnottar Castle
Stonehaven
Insch
Oyne
Oldmeldrum
Pitmedden
Udny Green
Collieston
Newburgh
Foveran
Leslie
Clatt
Auchleven
Inverurie
Tullynessle
Keig
Newmachar
Balmedie
アルフォード
Alford
Monymusk
Kintore
Kenmay
Blackburn
Dyce
Bucksburn
Bridge of Don
Dunecht
Westhill
Echt
Lumphanan
Cults
Tarland
Torphins
Covebay
Kincardine O'Neil
Peterculter
アボイン
Aboyne
Marywell
バンコリー
Banchory
Crathes
Kirkton of Durris
Portlethen
Downies
Newtonhill
Muchalls
Strachan
Drumlithie
Auchenblae
Catterline
Arbuthnott
Roadside of Kinneff
Kinneff
Inverbervie
Fettercairn
Laurencekirk
Gourdon
エッツェル城
Edzell Castle
Edzell
Inchbare
Marykirk
Johnshaven
St Cyrus
Kirkton of Menmuir
Hillside
Brechin
Montrose
Bridge of Dun
Ferryden
Aberlemno
Farnell
Rescobie
Guthrie
Friockheim
Inverkeilor
Letham
Carmyllie
St Vigeans
Arbroath
Monikie
Barry
East Haven
Carnoustie
P.246
P.97
セント・アンドリューズ P.252
St Andrews
Boarhills
Kingsbarns
キングスバーンズ蒸溜所 P.254
Kingsbarns Distillery
Dunino
Carnbee
Crail
Kilrenny
Pittenweem
St Monans
Elie
P.131
ノース・ベーリック
North Berwick
Whitekirk
ダンバー
Dunbar
East Linton
Spott
Stenton
Innerwick
ハディントン
Haddington
Garvald
Cockburnspath
Oldhamstocks
Gifford
ロジアン
Lothian
Grantshouse
St Abbs
Coldingham
Abbey St Bathans
Eyemouth
A96
A944
A977
A90
A9
A93
A980
A957
A92
A937
A935
A934
A932
A933
A917
A1
A1107
B993
B999
B977
B992
B9119
B979
B9077
B974
B966
B9120
B9134
B9128
B961
B9131
B940
B9171
B1347
B1377
B6370
P.22～P.23
P.24～P.25
P.18～P.19
P.14～P.15
P.16～P.17
P.12～P.13
N
0
20km
凡例
自動車道路
幹線道路
道路
鉄道
航路
国境
国際空港
空港
市街地
森
森林公園
教会、修道院跡
城跡
スキー場

スコットランド北西部

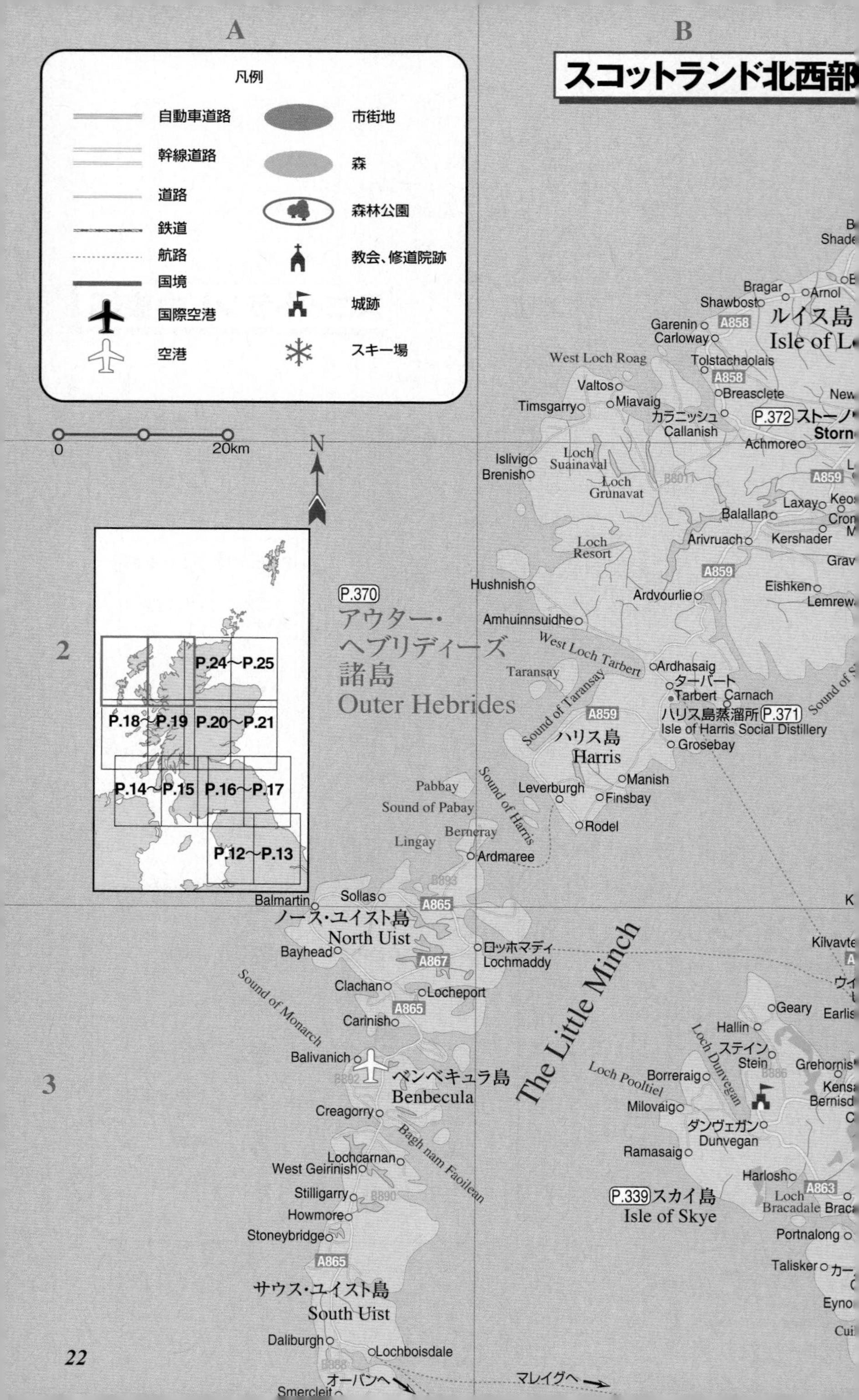
A
B
2
3
凡例
自動車道路
幹線道路
道路
鉄道
航路
国境
国際空港
空港
市街地
森
森林公園
教会、修道院跡
城跡
スキー場
0
20km
N
P.24〜P.25
P.18〜P.19
P.20〜P.21
P.14〜P.15
P.16〜P.17
P.12〜P.13
P.370
アウター・ヘブリディーズ諸島
Outer Hebrides
ルイス島
Isle of L
Bragar
Arnol
Shawbost
Garenin
Carloway
A858
West Loch Roag
Tolstachaolais
Valtos
Miavaig
Timsgarry
Breasclete
カラニッシュ
Callanish
P.372 ストーノ
Storn
Achmore
Islivig
Brenish
Loch Suainaval
Loch Grunavat
B8011
A859
Laxay
Balallan
Arivruach
Kershader
Loch Resort
Hushnish
Eishken
Ardvourlie
Lemrew
Amhuinnsuidhe
West Loch Tarbert
Taransay
Sound of Taransay
Ardhasaig
ターバート
Tarbert
Carnach
ハリス島蒸溜所 P.371
Isle of Harris Social Distillery
Grosebay
ハリス島
Harris
Pabbay
Sound of Pabay
Sound of Harris
Leverburgh
Manish
Finsbay
Rodel
Berneray
Lingay
Ardmaree
B893
Balmartin
Sollas
A865
ノース・ユイスト島
North Uist
Bayhead
ロッホマディ
Lochmaddy
A867
Clachan
Locheport
Sound of Monarch
Carinish
The Little Minch
Balivanich
ベンベキュラ島
Benbecula
B892
Creagorry
Bagh nam Faoilean
Lochcarnan
West Geirinish
Stilligarry
B890
Howmore
Stoneybridge
サウス・ユイスト島
South Uist
Daliburgh
Lochboisdale
B888
オーバンへ
マレイグへ
Smerclait
Kilvavte
Geary
Earlis
Hallin
Loch Dunvegan
ステイン
Stein
B886
Grehornis
Loch Pooltiel
Borreraig
Milovaig
Kensa
Bernisd
ダンヴェガン
Dunvegan
Ramasaig
Harlosh
A863
Loch Bracadale
P.339 スカイ島
Isle of Skye
Portnalong
Talisker
Eyno
Cui

C
D
Kyle of Durness
Achiemore
Durness
Port of Ness
Skigersta
Loch Eriboll
A838
Balchrick
Oldshoremore
Kinlochbervie
B801
Eriboll
1
Rhiconich
Tosta
A894
Scourie
Badcall
Loch Stack
Eddrachillis Bay
Loch Meadie
A838
Loch More
Portnaguiran
Shulishader
Garrabost
Bayble
Cullkein
Drumbeg
Kylestrome
Loch Merkland
Clashnessie
B869
A894
Stoer
A837
Loch Assynt
A836
The Minch
Lochinver
Inchnadamph
A838
Inverkirkaig
Loch Shin
Enard Bay
Loch Veyatie
Shinness Lodge
Reiff
Brae of Achnahaird
Loch Sionascaig
Polbain
Elphin
Loch Urigill
Achiltibuie
Loch Lurgainn
A835
A837
2
Strathcanaird
Oykel Bridge
Altass
A837
A835
Loch Broom
アラプール
Ullapool
Udrigle
Badluarach
Mellon Charles
Cove
Laide
Badrallach
Croick
Leckmelm
Aultbea
Camusnagaul
Ardharnich
Melvaig
B8057
Dundonnell
A835
B8021
Naast
North Erradale
Poolwe
A832
Gairloch
Loch Vaich
Highland
ハイランド
Loch Maree
Lochan Fada
Loch a Bhraoin
Opinan
Badachro
A832
B8056
Talladale
Redpoint
A835
Loch Fannich
Loch Torridon
Kinlochewe
A832
Garve
Island of Rona
Lower Diabaig
A834
Inverlligin
A896
A832
Achnasheen
Strathpeffer
Torridon
Loch Chroisg
Loch Meig
Contin
Conon Bridge
Milton
Marybank
Sound of Rassay
Shieldaig
A890
A832
Scardroy
Muir of Ord
Inner Sound
Loch Lundie
A862
Arnish
Lair
Beauly
Brochel
Balnasra
Loch Dughaill
Applecross
A831
3
Ardarrocch
A896
Achintee
Loch Monar
Kiltarlity
Struy
Lochcharron
A833
Toscaig
Stromemore
Peinchorran
Plockton
Stromeferry
Scalpay
Duirinish
Sallachy
Cannich
P.307
Loch Mullardoch
カイル・オブ・ロハルシュ
Kyle of Lochalsh
A890
Killian
Kirikton
ドロムナドロケット
Drumnadrochit
Dunan
P.342
Tomich
A87
Dornie
アイリーン・ドナン城
Eilean Donan Castle
カイルアキン
Loch Alsh
Corry
Kyleakin
A87
Loch Benin a Mheadhbin
Broadford
Letterfearn
Inverinate
Torrin
A851
Kylerhea
Glenelg
Shiel Bridge
B8083
Heaste
Drumfearn
23

A
B
ストロムネスへ
セント・マーガレッツ・ホープへ
Kyle of Durness
Durness
Loch Eriboll
Eriboll
Talmine
Kyle of Tongue
Skerray
Coldbackie
Tongue
Armadale
Farr
Bettyhill
Skelpick
Strathy
Melvich
Reay
スクラブスター
Scrabster
Bridge of Forss
Dounreay
A836
サーゾー
Thurso
Westfield
Shebster
Brough
Dunnet
Gill's Bay
ジョン・オグ
John O
Barrock
Castletown
Sortat
Halkirk
Watten
Reiss
Mybster
Westerdale
A882
ウィ
Thrumster
Achavanich
Ulbster
A838
A9
A99
B870
B874
B876
Dalhalvaig
Loch Loyal
Syre
A897
Forsiard
Loch Meadie
A836
Loch More
Altnaharra
Loch Naver
Loch nan Clar
Loch Merkland
Kinbrace
Houstry
Lybster
Latheron
Latheronwheel
Braemore
Dunbeath
Borgue
Berriedale
B871
B873
Loch Shin
Shinness Lodge
Helmsdale
Achnaliachrach
Dalreavoch
Balnacoil
Loch Brora
Lairg
A839
Muie
Rogart
Brora
Oykel Bridge
Altass
A837
Golspie
Littleferry
Culrain
Croick
Bonar Bridge
Embo
Ardgay
Clashmore
Dornoch
Kincardine
A949
Dornoch Firth
P.94
Wilkhaven
ハイランド
Highland
Edderton
グレンモーレンジ蒸溜所
Glenmorangie Distillery
Inver
テイン
Tain
B9165
Hill of Fearn
Loch Vaich
Hilton of Cadboll
B9166
Balintore
Dalnavie
Kildary
Boath
Kilmuir
Nigg
Alness
Invergordon
Nigg Ferry
Burghhead
Hopeman
Lossiemouth
A835
クロマーティ
Cromarty
P.97
Finfhorn
A941
Evanton
Cromarty Firth
Balblair
B9163
B9013
B9012
エルギン
Elgin
Jemimaville
クロマーティ・ブリューイング
Cromarty Brewing
Cullicudden
A832
Alves
A96
Lhanbryde
Garve
A834
P.93
ベンローマック蒸溜所
Benromach Distillery
フォレス
Forres
Strathpeffer
Dingwall
Culbokie
ネアン
Nairn
Loch Meig
Contin
Conon Bridge
Fortrose
Rosemarkie
Rafford
Barnhill
Longmorn
Marybank
Avoch
Ardersier
Auldearn
B9010
A940
A941
Tore
Munlochy
B9091
Dallas
Muir of Ord
Redcastle
B9161
B9090
Littlemill
Moray
モレイ
A862
North Kessock
Croy
Cawder
A939
ローゼス
Rothes
Beauly
Kirkhill
インヴァネス
Inverness
P.294
Ferness
P.93
カードゥ蒸溜所
Cardhu Distillery
Aberlour
Craig
A831
Kiltarlity
P.285
ダフタウン
Dufftown
Struy
B862
Essich
Daviot
B9007
A833
A82
P.93
グレンファークラス蒸溜所
Glenfarclas Distillery
Abriachan
A9
Loch Moy
Lochindorb
P.307
Dores
Farr
P.317
Advie
ドロムナドロケット
Drumnadrochit
ネス湖
Loch Duntelchaig
A95
B9008
P.302
トマーチン蒸溜所
Tomatin Distillery
グラントタウン・オン・スペイ
Grantown-on-Spey
グレンリヴェット蒸溜所
The Glenlivet Distillery
P.93
East Croachy
B852
B851
Duthil
A938
Dulnain Bridge
B9136
Knockandhu
Errogie
カーブリッジ
Carrbridge
B9008
Fovers
Loch Mhor
A95
Nethy Bridge
A939
Chapeltown
Loch Ness
Boat of Garten
Tomintoul
Badenoch
Invermoriston
Coignafearn
A887
1
2
3

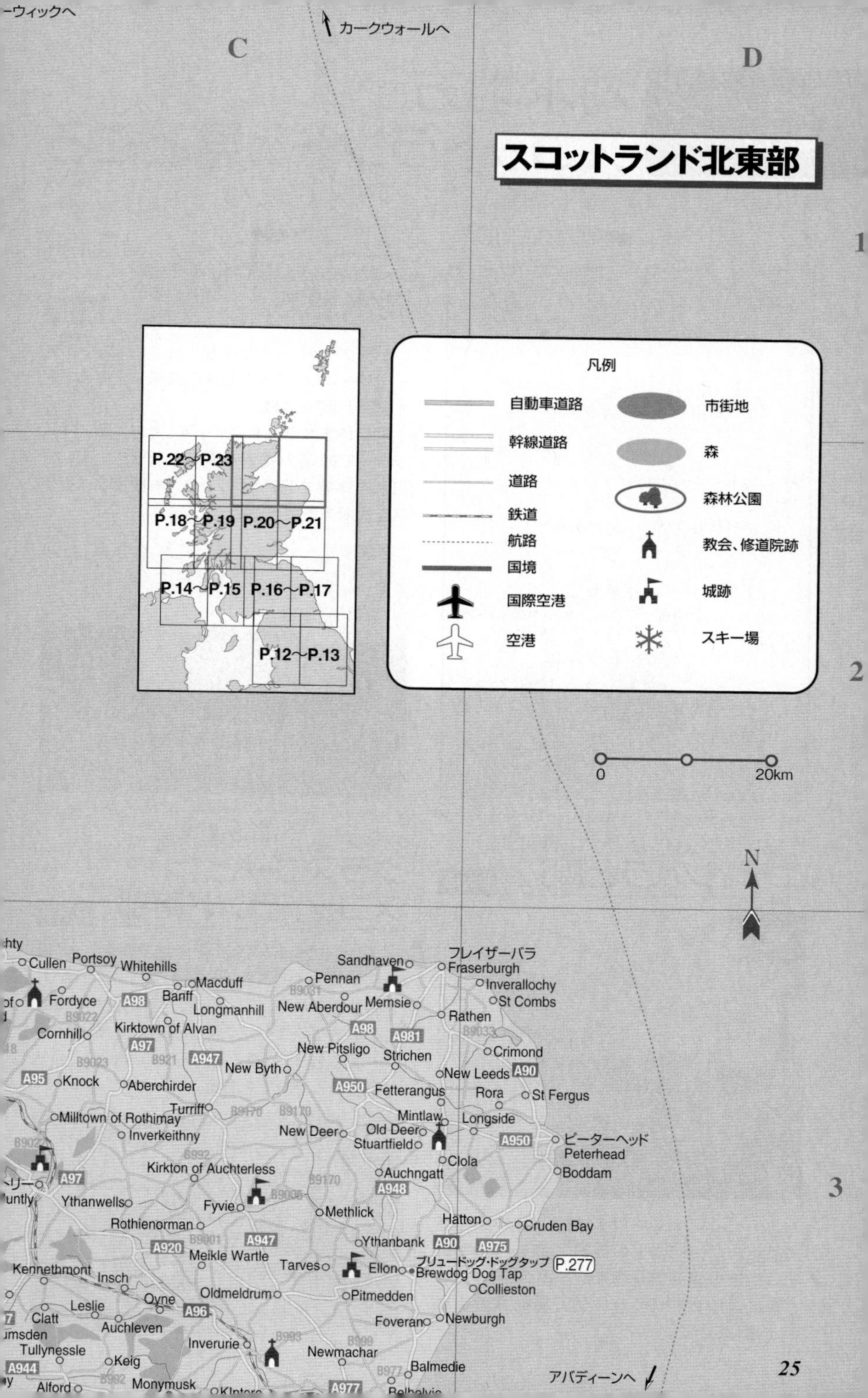
スコットランド北東部
カークウォールへ
ーウィックへ
C
D
1
2
3
P.22～P.23
P.18～P.19
P.20～P.21
P.14～P.15
P.16～P.17
P.12～P.13
凡例
自動車道路
幹線道路
道路
鉄道
航路
国境
国際空港
空港
市街地
森
森林公園
教会、修道院跡
城跡
スキー場
0
20km
N
Cullen
Portsoy
Whitehills
Macduff
Banff
Fordyce
Longmanhill
Cornhill
Kirktown of Alvan
Knock
Aberchirder
New Byth
Turriff
Milltown of Rothimay
Inverkeithny
Kirkton of Auchterless
Ythanwells
Fyvie
Rothienorman
Meikle Wartle
Kennethmont
Insch
Oyne
Leslie
Clatt
Auchleven
Tullynessle
Keig
Alford
Monymusk
Inverurie
Oldmeldrum
Sandhaven
フレイザーバラ
Fraserburgh
Pennan
Inverallochy
St Combs
New Aberdour
Memsie
Rathen
New Pitsligo
Strichen
Crimond
New Leeds
Fetterangus
Rora
St Fergus
Mintlaw
Longside
New Deer
Old Deer
Stuartfield
Clola
ピーターヘッド
Peterhead
Boddam
Auchngatt
Methlick
Hatton
Cruden Bay
Ythanbank
Tarves
Ellon
ブリュードッグ・ドッグタップ
Brewdog Dog Tap
P.277
Pitmedden
Collieston
Foveran
Newburgh
Newmachar
Balmedie
アバディーンへ
A98
A97
A947
A95
A981
A950
A90
A948
A920
A975
A96
A944
A977
B9031
B9022
B9033
B9023
B921
B9170
B992
B9005
B9001
B993
B999
B977

プランニングのコツ

湖水地方とスコットランドの見どころ

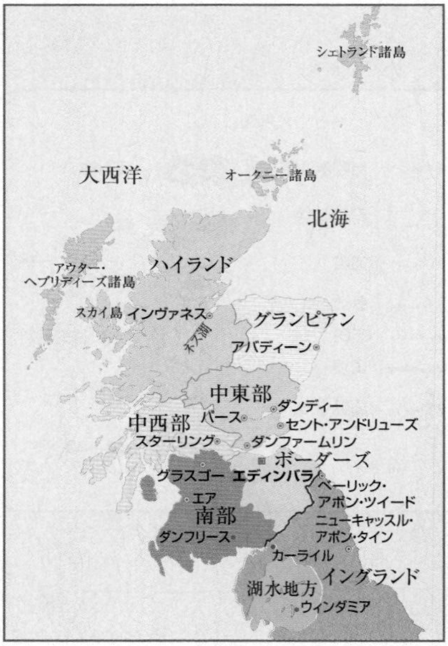

文豪が愛した風景がいまも残る

湖水地方 P.32

ピーターラビットの作者、ビアトリクス・ポターやワーズワースなど数々の文豪に愛されてきた自然が残る地域。

森に囲まれた湖をクルーズしたり、ミニバスツアーで峠道の絶景を楽しんだりと、美しい自然を体感するアトラクションも豊富なイギリスを代表する観光地だ。

歴史が息づくスコットランドの古都

エディンバラと周辺 P.106

エディンバラはヨーロッパでも屈指の美しさを誇るスコットランドの首都。オールドタウンには中世の雰囲気を残す街並みが、ニュータウンには19世紀のジョージ王朝様式の街並みが残っている。

ポップカルチャーの発信源

グラスゴーとスコットランド南部 P.158

スコットランドの流行発信地であるグラスゴーには数多くのクラブやライブハウスがあり、若者であふれている。一方、美術館や博物館も高い評価を受けており、芸術文化都市という一面ももっている。ロンドンに次いでショップの充実した街でもある。

変化に富んだ地形が生み出す景観美

スコットランド中西部

P.204

この地域は、スコットランドでも有数の観光地。ローモンド湖や沿岸の島々には美しい自然が、古都スターリングには歴史的な建築物が残っている。エディンバラやグラスゴーといった大都市からの交通の便もよくアクセスしやすい。

ゴルフの聖地、釣り好きの天国

セント・アンドリューズとスコットランド中東部

P.240

セント・アンドリューズは、スコットランドの宗教の中心地だった所で、ダンディーは大英帝国を支えた世界的な港湾都市。中東部を流れるテイ川はレジャーにピッタリ。

古城とウイスキーに彩られる大地

アバディーンとグランピアン地方

P.270

アバディーンは北海油田の基地としてにぎわうスコットランド第3の都市。周辺のグランピアン地方は、数多くの蒸溜所をもつウイスキーの名産地であると同時に数多くの古城がたたずんでいる。ウイスキー街道、古城街道は人気のドライブコースだ。

スコットランドの自然、その神髄を楽しむ

ネス湖とハイランド、スカイ島

P.292

湖に森といった日本人が思い浮かべるスコットランドのイメージは、ハイランドの風景であることが多い。ハイランドはスコットランドの3分の2を占める広大なエリア。氷河によって形成されたその地形は変化に富み、とてもダイナミックだ。

独自の文化が息づく離島

アウターアイランズ

P.352

ブリテン島から離れた島々には、独自の文化が息づいている。オークニー諸島やシェトランド諸島は北欧の文化の影響を色濃く受けており、ヴァイキング祭りも行われる。また、アウター・ヘブリディーズ諸島は、ケルトの言語や文化を現在も受け継いでいる。

スコットランドのイベント

スコットランドのお祭りは、ヨーロッパのほかの国々と比べても
非常に個性的。代表的なイベントを紹介しよう。

タトゥー Tattoo

エディンバラ・ミリタリー・タトゥー➡P.135

タトゥーとは、軍楽隊の行進のデモンストレーションのこと。スコットランドではバッグパイプによる軍楽隊の行進の演奏が楽しめる。なかでも8月の夜にエディンバラ城の前で行われるエディンバラ・ミリタリー・タトゥーは世界的に知られている一大イベントだ。

ハイランド・ダンスも華麗な舞を見せる

世界各国のパイプバンドが集結する

フィナーレでは城をバックに花火が打ち上げられる

ライトアップされたエディンバラ城も雰囲気を盛り上げる

ハイランド・ゲームズ Highland Games

ブレイマー➡P.280

ハイランド・ゲームズは、バッグパイプの演奏や、ハイランドダンス、ハンマー投げや石投げなどが繰り広げられる、スコットランドらしさ満点の運動会。アバディーン近郊で9月に行われるブレイマー・ギャザリングが特に有名で、女王陛下も訪れる。

丸太を投げる競技

ハイランド・ゲームズに花を添えるハイランドダンス

ホグマニー Hogmanay

エディンバラズ・ホグマニー➡P.135

エディンバラの中心部で行われるエディンバラズ・ホグマニー

ヨーロッパではどこの国もたいていクリスマスは盛大にお祝いするわりに、年末年始はけっこうあっさりしているもの。ところがスコットランドでは大晦日はホグマニーと呼ばれ、どこの町でも盛大に祝う。特にエディンバラのものは有名で、街の中心部は、数多くの観光客であふれ返る。

アップ・ヘリー・アー Up-Helly-A'

シェトランド諸島➡P.364

シェトランド諸島で最大の祭りがアップ・ヘリー・アー。1月の最終火曜に行われるこの祭りは、ヴァイキングの衣装を着て、手にはたいまつを持ち町を行進するというもの。クライマックスでは、公園に集まって手に持ったたいまつをヴァイキング船に投げつけて燃やしてしまう。1000にも及ぶたいまつが次々と投げられる光景はまさに圧巻。シェトランド諸島の長い冬の終わりと春の到来を祝う、壮大な炎の祭典だ。

子供だけの行進もある

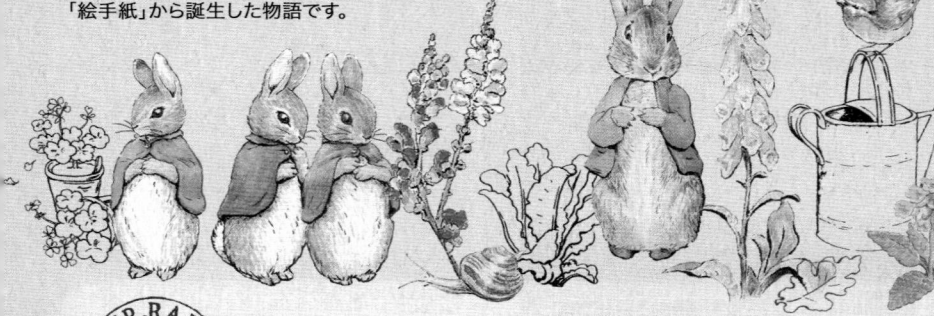

The Lake District
湖水地方

ウィンダミア湖のウォーターヘッド埠頭

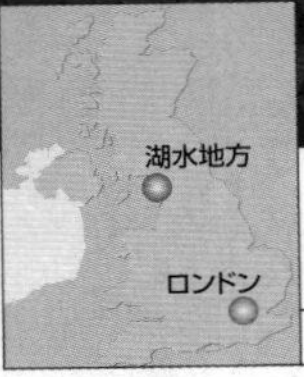

文豪が愛した風景が今も残る

湖水地方 The Lake District

●市外局番015394（ウィンダミア、ボウネス、アンブルサイド、グラスミアなど）

❖湖水地方への行き方

最も近い空港はマンチェスター空港。空港駅から鉄道で2時間ほど。

ロンドンのヴィクトリア・コーチステーションからの直通バスは2020年4月現在運休中。運休前の時刻表では10:30にロンドンを出発し、湖水地方の主要な町に19:00～20:40頃に立ち寄るスケジュール。

各主要都市から湖水地方へ列車でアクセスする場合は、オクセンホルム・レイク・ディストリクトOxenholme Lake Districtで湖水線（1日11～17便）に乗り換える。オクセンホルム・レイク・ディストリクトからウィンダミアまで約20分。マンチェスター・ピカデリー駅からオクセンホルム・レイク・ディストリクトまでは直通列車が1～2時間に1便、所要約1時間30分。

■ウィンダミアへの行き方

●ロンドンから

ユーストン駅から1時間に1便程度、日曜減便、オクセンホルム・レイク・ディストリクトで乗り換える

所要:3時間10分～4時間10分

●グラスゴーから

セントラル駅から1～2時間に1便程度、オクセンホルム・レイク・ディストリクトで乗り換える

所要:2時間10分～3時間10分

■アンブルサイド、グラスミア、ケズィックへの行き方

●ロンドンから

ユーストン駅からランカスター駅まで約2時間45分。1時間に1便程度（日曜減便）。ランカスターで555番のバスに乗り換え。ウィンダミア、アンブルサイド、グラスミア、ケズィックの順に到着する。所要時間はP.38の交通図を参照。

詩人ワーズワースとのゆかりが深いグラスミア湖

ビアトリクス・ポターの世界

湖水地方は、その名が示すように多くの湖が点在する地域であり、高い山の少ないイギリスにおいて標高1000m近い山々が連なるスケールの大きな自然が見られる場所。年間2000万人以上の観光客が訪れるイギリス随一の景勝地として知られ、2017年にはユネスコの世界遺産にも登録された。イングランド最高峰スコーフェル・パイクScafell Pike(978m)やイギリス最深の湖ワスト湖Wast Waterも、この湖水地方国立公園内に位置する。これら水と緑の美しい競演は、イギリス国内はもちろん世界中から多くの観光客を引き寄せてやまない。

これらの自然が人に与えた影響も大きい。その代表格が、イギリスを代表するロマン派の詩人ワーズワースである。形にとらわれず自然体で書かれた作品が文学界にセンセーションを巻き起こしたのも、この自然が背景にあったからである。日本でもよく知られているピーターラビットの作者ビアトリクス・ポターもこの地方を愛した作家だ。ワーズワースやポターが愛した湖水地方の景観は、時が止まったように現在も200年前と変わっていない。

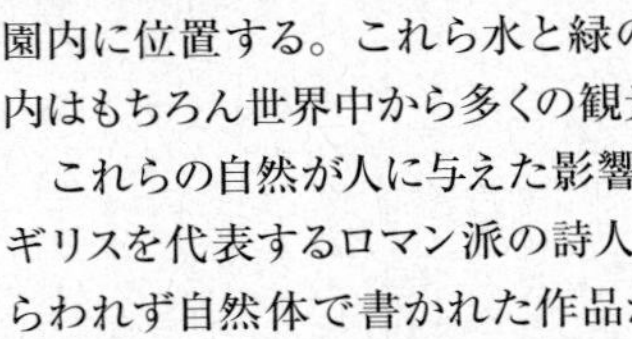

ビアトリクス・ポターの家ヒルトップ

起点にする町を決めよう

◉ウィンダミアとボウネス（→P.46）

湖水地方南部の玄関とされるウィンダミアはバスや列車での移動の起点となる町。ボウネスは、正式名称をボウネス・オン・ウィンダミアBowness-on-Windermereといい、ウィンダミアにあるボウネスという意味。フェリーやクルーズ船の発着する埠頭があり、こちらも観光に欠かせない交通手段だ。ウィンダミアとボウネスの間は徒歩30分ほど。

◉アンブルサイド（→P.58）

ウィンダミア湖北岸の町。19世紀からリゾート地として発展し、湖水地方独特の古い町並みが残っている。ホークスヘッドやグラスミアへもアクセスしやすい。

◉グラスミア（→P.64）

ワーズワースゆかりの見どころが多く、フットパスが整備されているので、ウオーキングの起点としても最適な町。静かな環境で滞在したい人におすすめ。

◉ケズィック（→P.68）

湖水地方北部の玄関口。湖水地方の各地域を結ぶバスの起点となっている。ダーウェント湖に近く、周囲を山に囲まれているので、フットパスの種類が豊富。

◉コニストン（→P.74）

鉄道やバスルート555番から外れるため、湖水地方以外からのアクセスこそやや悪いが、湖水地方内でのアクセスはよく、周囲の自然の美しさは湖水地方でも屈指と評判。

◉バロウ・イン・ファーネス（→P.80）

カンブリア沿岸線のターミナル駅があり、湖水地方西部を回る拠点として便利。湖水地方とアイリッシュ海を同時に楽しむことができる。

◉ホワイトヘイヴン（→P.82）

バロウ・イン・ファーネスと同様カンブリア沿岸線の駅があり、湖水地方西部の拠点のひとつ。海岸沿いを歩くフットパスが充実しており、湖水地方の旅にひと味違ったアクセントを加えたい人におすすめ。

歩き方

イングランドに10ある国立公園のなかで最大の面積を誇る湖水地方国立公園だけに、景勝地を挙げればきりがない。歩いて回ることもできるが、時間や体力を考えるとレンタカーやバスでの移動が現実的。効率よく巡りたい方には、ミニバスによる日帰りツアー（→P.39）も充実している。

■バロウ・イン・ファーネスへの行き方

●ロンドンから

🚃ユーストン駅から1～2時間に1便程度、ランカスターやプレストンで乗り換える

所要:3時間35分～4時間5分

■ホワイトヘイヴンへの行き方

●ロンドンから

🚃ユーストン駅から1～3時間に1便程度、カーライルで乗り換える

所要:4時間35分～5時間20分

ウィンダミア湖のほとりに広がるボウネス

読者投稿 ケズィックのトイレ

町なかに有料トイレがあり、コインもしくはカードで決済し入場できるシステムですが、40pのところ50pコインを入れたらおつりが出ませんでした。

（茨城県　ゴマちゃんママ　'19夏）

アンブルサイドはウィンダミア湖北端の町

北部を中心に回るならケズィック滞在が便利

西部の拠点バロウ・イン・ファーネス

湖水地方の交通

◉バス　主要な町を結ぶ555番のバスは非常に利用価値が高い。ⓘで時刻表を手に入れておこう。夏期のみの路線もあるので、カンブリア（湖水地方とランカシャー地方）全域の公共交通機関を網羅した時刻表があれば、スケジュールが立てやすい。交通図（→P.38）も参考にしよう。セントラル・レイクス・デイライダーやノース・ウエスト・エクスプローラーといった乗り放題のチケットを購入すれば、一日に複数の場所へ行く人なら交通費の節約になる。乗り放題チケットも通常のチケット同様にバスのドライバーから直接購入する。

湖水地方を南北に縦断する555番のバスは個人旅行者の強い味方

◉鉄道　湖水地方を走る湖水線はオクセンホルム・レイク・ディストリクトからウィンダミアまでの短い路線。湖水地方を南北に縦貫する西海岸本線West Coast Main Lineはグラスゴーまで運行している。湖水地方西部はカーライルとバロウ・イン・ファーネスを結ぶカンブリア沿岸線Cambrian Coast Lineがある。西にアイリッシュ海、東に湖水地方の山々を眺めることができる景勝路線なので、鉄道ファンはぜひ乗ってみたい。

ハバースウェイト鉄道の蒸気機関車

保存鉄道ではハバースウェイト鉄道（→P.48）やレイヴェングラス・エクスデイル鉄道（→P.83）がある。

◉船　ウィンダミア湖のクルーズ船（→P.48）は1年を通じて運航されており、交通手段としても遊覧船としても湖水地方の観光には欠かせない。ボウネス・ピアの南にあるフェリー・ナブからは対岸のフェリーハウスを結ぶカーフェリーが20分おきに発着している。ダーウェント湖（→P.69）やアルズ湖（→P.79）、コニストン湖（→P.75）など主要な湖では遊覧船も出ており、夏期には増便される。

ボートでウィンダミア湖を渡る

◉クロス・レイクス・エクスペリエンス　ウィンダミア湖とコニストン湖の間をフェリーとバスでつなぐルート。ウィンダミア湖をフェリーで渡るので、ボウネス、ウィンダミアからアンブルサイドを経由せずにニア・ソーリー（→P.54）やホークスヘッド

■セントラル・レイクス・デイ・ライダー
湖水地方中心部（ウインダミア、ボウネス、アンブルサイド、ホークスヘッド、コニストンなど）のステージコーチ社のバスが乗り放題。
料1日券£6.30

■ノース・ウエスト・メガライダー
カンブリア（湖水地方とランカシャー地方）地域を走るステージコーチ社のバスが乗り放題。
料1週間券£30

■フェリー・ナブ～フェリー・ハウスのカーフェリー
夏期6:50（日9:10）～21:50
冬期6:50（日9:50）～20:50
料歩行者£1　自転車£2
普通自動車£5

■クロス・レイクス・エクスペリエンス
URL www.mountain-goat.co.uk/Cross-Lakes-Experience

■レンタサイクル
●カントリー・レーンズ
Country Lanes（ウィンダミア）
Map P.47C1
住The Railway Station, Windermere, LA23 1AH
TEL (015394)44544
URL www.countrylaneslakedistrict.co.uk
開9:00～17:00
休11～2月（事前に連絡すれば対応可とのこと）
料1日£28～
●ギルサイド・サイクルズ
Ghyllside Cycles（アンブルサイド）
Map P.58
住The Slack, Ambleside LA22 9DQ
TEL (015394)33592
URL www.ghyllside.co.uk
開9:30～17:30
休日、1/1、12/25·26
料1日£30～
●ケズィック・バイクス
Keswick Bikes（ケズィック）
Map P.68A1
住133 Main St., Keswick CA12 5NJ
TEL (017687)75202
URL www.keswickbikes.co.uk
開9:00～17:30
休1/1、12/25
料1日£30～

(→P.53) に行くことができる。乗り継ぎもスムーズで、ウオーキングコースとも組み合わせられるので積極的に利用したい。4月上旬～10月頃の運行。ボウネスからコニストンまで直接行く場合は、505番のバスの方が早い。

◉**レンタサイクル**　自転車のレンタルはウィンダミアやケズィック、コニストンといった観光の拠点になる町で可能。ただし、湖水地方の道路は狭く、サイクリング専用ロードも少ないため、運転には十分注意しよう。自転車をレンタルするならヘルメットもレンタルすること。

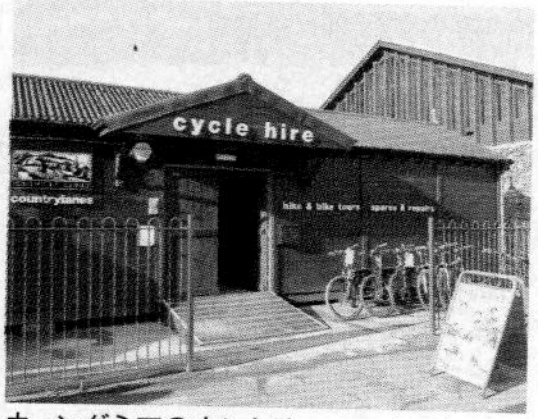

ウィンダミアのカントリー・レーンズ

■レンタルボート
●コニストン・ボーティング・センター
Coniston Boating Centre（コニストン）
Map P.74
住Coniston, LA21 8EW
TEL(015394)41366
URLwww.conistonboatingcentre.co.uk
開イースター～10月
10:00～17:00
11月～イースター
10:00～16:00
休1/1、12/25・26・31
料2人乗り手漕ぎボート1時間£15～、1人乗りカヤック2時間20 £～

クロス・レイクス・エクスペリエンスCross Lakes Experience
ボウネス・ピア～コニストンの連絡時刻表（2020年の時刻表の一部）

フェリー	ボウネス・ピア3 Bowness Pier 3		10:00発	10:40発	11:20発	12:00発	12:40発	14:00発	14:40発	15:20発	16:00発	16:40発
マウンテン・ゴート525	フェリー・ハウス Ferry House		10:15着	10:55着	11:35着	12:15着	12:55着	14:15着	14:55着	15:35着	16:15着	16:55着
			10:20発	11:00発	11:40発	12:20発	13:00発	14:20発	15:00発	15:40発	16:20発	17:00発
	ヒルトップ Hill Top		10:27	11:07	11:47	12:27	13:07	14:27	15:07	15:47	16:27	17:07
	ホークスヘッド Hawkshead		10:35着	11:15着	11:55着	12:35着	13:15着	14:35着	15:15着	15:55着	16:35着	17:15着
ステージコーチ505		10:08発	11:08発		12:08発	13:08発	14:08発	15:08発		16:13発	17:13発	18:50発
	ホークスヘッド・ヒル Hawkshead Hill	10:13	11:13		12:13	13:13	14:13	15:13		16:18	17:18	18:55
	モンク・コニストン Monk Coniston	10:20	11:20		12:20	13:20	14:20	15:20		16:25	17:25	19:02
	コニストン着 Coniston	10:24着	11:24着		12:24着	13:24着	14:24着	15:24着		16:29着	17:29着	19:06着
ステージコーチ505	コニストン発 Coniston	10:28発	11:28発		12:28発	13:28発	14:28発	15:28発		16:40発	17:40発	
	モンク・コニストン Monk Coniston	10:34	11:34		12:34	13:34	14:34	15:34		16:46	17:46	
	ホークスヘッド・ヒル Hawkshead Hill	10:40	11:40		12:40	13:40	14:40	15:40		16:52	17:52	
	ホークスヘッド Hawkshead	10:46着	11:46着		12:46着	13:46着	14:46着	15:46着		16:58着	17:58着	
マウンテン・ゴート525		10:40発	12:00発	12:40発	14:00発	14:40発	15:20発	16:00発		16:40発		
	ヒルトップ Hill Top	10:47	12:07	12:47	14:07	14:47	15:27	16:07		16:47		
	フェリー・ハウス Ferry House	10:55着	12:15着	12:55着	14:15着	14:55着	15:35着	16:15着		16:55着		
フェリー		11:00発	12:20発	13:00発	14:20発	15:00発	15:40発	16:20発		17:00発		
	ボウネス・ピア3 Bowness Pier 3	11:15着	12:35着	13:15着	14:35着	15:15着	15:55着	16:35着		17:15着		

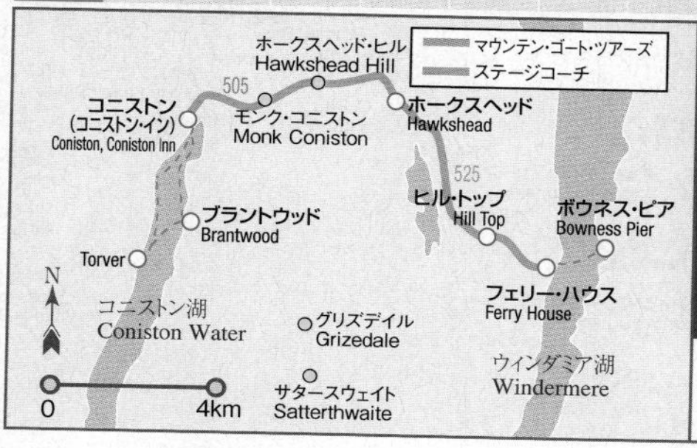

料金表（2019年）

	目的地	片道	往復
ボウネス・ピアから	フェリー・ハウス	£3.20	£5.40
	ヒルトップ	£6.65	£11.80
	ホークスヘッド	£8	£13.60

※マウンテン・ゴート・ツアーズの525番バスのみ、4/4～11/1（'20）の運行。ステージコーチとフェリーは通年で運行している

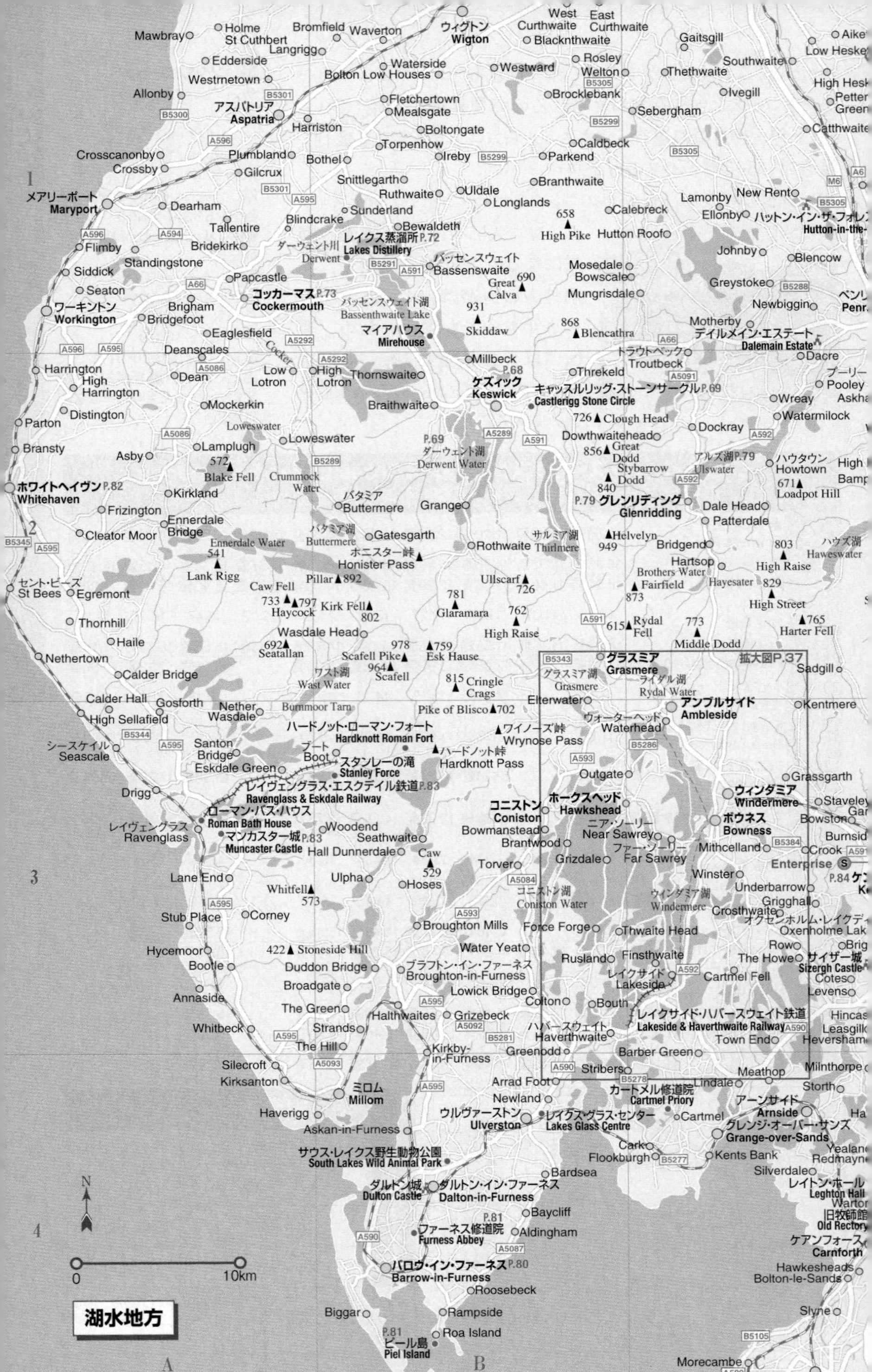

湖水地方
N
0
10km
1
2
3
4
A
B
C
Mawbray
Holme St Cuthbert
Bromfield
Langrigg
Waverton
ウィグトン
Wigton
West Curthwaite
East Curthwaite
Blacknthwaite
Gaitsgill
Aiket
Low Hesket
Edderside
Waterside
Westward
Rosley
Welton
Southwaite
Thethwaite
Westrnetown
Bolton Low Houses
High Hesket
Allonby
B5301
Fletchertown
Mealsgate
Brocklebank
Ivegill
Petteril Green
B5305
アスパトリア
Aspatria
B5300
Harriston
Boltongate
B5299
Sebergham
Catthwaite
A596
Torpenhow
Caldbeck
Crosscanonby
Plumbland
Bothel
Ireby
B5299
Parkend
B5305
Crossby
Gilcrux
A6
M6
Snittlegarth
Branthwaite
メアリーポート
Maryport
B5301
Ruthwaite
Uldale
Lamonby
New Rent
A595
Longlands
B5305
Dearham
Sunderland
Calebreck
Ellonby
ハットン・イン・ザ・フォレスト
Hutton-in-the-Forest
Blindcrake
658
Tallentire
Bewaldeth
High Pike
Hutton Roof
A596
A594
レイクス蒸溜所
P.72
Lakes Distillery
Flimby
Bridekirk
ダーウェント川
Derwent
バッセンスウェイト
Bassenswaite
Johnby
Blencow
Standingstone
B5291
A591
Mosedale
Siddick
Papcastle
Great Calva
690
Bowscale
Greystoke
B5288
Seaton
A66
コッカーマス
P.73
Cockermouth
バッセンスウェイト湖
Bassenthwaite Lake
Mungrisdale
ペンリス
Penrith
ワーキントン
Workington
Brigham
931
Newbiggin
Bridgefoot
Motherby
Eaglesfield
マイアハウス
Mirehouse
Skiddaw
868
Blencathra
デイルメイン・エステート
Dalemain Estate
A5292
A66
A596
A595
Deanscales
Cocker
A5292
Millbeck
トラウトベック
Troutbeck
Dacre
Harrington
A5086
Low Lotron
High Lotron
Thornswaite
P.68
Threkeld
A5091
プーリー
Pooley
High Harrington
Dean
ケズィック
Keswick
キャッスルリッグ・ストーン・サークル
P.69
Castlerigg Stone Circle
Wreay
Askham
Distington
Mockerkin
Braithwaite
726
Clough Head
Watermilock
Parton
Loweswater
A5086
Lowesswater
A5289
Dowthwaitehead
Dockray
A592
Bransty
Lamplugh
P.69
ダーウェント湖
Derwent Water
A591
856
Great Dodd
アルズ湖
P.79
Ullswater
ハウタウン
Howtown
High
Asby
572
B5289
Stybarrow Dodd
Bampton
Blake Fell
Crummock Water
840
A592
671
Loadpot Hill
ホワイトヘイヴン
P.82
Whitehaven
Kirkland
バタミア
Buttermere
P.79
グレンリディング
Glenridding
Frizington
Grange
Dale Head
Ennerdale Bridge
Patterdale
2
バタミア湖
Buttermere
Gatesgarth
サルミア湖
Thirlmere
Helvelyn
ハウズ湖
Haweswater
Cleator Moor
949
Bridgend
803
B5345
A595
Ennerdale Water
Rothwaite
541
ホニスター峠
Honister Pass
Hartsop
High Raise
セント・ビーズ
St Bees
Lank Rigg
Brothers Water
Hayesater
Egremont
Caw Fell
Pillar
892
Ullscarf
726
Fairfield
829
873
High Street
733
797
Kirk Fell
781
Haycock
802
Glaramara
762
Thornhill
Rydal Fell
773
765
Wasdale Head
615
A591
High Raise
Harter Fell
Haile
692
Seatallan
978
759
Middle Dodd
Scafell Pike
Esk Hause
B5343
グラスミア
Grasmere
拡大図P.37
Nethertown
964
Sadgill
ワスト湖
Wast Water
Scafell
グラスミア湖
Grasmere
ライダル湖
Rydal Water
Calder Bridge
815
Cringle Crags
Calder Hall
Gosforth
Elterwater
Nether Wasdale
Burnmoor Tarn
Pike of Blisco
702
アンブルサイド
Ambleside
Kentmere
High Sellafield
ハードノット・ローマン・フォート
Hardknott Roman Fort
ウォーターヘッド
Waterhead
ワイノーズ峠
Wrynose Pass
B5344
A595
シースケイル
Seascale
Santon Bridge
ブート
Boot
ハードノット峠
Hardknott Pass
B5286
スタンレーの滝
Stanley Force
A593
Eskdale Green
Outgate
Grassgarth
レイヴェングラス・エスクデイル鉄道
P.83
Ravenglass & Eskdale Railway
ウィンダミア
Windermere
Drigg
コニストン
Coniston
ホークスヘッド
Hawkshead
Staveley
ローマン・バス・ハウス
Roman Bath House
Garnett
ボウネス
Bowness
Bowston
レイヴェングラス
Ravenglass
マンカスター城
P.83
Muncaster Castle
Woodend
Seathwaite
Bowmanstead
ニア・ソーリー
Near Sawrey
Burnside
Brantwood
ファー・ソーリー
Far Sawrey
Mithcelland
B5384
Crook
A591
Hall Dunnerdale
Caw
Grizdale
Enterprise
Torver
529
Winster
P.84
ケンダル
Kendal
Lane End
Ulpha
Hoses
A5084
Underbarrow
3
Whitfell
コニストン湖
Coniston Water
ウィンダミア湖
Windermere
Grigghall
A595
573
Crosthwaite
オクセンホルム・レイクディストリクト
Oxenholme Lake District
Stub Place
Corney
A593
Broughton Mills
Force Forge
Thwaite Head
Row
Brigsteer
Hycemoor
Water Yeat
422
Stoneside Hill
Rusland
Finsthwaite
The Howe
サイザー城
Sizergh Castle
Bootle
Duddon Bridge
ブラフトン・イン・ファーネス
Broughton-in-Furness
レイクサイド
Lakeside
A592
Cartmel Fell
Cotes
Broadgate
Lowick Bridge
Levens
Annaside
A595
Colton
Bouth
The Green
レイクサイド・ハバースウェイト鉄道
Lakeside & Haverthwaite Railway
Hincaster
Halfthwaites
Grizebeck
Whitbeck
Strands
A5092
ハバースウェイト
Haverthwaite
A590
Leasgill
A595
B5281
Town End
Heversham
The Hill
Kirkby-in-Furness
Greenodd
Barber Green
Silecroft
A5093
A590
Stribers
Meathop
Milnthorpe
Arrad Foot
B5278
Lindale
Kirksanton
A595
ミロム
Millom
カートメル修道院
Cartmel Priory
Storth
Newland
アーンサイド
Arnside
Haverigg
ウルヴァーストン
Ulverston
レイクス・グラス・センター
Lakes Glass Centre
Cartmel
Askan-in-Furness
グレンジ・オーバー・サンズ
Grange-over-Sands
Cark
Yealand
Flookburgh
B5277
Kents Bank
Redmayne
サウス・レイクス野生動物公園
South Lakes Wild Animal Park
Bardsea
Silverdale
レイトン・ホール
Leighton Hall
ダルトン城
Dalton Castle
ダルトン・イン・ファーネス
Dalton-in-Furness
Warton
Baycliff
旧牧師館
Old Rectory
P.81
4
ファーネス修道院
Furness Abbey
Aldingham
A590
ケアンフォース
Carnforth
A5087
バロウ・イン・ファーネス
P.80
Barrow-in-Furness
Hawkesheads
Bolton-le-Sands
Roosebeck
Biggar
Rampside
Slyne
P.81
Roa Island
ピール島
Piel Island
B5105
Morecambe
A589
ヘイシャム
Heysham
ランカスター
Lancaster

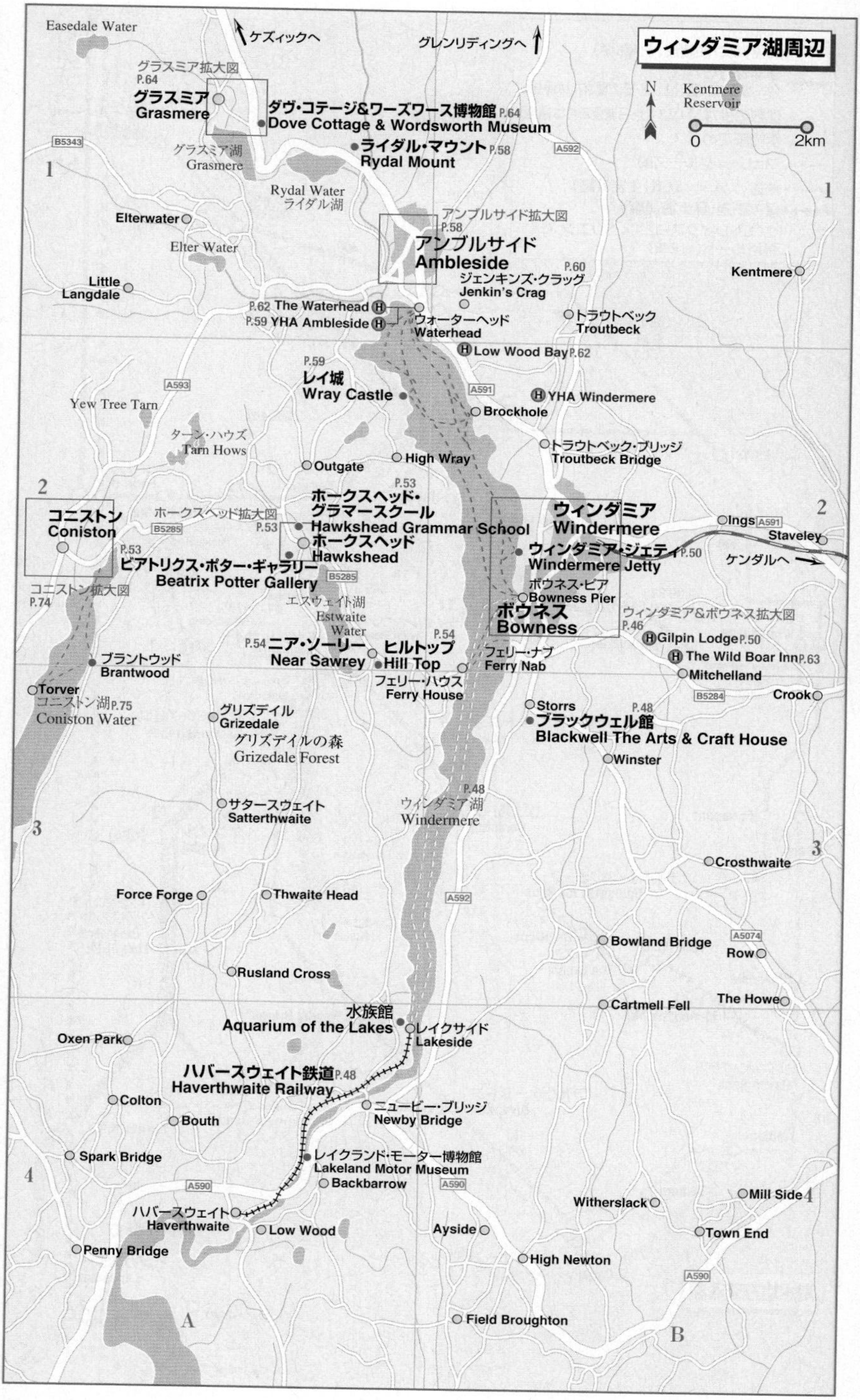
ウィンダミア湖周辺
Kentmere Reservoir
0 2km
Easedale Water
ケズィックへ
グレンリディングへ
グラスミア拡大図 P.64
グラスミア Grasmere
ダヴ・コテージ&ワーズワース博物館 P.64
Dove Cottage & Wordsworth Museum
ライダル・マウント P.58
Rydal Mount
グラスミア湖 Grasmere
Rydal Water ライダル湖
B5343
A592
Elterwater
アンブルサイド拡大図 P.58
アンブルサイド Ambleside
Elter Water
Little Langdale
ジェンキンズ・クラッグ P.60
Jenkin's Crag
Kentmere
P.62 The Waterhead
P.59 YHA Ambleside
ウォーターヘッド Waterhead
トラウトベック Troutbeck
Low Wood Bay P.62
P.59 レイ城 Wray Castle
A593
A591
YHA Windermere
Brockhole
Yew Tree Tarn
ターン・ハウズ Tarn Hows
トラウトベック・ブリッジ Troutbeck Bridge
Outgate
High Wray
P.53 ホークスヘッド・グラマースクール
Hawkshead Grammar School
ホークスヘッド拡大図 P.53
コニストン Coniston
B5285
ホークスヘッド Hawkshead
ウィンダミア Windermere
ウィンダミア・ジェティ P.50
Windermere Jetty
Ings
A591
Staveley
ケンダルへ
P.53 ビアトリクス・ポター・ギャラリー
Beatrix Potter Gallery
コニストン拡大図 P.74
B5285
エスウェイト湖 Estwaite Water
ボウネス・ピア Bowness Pier
ボウネス Bowness
ウィンダミア&ボウネス拡大図 P.46
Gilpin Lodge P.50
The Wild Boar Inn P.63
Mitchelland
P.54 ニア・ソーリー Near Sawrey
P.54 ヒルトップ Hill Top
フェリー・ナブ Ferry Nab
フェリー・ハウス Ferry House
ブラントウッド Brantwood
Torver
コニストン湖 P.75
Coniston Water
B5284
Crook
グリズデイル Grizedale
Storrs
P.48 ブラックウェル館
Blackwell The Arts & Craft House
グリズデイルの森 Grizedale Forest
Winster
サタースウェイト Satterthwaite
P.48 ウィンダミア湖 Windermere
Crosthwaite
Force Forge
Thwaite Head
A592
Bowland Bridge
A5074
Row
Rusland Cross
Cartmell Fell
The Howe
水族館 Aquarium of the Lakes
レイクサイド Lakeside
Oxen Park
ハバースウェイト鉄道 P.48
Haverthwaite Railway
Colton
ニュービー・ブリッジ Newby Bridge
Bouth
Spark Bridge
レイクランド・モーター博物館
Lakeland Motor Museum
Backbarrow
A590
A590
Witherslack
Mill Side
ハバースウェイト Haverthwaite
Low Wood
Ayside
Town End
Penny Bridge
High Newton
A590
Field Broughton
A
B
1
2
3
4

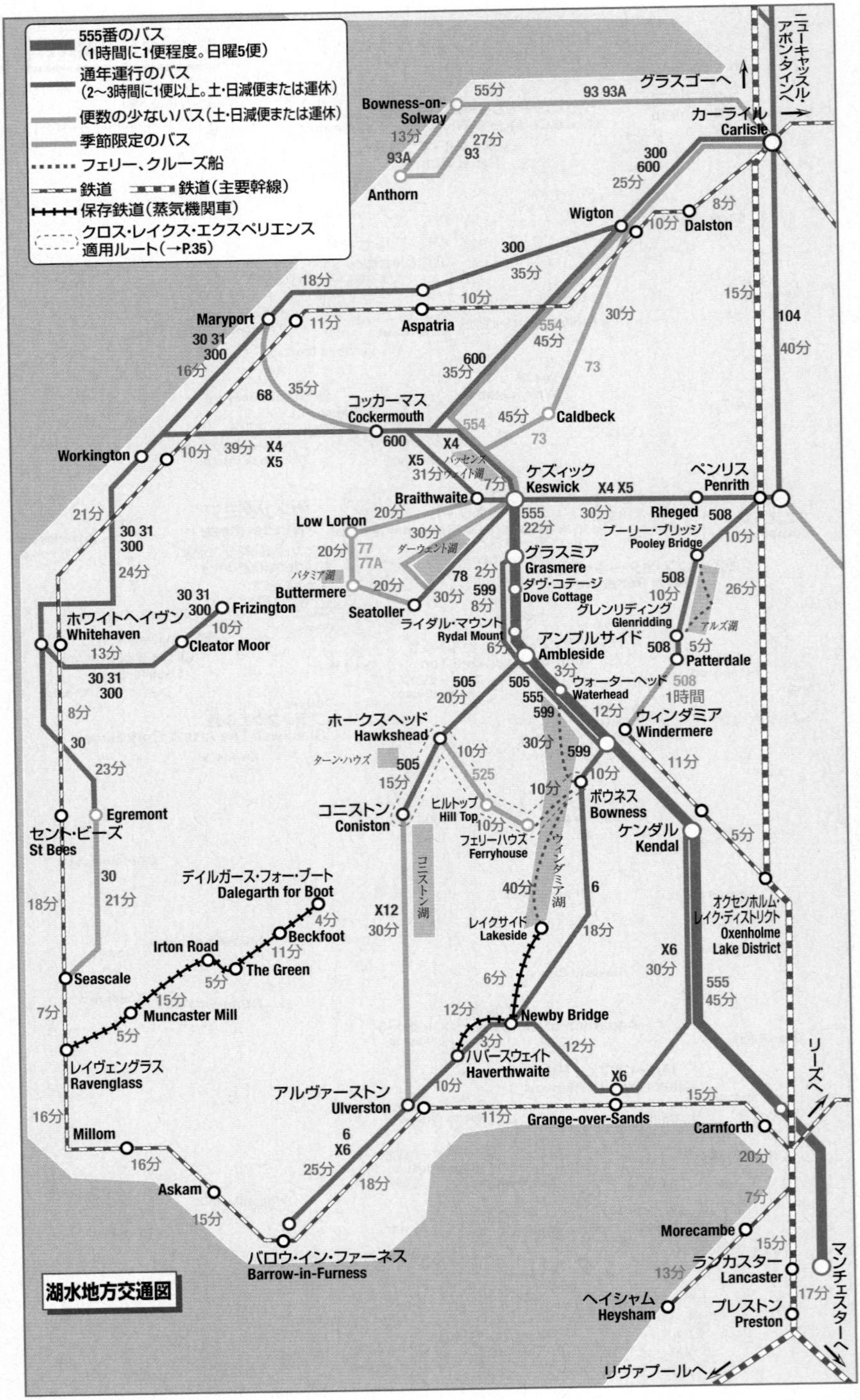

555番のバス
(1時間に1便程度。日曜5便)
通年運行のバス
(2~3時間に1便以上。土・日減便または運休)
便数の少ないバス(土・日減便または運休)
季節限定のバス
フェリー、クルーズ船
鉄道
鉄道(主要幹線)
保存鉄道(蒸気機関車)
クロス・レイクス・エクスペリエンス
適用ルート(→P.35)
ニューキャッスル・アポン・タインへ
グラスゴーへ
カーライル
Carlisle
Bowness-on-Solway
Anthorn
Wigton
Dalston
Maryport
Aspatria
コッカーマス
Cockermouth
Caldbeck
Workington
ケズィック
Keswick
ペンリス
Penrith
Rheged
プーリー・ブリッジ
Pooley Bridge
Braithwaite
Low Lorton
ダーウェント湖
バタミア湖
Buttermere
Seatoller
バッセンスウェイト湖
グラスミア
Grasmere
ダヴ・コテージ
Dove Cottage
グレンリディング
Glenridding
アルズ湖
ライダル・マウント
Rydal Mount
アンブルサイド
Ambleside
Patterdale
ウォーターヘッド
Waterhead
ウィンダミア
Windermere
Frizington
ホワイトヘイヴン
Whitehaven
Cleator Moor
ホークスヘッド
Hawkshead
ターン・ハウズ
コニストン
Coniston
ヒルトップ
Hill Top
フェリーハウス
Ferryhouse
ボウネス
Bowness
ケンダル
Kendal
ウィンダミア湖
コニストン湖
Egremont
セント・ビーズ
St Bees
デイルガース・フォー・ブート
Dalegarth for Boot
Beckfoot
Irton Road
The Green
レイクサイド
Lakeside
オクセンホルム・レイク・ディストリクト
Oxenholme Lake District
Seascale
Muncaster Mill
Newby Bridge
ハバースウェイト
Haverthwaite
レイヴェングラス
Ravenglass
アルヴァーストン
Ulverston
Grange-over-Sands
Carnforth
リーズへ
Millom
Askam
バロウ・イン・ファーネス
Barrow-in-Furness
Morecambe
ランカスター
Lancaster
ヘイシャム
Heysham
プレストン
Preston
マンチェスターへ
リヴァプールへ
湖水地方交通図

◉レンタカー　効率的に回ることができるが、観光客の多い夏は駐車場がいっぱいになってしまうことも。地元資本のレンタカー会社は少ないので、マンチェスター空港などで借りるのも手。山道やカーブが多いので、運転は慎重に。

ツアー

ツアーに参加するのも手

主要な町以外のバス路線は少なく、公共交通機関で行くことができる見どころはかぎられてしまう。時間のない人はツアーに参加すると効率よく回れる。湖巡りやワーズワース、ビアトリクス・ポターなどテーマごとのツアーがあるのでパンフレットをもらって検討しよう。数人集まればレンタカーを借りて回ると安上がりになる。

■レンタカー
●エンタープライズ
Enterprise Rent-A-Car
(ケンダル)
Map P.36C3
住Mintsfeet Rd., LA9 6NN
TEL(01539)725500
URLwww.enterprise.co.uk
開8:00〜18:00
(土9:00〜12:00)
休日　料1日£30〜
ケンダル駅からメインストリートのShap Rd.を北に約450mほど行った左側にある

読者投稿 **バスツアーに参加**
バスで色々連れてってくれてよかった。ヒルトップは個人では行きにくいし、ポターの愛した散歩道なども連れてくれてよかった。
(三重県　AI　'19秋)

湖水地方を周遊するツアー

マウンテン・ゴート・ツアーズ Mountain Goat Tours
TEL(015394)45161　URLwww.mountain-goat.co.uk
読者投稿 ウィンダミア駅近くに事務所があり、みやげ物屋と荷物預かりを兼ねています。日本人スタッフがいるので、相談しやすいです。(茨城県　ゴマちゃんママ　'19夏)

●10の湖巡り Ten Lakes Spectacular
出発:3月下旬〜10月9:30　所要:7時間45分　料£49.50
湖水地方北部のハイライト。グラスミア湖、ダーウェント湖、バタミア湖、サルミア湖など10の湖を巡り、ダーウェント湖ではクルーズも楽しむ。そのほかキャスルリッグ・ストーンサークル、グラスミアなどにも訪れる。

●ビアトリクス・ポターお気に入りの田舎周遊ツアー Beatrix Potter's Favourite Countryside Tour
出発:2月上旬〜10月下旬12:00　所要:4時間30分　料£41
ピーターラビットゆかりの場所を巡るツアー。ヒルトップ、ホークスヘッド、ターン・ハウズ、ウィンダミア湖（クルーズ）などを観光。

●ハイ・アドベンチャー The High Adventure
出発:3月下旬〜10月9:45　所要:7時間45分　料£49.50
湖水地方西部の見どころを網羅した定番ツアー。エスクデイル、ワスト湖、マンカスター城などを訪れエクスデイル・レイヴェングラス鉄道にも乗車する。

レイクディストリクト・ツアーズ Lake District Tours
TEL(015395)52106
URLwww.lakedistricttours.com

●ピーターラビットの故郷とウィンダミア湖クルーズ半日観光
出発:月〜金11:45（ウィンダミア駅発）　所要:4時間　料£80
ウィンダミア湖のクルーズ、ニア・ソーリー、ヒルトップ、ホークスヘッド村など人気の観光地をカバーするツアー。ボウネスで解散。

●湖水地方ツアー＆ハイキング
出発:13:15（ウィンダミア駅発）　所要:3時間25分　料£55
ウィンダミア湖やグラスミアを観光。コルウィス・フォースの滝へのウオーキング（15〜30分）も楽しめる。

●湖水地方エクスプローラーツアー
出発:火・木〜日9:30（ウィンダミア駅発）　所要:7時間15分　料£68
滞在日数がかぎられ、湖や峠の絶景、ワーズワースゆかりの見どころなど、一度のツアーで多彩な湖水地方の魅力に触れたい人のためのツアー。

●9つの湖を巡るフォトジェニック・ツアー
出発:火・木・金9:30（ウィンダミア駅発）　所要:7時間　料£150
湖水地方の見どころを網羅した1日観光。グラスミアやコニストン湖、ケズィックなどを訪れる。4名以上が参加した場合、日本語堪能なガイドが付く。

体験！

一日で湖水地方北部を網羅する 10の湖巡り

1 09:45 ウィンダミア

出発はウィンダミアの🅘前から。事前にツアー会社に予約しておけばホテルまで迎えにきてもらえる。

ツアーのスタートは🅘から

湖水地方で最も美しい湖と言われている

2 10:45 アルズ湖

ウィンダミアから北へカークダン峠を越え、ブラザーズ湖を通過すると、湖水地方で2番目に大きいアルズ湖に到着。

3 11:30 ダーウェント湖クルーズ

ワーズワースがハネムーンを過ごしたというホテル・ライダルを経由してケズィックへ。町に入る前にダーウェント湖クルーズを楽しんだ後、約1時間のランチ休憩。

45分かけてダーウェント湖を一周する

クルーズを楽しんだダーウェント湖を上から眺める

4 13:45 サプライズ・ビュー

ランチ休憩後ダーウェント湖西岸の絶景スポット、サプライズ・ビューへ。ダーウェント湖とバッセンスウェイト湖を同時に見渡すことができる。

5 14:45 ホニスター峠

標高356mのホニスター峠は湖水地方で最も険しい峠のひとつ。峠を越すと、バタミア湖とクローマック湖が広がっている。

最大傾斜が25度もある険しい峠

6 15:45 キャッスルリッグ・ストーンサークル

ケズィック方面に戻り、古代人が作った環状列石を見学、その後サルミア湖を経由してグラスミアへ。

約4000年前に作られた

7 16:25 グラスミア

ワーズワースが愛したグラスミア村で約20分のフリータイム。グラスミア湖、ライダル湖の風景を楽しみながらウィンダミアへと戻る

のんびりとした空気が流れる風光明媚な村

グラスミアのおみやげはジンジャーブレッドで決まり

協力:マウンテン・ゴート・ツアーズ（→P.39）

旅の情報収集

イギリスを代表する観光地だけあって、観光案内所の情報は充実しており、観光資料も多い。交通機関の時刻表やウオーキングに必要な地図も入手しておきたい。

モデルルート

湖水地方の自然を満喫するなら、ウオーキングやサイクリングに挑戦するのも楽しい

イギリス各地から湖水地方に入ると、各町への到着は昼過ぎから夕方になる。初日は移動日として考えよう。バスでは行ける場所がかぎられるので、時間のない人はツアーに参加すると効率よく回れる。P.39のツアー情報や、P.42～43の公共交通機関を使ったモデルルートも参考に。

ウィンダミア発、イギリス文学をたどる1泊2日の旅

1日目:ウィンダミア➡ホークスヘッド➡ニア・ソーリー➡ボウネス
2日目:ウィンダミア➡コッカーマス➡ケズィック➡グラスミア➡アンブルサイド

1日目は朝一番に505番のバスでホークスヘッドへ。ワーズワースのグラマースクールやビアトリクス・ポター・ギャラリーを見学し、昼食を取る。午後は525番のバス（夏期のみ運行）でニア・ソーリーへ。ヒルトップを見学し、モス・エクレス湖までのフットパスを楽しむのもいい。バスでフェリー・ハウスへ行き、ボートでボウネスへ戻り、ビアトリクス・ポターの世界を見学する。
2日目も朝一番のバスでケズィックへ行き、バスを乗り換え、コッカーマスへ。ワーズワース・ハウス（夏期のみ開館）を見学し、再びバスでケズィックへ戻り、昼食と町歩き。午後はバスでグラスミアへ行き、ダヴ・コテージ&ワーズワース博物館を見学。グラスミアからバスでアンブルサイドへ行き、ライダル・マウントを見学してから、ウィンダミアへバスで戻る。

ケズィック発、湖水地方の自然を肌で感じる1泊2日

1日目:ケズィック➡グラスミア➡アンブルサイド
2日目:ケズィック➡アンブルサイド➡ボウネス➡レイクサイド➡ハバースウェイト➡レイクサイド➡ボウネス➡アンブルサイド

1日目はまずケズィックの町を観光しダーウェント湖へ行こう。ケズィックで昼食を取ったあと、バスでグラスミアへ。町を散策後、グラスミア湖やライダル・ウォーターに沿ってフットパスをとおり抜けよう（約5km、約2時間）。途中、ライダル・マウントに立ち寄り、ワーズワースの家と彼の作った庭園を見学し、徒歩でアンブルサイドに入る（約3km、約1時間）。ウォーターヘッドでウィンダミア湖畔の散歩を楽しんだあと、バスでケズィックへ戻る。
2日目はバスでアンブルサイドに行き、ウォーターヘッドからフェリーにてボウネスへ。ボウネスでフェリーを乗り換えレイクサイドへ。レイクサイドから蒸気機関車に乗ってハバースウェイトへ向かおう。ハバースウェイトで昼食を取ったあと、蒸気機関車でレイクサイドへ戻り、水族館へ。再びフェリーを乗り継いでアンブルサイドへ行き、バスでケズィックに戻る。

■湖水地方のⓘ

●ウィンダミアのⓘ
Map P.47B1
住 Victoria St., LA23 1AD
TEL (015394)46499
URL www.windermereinfo.co.uk
開 夏期8:30～17:30
冬期8:30～16:30
休 12/25

●ボウネスのⓘ
Map P.46左2
住 Glebe Rd., LA23 3HJ
TEL (015394)32582
URL www.lakedistrict.gov.uk
開 4～10月9:30～17:30
11～3月10:00～16:30
休 1/1、12/25･26

●アンブルサイドのⓘ
Map P.58
住 Market Cross, LA22 9BS
TEL (015394)68135
開 イースター～10月
9:00～17:30
（日10:00～17:00）
11月～イースター
10:00～16:00
休 11月～イースターの日曜、1/1、12/25･26

●ケズィックのⓘ
Map P.68B2
住 Moot Hall, Market Sq., Main St., CA12 5JR
URL www.lakedistrict.gov.uk
開 4～10月9:30～17:30
11～3月9:30～16:30
休 無休

●コニストンのⓘ Map P.74
住 Ruskin Av., LA21 8EH
TEL (015394)41533
URL www.conistontic.org
開 イースター～9月
9:30～16:30
（日10:00～14:00）
10月～イースター
10:00～14:00
（金･土10:00～16:30）
休 1/1、12/25･26

●グレンリディングのⓘ
Map P.79
住 Beckside Car Park, CA11 0PD
TEL (017684)82414
開 4～10月9:30～17:30
11～3月の土･日9:30～15:30
休 11～3月の月～金

●ケンダルのⓘ
Map P.84
住 Fantastic Kenda
26-28 Finkle St., LA9 4AB
TEL (01539)725139
開 9:00～17:00
休 1/1、12/25･26

湖水地方日帰り観光

ウィンダミア発 バスとフェリーで巡る湖水地方

湖水地方の見どころは広範囲にわたっているが、路線バスやフェリーで行くことができる場所も意外と多い。以下のルートなら湖水地方を代表する見どころをバスやフェリーを使って1日で回ることができる。

湖水地方中部の自然を楽しむコース

9:09 ウィンダミア 発 P.46

555番 ケズィック行きのバスに乗りグラスミア下車。

9:45 グラスミア 着 P.64

滞在時間 約3時間

ダヴ・コテージ

代表的な見どころは、ワーズワースにゆかりのあるダヴ・コテージとワーズワース博物館見学、グラスミア湖の散策。すべてを見て回るのは時間的に難しいが、午後のケズィック観光を省けば可能。昼食はグラスミア・ティー・ガーデンズ（P.65）やホテル併設のレストランで食べることができる。グラスミア名物のセイラ・ネルソンのジンジャーブレッド（P.65）も試してみたい。

12:45 グラスミア 発

555番 ケズィック行きのバスに乗り終点で下車。

13:14 ケズィック 着 P.68

滞在時間 1時間30分

キャッスルリッグ・ストーンサークル

キャッスルリッグ・ストーンサークル散策や博物館見学が人気。すべてを見て回るのは時間的に難しいので、どちらかに絞ろう。キャッスリッグ・ストーンサークルに行く場合は帰りのバスの時間も考え行動したい。

15:30 ケズィック 発

555番 ケンダル行きのバスに乗り、グラスミア経由でウォーターヘッド・ピア下車。

16:20 ウォーターヘッド・ピア（アンブルサイド）着

17:10 ウォーターヘッド・ピア（アンブルサイド）発

乗り換え時間 約50分

フェリー ウォーターヘッド・ピアからフェリーに乗ってボウネス・ピアへ。フェリーに乗るまで少し時間があるので、ピア周辺のカフェでのんびりしよう。アンブルサイドで降りて散策しながらピアへ向かうというのも楽しい。

17:40 ボウネス・ピア（ボウネス）着

17:52 ボウネス・ピア（ボウネス）発

乗り換え時間 約10分

599番 アンブルサイド行きのバスに乗りウィンダミアで下車。

18:04 ウィンダミア 着

ビアトリクス・ポターのファンにおすすめのコース

9:23 ウィンダミア 発

599番　ボウネス・ピア行きのバスに乗り終点で下車。

9:31 ボウネス・ピア（ボウネス）着
10:00 ボウネス・ピア（ボウネス）発
乗り換え時間 約30分

フェリー　ボウネス・ピア3番からフェリーに乗ってフェリー・ハウスへ。

10:15 フェリー・ハウス 着
10:20 フェリー・ハウス 発
乗り換え時間 約5分

525番　ホークスヘッド行きのバスに乗りニア・ソーリー村下車。

10:27 ニア・ソーリー 着　P.54

滞在時間 約2時間　ヒルトップは入場制限が設けられている。指定された入場時間が来るまでニア・ソーリー村の散策を楽しんだり、パブで昼食を取るなど、待ち時間を有効に使いたい。村にはピーターラビットの絵本でモデルとなった場所も多い。

入場制限が設けられているヒルトップ

12:27 ニア・ソーリー 発

525番　ホークスヘッド行きのバスに乗り終点で下車。

12:35 ホークスヘッド 着

滞在時間 2時間10分　ビアトリクス・ポター・ギャラリー、ホークスヘッド・グラマースクールを見学。

14:40 ホークスヘッド 発

525番　ウィンダミア行きのバスに乗りアンブルサイドのウォーターヘッド・ピア下車。昼食をアンブルサイド中心部で食べる場合はケズィック・ロード下車。

15:09 ウォーターヘッド・ピア（アンブルサイド）着
15:15 ウォーターヘッド・ピア（アンブルサイド）発
乗り換え時間 約5分

フェリー　ウォーターヘッド・ピアからフェリーに乗ってボウネス・ピアへ。

15:45 ボウネス・ピア（ボウネス）着　P.46

ビアトリクス・ポターの世界の展示

滞在時間 2時間25分　ビアトリクス・ポターの世界を見学。見学後はバスが来るまでボウネスやウィンダミア湖周辺を散策、または徒歩でウィンダミアに戻る。ボウネスは開発が進められ、おしゃれなカフェやレストランが多い。

18:09 ボウネス・ピア（ボウネス）発

599番　アンブルサイド行きのバスに乗りウィンダミアで下車。

18:20 ウィンダミア 着

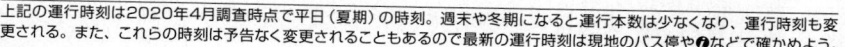

上記の運行時刻は2020年4月調査時点で平日（夏期）の時刻。週末や冬期になると運行本数は少なくなり、運行時刻も変更される。また、これらの時刻は予告なく変更されることもあるので最新の運行時刻は現地のバス停や❶などで確かめよう。

湖水地方をこよなく愛した
ピーターラビットシリーズの作者

ビアトリクス・ポター™ その生涯とゆかりの地

童話作家、農場経営者として活躍したビアトリクス・ポター

ロンドンの裕福な家庭に生まれ育ったビアトリクス・ポターは少女時代に家族とともに湖水地方を訪れた。ピーターラビットの物語を読めば、挿し絵の背景が、ニア・ソーリー村、そして湖水地方に今なお残っていることに気づく。ポターの生涯とともに湖水地方を巡ってみよう。

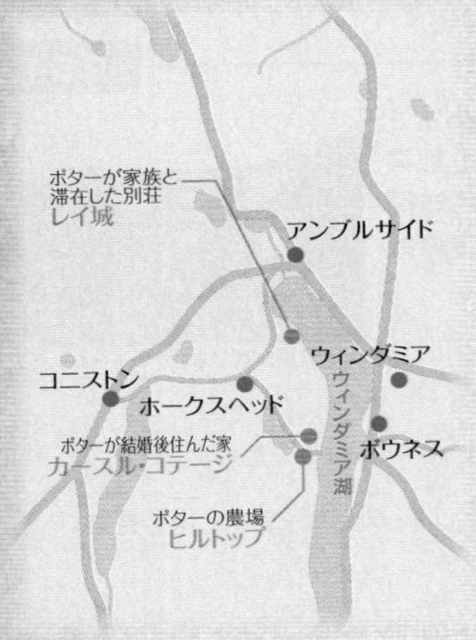

幼年期（1866〜1881年）

1866年7月28日　ロンドン郊外のサウス・ケンジントン地区のボルトン・ガーデンズ2番地に生まれる。

1872年 6歳　弟バートラムが生まれる。家庭教師から勉強やスケッチを教わる。

1877年 11歳　ポター一家は夏になるとスコットランド、パースシャーのダンケルドにあるダルガイス荘で過ごす。田舎の生活に心を奪われるようになる。

10歳の頃のポター

湖水地方との出会い（1882〜1900年）

1882年 16歳　湖水地方をはじめて訪れる。ウィンダミア湖岸の**レイ城**（→P.59）で過ごし、ナショナル・トラストの創設者の1人、ハードウィック・ローンズリー牧師に出会う。ポターはその活動に興味を持ち、父ルパートは1895年にナショナル・トラストの会員になる。

ウィンダミア湖西岸に位置するレイ城

1890年 24歳頃　この頃、ウサギのベンジャミン・バウンサー（ベンジャミン・バニー）をペットにする。

ポター26歳

1893年 27歳　茸や菌類の研究に没頭する中、ロンドンで2匹目のウサギを購入し、ピーターと名付ける。絵本のモデルではないが、名前はこのウサギから使用された。

1897年 31歳　ロンドン・リンネ学会に『ハラタケ属の胞子発生について』の論文を提出するも認められず、その後は絵本作家としての道を歩むこととなる。

作家活動と結婚（1901～1918年）

1901年 35歳　元家庭教師の子供たちに宛てた絵手紙を元に『ピーターラビットのおはなし』が完成する。出版社（少なくとも6社ほど）に原稿を送るも採用されず、自費出版することとなる。

1902年 36歳　『ピーターラビットのおはなし』が評判を呼び、フレデリック・ウォーン社から絵本が発行される。出版がきっかけで編集者のノーマン・ウォーンと出会う。

1903年 37歳　**ホウズ・エンド**（→P.70）の風景を描いた『りすのナトキンのおはなし』を出版。

ヒルトップは今でも当時の姿のまま

1905年 39歳　ノーマンから7月25日付けの手紙で結婚を申し込まれ、受け入れる。しかし、その1ヶ月後、ノーマンが白血病のために死去。深い悲しみの中、ポターはニア・ソーリー村にある**ヒルトップ**（→P.54）を購入。『こねこのトムのおはなし』の絵本のモデルとなる。

1909年 43歳　ニア・ソーリー村にある**カースル・コテージ**（→P.55）を購入する際に、弁護士ウィリアム・ヒーリスと出会う。

1913年 47歳
ウィリアム・ヒーリスとポターは親密になり、1912年にはプロポーズされ、翌年結婚。カースル・コテージに住む。

夫ウィリアム・ヒーリスと

カースル・コテージは一般公開されていない

1914年 48歳　父ルパートの死後、母ヘレンのために1919年、**リンデス・ハウ**（→P.63）を購入。

1918年 52歳　『まちねずみジョニーのおはなし』を出版する。この年に最愛の弟バートラムが脳溢血で死去。

農場経営と晩年（1924～1943年）

1924年 58歳　トラウトベック近郊の農場を購入し、湖水地方の大地主となる。

1930年 64歳
以前からポターは湖水地方原産の羊であるハードウィック種の育成に力を入れており、この年にハードウィック羊「シルバー・チャレンジ・カップ」を受賞した。

ポターとハードウィック種の羊

1943年12月22日 死去、享年77歳
女性として初めてハードウィック種飼育協会の会長に選出されるが、12月にポターはカースル・コテージにてその生涯を閉じた。彼女の農場や建物の大部分はナショナル・トラストに寄付された。

ポター77歳

ウィンダミア&ボウネス Windermere & Bowness

●市外局番015394　●人口7800人

❖ウィンダミアへの行き方

●湖水地方の各町から
→P.38

●カーライルから
🚆直通はない。オクセンホルム・レイク・ディストリクト駅で乗り換え。所要1時間～1時間10分

●ランカスターから
🚆直通は8:02～18:02の2時間おき(日曜18:14)
所要:36分
オクセンホルム・レイク・ディストリクト駅で乗り換えの便もある
🚌555番が1時間に1～2便、日曜1日4便
所要:約1時間40分

❖ボウネスへの行き方

●湖水地方の各町から
→P.38
🚌アンブルサイド～ウィンダミア～ボウネスと行く599番が便利。
⛴アンブルサイド、レイクサイド、フェリーハウスから便がある。(→P.48)

◉ウィンダミア

ウィンダミアの裏山オレスト・ヘッド

ウィンダミアは、鉄道やバスの便が多く、観光客でにぎわう町。ⓘは鉄道駅を出て左に下った所にある。町の中心部は、ヴィクトリア・ストリートVictoria St.からメイン・ロードMain Rd.、クレッセント・ロードCrescent Rd.にかけて。メイン・ロードとクレッセント・ロードは合流し、ニュー・ロードNew Rd.、レイク・ロードLake Rd.と名前を変え、ウィンダミア湖のほとりのボウネスへと続く。

◉ボウネス

ボウネスは18世紀からリゾート地として発展してきた町。ウィンダミアからレイク・ロードを下って20～30分ぐらい。レストランやショップが軒を連ねるエリアはクラッグ・ブロウCrag BrowからプロムナードPromenadeにかけて。さらに南へ行くとフェリーが発着する埠頭、ボウネス・ピアBowness Pierがあり、ⓘも埠頭の前にある。埠頭の南にはカーフェリーが発着するフェリー・ナブFerry Nabがある。

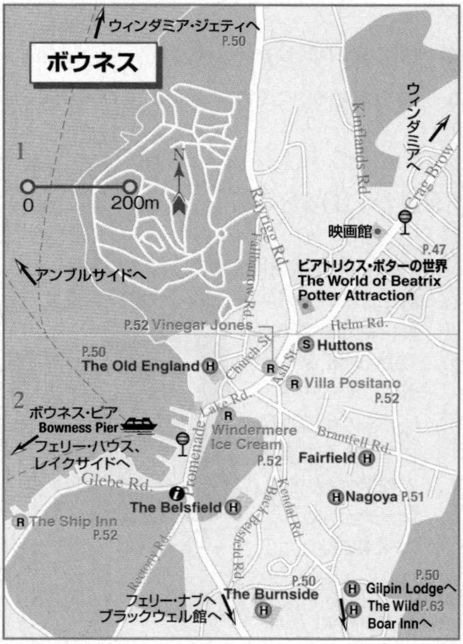

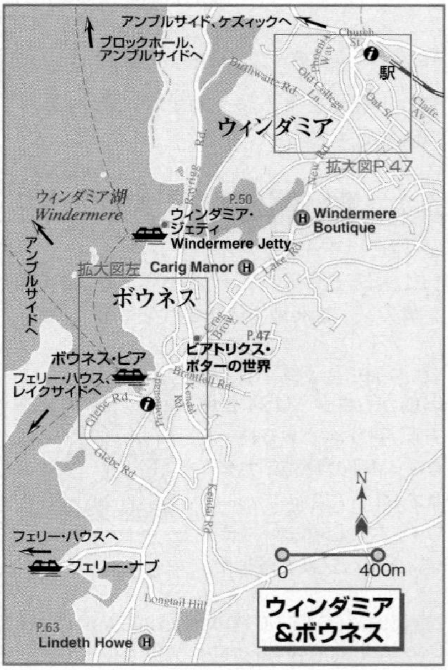

●ウィンダミアとボウネスの見どころ

ピーターラビットと遊ぼう

Map P.46左1

ビアトリクス・ポターの世界 The World of Beatrix Potter Attraction

ボウネスの町なかにあるピーターラビットファン必見のアトラクション。ビアトリクス・ポターの描いた物語の登場人物や、物語のシーンがそのまま再現されている。絵本の舞台や物語の内容、ポター女史の生涯を紹介した情報端末もあり、日本語にも対応している。特にヒルトップとその周辺について詳細に解説しているので、ヒルトップに訪れる前に見ておく

絵本の世界を立体で再現

■ビアトリクス・ポターの世界
住 Crag Brow, LA23 3BX
TEL (015394)88444
URL www.hop-skip-jump.com
開 10:00～17:30
最終入場16:30
休 1月下旬～2月上旬、12/25
料 £8.20
一部不可

ポター女史の生涯や、ヒルトップに関する展示もある

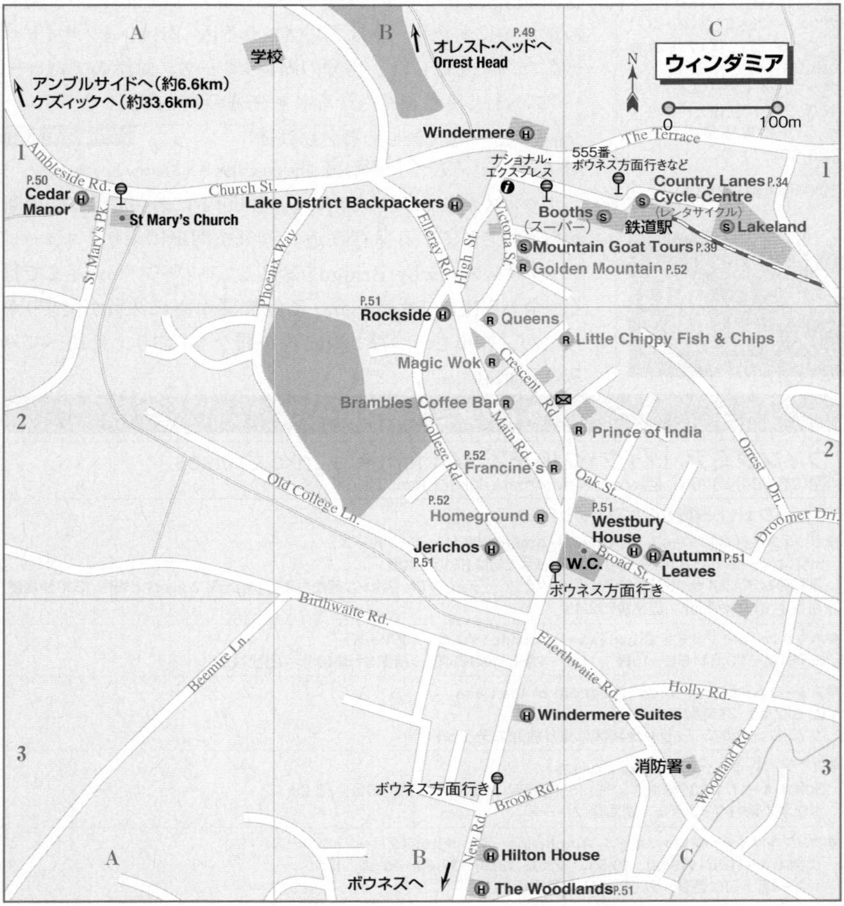

といいだろう。屋外には物語で登場した菜園を再現したピーターラビット・ガーデンがあり、有機野菜を栽培している。ピーターラビットのキャラクター商品を扱うショップも併設。

湖水地方を代表する伝統工芸の宝庫 Map P.37B3

ブラックウェル館 Blackwell The Arts & Craft House

ボウネスの埠頭から徒歩約25分の所にあるカントリーハウス。マンチェスターの大富豪、エドワード・ホルト卿の別邸として1900年に完成した。ステンドグラスやレリーフなど館内の随所に見られる伝統的デザインは一見の価値あり。アフタヌーンティーも楽しめる。

イングランド最大の湖 Map P.37

ウィンダミア湖 Windermere

ウィンダミア湖は湖水地方はもとよりイングランド最大の湖。全長18.08km、幅1.49kmと南北に長く、面積は$14.73km^2$と諏訪湖($13.3km^2$)より少し大きい。ボウネス・ピアはちょうど南北の真ん中にあたり、北はアンブルサイド、南はレイクサイドへ行くフェリーをはじめ、45分の周遊クルーズ、対岸のフェリー・ハウスへ行く便が運行される水上交通の中心だ。

クルーズと一緒に楽しめる名物鉄道 Map P.37A4

ハバースウェイト鉄道 The Lakeside & Haverthwaite Railway

ボウネスからフェリーで南のレイクサイドに着いてすぐ隣の駅から運行されている保存鉄道。蒸気機関車に乗り、ニュービー・ブリッジNewby Bridgeを経由してハバースウェイトまで行く。全長5.1kmで片道18分。蒸気機関車両に注目が集まりがちだが、客車も一つひとつ内装が異なっており、見比べてみるのも面白い。

■ブラックウェル館
住Blackwell, The Arts & Crafts House, Bowness-on-Windermere, LA23 3JT
TEL(015394)46139
URLwww.blackwell.org.uk
開3～10月10:30～17:00
11～2月10:30～16:00
休1/1～1/16、12/25·26
料£9 一部不可

■ハバースウェイト鉄道
住Haverthwaite Station, Nr Ulverston, LA12 8AL
TEL(015395)31594
URLwww.lakesiderailway.co.uk
開3/24～10/30に1日6便
休10/31～3月下旬頃
料レイクサイド～ハバースウェイト片道£4.50、往復£7.20
ボウネス・ピア～レイクサイドのクルーズ往復とハバースウェイト鉄道往復の共通券£18.20
アンブルサイド～レイクサイドのクルーズ往復とハバースウェイト鉄道往復の共通券£25.50

蒸気機関車は8種類ある

ウィンダミア湖クルーズ

ウィンダミア・レイク・クルーズ Windermere Lake Cruises

TEL(015394)43360 URLwww.windermere-lakecruises.co.uk

ハバースウェイト鉄道との共通チケットもある。

●ボウネス～アンブルサイド Bowness～Ambleside(レッド・クルーズ)
出発:4/4～11/1は1日16～18便　11/2～4月上旬は1日10～11便
夏期のみアンブルサイド行きの便はウィンダミア·ジェティ→ブロックホール経由も運行(時刻表にLaunchと表示、1日10便程度)
所要:片道30～35分　料往復£12.40

●ボウネス～レイクサイド Bowness～Lakeside(イエロー・クルーズ)
出発:4/4～11/1は1日8～10便　11/2～4月上旬は1日4便　所要:片道40分　料往復£13

●フリーダム・オブ・ザ・レイク Freedom of the Lake
料£22.50(24時間有効)
ウィンダミア湖のフェリー全路線に乗り放題のチケット。

●アイランズ・クルーズ Islands Cruises
出発:4/4～11/1は30分おき　11/2～4月上旬は1日3便　所要:45分　料£9
ボウネス発のウィンダミア湖周遊クルーズ。

●アンブルサイド～ブロックホール Ambleside～Brockhole(グリーン・クルーズ)
出発:4/4～11/1はの9:50、10:55、12:10、13:30、14:40、15:55、17:15
1/2～4月上旬は運休　所要:30分　料往復£9.50

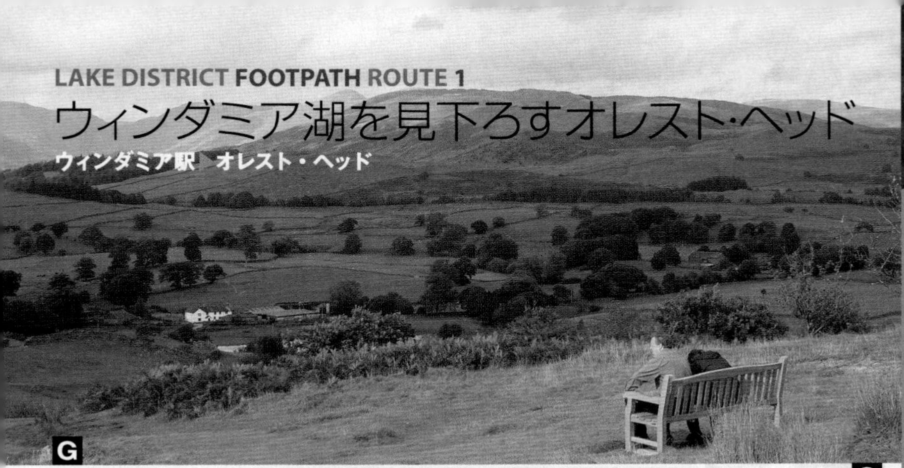

LAKE DISTRICT **FOOTPATH ROUTE 1**

ウィンダミア湖を見下ろすオレスト・ヘッド

ウィンダミア駅　オレスト・ヘッド

頂上にはベンチがあり、湖水地方の田園風景を楽しめる

ウィンダミア湖を眼下におさめることができる

ルートのポイント　オレスト・ヘッドはウィンダミアの背後にある標高239mの丘。ⓘ近くの幹線道路から始まるフットパスを通って簡単に登ることができる。道標にそって頂上まで行くと、そこは360度に広がる大パノラマ。上から眺めるウィンダミア湖の風景は感動間違いなし。

WALKING DATA

スタート地点	ウィンダミア駅 →P.46、Map P.36C3
所要時間	30分
コース総延長	1km
MAP	英国陸地測量部発行地図（→P.397） **Ordnance Survey OL7**

■ウィンダミア・ジェティ
ボウネスからアンブルサイドへ行くレッド・クルーズ（→P.48）が夏期のみ運航する
住Rayrigg Rd., LA23 1BN
TEL(01539)637940
URLwindermerejetty.org
開10:30～17:00
休無休　料£9
蒸気船クルーズ£10

貴重なボートコレクションは必見

Map P.46右

ウィンダミア・ジェティ Windermere Jetty

ウィンダミア湖沿いに2019年3月にオープンした博物館で、200年に渡る湖水地方における船舶の歴史を紹介。歴史的に貴重なボートが数多く展示され、その数は40艘にもおよぶ。また、100年以上前の小型蒸気船が修復され、ボートクルーズも催行されている。館内には眺めのいいカフェも併設。

Hotel ホテル

観光客の多いウィンダミアにはB&Bの数が多く、町中にあふれているといっても過言ではない。ただしホテルの数は少ない。ボウネスには中高級ホテルからB&Bまで種類が豊富。ボウネスのB&Bはチャーチ・ストリート周辺などに多い。

日本からホテルへの電話　国際電話会社の番号 + 010 + 国番号44 + 市外局番の最初の0を取った掲載の番号

ギルピン・ロッジ Gilpin Lodge Country House Hotel

●ボウネスから車で5分。湖水地方の中でも最高級のカントリーハウス。右記の料金は夕食込み。ミシュランの星を獲得しているレストランでは、周辺の農家から届く新鮮な素材を使ったフランス料理を楽しめる。最高級カテゴリーのスパ・ロッジでは露店風呂から湖水地方の大自然が眺められる。

Map P.37B2　高級　25室
住Crook Rd., LA23 3NE
TEL(015394)88818
URLthegilpin.co.uk
£295～
£340～（朝・夕食付き）
£
A D J M V

オールド・イングランド The Old England Hotel & Spa

●ボウネス・ピアの北に建つホテル。ヴィクトリア調の外観と、豪華な内装が長い歴史を感じさせる。レストランは受賞歴があり、ウィンダミア湖を一望しながらモダン・ブリティッシュを楽しめる。スイミングプールやスパ施設も併設しており、マッサージの種類も豊富。

Map P.46左2　高級　106室
住23 Church St., LA23 3DF
TEL0344 879 9144
URLwww.macdonaldhotels.co.uk
£249～
£
A M V

シーダー・マナー Cedar Manor Hotel & Restaurant

●ウィンダミアの外れにあり、緑に囲まれたマナーハウス。1854年に建てられた邸宅で、ホテルの名前は庭にある大きな杉の木にちなんでいる。客室は伝統的イギリス風な装飾で、使われている家具は地元のハンドメイド。併設のレストランは朝食とディナーのみ。ラウンジバーもよい雰囲気。

Map P.47A1　高級　10室
住Ambleside Rd., LA23 1AX
TEL(015394)43192
URLwww.cedarmanor.co.uk
£145～395
£
M V

バーンサイド Burnside Hotel &Spa

●ボウネスの中心やや南に位置しており、小高い丘の上に建つ中級ホテル。温水プールやサウナ、フィットネスセンターなどを備えており、レジャー施設が非常に充実している。レストランとバーも併設され、のんびりと滞在するのにぴったり。150年前の建物を増改築しているので、ちょっと複雑な造りになっている。

Map P.46左2　中級　50室
住Kendal Rd., LA23 3HH
TEL(015394)42211
FAX(015394)43824
URLwww.burnsidehotel.com
£109～
£
M V

ジェリコズ Jerichos

TV 無線LAN

●駅から10分。ハイ・ストリートHigh St.を真っすぐ進んだカレッジ・ロードに建つ家族経営のアットホームなゲストハウス。部屋数も多く、内装はモダン・ブリティッシュ風。朝食はボリュームたっぷりでおいしい。評価機関からブレックファスト・アワードも受賞している。

Map P.47B2 ゲストハウス 10室

住College Rd., LA23 1BX
TEL(015394)42522
URL www.jerichos.co.uk
£75〜
£106〜
£
A J M V

ウッドランズ The Woodlands Hotel

TV 無線LAN

●ニュー・ロード沿いのB&Bが集中している地区にある。客室はクラシック風やタータン柄など一つひとつが異なる装飾。朝食を取る部屋は日当たりがよく、ラウンジもあってくつろげる。冬期は事前に申し込めば夕食も可能。スパは併設されていないが、マッサージ師を部屋に呼んでもらえる。

Map P.47B3 ゲストハウス 15室

住New Rd., LA23 2EE
TEL&FAX(015394)43915
URL www.woodlands-windermere.co.uk
£60〜
£110〜
£ A J M V

オータム・リーブス Autumn Leaves Guest House

TV 無線LAN

●公園に面したブロード・ストリートを100mほど行った閑静な場所に建つゲストハウス。家庭的なもてなしが受けられる。柔らかな日差しがたっぷり差し込む、天窓の付いたファミリールームがおすすめ。朝食ルームも日当たりがよい。地元のスパを割引料金で利用できる。

Map P.47C2 ゲストハウス 6室

住29 Broad St., LA23 2AB
TEL(015394)48410
URL www.autumnleavesguesthouse.co.uk
£50〜
£75〜
£ M V

ロックサイド Rockside Guest House

TV 無線LAN

●ウィンダミア鉄道駅から徒歩で約5分と、駅に最も近いゲストハウスのひとつ。客室は一つひとつに個性的な装飾が施されており、ベッドはデザイン性が高いアイアンフレーム。朝食は受賞歴のあるカンバーランド・ソーセージや自家製のジャムなど厳選した素材を使用している。

Map P.47B2 ゲストハウス 9室

住Ambleside Rd., LA23 1AQ
TEL(015394)45343
URL www.rockside-guesthouse.co.uk
£85〜
£
M V

ウエストブリー・ハウス Westbury House

TV 無線LAN

●B&Bが並ぶブロード・ストリートにある宿。3部屋と小さな宿だが、オーナーは親切。地図やパンフレット類も豊富に揃えており、湖水地方の観光について気軽に質問してほしいそうだ。朝食は地元産の食材にこだわっており、リクエストにも対応してくれる。

Map P.47C2 B&B 3室

住27 Broad St., LA23 2AB
TEL(015394)46839
URL www.windermerebnb.co.uk
£55〜
£70〜
£ A M V

ナゴヤ Nagoya Bed & Breakfast

TV 無線LAN

●ウィンダミア湖を見下ろす高台に建つゲストハウス。湖を眺めながら朝食を取ることができる。名古屋という名称だが、日本人経営というわけでなく、英国人による経営。ジャクージ付きの客室もある。週末は2泊以上からの受付となっており、12·1月は休業。駐車場も完備している。

Map P.46左2 B&B 5室

住N4 Brackenfield off Kendal Rd., LA23 3HL
TEL&FAX(015394)44356
URL www.nagoyabownessbandb.co.uk
£65〜
£80〜
£ 不可

Restaurant　レストラン

レストランは、ウィンダミアよりもボウネスのほうが種類も数も多い。ウィンダミアはクレッセント・ロードCrescent Rd.、ボウネスはクラッグ・ブロウCrag Browやその裏通りのアシュ・ストリートAsh St.に多い。

フランシーヌズ Francine's Coffee House & Restaurant

Map P.47B2　シーフード

●メイン・ストリート沿いにある。シーフードに定評があり、サーモン、ムール貝などを地中海料理風の味つけで楽しむことができる。コースメニューもあり、2品で£19.95、3品で£23.95。ボードには日替わりメニューも書かれている。

住27 Main Rd., LA23 1DX
TEL(015394)44088
URLwww.francinesrestaurantwindermere.co.uk
開18:00～23:00　休月
予算£　カードM V

ヴィラ・ポジターノ Villa Positano

Map P.46左2　イタリア料理

●レストランが並ぶアシュ・ストリートにある人気店。入口は少し分かりづらいが、看板の奥に扉がある。イタリア人シェフによる本格的な味は旅行者の間でも評判だ。ピザやパスタなどメニューも豊富でスパゲッティ・マリナーラが人気メニュー。

住Ash St., LA23 3EB
TEL(015394)45663
開17:00～22:00
休水、12月下旬～1月中旬
予算£
カードM V

ゴールデン・マウンテン Golden Mountain

Map P.47B1　中華料理

●ウィンダミアのヴィクトリア・ストリートVictoria St.にある中華料理店。テイクアウエイの客も多い。メニューは300以上あり、広東料理を中心に四川料理やベジタリアン用のメニューもある。人気メニューは26種類あるアヒル料理。

住7 Victoria St., LA23 1EA
TEL(015394)43429
開17:00～22:00（金・土17:00～23:00）
休月、1月
予算£
カードJ M V

シップ・イン The Ship Inn

Map P.46左2　パブ

●ウィンダミア湖畔に建つ大型パブ。ⓘから湖沿いにグレーブ・ロードGlebe Rd.を3分ほど行った所にある。店内は広く、大型モニターではサッカーなどが放映される。外には心地よいテラス席もある。食事メニューも豊富。

住Glebe Rd., LA23 3HE
TEL(015394)45001
URLwww.bownessbay.com
開10:30～23:00
休無休
予算£　カードM V

ホームグランド Homeground Coffee + Kitchen

Map P.47B2　カフェテリア

●メイン・ロードMain Rd.沿いにあるカフェ。メニューはハンバーガーやワッフルなど、軽食が中心。ランチメニューは週替りとなっている。紅茶のフレーバーは10種類ほど用意。地ビールやワインなど、アルコール類も置いてある。

住Main Rd., LA23 1DX
TEL(015394)44863
URLwww.homegroundcafe.co.uk
開9:00～17:00
休無休
予算£　カードA M V

ヴィネガー・ジョーンズ Vinegar Jones

Map P.46左2　ファストフード

●ボウネス・ピアから100mほどウィンダミア方面へ行ったところにあるファストフード店。テイクアウエイの客が多いが、2階席で食事ができる。人気のフィッシュ&チップスはグルテンフリー。各種パイのほか、ハンバーガーなども出している。

住2 Royal Sq., LA23 3DB
TEL(015394)44846
URLwww.vinegarjones.co.uk
開12:00～16:00、16:45～20:00
休無休
予算£　カード不可

ウィンダミア・アイスクリーム Windermere Ice Cream

Map P.46左2　アイスクリーム

●1920年創業の歴史あるアイスクリームショップで、地元で取れた牛乳を使用している。常時20～36種類ほどフレーバーがあり、いつも人だかりができている。コーンはワッフルタイプなど、5種類ある。ヨーグルトシェイクやスムージーなども販売。

住Chestnut Rd., LA23 2AL
TEL(015394)47876
URLwww.windermereicecream.co.uk
開夏期9:30～18:00
冬期10:00～16:30　休無休
予算£　カードA M V

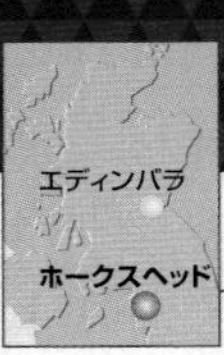

周囲の自然が美しい湖水地方らしいかわいい村

ホークスヘッド Hawkshead

●市外局番015394 ●人口600人

ウィンダミア湖とコニストン湖の間にあるホークスヘッドは、ビアトリクス・ポターとワーズワースにゆかりがある小さな村。

●ホークスヘッドの見どころ

ピーターラビットのことなら何でも

ビアトリクス・ポター・ギャラリー Beatrix Potter Gallery

Map P.53

ホークスヘッドのバス停前からメイン・ストリートMain St.を北に進んだ右側にある。

ポターの夫が弁護士事務所として使用していた家屋で、17世紀に建てられたもの。現在はナショナル・トラストが管理し、ポターの遺品や原画・写真を収めるギャラリーとして使用している。

ビアトリクス・ポター・ギャラリー

ワーズワースが通った中学校

ホークスヘッド・グラマースクール Hawkshead Grammar School

Map P.53

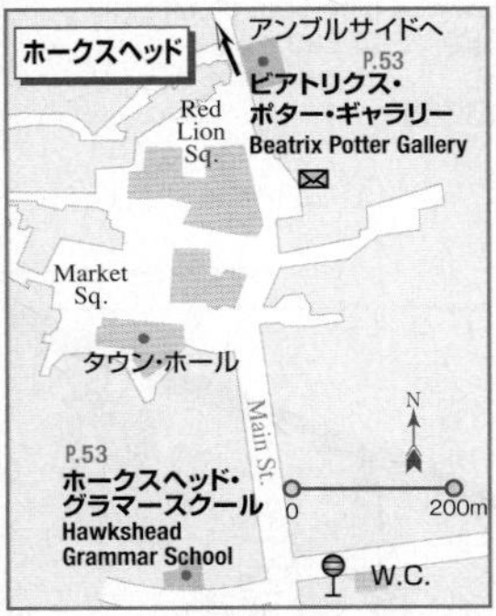

ワーズワースゆかりのこの学校はヨーク大司教によって1585年に建てられた。1階の教室にある机にはワーズワースと弟のジョンが彫った落書きが残っている。2階は校長室と展示室がある。保存のために木製の大きなドアは閉められているが、「Open」と書いてあるので安心して押し開けて。

❖ホークスヘッドへの行き方

●湖水地方の各町から
→P.38

■ビアトリクス・ポター・ギャラリー

住 Main St., LA22 0NS
TEL (015394)36355
URL www.nationaltrust.org.uk
開 10:30〜16:00
休 12/24〜26
料 £7

■ホークスヘッド・グラマースクール

住 Hawkshead, LA22 0NT
TEL (015394)36735
URL www.hawksheadgrammar.org.uk
開 10:00〜13:00、14:00〜17:00
ガイドツアーツアーは10:00〜16:00の毎正時
休 日、11〜3月
料 £2.50

Topics

ナショナル・トラストって何？

ナショナル・トラストとは1895年に発足した民間非営利団体で、イギリス内の歴史的建造物や庭園、自然地区の保護活動をしている。3人の創始者のうちのひとり、ハードウィック・ローンズリーは湖水地方在住の牧師であった。現在の会員数は560万人を数え世界最大級の保全団体である。

『ピーターラビット』の作者ビアトリクス・ポターは、絵本の収入で湖水地方の土地を買い取り、そのすべてを当時のままの姿で維持するという条件でナショナル・トラストに託した。すべてとは15の農場と16.19km²の土地（東京ドーム約344個ぶん）、そして数々のコテージである。それも自分が生涯愛してきた大自然が開発によって壊されることを防ぐためであった。そのために湖水地方は100年以上の時を経ても、変わらぬ美しさを保っている。

ピーターラビット™の絵本の舞台

ニア・ソーリー

Near Sawrey

ビアトリクス・ポターの家ヒルトップがあるニア・ソーリーは、世界中のピーターラビットファンが集う場所。ヒルトップをはじめ、村のあちこちにはポターの描いた挿絵の数々の背景がそのままの形でいまも残っており、イラストに描かれた建物を利用したホテルやパブもある。

バックル・イート

Buckle Yeat

ゲストハウス 7室

●全景は『こねこのトムのおはなし』、入口の柵と前庭は『パイがふたつあったおはなし』のモデルとなった。17世紀に建てられたコテージを利用しており、屋内はイギリスらしさにあふれている。ほとんどの部屋で無線LAN利用可能。事前に連絡することで、フェリーハウスから無料のピックアップあり。1月から2月の第1週にかけて休業する。

住Near Sawrey, LA22 0LF
TEL(015394)36446
URLwww.buckle-yeat.co.uk
£80〜90
£
AMV

タワー・バンク・アームズ

Tower Bank Arms

イン 4室

●ヒルトップの隣にあるインで、『あひるのジマイマのおはなし』に登場する。17世紀の建物を利用しており、ポターの時代にも営業していた。いかにもイギリスの田舎にあるパブらしく、小さな子供が入っても大丈夫。12:00〜14:00はパブ・ランチも提供している。上階で宿泊することも可能（週末は2泊以上から受付）。

住Near Sawrey, LA22 0LF
TEL(015394)36334
URLwww.towerbankarms.com
£98〜130
£ AMV
●パブ
開11:30〜23:00（日12:00〜22:30）
休無休 £ AMV

■ニア・ソーリー

ボウネス・ピア3番発のボート（夏期を中心に運航）か、フェリー・ナブ発のカーフェリー（通年運航）でフェリー・ハウスへ行き、525番のバス（夏期を中心に運行）で約15分。
ホークスヘッドから525番のバス（夏期を中心に運行）で約5分。

■ヒルトップ

住Near Sawrey, LA22 0LF TEL(015394)36269
URLwww.nationaltrust.org.uk 開5月下旬〜9月上旬10:00〜17:00、3月下旬〜5月下旬・9月上旬〜10月下旬10:30〜16:30、2月下旬〜3月下旬10:30〜15:30 休2月中旬〜3月下旬と9月上旬〜10月中旬の金曜、10月下旬〜2月中旬 料£12.60 ショップと庭園は10月下旬〜12月の月〜木、12/24〜2月中旬以外は通年営業 一部不可
内部保存のため入場制限あり。夏期は混み合うので早い時間に訪問しよう。

ヒルトップ
Hill Top

　ビアトリクス・ポター（Beatrix Potter）が16歳のとき、この地を家族とともにバカンスで訪れたからこそ、あのピーターラビットの物語は生まれた。ポターが飼っていたうさぎの名前がピーター。ポターは77歳で亡くなるまでこの村に住んでいた。屋内はポターが生前使っていた様子のままに広間などが保存されており、各部屋には絵本が置かれ、挿絵のモデルになった場所を確認できるようになっている。

気付かないと見逃してしまいそうなヒルトップの石垣と木戸だが、『こねこのトムのおはなし』に登場している。

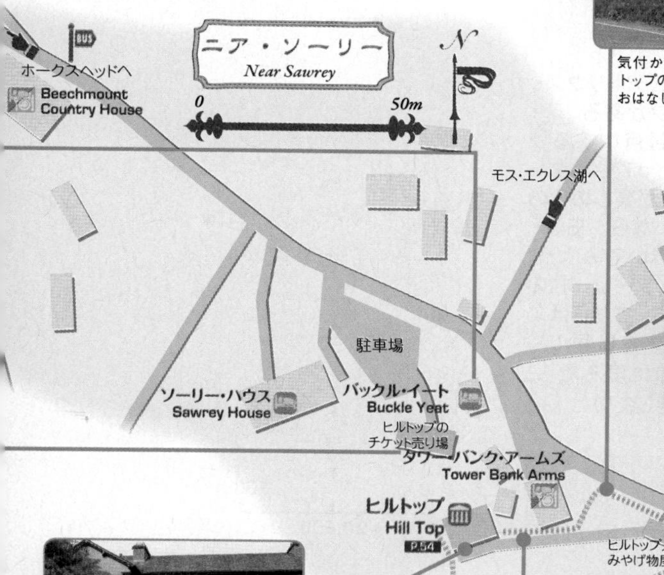

カースル・コテージはポターがウィリアム・ヒーリスと結婚後に暮らしていた家。

ヒルトップ前庭と鉄製の扉は、『あひるのジマイマのおはなし』に登場。

『こねこのトムのおはなし』に描かれている入口を入ってヒルトップまで続く小径。

LAKE DISTRICT **FOOTPATH ROUTE 2**

ピーターラビットを生んだ風景を求めて

ニア・ソーリー村▶ホークスヘッド

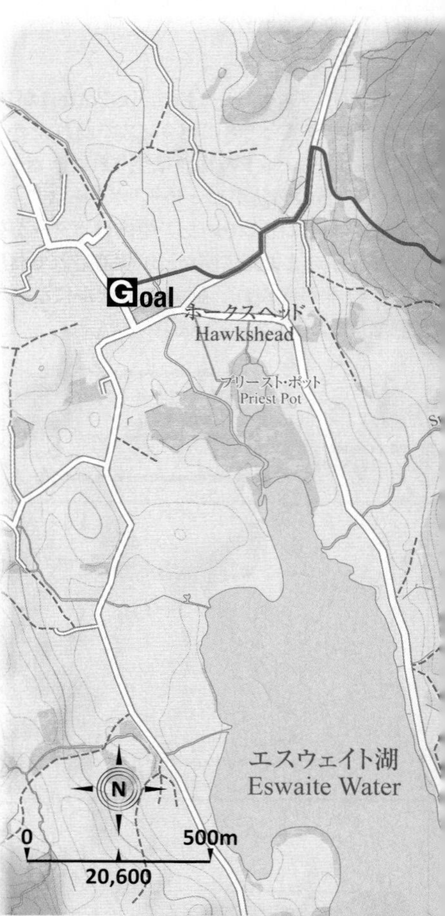

ルートのポイント　ビアトリクス・ポターの家、ヒルトップがあるニア・ソーリー村。ここを起点にするウオーキングは、何といってもポターに最も身近だった自然が楽しめるのが魅力だ。時間がないなら、モス・エクレス湖まででも歩いてみよう。ホークスヘッドとニア・ソーリー村の間にはバスの便もあり、こちらはエスウェイト湖に沿って走る景勝ルート。ウィンダミア方面に戻るなら、車窓からの景色も堪能したい。

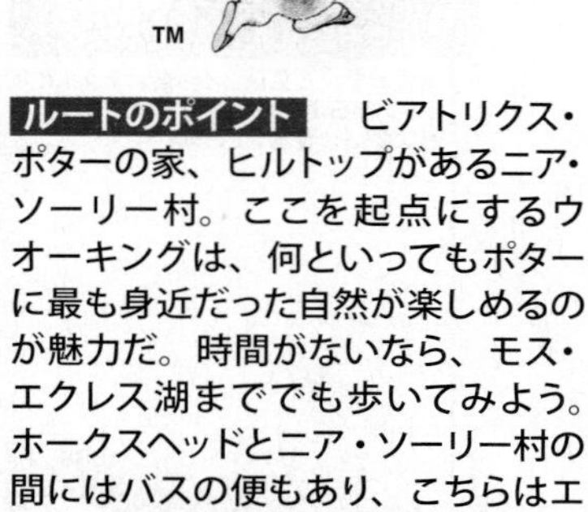

WALKING DATA

スタート地点	ニア・ソーリー村 →P.54、Map P.36C3
所要時間	2.5〜3.5時間
コース総延長	6km
MAP	英国陸地測量部発行地図（→P.397） **Ordnance Survey OL4**

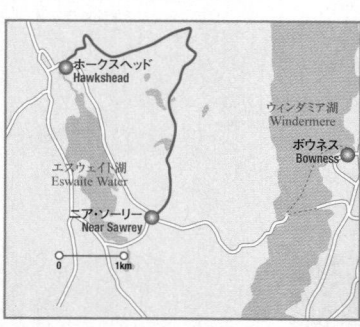

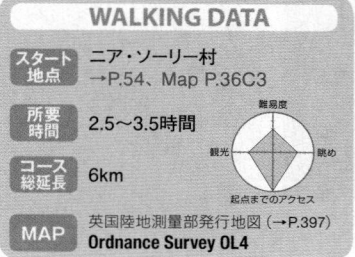

S幹線道路から北に延びる道へ
Gビアトリクス・ポターファンのもうひとつの聖地、ホークスヘッドに到着

林を抜けたあたりが、このフットパスの最高地点。
4
林の中はところどころわかりにくいので、地図と標識をたよりに。
レイマイアーズ湖
Wraymires Tarn
3
ワイズ・イーシ湖
Wise Een Tarn
しばらく歩いたら振り返って湖を見下ろす景色を堪能しよう。
モス・エクレス湖
Moss Eccles Tarn
2
ここまで20〜40分ほど。時間がなければ、ここでニア・ソーリー村に戻ろう。
比較的なだらかな牧草地が続く。
Stones Ln.
ニア・ソーリー
Near Sawrey
ヒルトップ
Hill Top
1
Start
Wilfin Beck
B5285
ウィンダミア湖へ
村の中心から北へストーンズ・レーン Stones Ln.に入っていく。

1

ヒルトップの内部見学は時間指定の予約制。待ち時間にモス・エクレス湖まで散策しよう

2

ポターが「私の湖」と称したモス・エクレス湖

3

モス・エクレス湖を過ぎると、起伏が出てくる

4

これより先ホークスヘッドまでは下り坂が続く

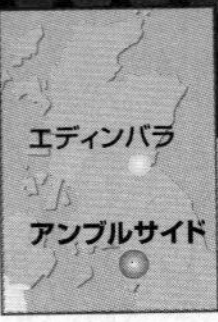

ウィンダミア湖北岸の町

アンブルサイド Ambleside

●市外局番015394 ●人口2500人

❖アンブルサイドへの行き方

●湖水地方の各町から
→P.38

ワーズワースが「文学芸術の題材の宝庫」と詩に書いたように、アンブルサイドはさまざまな自然の姿が見られる場所だ。ホテルやレストランも多く、湖水地方観光の拠点となるため、町にはトレッキングやバカンスを楽しむ観光客が多い。

ボウネス・ピアを出発したフェリーは、ウィンダミア湖北岸にあるウォーターヘッド・ピアに到着する。ウォーターヘッドからレイク・ロードLake Rd.を1kmほど北上するとアンブルサイドの町に出る。

町の中心はⓘがあるマーケット・クロスMarket Cross周辺。中心部は一方通行が多いのでレンタカーを利用する人は標識に注意しよう。

メインのバス停はケルジック・ロードKelsick Rd.沿いにある。ケルジック・ロードは一方通行になっており、ウィンダミア行きもケズィック行きもバスは同じ方向から来るので行き先を確かめてから乗車しよう。アンブルサイドのバス停はウォーターヘッド・ホテルの横にもあり、ボウネス行きのクルーズ船の船着場も目の前にある。

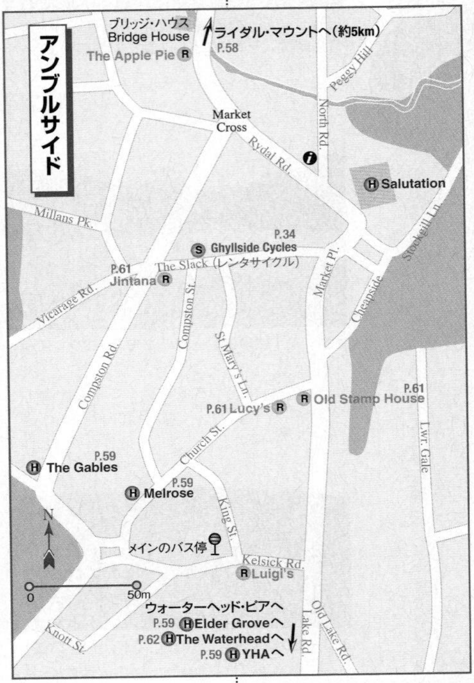

■ライダル・マウント

ライダル・ロードRydal Rd.をアンブルサイドからグラスミアに向かった2km先。アンブルサイドから徒歩約1時間。バス555、599番でライダル・チャーチRydal Church下車、バス停の前から延びる坂を200mほど上った左側。

住Rydal Mount, LA22 9LU
TEL(015394)33002
URL www.rydalmount.co.uk
開4～10月9:30～17:00
　11～3月11:00～16:00
休11～3月の月·火、1月、12/25·26
料£7.50 学生£6.50
　庭のみ£5

●アンブルサイドの見どころ

ワーズワースが最後まで住んだ家 Map P.37A1

ライダル・マウント Rydal Mount

ワーズワースが1813年に家族とともにこの地に来てから、亡くなるまでの37年間を過ごした家。彼の遺品や肖像画、彼自身が描いた絵などが置かれている。テラスやシェルターは、晩年の多くの作品を生み出した場所だ。庭はワーズワースが自らデザインしたものであり、彼の自然に対する思いがこの風景式庭園からうかがえる。勾配のきつい坂の上にあり、建物が建つ小高い丘からはライダル・ウォーターを眺めることができる。

美しい庭園に囲まれた館

ポターが16歳の夏に滞在した城

レイ城 Wray Castle

Map P.37A2

別荘として使用されていた

1840年にリヴァプール在住の外科医、ジェイムズ・ドーソンJames Dawsonによって建てられた。ポターが16歳の時に家族ともに滞在した場所であり、これが湖水地方の美しさに魅せられるきっかけとなった。現在はナショナル・トラストが管理している。

■レイ城
夏期のみウォーターヘッド・ピアからクルーズ船が出ている。1日6～10便。冬期は505番で途中下車後、徒歩約30分。
住Low Wray, LA22 0JA
TEL(015394)33250
URL www.nationaltrust.org.uk
開3月下旬～10月
10:00～17:00
11月の土・日10:00～16:00
休11月の月～金、12～3月下旬
料£10.40

Hotel ホテル

アンブルサイドは湖水地方観光の滞在拠点のなかでも人気が高い町。ホテルは町の中心部とウィンダミア湖畔のウォーターヘッドに多い。B&Bはコンプストン・ロードCompstpon Rd.やチャーチ・ストリートChurch St.に多い。

日本からホテルへの電話 国際電話会社の番号 + 010 + 国番号44 + 市外局番の最初の0を取った掲載の番号

エルダー・グローヴ Elder Grove Bed & Breakfast

TV 無線LAN

●町の中心からレイク・ロードを南に進んですぐ右側にある。さまざまな受賞歴を誇るB&Bで、客室は一つひとつ装飾が異なり、清潔感にあふれる。朝食は、カンバーランド・ソーセージ入りのカンブリア風ブレックファストをはじめ数種類から選べる。地下にはバーラウンジもある。

Map P.58外 B&B 10室
住Lake Rd., LA22 0DB
TEL(015394)32504
URL www.eldergrove.co.uk
S £70～
W £114～
£
M V

メルローズ Melrose Guest House

TV 無線LAN

●B&Bが並ぶチャーチ・ストリート沿いにあり、その中でも高質のサービスと設備を誇っている。客室はどれも異なる装飾が施されており、部屋も明るく、家具にもこだわりとセンスを感じさせる。テレビは大きめで、ファミリールームなどはDVDプレイヤーも設置されている。2泊より受付。

Map P.58 ゲストハウス 8室
住Church St., LA22 0BT
TEL(015394)32500
URL www.melrose-guesthouse.co.uk
S £52～
W £90～
£
M V

ゲーブルズ The Gables Guesthouse

TV 無線LAN

●バス停から徒歩3分の所にある家族経営のゲストハウス。目の前にはパターゴルフ場の緑がのどかに広がる。客室によって広さは異なるが、どの部屋もモダンな装飾がなされ、手入れも行き届いているので快適に過ごすことができる。

Map P.58 ゲストハウス 15室
住Church Walk, LA22 9DJ
TEL(015394)33272
URL www.thegables-ambleside.co.uk
S £60～65
W £95～145
£ M V

YHA アンブルサイド YHA Ambleside

Map P.37A1

無線LAN

●桟橋に面しており、眺めがすばらしい。立地が抜群のため、当然人気が高く、夏期は予約が望ましい。シャワー・トイレ付き個室は11室。1階はレストランバーになっており、宿泊客以外の利用も多い。ランドリーあり(別料金)。無線LANは共有スペース周辺のみ利用可。

ユースホステル ベッド数249
住Waterhead, LA22 0EU
TEL(015394)32304
URL www.yha.org.uk
DOM £13～32
W £29～69
W £49～169
£ J M V

LAKE DISTRICT FOOTPATH ROUTE 3

楽々ウオークで行く絶景ビュー

ウォーターヘッド　ジェンキンズ・クラッグ

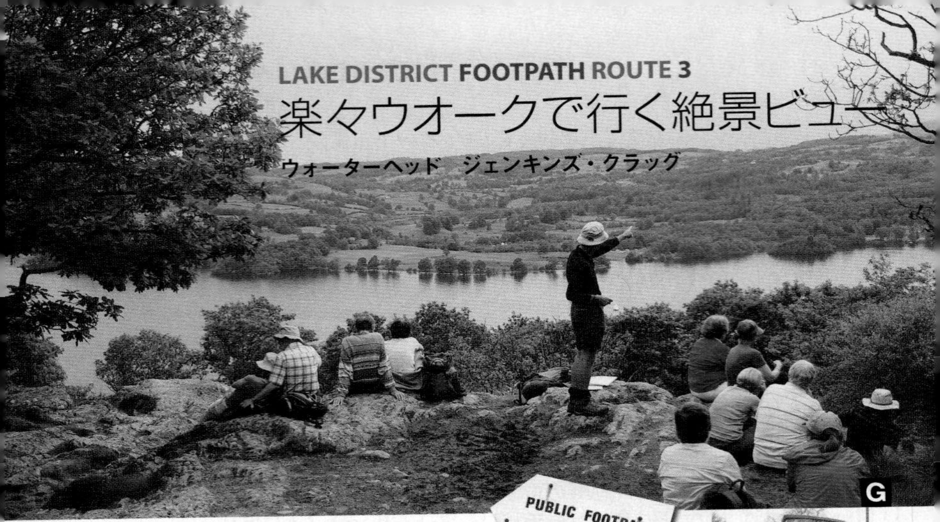

Sウォーターヘッドのバス停からスタート　**1**ウォーターヘッドの埠頭　**G**ウィンダミア湖を見下ろせるジェンキンズ・クラッグ

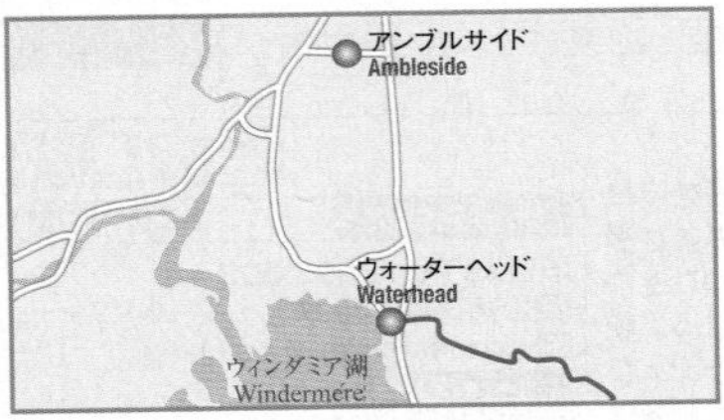

WALKING DATA

スタート地点	ウォーターヘッド Map P.37A1
所要時間	30分
コース総延長	1km
MAP	英国陸地測量部発行地図（→P.397） **Ordnance Survey OL7**

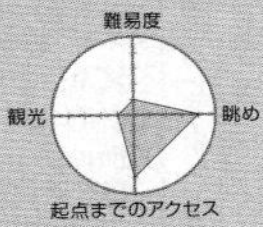

ルートのポイント　出発はアンブルサイドの南にあるウォーターヘッドから。牧草地を越えると周囲は木々が生い茂る小径が続くが、ジェンキンズ・クラッグの周りだけは木々がなく、ウィンダミア湖を一望できる。岩の地面は滑りやすいので注意しよう。

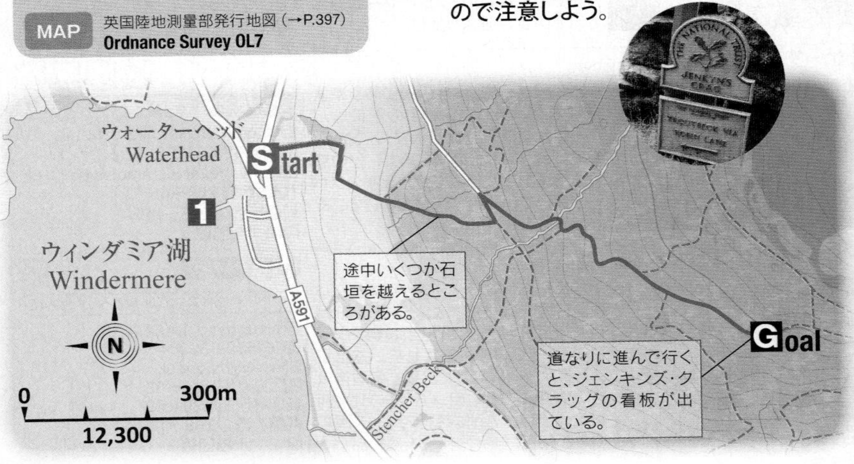

Restaurant レストラン

レストランやパブはマーケット・クロス周辺やライダル・ロードRydal Rd.に集中している。レイク・ロードにも数軒点在している。中級以上のホテルならレストランも併設されていることが多い。

オールド・スタンプ・ハウス The Old Stamp House Restaurant

Map P.58 英国料理

●地元の厳選された食材を調理するのは、カンブリア州のベストシェフにも選ばれたことがあるライアン氏。建物はかつての切手販売所で、ワーズワースが切手分配事務官として働いていたこともある。予算はディナーで£35～（ドリンク別）。

住Church St., LA22 0BU
TEL (015394)32775
URL www.oldstamphouse.com
開12:30～14:00 18:00～21:00
休日・月、火のランチ
£
M V

ルーシーズ Lucy's

Map P.58 カフェテリア

●人気のカフェテリア。地元のメディアにも紹介され、知名度はバツグン。食材は地元のものを中心に使用しているが、メニューは英国料理に限らず、世界各地の料理を出す。予算は£25～。ウィンダミア近くのステーブリーには同経営の料理学校もある。

住Church St., LA22 0BU
TEL (015394)32288
URL www.lucysofambleside.co.uk
開17:00～21:30
休無休
£
M V

ジンタナ Jintana Thai Restaurant

Map P.58 タイ料理

●町の中心にある本格的タイ料理レストラン。12:00～18:00のランチタイムは2品のコースが£14.95。ディナーのメインは£10.50～19.95。セットメニューは£19.95～。テイクアウエイも可。ボウネスとケンダルにも支店がある。

住Compston Rd., LA22 9DJ
TEL (015394)33394
URL www.jintanathaicuisine.com
開12:00～22:00
休無休
£ A M V

Topics

ロマン派詩人、ワーズワース

湖水地方を語る際に、ワーズワースに触れないわけにはいかない。ロマン派を代表する詩人ウィリアム・ワーズワースWillaim Wordsworth（1770～1850年）がその生涯を送り、彼の作品に計り知れない影響を与えたのは湖水地方の美しい自然だった。

コッカーマスにあるワーズワースの胸像

ワーズワースはコッカーマスの裕福な家に生まれた。彼を生涯にわたり支え続けた妹ドロシーとともに、コッカーマスとペンリス、ホークスヘッドで少年時代を送った。長じてケンブリッジのセント・ジョンズ・カレッジへ入学した彼は、1790年の夏休みにフランスに旅行に行き、フランス革命におおいに影響を受けたという。その後、パブとして使われていたダヴ・コテージに引っ越し、ここで彼の創作活動は華の時代を迎えた。幼なじみのメアリーと結婚し、家族が増えたため、手狭になったダヴ・コテージを離れた。ワーズワースは2度の引っ越しを経て、ライダル・マウントに落ち着き、そこでその生涯を閉じた。彼はグラスミアのオズワルド教会裏側の墓地に、妻メアリー、妹ドロシーとともに埋葬されている。

当時の文学界にセンセーションを巻き起こした彼の作品の魅力は、万物の真の姿を追求し、それを簡潔に表現している点にある。これは当時でいえば、あまりにも画期的な表現方法だった。彼は湖水地方についてこのようにたたえている。「ものを見る目と楽しむ心があるすべての人は、この地に来て分かち合う権利がある」と。

自然と寄り添うように建つ
湖水地方とっておきのホテル

ウインダミア湖のほとりに建つ白亜の大型ホテル

ロウ・ウッド・ベイ *Low Wood Bay Hotel*

Map P.37B2 131室

ウィンダミアとアンブルサイドの途中の湖畔にある。555、599番などのバスが停車するホテル前のバス停は英国で最も美しい景色のバス停のひとつに数えられている。ウィンダミア湖東岸では最大級の規模を誇り、レストランやスポーツクラブも充実。景色の美しさから結婚式にもよく利用される。

上:クルーズ船からも目を引く白い外観　左下:蔦が絡まった趣ある建物
右下:レイクビューの部屋からは湖越しに沈む夕日が眺められる

住 Low Wood Bay, Windermere, LA23 1LP
TEL (015394) 33338
URL englishlakes.co.uk
£205～
£217～
無線LAN

レストラン
開 18:30～21:30
£　A M V

埠頭の目の前に建つスタイリッシュなホテル

Map P.37A1 41室

ウォーターヘッド *The Waterhead*

ウォーターヘッドの一等地に建つホテル。まさに埠頭の目の前。客室はデザイナーズ・ホテルを思わせるスタイリッシュなインテリアが配されている。1階のカフェバーではジントニック付きアフタヌーンティーがひとり£24.50。湖を眺めながらゆったりとした時間を過ごそう。

住 Waterhead, LA22 0ER
TEL (015394) 32566
URL englishlakes.co.uk
£151～
£163～
無線LAN

レストラン　開 18:30～20:30
カフェバー　開 12:00～18:00
£
A M V

上:モダンで機能性を追求した客室　左下:湖を眺めながらのアフタヌーンティー　右下:開放的で心地よい芝生のテラス席

クラフトビールと燻製が自慢の伝統的旅館

ワイルド・ボア・イン

The Wild Boar Inn

Map P.37B2　34室

　ボウネスから東へ5km。18世紀に建てられたイン。客室は3つのカテゴリーがあり、ベッドのシーツはエジプト綿を使用している。広大な敷地にはウオーキングコースがあり、散策も楽しい。

　併設のパブ・レストランではホテルの醸造所で作ったクラフトビールやサーモンの燻製を楽しむことができる。

左上：前菜には自家製の燻製類をぜひ試したい　左下：クラフトビールを手動サーバーでスタッフが注いでくれる　右：アンティーク家具を配した格調高い客室

住Crook Rd., LA23 3NF
TEL(015394)45225
URLenglishlakes.co.uk
S £139〜
W £151〜
TV・ドライヤー・ポット・無線LAN
レストラン
開12:00〜14:30
(日12:30〜14:30)
18:30〜21:00
(金・土18:00〜21:00)
£　AMV

ビアトリクス・ポターの母親が暮らした屋敷

リンデス・ハウ *Lindeth Howe*

Map P.46右　36室

　ボウネスの埠頭から徒歩15分。緑豊かな広大な敷地に建つカントリーハウスは、1875年に建てられた。ビアトリクス・ポターのお気に入りの場所で、母親の住居として実際に所有していたこともある。レストラン、ジム、サウナ、スイミングプールなど設備も充実。手入れの行き届いた庭で楽しむアフタヌーンティーはひとり£19.95。

住Lindeth Dri., Longtail Hill, LA23 3JF
TEL(015394)45759
URLwww.lindeth-howe.co.uk
S £95
W £115〜
(土曜を含む宿泊は2泊以上)
TV・ドライヤー・ポット・セーフティボックス・無線LAN
レストラン
開12:00〜14:00　18:30〜21:00
£　AMV

上:ポター女史の母親が住んでいた館　左下:明るいレストランで楽しむ英国風朝食　右下:英国風のかわいらしいファブリックでまとめられた客室

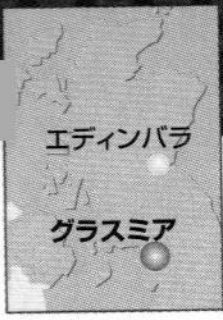

グラスミア湖畔の小さな村

グラスミア Grasmere

●市外局番015394　●人口1400人

グラスミアの南に広がるグラスミア湖

❖グラスミアへの行き方

●湖水地方の各町から

→P.38

グラスミアの村の様子

555番のバスがとおり、ほかの町とのアクセスもよい

オズワルド教会にはワーズワースとその家族が眠る墓がある

ワーズワースがその生涯のなかで最も愛したこの地は、彼の眠る場所でもある。彼が過ごしたダヴ・コテージは村の南側にあり、橋のたもとにあるオズワルド教会にはワーズワースと妻メアリー、彼の妹ドロシーが眠る墓地がある。教会内のイチイの木は彼が植えたものだ。オズワルド教会からレッド・ライオン・スクエアRed Lion Sq.にかけてが町の中心部で、みやげ物店が並ぶ。クルーズやウオータースポーツでにぎわうウィンダミア湖に比べ、ひっそり緑の中にたたずむグラスミア湖の静けさは格別だ。時間があれば湖畔の遊歩道を散歩したい。

●グラスミアの見どころ

ワーズワースが最も愛した家

Map P.64

ダヴ・コテージ&ワーズワース博物館

Dove Cottage & Wordsworth Museum

ワーズワースの最盛期の作品の多くは、このダヴ・コテージで書かれた。この建物はもともと宿屋として建てられ、現在は彼のパスポートやトランクケースなど、興味深い遺品が数多く展示されており、偉大な詩人の生活をのぞくようで楽しい。併設されたワーズワース博物館では彼の原稿や当時の絵画を見ることができる。ダヴ・コテージ内を巡る25分ほどの無料ガイドツアー(英語)が行われており、チケット購入時にツアーの開始時刻を教えてもらえる。

■ダヴ・コテージ&ワーズワース博物館

住Dove Cottage, LA22 9SH
TEL(015394)35544
URLwww.wordsworth.org.uk
開3～10月9:30～17:30
11・12・2月9:30～16:30
休12・2月の火曜(ダヴ・コテージのみ)、12/24～1/31
料£12　学生8.50

ダヴ・コテージ

Hotel ホテル

グラスミアは自然環境がとてもよいので、小さな村だが地価はイギリス屈指の高さ。そのため湖水地方のほかの町と比べても料金は高め。のんびりと湖水地方を楽しみたいなら打ってつけだが、安いB&Bは少ない。

日本からホテルへの電話 国際電話会社の番号 + 010 + 国番号 44 + 市外局番の最初の 0 を取った掲載の番号

ワーズワース The Wordsworth Hotel & Spa

TV 無線LAN

●グラスミアの中心に位置する、湖水地方を代表するホテルのひとつ。2つのレストラン、屋内プールとサウナ、ジャクージを備えたスパ施設をもつなど、38という客室数の少なさに反して公共施設の充実ぶりが際立っている。客室は眺めによって異なる料金が設定されている。

Map P.64 高級 38室

住Gresmere, LA22 9SW
TEL (015394)35592
URL www.thewordsworthhotel.co.uk
£148〜
£
A M V

ヴィクトリアン・ハウス Victorian House

TV 無線LAN

●ブロードゲートBroad Gate沿いにある、湖水地方らしいシックな石造りのホテル。ナチュラルな感じの内装が好印象。明るい日差しのたっぷり注ぎ込むダイニングルームはレストランになっており、地元の食材を使った食事が供される。週末に宿泊する場合は2泊以上の予約が必要。

Map P.64 中級 13室

住Broadgate, LA22 9TA
TEL (015394)35217
URL www.lakedistricthotel.co.uk
£128〜
£154〜
£
M V

YHA グラスミア・ブーサーリップ・ハウ YHA Grasmere Butharlyp Howe

Map P.64 無線LAN

●ウィンダミア行きのバス停前から延びるイースデール・ロードEasedale Rd.を150mほど行き、YHAの看板を右折した突き当たりにある。ヴィクトリア朝風の切石造りの建物は緑に囲まれており、環境はとてもよい。館内には共同キッチンやランドリーもあり。

ユースホステル ベッド数80

住Easedale Rd., LA22 9QG
TEL 0345 371 9319
URL www.yha.org.uk
DOM £13〜
£29〜79
£ M V

Restaurant & Shop レストラン&ショップ

ファストフード店やカフェテリアは中心部のバス停周辺に数軒ある。本格的な食事ができるレストランやパブはホテル内（ワーズワース・ホテルやヴィクトリアン・ハウス・ホテル）にある。

グラスミア・ティー・ガーデンズ Grasmere Tea Gardens

●ロゼイ川River Rothayに面した好立地のカフェテリアで、川沿いのテラス席からは、横にあるオズワルド教会を眺めることができる。スコーンやケーキを食べながら、ひと休みするのに最適。食事はスープ、サンドイッチやパニーニといった軽食のみ。

Map P.64 カフェテリア

住Stock Ln., LA22 9SN
TEL (015394)35590
開夏期10:00〜16:30
冬期10:00〜16:00
休無休
£ M V

セイラ・ネルソンのジンジャーブレッド Sarah Nelson's Grasmere Gingerbread

●ワーズワースもお気に入りだったという、ほんのりショウガの香りがするジンジャーブレッド（パンというより黒糖菓子に近い）の名店。ここは1854年創業の老舗で、観光客が押し寄せるグラスミアの観光名所にもなっている。作りたてのジンジャーブレッドの味は格別で、おみやげにもピッタリ！　店員さんの制服も19世紀当時の雰囲気を再現している。

Map P.64 お菓子屋

住Church Cottage, LA22 9SW
TEL (015394)35428
URL www.grasmeregingerbread.co.uk
開9:15〜17:00
休聖金曜、12/24〜26
£
M V

ダヴ･コテージとライダル･マウント ワーズワースを訪ねて

グラスミア ▶ ライダル・マウント

グラスミア
Grasmere
Start

ワーズワースが9年間暮らしたダヴ・コテージ

GRASMERE
Please drive carefully
A591
Stock Ln.
1 ダヴ･コテージ
Dove Cottage

ルートのポイント ロマン派の詩人ウイリアム・ワーズワース。彼が居を構えたダヴ・コテージとライダル・マウントの間はフットパスが整っている。グラスミア湖とライダル湖沿いに進みながら、彼が賛美した湖水地方の自然を楽しもう。

グラスミア湖を右側にし幹線道路を進む。車の往来が多いので注意。

ロゼイ川
River Rothay
3
グラスミア湖
Grasmere
2

ロゼイ川沿いは林を抜けるので迷わないように標識に気をつけて。

N
0
300m
12,200

グラスミア湖を南側から眺める。ランチ休憩の場所にもおすすめ

道は再び合流して湖畔を進む

WALKING DATA

スタート地点	グラスミア →P.64、Map P.36B2
所要時間	1.5～2.5時間
コース総延長	5km
MAP	英国陸地測量部発行地図（→P.397） **Ordnance Survey OL7**

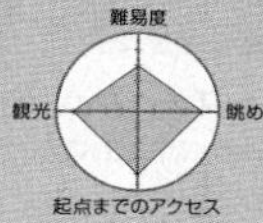

❸グラスミア湖とライダル湖を結ぶロゼイ川沿い　❹丘側のルートには洞窟があり、中に入ることもできる

湖水地方北部の中心

ケズィック Keswick

●市外局番017687　●人口4800人

❖ケズィックへの行き方

●湖水地方の各町から
→P.38

●カーライルから
🚌554番 が9:30、16:00発（日曜運行）
所要:約1時間20分

●ペンリスから
🚌X4、X5番 が1時間に1便、日曜は1～2時間に1便
所要:約55分

スーパーマーケットの前にバスステーションがある

ケズィックの南に広がるダーウェント湖

マーケット・プレイスで開かれるファーマーズマーケット

ケズィックは湖水地方北部の中心として栄えるマーケットタウン。ダーウェント湖やキャッスルリッグ・ストーンサークルなど周辺の景勝地や見どころなどへ出かけるウオーキングの起点になっている。ⓘは町の中心のマーケット・プレイスMarket Pl.にある時計塔の中。各方面へのバスが発着するバスステーションはⓘからメイン・ストリートMain St.を西に進み、最初のロータリーを左折した所にある。

●ケズィックの見どころ

ケズィックの産業から文化まで

Map P.68B1

ケズィック博物館 Keswick Museum & Art Gallery

ヴィクトリア朝時代のケズィックの歴史や文化、湖水地方ゆか

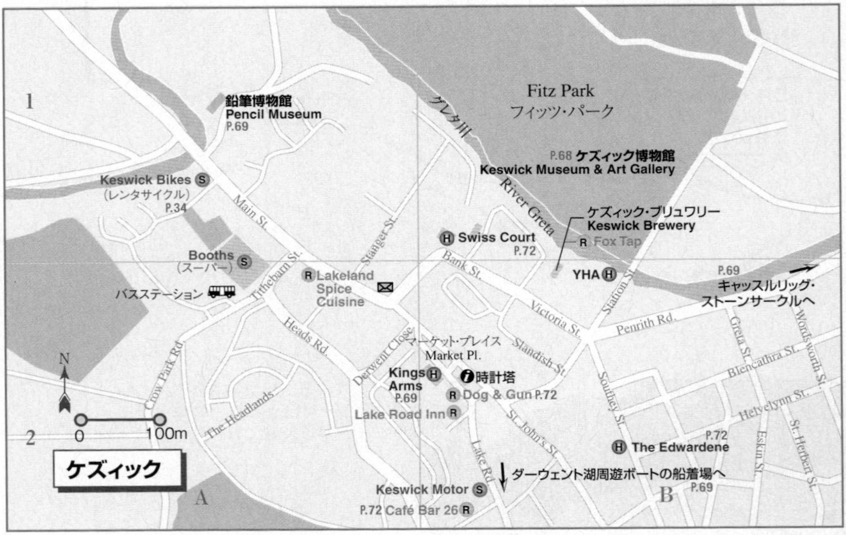

りの美術品を集めた博物館。湖水地方でも最も古い博物館のひとつ。200年にわたる観光地としての湖水地方の歴史と発展を解説している。

鉛筆の歴史がひとめでわかる
Map P.68A1

鉛筆博物館 Pencil Museum

ケズィックで150年以上前から鉛筆を造る、ダーウェント・ペンシル社の博物館。鉛筆の製作過程や珍しい鉛筆、世界一長い鉛筆などが見られる。ギフトショップもあり、珍品を見つけることもできる。

ストーンヘンジと並ぶ奇妙な巨石群
Map P.36B2

キャッスルリッグ・ストーンサークル Castlerigg Stone Circle

キャッスルリッグは、卵形の石が48個並ぶストーンサークル。ストーンヘンジよりも規模は小さめ。このストーンサークルは3000〜4000年前にスキッドウSkiddawとヘルヴリンHelvellynの間にある丘に造られたといわれている。バスで片道約10分だが、非常に便数が少ない。周遊のフットパスを歩いて行くのもおすすめ。

ビアトリクス・ポターの物語にも登場する湖
Map P.36B2

ダーウェント湖 Derwent Water

ケズィックの南に広がるダーウェント湖は南北4.6km、東西1.91kmの湖。中央に浮かぶセント・ハーバート島は、ビアトリクス・ポターの物語の舞台にもなった。ケズィックの船着場からは湖を周遊する観光ボートが通年運航されている。

■ケズィック博物館
フィッツ・パークの脇にある。
住Fitz Pk., Station Rd., CA12 4NF
TEL(017687)73263
URLkeswickmuseum.org.uk
開10:00〜16:00
休1/1〜3、12/24〜27
料£4.95　学生£3
一部不可

■鉛筆博物館
住Southey Works, CA12 5NG
TEL(017687)73626
URLwww.pencilmuseum.co.uk
開9:30〜17:00
休1/1、12/25・26
料£4.95　学生£4.50

■キャッスルリッグ・ストーンサークル
ケズィックの町から徒歩30分ほど。

古代のロマンにあふれる環状列石

ダーウェント湖クルーズ

ケズィック・ランチ Keswick Launch
TEL(017687)72263　URLwww.keswick-launch.co.uk

湖を右回りに周遊する船と左回りに周遊する2隻が運航している。途中湖内の6ヵ所に停泊する。

出発：3/21〜11/8は1日6〜8便　11/9〜3月下旬は土・日のみ1日2〜3便　所要：50分　休2/24〜3/8の月〜金、12/16〜31、料1日券£11　区間券（片道）£2.35〜9.50

Hotel&Restaurant ホテル&レストラン

B&Bが多いのは町の東側、グレタ・ストリート界隈。パブやレストランが多いのはマーケット・プレイスからメイン・ストリートにかけてのエリア。

日本からホテルへの電話　国際電話会社の番号 + 010 + 国番号44 + 市外局番の最初の0を取った掲載の番号

キングズ・アームズ Kings Arms Hotel

●町の中心地であるマーケット・プレイスにある立地条件抜群のホテル。300年ほど前の建物を利用しており、当時は馬車での旅行客が宿泊するためのコーチング・インだった。昔ながらのシックな英国調の調度品と造りが特徴的だ。レストランとバーも併設。

Map P.68B2　中級　13室
住Main St., CA12 5BL
TEL(017687)72083
URLwww.lakedistricthotels.net/kingsarms
£117〜
£　AMV

LAKE DISTRICT FOOTPATH ROUTE 5

ピーターラビットの舞台を訪ね ボート遊びを楽しむ

ケズィック ▶ ホウズ・エンド（ダーウェント湖）

ルートのポイント　牧草地、林、湖岸と移り変わる景色を楽しみながら、ホウズ・エンドのボート乗り場まで行く。ホウズ・エンドはビアトリクス・ポター作の『りすのナトキンのおはなし』と同じ景色を眺めることができるポターファン必見の場所だ。

Sケズィックの中心マーケット・プレイス　2ダーウェント川のつり橋　3遊覧船も停泊するニコル・エンド　4先に見えるキャット・ベルズは標高451m　5遊覧船に乗ったらセント・ハーバート島方向を向くと絵本と同じ景色が撮影できる

WALKING DATA

スタート地点　ケズィックの*i*
→P.68、Map P.36B2

所要時間　1.5〜2.5時間
ボートでケズィックまで戻るなら破線のルートで+30分

コース総延長　5km

MAP　英国陸地測量部発行地図（→P.397）
Ordnance Survey OL4

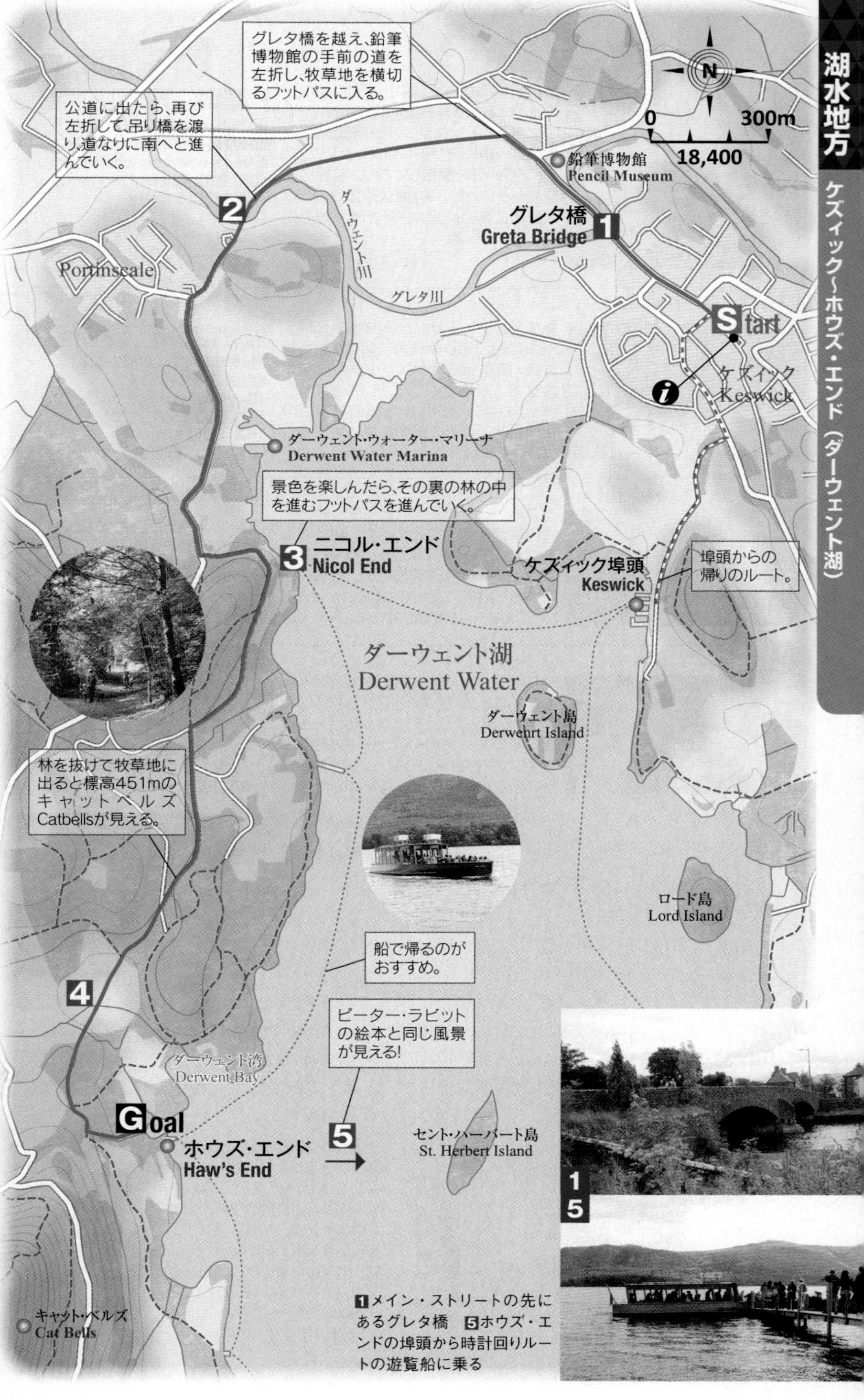
グレタ橋を越え、鉛筆博物館の手前の道を左折し、牧草地を横切るフットパスに入る。
公道に出たら、再び左折して、吊り橋を渡り、道なりに南へと進んでいく。
0
300m
18,400
N
鉛筆博物館
Pencil Museum
2
ダーウェント川
グレタ橋
Greta Bridge
1
Portinscale
グレタ川
Start
ケズィック
Keswick
ダーウェント・ウォーター・マリーナ
Derwent Water Marina
景色を楽しんだら、その裏の林の中を進むフットパスを進んでいく。
3
ニコル・エンド
Nicol End
ケズィック埠頭
Keswick
埠頭からの帰りのルート。
ダーウェント湖
Derwent Water
ダーウェント島
Derwenrt Island
林を抜けて牧草地に出ると標高451mのキャットベルズCatbellsが見える。
ロード島
Lord Island
船で帰るのがおすすめ。
4
ピーター・ラビットの絵本と同じ風景が見える!
ダーウェント湾
Derwent Bay
Goal
ホウズ・エンド
Haw's End
5
セント・ハーバート島
St. Herbert Island
キャット・ベルズ
Cat Bells

1

5

1メイン・ストリートの先にあるグレタ橋　5ホウズ・エンドの埠頭から時計回りルートの遊覧船に乗る

エドワーディーン The Edwardene

●町の中心から少し東、周囲にB&Bが集っているサウジー通りSouthey St.沿いにある。イングランド政府観光局が選ぶゴールド・アワードやブレックファスト・アワードを受賞しており、客室の内装やベッドの質、朝食ともにクオリティは非常に高い。ラウンジでは酒類の提供も行っている。

Map P.68B2　ゲストハウス　11室

住26 Southey St., CA12 4EF
TEL(017687)73586
URLwww.edwardenehotel.com
£58～
£100～
£
MV

スイス・コート Swiss Court Guest House

●バスステーションから徒歩5分ほど。B&Bが並ぶ通りの一角にあるゲストハウス。部屋からはケズィックの町を見渡せる。朝食はバラエティー豊かで、ベッドリネンやタオルも質の高いものを使用するなど、随所にオーナーのこだわりを感じさせる。

Map P.68B1　ゲストハウス　5室

住25 Bank St., CA12 5JZ
TEL(017687)72637
URLwww.swisscourt.co.uk
£50～
£86～
£　MV

カフェ・バー 26 Café Bar 26

●マーケット・プレイスから南に約2分、店内は暖色系でまとめられ、明るく入りやすいダイニングバー。イタリアやスペインなど南欧系料理のメニューが充実している。上階はTWENTY SIXというB&Bとして営業している。

Map P.68B2　ダイニングバー

住26 Lake Rd., CA12 5DQ
TEL(017687)80863
URLwww.cafebar26.co.uk
開9:30～23:00
休月
£　MV

ドッグ&ガン Dog & Gun

●マーケット・プレイスに面した人気のダイニング・パブ。町で造られているケズィック・ブリューイングのビールを置いている。フードメニューも豊富で、メインが£9.29～13.99。人気はハンガリー名物グヤーシュ£8.49～10.49。

Map P.68B2　パブ

住Lake Rd., CA12 5HB
TEL(017687)73463
URLwww.greeneking-pubs.co.uk
開12:00～23:30
休無休　£
AMV

Information

湖水地方のウイスキー

樽の中で熟成中

湖水地方のウイスキー造りは19世紀に衰退してしまったが、2014年12月にポール・カリー氏によってレイクス蒸溜所が新たにオープンした。湖水地方のおいしい水を使用したシングルモルト・ウイスキーが熟成期間を終え販売されているが、出荷数は多くない。蒸溜所では他にもジンやウォッカなどが造られており、ショップでは人気のブレンデッド・ウイスキー、ワンThe Oneとともに販売している。敷地内には湖水地方産の食材を使った料理が楽しめるビストロも併設しており、アルコール類の種類も豊富だ。

ビジターセンターでは試飲も可能

■レイクス蒸溜所　Map P.36B1
ケズィックとコッカーマスの中間に位置しており、X4、5番バスが蒸溜所の前を通る。ケズィックからは1時間に1便程度（日曜は2時間に1便）。
住Setmurthy, CA13 9SJ
URLwww.lakesdistillery.com
TEL(017687)88850
開10:00～18:00（ビストロ～23:00）
　見学ツアーは10:00～17:00の1時間毎
休無休　料£12.50

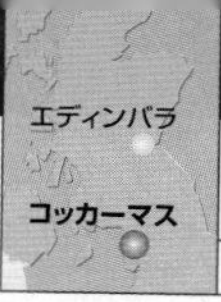

湖水地方北部の商業都市

コッカーマス Cockermouth

●市外局番01900　●人口9100人

ケズィックの北西13km、ダーウェント川のほとりに栄えたコッカーマスはワーズワースを生んだ歴史ある商業都市。

●コッカーマスの見どころ

ワーズワースの生家

Map P.73

ワーズワース・ハウス Wordsworth House

ワーズワース生誕の地、コッカーマスに残る生家。ワーズワースと彼の妹ドロシーが生まれたジョージ王朝風の大きな家では、彼の遺品を説明付きで展示している。

ここでワーズワースは生を受けた

コッカーマスで一番古い建物

Map P.73

パーシー・ハウス Percy House

1598年にノーザンバーランド公のヘンリー・パーシーによって建てられたとされるが、近年の研究によってその歴史は14世紀にまで遡ることがわかった。内部はギャラリーとして使用されており、2階に残る梁部分などは創建当時のものだそうだ。

16世紀末に作られた石膏装飾

湖水地方の地ビールを造る

Map P.73

ジェニングス・ブリュワリー Jennings Brewery

1828年にジョン・ジェニングスJohn Jenningsによって創設されたビール醸造所。湖水地方やランカシャー地方のパブの看板に出ているカンバーランド・エールCumberland Aleはここで造られている。醸造所では見学ツアーがあり、伝統的なビール造りを見学することができる。ツアーの受付はショップで行う。

ショップではオリジナルグッズも多数販売されている

❖コッカーマスへの行き方

●湖水地方の各町から
→P.38

通りにはカラフルな家々が並ぶ

■ワーズワース・ハウス
住Main St., CA13 9RX
TEL(01900)824805
URLwww.nationaltrust.org.uk
開11:00～17:00
休金、11月上旬～3月上旬
料£8.80

■パーシー・ハウス
住38-42 Market Pl., CA13 9NG
TEL(01900)829667
URLwww.percyhouse.co.uk
開10:00～17:00
休日、12/25～27
料無料

■ジェニングス・ブリュワリー
住The Castle Brewery, CA13 9NE
TEL(01900)820362
URLwww.jenningsbrewery.co.uk
ショップ
開10:00～16:00
（土11:00～15:00）
休日
ツアーは3～6・10～12月の水～土、7～9月は月～土に催行
料£12　休1・2月

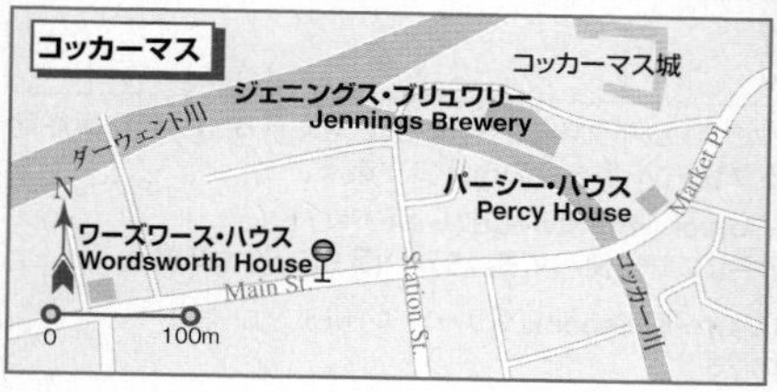

ツアーの最後は併設のパブで試飲

ジョン・ラスキンが愛した村

コニストン Coniston

●市外局番015394　●人口1058人

❖コニストンへの行き方

●湖水地方の各町から
→P.38

コニストンの🅘はパンフレットを多く揃えている

コニストン湖ではボートも貸し出している

村の中心部にはパブやカフェが並ぶ

コニストンは湖畔にたたずむ小さな村。湖や小高い山々に囲まれており、湖水地方らしい素朴な風景を旅行者に見せてくれる。19世紀後半に活躍した美術評論家、ジョン・ラスキンはコニストンで晩年を過ごしており、この地を愛した。彼はナショナル・トラストの創設にも尽力している。村の周辺ではウオーキングやボート、クルーズなど、1年を通じて楽しめるアクティビティも多く、ここを起点にする旅行者も多い。

アンブルサイド方面から来るバスは🅘の前の駐車場に停車する。まずは🅘で情報収集をしよう。村は歩いても10分で回れる程度の大きさで、ユーデイル・ロードYewdale Rd.沿いにはラスキン博物館がある。村の中心部から湖へ行くには少し南へ下り、レイク・ロードLake Rd.を進もう。

コニストン湖クルーズ

コニストン・ランチ Coniston Launch

TEL (017687)75753　URL www.conistonlaunch.co.uk

コニストンから南東に500mほど進んだ埠頭から出発。クロス・レイクス・エクスペリエンス（→P.35）でも乗船可能。湖北部を周遊するレッド・ルートと湖南部を周遊するグリーン・ルートのふたつがある。

●コニストン～トーヴァー～ブラントウッド周遊 Coniston～Torver～Brantwood（レッド・ルート）
出発:3/14～11/1は1日5～6便　11/1～3月中旬は土・日を中心に1日5便　所要:45分　料 £12.50（1日券）

●コニストン～トーヴァー～レイクバンク周遊 Coniston～Tover～Lakebank(グリーン・ルート)
出発:4～9月の月～木16:20発　所要:1時間30分　料 £18.25

●コニストンの見どころ

美術評論家のコレクション

Map P.74

ラスキン博物館 The Ruskin Museum

コニストン唯一の博物館

ジョン・ラスキンJohn Ruskinは19世紀後半に活躍したオックスフォード大学出身の美術評論家で、ターナーやルイス・キャロルなど、多くの芸術家と交流があった。晩年はコニストンで過ごし、彼の死後、秘書だった人物がここに博物館を開いた。館内では、ラスキンにまつわる品々のほか、コニストンの地質や歴史に関する展示が行われている。

■ラスキン博物館
住Yewdale Rd., LA21 8DU
TEL(015394)41164
URLwww.ruskinmuseum.com
開3/9～11/8
10:00～16:30
11/9～3月中旬
10:30～15:30
休11月中旬～3月中旬の月、1/1、12/25・26
料£6.50

ラスキンゆかりの品も多く並ぶ

小高い丘に囲まれた静かな湖

Map P.74

コニストン湖 Coniston Water

コニストン湖を周遊する蒸気船

湖水地方では3番目に大きい湖で、全長約8km。中心部から徒歩で15分ほど。バスでホークスヘッドやアンブルサイドから来た場合は、ひとつ前のコニストン・イン前のバス停で下車するとよい。湖ではクルーズやボートの貸出などが行われている。コニストン湖はアーサー・ランクムの小説『ツバメ号とアマゾン号』のモデルにもなったことで有名で、夏期の蒸気船クルーズでは作中に登場するヤマネコ島Wildcat Islandに訪れるルートもある。

コニストン湖の蒸気船乗り場

Hotel&Restaurant ホテル&レストラン

小さな村なのでホテルやカフェは中心部に数軒あるだけ。B&Bならば村の周囲にいくつか点在している。ウィンダミアやアンブルサイドから日帰りも可能だ。

日本からホテルへの電話 国際電話会社の番号 + 010 + 国番号44 + 市外局番の最初の0を取った掲載の番号

コニストン・イン Coniston Inn

TV 無線LAN

●村の中心部から少し離れているが、コニストンで最も設備の整った高級ホテルで2020年春に全面リニューアルオープン。湖畔の美しい自然を眺めながらのんびりと過ごせる。1階のレストランからの眺めも自慢で、晴れた日は山々を見渡しながら朝食を食べるのもまた格別。遊覧船乗り場が敷地内にある。

Map P.74 高級 42室
住Hawkshead Rd., LA21 8AJ
TEL(0191)5803610
URLwww.inncollectiongroup.com
£122～
£
M V

LAKE DISTRICT FOOTPATH ROUTE 6

変化に富んだ景色を求め ポターが所有した湖へ

コニストン▶ターン・ハウズ

4

ルートのポイント ターン・ハウズは映画『ミス・ポター』にも登場する湖水地方でも屈指の美しさで知られる湖。コニストンから林を抜けるフットパスでここまできたら、ピクニックランチを楽しもう。コニストンへの戻りは周りを山に囲まれた絶景が広がり、行きとの風景の違いにびっくり。コニストン湖まで戻ったら、レイク・クルーズに参加するのもおすすめ。

SG

SG出発はコニストンから。B5285の道路を東へコニストン湖方面へ
1ホークスヘッド方面からのバスはコニストン湖沿いのホテル、コニストン・イン前に停車する
4ターン・ハウズの湖は1周すると約2.5km

1

WALKING DATA

スタート地点	コニストン →P.74、Map P.36B3
所要時間	3.5〜4.5時間
コース総延長	10.5km
MAP	英国陸地測量部発行地図（→P.397） **Ordnance Survey OL7**

2 3

5

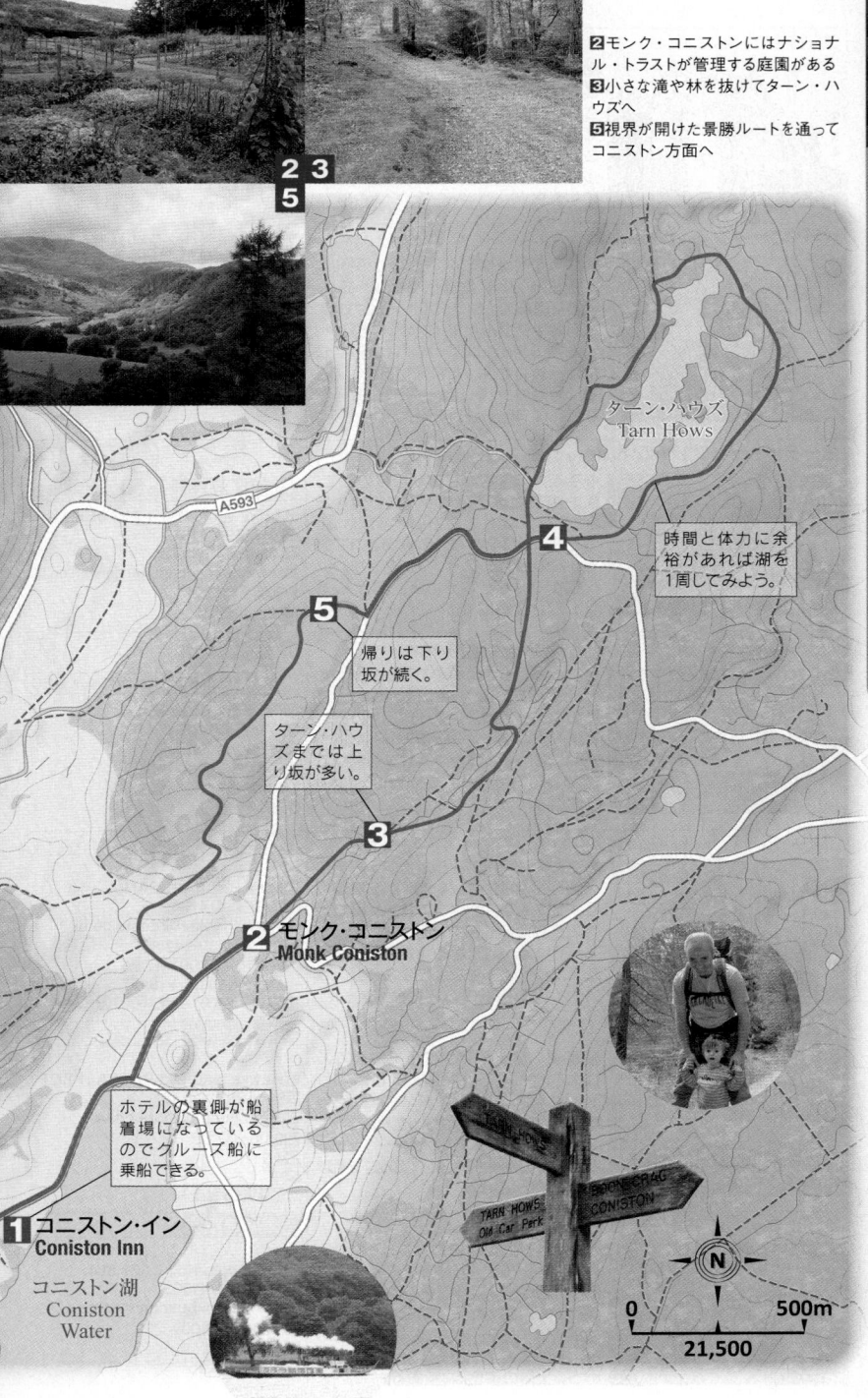

2モンク・コニストンにはナショナル・トラストが管理する庭園がある
3小さな滝や林を抜けてターン・ハウズへ
5視界が開けた景勝ルートを通ってコニストン方面へ

ユーデイル Yewdale Inn

無線LAN

●コニストンの中心部に位置する家族経営のホテル。建物は1896年に建設されたもので、客室には油絵が飾られていたりと、オーナーのこだわりを感じる。1階はダイニング・パブで、ビールは地元産のエールなども選べて種類も豊富。

Map P.74 中級 9室

住 Yewdale Rd., LA21 8DU
TEL (015394)41280
URL www.yewdalehotel.com
£69～99
£89～129
£ M V

クラウン・イン The Crown Inn

無線LAN

●バス停を降りてすぐという、便利な立地のイン。客室は広々としており、明るく清潔的。シングルルームはなく、右料金はダブルかツインのシングル利用。1階のダイニング・パブは厳選された地元食材を使った料理が自慢。ここではぜひカンバーランド・ソーセージなど英国料理を試してみよう。

Map P.74 イン 12室

住 Coniston, LA21 8ED
TEL (015394)41243
URL www.crowninnconiston.com
£80～
£110～
£ M V

オーチャード・コテージ Orchard Cottage Guest House

無線LAN

●手入れの施された庭が自慢の宿で、宿泊施設の評価機関が与える賞を連続で獲得したこともある。客室は3室のみで、それぞれ独自に装飾されている。どの部屋もファブリックがかわいらしく、広々としている。朝食もボリュームたっぷり。

Map P.74 ゲストハウス 3室

住 18 Yewdale Rd., LA21 8DU
TEL (015394)41319
FAX (015394)41373
URL www.orchardcottageconiston.co.uk
£85～
£ M V

YHAコニストン・ホーリー・ホウ YHA Coniston Holly How

Map P.74

無線LAN

●中心部からは少し離れているが、十分徒歩圏内。山と湖に囲まれた好立地のホステルで、アウトドア派の旅行者に人気の宿でキャンプサイトなども完備している。レセプションが開いているのは7:00～10:00と17:00～22:00の間のみ。

ユースホステル ベッド数60

住 Far End, LA21 8DD
TEL 0345 371 9511
URL www.yha.org.uk
DOM £13～30
£39～159
£ M V

ブルーバード The Bluebird Cafe

Map P.74 カフェ

●コニストン湖に面したカフェ。テラス席からは美しいパノラマが楽しめる。カフェの名称はコニストン湖で当時の世界最高速度を出したボートにちなんでいる。地元産の食材にこだわったメニューは季節ごとに変わるが、サンドイッチやスープなど軽食がメイン。

住 Lake Rd., LA21 8AN
TEL (015394)41649
URL www.thebluebirdcafe.co.uk
開 5～9月9:30～17:30
3·4·10月10:00～17:00
11～2月10:00～16:00
休 無休 £ A D M V

メドウドア Meadowdore Cafe

Map P.74 カフェ

●建物の壁にヒマワリが描かれており、店内も明るく開放的。日替わりケーキやアフタヌーンティーなどを用意しており、休憩にはぴったり。フィッシュ・アンド・チップスやサンドイッチなど軽食メニューも充実している。2階はB&Bになっている。

住 Hawkshead Old Rd., LA21 8ET
TEL (015394)41638
URL www.meadowdore.co.uk
開 9:00～17:00
休 1月
£
M V(£5以上)

ブラック・ブル・イン&ホテル Black Bull Inn & Hotel

Map P.74 パブ

●400年の歴史を持つイン。イギリス最優秀ビールをはじめ多くの受賞歴をほこる地ビール醸造所を所有しており、1階のパブで飲める。特に人気の高いのはブルーバード・ビター Bluebird BitterとNo.9。1/3パイント・グラスで頼める。上階の客室は4室ある。

住 1 Yewdale Rd., LA21 8DU
TEL (015394)41335
URL www.blackbullconiston.co.uk
開 10:00～23:00
休 無休
£ M V

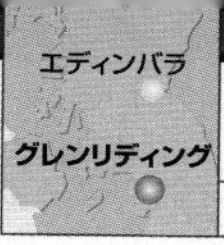

山と湖に囲まれた風光明媚な小村

グレンリディング Glenridding

●市外局番017684　●人口174人

周囲を山に囲まれている

グレンリディングは人口200人にも満たない小村。しかし週末や夏にはアルズ湖クルーズやイングランド3番目の高さのヘルヴェリンHelvellyn(950m)登山、周囲のウオーキングなどを楽しみに数多くの観光客が訪れ、活気であふれる。

村自体は非常に小さいので、迷うことはないだろう。バス停のすぐそばにⓘがあり、周辺にはB&Bやカフェが数件ある。大きめのホテルとしてはイン・オン・ザ・レイクInn on the Lakeがアルズ湖沿いにあり、ここはBBCのテレビドラマ『ザ・レイクスThe Lakes』の舞台にもなった。

❖グレンリディングへの行き方

●湖水地方の各町から
→P.38

●ペンリスから
🚌508番が1日9便、日・祝は1日7便
所要:約45分

●グレンリディングの見どころ

湖水地方で最も美しいといわれる湖 Map P.36C2

アルズ湖 Ullswater

美しい湖を航行する旅客船

アルズ湖はウィンダミア湖に次いで湖水地方で2番目に大きな湖。南西のグレンリディング近くは、周囲を山に囲まれており、山と湖の対比が美しい。湖水地方で最も美しいと評判の湖だ。ワーズワースの詩の中でも最も名高い「水仙」は、アルズ湖周辺を散策しているときに、インスピレーションを得て書かれたといわれている。

アルズ湖はアルズウォーター・スティーマーズ社による観光フェリーが運行されている。利用されている船のいくつかは19世紀に造られたもので、中でも1877年建造のレディ・オブ・ザ・レイク号Lady of the Lakeは現在運行している旅客船のなかでは世界で最も古いものだ。

船から見たグレンリディング

船内にはバーがあり、コーヒーやアルコール類も販売している

アルズ湖クルーズ

アルズウォーター・スティーマーズ Ullswater Steamers
TEL(017684)82229　URL www.ullswater-steamers.co.uk

南西のグレンリディングと北東のプーリー・ブリッジPooley Bridgeを結んでおり、途中ハウタウンHowtownを経由する。
出発:6～8月の毎日9往復、3月下旬～5月・9～10月の毎日6往復、11～1月の毎日3～4往復　所要:1時間
料1日券: £16.80、グレンリディング～プーリー・ブリッジ:片道£10.40、グレンリディングまたはプーリー・ブリッジ～ハウタウン:片道£7.40、往復£11.90

湖水と海が出会う町

バロウ・イン・ファーネス Barrow in Furness

●市外局番01229　●人口6万9100人

❖バロウ・イン・ファーネスへの行き方

●湖水地方の各町から
→P.38

■バロウ・イン・ファーネスのⓘ

住The Forum,
28 Duke St., LA14 1HH
URL www.barrowbc.gov.uk
開9:00～17:00　休日・祝
市庁舎の向かいに建つザ・フォーラムThe Forumの1階。各種パンフレットの配布のみで常駐スタッフはいない

■ドック博物館

住North Rd., LA14 2PW
TEL (01229)876400
URL www.dockmuseum.org.uk
開11:00～16:00
休月・火　料無料
♿一部不可

軍艦金剛の模型も展示している

バロウ・イン・ファーネスの市庁舎

バロウ・イン・ファーネスは19世紀までは小さな村に過ぎなかったが、産業革命期になると、鉄鋼業によって大いに栄え、さらに鉄道ファーネス線の開通と造船業の発達も加わり、わずかな間にイングランドを代表する港湾工業都市となった。日露戦争で日本海軍の旗艦として活躍した「三笠」、太平洋戦争で活躍した唯一の外国製軍艦「金剛」はいずれもバロウ・イン・ファーネスで建造されており、日本とのゆかりも深い。

バロウ・イン・ファーネスはアイリッシュ海沿いを走るカンブリア沿岸線Cambrian Coast Lineの始発駅で、湖水地方西部の拠点として便利。19世紀から発達したため、町自体の観光的魅力は少ないが、市庁舎をはじめとするヴィクトリア朝期の建物や、町の歴史を紹介するドック博物館は見応えがあり、町の郊外にはファーネス修道院やピール島といった中世以来の歴史ある見どころもある。

●バロウ・イン・ファーネスの見どころ

修理ドックを利用した博物館　Map P.80

ドック博物館 The Dock Museum

町の中心から少し西に行った所にある。バロウ・イン・ファーネスの発展の歴史を紹介しており、とりわけ鉄鋼業と造船業に関する展示が充実している。もともと船の修理ドックだった施設を利用しており、当時のドックがどのようなものだったかもよく分かる。一番下の階は、町の紹介やファーネス修道院などテーマ別の短い映画を上映している。映画は6種類あり、言語は英語のみだが、英語字幕が付いており、町の歴史を知るのに役立つ。

イングランド北部を代表する大修道院跡

ファーネス修道院 Furness Abbey

Map P.36B4

ファーネス修道院

ファーネス修道院は中世には湖水地方の多くの土地を所有していたシトー会修道院。中世の修道院は国王に税金を払う必要はなかったため、莫大な富を誇る大修道院として知られた。16世紀中頃の修道院解散で廃墟となったが、近代になるとロマン主義的な廃墟趣味が流行し、ファーネス修道院は湖水地方を代表する観光スポットになり、数多くの絵画やスケッチの題材となった。

中世の城跡が残る島

ピール島 Piel Island

Map P.36B4

12世紀創建のピール城跡

ピール島はファーネス半島の南1kmほどの所に浮かぶ小島で、20分もあれば1周できるほど小さい。中世はファーネス修道院の所有で、マン島やアイルランドとの貿易に使われた。島内にはピール城跡Piel Castleが残るほか、シップ・インThe Ship Innというインがあり、食事や宿泊ができる。

■ファーネス修道院
6、X6番のバスに乗り、ドライバーに修道院近くで降ろしてもらうよう伝えておく。最寄りのバス停を降りたら道路標識に従って歩き約10分。
[住]Manor Rd., LA13 0PJ
[TEL](01229)823420
[URL]www.english-heritage.org.uk
[開]3/29～9/30
10:00～18:00
10/1～11/1
10:00～17:00
11/7～3/28の土・日
10:00～16:00
[休]11/7～3/28の月～金、1/1、12/24～26・28・31
[料]£6.90　学生£6.20
(撮影)一部不可

■ピール島
11番のバスでロア島Roa Island下車。4～9月11:00～16:30はボート乗り場からピール島へのボートが出ている。往復£5。天候により便が出ないこともある。

■シップ・イン
[住]Piel Island, LA13 0QN
[携帯]07516 453784
[URL]www.pielisland.co.uk

Hotel ホテル

バロウ・イン・ファーネスは町の規模に比較してホテルの数はそれほど多くない。ゲストハウスは鉄道駅を北に進んだアビー・ロードAbbey Rd.にはいくつかあるが、町の中心からはかなり遠くなる。

日本からホテルへの電話　国際電話会社の番号 + 010 + 国番号44 + 市外局番の最初の0を取った掲載の番号

デューク・オブ・エディンバラ The Duke of Edinburgh

TV　ドライヤー　湯沸かし　無線LAN

●鉄道駅を出て徒歩3分ほど。バロウ・イン・ファーネスの町中にあるホテルでは最も高級。1階はレストラン・バーが併設しており、バーでは系列会社が醸造している地ビールを飲むことができる。客室はいくつかのカテゴリーに分かれ、エグゼクティブ・ルームはバスタブ付き。週末は安くなる。

Map P.80　高級　51室
[住]Abbey Rd., LA14 5QR
[TEL](01229)812917
[URL]www.dukeofedinburghhotel.co.uk
(1人/2人)(設備) £100～
(両替)£
(カード)AMV

ジェファーソンズ Jeffersons Hotel & Apartments

TV　ドライヤー　湯沸かし　無線LAN

●市庁舎のすぐそばにあり便利な立地。町の中心だが、客室は広々として居心地がよく、テレビは32インチと大きめ。レストラン・バーも併設している。アパートメントは7泊以上の宿泊で、1泊あたり£105～。右記ホテルの公式ウェブサイトから予約すると、ワインを1本サービスしてもらえる。

Map P.80　中級　25室
[住]60-64 Duke St., LA14 1RX
[TEL](01229)822551
[URL]www.jeffersonshotel.co.uk
(1人)(設備) £80～
(2人)(設備) £85～
(両替)£
(カード)ADMV

カンブリア沿岸線で巡る 湖水地方西部

アイリッシュ海と湖水の山々を同時に楽しめるカンブリア沿岸線は南はバロウ・イン・ファーネス、北はカーライル間を結ぶ景勝路線。移り変わる景色に心を躍らせながら湖水地方西部を旅してみよう。

アイリッシュ海に面する村シースケイルの駅に停車中の車両

カンブリア沿岸線

カーライル Carlisle ⇔ 137.6km ⇔ バロウ・イン・ファーネス Barrow-in-Furness

カーライル発5:53～19:09の1時間に1便程度、バロウ・イン・ファーネス発5:58～20:19の1時間に1便程度。全線所要2時間30分。日曜は減便する。

ケズィック（→P.68）からカーライルへは554番のバスが1日3～4便、所要約1時間20分

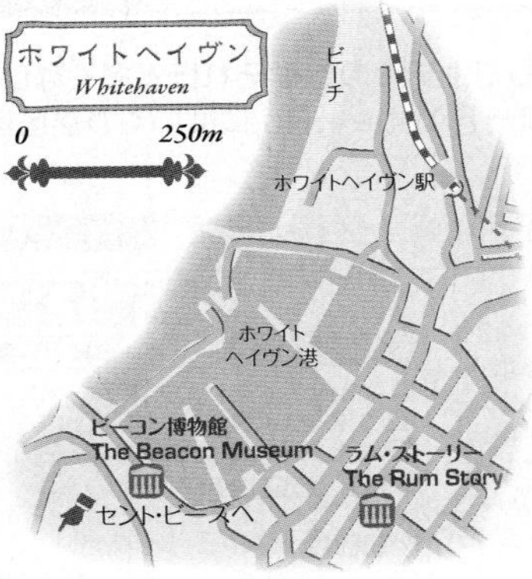

港のすぐ横には砂浜が広がっている

ホワイトヘイヴン
Whitehaven

英国屈指のビーチリゾート　ホワイトヘイヴンはジョージ王朝時代の建物が整然と並ぶ美しい港町だ。港のすぐ横は砂浜になっており、イギリスのビーチリゾート・ベスト10に選ばれたこともある。主な見どころとしては、港に建つビーコン博物館The Beacon Museumとラム酒について紹介するラム・ストーリーThe Rum Storyがあり、町の豊かな歴史に触れられる。

絶景の断崖、セント・ビーズへ　ホワイトヘイヴンから南のセント・ビーズSt Beesへは海岸沿いに全長約11kmのウオーキング・ルートが延びている。途中には断崖や海鳥のビューポイントなどがあり、湖水地方のフットパスとは全く違う景色を楽しめる。

ホワイトヘイヴン港とビーコン博物館

城の庭園から俯瞰する湖水地方西部の眺め

均整のとれた城

マンカスター城
Muncaster Castle

小高い丘に建つ、フクロウと触れ合える城

広大な敷地を誇るマンカスター城はレイヴェングラス駅から約1.5km。敷地内には50種のフクロウを飼育するフクロウセンターもある。英国王が宿泊したこともある城内はオーディオガイドを聞きながら回ることができ、調度品や歴史の紹介はもちろん、城に現れる幽霊など、興味深い話を聞くことができる。

フクロウの餌やりショーが行われることも

住Ravenglass, CA18 1RQ　TEL(01229)717614
URLwww.muncaster.co.uk　一部不可　一部不可
庭園&フクロウセンター
開3月下旬〜10月下旬10:30〜17:00
10月下旬〜12/22・3月の土・日11:00〜16:00　休12/23〜2/28
料£12.50（10月下旬〜12/22・3月£8）
マンカスター城
開3月下旬〜10月下旬12:00〜16:00
10月下旬〜12/22・3月の土・日11:30〜14:30
休3月下旬〜10月下旬の土、10月下旬〜3月の月〜金、12/23〜2/28
料庭園&フクロウセンターの入場料込£14.50(10月下旬〜12/22・3月£11)

厩舎の庭は食堂になっている

バロウ・イン・ファーネス
Barrow-in-Furness

7駅 30分 → レイヴェングラス ← 7駅 53分

レイヴェングラス
Ravenglass

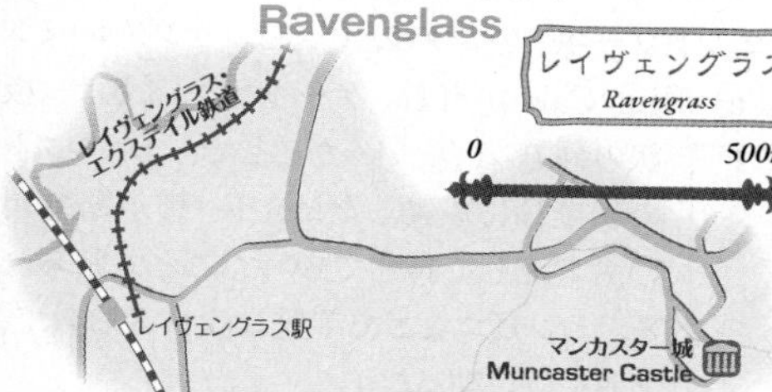

ウィンダミア（→P.46）からバロウ・イン・ファーネスへは6番のバスが1日3〜4便、所要1時間10分。冬期の日曜は運休する

美しい自然を疾走するミニSL

レイヴェングラス駅は湖水沿岸線と狭軌鉄道のレイヴェングラス・エクスデイル鉄道が接続する駅。狭軌鉄道はレイヴェングラス駅から終点のデイルガース・フォー・ブート駅Dalegarth for bootまで約40分、全長11kmの路線で、途中森や山を駆け抜ける変化に富んだ景色を楽しめる。各駅を起点したウオーキング、トレッキングのルートもよく整備されているので、途中下車して、周辺の自然に触れるのもおすすめ。

レイヴェングラス・エクスデイル鉄道
Ravenglass & Eksdale Railway

住Ravenglass, CA18 1SW
TEL(01229)717171
URLwww.ravenglass-railway.co.uk
料片道£9　1日券£13〜17
3月中旬〜10月は1日7〜12便、11月〜3月中旬は土・日を中心に1日2〜5便の不定期運行。

軌間381mmのかわいらしい蒸気機関車

内陸に進むにつれ起伏が大きくなって行く

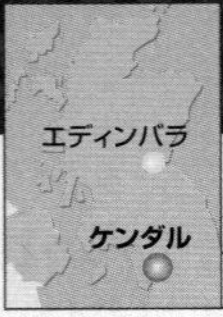

ミントケーキで有名な湖水地方南の玄関口

ケンダル Kendal

●市外局番015394　●人口2万586人

❖ケンダルへの行き方

●湖水地方の各町から→P.38

湖水地方南部の主要都市

■ケンダル博物館
住Station Rd., LA9 6BT
TEL (015394)815597
URL www.kendalmuseum.org.uk
開木～土9:30～16:45
休日～水　料£5

■アボット・ホール・アート・ギャラリー
住Abbot Hall, LA9 5AL
TEL (015394)722464
URL www.abbothall.org.uk
改装工事のため2020年2月から2022年まで閉館中

■湖水地方生活・産業博物館
住Kendal, LA9 5AL
TEL (01539)722464
URL www.lakelandmuseum.org.uk
2020年4月現在改装工事のため閉館中

◉湖水地方南部の中心都市　湖水地方南部の中心、ケンダルは鉄道でとおり過ぎるには惜しい町。石畳が続く中世の町並みが残り、青空市場Street Market(水・金・土開催)や屋内市場Indoor Market(月～土曜開催)が開かれており、ほかにもアウトレットショップK Villageをはじめとする興味深いショップが建ち並んでいる。

ケンダルには湖水地方を知るための見どころも多く、創立1796年という古い歴史を誇るケンダル博物館Kendal Museumをはじめ、18～19世紀に描かれた湖水地方の風景が収められたアボット・ホール・アート・ギャラリー Abbot Hall Art Gallery、湖水地方200年の歴史や風俗の資料を展示している湖水地方生活・産業博物館Museum of Lakeland Life & Industryなどがある。

ケント川沿いはウオーキングにぴったり

町の中心を南北に流れるケント川沿いは散策が楽しいウオーキング・ルートになっており、町の東の丘に建つケンダル城は、城自体は廃墟だが、眺めがすばらしい。

◉ケンダル・ミントケーキ　ケンダルといえば、ケンダル・ミントケーキKendal Mint Cakeが有名。ケーキというよりは、板状の砂糖菓子といった感じで、エベレストの初登頂に成功したヒラリー卿が緊急用の食料として持っていったことで知られる。コンビニなどで手軽に手に入るので、おみやげにぴったり。

ケンダル城からの眺望

ケンダル教区教会

Scotland

スコットランド

エディンバラ城のグレートホール

スコッチウイスキーの起源と種類

スコットランドと聞いて、スコッチウイスキーを想起する人も多いのではないだろうか。
スコッチウイスキーの深淵な魅力に迫ってみよう。

●ウイスキーの歴史

蒸溜酒とは、醸造したアルコール（ビールやワインなどの種類）を沸騰させた後、蒸気を冷やし、アルコール度数を高めた酒を意味する。蒸溜法はイスラム教徒によって発明され、ヨーロッパ各地に伝わり、フランスのブランデー、ロシアのウォッカなど独自の進化を遂げていった。ウイスキーの起源はゲール語のウィスケ・バーハ（命の水の意）とされ、アイルランドから修道士によってスコットランドにもたらされたという。

●密造から生まれた製法

当時のウイスキーはいま見られるような、樽で熟成されたものではなかった。いまでも蒸溜所へ行けば、熟成される前の無色透明な原酒を飲ませてくれるところもあるが、17世紀になるまでは、このようなウイスキーが飲まれていた。

スコットランドを併合したイギリスが1644年に酒税法を改正すると、生産者の多くは反発し、ウイスキーを密造するようになった。酒はシェリー樽に詰めて隠した。すると味わいはさらに深まり、正規の酒よりも人気を集めた。酒税法は撤回されたが、ウイスキーの製法はここに確立し、熟成という工程はウイスキーに欠かせないものとなった。トウモロコシをおもな原料とするバーボンや、ライ麦を主原料とするカナディアン・ウイスキーのように、ウイスキーはさまざまな原料で造られるが、ほかの蒸溜酒と違うのは、樽で熟成を経るところなのだ。

●ウイスキーの種類

スコッチウイスキーには、大麦の麦芽を発酵させ、蒸溜するモルトウイスキーと、麦芽にトウモロコシや小麦を混ぜて発酵、蒸溜させるグレンウイスキーがある。これらを混ぜて造られるのがブレンデッドウイスキーで、各地の蒸溜所のウイスキーを混ぜ、独自の安定した風味を生み出している。

これに対して、最近人気が上昇しているのが、ひとつの蒸溜所のモルトウイスキーだけを瓶詰めした、シングルモルトウイスキーだ。蒸溜所ごとに水も違えば風土も異なる。さらに製造方法の細かな違いも味に大きな影響を与える。流通形態の変化などもあり、蒸溜所ごとの味の違いを手軽に楽しめるようになった。

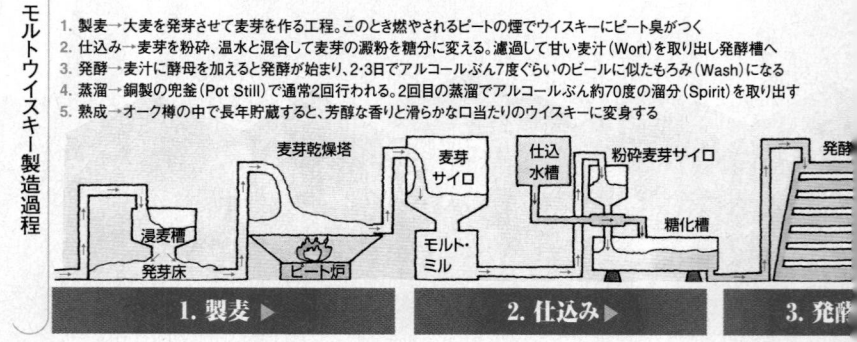

モルトウイスキー製造過程

1. 製麦→大麦を発芽させて麦芽を作る工程。このとき燃やされるピートの煙でウイスキーにピート臭がつく
2. 仕込み→麦芽を粉砕、温水と混合して麦芽の澱粉を糖分に変える。濾過して甘い麦汁（Wort）を取り出し発酵槽へ
3. 発酵→麦汁に酵母を加えると発酵が始まり、2・3日でアルコールぶん7度ぐらいのビールに似たもろみ（Wash）になる
4. 蒸溜→銅製の兜釜（Pot Still）で通常2回行われる。2回目の蒸溜でアルコールぶん約70度の溜分（Spirit）を取り出す
5. 熟成→オーク樽の中で長年貯蔵すると、芳醇な香りと滑らかな口当たりのウイスキーに変身する

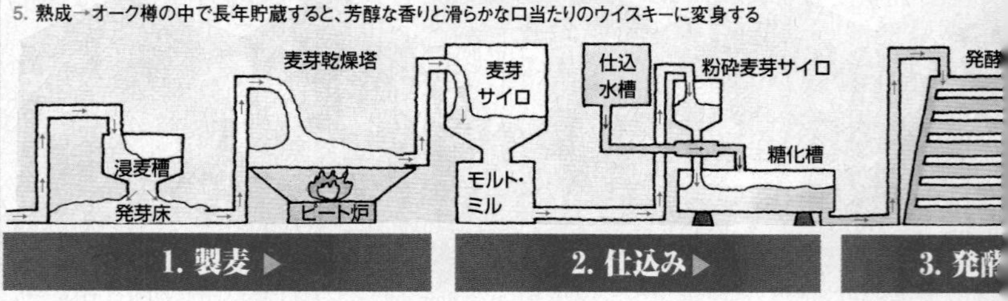

地方ごとの特色

スコットランドで造られるシングルモルトウイスキーは、使用している水や、麦の種類、ピート（泥炭）や熟成に用いられる樽などにより、味わいが異なってくる。地方ごとに大別すると6つに分けられるが、なかでも蒸溜所が集中しているのがスペイサイドとアイラ島のふたつ。だが、近年はウイスキー人気の再燃もあって各地で蒸溜所の新設が相次いでおり、今後は状況が変わる可能性もある。

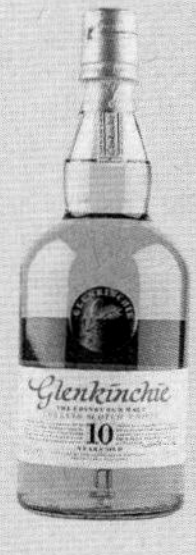

ローランドモルト

スコットランドの南部で造られる。古くからウイスキーが造られ、かつては多くの蒸溜所があったが、現在も製造を続ける蒸溜所は少ない。ローランドモルトの特徴はライトでスムーズな口当たり。アイリッシュウイスキーのように3回蒸留するところもある。

代表的な銘柄：オーヘントッシャン、グレンキンチー、リトルミル、ローズバンク、キングズバーンズ

ハイランドモルト

スペイサイド地方以外のスコットランドの北部で造られる。広範囲を指すため、味や香りも地域によってさまざま。北ハイランドはさわやかなピートが特徴でフルボディ、南ハイランドはフルーティな香りが特徴でライトな味わい。

代表的な銘柄：グレンモーレンジ、トマーチン、エドラダワー、ベン・ネヴィス、オーバン、プルトニー、グレンタレット、ダルモア

スペイサイドモルト

特にスペイ川周辺で造られる。スペイサイドは良質な水源に恵まれているため、スコットランドの蒸溜所の約半数がこの地域にあるといわれている。繊細で香り高くフルーティな味わいのものが多い。スムーズな口当たり。

代表的な銘柄:グレングラント、グレンフィディック、ザ・マッカラン、グレンリヴェット、バルヴェニー、アベラワー、ストラスアイラ

アイラモルト

スコットランドの西にあるアイラ島で造られる。蒸溜所が海岸沿いにあるため、強いピートの香りと潮の香りが個性を形作る。スモーキーなフレーバーで、深く厚みのある味わい。初めて飲むと「正露丸の匂いがする」という人も。

代表的な銘柄:ボウモア、ラフロイグ、ラガヴーリン、アードベッグ、ブルイクラディ、ブナハーブン、カリラ、キルホーマン

アイランズモルト

以前はハイランドモルトと同じ地域分けをされていた。アイラ島以外の島で造られるウイスキーで、具体的にはスカイ島やオークニー諸島、アラン島、ジュラ島、マル島など。アラン島は1995年に蒸溜所が復活した。島によってピートの香りや潮の香りの個性がある。

代表的な銘柄：ハイランドパーク、タリスカー、トバモリー、ジ・アラン、スキャパ、アイル・オブ・ジュラ

キャンベルタウンモルト

スコットランドの南部、キンタイヤー半島南端のキャンベルタウン周辺で造られる。香り豊かでスムーズな飲み口が特徴。20世紀初頭は30以上の蒸溜所があり、スコットランドのウイスキー産業の一大中心地だった。その後は衰退し、現在稼働しているのはスプリングバンク蒸溜所、グレンスコシア蒸溜所とグレンガイル蒸溜所の3ヵ所。

代表的な銘柄:スプリングバンク

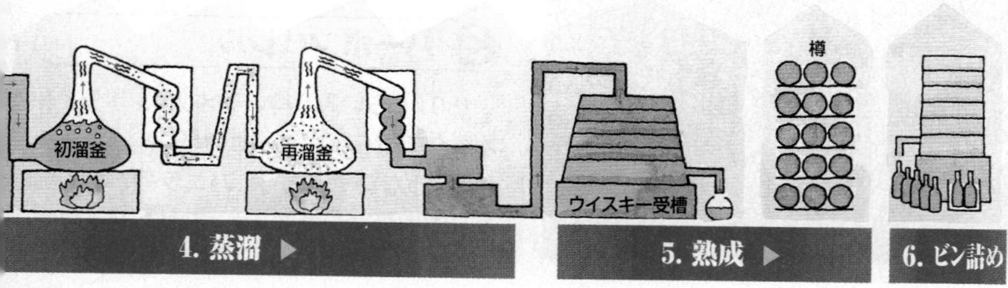

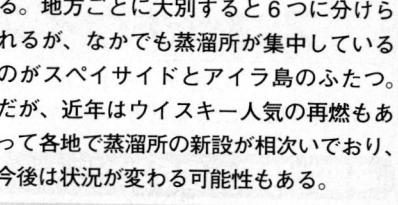

スコッチウイスキーの楽しみ方

スコットランドには、蒸溜所も銘柄も星の数ほどある。
何を選んだらいいのかわからないと尻込みする前に、まずは楽しんでみよう。

必要な情報が書かれたラベル

ウイスキーのボトルに張られたラベルには、種類はもちろん、熟成年数、熟成に用いた樽の種類など多くの重要情報が載っている。

ポイント

- 熟成年数を確かめる
- アルコール度数を見る
- Cask（樽）の種類を見る
- 裏側のラベルも見てみよう
- ビンテージ物にはシリアル番号が記載されていることも

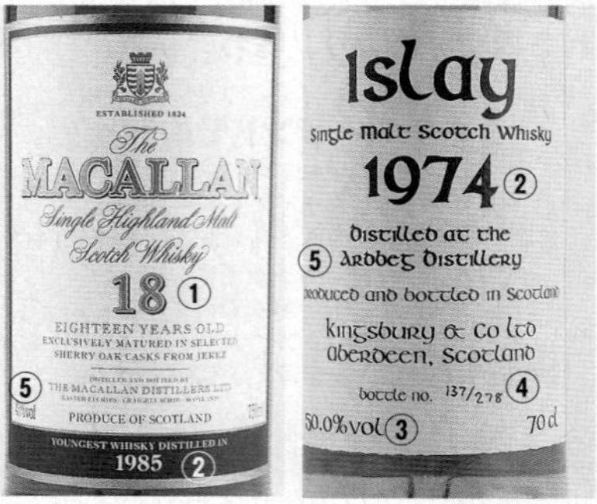

①熟成年数
②蒸溜した年
③アルコール度数
④シリアル番号
⑤蒸溜所名

樽によっても味わいは異なる

ウイスキーを熟成させる樽はおもに3種類あり、それぞれ味わいが異なる。しかしマッカランのように100%同一の樽で造られたものは少なく、ブレンドすることも多い。個性を合わせることでブランドの味を作っているのだ。

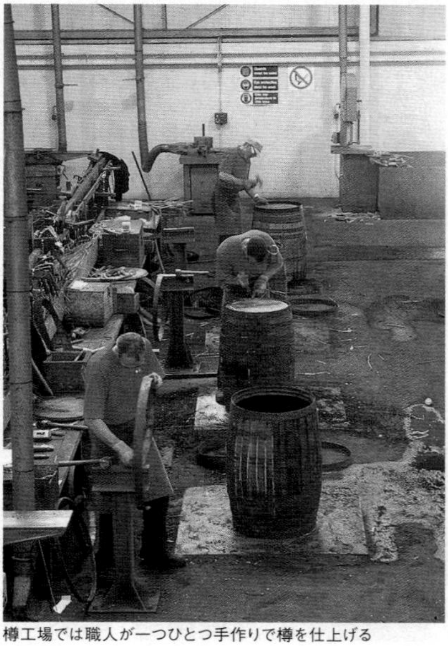

樽工場では職人が一つひとつ手作りで樽を仕上げる

❶ ホグスヘッド

豚の頭という意味の250ℓぐらい入る樽。シェリーバット（シェリー酒を詰めていた樽）を作り直して造られていたが、現在はバーボンバレル（バーボンを詰めていた樽）の組み直しが主流。

❷ シェリーバット

500ℓぐらい入る樽。スパニッシュオークで造られる、シェリーのための大樽。赤黒い色にアンズ、ベリーのような甘くフルーティな味わいがある。

❸ バーボンバレル

180ℓぐらい入る樽。アメリカンホワイトオークで造られたバーボンバレル。ゴールドのような輝きがあり、バニラ香が強く出る。南国のマンゴスティンを思わせるややさっぱりしたフルーティな風味。

味わい方

①まず、そのままストレートで
　香りを楽しむ。
②次にひと口含んで味わう。

ヒリヒリしたり、よく味がわからないときはほんの少し水を加えて①、②を繰り返してみよう。それでもよく味わうことができなければ、また水を少し加えて①、②を繰り返す。ただしアルコール度数が20度以下になったら味わいが薄れる。つまり40度のウイスキーなら薄める水は同量までということになる。

買い方

おみやげに買うのであれば、一番いいのは蒸溜所のショップで買うこと。その場で試飲もできるし、種類も豊富。パブでいろいろ試飲して好みのものを見つけるのもよいが、予算と好みを告げて店の人に聞くとよい。

年代について

熟成期間が長く、古い年代になればなるほど、味わいと香りがより深いものになっていく。年代と味は必ずしも比例するわけではないが、お気に入りの銘柄を見つけたら、オールドボトルも試してみよう。ただし、値段の張るものが多いので、専門店のスタッフにアドバイスしてもらってから購入しよう。

参考文献／協力

『モルトウィスキー大全』 土屋守（小学館）
「The Scotch Whisky Association」
（URL www.scotch-whisky.org.uk）
「scotchwhisky.net」
（URL www.scotchwhisky.net）

Malt House ISLAY
住 東京都練馬区豊玉北
5-22-16キジマビル2F
TEL (03)5984-4408
シングルモルトウイスキーをメインコレクションとする、オーセンティックなバー。
URL islay.world.coocan.jp

グレンフィディック蒸溜所内にあるショップ

アイラ島のロッホサイド・ホテルのバー。地元ならではの味を楽しもう

スコッチウイスキーの豊富な専門店

■スコッチウイスキー・エクスペリエンス The Scotch Whisky Experience　Map P.119A1
住 354 Castle Hill, EH1 2NE　TEL (0131)2200441　URL www.scotchwhiskyexperience.co.uk
開 10:00～19:00　休 12/25

■ロイヤル・マイル・ウイスキーズ Royal Mile Whiskies　Map P.119B1
住 379 High St., EH11 PW　TEL (0131)2253383　URL www.royalmilewhiskies.com
開 10:00～18:00（木～土10:00～19:00）　休 12/25・26

■ロッホ・ファイン・ウイスキーズ Loch Fyne Whiskies　Map P.218
住 Main St., Inveraray, PA32 8UD　TEL (01499)302219　URL www.lochfynewhiskies.com
開 10:00～17:30　休 無休

■ゴードン&マクファイル Gordon & MacPhail　Map P.289A
住 58-60 South St., IV30 1J　TEL (01343)545110　URL www.gordonandmacphail.com
開 9:30～18:00　休 日、1/1・2、12/25・26

■オドビンズ Oddbins　URL www.oddbins.com
英国全土に展開するリカーショップで、ウイスキーの品揃えも豊富。スコットランドではエディンバラ、グラスゴー、アバディーンに支店がある。

蒸溜所巡り のすすめ

1 ピトロッホリーを流れる小川のほとりにあるエドラダワー蒸溜所　2 アイラ島、カリラ蒸溜所の樽　3 グレンフィディック蒸溜所
4 グレン・グラント蒸溜所のポット・スチル

スコットランドには内部を見学させてくれたり、
試飲させてくれる蒸溜所も多く、人気の観光スポットになっている

スコットランドへ旅行したからには、ぜひ蒸溜所を訪問してみたい。どんな地方で、どのようにして造られているか、そのウイスキーの味は、と探索していけば、ウイスキーの世界の奥深さに引き込まれるはずだ。ここでは各都市の見どころとして紹介した蒸溜所以外で、ビジターセンターなどがあり、訪問しやすい蒸溜所を記載した。詳細は参考文献（→P.89）も参照していただきたい。

本書掲載の蒸溜所

蒸溜所見学　たいていの蒸溜所には入り口近くのわかりやすい場所にビジターセンターがあり、見学ツアーの受付を行っている。ビジターセンターがない蒸溜所ではショップが受付を兼ねる場合も。

見学ツアー　1時間前後の一般ツアーのほかにテイスティングツアーや倉庫なども見られるツアーなど数種を催行している蒸溜所も多い。大体は予約制なのでウェブサイトをチェックしておこう。

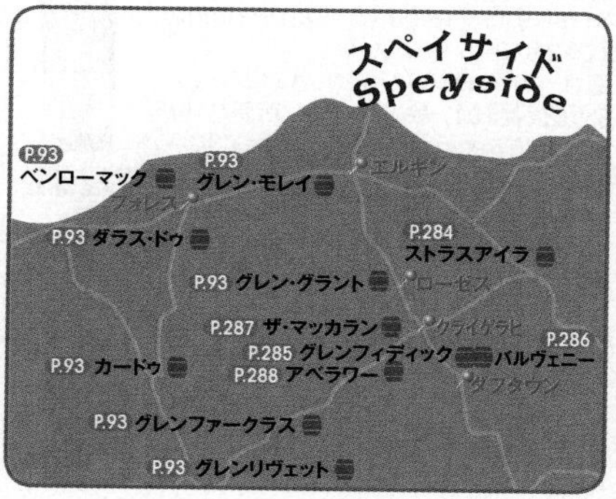

アイラ島の蒸溜所

1 ボウモア蒸溜所でのフロアモルティングの作業　2 坂の上にラウンドチャーチがあるボウモアの町　3 ポット・スチルとアードベッグ蒸溜所　4 ブルイックラディ蒸溜所　5 ラガヴーリン蒸溜所　6 ボウモア蒸溜所のショップ　7 キルホーマン蒸溜所

ボウモア蒸溜所 ➡P.237　Map P.236
Bowmore Distillery

ラフロイグ蒸溜所 *Laphroaig Distillery*　Map P.235
住Laphroaig, Isle of Islay PA42 7DU
TEL(01496) 302418　URLwww.laphroaig.com
アクセス ポート・エレンPort Ellenからアードベッグ Ardbeg行きのバス
ビジターセンター 開3～10月9:15～17:00
11～2月9:30～16:00　休1・2月の土・日
見学ツアー 3～10月10:30、11:30、14:00、14:30、15:00、11～2月10:00、14:00、15:00　料£10　所要約1時間

ラガヴーリン蒸溜所 *Lagavulin Distillery*　Map P.235
住Lagavulin, Isle of Islay PA42 7DZ
TEL(01496) 302749　URLwww.malts.com
アクセス ポート・エレンPort Ellenからアードベッグ Ardbeg行きのバス
ビジターセンター 開3・4・10月9:15～17:00
5～9月9:15～18:00（土・日9:15～17:00）
11～2月10:15～16:00
休11～2月の日曜、1/1～3、12/24～27
見学ツアー 料一般ツアー£8　所要約1時間
倉庫体験Warehouse Experience £30

アードベッグ蒸溜所 *Ardbeg Distillery*　Map P.235
住 Port Ellen　PA42 7EA
TEL(01496) 302244　URLwww.ardbeg.com
アクセス ポート・エレンPort Ellenからアードベッグ Ardbeg行きのバス
ビジターセンター 開9:30～17:00
見学ツアー 9～5月10:00、15:00
6～8月10:00、15:00、15:30、
休11～3月の土・日
料£10　所要約1時間

カリラ蒸溜所 *Caol Ila Distillery*　Map P.235
住Port Askaig, PA46 7RL
TEL(01496) 302769　URLwww.malts.com
アクセス ポート・アスカイグ行きPort Askaig行きのバス
ビジターセンター 開3～10月 10:15～17:00
11～2月10:15～16:00
休11～2月の日曜、不定期
見学ツアー 料£7　所要約1時間

ブルイックラディ蒸溜所　Map P.235
Bruichladdich Distillery
住Bruichladdich Distillery, PA49 7UN
TEL(01496) 302769　URLwww.bruichladdich.com
アクセス ポートナへイヴンPortnahaven行きのバス
ショップ 開4～10月9:30～17:00（日10:00～16:00）
11～3月9:00～17:00
休11～3月の日曜、1/1・2、12/25・26
見学ツアー 10:00、14:00（火は10:00のみ）
料£7.50　所要約1時間

ブナハーブン蒸溜所 *Bunnahabhain Distillery*　Map P.235
住Port Askaig, PA46 7RP
TEL(01496) 840557　URLbunnahabhain.com
アクセス ポート・アスカイグPort Askaigから約7km
ビジターセンター 開10:00～16:00（日12:00～16:00）
見学ツアー 10:00（日12:00）　料£7　所要50分
クイックルックツアー Quick-look tour　13:00（日13:30）
料£5　所要約20分

キルホーマン蒸溜所 *Kilchoman Distillery*　Map P.235
住Rockside Farm, Bruichladdich, PA49 7UT
TEL(01496) 850011　URLkilchomandistillery.com
アクセス 公共交通機関はない。ポート・シャーロッテPort Charlotteから約13km　ショップ 開9:45～17:00
休土・日、1～3月
見学ツアー 10:00、13:30、14:30　料£10　所要約1時間

スペイサイドの蒸溜所

1 グレンリヴェット蒸溜所　2 ふたつ並んだキルン塔が美しいストラスアイラ蒸溜所　3 ザ・マッカラン蒸溜所の倉庫　4 グレンフィディック蒸溜所でかつて使われていた配送用トラック　5 グレン・グラント蒸溜所の発酵槽　6 アベラワー蒸溜所

アベラワー蒸溜所 ➡P.288　Map P.287左
Aberlour Distillery

グレンフィディック蒸溜所 ➡P.285　Map P.285
Glenfiddich Distillery

バルヴェニー蒸溜所 ➡P.286　Map P.284B2
The Balvenie Distillery

ザ・マッカラン蒸溜所 ➡P.287　Map P.287右
The Macallan Distillery

ストラスアイラ蒸溜所 ➡P.284　Map P.284B1
Strathisla Distillery

グレン・グラント蒸溜所　Map P.284B1
Glen Grant Distillery

住Rothes, AB38 7BS
TEL(01340)832118　URLwww.glengrant.com
アクセス エルギンからダフタウン行きバスでローゼスRothes下車。徒歩100m
ビジターセンター 開4〜10月9:30〜17:00（日11:00〜17:00）　11〜3月9:30〜17:00
休11〜3月の日曜
見学ツアー 料£7.50　最終ツアーはビジターセンター閉館の1時間前

グレンファークラス蒸溜所　Map P.284A2
Glenfarclas Distillery

住Ballindalloch, Banffshire, AB37 9BD
TEL(01807)500345　URLwww.glenfarclas.com
アクセス 公共交通機関はない。グランタウン・オン・スペイとクライゲラヒを結ぶA95から500mほど入る
ビジターセンター 開10:00〜17:00　休日、10〜6月の土
見学ツアー 4〜9月の月〜金10:30、12:00、14:00、15:30、7〜9月の土10:30、12:00、13:15、14:30
10〜3月の月〜金10:30、12:00、13:15、14:30　料£7.50

カードゥ蒸溜所 *Cardhu Distillery*　Map P.284A2

住Knockando, Aberlour, AB38 7RY
TEL(01479)874635　URLwww.malts.com
アクセス 公共交通機関はない。クライゲラヒからB9102を西に約12km
ビジターセンター 開10:00〜16:00
休10〜3月の日曜、11〜2月の土
見学ツアー 料£8　所要約1時間

グレンリヴェット蒸溜所　Map P.284A2
The Glenlivet Distillery

住Glenlivet, Ballindalloch, Banffshire, AB37 9DB
TEL(01340)821720　URLwww.theglenlivet.com
アクセス 公共交通機関はない。A95からB9008を約8km南下する

ビジターセンター 開9:30〜18:00
休10〜3月の日曜、11〜2月の土
見学ツアー 10:00、11:00、14:00、15:00、16:00
料£15　所要約1時間15分

グレン・モレイ蒸溜所 *Glen Moray Distillery*　Map P.284A1

住Bruceland Rd. IV30 1YE
TEL(01343)550900　URLwww.glenmoray.com
アクセス エルギンの中心部から徒歩約20分
ビジターセンター 開9:00〜17:00
休日、10〜4月の土、1/1・2、12/25・26
見学ツアー 9.30、11.30、13.30、15.30 料£7　所要約1時間15分

ベンローマック蒸溜所　Map P.284A1
Benromach Distillery

住Invererne Rd., Forres, IV36 3EB
TEL(01309)675968　URLwww.benromach.com
アクセス インヴァネスからアバディーン方面行きのバス、鉄道でフォレスForresで下車し徒歩7分
ビジターセンター 開3〜10月9:30〜17:00
11〜2月10:00〜16:00　休日、12/18〜1/4
見学ツアー 料£6〜

ダラス・ドゥ蒸溜所　Map P.284A1
Dallas Dhu Historic Distillery

住Mannachie Rd., Forres, IV36 2RR
TEL(01309)676548
URLwww.historicenvironment.scot
蒸溜所として稼働していないが、博物館として公開されている。
アクセス インヴァネスからアバディーン方面行きのバス、鉄道でフォレスForresで下車し南へ3km
開4〜9月9:30〜17:30
10〜3月10:00〜16:00　休1/1・2、12/25・26
料£6（オーディオガイド込み）

そのほかの蒸溜所

1 オークニー諸島にあるハイランドパーク蒸溜所　2 アイラ島の隣、ジュラ島にあるジュラ蒸溜所　3 町の中心部近くにあるオーバン蒸溜所　4 グラスゴー近郊にありアクセスがよいオーヘントッシャン蒸溜所　5 スカイ島のタリスカー蒸溜所

アラン島蒸溜所 ➡P.200 Map P.198左
Isle of Arran Distillery

エドラダワー蒸溜所 ➡P.265 Map P.267
Edradour Distillery

オーバン蒸溜所 ➡P.227 Map P.226A
Oban Distillery

オーヘントッシャン蒸溜所 ➡P.173 Map P.15D1
Auchentoshan Distillery

キングスバーンズ蒸溜所 ➡P.254 Map P.21C3
Kingsbarns Distillery

スキャパ蒸溜所 ➡P.358 Map P.356外
Scapa Distillery

ジュラ蒸溜所 *Jura Distillery* Map P14B1

住Craighouse, Isle of Jura, PA60 7XT
TEL(01496)820385　URLjurawhisky.com
アクセス アイラ島のポート・アスカイグからフェリー。フェリー乗り場からバスで20分。
ビジターセンター 開3月下旬〜10月下旬10:00〜16:30
10月下旬〜3月下旬10:00〜16:00
休日、10月下旬〜3月下旬の土
見学ツアー 11:00、14:00　料£7　所要約45分

グレンモーレンジ蒸溜所 Map P.24A2
Glenmorangie Distillery

住Ross-shire, IV19 1PZ　TEL(01862)892477
URLwww.glenmorangie.com
アクセス インヴァネスからウィックWick行きのバスでテインTainで下車し、タクシー
ビジターセンター 開10:00〜17:00　休土・日
見学ツアー 料£8.50（要予約）

スプリングバンク蒸溜所 ➡P.222 Map P.221A
Springbank Distillery

タリスカー蒸溜所 ➡P.341 Map P.343
Talisker Distillery

トマーチン蒸溜所 ➡P.302 Map P.307
Tomatin Distillery

ハイランドパーク蒸溜所 ➡P.358 Map P.356
Highland Park Distillery

ハリス島蒸溜所 ➡P.371 Map P.371
Isle of Harris Distillery

ブレア・アーソル蒸溜所 ➡P.264 Map P.263B2
Blair Athol Distillery

ベン・ネヴィス蒸溜所 ➡P.322 Map P.323
Ben Nevis Distillery

フォート・ウィリアムの近郊にあるベン・ネヴィス蒸溜所

グレンキンチー蒸溜所 Map P16B1
Glenkinchie Distillery

住Pencaitland, Tranent, East Lothian, EH34 5ET
TEL(01875)342012　URLwww.malts.com
ビジターセンター エディンバラのウェイヴァリー駅東側のウォータールー・プレイスWaterloo Pl.（Map P.111C2）からシャトルバス（要予約）が10:00、13:00発
ビジターセンター 開3〜10月10:00〜17:00
11〜2月10:00〜16:00　休1/1、12/25・26
見学ツアー 10:00、11:00、13:00、14:00、15:00
料£10　シャトルバス込み£24

1週間でおもな蒸溜所を制覇！

蒸溜所巡り モデルプラン

アイラ島とスペイサイドを中心におよそ10ヵ所の蒸溜所を巡るプラン。ウイスキーファンが集まるホテルやパブも積極的に活用しよう。4～9月頃なら見学ツアーの回数も多いので回りやすい。

1日目

オーヘントッシャン蒸溜所

グラスゴー&エディンバラ

午前　グラスゴーから近郊列車で**オーヘントッシャン蒸溜所**へ。10:00発のツアーに参加しよう。

午後　エディンバラに鉄道で移動。ロイヤル・マイルにある**スコッチウイスキー・エクスペリエンス**を見学。夕方までエディンバラ城などロイヤル・マイルの見どころを中心に観光。

2日目

ブレア・アーソル蒸溜所

ピトロッホリーへ日帰り

午前　グラスゴーからインヴァネス方面の列車でピトロッホリーへ。駅からもほど近い**ブレア・アーソル蒸溜所**を見学。

午後　フットパス ➡P.267 をたどって**エドラダワー蒸溜所**へ。町に戻ったらオールド・ミル・インでひと休みしてグラスゴーに戻る。

3・4日目

ラガヴーリン蒸溜所

アイラ島蒸溜所巡り

3日目　グラスゴー発の飛行機でアイラ島に到着したらボウモアの宿にチェックイン。午後から**ボウモア蒸溜所**へ。

4日目　レンタカーやタクシーを手配して島の蒸溜所めぐり。**アードベッグ**や**ラフロイグ**、**ラガヴーリン**はそれぞれ近いので回りやすい。

5日目

ストラスアイラ蒸溜所

スペイサイドのウイスキー街道へ（アバディーン経由）

午前　グラスゴー空港からクイーン・ストリート駅に移動し、アバディーンへ。

午後　アバディーンでバスに乗り換えてキースの**ストラスアイラ蒸溜所**を目指す。見学した後はバスでエルギンに移動。

6・7日目

グレン・グラント蒸溜所

バスを乗り継ぎスペイサイドの蒸溜所巡り

6日目　エルギンからバスでダフタウンに行き、**グレンフィディック蒸溜所**へ。宿泊はダフタウンまたはクライゲラヒで。

7日目　バスが通る幹線道路からほど近い**ザ・マッカラン蒸溜所**や**グレン・グラント蒸溜所**がおすすめ。

おすすめ 宿&パブ&ショップ

PUB
ポット・スチル ➡P.180

SHOP
ロイヤル・マイル・ウイスキーズ ➡P.146

スコッチウイスキー・エクスペリエンス

PUB
オールド・ミル・イン ➡P.268

SHOP
ブレア・アーソル蒸溜所 ➡P.264

ピトロッホリーの町の中心にある、オールド・ミル・イン

HOTEL PUB
ハーバー・イン ➡P.238
ロッホサイド・ホテル ➡P.238
ボウモア・ホテル ➡P.238

ボウモア・ホテル併設のバー

HOTEL
ライヒモレイ ➡P.290

SHOP
ゴードン&マクファイル ➡P.290

ボトラーズファンの聖地、ゴードン&マクファイル

HOTEL PUB
ファイフ・アームズ ➡P.286
ハイランダー・イン ➡P.288
クライゲラヒ ➡P.288

PUB
マッシュ・タン ➡P.288

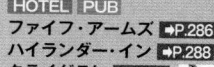

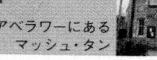

アベラワーにあるマッシュ・タン

スコットランドで人気が高まる
クラフトブリュワリー巡り

かつてのイギリスでは地域ごとにさまざまな銘柄のビール、特にエールが造られていた。しかし、グローバル化が進むにつれピルスナータイプのビールがどんどん流入し、人気を集めるようになってきた。

この動きに対し、クラフトマンシップにあふれ、手作り感を大切にした小さなメーカーが造るビールを「クラフトビール」と呼んでブランド化する動きがあり、パブでもクラフトビールを出す店が増えてきた。いまでは100をはるかに越えるメーカー（クラフトブリュワリー）がスコットランドにはある。製造過程を見学できるところも多いので、ぜひ旅程に組み込んでみよう。

事前に学習しておくとより楽しめる
ビールの作り方

1 製麦 *Malting*

麦を発芽させ、乾燥させると麦芽になる。麦芽の焙煎・乾燥の度合いによりビールの色が変わる。粉砕し湯と合わせ、糖化槽へ

2 糖化&発酵 *Fermentation*

糖化槽でデンプンは糖に分解し、麦汁となる。麦汁を煮沸しホップを加える。発酵槽でイースト(酵母)を追加。発酵が進むと盛んに炭酸ガスが発生する

3 貯蔵 *Storage*

麦汁は若ビールとなり、タンクに入れ熟成。イーストの働きを止めれば、風味豊かなビールの完成！

三大定番ビール

豊かな香りと深い味わい
ペールエール Pale Ale

ホップがかもしだす深いコクと芳醇な香りが特徴のエール（上面発酵ビール）。樽出しのドラフトは「ビター」と呼ばれ、パブでは人気。ホップの苦みやアルコール度をさらに高めた「IPA(インディア・ペールエール)」もよく飲まれている。

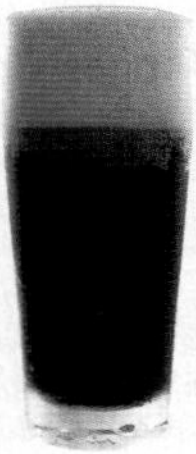

こってりクリーミー
スタウト Stout

黒くなるまで焙煎・乾燥した麦を使ったビールで、きめ細やかな泡とクリーミーな味わいが特徴。甘みが強く、アルコール度を高めたインペリアル・スタウトや、スコットランドでは一般的な食材であるオートミールを使ったスタウトなどもある。

飲みくち軽やか
ピルスナー Pilsner

日本で一般的に飲まれているビール。ラガー（下面発酵ビール）といえば、ほぼこれのことを指す。従来、英国国内ではほとんど作られていなかったが、一般的になった現在、このスタイルに挑むスコットランドのブリュワリーは少なくない。

スコットランド・クラフトビール界の星
ブリュードッグ
BrewDog

詳細P.277

2007年創業、翌年には早くも東京で人気に火がつき、いまや世界中に展開するブリュードッグ。アバディーン近郊のエロンに工場があり、見学に訪れる人が絶えない。

工場内もおしゃれ

ブリュワリーツアーの様子

ハイランドのきれいな水で造る
ケアンゴーム
Cairngorm Brewery

詳細P.314

2001年創業、クラフトビールブームの先駆けともいえる存在。ケアンゴーム山から流れ出る水で作られたビールはビールファンからの評価も高い。

アヴィモアにある工場

ツアーはここからスタート

豊かな自然の中で楽しめる
アラン
Arran Brewery

詳細P.199

グラスゴーの南西に浮かぶアラン島には、ウイスキーやチーズなど、地元の素材を活かした小さな工場が多いが、ビールもそのひとつ。温かみあふれる素朴な工場だ。

醸造に使われる麦

工場はガラス越しに見学

グラスゴーの街中で作られる新名物
ドライゲート
Drygate Brewery

詳細P.167

2014年創業と比較的新しいが、グラスゴーでの人気はすでに高く、注目のブリュワリー。瓶詰め工場だったところを一部引き継ぐ形でビールを作っている。

発酵はここで行われる

ビールのテイスティング

まだまだある、見学できるブリュワリー

エディンバラ近郊 スチュワート Stewart Brewing ➡Map P.16B1

🚌エディンバラのスコット・モニュメントまたはノース・ブリッジから37番のバスに乗り所要約40分、ザ・ローンThe Loanで下車し徒歩約5分。
住26a Dryden Rd., Bilston Glen Industrial Estate, Loanhead, EH20 9LZ
TEL(0131)4402442 URLwww.stewartbrewing.co.uk
開10:00～18:00 見学ツアーは金・土曜の午後から随時。予約が望ましい
休1/1～3、12/25・26 料£10～

セント・アンドリューズ近郊 イーデン・ミル Eden Mill ➡Map P.21C3

🚌セント・アンドリューズからルーカスLeuchars駅方面99番系のバスに乗り、ガードブリッジGuardbridge下車、所要約10分。なお、ブリュワリーでは2014年からはウイスキーとジンの蒸溜も始めており、こちらも予約すれば見学可能。2020年3月現在、改装中のためツアーはないが敷地内にテイスティングルームがある。
住Main St., Guardbridge, KY16 0UU TEL(01334)834038 URLwww.edenmill.com
開9:00～17:00 見学ツアー月～金12:00、16:00 土11:00、12:00、13:00、16:00、17:00 日11:00、12:00、17:00 休無休 料£10

インヴァネス近郊 クロマーティ Cromarty Brewing ➡Map P.24A3

🚌インヴァネスからクロマーティ行きのバス26Aに乗り、デーヴィッドストンDavidston下車。所要45分。または26番でヴィクトリアホールVictoria Hallで26Aインヴァネス行きに乗り換え。2時間に1便。
住Davidston, Cromarty, IV11 8XD TEL(01381)600440 URLwww.cromartybrewing.com
開夏期10:00～17:00（土10:00～14:00） 冬期10:00～16:00
見学ツアー 土11:00（1～3月は休み） 休日、冬期の土 料£5

スチュワート・ブリューイングのショップ

インヴァネスのパブにはクロマーティやスペイサイドのビールが並ぶ

新鮮な食材を楽しもう！
スコットランド料理図鑑

ウイスキーやビールと合わせて食べるパブフードがおいしい

アンガスビーフ、サーモン、ムール貝、オイスター……
豊かな自然がはぐくむ食材を、上手に組み合わせるのがスコットランド料理の特長。

食べられる場所

朝食　カフェ　レストラン　パブ

スープ・付け合わせ

スコッチ・ブロス
Scotch Broth
野菜と大麦、羊肉が入ったスコットランドを代表するスープ

野菜のクリーム・スープ
Cream Vegetable Soup
トマトベースに野菜の旨味が出ているあっさりしたスープ

カレン・スキンク
Cullen Skink
マッシュド・ポテト入りでタラの身などが入った濃厚なスープ

マッシュド・ポテト
Mashed Potatoes
ジャガイモの調理法は多い。主食のように食べられている

スコッチ・エッグ
Scotch Egg
スーパーの惣菜売り場などでも見かけるが実はイングランド発祥

ジャケット・ポテト
Jacket Potato
ベイクド・ポテト。大きなポテトにのせる具はいろいろ選べる

●数々のスープはまろやかな家庭の味わい

料理のなかでもスコットランドはスープで有名だ。火にかけた鍋でことこと煮る、たくさんのすばらしいスープ料理が、かなり古くからスコットランドの伝統として受け継がれている。最も知られているのは、スコッチ・ブロスScotch Broth。このスープの材料は、羊肉、いろいろな野菜、それに大麦を加える。バーリ・ブロスBarley Brothともいわれるように、大麦を入れるのが大切だ。

この地方には、スープの代わりに「ブリーbree」「スキンクskink」など、いくつかの言葉が

前菜

スモーク・サーモン
Smoked Salmon
スモーク・サーモンは寿司ネタになるほど。とろけるおいしさ

シュリンプ・カクテル
Shrimp Cocktail
小エビの盛り合わせ。ソースがかかっていることも多い。

生ガキ
Oyster
白ワインと合わせるのが定番だが、アイラ島のウイスキーとも合う

ソフト・シェル・クラブ
Soft Shell Crab
脱皮直後の柔らかいカニ。身はあまり多くない

ハギス
Haggis
パブフードの定番、ハギス。ビールやウイスキーとも相性抜群

ハギス（ウイスキー・クリーム味）
Haggis Ramekin with Whisky Cream
ウイスキー・クリームが隠し味のハギス。ラムカン皿で出される。

メインディッシュ

フィッシュ&チップス
Fish & Chips
白身魚のフライ。魚はコッドやハドック（タラの一種）などが定番

シカ肉のシチュー
Venison Stew
シカ肉を煮込んだもの。野性味あふれる味が特徴

サーモンのグリル
Grilled Fillet of Salmon
サーモンは地元の川で取れた新鮮なものを出す店も多い

ロースト・ビーフ
Roast Beef
英国料理の定番。パブのランチセットで出ることが多い

ハギス・タワー
Haggis Tower
マッシュド・ポテトやカブを潰したものにハギスを重ねた料理

ビーフ・ステーキ
Beef Steak
アンガス・ビーフがよく使われるが、オークニー・ビーフも試したい

ある。ボード・ブリー Bawd Breeは濃厚でおいしいウサギのスープ、カレン・スキンク Cullen Skinkはカレン地方で生まれたクリーミーな魚介類のスープ。スコットランドのスープで深みのある味を出すには、大麦を使うのが一般的である。

●燕麦はスコットランドの大地の味

オーツ（oats／オートムギまたはカラスムギ）はスコットランド料理で大きな特徴となっている。かの有名なハギスHaggisは、マトンのプディング（訳註:腸詰めの大親分と、詩人のロバート・バーンズは言う）。細かく刻んだ

デザート&ハイティー

ダンディー・ケーキ
Dundee Cake
アーモンドやフルーツが載ったケーキ。ダンディーの名物

いちごのタルト
Strawberry Tart
ケーキ屋さんやパン屋さんには必ずある定番のお菓子

ハイ・ティー
High Tea
優雅な午後はハイティーのセットで。ケーキやスコーンなどデザートもテーブルいっぱい

クラナカン
Cranachan
パフェのような見た目だが酸味が効いていて意外と大人の味のデザート

朝　食

フル・スコティッシュ・ブレックファスト
Full Scottish Breakfast
ポテトスコーンとブラック・プディング付きの朝食

ポリッジ
Porridge
オートミールを水や牛乳などで炊いたお粥のようなもの

キッパーズ
Kippers
ニシンの燻製。あつあつの状態で朝食に出ることが多く、ご飯が欲しくなる

羊肉とそのほかの羊の食べられるところ全部、それにオーツを加え、羊の胃袋にそれらすべてを入れてゆでる。最近は、家庭でハギスを料理する人は少ないが、あちこちの肉屋が、味と質を競ってハギスを作っている。ハギスに添えられるのは、実にすっきりと、マッシュしたカブ、あるいはマッシュド・ポテトだけだ。

スコットランドの海ではいい漁ができる。特にニシンは人々の好む魚で、大麦をからめてフライにしたり、キッパーズKippersにする。このニシンのキッパーズは、英国のあちこちで朝食に食べられる一番人気のあるもの。ニシンは、身を割いて塩水に漬け、それからいぶす。スコットランドではいろいろな魚を燻製にするが、スモーク・サーモンはそのなかでも上等の一品。

オーツをもとに作るポリッジPorridgeは、スコットランドの朝食に欠かせない。スコットランド人は、自然の風味を味わうためにポリッジに塩を入れて食する。昔は夕方に用意して、ひと晩中ポリッジを火にかけたままにしていた。
(訳注：B&Bでは今もそうしている宿もある)

●舌が喜ぶ、ケーキやデザート

スコットランドの人たちは、多くの種類のケーキやデザートを楽しんでいる。例えばよく知られているのが、クラナハンCranachan、カレドニアン・クリームCaledonian Cream、アップル・フローリィApple Flory、ダンディー・ケーキDundee Cake、ブラック・バンBlack Bun。とても有名なのが、バターたっぷりのビスケット、ショートブレッドShortbreadだ。
(文　ジェイン・ベスト・クックJane Best Cooke)(訳　三村 美智子)

スコットランドの魅力を満喫する

かわいいスコットランドみやげ

スコットランドのおみやげは、タータン柄の服飾品からユニークなキャラクターのぬいぐるみなどの製品、食料品など多種多様。代表的なものを紹介しよう。

タータン

タータンのネクタイ。ビジネスにもカジュアルにも

タータンのマフラーは肌触りもよい冬の必需品

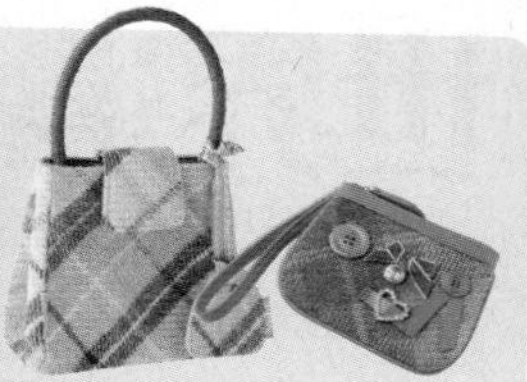

普段使いにぴったりのハンドバッグと小銭入れ

キャラクター

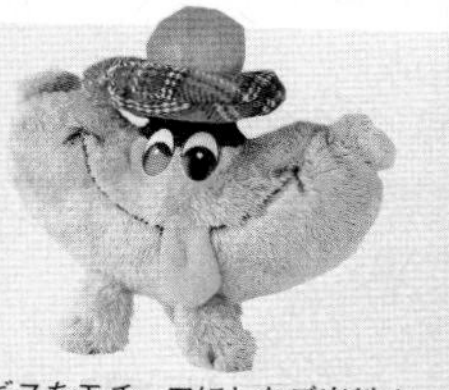

ハギスをモチーフにしたご当地キャラ。HAMISH the Haggis

オークニーの人気者、パフィンのイラストが描かれたマグカップ

シェトランド諸島で作られるテディベアはバラ・ベアーズと呼ばれる

工芸品

ケルト文様がデザインされた、モダンなシルバーアクセサリー

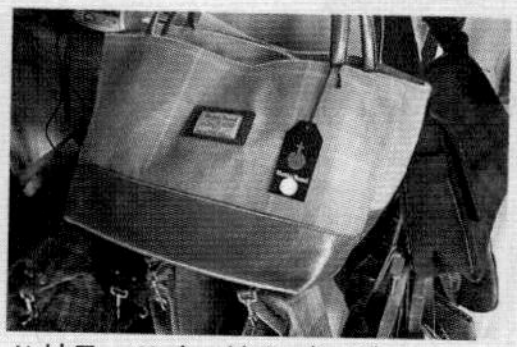

ハリス・ツイードのバッグ。ポップな色使いがかわいい

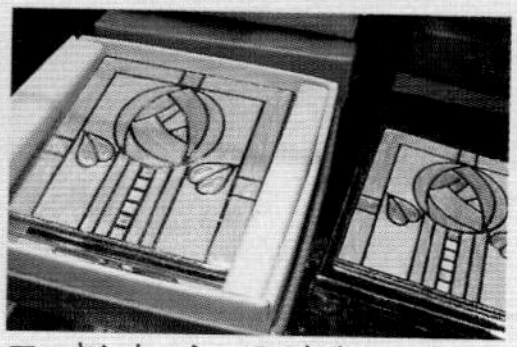

マッキントッシュのデザインがモチーフの鏡

地域限定品

オークニー諸島で売っているヴァイキングの人形

伝統的なデザインのシェトランドセーター

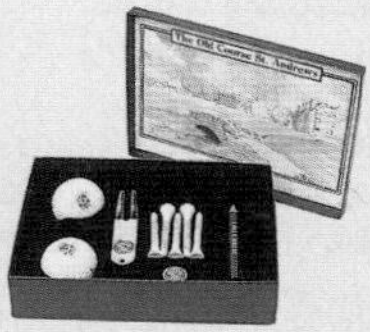

セント・アンドリューズ・オールド・コースのゴルフボールセット

食品

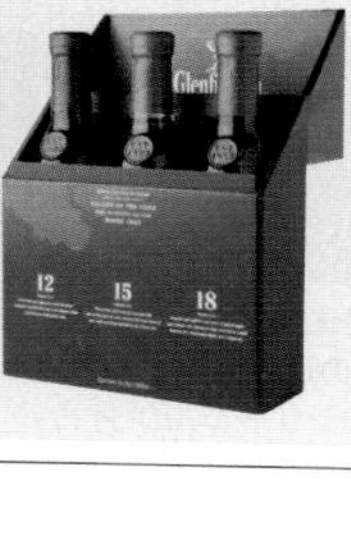

スペイサイド産のウイスキー、グレンフィディックの12年、15年、18年の小瓶が入った飲み比べセット

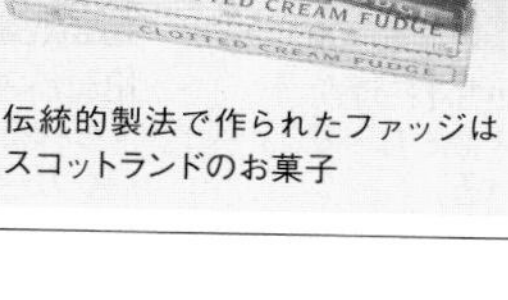

伝統的製法で作られたファッジはスコットランドのお菓子

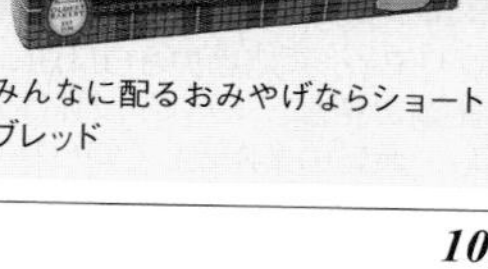

みんなに配るおみやげならショートブレッド

スコットランドの楽しみ方 1

世界遺産

歴史を感じさせる旧市街や大英帝国の繁栄を支えた近代産業遺産、謎の巨石遺構などなど、数は少ないもののスコットランドにある世界遺産はバラエティに富んでいる。本土から遠い世界遺産もあるが、夏期のシーズン中はツアーで行けるのも魅力。

エディンバラ → P.108

エディンバラの新市街と旧市街

Old and New Towns of Edinburgh

1995年登録／文化遺産（文化2.4）

岩山にそびえるエディンバラ城と、城下町として発展した旧市街、さらに近代的な都市設計によって造られた新市街が好対照を見せる。

ニューラナーク → P.182

ニューラナーク

New Lanark

2001年登録／文化遺産（文化2.4.6）

18世紀末、過酷な環境での労働を強いられていた労働者のために造られた共同体。住居のほか子どもたちの学校も建設された。

セント・キルダ → P.349

セント・キルダ

St Kilda

1986年登録、2004、2005年拡張
複合遺産（文化3.5 自然7.9.10）

ヘブリディーズ諸島のさらに西、大西洋に浮かぶ絶海の孤島。1931年以降は無人島となっており、海鳥の楽園として知られている。

オークニー諸島 → P.362

オークニーの新石器時代の中心

The Heart of Neolithic Orkney

1999年登録／文化遺産（文化1.2.3.4）

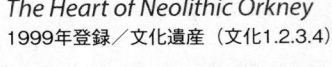

紀元前2500～2000年の間に建てられたと考えられる新石器時代の遺跡。リング・オブ・ブロッガーなどのストーンサークルが有名。

巨大鉄橋の世界遺産 フォース鉄橋

フォース鉄橋クルーズ

フォース鉄橋 *The Forth Bridge*

2015年登録／文化遺産（文化1.4）

アクセスDATA → P.130

全長2530mの巨大な橋

落橋の悲劇　イギリスでは19世紀後半に多くの鉄橋が造られたが、当時の技術では全長2kmを超える橋を造ることは難しく、落橋事故も相次いでいた。なかでも1879年にダンディー近くのテイ橋で起きた事故は、強風により通過中の列車もろとも崩落するという悲劇となった。これを受けて、はじめてカンチレバー（片持ち梁）という方式が採用されることになる。

世界初のカンチレバー　カンチレバーは橋脚の両側に梁を組み合わせて菱形にすることにより、橋にかかる圧力を逃がそうというもの。1890年、素材も鋼鉄を用いて全長2530mの鉄橋が完成した。その強固さは、現在でも毎日200本以上の鉄道が往来することでも証明されている。

日本土木史の父との深い関係　スコットランド銀行 Bank of Scotlandの£20札を見ると表にウォルター・スコット（詩人・作家）の肖像が、裏にはフォース鉄橋が描かれている。その隅には3人の人物がカンチレバーの原理を説明している写真が刷り込まれている。中央にいるのはなんと日本人の渡邊嘉一（1858～1932）。彼はグラスゴー大学で学んだ後、フォース鉄橋の技師長として活躍した。

0の中に見えるのが渡邊嘉一氏

野生動物も観察できるフォース鉄橋ボートツアー

パフィン

色々な野鳥に出合える
クルーズの目的は鉄橋を真下から眺めることだが、フォース湾に生息する動物を観察できるのも参加する楽しみのひとつ。フォース湾には多くの種類のカモメがいるほか、夏になるとパフィンやウミガラス、カツオドリなどが繁殖のためやってくる。

■フォース・ボート・ツアーズ
TEL (0131)3313030　URL www.forthtours.com
出発:2月中旬～3月下旬の土・日、4・10月11:10、13:00
5・6・9月11:05、13:00、15:00
7・8月11:00、13:00、15:00、16:40
橋のたもとにあるクイーンズ・フェリー港から出発。
所要約1時間30分
料 £16　学生£13、観光バスとのセット券もある
4～10月は出発45分前にウェイヴァリーブリッジのバス停から港までのバスが出ている(別料金)。

スコットランドの
楽しみ方 2

フットパス

ハイランドの大自然、離島の断崖絶壁などスコットランドには魅力ある風景がたくさんある。そんな景色を楽しむため、夏には多くのトレッカーが訪れる。「歩くこと」を楽しむための道＝フットパスはイギリスに根付いた歩く文化だ。

左：フットパスを辿って丘に登れば絶景のご褒美
上：フットパスの表示があれば柵を開けて牧草地を歩いてOK

イギリス流フットパス　イギリスにはウオーキングルートがたくさんある。登山やトレッキングというような本格的なものもあるが、多くは「ちょっと眺めのいい丘の上まで歩く」「牧草地や森を歩く」といった気軽なもの。パブリック・フットパスPublic Footpathというルートが整備され、「歩くこと」はもっとも身近なレジャーとして親しまれている。パブリック（公共）という名のとおり、誰でも楽しむことができる。私有地でも囲い込まれた牧草地でも、パブリック・フットパスの表示があるルートなら、入ってOK。根底には「自然を楽しむ権利、歩く権利は平等であるべき」というイギリスらしい考え方があり、1932年には「歩く権利」が法整備されている。もちろん歩く権利を行使するなら、義務も果たすべき。フットパスを外れて歩かない、柵を開けたらきちんと閉める、植物を採取しない、ゴミを捨てないなどのルールは必ず守ろう。

フットパスの種類　フットパスは3種類ある。歩行者専用のフットパス、自転車や馬で通行可能なブライドルウエイ、自動車（おもには地元の生活用）も通れるバイウエイだ。どんぐりのマークが入っているルートはナショナル・トレイルまたはスコットランズ・グレート・トレイルといい、多くは100km以上のルート。要所要所の道標にはフットパスの名称や目的地までの距離が書いてある。道に迷う心配はあまりないが、イギリスの天気は変わりやすいので注意しよう。

本書掲載のウオーキングルート

- ピーターラビットの舞台、湖水地方を歩く ➡P.49、P.56-57、P.60、P.66-67、P.70-71、P.76-77
- エディンバラ市街を眺望する➡P.132-133
- 2軒の蒸溜所を歩いて訪ねる➡P.267
- スコットランドの自然を気軽に満喫 ➡P.326-327、P.344-345、P.346-347
- 少し難易度アップの絶景ポイントへ ➡P.324-325、P.334-335
- 英国最高峰を登る➡P.328-329

ウオーキングの準備

- 装備などについて解説➡P.396-397

ルートの地図&解説ページの使い方

地図上ではルートの途中の景観ポイントや注意すべき事を解説

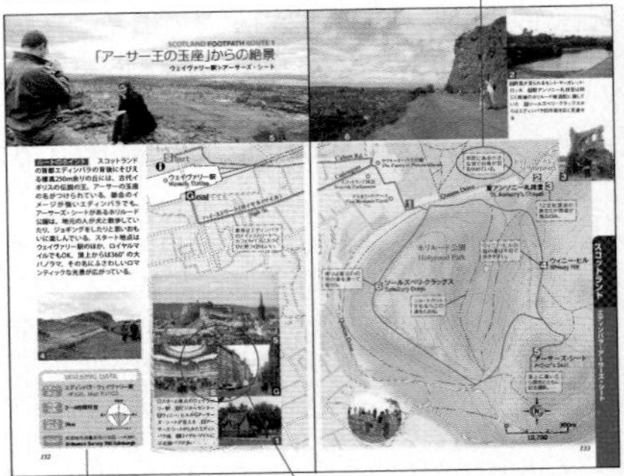

所要時間や距離などの基本データも見やすい

写真は地図と対応しているからどこで何が見えるか一目瞭然

歴史が息づくスコットランドの古都

エディンバラと周辺

Edinburgh, Lothians & The Scottish Borders

プリンスィズ・ストリートとエディンバラ・トラム（上）／ウェイヴァリー駅の待合ホール（右）／国立スコットランド美術館（左）

Introduction

エディンバラと周辺

Edinburgh, Lothians & The Scottish Borders

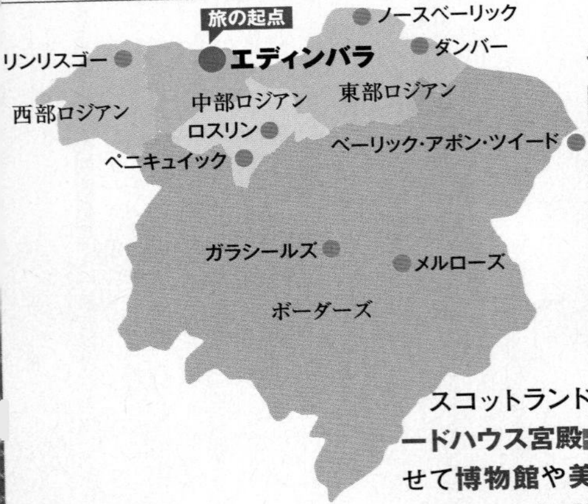

エディンバラ Edinburgh

見どころのひとつロイヤル・マイル

スコットランドの首都。**エディンバラ城**→P.116や**ホリルードハウス宮殿**→P.122など歴史的な見どころが多く、合わせて**博物館**や**美術館**も巡ってみよう。郊外の**スコティッシュ・シーバード・センター**→P.131もおすすめだ。

ロジアン Lothians

リンリスゴーの聖マイケル教会

エディンバラ周辺はロジアンLothianと呼ばれ、中世のバラburgh（城下町、自治区の意）の面影を残す魅力的な町が点在している。

ロジアンは東部、中部、西部に分かれている。北海沿いの東部ロジアンEast Lothianには**ノース・ベーリック North Berwick**や**ダンバー Dunbar**といったひなびた港町があり、歴史的な建築物が残っている。ダンバーはアメリカ国立公園の父、ジョン・ミューアJohn Muirの故郷としても知られている。中部ロジアンMid Lothianはエディンバラの南東部に広がる地域。宮殿と湖が美しいコントラストを見せる**リンリスゴー**→P.150は、西部ロジアンWest Lothianを代表する町だ。

ボーダーズ The Scottish Borders

4大修道院のひとつ、メルローズ・アビー

ロジアンの南はイングランド北部との境目、ボーダーズだ。この地域の魅力は何といってもその自然。ツイード川沿いののどかな風景は、多くの文化人を魅了してきた。4大修道院や古城などの歴史的見どころも多く、サイクリングやウオーキングなどのアクティビティを楽しんでみたいエリアだ。ピーブルズPeeblesやジェドバラJedburgh、ケルソKelsoなど美しい町が点在している。エディンバラを起点にそれぞれの町へ日帰りで訪れることができるが、のんびりと滞在するのなら**メルローズ**→P.152で1泊するのも手だ。公共交通機関は少ないのでレンタカーかレンタサイクルが中心となる。

見どころ & アクティビティ

Pick Up

フェスティバル・シティ

event **詳細記事 P.134**

エディンバラは別名「フェスティバル・シティ」とも呼ばれ、1年を通じてさまざまイベントが行われる。町が最も盛り上がるイベントと言えば8月のミリタリー・タトゥー。ほかにも映画や音楽、演劇、科学などテーマも豊富。自分が訪れる時期にどんなイベントがあるかチェックしてみよう。

エディンバラの最大のイベントはミリタリー・タトゥー

恐怖！　ゴーストツアー

walk **詳細記事 P.114**

エディンバラ旧市街は歴史が深い分、町には怪談話もあふれている。旧市街では毎晩ゴーストツアーが行われており、心霊スポットや墓場など、不気味な場所に案内してくれる。ツアーの途中で幽霊を目撃した……という噂もあるとか。

ゴーストツアーのガイドさん。彼らの怪談話はムードたっぷり

レンタサイクル

bike

エディンバラの南に広がるボーダーズ地方は起伏が少なく、のどかな風景が続いている。時間があればぜひレンタサイクルでボーダーズ地方を巡ってみよう。小さな可愛らしい村や修道院跡などに立ち寄りながら、のんびりとスコットランドの田舎を楽しもう。

天気の良い日はツイード川沿いの道をサイクリングしよう！

交通ガイド

エディンバラ～グラスゴーは列車、バスとも頻発している。ロジアンやボーダーズ地方はファースト社のバスが大半のエリアをカバーしており、ゾーン別の1日券もある。ボーダーズ地方の交通の要はガラシールズGalashielsとセント・ボスウェルズSt Boswellsのバスステーションだ。この2ヵ所からさまざまな町へと路線網が延びており、イングランド北部のカーライルへ行くバス路線もある。エディンバラ～ガラシールズは鉄道もある。

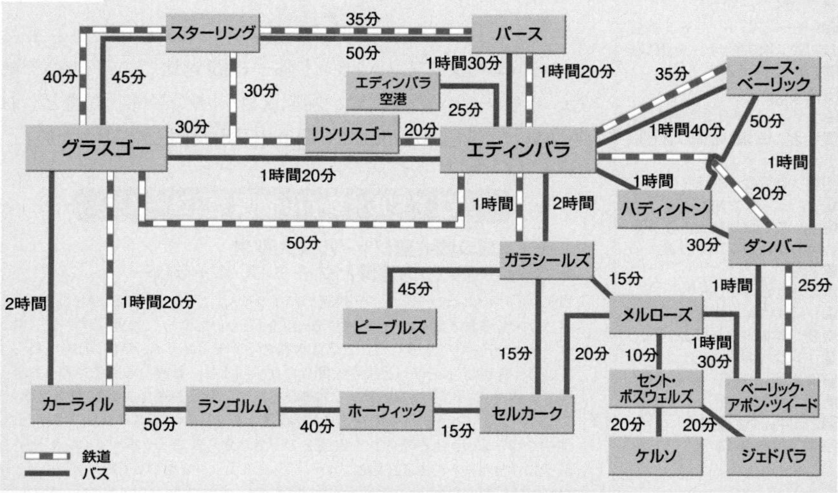

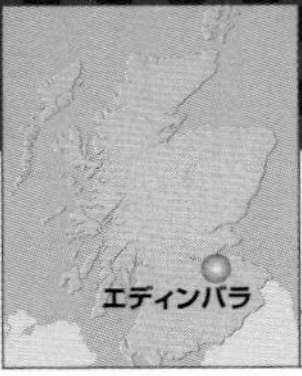

スコットランドの首都

エディンバラ Edinburgh

●市外局番0131　●人口38万500人

❖エディンバラへの行き方

✈国内、欧州各都市などから便がある
🚃国内主要都市から便がある
🚌国内各地から便がある

●ロンドンから
✈ヒースロー空港をはじめ、ガトウィック空港、ロンドン・シティ空港、ルトン空港、スタンステッド空港から便がある。1時間に1～2便程度。
所要:約1時間10分
🚃ほとんどの便はキングズ・クロス駅発だが、夜行便をはじめ、数便はユーストン駅発。1～2時間に1便程度。
所要:4時間30分～6時間40分（夜行は約7時間30分）
🚌ナショナル・エクスプレス、メガバス社合わせて1日8便程度
所要:8時間40分～10時間15分

●ヨークから
🚃1時間に1～2便
所要:2時間30分～3時間

●カーライルから
🚃2時間に1便
所要:約1時間30分
🚌ボーダーズ・バス社X95番が2時間おき
所要:3時間30分

●グラスゴーから
🚃クイーンズ・ストリート駅発1時間に4便程度、日曜1時間に1～2便
所要:50分
🚌シティリンク社が1時間に4便程度、日曜1時間に2便以上。
所要:1時間5～30分

●アバディーンから
🚃パースで乗り換えの便が多い。1～2時間に1便程度、日曜減便
所要:約2時間30分
🚌1～2時間に1便程度
所要:3時間～3時間30分

●インヴァネスから
🚃直通は1日6便、日曜減便
所要:3時間30分
🚌2時間に1便程度
所要:約4時間45分

カールトン・ヒルからエディンバラ城を眺める

エディンバラはスコットランドの首都。歴史的な建造物が集まっているオールドタウンと、18世紀以降に計画的に造られたニュータウンが見事な対比を見せ、ユネスコの世界遺産にも登録されている街だ。丘の上に建つ城や街のあちこちに建つモニュメントなどの美しさから、「北のアテネ」とも呼ばれている。また世界に冠たるフェスティバル・シティとしても名高く、夏のエディンバラ国際フェスティバルはもちろん、年末年始のエディンバラズ・ホグマニーの時期には、世界中から観光客が集まってくる。

モデルルート

エディンバラはスコットランド随一の観光地。エディンバラ城や、ホリルードハウス宮殿、国立スコットランド博物館など、おもな見どころを回るだけでも最低2日間は確保しておきたい。

ロイヤル・マイル満喫1日コース

エディンバラ城➡聖ジャイルズ大聖堂➡ホリルードハウス宮殿とクイーンズ・ギャラリー

ロイヤル・マイルはエディンバラ観光のハイライト。エディンバラ城からホリルードハウス宮殿まで続く1マイル（約1.6km）を1日かけてゆっくりと回るコース。スタートはエディンバラ城。ここでは日本語のオーディオガイドの貸し出しを行っている（有料）。ゆっくりと説明を聞きながら回ると、見終わる頃にはもうお昼過ぎ。周辺のパブやレストランで食事をしたら、聖ジャイルズ大聖堂を見学。スコットランドの宗教改革の指導者であった、ジョン・ノックスゆかりの場所だ。途中クローズcloseと呼ばれる脇道をのぞきながら、ロイヤル・マイルを下り、最後にホリルードハウス宮殿とクイーンズ・ギャラリーを見学して終了。

スコットランドの文化に触れる1日コース

スコットランド国立博物館➡スコッチウイスキー・エクスペリエンス➡国立スコットランド美術館

まずは、スコットランド国立博物館を見学。じっくりと見たらそれだけで1日がかりになってしまうので、このモデルコースでは、スコットランドに関する展示の多い西側の展示館のみ見学する。もちろん東側の展示館も時間があったら訪れたい。それが終わったらロイヤル・マイルへ行き、昼食を取ってからスコッチウイスキー・エクスペリエンスへ。そして最後は、ニュータウンのほうへ進み、国立スコットランド美術館を見学して終了。

歩き方

エディンバラの街はウェイヴァリー駅Waverley Stationとプリンスィズ・ストリート・ガーデンズPrinces Street Gardensを境に北側のニュータウン（新市街）New Townと、南側のオールドタウン（旧市街）Old Townに分けることができる。

◉ニュータウン

ニュータウンは、18世紀の都市計画にのっとって造られた地域。道路は全体的に広く、整然と区画されており、中世の街並みを残したオールドタウンとは対照的だ。

このエリアの起点となる通りは、東西600mほどに延びるプリンスィズ・ストリートPrinces St.。南側をプリンスィズ・ストリート・ガーデンズに接し、さらにその南にあるエディンバラ城を望む目抜き通りだ。この通りの北側にあるローズ・ストリートRose St.、ジョージ・ストリートGeorge St.、クイーン・ストリートQueen St.は、いずれもプリンスィズ・ストリートと並行して延びている。プリンスィズ・ストリートを東へと進んでいくと、数々のモニュメントが建っている丘、カールトン・ヒルにたどり着く。

◉オールドタウン

オールドタウンは、スコットランド有数の歴史地区。エディンバラ城からホリルードハウス宮殿までの目抜き通りをロイヤル・マイルThe Royal Mileといい、城に近いほうから順に、キャッスル・ヒルCastle Hill、ローンマーケットLawnmarket、ハイ・ストリートHigh St.、キャノンゲートCanongateと名が変わる。

ロイヤル・マイルのローンマーケットから南側のヴィクトリア・ストリートVictoria St.に入りそのまま少し進むと、おしゃれなパブやレストランが並ぶグラスマーケットGrassmarketへ、ジョージ4世橋George IV Br.を進んでいくと、スコットランド国立博物館のあるチェインバーズ・ストリートChambers St.と交差する。

パブやレストランが並ぶロイヤル・マイル

カールトン・ヒルから眺めた旧市街。奥にはアーサーズ・シートも

プリンスィズ・ストリートには大型デパートも多い

バッグパイプのパフォーマンスは街のどこでも見かける

ロイヤル・マイルはいつも観光客でいっぱい

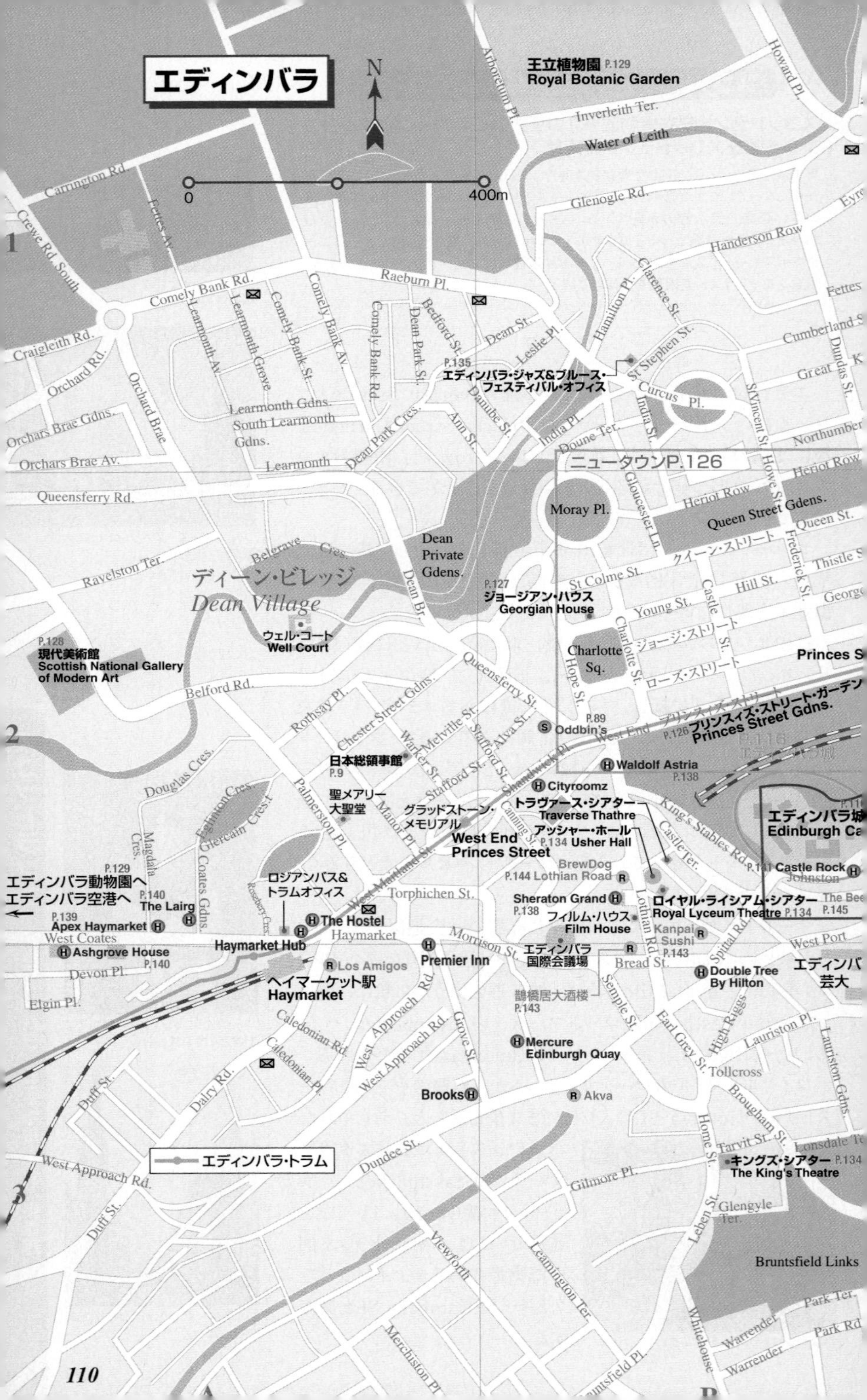

エディンバラ
N
0
400m
王立植物園 P.129
Royal Botanic Garden
Howard Pl.
Arboretum Pl.
Inverleith Ter.
Water of Leith
Carrington Rd.
Glenogle Rd.
Crewe Rd. South
Fettes Av.
Handerson Row
Comely Bank Rd.
Raeburn Pl.
Learmonth Av.
Learmonth Grove
Comely Bank St.
Comely Bank Av.
Comely Bank Rd.
Dean Park St.
Bedford St.
Dean St.
Leslie Pl.
Hamilton Pl.
Clarence St.
St Stephen St.
Cumberland St.
Dundas St.
Great K
Fettes
Craigleith Rd.
Orchard Rd.
Orchard Brae
Orchars Brae Gdns.
Orchars Brae Av.
P.135
エディンバラ・ジャズ&ブルース・フェスティバル・オフィス
Learmonth Gdns.
South Learmonth Gdns.
Learmonth
Dean Park Cres.
Ann St.
Danube St.
India Pl.
Doune Ter.
Circus Pl.
India St.
St Vincent St.
Howe St.
Northumber
Heriot Row
Queensferry Rd.
ニュータウンP.126
Moray Pl.
Gloucester Ln.
Heriot Row
Queen Street Gdns.
Queen St.
クイーン・ストリート
Frederick St.
Thistle St
Dean Private Gdns.
Belgrave Cres.
Ravelston Ter.
ディーン・ビレッジ
Dean Village
Dean Br.
P.127
ジョージアン・ハウス
Georgian House
St Colme St.
Young St.
Castle St.
Hill St.
George
ジョージ・ストリート
Charlotte Sq.
Charlotte St.
Hope St.
ローズ・ストリート
Princes S
ウェル・コート
Well Court
P.128
現代美術館
Scottish National Gallery of Modern Art
Queensferry St.
Belford Rd.
Rothsay Pl.
Chester Street Gdns.
Melville St.
Walker St.
Stafford St.
Alva St.
S Oddbin's
P.89
West End
プリンスィズ・ストリート
P.126 プリンスィズ・ストリート・ガーデン
Princes Street Gdns.
P.116
Waldolf Astria
P.138
Cityroomz
日本総領事館
P.9
Douglas Cres.
Eglinton Cres.
Glencairn Cres.
Palmerston Pl.
Manor Pl.
Stafford St.
Shandwick Pl.
聖メアリー大聖堂
グラッドストーン・メモリアル
トラヴァース・シアター
Traverse Thathre
アッシャー・ホール
P.134 Usher Hall
King's Stables Rd.
エディンバラ城
Edinburgh Ca
West End Princes Street
Canning St.
Castle Ter.
Magdala Cres.
Coates Gdns.
West Maitland St.
BrewDog
P.144 Lothian Road
Castle Rock
Johnston
P.129
エディンバラ動物園へ
エディンバラ空港へ
P.140
The Lairg
ロジアンバス&トラムオフィス
Rosebery Cres.
Torphichen St.
Sheraton Grand
P.138
ロイヤル・ライシアム・シアター
Royal Lyceum Theatre P.134
The Bee
P.145
P.139
Apex Haymarket
The Hostel
フィルム・ハウス
Film House
Kanpai Sushi
P.143
Lothian Rd.
West Coates
Haymarket
Morrison St.
West Port
Haymarket Hub
エディンバラ国際会議場
Bread St.
Ashgrove House
P.140
Los Amigos
Premier Inn
Spittal St.
Double Tree By Hilton
エディンバ
芸大
Devon Pl.
ヘイマーケット駅
Haymarket
Semple St.
Elgin Pl.
鵲橋居大酒楼
P.143
High Riggs
Lauriston Pl.
Caledonian Rd.
West Approach Rd.
Grove St.
Earl Grey St.
Lauriston Gdns.
Caledonian Pl.
Mercure Edinburgh Quay
Tollcross
Duff St.
Dalry Rd.
Brooks
Akva
Brougham St.
Tarvit St.
Lonsdale Te
Dundee St.
Home St.
キングズ・シアター P.134
The King's Theatre
エディンバラ・トラム
West Approach Rd.
Gilmore Pl.
Glengyle Ter.
Duff St.
Leben St.
Viewforth
Leamington Ter.
Bruntsfield Links
Park Ter.
Park Rd
Merchiston Pl.
Whitehouse
Warrender
Warrender
1
2
3

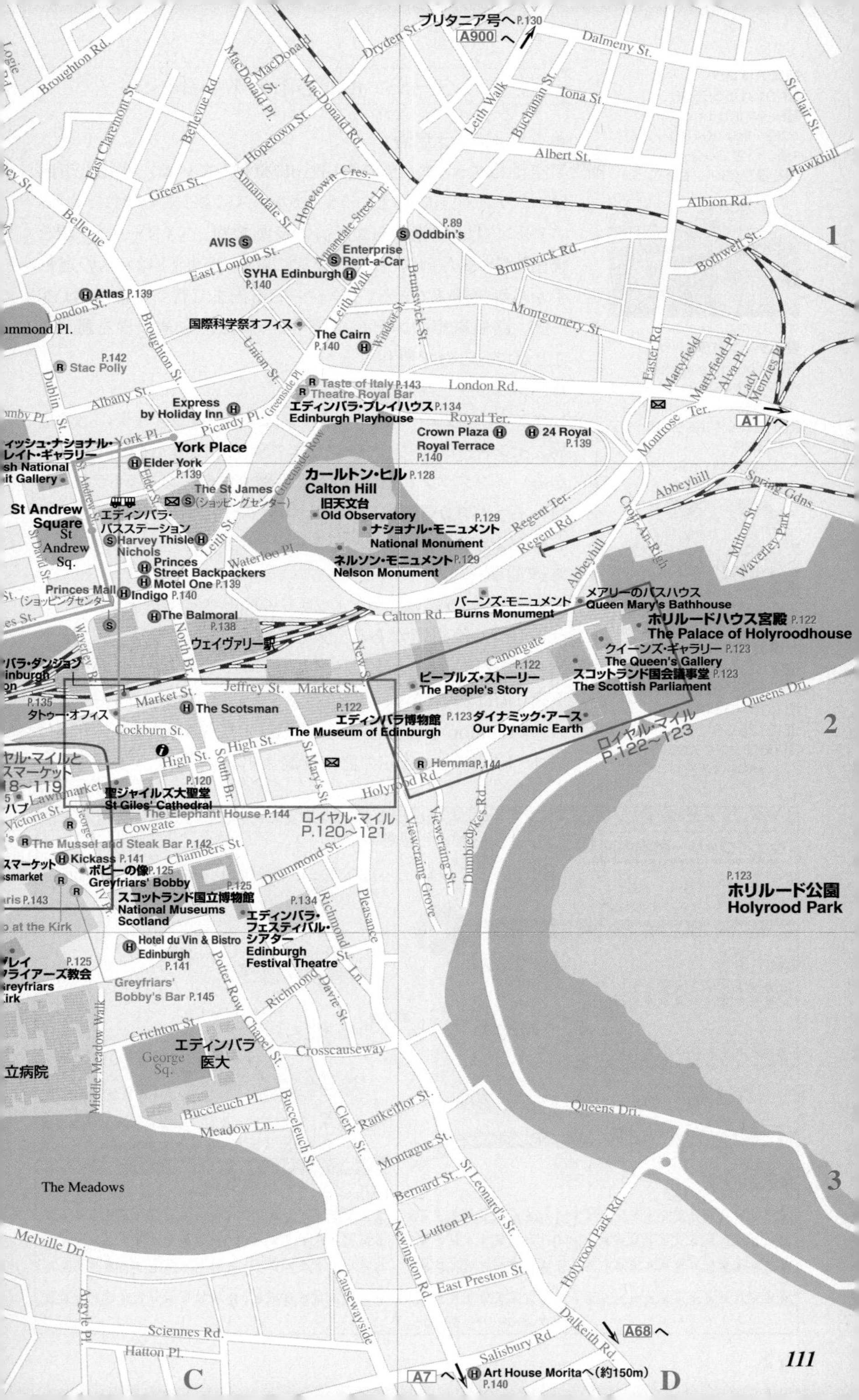

ブリタニア号へ P.130
A900へ
Dalmeny St.
Dryden St.
MacDonald St.
MacDonald Pl.
MacDonald Rd.
Iona St.
St Clair St.
Leith Walk
Buchanan St.
Broughton Rd.
Bellevue Rd.
East Claremont St.
Hopetown St.
Albert St.
Hawkhill
Green St.
Annandale St.
Hopetown Cres.
Albion Rd.
Bellevue
Annandale Street Ln.
P.89
Oddbin's
Bothwell St.
AVIS
Enterprise Rent-a-Car
Brunswick Rd.
East London St.
SYHA Edinburgh P.140
Atlas P.139
London St.
Montgomery St.
Leith Walk
Windsor St.
Brunswick St.
国際科学祭オフィス
The Cairn P.140
Broughton St.
Union St.
Easter Rd.
Martyfield
Martyfield Pl.
Alva Pl.
Lady Menzies Pl.
P.142
Stac Polly
Dublin St.
Taste of Italy P.143
Theatre Royal Bar
London Rd.
Albany St.
Greenside Pl.
Express by Holiday Inn
Picardy Pl.
エディンバラ・プレイハウス P.134
Edinburgh Playhouse
Montrose Ter.
A1へ
York Pl.
York Place
Greenside Row
Crown Plaza Royal Terrace P.140
24 Royal P.139
Royal Ter.
Elder York P.139
カールトン・ヒル P.128
Calton Hill
Abbeyhill
Spring Gdns.
Elder St.
The St James (ショッピングセンター)
旧天文台
Old Observatory
St Andrew Square
St Andrew Sq.
St Andrew St.
St David St.
エディンバラ・バスステーション
Harvey Nichols
Thisle
P.129
ナショナル・モニュメント
National Monument
Regent Ter.
Regent Rd.
Croft-An-Righ
Milton St.
Waverley Park
Leith St.
Waterloo Pl.
ネルソン・モニュメント P.129
Nelson Monument
Princes Street Backpackers
Motel One P.139
Princes Mall (ショッピングセンター)
Indigo P.140
メアリーのバスハウス
Queen Mary's Bathhouse
バーンズ・モニュメント
Burns Monument
The Balmoral P.138
Calton Rd.
ホリルードハウス宮殿 P.122
The Palace of Holyroodhouse
North Br.
Waverley Br.
ウェイヴァリー駅
New St.
クイーンズ・ギャラリー P.123
The Queen's Gallery
Canongate
P.122
スコットランド国会議事堂 P.123
The Scottish Parliament
ピープルズ・ストーリー
The People's Story
Queens Dri.
P.135
タトゥー・オフィス
Jeffrey St.
Market St.
The Scotsman
P.122
エディンバラ博物館
The Museum of Edinburgh
P.123 ダイナミック・アース
Our Dynamic Earth
ロイヤル・マイル P.122～123
Cockburn St.
High St.
South Br.
St Mary's St.
Hemma P.144
Holyrood Rd.
P.120
Lawnmarket
聖ジャイルズ大聖堂
St Giles' Cathedral
Victoria St.
The Elephant House P.144
Cowgate
ロイヤル・マイル P.120～121
Viewcraig St.
Dumbiedykes Rd.
The Mussel and Steak Bar P.142
Chambers St.
Kickass P.141
ボビーの像 P.125
Greyfriars' Bobby
Drummond St.
P.125
スコットランド国立博物館
National Museums Scotland
P.134
エディンバラ・フェスティバル・シアター
Edinburgh Festival Theatre
Richmond St.
Pleasance
Viewcraig Grove
P.123
ホリルード公園
Holyrood Park
Hotel du Vin & Bistro Edinburgh P.141
P.125
Greyfriars' Bobby's Bar P.145
Potter Row
Richmond
Davie St.
Richmond Ln.
Crichton St.
エディンバラ医大
George Sq.
Chapel St.
Crosscauseway
Middle Meadow Walk
Buccleuch Pl.
Meadow Ln.
Buccleuch St.
Clerk St.
Rankeillor St.
Queens Dri.
Montague St.
The Meadows
Bernard St.
St Leonard's St.
Lutton Pl.
Holyrood Park Rd.
Melville Dri.
Newington Rd.
Causewayside
East Preston St.
Argyle Pl.
Sciennes Rd.
Hatton Pl.
Salisbury Rd.
Dalkeith Rd.
A68へ
A7へ
Art House Moritaへ(約150m) P.140
1
2
3
C
D

ターミナルから市の中心部へ

◉エディンバラ空港

空港はエディンバラの西13kmに位置している。空港と市内はエアリンクAirlinkというシャトルバスによって結ばれている。エアリンクは、空港からエディンバラ動物園、ヘイマーケット駅を経由してウェイヴァリー・ブリッジに着く。チケットはバスの運転手から直接購入できる。タクシーで市内まで行く場合は約£20～25。路面電車のエディンバラ・トラムは、交通渋滞を避けることができるので便利。

◉バスステーション

エディンバラ・バスステーションはニュータウンの東にある広場、セント・アンドリュー・スクエアSt Andrew Sq.の向かいにある。イングランド方面への長距離バスや、スコットランド各地へ行くバスが発着している。エディンバラの近郊に行くバスもここに発着していることが多い。

◉鉄道駅

エディンバラには、ウェイヴァリー駅とヘイマーケット駅というふたつの鉄道駅がある。大きな駅がウェイヴァリー駅で、ショッピングセンターも隣接している。ウェイヴァリー駅のチケット売り場は2ヵ所あり、イングランド方面はロンドン・ノースイースタンLondon North Eastern(LNER)、スコットランド方面はスコットレイルScotrailの窓口で購入する。

■エアリンク
TEL(0131)5556363
URL www.flybybus.com
4:30～翌0:30の10～15分に1便　所要:30分
料片道£4.50　往復£7.50

エアリンクのバス

■エディンバラ・トラム
URL edinburghtrams.com
6:15～22:45の8～10分に1便
所要:35分
料空港から片道£6.50、
往復£9
市内のみは£1.80
市内1日券£3.40

エディンバラ・バスステーション

■ウェイヴァリー駅の荷物預かり所
TEL(0131)5169834
URL www.left-baggage.co.uk
開7:00～23:00
休12/25･26
料3時間まで£7.50
24時間£12.50

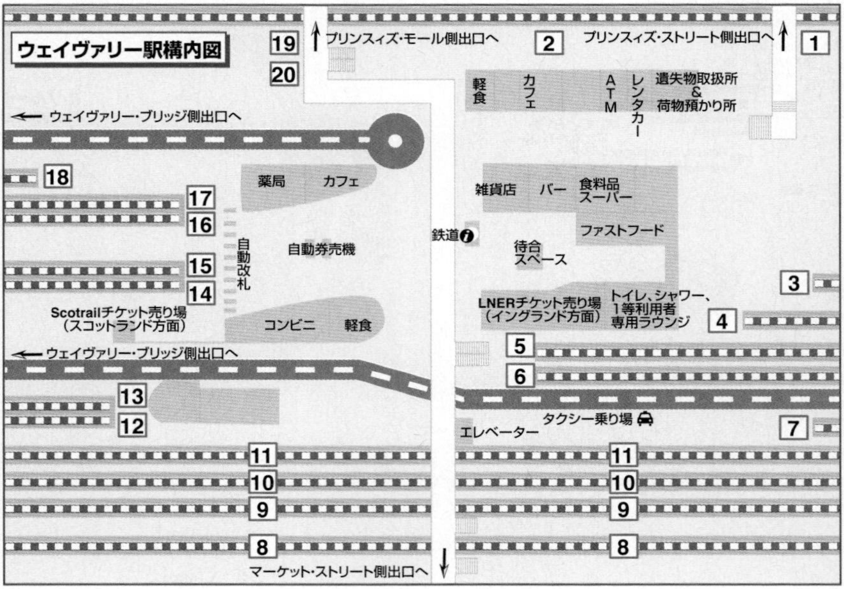

ヘイマーケット駅はウェイヴァリー駅の西約1kmにある。ウェイヴァリー駅始発の列車のほとんどは、ヘイマーケット駅にも停車する。駅周辺はB&B街になっており、このエリアで宿泊している人にとっては利用価値が高い。エディンバラ・トラムもヘイマーケット駅前を通るので、アクセスも至便。

市内交通

◉市内バス

街歩きは徒歩でも十分だが、ちょっと郊外の見どころに行ったり、街の中心からやや離れた場所に宿を取ったときは、市内バスを活用しよう。エディンバラ市内は、ロジアンバスLothian Busと、ファースト・エディンバラFirst Edinburghの2社が運行している。おもなバス停はプリンスィズ・ストリートに点在している。

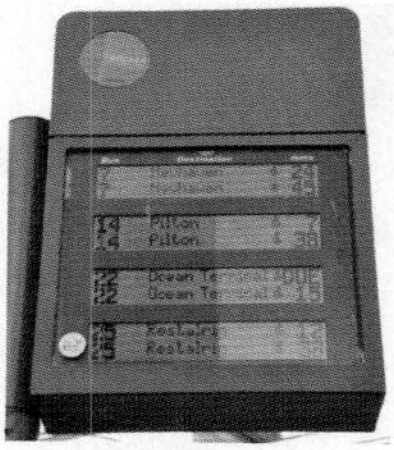
バスの到着時間がわかるようになっている停留所

市内バスではおつりが出ないので、乗車するときは小銭を用意しておこう。また、郊外にあるブリタニア号やエディンバラ動物園などの見どころへ行くなら、1日券が便利。もちろん1日券は、その会社のバスのみ有効だ。

◉タクシー

塗装されたタクシーもある

エディンバラのタクシーは、ロンドンと同様、基本的に黒いクラシカルなタイプ。電話で呼ぶか、市内各所にあるタクシー乗り場から乗る。ウェイヴァリー駅構内や、ヘイマーケット駅前にも乗り場がある。

■ロジアンバス
TEL(0131)5556363
URL lothianbuses.com
1回券£1.80　1日券£4.50

●ハノーバー・ストリート
Map P.126B
住27 Hanover St., EH2 2DL
開9:00～18:00（土9:00～17:30）　休日・祝
バスで忘れ物をした場合の預かり所はこのオフィス。

●ウェイヴァリー・ブリッジ
Map P.111C2
住31 Waverley Bridge, EH1 1BQ
開月・木9:00～19:00
　火・水・金9:00～18:00
　土9:00～17:30
　日・祝10:00～17:30
休無休

●ヘイマーケット
Map P.110A2
住9 Crifton Terrace, EH12 5DR
開9:00～18:00（土9:00～17:30）　休日・祝

■ファースト・エディンバラ
TEL 0870 872 7271
URL www.firstgroup.com
1回券£1.70
1日券ゾーン1 £5.50
　　ゾーン2 £6

路面電車、エディンバラ・トラムのヨーク・プレイス駅

Topics

エディンバラ・トラム

近年、エディンバラは人口増加にともない、市内バスだけでは通勤ラッシュ時には対応できなくなってきた。その対策として、エディンバラ市では路面電車の導入を計画し、2023年にはNewhavenニューヘイヴンまで延伸する予定。

市内中心部に路面電車が導入されたこともあり、市内バスの便は少しずつ減っている。今後はバスの番号やルートの変更が予想されるので事前に確認しておこう。

URL www.edinburghtrams.com

市内中心部を走る路面電車

■エディンバラのⓘ
TEL (0131)4733820
URL www.visitscotland.com
宿の予約は手数料£4と、デポジットとして宿泊料金の10%が必要。
●ロイヤル・マイルのⓘ
Map P.111C2
住 249 High St., EH1 1YJ
開 9～5月9:00～17:00
(日10:00～17:00)
6月9:00～18:00
(日10:00～18:00)
7・8月9:00～19:00
(日10:00～19:00)
休 1/1、12/25・26

読者投稿 **坂道が多い**
地図上は普通の道に見えても、プリンスィズ・ストリートからウェイヴァリー駅まで坂道を下っていきます。ウェイヴァリー駅からエディンバラ城までは坂道を上っていきます。
ロイヤル・マイルやグラスマーケットも、地図上は隣の道でも、実際はその下の道だったり、道が上下にクロスしているので要注意です。
(千葉県　marco　'18春)

シティ・サイトシーイングの市内観光バス

エディンバラ・ツアーの市内観光バス

聖ジャイルズ大聖堂前にあるウオーキングツアーの集合地点

旅の情報収集

◉観光案内所

エディンバラのⓘはロイヤル・マイルのハイ・ストリートにある。各種パンフレットやおみやげも豊富。常に行列ができているので、欲しいパンフレットの種類や調べてもらいたいことを箇条書きにしておくとよい。タッチスクリーンの情報端末もある。宿の予約はもちろん、各種ツアーの予約も可能。

◉情報誌

エディンバラとグラスゴーのアートや劇場、スポーツ、レストランなどの最新情報が載っている『ザ・リストThe List』は、観光案内所などに置いている。

『ザ・リスト』

◉インターネット

インターネットカフェはスマホの普及とともに減少していった。ただ、町にはカフェやレストランを中心に、無線LANが使える場所がとても多く、スマホやタブレット、ノートPCなどの端末があれば利用可能。

ツアー

◉市内バスツアー

マジェスティック・ツアーのバス

乗り降り自由の市内観光バスはウェイヴァリー・ブリッジ発。バス会社によって多少コースが異なるが、各社とも大差はない。利用するバス会社によって、割引特典がそれぞれ異なる。チケットはドライバーから直接購入するか、ウェイヴァリー・ブリッジのオフィスでも購入可能。シティ・サイトシーイングでは日本語音声ガイドもある。

◉ウオーキングツアー

エディンバラはバスツアー以上にウオーキングツアーが充実。恐怖スポットや怪奇スポットを巡るゴーストツアーはエディンバラ名物で、毎晩多くの観光客が参加する。集合場所はⓘの前か、聖ジャイルズ大聖堂前。パンフレットはⓘに各種揃っている。

◉近郊バスツアー

ネス湖などハイランド方面やエディンバラ近郊を中心に多くの日帰り、半日ツアーが出ている。ほとんどのツアーは参加前日までならⓘで予約が可能。夏期のみのツアーが多く、冬期は減便、もしくは催行しない会社も多いのでⓘで確認しよう。

市内観光バス

エディンバラ・ツアー Edinburgh Tour
TEL(0131)2200770 URLwww.edinburghtour.com

出発:4～10月9:05～17:55の12分おき、11～3月9:10～15:55の20分おき
所要:約1時間 料£16 学生£15 (24時間有効)
エディンバラ城、ホリルードハウス宮殿など市内各所を訪れる乗り降り自由のツアー。

シティ・サイトシーイング City Sightseeing
TEL(0131)5556363 URLwww.edinburghtour.com URLwww.city-sightseeing.com

出発:4～10月9:00～18:00 (7・8月～19:00)の12分おき、11～3月9:00～16:00の20分おき
所要:約1時間 料£16 学生£15 (24時間有効)
コースは、エディンバラ・ツアーとほぼ同じ。日本語の音声ガイドもある。

マジェスティック・ツアー Majestic Tour
TEL(0131)2200770 URLwww.edinburghtour.com

出発:4～10月9:05～17:50の15分おき、11～3月9:05～17:05の30分おき 所要:約1時間 料£16 学生£15 (24時間有効)
王立植物園、ブリタニア号、現代美術館など、徒歩では行きづらい場所を巡る乗り降り自由のツアー。

●エディンバラ・グランド・ツアー The Edinburgh Grand Tour
料£20 学生£18 (24時間有効) £22 学生£20 (48時間有効)
上記すべてのツアーバスに乗車できる共通チケット。

●ロイヤル・エディンバラ・チケット Royal Edinburgh Ticket
料£57 学生£50 (48時間有効)
エディンバラ・グランド・ツアーにエディンバラ城、ホリルードハウス宮殿、ブリタニア号の入場券付き。

●グランド48プラス Grand 48+
料£34 学生£32 (48時間有効)
エディンバラ・グランド・ツアーに世界遺産のフォース鉄橋クルーズ (→P.103) も含まれる(4～10月のみ)。

市内ウオーキング

シティ・オブ・ザ・デッド City of the Dead
TEL(0131)2259044 URLwww.cityofthedeadtours.com

●アンダーグランド・シティ・オブ・デッド Underground City of Dead
出発:15:30、20:30 (冬期15:30、20:00) 料£13 学生£11
聖ジャイルズ大聖堂の前を出発し、グレイフライアーズ教会にある墓地へ行くツアー。この墓地はポルターガイスト現象が起こることで知られており、ツアー中にも何人もの人が実際に経験しているとか。

エディンバラ文学パブツアー Edinburgh Literary Pub Tour
TEL(0131)2266665 URLwww.edinburghliterarypubtour.co.uk

出発:19:30 (11・12月は金のみ、1～3月は金～日、4・10月は木～日、5～9月は毎日) 料£16 学生£14
グラスマーケットのパブ、ビーハイブ・インThe Beehive Inn出発。オールドタウンとニュータウンの歴史あるパブを回りながら、スコットランド文学にまつわる話を聞く。

メルカト・ツアーズ Mercat Tours
TEL(0131)2255445 URLwww.mercattours.com

●シークレッツ・オブ・ザ・ロイヤル・マイル Secrets of the Royal Mile
出発:10:00、13:00 料£15 学生£13 (エディンバラ城の入場券付き£33 学生£28)
ロイヤル・マイルの歴史的名所や、クローズを訪れながら、エディンバラの歴史に触れるツアー。聖ジャイルズ大聖堂横のメルカト・クロスから出発。

●イブニング・オブ・ゴースツ&グールズ・ツアー Evening of Ghosts & Ghouls Tour
出発:19:00、20:00、21:00 料£19 学生£17
エディンバラの歴史の暗部に光を当てるツアー。サウス・ブリッジの下に広がる地下納骨場にも入る。

近郊バスツアー

グレイ・ライン Gray Line
TEL(0131)5555558 URLwww.graylinescotland.com

ボーダーズ地方やセント・アンドリューズなどのファイフ地方、古城巡りなど日替わりの近郊への1日ツアーを豊富に揃えている。ネス湖方面へのツアーもあり。

スコティッシュ・ツアーズ Scottish Tours
TEL0871 200 0611 URLwww.scottishtours.co.uk

ハイランド方面への 1日ツアーは夏期は毎日出発。日帰りから13泊14日まで、さまざまなツアーを取り扱う。

ティンバーブッシュ・ツアーズ Timberbush Tours
TEL(0131)2266066 URLwww.timberbush-tours.co.uk

ミニバスでハイランドを回る1～3日間のツアー。1日ツアーは曜日によって行き先が異なる。

■エディンバラ城
住Castle Hill, EH1 2NG
TEL(0131)2259846
URLwww.edinburghcastle.scot
開4～9月9:30～18:00
10～3月9:30～17:00
最終入場は閉館の1時間前
休12/25･26
料£19.50　学生£16
オーディオガイド£3.50
クラウン・ルームなど城内一部不可

●国立戦争博物館
住Edinburgh Castle, EH1 2NG
TEL0300 123 6789
URLwww.nms.ac.uk
開3～9月 9:30～18:00
10～2月 9:30～17:00
休12/25･26
料エディンバラ城と共通

見どころ

Map P.116
ロイヤル・マイル

岩山から街を見下ろす
エディンバラ城
Edinburgh Castle

天然の要塞　エディンバラの中心街を見下ろすようにして建つ城。城が建っている岩山は、キャッスル・ロックCastle Rockといわれ、城が築かれる以前から天然の要塞として利用されていた。エディンバラ城は幾度の戦闘と破壊を経験し、そのたびに再建と増改築が繰り返された。現在残されている最古の建物は、聖マーガレット礼拝堂St Margaret's Chapel。1110年に建てられた礼拝堂で、ノルマン様式のアーチが印象的だ。

城内の建物　城内の有名な建築物はクラウン・スクエアCrown Sq.周辺にあり、戦没者記念堂のほか、ルネッサンス期に建てられたグレートホール、さらに王宮が中庭を取り囲んでいる。

エディンバラ城の城門

歴史の舞台となった王宮　王宮内にはスコットランド女王メアリー・スチュアートがスコットランド王ジェイムス6世（イングランド王ジェイムス1世）を産んだ「メアリー女王の部屋」がある。また、王宮内にはスコットランド王の即位の宝器や運命の石も保管されている。

三種の宝器　宝器とは、王冠、御剣、王笏からなり立っている。1707年にイングランドとスコットランドの間で連合条約が結ばれて以来、封印され続けていたのを、ウォルター・スコットによって封印を解かれ、再び日の目を見るようになった。また、運命の石は、古来よりスコットランドの王が即位式のときに座ることになっていた石。イングランド王エドワード1世によってイングランドに持ち

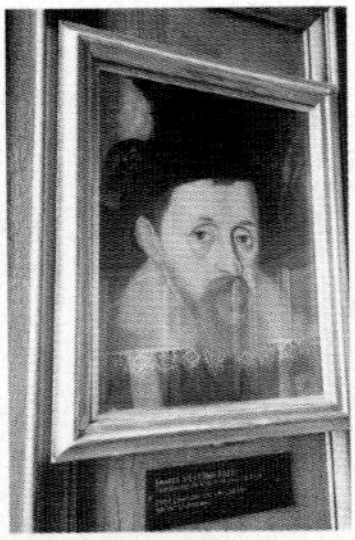
「メアリー女王の部屋」に置かれているジェイムス6世の肖像画

グレートホール

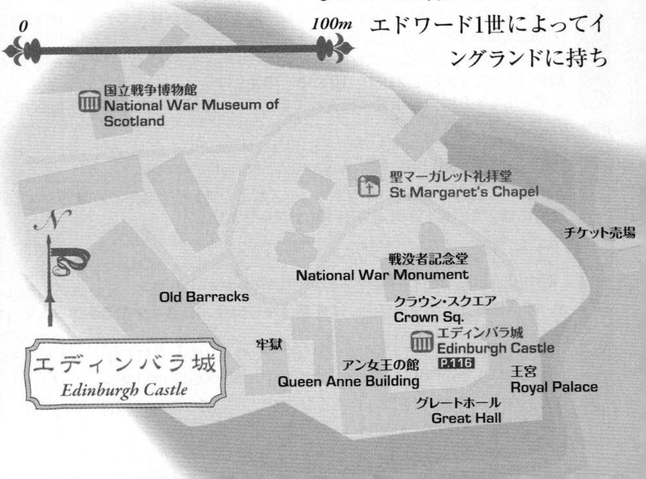

去られて以来、ロンドンのウェストミンスター寺院に保管されていたが、1997年にスコットランドに返還された。本来はパースのスクーン宮殿に置かれていたが、現在は宝器と一緒に王宮の中のクラウン・ルームに保管されている。

城内のそのほかの見どころ　エディンバラ城の中には、国立戦争博物館もある。ここでは過去400年間にわたるスコットランドの戦争史を紹介している。牢獄などもあり、すべての見どころを見学しようと思ったら、1日がかりだ。

ウォルター・スコットによる即位の宝器発見

読者投稿 **QRコードで発券**

エディンバラ城のチケットを事前予約し、QRコード付きのe-ticketをプリントアウトして持っていくと、入口でそれをスキャンしてもらって入城できます。
（千葉県　marco　'18春）

History

悲劇の女王
メアリー・クイーン・オブ・スコッツ

1542年12月8日、リンリスゴー宮殿で生まれたメアリー（Mary, Queen of Scots 1542〜87）は、生後6日で女王に即き、翌1543年9月9日、スターリング城で盛大な戴冠式が執り行われた。5歳のとき、母の故国フランスに渡り、15歳でアンリ2世（HenriⅡ 1519〜59）の王子フランソワと結婚。しかし、王子がフランソワ2世としてフランス王に即位してまもなく急逝したため、メアリーは13年ぶりに、祖国スコットランドに帰ってきた。

敬虔なカトリック教徒だったメアリーは、22歳のとき従弟のダーンリ卿（Lord Darnley, Henry Stewart 1546〜67）と結婚する。これが悲劇の女王への始まりであった。メアリーの寵愛を受けていたリッチオ（David Riccio 1533〜66）がホリルードハウス宮殿で嫉妬深いダーンリによって殺害された。やがてエディンバラ城の小さな部屋でひとりの王子（後のジェームズ6世 JamesⅥ 1566〜1625）が生まれた。母となったメアリーは、夫が自分に対し謀反を起こすのではないかといつもおびえていた。メアリーの心を見透かすような事件が起こった。ダーンリがボスウェル伯（4th Earl of Bothwell, James Hepburn 1535〜78）によって暗殺されたのである。メアリーがボスウェル伯と結婚すると、彼女も夫殺しに加担していたのではとの疑惑が生じ、多くのプロテスタント貴族が彼女に反抗して立ち上がった。プロテスタントの軍隊は、エディンバラ郊外のカーベリーの丘でメアリーを支持するカトリック教徒の女王軍と対戦、女王軍は敗北、メアリーは降伏、逮捕、王位を1歳の息子ジェームズ6世に譲り、ロッホ・リーヴェン城に幽閉された。

エディンバラ城内。メアリーが後のジェームズ6世を産んだ部屋

1568年5月2日、ロッホ・リーヴェン城を脱出したメアリーは、再び兵を集めて戦ったが敗れ、イングランドへ逃亡した。後にエリザベス1世（ElizabethⅠ 1558〜1603）を暗殺する陰謀に関わっていたとして、1587年2月8日、イングランドのフォザリンゲイ城で処刑された。時にメアリー 44歳であった。

スコットランドではメアリーの亡くなった日に、メアリーの涙とも呼ばれる紫色のアザミが花を開くという伝説が今でも語り継がれている。
（関　勁）

Topics

グラスマーケット Grassmarket

ジョージ4世ブリッジGeorge IV Bridgeから、ヴィクトリア・ストリートVictoria St.を下りて行くとグラスマーケットへといたる。現在はパブやレストランが建ち並ぶおしゃれなエリアだが、かつて死刑執行場として利用されていたという暗い歴史がある場所だ。また、19世紀に14人以上を殺害したというバークBurkeとヘアHareという殺人鬼が犯行を重ねていたのもこのあたりだといわれている。彼らは人を殺して持ち主の金品を奪うのではなく、貧しい人々を絞め殺し、その死体を人体解剖用として医者に売って金儲けをしていたのだ。

グラスマーケットへとつながるヴィクトリア・ストリートVictoria St.は、カラフルな建物が建ち並ぶ坂道だ。スコットランド人デザイナーによる服やアクセサリー、ビンテージのリネンをはじめ、ビネガーの量り売り、タータンをモダンにアレンジしたカーペットなど個性的なショップなどがあり、歩いていて飽きない。

ヴィクトリア・ストリートからグラスマーケットを眺める

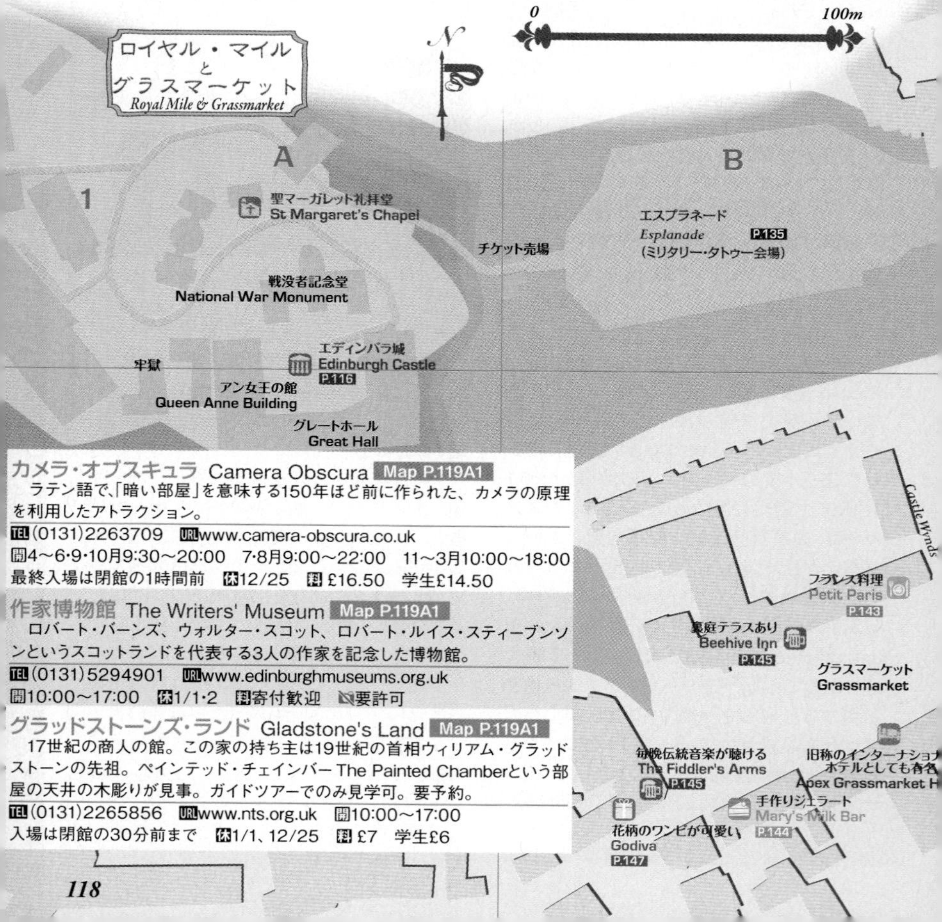

カメラ・オブスキュラ Camera Obscura Map P.119A1

ラテン語で「暗い部屋」を意味する150年ほど前に作られた、カメラの原理を利用したアトラクション。

TEL (0131)2263709 URL www.camera-obscura.co.uk
開 4〜6·9·10月9:30〜20:00 7·8月9:00〜22:00 11〜3月10:00〜18:00
最終入場は閉館の1時間前 休 12/25 料 £16.50 学生£14.50

作家博物館 The Writers' Museum Map P.119A1

ロバート・バーンズ、ウォルター・スコット、ロバート・ルイス・スティーブンソンというスコットランドを代表する3人の作家を記念した博物館。

TEL (0131)5294901 URL www.edinburghmuseums.org.uk
開 10:00〜17:00 休 1/1·2 料 寄付歓迎 要許可

グラッドストーンズ・ランド Gladstone's Land Map P.119A1

17世紀の商人の館。この家の持ち主は19世紀の首相ウィリアム・グラッドストーンの先祖。ペインテッド・チェインバー The Painted Chamberという部屋の天井の木彫りが見事。ガイドツアーでのみ見学可。要予約。

TEL (0131)2265856 URL www.nts.org.uk 開 10:00〜17:00
入場は閉館の30分前まで 休 1/1、12/25 料 £7 学生£6

スコッチウイスキーの奥深さに触れる

Map P.119A1

スコッチウイスキー・エクスペリエンス

The Scotch Whisky Experience

蒸溜の過程のみでなく、300年以上にわたるスコッチウイスキーの歴史、スペイサイドやアイラ島など地域による特徴の違い、ブレンドの秘密など、さまざまな角度からスコッチウイスキーの秘密に迫る。日本語による解説あり。

館内のショップにはスコットランド各地から集められたボトルが並んでおり、その数はなんと100種以上。併設のレストランAmber Restaurantではスコットランド伝統料理も楽しめる。

■スコッチウイスキー・エクスペリエンス
住354 Castle Hill, EH1 2NE
TEL(0131)2200441
URLwww.scotchwhiskyexperience.co.uk
開9～3月10:00～17:00
4月10:00～18:00
5～7月10:00～20:00
8月10:00～17:00
（土・日～17:40）
最終ツアーは閉館の1時間前
休12/25 料ツアーにより異なる。基本のシルバーツアーは£17、学生£15

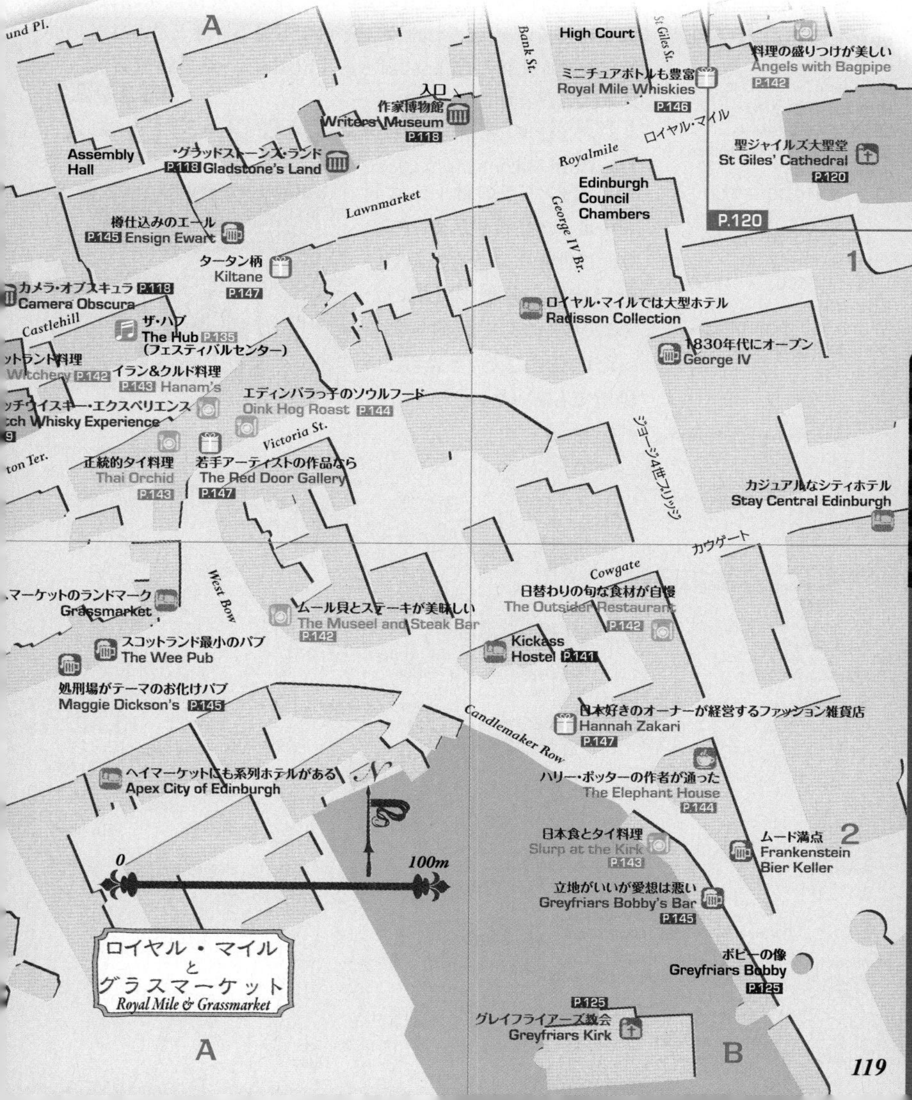

■聖ジャイルズ大聖堂
住The Royal Mile,
EH1 1RE
TEL(0131)2259442
URLwww.stgilescathedral.org.uk
開9:00〜17:00
（日13:00〜17:00）
休12/25･26
料寄付歓迎、写真撮影£2
礼拝時
毎日12:00からの礼拝時には観光客の入場は控えたい

Map P.120A

ロイヤル･マイルに堂々と建つ教会

聖ジャイルズ大聖堂

St Giles' Cathedral

荘厳な雰囲気に包まれている

ロイヤル・マイルの中心に堂々と建っている教会が、聖ジャイルズ大聖堂。王冠の形をした屋根が印象的なゴシック様式の教会だ。教会の内部には、スコットランドにおける宗教改革の旗手、ジョン・ノックスの像が飾られている。彼は、この大聖堂で新教の教えを説いていた。内部の装飾は宗教改革の最中に多くが破壊されたが、それでも見るべきところは多い。特にシスル礼拝堂Chapel of the Thistleは一見の価値あり。

■リアル･メアリー･キングズ･クローズ
住2 Warriston's Close,
High St., EH1 1PG
TEL0845 070 6244
URLwww.realmarykingsclose.com
開12〜3月10:00〜17:00
（金･土9:30〜21:00）
4〜10月10:00〜21:00
11月9:00〜17:30
（金･土〜21:00、日〜18:30）
休12/25
料 £16.50　学生£14.25
ツアーは約20分おきに行われる

Map P.120A

地下に広がる別世界

リアル･メアリー･キングズ･クローズ

The Real Mary King's Close

入口はちょっとわかりづらい

エディンバラの地下には洞窟のような都市が広がっており、17世紀には人も住んでいた。しかし、劣悪な環境のために、多くの人々が病気になったり、死亡したりと恐ろしい場所でもあった。

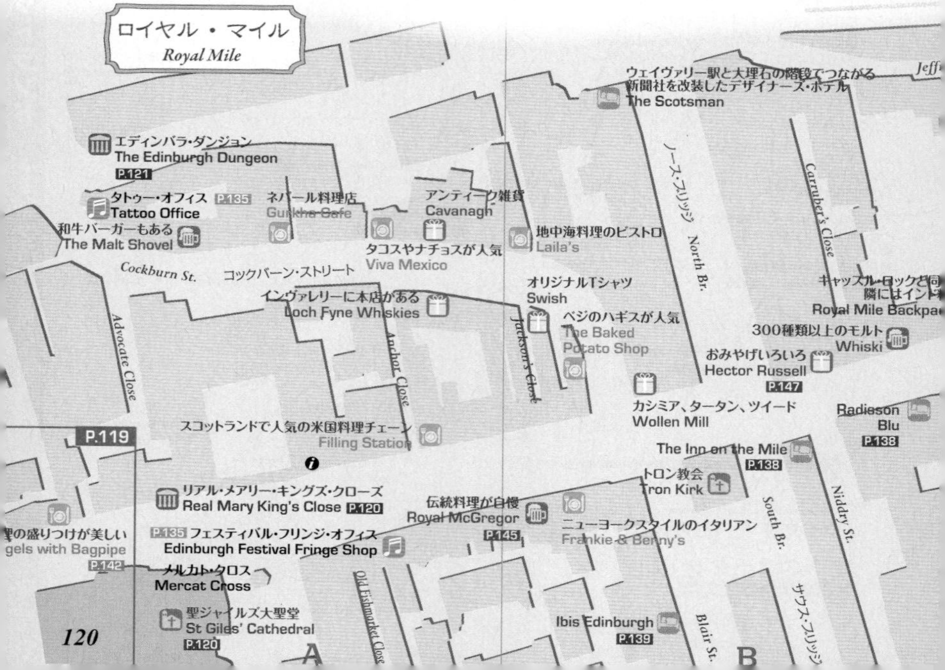

さまざまな人物が登場し、当時の過酷な社会のなかでの生活ぶりを教えてくれる

そのためか、怪談も多く残っている。衛生的な問題もあり、長い間封鎖されてきたが、暗い歴史から目を背けないためにも公開された。現在はツアーで中に入ることもでき、案内人とともに謎めいた地下世界を冒険できる。

歴史の闇を再現した

エディンバラ・ダンジョン The Edinburgh Dungeon

Map P.120A

リアルな演出で評判

ロンドンや、ヨーク、ハンブルクなどにもある、人気お化け屋敷のエディンバラ版。魔女狩りや、墓荒らし、拷問に殺人などエディンバラの闇の歴史にスポットを当てており、凝った演出で震え上がらされる。チケットは❶でも購入可能。

子供から大人まで人気の

子供史博物館 Museum of Childhood

Map P.121A

もともとは、子供嫌いで変わり者であった市議会議員によって、大人のために設立された博物館。現在は皮肉にもテディベアや人形、汽車模型などおもちゃのコレクションが子供に大人気。小さいながらもにぎやかな博物館で、「世界で最もうるさい博物館」ともいわれている。

■エディンバラ・ダンジョン
住31 Market St., EH1 1QB
TEL(0131)2401001
URL www.thedungeons.com
開11:00～16:00
（土10:00～18:00、日10:00～17:00）
冬期短縮、学校休業期間とハロウィンシーズンは延長あり
休12/24～26
料£18.95

■子供史博物館
住42 High St., EH1 1TQ
TEL(0131)5294142
URL www.edinburghmuseums.org.uk
開10:00～17:00
休12/25
料寄付歓迎

テディベアも飾られている

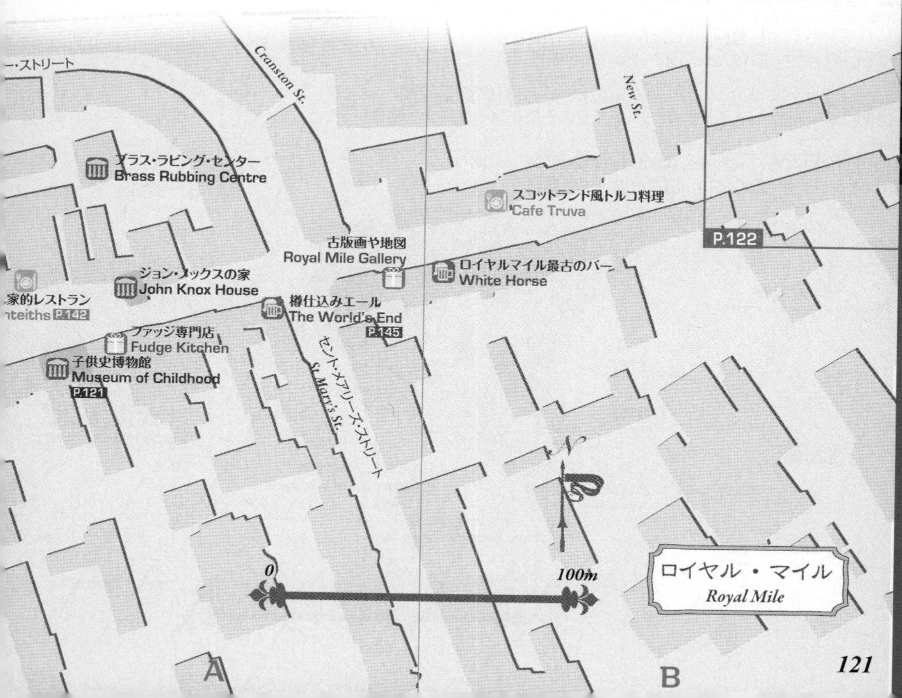

■ホリルードハウス宮殿
住The Palace of Holyroodhouse, EH8 8DX
TEL(0131)5565100
URLwww.rct.uk
開4～10月9:30～18:00
　11～3月9:30～16:30
最終入場は閉館の1時間15～30分前
休5月中旬、6月下旬～7月上旬
※英国王室の所有する宮殿のため、王室のスコットランド滞在時など不定期に閉まることがある。
料£16.50　学生£14.90
クイーンズ・ギャラリーとの共通券もある。
撮影禁止 宮殿内

正面から見たホリルードハウス宮殿

ホリルード公園から宮殿を見下ろす

英国王室の宮殿

Map P.123B

ホリルードハウス宮殿

The Palace of Holyroodhouse

ロイヤル･マイルの東の果てに位置する宮殿。スコットランドにおけるイギリス王室の宮殿として現在も利用されており、王室がスコットランドを訪問するときはここに滞在している。宮殿は華麗な装飾がされており、特にグレート･ギャラリー Great Galleryにある、89人の歴代スコットランド王の肖像画は圧巻。

また、この宮殿はスコットランド女王メアリーにまつわるエピソードが数多く残る場所としても有名だ。メアリーは、エディンバラ城よりもホリルードハウス宮殿を好み、最初の夫フランス王フ

エディンバラ博物館 The Museum of Edinburgh Map P.122B

先史時代から現在までのエディンバラに関するものを展示している。

TEL(0131)5294143　URLwww.edinburghmuseums.org.uk
開10:00～17:00　休12/25　料寄付歓迎　撮影要許可

ピープルズ･ストーリー The People's Story Map P.122A

18世紀から今日にいたるまでのエディンバラの一般市民の生活史を紹介している。

TEL(0131)5294057　URLwww.edinburghmuseums.org.uk
開10:00～17:00　休12/25　料寄付歓迎　撮影要許可

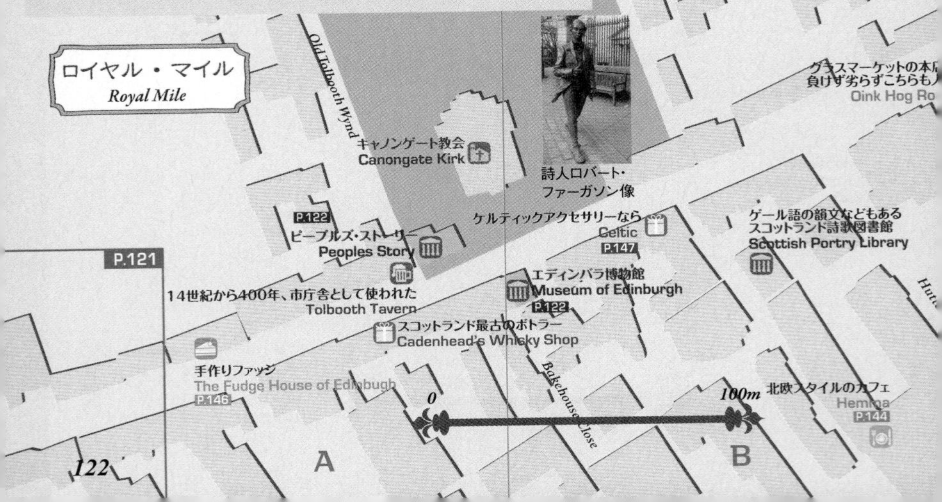

ランソワ2世が亡くなり、スコットランドに戻ってきてからの6年間をここで過ごした。メアリーの部屋Mary, Queen of Scots Chamberは北西の塔にある。彼女の2度目の夫、ダーンリが嫉妬に狂いメアリーの秘書だったリッチオを刺し殺すという事件が起こったのもこの北西の塔である。この事件によって、妊娠中であったメアリーはあやうく流産するところだったらしい。ちなみにその後無事生まれた子が後のジェイムス6世(イングランド王ジェイムス1世)である。

隣接するホリルード修道院Holyrood Abbeyは廃墟になっているが、12世紀にデビッド1世によって建てられた由緒正しい修道院。ここにはデビッド2世、ジェイムス2世、ジェイムス5世など、歴代のスコットランド王が埋葬されている。

廃墟となっているホリルード修道院

ホリルード公園から城を眺める

アーサーズ・シートからの眺めは格別 Map P.111D2-3

ホリルード公園 Holyrood Park

ホリルードハウス宮殿の南東に広がる広大な公園がホリルード公園。もともとは王族の狩猟場で、ホリルードハウス宮殿が建てられたのも、エディンバラ城よりも狩猟場に近くて、便利であったという理由があったらしい。公園内はかなり起伏があり、ちょっとした運動になる。公園内にはアーサーズ・シートArthur's Seatと呼ばれる丘があり(→P.132)、ここからの眺めは、カールトン・ヒルと並ぶエディンバラ屈指の景観だ。

■ホリルード公園
開随時 休無休 料無料

宮殿のすぐ横にあるクイーンズ・ギャラリー

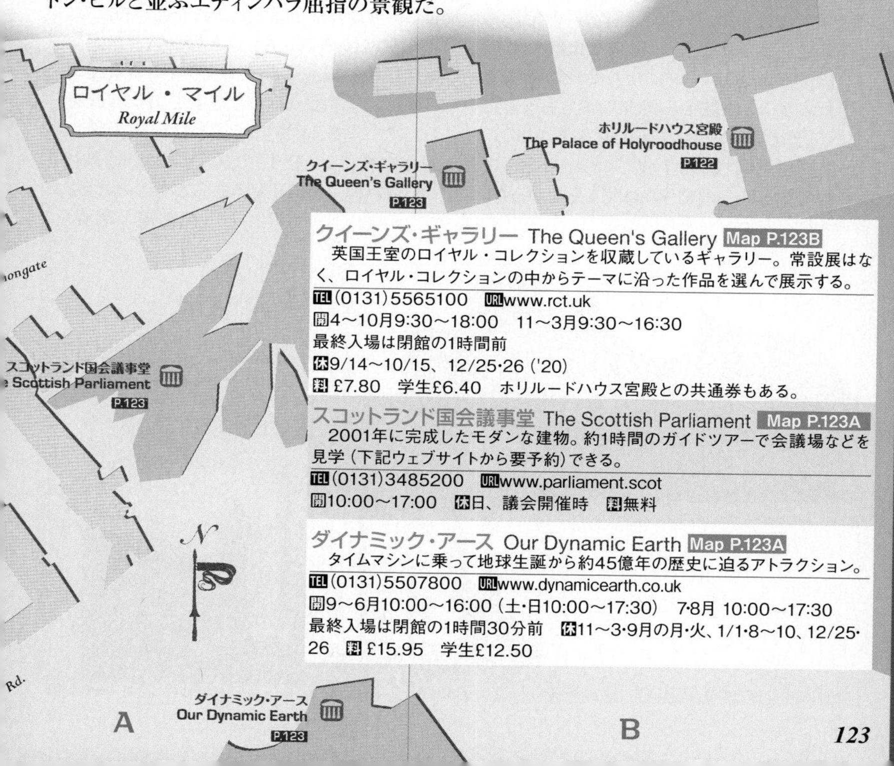

クイーンズ・ギャラリー The Queen's Gallery Map P.123B

英国王室のロイヤル・コレクションを収蔵しているギャラリー。常設展はなく、ロイヤル・コレクションの中からテーマに沿った作品を選んで展示する。

TEL (0131)5565100 URL www.rct.uk
開4~10月9:30~18:00 11~3月9:30~16:30
最終入場は閉館の1時間前
休9/14~10/15、12/25・26 ('20)
料 £7.80 学生£6.40 ホリルードハウス宮殿との共通券もある。

スコットランド国会議事堂 The Scottish Parliament Map P.123A

2001年に完成したモダンな建物。約1時間のガイドツアーで会議場などを見学(下記ウェブサイトから要予約)できる。

TEL (0131)3485200 URL www.parliament.scot
開10:00~17:00 休日、議会開催時 料無料

ダイナミック・アース Our Dynamic Earth Map P.123A

タイムマシンに乗って地球生誕から約45億年の歴史に迫るアトラクション。

TEL (0131)5507800 URL www.dynamicearth.co.uk
開9~6月10:00~16:00 (土・日10:00~17:30) 7・8月 10:00~17:30
最終入場は閉館の1時間30分前 休11~3・9月の月・火、1/1・8~10、12/25・26 料 £15.95 学生£12.50

History

聖コロンバSt Columbaと ジョン・ノックスJohn Knox

聖コロンバ

アイルランドの守護聖人パトリックの意志を継ぎ、アイルランド・ドニゴールの王家出身の聖コロンバSt Columba (521～597) が12人の同志を伴い、すでに聖オランSt Oranが布教活動の根拠地にしていたスコットランド西海岸のアイオーナ島に上陸したのは、563年といわれる。そのとき彼はすでに40歳を過ぎていたが、精力的に活動を展開、スコットランド本土に渡りインヴァネス付近を支配していたピクト人の上王ブルードBrude, High Kingを改宗させ、さらに南下してダンケルドに僧院を建立した。その布教は実にスコットランド全域から北イングランドにまで及び、597年に没している。

彼は土着の原始宗教ドルイド教の太陽崇拝を一概に否定することなくキリスト教信仰に統合し、また壮大な石造りの僧院も修道院も造ることなく、粗末な土壁の教会で信仰を広めていった。だがそれは権威を誇示するローマ教会の意向に沿うものではなく7世紀には北上してきたノルマン人のローマ教会信仰と摩擦を生じ、ホイットビーで宗教会議を開き調整されねばならなかった。

ジョン・ノックス

権威におもねらず信仰を深めるスコットランド人精神は、数世紀後のジョン・ノックスJohn Knox (1505～72) に受け継がれたと思う。彼は新教プロテスタントの中で最も過激なカルヴァン主義の宗教改革者であり、民衆信仰の先頭に立ち、旧教カトリック信仰の王家、貴族の弾圧に屈せず、師G.ウィッシャートGeorge Wishartが焚刑に処せられた報復に同志とともにセント・アンドリューズ城で大司教ビートンDavid Beatonを殺害、籠城したが、旧教の支配階級を助けるフランス艦隊の攻撃に落城、彼は一時ガレー船の奴隷の労役を課せられた。だが、1561年からはエディンバラに居を構え、再び激しい布教活動を各地で展開、その鋭い舌鋒に、対立した若く美しいメアリー女王も悩まされたといわれる。また密かにスコットランドのプロテスタント化に手を貸す隣国イングランドの女王エリザベスですら、彼の過激な主張には辟易したそうである。権威に屈しない彼の精力的な布教には、新・旧の信仰の違いはあれコロンバのそれに通じるものが感じられる。

（宮崎　昭威）

聖コロンバゆかりのアイオーナ・アビー

聖ジャイルズ大聖堂内部にはジョン・ノックスの像がある

スコットランドの文化財の宝庫 Map P.111C2

スコットランド国立博物館 National Museums Scotland

ロイヤル・マイルの南、チェインバーズ・ストリート沿いにある博物館。2つの建物から構成され、西側の建物の展示はおもにスコットランド史をテーマにしており、東側は世界中からあらゆる物を集めたユニークな展示物が並んでいる。

西側の建物は外観もひときわ目を引く6階建ての展示館。スコットランドの大地の形成から始まり、先史時代、古代、中世、近代、20世紀と年代順に進んでいく形式。最新の技術を導入しており、映像やコンピューター端末などにより、スコットランド史の流れをわかりやすく解説している。収蔵品もスコットランド中から集められた重要な文化財が多い。最上階は展望テラスになっており、美しい旧市街の眺めを堪能できる。

広々とした開放的な空間

東側は2012年に改装が終わった展示室。入るといきなり広大な吹き抜けのホールがあり、圧倒される。ギャラリーの収蔵品は、自然科学に関するものや、陶器やガラス類などの装飾美術品、さらに古代エジプト美術や日本、中国など東洋の美術品など、多岐にわたっている。

■スコットランド国立博物館
住 Chambers St., EH1 1JF
TEL 0300 123 6789
URL www.nms.ac.uk
開 10:00～17:00
休 12/25
料 寄付歓迎（展示により有料の場合もあり）

産業に関する展示コーナーもある

動物の剥製や化石のコレクションには圧巻！

スコットランド版忠犬と話の舞台となった教会 Map P.111C2-3

ボビーの像とグレイフライアーズ教会
Greyfriars' Bobby & Greyfriars Kirk

キャンドルメイカー・ロウCandlemaker Rowと、ジョージ4世ブリッジGeorge IV Bridgeの交差する場所にあるのが、スコットランドの忠犬ハチ公、グレイフライアーズ・ボビーの像だ。ボビーは主人の死後、その墓に14年間にもわたって通い続け、エディンバラ市民の感動を誘ったスカイテリア種の犬だ。

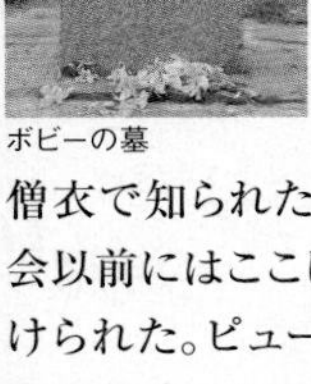

ボビーの墓

また、ボビーとボビーの主人が埋葬されているグレイフライアーズ教会は、スコットランドの宗教改革後に最初に建てられた長老派教会。グレイフライアーズとは、もともと灰色の僧衣で知られたフランシスコ会修道院の俗称だが、長老派教会以前にはここに同会の修道院があったことからこの名が付けられた。ピューリタン革命直前の1638年には、国王による司教の任命に反対する貴族が国民盟約を署名した場所でもあり、スコットランドの宗教史上、重要な事件の舞台となった。

■グレイフライアーズ教会
住 Greyfriars Tolbooth & Highland Kirk, Greyfriars Pl., EH1 2QQ
TEL (0131)2251900
URL greyfriarskirk.com
開 4～10月10:30～16:30（土12:00～16:00）11～3月の木 11:00～15:00
休 日、行事開催日、11～3月の金～水
料 寄付歓迎
一部不可

ボビーの像

●ニュータウンの見どころ

ニュータウンとオールドタウンの間に広がる公園 Map P.126A-B

プリンスィズ・ストリート・ガーデンズ

Princes Street Gdens.

緑豊かな公園は市民の憩いの場となっている

数々のデパートやショップが軒を連ねているプリンスィズ・ストリート。この通りの南側に広がるのが、プリンスィズ・ストリート・ガーデンズだ。8月のエディンバラ国際フェスティバルのフィナーレはここで行われるプロムスという屋外コンサートだ。この公園はザ・マウンドThe Moundという通りを境に、東西に分かれている。ザ・マウンドは、ニュータウンとオールドタウンをつなぐ通りで、そばには、大きな花時計があり、人々の目を楽しませている。東側のウェイヴァリー・ブリッジからは観光バスや空港行きのエアリンクが発着している。

プリンスィズ・ストリート・ガーデンズとエディンバラ城

偉大な詩人を記念する塔 Map P.126B

スコット・モニュメント Scott Monument

プリンスィズ・ストリートに建つ、ひときわ目立つゴシック様式の塔が、スコット・モニュメント。その名のとおり、スコットランドを代表する文豪、サー・ウォルター・スコットを記念して建てられた。高さは約61mで、作家の記念碑としては、世界最大を誇る。後ろに回り込むと入口があり、塔の頂上まで上ることができる。

エディンバラを代表するモニュメント

■スコット・モニュメント
住East Princes Street Gdns., EH2 2EJ
TEL(0131)5294068
URLwww.edinburghmuseums.org.uk
開10:00〜16:00
入場は閉館の30分前まで
休不定期　料£8　学生£6

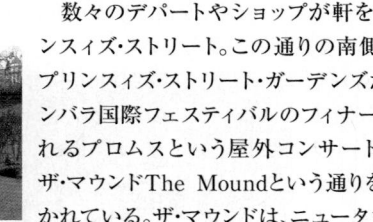

ニュータウン建設当時を再現

ジョージアン・ハウス Georgian House

Map P.126A

美しく均整の取れた建物

ニュータウンの西、シャーロッテ・スクエアに面する、建築家ロバート・アダムスが設計したアパートメント。この建物が建てられたのは18世紀の末、ちょうどニュータウンができた頃で、すばらしい調度品の数々から、当時の裕福な市民の生活をうかがい知ることができる。また、ロイヤル・マイルにあるグラッドストーンズ・ランドは、ジョージアン・ハウスより100年ほど前に当時の豪商によって建てられたもの。これらふたつの建築物からニュータウンとオールドタウンの違いを比べてみるのもおもしろい。

■ジョージアン・ハウス
住7 Charlotte Sq., EH2 4DR
TEL0844 493 2118
URLwww.nts.org.uk
開夏期10:00〜16:15
冬期11:00〜15:15
休12〜2月の月・火、年末年始
料£8　学生£6

ヨーロッパの巨匠の作品がずらり

国立スコットランド美術館 National Gallery of Scotland

Map P.126B

ヨーロッパとスコットランドの芸術家の作品を所蔵しており、ボッティチェッリ、ラファエロ、エル・グレコ、ベラスケス、レンブラント、ゴーギャンなどルネッサンスから後期印象派にかけてのヨーロッパの巨匠の作品も多数。アラン・ラムジー、ヘンリー・レーバンといったスコットランドを代表する芸術家の作品も多数収蔵している。

巨匠の作品が多く並ぶ

■国立スコットランド美術館
住The Mound, EH2 2EL
TEL(0131)6246200
FAX(0131)2200917
URLwww.nationalgalleries.org
開10:00〜17:00
(木10:00〜19:00)
休12/25・26
料寄付歓迎（展示により有料の場合もあり）

ギリシア神殿風の建物

ロイヤル・スコティッシュ・アカデミー Royal Scottish Academy

Map P.126B

プリンスィズ・ストリートとザ・マウンドの交差する所にあるギリシア神殿のような建物がロイヤル・スコティッシュ・アカデミー。ウィリアム・プレイフェアWilliam Playfairの設計によるギリシア復興様式の建物だ。隣の国立スコットランド美術館の特別展の会場となっており、不定期に企画展などが行われている。

よく目立つ威風堂々とした外観

国立スコットランド美術館

■ロイヤル・スコティッシュ・アカデミー
住The Mound, EH2 2EL
TEL(0131)2256671
FAX(0131)2206016
URLwww.royalscottishacademy.org
開10:00〜17:00（日12:00〜17:00）　休12/25
料寄付歓迎（非常設展は有料）

■スコティッシュ・ナショナル・ポートレイト・ギャラリー
住1 Queen St., EH2 1JD
TEL(0131)6246200
URLwww.nationalgalleries.org
開10:00～17:00
休12/25・26
料寄付歓迎（非常設展は有料の場合もあり）

館内の装飾にも注目

■現代美術館
プリンスィズ・ストリートの西端から徒歩約15分。プリンスィズ・ストリートからロジアンバス41番。ナショナルギャラリーからシャトルバスがある(£1程度)
住75 Belford Rd.,EH4 3DS
TEL(0131)6246200
URLwww.nationalgalleries.org
開10:00～17:00
休12/25・26
料寄付歓迎（非常設展は有料の場合もあり）

2号館の展示

風格ある旧天文台

スコットランドの歴史を作ってきた人々が勢揃い Map P.126B

スコティッシュ・ナショナル・ポートレイト・ギャラリー
Scottish National Portrait Gallery

れんが造りの風格ある外観

ニュータウンにある赤いれんが造りのネオ・ゴシック風の建物。悲劇の女王メアリー・スチュアート(→P.117)や、「小僭称者」として知られるチャールズ・エドワード・スチュアート(→P.350)、ウォルター・スコットなど、スコットランドの歴史を彩った人物の肖像画や彫像を収蔵している美術館。また、アラン・ラムジーやゲインズバラなど、著名な芸術家による肖像画もあり、優れた芸術性を誇る作品が多い。

20世紀美術の傑作を所有する Map P.110A2

現代美術館
Scottish National Gallery of Modern Art

スコットランド人作家の作品が多く収められている現代美術館

現代美術館は、エディンバラの中心からやや西に外れたディーン・ビレッジDean Villageにある、おもに20世紀の作品を集めた美術館。マティスやピカソといった現代美術の巨匠の作品も収蔵されているが、コレクションのメインは、グラスゴーボーイズやマッキントッシュをはじめとする数々のスコットランド人作家の現代美術作品だ。以前は王立植物園のインヴァリース・ハウス内にあったが、1984年に移転した。

現代美術館からベルフォード・ロードを挟んだ所には2号館があり、ここではエディンバラ出身の彫刻家、エドゥワルド・パオロッツィ Eduardo Paolozziの作品をおもに収蔵している。2階では特別展が行われることも。

エディンバラ市街を一望する公園 Map P.111C2

カールトン・ヒル Calton Hill

ニュータウンの東にある小高い丘、カールトン・ヒルは、エディンバラの全景を眼下に収めるのに、うってつけの場所。なかでも丘の頂上部に建っているネルソン・モニュメントNelson Monumentからの眺めが最高だ。ネルソン・モニュメントの高さは32m。最上部は海抜139mだ。

そのほかにカールトン・ヒルには丸いドーム型の旧天文台Old

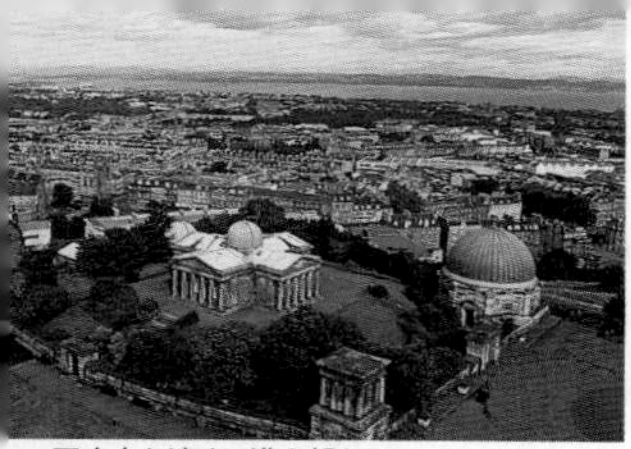

天文台と遠くに港を望む

Observatoryや、ナショナル・モニュメントなど、いくつものモニュメントが建てられている。ナショナル・モニュメントは、北のアテネともいわれるエディンバラにふさわしく、アテネのパルテノン神殿を模して、ナポレオン戦争戦没者記念碑として建てられた。ところがこのモニュメントの建築は予算が途中で尽きてしまい、あえなく中止。現在も未完成のままで、その姿をさらしている。

さまざまな植物であふれる Map P.110B1

王立植物園 Royal Botanic Garden

王立植物園の温室

野鳥が集まる憩いの場になっている

エディンバラの中心部から1.5kmほど北に位置する広大な植物園。27ha（東京ドーム5.7個ぶん）の敷地にはおよそ1万4500種の植物が植えられている。

植物園の中心よりやや西、少し盛り上がった所にあるのが、インヴァリース・ハウスInverleith Houseだ。この近くにはカフェテリアなどもあり、ここから眺めるエディンバラの町並みはなかなか見応えがある。ここにいたる途中の坂には、チャイニーズ・ヒルサイドChinese Hillsideという中国の植物が集められたエリアもある。

広場の北東には大小さまざまな温室が建てられており、特徴ある植物が植えられている。約5000種もの植物が植えられているロック・ガーデンThe Rock Gardenも必見だ。

ペンギンパレードは必見 Map P.110A2外

エディンバラ動物園 Edinburgh Zoo

すやすやとお休み中のパンダ

中心部から西に約5km、パンダやコアラなど1000種以上の動物がいるスコットランド最大の動物園。ヒルトップ・サファリHilltop Safariという巡回バスで丘の上まで行くこともできる。動物に触れたり、飼育係のトークショーといったイベントも随時開催中。この動物園のハイライトは、世界で最も大きなペンギン用のプール。有名なペン

■カールトン・ヒル

●ネルソン・モニュメント

住Calton Hill, EH7 5AA

TEL(0131)5562716

URLwww.edinburghmuseums.org.uk

開10:00～17:00（月～16:00）

休12/25　料£6

■王立植物園

🚌ハノーヴァー・ストリートHanover St.のバス停から8、23、27番が植物園の東門に行く。マジェスティック・ツアーの観光バスでも行ける。

住20A Inverleith Row, EH3 5LR

TEL(0131)5527171

URLwww.rbge.org.uk

開11～1月10:00～15:00
2・10月10:00～16:00
3～9月10:00～17:00

休1/1、12/25

料寄付歓迎（温室は£7、学生£6）

●ガイドツアー

4～10月11:00、14:00発。ジョン・ホープ門に集合。所要約1時間。　料£6

■ダウィック植物園

Map P.16A2

エディンバラの45km南にある王立植物園の別園。ツツジのテラスが美しいことで有名。

🚌X62番メルローズ行きのバスでピーブルズPeeblesに行き、91番に乗り換える。合計で所要1時間30分ほど。

住Stabo, Near Peebles EH45 9JU

TEL(01721)760254

開2・11月10:00～16:00
3・10月10:00～17:00
4～9月10:00～18:00

休1・12月

料£7　学生£6

■エディンバラ動物園

🚌プリンスィズ・ストリートからロジアンバスの12、26、31番。ウェイヴァリー・ブリッジからエアリンクでも行ける。

住Edinburgh Zoo, EH12 6TS

TEL(0131)3349171

URLwww.edinburghzoo.org.uk

開4～9月10:00～18:00
3・10月10:00～17:00
11～2月10:00～16:00

休12/25

料£21.95　学生£19.95

ペンギンの餌やり

ギンパレードは毎日14:15から行われており、たくさんのペンギンがプール前の道をゆっくりと行進する(雨天や雪が積もったときは行われない日もある)。このほか、ジャイアントパンダも人気がある。パンダ館は1日の入場者数が限られているので、見たいなら早めに訪れよう。

近郊の見どころ

英国王室の船として活躍した
Map P.111D1外

ブリタニア号 The Royal Yacht Britannia

立派なブリタニア号の外観

ブリタニア号は1953年から1997年の44年間にわたり、英国王室の船として世界中を航海した。務めを終えた現在は、エディンバラ近郊のリース港にあるショッピングセンター、オーシャンターミナルOcean Terminalに接岸され、一般に公開されている。

ブリタニア号の船室

入口はオーシャンターミナルの3階。ビジターセンターで船の仕組みや歴史などの展示をひととおり見てから、いよいよ船の中へ。船の中はセルフガイド形式になっており、日本語のオーディオガイドも用意されている。ブリタニア号や港を見渡しながらくつろげるカフェテリアもある。

■ブリタニア号
🚌プリンスィズ・ストリートからロジアンバスの11、22、200番で終点のオーシャンターミナル下車。マジェスティック・ツアーの観光バスでも行ける。
住Ocean Terminal, Leith, EH6 6JJ
TEL(0131)5555566
URLwww.royalyachtbritannia.co.uk
開4～10月9:30～16:30
11～3月10:00～15:30
休1/1、12/25
料£17　学生£15

オーシャンターミナル

恐竜のような鉄橋
Map P.20B3

フォース鉄橋 Forth Railway Bridge

巨大なフォース鉄橋

エディンバラの北に広がるフォース湾をまたぐ巨大な鉄橋がフォース鉄橋だ。

1877年に開通したダンディーのテイ・ブリッジが2年後に嵐により走行中の列車もろとも崩壊し、多数の犠牲者を出した。フォース鉄橋はこの惨劇を教訓にさらに堅固に設計された。橋の全長は約2530m、桁下高は46m。1890年の開通当時は世界最長を誇った。カンチレバー・トラス（片持ち橋梁）式の鉄橋では世界で2番目の規模だ。100年以上たった今日でも1日200便以上の列車がこの橋を行き来している。橋から眺める景色もすばらしいが、ライトアップされた夜の姿も幻想的だ。

■フォース鉄橋
🚌ロジアンバス43番に乗り、Queensferry（警察署前)下車。このほか、エディンバラからクルーズツアー（→P.103)もある。
URLwww.theforthbridges.org

鉄橋の上からフォース湾を眺める

エディンバラから日帰りでパフィンに会える

Map P.21C3

スコティッシュ・シーバード・センター

Scottish Seabird Centre

海鳥の天国　スコットランドは約800の島と非常に入り組んだ海岸線をもち、海岸線の総延長は1万1800kmと日本とイギリスの直線距離（約9500km）よりも長い。こうした長い海岸線は海鳥の生息に理想的で、スコットランドにはヨーロッパの海鳥の約50%の種類が集まっている。

フォース湾に面した港の先端に建つシーバード・センター

シーバード・センターではスコットランドに飛来する海鳥について紹介している。館内では、近郊のフォース湾に浮かぶ島々に設置されたカメラで島の様子をライブ映像で見ることができ、海鳥を紹介する映画の上映や、海鳥の剥製も展示されている。

ノーザン・ガンネットの生息地、バスロック

ノーザン・ガンネットの繁殖地バスロック　ライブカメラが置かれている場所のうち、バスロックBass Rockは世界最大のノーザン・ガンネットの繁殖地で、島を埋め尽くすほどのノーザン・ガンネットが見られる。メイ島May Islandはイギリス東海岸最大のパフィンの繁殖地として有名な島だ。

■スコティッシュ・シーバード・センター

🚉エディンバラ・ウェイヴァリー駅からノース・ベーリック駅まで1時間に1便の運行、所要約35分。駅からシーバード・センターまでは徒歩約15分。
🚌X5番がエディンバラ・ヘイマーケット駅前からノース・ベーリックへ向かう。1時間に1～2便程度の運行、所要約1時間25分、チャーチ・ロードChurch Rd.のバス停で下車し、徒歩約5分。
住The Harbour, North Berwick, EH39 4SS
TEL(01620)890202
URLwww.seabird.org
開2･3･9･10月10:00～17:00
　4～8月10:00～18:00
　11～1月10:00～16:00
　ツアーは4～10月に催行
休12/25
料£8.95　学生£6.95
ツアーの日程は上記ウェブサイトで確認、予約ができる。ツアーへは空きがあれば当日参加も可能だが、満員になることもあるので、公式サイトから予約しておいたほうがよい。ツアーは悪天候や規定の人数が集らない場合は催行されず、その場合料金は払い戻される。

ボートツアーで観察できる海鳥や動物

シーバード・センターではフォース湾に浮かぶ島々へ行くボートツアーも催行しているので、館内の展示だけで満足できない人はぜひ参加したい。ツアーはいくつか種類があり、一般的なのは、バスロックとパフィンの繁殖地であるクレイグリース島Craigleithを周遊する約１時間のクルーズ。ほかにバスロックやメイ島に上陸する半日ツアーや、写真撮影に特化したツアーなどもある。

パフィン Puffin
和名:ニシツノメドリ
4～7月頃に見られる

ノーザン・ガンネット Northern Gannet
和名:シロカツオドリ
1月末～10月末頃

グレイシール Grey Seal
和名:ハイイロアザラシ
通年観察可。10･11月が出産時期なので頻繁に見られる。

SCOTLAND FOOTPATH ROUTE 1

「アーサー王の玉座」からの絶景

ウェイヴァリー駅▶アーサーズ・シート

4

ルートのポイント スコットランドの首都エディンバラの背後にそびえる標高250m余りの丘には、古代イギリスの伝説の王、アーサーの玉座の名がつけられている。都会のイメージが強いエディンバラでも、アーサーズ・シートがあるホリルード公園は、地元の人が犬と散歩していたり、ジョギングをしたりと思いおもいに楽しんでいる。スタート地点はウェイヴァリー駅のほか、ロイヤル・マイルでもOK。頂上からは360度の大パノラマ。その名にふさわしいロマンティックな光景が広がっている。

4

5

S

G

1

Sスタート地点のウェイヴァリー駅 1ビジターセンター 4ウィニー・ヒルからアーサーズ・シートが見える 5アーサーズ・シートからみたエディンバラ城 Gロイヤル・マイルには老舗パブが多い

WALKING DATA

スタート地点	エディンバラ・ウェイヴァリー駅 →P.108、Map P.111C2
所要時間	3〜4時間程度
コース総延長	9km
MAP	英国陸地測量部発行地図（→P.397） **Ordnance Survey 350 Edinburgh**

❷野鳥が見られるセント・マーガレット・ロッホ　❸聖アンソニー礼拝堂は同じく廃墟のホリルード修道院に属していた　❻ソールズベリ・クラッグスからはエディンバラ旧市街を見渡せる

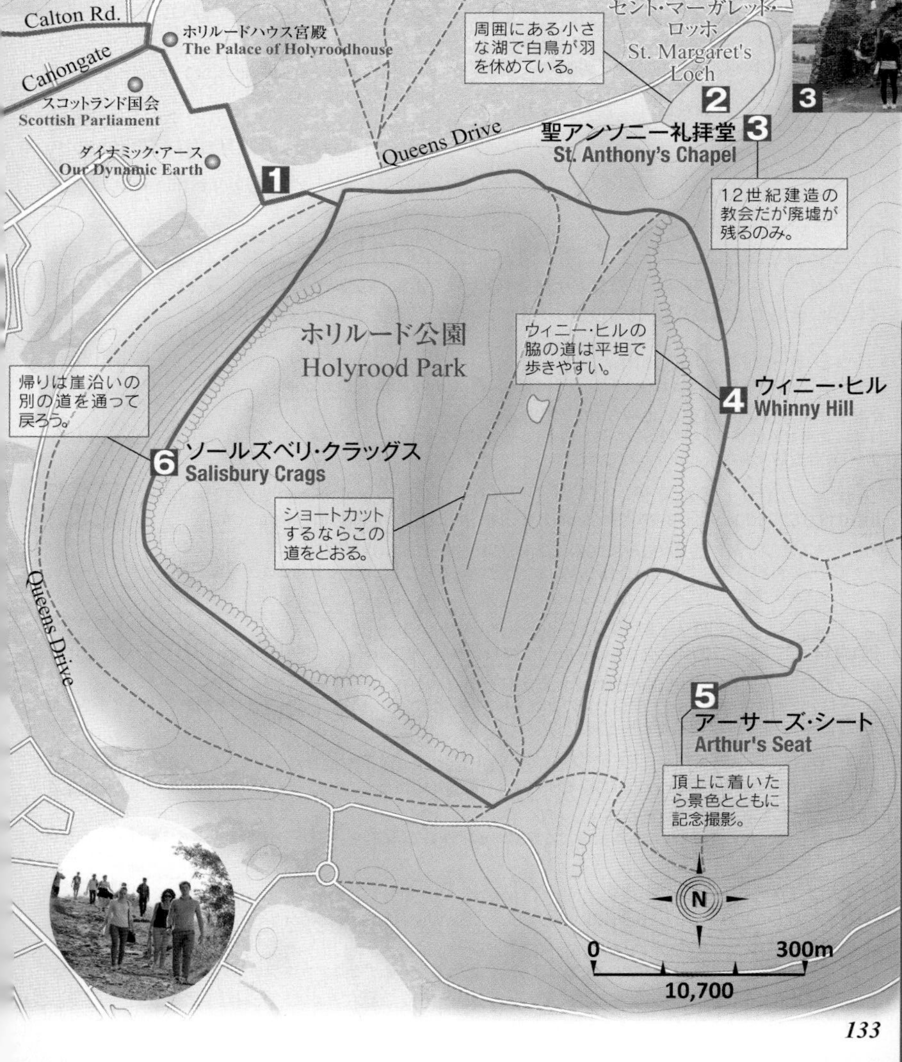

スコットランドの魅力を満喫する

エディンバラの劇場とお祭り

1月　2月　3月　4月　5月　6月

ラグビー6ヵ国対抗戦
2/6〜3/20（2021年）
URL www.rbs6nations.com

エディンバラ科学祭4/4〜19（2020年）
※2021年は未定
URL www.sciencefestival.co.uk

復活祭4/4（2021年）

チルドレンズ・フェスティバル
5/20〜31（2020年）
※2021年は未定
URL www.imaginate.org.uk

エディンバラ国際映画祭6/17〜28（2020年）
※2021年は未定
URL www.edfilmfest.org.uk

春にはエディンバラ科学祭Edinburgh Science Festival、復活祭Easter Festivalがあり、コンサートやパレードが行われる。イマジネイト・フェスティバルBank of Scotland Imaginate Festivalは子供向けの演劇祭。スポーツイベントでは、ラグビー6ヵ国対抗戦が大きく盛り上がる。試合会場はマレーフィールド・スタジアムだ。

シアター　演劇／コンサート／オペラ

エディンバラには、1年を通じて秀作が上映されている名門の常設劇場が多い。演目やチケットについての問い合わせはⓘか直接劇場のボックスオフィスへ。情報誌もうまく利用しよう。

アッシャー・ホール Usher Hall

TEL (0131) 2281155　住 Lothian Rd., EH1 2EA　URL www.usherhall.co.uk　Map P.110B2

●ボックスオフィス　開10:00〜17:30　休日
非常に立派な外観が目を引くエディンバラのメインコンサートホール。コーラス、シンフォニー・オーケストラのコンサートには定評がある。

エディンバラ・フェスティバル・シアター Edinburgh Festival Theatre

TEL (0131) 5296000　住 13-29 Nicolson St., EH8 9FT　URL www.edtheatres.com　Map P.111C2

●ボックスオフィス　開10:00〜20:00（公演日以外は〜18:00）　休日
ガラス張りの外観が印象的なオペラハウス。オペラやバレエがおもに演じられるほか、演劇、ダンス、ミュージカルなども上演される。

エディンバラ・プレイハウス Edinburgh Playhouse

TEL 0844 871 7677　住 18-22 Greenside Pl., EH1 3AA　URL www.atgtickets.com　Map P.111C1

●ボックスオフィス　開12:00〜20:00（公演日以外は〜18:00）　休日
ニューヨークのブロードウェイやロンドンのウエストエンドなどでヒットしたミュージカルを頻繁に上演することで有名な劇場。オペラやバレエなども上演される。

ロイヤル・ライシアム・シアター Royal Lyceum Theatre

TEL (0131) 2484848　住 Grindlay St., EH3 9AX　URL lyceum.org.uk　Map P.110B2

●ボックスオフィス　開10:00〜19:45（月〜18:00）　休日
アッシャー・ホールのすぐそばにある劇場。古典劇から新作まで幅広いジャンルの演劇を上演する。オペラなどが上演されるときもある。

キングズ・シアター The King's Theatre

TEL (0131) 5296000　住 2 Leben St., EH3 9LQ　URL www.edtheatres.com　Map P.110B3

●ボックスオフィス　開公演の1時間前　休日
エドワード王朝様式の由緒ある建物。内装の豪華さに思わずため息が出る。オペラからダンス、コメディまでバラエティ豊かなショーを上演している。

エディンバラの演劇やコンサート、お祭りはヨーロッパのほかの国々と比べても非常に個性的。ここでは代表的なものを紹介しよう。

7月	8月	9月	10月	11月	12月

ジャズ&ブルース・フェスティバル
7/17〜26 詳細は下記参照

エディンバラ・ミリタリー・タトゥー
8/7〜29 詳細は下記参照

エディンバラ・フェスティバル・フリンジ
8/7〜31 詳細は下記参照

エディンバラ書籍祭8/15〜31
URL www.edbookfest.co.uk

エディンバラ国際フェスティバル
8/7〜31 詳細は下記参照

■エディンバラズ・ホグマニー
Edinburgh's Hogmanay
Map P.120A
住 180 High St., EH1 1QS
TEL 0844 573 8455
URL www.edinburghshogmanay.org
年末年始を祝う一大イベント。ハイライトは、12月31日の夜から1月1日の昼頃まで続くロイヤル・バンク・ストリート・パーティ。プリンスィズ・ストリート周辺で行われる。ロイヤル・バンク・ストリート・パーティの期間中はプリンスィズ・ストリート周辺はパスがないと入ることができない。パスはロイヤル・マイルのフリンジ・オフィスで購入できる。早めの予約が必要だ。

エディンバラズ・ホグマニー
12/31〜2021/1/1

掲載のスケジュールは2020年3月時点発表のもの。新型コロナウイルスの感染拡大の予防措置によりイベントがキャンセルされる可能性があります。詳細は各ウェブサイトまたはURL www.visitscotland.com/see-do/eventsでご確認ください

フェスティバルとイベント

エディンバラは別名フェスティバル・シティと呼ばれ、年間を通じてさまざまなフェスティバルが開かれている。特に8月はエディンバラ国際フェスティバル、エディンバラ・ミリタリー・タトゥー、エディンバラ・フェスティバル・フリンジなどイベントがめじろ押し。年末のエディンバラズ・ホグマニーも必見。

■フェスティバル情報
URL www.edinburgh-festivals.com

■ジャズ&ブルース・フェスティバル
Edinburgh Jazz & Blues Festival
Map P.110B1
住 89 Giles St., EH6 6BZ
TEL (0131) 4675200
URL www.edinburghjazzfestival.com
フェスティバルシーズンの到来を告げるイベント。コンサートホール、劇場、クラブ、パブ、野外劇場などで、さまざまなコンサートが開かれる。最初の土曜にはロイヤル・マイルからグラスマーケットまでパレードがある。

■エディンバラ・フェスティバル・フリンジ
Edinburgh Festival Fringe
Map P.120A
住 180 High St., EH1 1QS
TEL (0131) 2260026
URL www.edfringe.com
フリンジとは実験的な劇のこと。あちこちにフリンジ用の特設劇場ができ、さまざまな劇やパフォーマンスが行われる。料金は無料のものから£10程度のものまでさまざま。実験的な劇が多いため、当たり外れもかなり大きく、質が必ずしも値段に比例するわけでもない。

パフォーマーの演奏

■エディンバラ・ミリタリー・タトゥー
Edinburgh Military Tattoo
Map P.118B1（会場）
Map P.120A（タトゥー・オフィス）
住 1-3 Cockburn St., EH1 1QB
TEL (0131) 2251188
URL www.edintattoo.co.uk
8月の3週間にわたってエディンバラ城前の広場で繰り広げられる一大イベント。バッグパイプを中心に、世界各国のバンドやダンサーが音楽とパフォーマンスを披露する。そして背後にはライトアップされたエディンバラ城。人気が高いイベントなので、チケットの入手も困難。チケットの発売は、電話、ウェブサイトで前年の12月頃から。タトゥー・オフィスでも12月頃からチケットを発売する。

■エディンバラ国際フェスティバル
Edinburgh International Festival
Map P.119A1（ザ・ハブ）
住 Castlehill, EH1 2NE
TEL (0131) 4732000
URL www.eif.co.uk
50年以上の歴史を誇る世界有数の芸術祭。毎年8月、3週間にわたり、世界の一流のアーティストによるオペラ、演劇、コンサートが市内各所で開かれる。詳しい情報は、ロイヤル・マイルにあるフェスティバルセンター、ザ・ハブ The Hubで入手できる。チケットは、通常3月下旬頃から発売されるが、人気のある公演はすぐ売り切れてしまうので、早めの予約が必要だ。

バッグパイプと民族衣装

ハイランド・ドレスに身を包み、バッグパイプを演奏する姿は、多くの人が思い浮かべるスコットランドのイメージだ。

バッグパイプ Bagpipe

スコットランドに古くから伝わる民族楽器のバッグパイプは、革のバッグに5本のパイプを取り付け、その1本のブローパイプから空気を吹き込んで、バッグにたまった空気の圧力によって3本のドローンで伴奏の持続音を鳴らしながら、チャンターでメロディを奏でるリード楽器。その音色は不思議な魅力をもっている。

2本のテナー・ドローンはチャンターの基音Aの1オクターブ下、もう1本のバス・ドローンはさらに1オクターブ下の音を鳴らす。チャンターの音域は狭く、1オクターブ+1音の9音のみ。音階は純正律のシの音が半音低い独自のもので、記譜はAだが実音はB♭である。楽譜には休止符も強弱の記号もない。音が止められないので、曲の最後までフォルテシモで鳴り続ける。

バッグパイプ奏者

同じ音がふたつ続くときの音の切れ目

バッグパイプの各部の名称

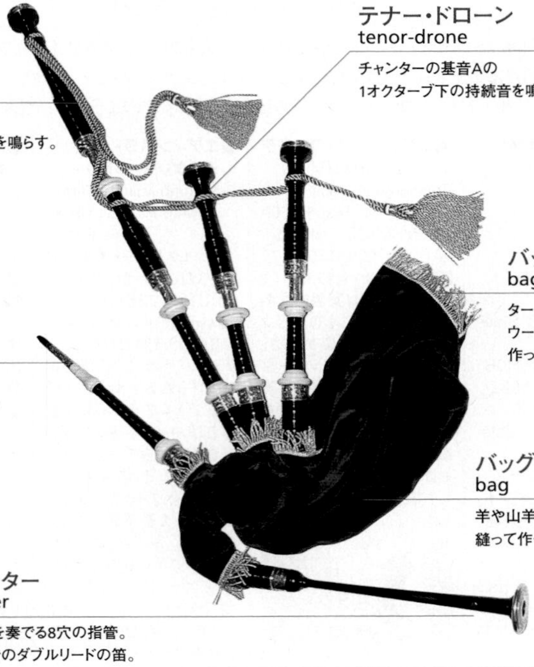
バス・ドローン
bass-drone
テナー・ドローンの
1オクターブ下の持続音を鳴らす。
テナー・ドローン
tenor-drone
チャンターの基音Aの
1オクターブ下の持続音を鳴らす。
バッグカバー
bagcover
タータンチェックの
ウールかベルベットで
作ったカバー。
ブローパイプ
blow-pipe
空気を吹き込む管。
逆流しないように下端に
革製のバルブが
付いている。
バッグ
bag
羊や山羊の皮を
縫って作った空気袋。
チャンター
chanter
メロディを奏でる8穴の指管。
強烈な音のダブルリードの笛。

や、曲にアクセントを付けるため複雑な装飾音が数多く用いられ、それが演奏の難しさでもあり、バッグパイプ音楽の個性になっている。

バッグパイプの音を聴くために最もよい時期は8月中旬から。エディンバラ城では毎晩ミリタリー・タトゥーが、グラスゴーではパイプバンドのコンペティションが開かれ、9月上旬までの週末ごとにスコットランド各地でハイランド・ゲームズが催される。ゲームでは、パイプバンドやソロのコンペなどが行われ、会場はバッグパイプの音であふれる。またそれぞれのクランやファミリーのタータン（格子柄）のキルトやプレイド（肩掛け）やそれにマッチしたホーズを身にまとったハイランダーたちのハイランド・ドレスを見ることもできる。

（山根　雅巳）

ハイランド・ドレス Highland Dress

ハイランダーの衣装には、さまざまなタイプがあるが、バッグパイパーの衣装として、しばしば用いられる「ハイランド・ドレス」の一例を紹介しよう。

ハイランダーの衣装

プリンス・チャーリー・コート
Prince Charie Coatee

フォーマルなジャケットのひとつ。タキシードに似ているが、キルトが見えるように丈が短い。ハイランド・ゲームズのような野外の場合は薄緑色のツィードのデイ・ジャケットを着ることが多い。

スポーラン
Sporran

キルトにはポケットがないので、スポーランを小物入れとして使う。フォーマルの場合は毛皮製を用いる。

キルト・ピン
Kilt Pin

キルトの前の布の右下端に付ける飾りピン。下の布まで貫通させしっかりとめると、すぐに大きな穴が開いてしまうから、上の布だけに付ける。

ホーズ
Hose

毛糸を編んで作ったひざ下までの長靴下。飾りリボンの付いたガーター・フラッシュGarter Flashでとめて折り返す。

キルト
Kilt

タータン（格子柄）の巻きスカート風。長さはひざ上まで。プリーツが深く、1着あつらえるのに生地が7mも必要。厚手の上質の生地で作ったキルトは歩いたときにエレガントに揺れる。タータンの柄には、自分の氏族やチームの柄を用いる。写真の柄はマレー・オブ・アソール Murray of Atholl

スケイン・ドウー
Skean Dubh

スケイン・ドウーは、短剣。右足のホーズに挟む。

ギリーブローグ
Gillie Brogues

長い靴ひもは脛の横で蝶むすびにする。

Hotel ホテル

エディンバラには、あらゆるタイプの宿泊施設が揃っているが、B&Bは街の中心には少なく、ヘイマーケット駅周辺など、少し離れた所に集中している。どの宿も8月のフェスティバル時などは、非常に混み合うので、予約は絶対に必須だ。

日本からホテルへの電話 国際電話会社の番号 + 010 + 国番号44 + 市外局番の最初の0を取った掲載の番号

バルモラル The Balmoral Hotel

●ウェイヴァリー駅のすぐ近く、絶好のロケーションにある。時計塔がひときわ印象的な建物だ。伝統的な雰囲気を残しつつも室内にはモダンなインテリアが配され機能的な造りになっている。バスルームも広く、アメニティも充実。多くの部屋からはエディンバラ城を眺めることができる。朝食はフル・スコティッシュが£24〜28。

Map P.111C2 伝統と格式 188室

住 1 Princes St., EH2 2EQ
TEL (0131)5562414
FAX (0131)5573747
URL www.roccofortehotels.com
£230〜
£ € US$ JPY
A D J M V

ウォルドルフ・アストリア Waldolf Astoria

●プリンスィズ・ストリートの西端にある。かつてステーションホテルとして、バルモラルとともに名をはせた、古式ゆかしい最高級ホテル。外観、内装とも歴史を感じさせる造りだが、部屋の設備は近代的。ホテル内のレジャー施設なども文句なし。部屋の窓から眺めるエディンバラ城も自慢だ。ほかにも市内には同経営のホテルがふたつある。

Map P.126A 伝統と格式 241室

住 Princes St., EH1 2AB
日本での予約: TEL (03)6864-1633
TEL (0131)2228888
FAX (0131)2228889
URL waldorfastoria.hiltonhotels.jp
£177〜
£ € US$ JPY
A D J M V

エディンバラ・ザ・ジョージ Intercontinental Edinburgh The George Hotel

●ニュータウンの中心、ジョージ・ストリートにある。建物は200年ほど前にロバート・アダムが設計したもの。エントランスはこぢんまりとした印象を受けるが、古風な雰囲気が漂う。併設されたレストラン、プリンティング・プレスPrinting Pressも高い評価を受けている。

Map P.126B 歴史的建築 240室

住 19-21 George St., EH2 2PB
TEL (0131)2251251
FAX (0131)2203624
URL edinburgh.intercontinental.com
£145〜
£165〜
£ A D M V

シェラトン・グランド Sheraton Grand Hotel & Spa

Map P.110B2 大型 263室

住 1 Festival Sq., EH3 9SR
日本での予約: FREE 0120-925-659
TEL (0131)2299131 FAX (0131)2284130
URL www.marriott.co.uk
£190〜
£ A J M V

●キルトをまとったスタッフ、重厚な館内は格調の高さを残しつつもぬくもりのある印象。最上階には受賞歴もあるスパ施設も完備している。

ラディソン・ブル Radisson Blu Edinburgh

Map P.120B 高級 238室

住 80 High St., EH1 1TH
TEL (0131)5579797 FAX (0131)5579789
URL www.radissonblu.com
£160〜
£ A D J M V

●ロイヤル・マイルの中心にあり、観光に便利な立地条件。歴史ある建物の外観は周囲の街並みに溶け込んでいる。地下には伝統料理を出す高級レストランや創作料理を出すレストランもある。

ジ・イン・オン・ザ・マイル The Inn on the Mile

Map P.120B 中級 9室

住 82 High St., EH1 1LL
TEL (0131)5569940
URL www.theinnonthemile.co.uk
£180〜
£ J M V

●2013年に経営が代わり、ホテル名や装備なども一新した。もともとは1923年に銀行として建てられた建物。1階はにぎやかなパブになっていて、朝食やチェックインもここで。

24ロイヤル 24 Royal

●もとはゲストハウスだったが経営が代わり、2015年7月にオープンした家族経営のブティックホテル。部屋は明るく改装されており、開放的で過ごしやすい。バーは24時間オープンしている。設備充実のキッチンが付いたアパートメントタイプの部屋もあり、/£220.50〜。朝食は£10。

Map P.111D1　中級　16室

住24 Royal Ter., EH7 5AH
TEL(0131)2972424
URLwww.24royalterrace.com
£150〜
£200〜
£
AMV

モーテル・ワン Motel One

●ドイツのカジュアルなチェーンホテルで、バルモラル・ホテルの向かいにあり、駅やバスステーションもすぐそばと、便利な立地。レセプションは上階にあるが、エレベータがついているので重い荷物があっても安心だ。眺めのよい部屋は£10アップ。ビュッフェスタイルの朝食は£9.50。

Map P.111C2　中級　140室

住10-15 Princes St., EH2 2AN
TEL(0131)5509220
FAX(0131)5569187
URLwww.motel-one.com
£69〜
£84〜
£　AMV

アトラス Atlas Guest House

●ジョージ王朝様式の建物を利用したゲストハウス。華美な装飾はないが、赤を基調とした暖色系のインテリアで統一されており、リラックスできる雰囲気がある。ティーセット、テレビ、ドライヤーなど完備しており、機能性抜群。

Map P.111C1　ゲストハウス　11室

住30 London St., EH3 6NA
TEL(0131)5564444
£53〜
£106〜
£　MV

エルダー・ヨーク Elder York Guest House

●バスステーションのすぐ横という便利な立地で、日帰り旅行の起点にぴったり。レセプションと客室は階段を上った上階にあるのが荷物が重い人には少し難点。ロケーションがよく、人気が高いので週末は予約が必須。各部屋にはセーフティボックスを用意している。朝食はベジタリアン向けにも変更できる。

Map P.111C1-2　ゲストハウス　12室

住38 Elder St., EH1 3DX
TEL(0131)5561926
FAX(0131)6247140
URLwww.elderyork.co.uk
£50〜70
£70〜200
£　AJMV

Map P.120B　中級　99室

アイビス・エディンバラ
Ibis Edinburgh Royal Mile

住6 Hunter Sq., EH1 1QW
日本での予約:TEL(03)4455-6404
TEL(0131)2407000
URLall.accor.com
/£125〜
£　AMV

●ロイヤル・マイルのすぐそばで、値段も手頃で部屋も機能的で快適。シングルでも部屋は広々としており、バスルームも使いやすい。

Map P.126B　中級　86室

オールド・ウェイヴァリー
The Old Waverley Hotel

住43 Princes St., EH2 2BY
TEL(0131)5564648　FAX(0131)5576316
URLwww.oldwaverley.co.uk
/£79〜
£　AMV

●プリンスィズ・ストリートに面し、便利な立地。多くの部屋から、エディンバラ城を眺めることができる。併設のレストランは手頃な値段。通りに面しているので、騒音が少し気になることもある。

Map P.110A2　中級　66室

エイペックス・ヘイマーケット
Apex Haymarket Hotel

住90 Haymarket Ter., EH12 5LQ
TEL(0131)4743456　FAX(0131)4743400
URLapexhotels.co.uk
/£76.50〜
£　AJMV

●ヘイマーケット駅の近くにある。客室はスタイリッシュな内装で、設備も機能的。朝食は別料金でフル・スコティッシュ・ブレックファストが£13.50。無線LANは全館無料で使用可能。

アシュグローブ・ハウス Ashgrove House

●ヘイマーケット駅から徒歩3〜4分ほど。ヴィクトリア様式の建物を利用しているゲストハウス。このエリアでは比較的良心的な値段設定。韓国人夫婦がオーナーで、親切な人柄とアットホームな雰囲気が人気を集めている。共同のバスルームは、バスタブ付きで使い勝手がよい。

Map P.110A3 ゲストハウス 10室

住 12 Osborne Ter., EH12 5HG
TEL (0131)3375014 FAX (0131)3135043
URL www.theashgrovehouse.com
£35〜55
£50〜80
£60〜110
£ D J M V

アートハウス森田 Art House Morita

●閑静な住宅街の中にある。オーナーの星野氏はエディンバラ在住でベテランの公認ガイド。ノース・ブリッジから3、7、8、29、31、37、49番のバスでメイフィールド・ガーデンズMayfield Gardens下車。バス停から2分ほど戻った右側にある。客室は広々しており、リビングルームもある。星野氏が30年以上にわたり収集した、世界中の美術品も見応えがある。

Map P.111D3外 ゲストハウス 3室

住 3 Mayfield Gdns., EH9 2AX
TEL (0131)6671337
£50〜80
£80〜90
£
M V

レアーグ The Lairg

●ヘイマーケット駅から歩いてすぐ。家族経営のゲストハウス。天蓋付きベッドの部屋もあり、広々したスイートルームもある。日本人の利用も多いため、オーナーの応対も親切で慣れている。朝食を出す部屋は日当たりがよい。ホテルへの直接予約の方が割安になる。

Map P.110A2 ゲストハウス 26室

住 11 Coates Gdns., EH12 5LG
TEL (0131)3371050
URL lairg.edinburgh-hotel.org
£60〜160
£90〜220
£
D J M V

SYHAエディンバラ SYHA Edinburgh Central

Map P.111C1

●町の中心に近く、部屋は4〜8人部屋のドミトリーをはじめ、シングルやツインなどの個室まで幅広い。全室シャワー、トイレ付き。キッチンやレストラン、ロッカー、インターネットなども完備され、立地、設備ともに申しぶんなし。朝食は、コンチネンタル£5.95、スコティッシュは£7.50。

ユースホステル ベッド数251

住 9 Haddington Pl., EH7 4AL
TEL (0131)5242090
URL www.hostellingscotland.org.uk
DOM £15〜46
£35〜72
£40〜122
£ M V

Map P.111C2 中級 64室

ホテル・インディゴ Hotel Indigo

住 20 Princes St., EH2 2AN
TEL (0131)5564901
URL edinburgh.hotelindigo.com
£135 £205
£ A D M V

●2016年12月からインディゴグループ系となり、館内も改装されてモダンでスタイリッシュなホテルとなった。レストラン・バーも併設されており、夜遅くまで利用できる。全館無線LAN使用可能。

Map P.111C1 中級 72室

ケアン The Cairn Hotel

住 10/18 Windsor St., EH7 5JR
TEL (0131)5570175
URL www.cairnedinburgh.com
£60〜 £80〜
£ A M V

●ロンドン・ロードからウィンザー・ストリートに入ってすぐ。手頃な料金設定がうれしい。併設のレストランではスコットランドの伝統料理が楽しめる。無線LANは無料で利用可能。

Map P.111D1 歴史的建築 100室

クラウン・プラザ・ロイヤル・テラス Crown Plaza Royal Terrace

住 18 Royal Ter., EH7 5AQ
TEL (0131)5573222
URL www.ihg.com
£150〜
£ A D J M V

●高台にあるので、表通りに面した部屋からはエディンバラ市街が一望できる。ジョージ王朝時代の歴史的建築を利用しているが、フィットネスなどを完備。

キャッスル・ロック・ホステル Castle Rock Hostel

Map P.110B2　無線LAN

●エディンバラ城のすぐ南側にあるホステル。旧市街にある。建物は古めかしいが、内部はうってかわってカラフルな感じ。ひと部屋当たりのベッド数は4から16で、男女別。共同のキッチンはかなり広く道具も揃っている。ロイヤル・マイル・バックパッカーズとは同系列。

ホステル　ベッド数295

住15 Johnston Ter., EH1 2PW
TEL(0131)2259666
URL scotlandstophostels.com
DOM £11～25
👫 £50～
£
M V

コード・ザ・ロフト Code the Loft

無線LAN

●ローズ·ストリートから少し入ったところ。おしゃれな雰囲気のホステル。ドミトリーは女性専用の部屋もある。朝食には無料でオーガニックパンが用意されている。2019年に同系列ホステルが市内に完成した。20:00で受付が閉まるので、遅く到着するなら連絡を。

Map P.126B　ホステル　ベッド数31

住50 Rose St., North Ln., EH2 2NP
TEL(0131)6599883
URL www.codehostel.com
DOM £17～
£　A M V

キッカス Kickass Hostel

Map P.119B2　無線LAN

●グラスマーケットの近くにあるホステル。ベッド数はスコットランド最大級。ドミトリーの料金はひと部屋のベッド数(4～30)により異なる。キッチン、インターネット、ロッカールームなど設備も整う。1階のカフェでは朝食を用意しており、メニューも豊富。

ホステル　ベッド数250

住37-39 Cowgate, EH1 1JR
TEL(0131)2266351
URL kickasshostels.co.uk
DOM £14～
👫 £60～
£　M V

Pick Up HOTEL

オテル・デュ・ヴァン・エ・ビストロ Hotel du Vin & Bistro Edinburgh

Map P.111C3
高級
15室

モダンな内装で統一された客室

お洒落なビストロでディナーをどうぞ！

洗練されたプチホテル

イギリス全土に展開するオテル·デュ·ヴァン·グループ系列のホテル。石造りの外観は旧市街の町並みとマッチしている。客室はスタイリッシュなデザインで、無料のコーヒーメーカーなどアメニティも充実している。スイート・ルームは3種類あり、バスルームには水量が調節できるモンスーン・シャワーなど、設備も充実。

ビストロでスコットランドの味を堪能

併設のビストロでは、地元産の新鮮な素材を贅沢に使ったメニューを出している。特にカキやステーキなどがおすすめ。ディナーはコース料理も用意しており、2品£19.95と3品£24.95の2種類が選べる。

旧市街からも近く、観光に便利

住11 Bristo Pl., EH1 1EZ　TEL(0131)2851479
URL www.hotelduvin.com
👤/👫 £104～
£　A D J M V
TV　無線LAN

ビストロ　開朝食:7:00～10:00（土·日·祝8:00～11:00）
ランチ:12:00～14:30（日12:30～16:30）
ディナー:18:00～21:00（金·土18:00～21:30）　休無休

Restaurant　レストラン

おしゃれなレストランはローズ・ストリートなどニュータウンに点在しており、ロイヤル・マイルにもパブやレストランが多い。グラスマーケットやコックバーン・ストリートCockburn St.もグルメに人気のエリアだ。

ウィッチャリー The Witchery

スコットランド料理　Map P.119A1　エディンバラ城前

●ファイン湖産のカキなど厳選された食材を使用した料理は数々の受賞歴あり。ランチは2品£25。人気のアフタヌーンティーは15:00〜16:30で£30。ディナーの予算は£40〜80。

住Castle Hill, EH1 2NF　TEL(0131)2255613　FAX(0131)2204392
URLwww.thewitchery.com　開12:00〜23:30　休12/25
£　A M V

スタック・ポリー Stac Polly

スコットランド料理　Map P.111C1　ニュータウン

●素材と盛りつけにこだわった料理が新聞各紙や雑誌で高い評価を受ける、洗練された雰囲気の創作料理の店。ディナーの予算は3品で£40〜50。サービス料10%別途。ライトメニューには大小サイズが選べるものもあり、スープ小£4.5。ビーフバーガー£14.50。

住29-33 Dublin St., EH3 6NL　TEL(0131)5562231　URLwww.stacpolly.com
開12:00〜14:00　18:00〜21:30　休土・日のランチ、12/25　£　A D M V

エンジェルズ・ウィズ・バッグパイプ Angels with Bagpipe

スコットランド料理　Map P.119B1　ロイヤル・マイル

●16世紀の建物を改装したレストラン。料理はスコットランド各地から厳選された食材を選んでおり、盛りつけも美しい。12:00〜17:30には2品で£17.50のコースと3品で£21.50のコースがある。

住343 High St., EH1 1PW　TEL(0131)2201111
URLwww.angelswithbagpipes.co.uk
開12:00〜21:45　休12/24〜26　£　A D J M V

モンティース Monteiths

スコットランド料理　Map P.121A　ロイヤル・マイル

●ロイヤル・マイルから奥まった場所にある隠れ家的なレストラン。店内にはツイード柄の椅子や木製の机など、インテリアにこだわっている。メニューはアンコウのブラックプディングとベーコン添え£22.50など。

住61 High St., EH1 1SR　TEL(0131)5570330
URLwww.monteithsrestaurant.co.uk
開12:00〜16:00　17:00〜深夜　休12/25　£　A D J M V

アウトサイダー The Outsider Restaurant

スコットランド料理　Map P.119B2　ロイヤル・マイル

●明るくオープンな雰囲気のスコットランド料理店。ランチ(12:00〜17:00)は日替わりメニューが£4.40〜7.80で楽しめる。ディナーはひと皿£14.80〜。本日のスープは£5.60。熟成肉のステーキ£21.90もある。

住15-16 George IV Bridge, EH1 1EE　TEL(0131)2263131
開12:00〜23:00　休1/1、12/25　£　J M V

マッスル・イン Mussel Inn

シーフード　Map P.126B　ニュータウン

●カキやムール貝の養殖場の直営店なので素材が新鮮。ムール貝は7種類のソースのなかから選べ、1kg £12〜15.80。生ガキは3つ£5.80。

住61-65 Rose St., EH2 2NH　TEL(0131)2255979　URLwww.mussel-inn.com
開12:00〜15:00　17:30〜22:00 (金・土12:00〜22:00、日12:30〜22:00)
休12/25・26ほかクリスマス前後に数日　£　A M V

マッスル&ステーキ The Mussel and Steak Bar

シーフード　Map P.119A2　グラスマーケット

●グラスマーケットにあるグリル中心のお店。店のおすすめはスコットランド産のムール貝とステーキがセットになったサーフ&ターフSurf & Turf £32.95。

住110 West Bow, EH1 2HH　TEL(0131)2255028　FAX(0131)2255352
URLwww.musselandsteakbar.com　開11:30〜15:00　17:00〜22:00
(金〜日11:30〜22:00)　休1/1、12/25・26　£　A M V

カンパイ・スシ Kanpai Sushi

日本料理
Map P.110B2
ヘイマーケット

●エディンバラでずば抜けた人気を誇る日本食料理店。受賞歴もあり、数々のメディアにも取り上げられている。握り寿司は2カン£3.50～10.900。いつも混んでいるので早めに予約しよう。

住8-10 Grindlay St., EH3 9AS　TEL(0131)2281602
URLwww.kanpaisushi.co.uk　開12:00～14:30（土12:00～15:00）17:00～22:30（金・土17:00～23:00）　休日・月　£　AMV

スラープ・アット・ザ・カーク Slurp at the Kirk

日本料理／タイ料理
Map P.119B2
ニュータウン

●ボビーの像のすぐそばにある。寿司や天ぷらなどのほかにカレー、焼きそば、ラーメンなどもある。持ち帰り可。ニュータウンに「ハカタヤ」という豚骨ラーメン専門店も出している。

住44 Candlemaker Row, EH1 2QE　TEL(0131)2205000
URLwww.slurpkirk.com　開12:00～15:00　17:30～21:00（日12:30～20:00）
休火　£　MV

タイ・オーキッド Thai Orchid

タイ料理
Map P.119A1
エディンバラ城前

●明るい雰囲気のタイ料理店。タイ産の香辛料にこだわった本格的な味が地元の人々に愛されている。タイカレー£12.95～、トムヤムクン£7.50、パッタイ£11.95など定番メニューも充実。持ち帰りも可能。

住5a Johnston Ter., EH1 2PW　TEL(0131)2256633
URLwww.thaiorchid.uk.com　開12:00～16:00 17:00～深夜
休10～3月の月曜、12/25・26　£　JMV

鵲橋居大酒楼 Shanghai Rainbow Arch Chinese Restaurant

中華料理
Map P.110B3
ヘイマーケット

●受賞歴もある人気店で、新聞や雑誌でもたびたび紹介されている。焼売などの飲茶Dim Sumが看板メニューでひと皿£3.80～。お得なランチセットもある。メインはひと皿£8.80～15.80。

住8-16a Morrison St., EH3 8BJ　TEL(0131)2211288
開12:00～23:30　休無休　£　MV

サイゴン・サイゴン Saigon Saigon

中華料理
Map P.126B
ニュータウン

●12:00～15:00のランチビュッフェは常時20種類以上の豊富な品数で£9.99。テイクアウエイ用のランチボックスもある。ディナーはアラカルトでひと皿£5.50～16.50。

住14 South St., Andrew St., EH2 2AZ　TEL(0131)5573737
開12:00～22:00（日12:00～21:00）　休12/25
£　MV

プティ・パリ Petit Paris

フランス料理
Map P.118B2
グラスマーケット

●12:00～15:00のランチと17:30～19:00のプレシアター・メニューは£9.90～13.90、ディナーは前菜とメイン、デザートを頼んで£20～30と手頃な料金で本格的なフランス料理を味わえる。

住38-40 Grassmarket, EH1 2JU　TEL(0131)2262442
URLwww.petitparis-restaurant.co.uk
開12:00～15:00　17:30～22:00　休クリスマスの1週間　£　AMV

テイスト・オブ・イタリー Taste of Italy

イタリア料理
Map P.111C1
ニュータウン

●手軽に食べられるイタリア料理レストラン。パスタは20種類、ピザが13種類から選べ、£7.50～9.95。パニーニも人気で£5.50～。ワインの種類が豊富で、前菜をつまみつつバーとして利用することもできる。

住9 Baxter's Pl., EH1 3EF　TEL(0131)5579998　URLwww.vittoriagroup.co.uk
開8:00～23:00（金・土8:00～24:00）　休12/25　£　AMV(3￡以上)

ハナムズ Hanam's

クルド料理
Map P.119A1
エディンバラ城周辺

●世界でもあまり数が多くないクルド料理の店。チキンの串焼き、ジュージェ・ケバブはナーン付きのクルド式か、ライス付きのイラン式のどちらかを選んで、£14.65～17.30。コージーラム£14.65は骨付きで食べごたえがある。メインは£11.95～。アルコール類は置いていない。

住3 Johnston Ter., EH1 2PW　TEL(0131)2251329
URLwww.hanams.com　開12:00～22:00　休無休　£　MV

ハード・ロック・カフェ Hard Rock Cafe Edinburugh

バラエティ / Map P.126B / ニュータウン

●店内には有名ミュージシャンのギターやレコードが飾られている。メニューはハンバーガーやサンドイッチが中心で、ボリュームたっぷり。店内にはショップも併設されており、エディンバラ店限定アイテムも多い。

住20 George St., EH2 2PF　TEL(0131)2603000　URLwww.hardrock.com
開12:00〜23:00（土・日12:00〜翌0:30）　休12/25　£　A D J M V

オインク・ホッグ・ロースト Oink Hog Roast

ローストポーク / Map P.119A1 / グラスマーケット

●ホッグ・ローストと呼ばれるロースト・ポークを挟んだサンドイッチを出すお店。£3.50〜6.80。ハーブや玉ねぎ、チリ・ソース、リンゴのソースなどをトッピングして食べる。ちょっと油っぽいが、エディンバラっ子のソウルフードというべき存在で、店はいつも賑わっている。

住34 Victoria St., EH1 2JW　07771 968233　URLwww.oinkhogroast.co.uk
開11:00〜17:00　休12/25　£　M V

ヘマ Hemma

カフェ / Map P.111D2 / ロイヤル・マイル

●北欧風インテリアのお洒落なカフェ。メニューはサンドイッチ各種£8〜10、スウェーデン料理のビュッフェ、スモーガスボードム£16などがある。スウェーデンの地酒アクアヴィットなど、アルコール類も用意。

住Holyrood Rd., EH8 8AU　TEL(0131)6293327　URLwww.bodabar.com
開11:00〜20:00（火〜木11:00〜23:00、金・土11:00〜翌1:00）　休12/23〜25
£　A D J M V

ブリュードッグ BrewDog Lothian Road

パブ / Map P.110B2 / ニュータウン

●アッシャー・ホールの近くにある人気クラフトビールパブ。ビールによく合うバッファローチキンウィングは£7.50〜。エディンバラ空港内にも支店がある。

住50 Lothian Rd., EH3 9BY　TEL(0131)2282305
URLwww.brewdog.com　開12:00〜翌1:00（料理〜22:00）
休1/1、12/25　£　M V

グラン・クリュ Grand Cru

パブ / Map P.126B / ニュータウン

●ニュータウンにある若者に人気のお店。食事のほかにもバーとしての人気も高く、週末はかなり賑わっている。食事は朝食10:00〜12:00。ランチ（12:00〜16:00）は2品£8.95、ディナー（17:00〜22:00）£12.95とリーズナブル。軽食メニューもある。

住79 Hanover St., EH2 1EE　TEL(0131)2266427　URLgrandcrubar.co.uk
開10:00〜翌1:00（金・土10:00〜翌3:00）　休12/25・26　£　M V

エレファント・ハウス The Elephant House

カフェ / Map P.119B2 / ロイヤル・マイル

●ジョージ4世ブリッジ沿いにある『ハリー・ポッター』の作者J.K.ローリングが常連だったこともあるカフェ。ハリー・ポッターが執筆された場所として、多くのファンが訪れる。店の奥には彼女のお気に入りだった席も残っている。

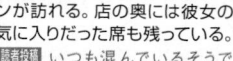

読者投稿 いつも混んでいるそうですが、11:00頃行くと運よく奥のテーブル席に案内してもらえました。正午には空席待ちの人がたくさん並んでいました。
（千葉県　marco　'18春）

住21 George IV Br., EH1 1EN　TEL(0131)2205355
URLwww.elephanthouse.biz　開8:00〜22:00
（金8:00〜23:00、土9:00〜23:00、日9:00〜22:00）
休12/25・26　£　A D J M V

メアリーズ・ミルクバー Mary's Milk Bar

アイスクリーム / Map P.118B2 / グラスマーケット

●イタリアで修業したオーナーが手作りにこだわって作るジェラート専門店。アイスクリーム£2.50は日替わりで10種類ほど用意している。一番人気はミルクセーキ£4でフレイバーもいろいろ。アイスクリームとエスプレッソの組み合わせなど、食べ方の提案も工夫している。チョコレートとのコラボは店のイチオシ。店内のメルヘンチックなインテリアもかわいい。

住19 Grassmarket, EH1 2HS　TELなし
URLwww.marysmilkbar.com
開11:00〜19:00（日12:00〜19:00）
休月、冬期の火、1/1、12/24
£　A D J M V

エンサイン・ユアート Ensign Ewart

パブ
Map P.119A1
ロイヤル・マイル

●店名はワーテルローの戦いでフランス軍旗を奪取した勇敢な一兵卒に由来。店内にも剣や戦争の絵が飾られており、荘厳な雰囲気が漂う。カレドニアンといった銘柄の樽仕込みのエールも出している。食事メニューもあり、スコットランドのヴェニゾン・キャセロール£13.50など。

住521 Lawnmarket, EH1 2PE TEL(0131)2257440
開11:00〜23:00（金・土11:00〜翌1:00） 休12/24〜26 £ AMV

ロイヤル・マクレガー The Royal McGregor

パブ
Map P.120B
ロイヤル・マイル

●広くはない店内だが、地元の人にも支持されており、19:00を過ぎるとほぼ満席になる。食事メニュー（22:00まで）も豊富で、ハギスにマッシュポテトを重ねた「ハギスタワー」£9.95が店のイチオシ。アンガスステーキは£21.95〜23.95。クラナハンなど、伝統的なデザートも味わえる。

住154 High St., EH1 1QS TEL(0131)2257064
URLwww.royalmcgregor.co.uk 開10:00〜24:00 休無休 £ AMV

ワールズ・エンド The World's End

パブ
Map P.121A
ロイヤル・マイル

●中世はロイヤル・マイルの東端がこのあたりだったことが店名の由来。じっくり煮込んだステーキ・パイ£12.75など受賞歴もあるパブフードが自慢。ベルヘイヴン・ブリュワリー特製のエールあり。

住2-8 High St., EH1 1TB TEL(0131)5563628
URLwww.belhavenpubs.co.uk
開11:00〜翌1:00 休無休 £ AMV

フィドラーズ・アームズ The Fiddler's Arms

パブ
Map P.118B2
グラスマーケット

●入口部分はガラス張りになったスタイリッシュなパブ。メニューはハギス（前菜£5.45、メイン£10.95）やハイランドチキン£10.95など、安くてボリュームたっぷり。毎晩21:00からはスコットランドの伝統音楽の演奏が行われる。

住9-11 Grassmarket, EH1 2HY TEL(0131)2210327 URLthefiddlersarms.com
開10:00〜翌1:00（月〜水12:00〜24:00） 休12/25 £ MV

マギー・ディクソンズ Maggie Dickson's

パブ
Map P.119A2
グラスマーケット

●グラスマーケットの処刑場跡の真ん中に陣取るパブ。パブの店名はつるし首になっても死ななかったという女性の名前に由来している。明るい感じの店内だが、店の奥にはつるし首にされた骸骨の人形が飾られていたりする。3品のコース料理が£25。

住92 Grassmarket, EH1 2JR TEL(0131)2256601
開10:00〜翌1:00 休無休 £ MV

ビーハイブ・イン The Beehive Inn

パブ
Map P.118B2
グラスマーケット

●ハチの巣型の看板が目印。向かって右側がバーで左側がレストランになっている。夏には裏側のガーデン席がオープン。食事はメインが£8.95〜。また、エディンバラ文学パブツアー（→P.115）の出発地点でもある。レストランでの食事は18:00〜22:00。

住18-20 Grassmarket, EH1 2JU TEL(0131)2257171
開12:00〜24:00 休無休 £ AMV

グレイフライアーズ・ボビーズ・バー Greyfriars' Bobby's Bar

パブ
Map P.119B2
グラスマーケット

●ボビーの像のすぐそばにあり、店の外側にはボビーの逸話を説明したパネルがある。食事は22:00まで注文可能。メニューは伝統的なスコットランド料理が中心でメインが£10.50〜18.50。

住30-34 Candlemaker Row, EH1 2QE TEL(0131)2258328
URLwww.nicholsonspubs.co.uk 開12:00〜翌0:15（金・土12:00〜翌1:15）
休無休 £ AJMV

アボッツフォード The Abbotsford Bar & Restaurant

パブ
Map P.126B
ニュータウン

●1階がパブで2階がレストランになっている。1階フロア中央の重厚なバーカウンターが特徴で、歴史を感じさせる。樽仕込みのエールは毎週銘柄が替わる。食事メニューはハギスやスコテッシュサーモンなど、スコットランドの食材を使った料理が中心。メインは£9.95〜22.95。

住3-5 Rose St., EH2 2PR TEL(0131)2255276 URLwww.theabbotsford.com
開11:00〜23:00（金・土11:00〜24:00） 休12/25 £ MV

Shop ショップ

ニュータウン　いくつもの高級デパートやショッピングモールがあり、特にプリンスィズ・ストリート界隈は書店やおみやげ店などが並ぶ、スコットランドでも有数のショッピングエリアだ。
ロイヤル・マイル　スコットランドらしいおみやげを探すならオールドタウンではロイヤル・マイルへ。ウイスキーやカシミヤ、アクセサリーなどのお店が点在している。
グラスマーケット　小さなブティックやギャラリーが並んでいる。ビネガーやタータンなどスコットランドらしい素材が揃う。

ジェナーズ Jenners

デパート&ショッピングモール

●1838年の創業以来、プリンスィズ・ストリートで営業を続ける老舗中の老舗。世界の有名ブランドからスコットランドみやげまで幅広い商品を取り扱っている。細かな装飾や彫刻が施された外壁も注目に値する。最上階はお茶が楽しめるティールームになっていて、窓からはロイヤル・マイルを含めた旧市街の風景を楽しめる。

Map P.126B
住48 Princes St., EH2 2YJ
TEL(0131)2602240
URLwww.houseoffraser.co.uk
開10:30〜18:00
（木10:30〜19:00、日11:00〜18:00）
休1/1、12/25
£　A M V

ハーヴェイ・ニコルズ Harvey Nichols

Map P.126B デパート

●デザイナーズブランドをおもに扱う高級デパート。マーガレット・ハウエルやポール・スミスなどおなじみのブランドが揃う。もちろんプリングルのバッグなども売っている。最上階にあるレストランは受賞歴もある人気店。眺めのいいテラス席もある。

住30-34 St Andrew Sq., EH2 2AD
TEL(0131)524 8388
URLwww.harveynichols.com
開10:00〜18:00（日12:00〜18:00）
休無休
£
店舗による

ウォーターストーンズ Waterstone's

Map P.126A 書籍

●プリンスィズ・ストリートの西端近くにある大型書店。1階はスコットランド関連の書籍、2階は児童書、3階はガイドブック売り場（スコットランド関連のガイドブック、地図は1階にある）になっており、イギリスをはじめ、各種ガイドブック、地図が豊富に揃う。3階にはスターバックスも入っている。

住128 Princes St., EH2 4AD
TEL(0131)2262666
URLwww.waterstones.com
開9:00〜20:00（土9:00〜19:00、日10:30〜18:00）
休1/1、12/25
£
A D J M V

ロイヤル・マイル・ウイスキーズ Royal Mile Whiskies

Map P.119B1 ウイスキー

●聖ジャイルズ大聖堂の向かいにあるウイスキー専門店。ハイランドやスペイサイド、アイラ島などスコットランド各地から多くの銘柄が集められている。スタッフによれば、その数は何と150種以上とか。専門知識がなくても、スタッフに相談すればお好みのウイスキーを探してくれる。ウイスキーに合うハギスも販売している。

住379 High St., EH11 PW
TEL(0131)2253383
URLwww.royalmilewhiskies.com
開9〜7月10:00〜18:00
（日・祝11:00〜18:00）
8月10:00〜20:00
（日・祝11:00〜20:00）
休12/25・26
£　M V

ファッジ・ハウス The Fudge House of Edinburgh

Map P.122A スイーツ

●ロイヤル・マイルにあるファッジ専門店。50年以上の歴史を誇り、3世代続く老舗。ショーケースには25種類以上の色とりどりのファッジが並んでいて、チョコバニラやヘーゼルナッツのほか、ジンジャーなど、見ているだけでも楽しい。

住197 Canongate, EH8 8BN
TEL(0131)5564172
URLwww.fudgehouse.co.uk
開夏期10:00〜18:30
冬期10:00〜17:30
休日、1月に3週間程度
£　A M V

ヘクター・ラッセル Hector Russell

Map P.120B 民芸品

●キルトの専門店。650種類ものタータンから好きな物を選んでオーダーできる。マフラーやネクタイも種類豊富で、みやげに最適。国旗をモチーフにしたグッズや、アクセサリー、ショートブレッドなど、おなじみの品々も充実している。プリンスィズ・ストリートにも店舗がある。

住137-141 High St., EH1 1SG
TEL(0131)5581254
URL www.hector-russell.com
開夏期9:00〜21:00
　冬期9:00〜18:00
休無休
£ A M V

ケルティック Celtic

Map P.122B 民芸品

●オーナー自らデザインするケルティックのシルバーアクセサリーのお店。価格もお手頃なものが多く、リングは£14.95〜。シンプルなものからストーンの入ったものまで様々なデザインがある。メインショップはこのお店だが市内に3つの露店が出ている。

住156 Canongate, EH8 8DD
TEL(0131)5561555
URL celticdesignscotland.com
開夏期9:00〜19:00
　冬期9:00〜18:00
休無休
£ A D J M V

キルテイン Kiltane

Map P.119A1 アパレル

●タータンで作ったアイテムを取り扱うブランド。市内に5つの店舗があり、ジャケットやバッグ、財布、ポーチなどタータンをあしらったアイテムが多く揃う。デザインは可愛らしいものが多く、女の子向け。すぐ近くにアウトレットのお店もある。

住336-340 Lawnmarket, EH1 2PH
TEL(0131)2258815
URL www.kiltane.com
開夏期9:00〜20:00
　冬期9:00〜18:00
休無休
£ M V

ゴダイヴァ Godiva Boutique

Map P.118B2 アパレル

●グラスマーケットの片隅にあるブティック。個性的なアーティストによるアイテムを多く揃えている。イギリスらしいフラワープリントのワンピースやタータンの小物などが可愛らしい。奥は古着コーナーになっており、70年代、80年代のヴィンテージ物も取り揃えている。

住Westport, EH1 2JA
TEL(0131)2219212
URL www.godivaboutique.co.uk
開夏期10:30〜18:00（8月〜19:00）
　冬期10:00〜17:00
（土10:00〜18:00、日11:00〜17:30）
休1/1、12/25・26
£ D J M V

ジュールズ Joules of Edinburgh

Map P.126A アパレル

●イギリス全土に多くのチェーン店を持つファッションブランド。遊び心のあるデザインは大人から子供まで人気。カジュアルからスポーツやアウトドア用品など、ジャンルも幅広い。イギリスらしい柄の傘などのレインウエアは見ているだけで楽しい。

住85 Geroge St., EH2 2ES
TEL(0131)2257790
URL www.joules.com
開9:30〜18:00
（木9:30〜19:00、土9:00〜18:00、日11:00〜17:00）
休1/1、12/25　£ A D J M V

レッド・ドア・ギャラリー The Red Door Gallery

Map P.119A1 アクセサリー・雑貨

●ヴィクトリア・ストリートにある小さなギャラリー。地元スコットランドの若手アーティストが製作した奇抜なアートプリントやマグカップ、ハンドメイドのアクセサリーなどを多く扱っており、ほかでは見つけることが難しい。絵ハガキやステーショナリーは種類も豊富でおみやげに最適。

住42 Victoria St., EH1 2JW
TEL(0131)4773255
URL www.edinburghart.com
開10:00〜18:00（日〜17:30）
休1/1、12/25
£
D J M V

ハナ・ザカリ Hannah Zakari

Map P.119B2 アクセサリー・雑貨

●オーナーは日本好きでとても気さく。店の名前も「花盛り」から来ており、日本語で書かれた詩なども飾られている。店がオープンしてから、180を越えるアーティストやデザイナーの作品を置いてきた。おもにネックレスやアクセサリー、ステーショナリーなどが並べられている。

住43 Candlemaker Row, EH1 2QB
TEL(0131)2265433
URL www.hannahzakari.co.uk
開12:00〜17:30
休日・月ほか不定休（冬期の休日はウェブサイトで確認）
£
A D J M V(£5以上)

Topics

文学の都エディンバラ

エディンバラにゆかりの文学者というとサー・ウォルター・スコットSir Walter Scott（1771〜1832）、R.L.スティーブンソンRobert Louis Stevenson（1850〜94）、それにサー・アーサー・コナン・ドイルSir Arthur Conan Doyle（1859〜1930）が挙げられる。

シャーロック・ホームズを主人公にした探偵小説作家コナン・ドイルはYork Placeの東に延びるPicardy Placeの11番地で生まれた。エディンバラ大学の学生時代には、スコットに憧れるあまり、George Squareのスコット家と同じ建物に住んでいたこともあった。スティーブンソンは王立植物園の東隣のHoward Placeの8番地に生まれたが、後にQueen Street Gardensの北側、Heriot Rowの17番地に移り住んだ。この家は瀟洒な石造りで、半地下室が通りからのぞかれる。「夏には大人の足が通り過ぎるのを聞きながら、私は床につかなくてはならない」と彼が歌ったのも、この半地下に子供の寝室があったためだろう。

スコットは、エディンバラのCollege Wyndで生まれたが、そこは現在エディンバラ大学の敷地になっていて確認はできない。彼の家族はその後、現在やはりエディンバラ大学の一部になっているGeorge Square 52番地に移った。結婚してから約20年間、彼はプリンスィズ・ストリートに交わるCastle Street 39番地に住み、数々の名作を発表した。彼を記念する「スコット・モニュメント」はプリンスィズ・ストリート沿いにそびえている。

偉大なる詩人を記念して造られたスコット・モニュメント

スコットの墓があるのはドライバラ・アビー

しかし、スコットが一番愛したのは、ボーダーズ地方で、この地方に伝承されている歌や物語を材料に魅力ある文学を生み出したのである。A7道路沿いで、ツイード川とヤロウ川が交わる付近は「スコット・カントリー」と呼ばれ、スコット文学ゆかりの史跡や、建造物の宝庫である。スコットが心血を注いで建てたアボッツフォード・ハウスは現在スコット記念館になっている。この近くでぜひ訪れてほしいのは、メルローズ・アビーの美しい廃墟、スコットが愛していたセント・メアリー湖とヤロウ川、彼と家族が葬られているドライバラ・アビーなどである。

（佐藤　猛郎）

ボーダーズ地方を流れるツイード川

エディンバラから足を延ばして
近郊の旅

謎めいたレリーフに彩られた教会

ロスリン礼拝堂

エディンバラの南、ロスリンの町にある小さな礼拝堂。
映画『ダ・ヴィンチ・コード』で一躍有名になったこの礼拝堂は
緻密なレリーフで埋め尽くされ、訪れる者に謎を問いかけている

ロスリン礼拝堂 Rosslyn Chapel

ロスリン礼拝堂は、1446年にオークニー諸島の貴族ウィリアム・セント・クレアによって建てられた。全長21m、高さ13mという小さな礼拝堂ではあるが、同時期に建てられた教会のなかでもひときわ異彩を放ち、壁面は謎めいたレリーフで満ちあふれている。聖書の場面や天使などのレリーフに加え、ケルトの地神のグリーンマン、アメリカ大陸が原産地とされる植物（レリーフが描かれたのはコロンブスが新大陸を発見する半世紀前）、ロバート・ザ・ブルースの心臓を手に持つ天使、堕天使ルシフェル、教会を創建したウィリアム自身のレリーフ、馬にまたがった騎士など目を凝らさないとわからないものも多いので、壁や柱を丹念に観察してみたい。

入口にもなっているショップではレリーフのミニチュアや関連本、アクセサリーなど品揃えも豊富。教会の周囲にはのどかな田園地帯が広がっており、のんびりと散策するのも楽しい。

2013年に修復が完了したロスリン礼拝堂

グリーンマンのレリーフ

モーセのレリーフ

ロバート・ザ・ブルースの心臓を持つ天使のレリーフ

騎士のレリーフ

TRAVEL DATA トラベル・データ

■ロスリンへの行き方
🚌エディンバラのスコッツ・モニュメント向かい、またはノースブリッジ上からロジアン・バスの37番ペニキュイック／ディーンバーンPenicuik/Deanburn行きでロスリン・ホテルRosslyn Hotel下車。所要約40分。

■ロスリン礼拝堂
Map P.16B1
住Rosslyn Chapel, Roslin, EH25 9PU
TEL(0131)4402159
URLwww.rosslynchapel.com
開6～8月9:30～18:00（日12:00～16:45）
9～5月9:30～17:00（日12:00～16:45）
（入場は閉館30分前まで）
休1/1、12/25・31
料£9　学生£7
📷礼拝堂内部不可

スコットランド王家ゆかりの町

リンリスゴー Linlithgow

●市外局番01506　●人口5300人

❖リンリスゴーへの行き方

●エディンバラから
🚃頻発、日曜は1時間に2便程度
所要:20分
🚌ファースト社X38が20分に1便程度
所要:約1時間
🚌ロジアンカントリー社EX2が30分に1便程度
所要:約50分
●スターリングから
🚌ファースト社X38が20分に1便程度
所要:約1時間10分
●グラスゴーから
🚃1時間に2～3便程度
所要:30分

■リンリスゴーの❶

2020年3月現在、リンリスゴーに❶はない。最寄りの観光案内所はエディンバラなど

■バラ・ホールズ

住The Cross, EH49 7AH
TEL(01506)282720
URLwww.linlithgowburghhalls.com
開9:00～17:00
（日11:00～17:00）
休無休

バラ・ホールズの上階にあるギャラリーは、ひと息つくのにピッタリの場所

かつての郵便局を改装した人気パブ、The Old Post Office

リンリスゴー宮殿で行われていた寸劇

風光明媚な湖畔にたたずむリンリスゴー宮殿は歴代のスコットランド王家が愛でた美しい建物。いまは廃墟になっているが、湖から眺める宮殿は美しい風景画のようだ。

歩き方

町の中心、ザ・クロス

鉄道駅を出て坂を下りていくと、メインストリートのハイ・ストリートHigh St.に出る。この通りを左に曲がり、しばらく行くと右側に広場が見える。この広場が町の中心のザ・クロスThe Crossだ。広場の奥に見える立派な建物は、バラ・ホールズThe Burgh Hallsと呼ばれる建物で、1668年に建てられたタウンハウス。ギャラリーやカフェが入っている。

バラ・ホールズに向かって左側の路地、カークゲートKirkgateを歩いていくと、正面にリンリスゴー宮殿の城門、右側に墓地と聖マイケル教会が見える。リンリスゴー湖の湖岸は遊歩道がある緑豊かな公園だ。

聖マイケル教会と道を挟んで向かい側にある家はクロス・ハウスCross Houseと呼ばれ、18世紀初頭に建てられたものだ。

ザ・クロスからさらにハイ・ストリートのすぐ西にあるのがリンリスゴー博物館Linlithgow Museum。展示では王宮の歴史や町の産業史について知ることができる。さらにその先には聖ピーター教会St Peter's Episcopal Churchがある。町の南側にはユニオン運河Union Canalが流れており、川端は遊歩道になっている。

■リンリスゴー博物館
Map P.150
住93 High St., EH49 7EZ
TEL(01506)670677
URLwww.linlithgowmuseum.org
開10:00～16:00
（日13:00～16:00）
休無休　料寄付歓迎

スチュアート王朝ゆかりの

リンリスゴー宮殿 Linlithgow Palace

Map P.150

15世紀に建造されたリンリスゴー宮殿は、スコットランド歴代の王たちに愛された宮殿。スコットランド王ジェイムス5世は、ここで生まれているし、その妻でフランス出身のメアリー・ド・ギースもこの宮殿に魅了されたひとり。彼女が後のスコットランド女王メアリー・スチュアートを産んだのもこの宮殿であった。

湖畔から見た宮殿

その後18世紀には、スチュアート家の末裔、ボニー・プリンス・チャールズが王位を主張して進軍したが、彼の撤退と、それに代わって入城したカンバーランド公によって宮殿には火が放たれ、多くの部分が被害を受けた。大広間Great Hallや礼拝堂Chapelなどに当時の面影をしのぶことができる。

宮殿を出ると広がっているのがリンリスゴー湖だ。宮殿の裏側はザ・ピールThe Peelと呼ばれる英国王室所有の公園になっていて、湖岸には白鳥が遊び、湖ではカヤックなどウオータースポーツに興じる人を見かける。

■リンリスゴー宮殿
住Linlithgow Palace, EH49 7AL
TEL(01506)842896
URLwww.historicenvironment.scot
開4～9月9:30～17:30
10～3月10:00～16:00
最終入場は閉館の45分前
休1/1･2、12/25･26
料£7.20　学生£5.40

重厚な宮殿の門

中庭にある噴水

陽光に輝く尖塔のある

聖マイケル教会 St Michael's Parish Church

Map P.150

リンリスゴーの紋章

リンリスゴー宮殿の横にある、1242年に創建された歴史ある教会。建物を囲む墓標も歴史を感じさせる。教会の塔の先には、エディンバラのロイヤル・マイルにある聖ジャイルズ大聖堂のような王冠が付いていたが、20世紀に入ってから安全上の問題からはずされ、代わりにアルミニウム製の尖塔がつけられた。内部を飾るステンドグラスも美しい。

輝く尖塔が印象的

■聖マイケル教会
住Cross House, EH49 7AL
TEL(01506)842188
URLwww.stmichaelsparish.org.uk
開5～9月10:30～16:00
（日12:00～16:00）
10～4月10:30～13:00
休10～4月の日曜
料寄付歓迎

荘厳な教会内部

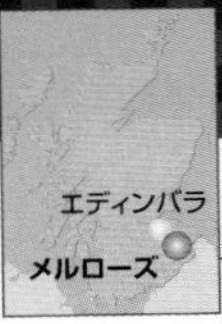

ボーダーズのかわいい町

メルローズ Melrose

●市外局番01896　●人口2300人

❖メルローズへの行き方

●エディンバラから

🚃ウェイヴァリー駅からボーダーズ鉄道（→P.156）に乗って終点のツイードバンクへ、所要約1時間。駅前から62系統、72系統などのバスに乗り換えて所要約15分。

🚌X62番バスが直通するが、所要約2時間30分と時間がかかり便も少ない。ガラシールズGalashielsで乗り換えるほうが早いことが多い。

高台から見たメルローズの町並み

メルローズはエディンバラの南東60kmの所にあるボーダーズ地方の小さな町。こぢんまりとしているがここには現在は廃墟となった修道院、メルローズ・アビーがひっそりと建っている。この修道院こそが、スコットランドの独立を勝ち取った王、ロバート・ザ・ブルースの心臓を安置する由緒正しき修道院である。

町の見どころは修道院だけだが、メルローズ周辺の豊かな自然も特筆に値する。起伏が少なく、なだらかなこの地域は、ウオーキングやサイクリングを楽しむ人にとっては格好のスターティングポイント。

周囲にはスコットランドを代表する詩人ウォルター・スコットが20年にもわたって住んでいたアボッツフォード・ハウスや、彼の愛した眺め「スコッツ・ビュー」がある。

メルローズの近くを流れるツイード川

歩き方

メルローズの町はコンパクトにまとまっている。町の中心はマーケット・スクエアMarket Sq.。メルローズ発のバスはマーケット・スクエアに面したバーツ・ホテルBurts Hotel前から出発する。マーケット・スクエアからはハイ・ストリートHigh St.とアビー・ストリートAbbey St.が延びている。エディンバラやガラシールズ方面からのバスはハイ・ストリートのバス停に停まる。メルローズ・アビーMelrose Abbeyへはアビー・ストリートを北に向かえばよい。

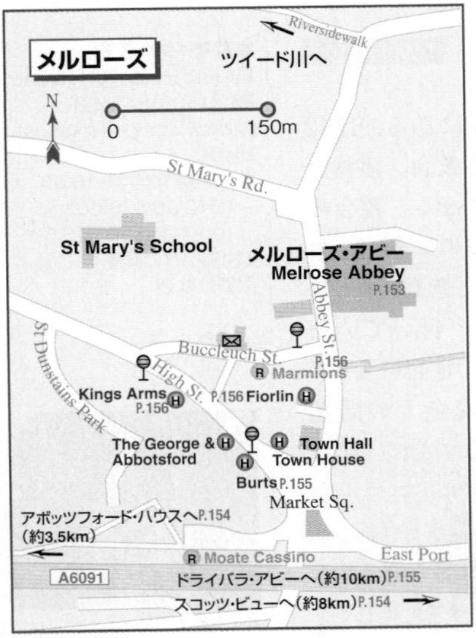

マーケット・スクエア

見どころ

メルローズ周辺の見どころへは交通の便が悪い。レンタカーがない場合は、バスで最寄りのバス停まで行ってからしばらく歩くことになる。

ロバート・ザ・ブルースの心臓を安置 Map P.152

メルローズ・アビー Melrose Abbey

ピンク色のメルローズ・アビー

この地に最初に修道院が建てられたのは、7世紀にも遡るが、イングランドとスコットランドの境界にあるボーダーズ地方にあるため、修道院は戦争により幾度も破壊された。現在見られるものは、14世紀末、イングランド王のリチャード2世の手によるものだ。いたるところにイングランドの中期ゴシック建築の特徴が見られる。

修道院の建物は、ボーダーズ地方で取れた石材を使って建てられており、薄くピンクがかった色が特徴的。施された細工も非常に繊細で、特にバッグパイプを吹く豚のガーゴイルが有名だ。

スコットランド王、ロバート・ザ・ブルースの心臓が埋葬されている場所は回廊跡の近くにある。丸い小さな石碑がその目印になっている。

■メルローズ・アビー
住Abbey St., TD6 9LG
TEL(01896)822562
URLwww.historicenvironment.scot
開4～9月9:30～17:30
10～3月10:00～16:00
入場は閉館30分前まで
休1/1･2、12/25･26
料£6　学生£4.80

ロバート・ザ・ブルースの心臓が安置された場所

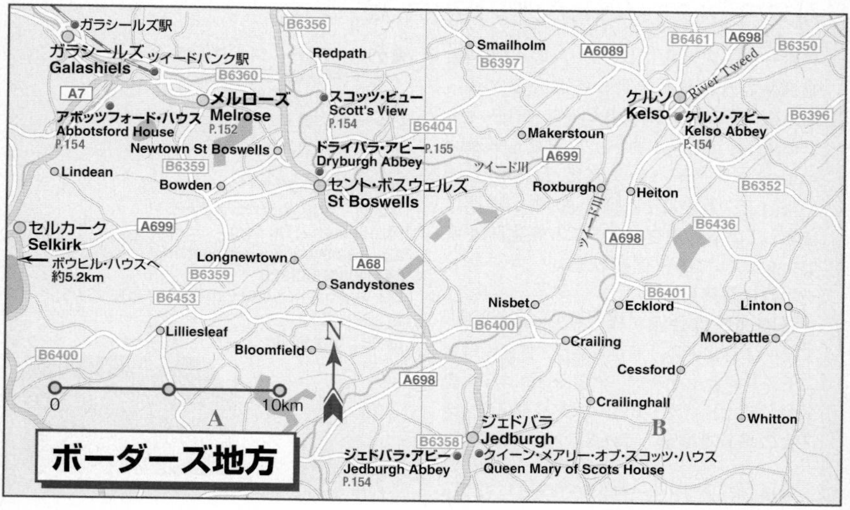

ウォルター・スコットの住居 Map P.153A

アボッツフォード・ハウス Abbotsford House

スコットランドが生んだ大作家ウォルター・スコットが20年(1812~32)にわたり居住していた豪邸。現在は資料館として一般公開されている。ロブ・ロイの銃や、モントローズ公の剣を含む武器のコレクションが有名で、9000冊にも及ぶ蔵書のほか木彫りの装飾が施された天井が興味深い。

アボッツフォード・ハウスの外観

スコットが愛した風景 Map P.153A

スコッツ・ビュー Scott's View

ウォルター・スコットが愛してやまなかった「見晴らしの丘」。エルドン・ヒルズの裾野を緩やかに蛇行し、メルローズへと流れるツイード川は、大作家の感性はなくとも心打たれるはず。スコット卿は生前、よく愛馬を走らせてはこの景色を眺めにやってきた。彼の死に際し、それをわかっていたのか、彼の棺を引いていた愛馬が、埋葬場所へ向かう途中に、ここでしばし立ち止まったという言い伝えがある。

4大修道院をサイクリングで回りながら、スコッツ・ビューを訪れた家族連れ

■アボッツフォード・ハウス
72番のバスでツイードバンクのロータリーまで行き、さらに徒歩1.5km
メルローズから3.5km、B6360沿い
住 Abbotsford, TD6 9BQ
TEL (01896)752043
URL www.scottsabbotsford.co.uk
●ビジターセンター
開 4~10月10:00~17:00
11~3月10:00~16:00
休 1/1·2、12/25·26
●邸宅
開 4~10月10:00~17:00
3·11月 10:00~16:00
休 12~2月
料 邸宅と庭園
£11.50 学生£10.50
庭園のみ
£5.80 学生£5.30

■スコッツ・ビュー
67、68番などでセント・ボスウェルズSt Boswellsまで行く。ドライバーに言えば近い場所で降ろしてくれる。そこから徒歩5km。
メルローズから10km、ドライバラ・アビーから3km。コースの大半は坂道。

Information

ボーダーズ4大修道院巡り

ボーダーズ地方には、ボーダーズの4大修道院と呼ばれる立派な修道院跡が残っている。その4つとはメルローズ・アビーとドライバラ・アビー、ケルソ・アビー Kelso Abbey、ジェドバラ・アビー Jedburgh Abbeyで、互いにそれほど遠くない場所に位置している。現在はすべての修道院が廃墟になっているが、保存状態はケルソ・アビー以外は皆良好。

各修道院は会派が異なり、メルローズ・アビーはシトー会、ドライバラ・アビーはピエモントレ会、ケルソ・アビーはベネディクト会、ジェドバラ・アビーはアウグスティヌス会の教義を実践していた。

■ケルソ・アビー Map P.153B
ケルソの中心部から徒歩5分。
住 Bridge St., Kelso
開 4~9月9:30~17:30 10~3月10:00~16:00
休 10~3月の木・金 料 無料

■ジェドバラ・アビー Map P.153B
ジェドバラの中心部から徒歩5分。
住 Jedburgh, TD8 6JQ
URL www.historicenvironment.scot
TEL (01835)863925
開 4~9月9:30~17:30 10~3月10:00~16:00
休 1/1·2、12/25·26
料 £6 学生£4.80

ジェドバラ・アビー

ウォルター・スコットが静かに眠る　Map P.153A

ドライバラ・アビー Dryburgh Abbey

町外れに建つドライバラ・アビー

メルローズの隣町、セント・ボスウェルズにあるドライバラ・アビーは、ボーダーズ地方の4大修道院のひとつ。メルローズ・アビーほど保存状態はよくないが、それでも見るべきところは多い。ウォルター・スコットが埋葬されているのは、修道院内にある教会の南の翼廊。

■ドライバラ・アビー
67、68番などでセント・ボスウェルズSt Boswellsまで行き、そこから徒歩2km
メルローズから10km、スコッツ・ビューから3km
住Dryburgh Abbey, TD6 0RQ
TEL(01835)822381
URLwww.historicenvironment.scot
開4〜9月9:30〜17:30
10〜3月10:00〜16:00
入場は閉館30分前まで
休1/1·2、12/25·26
料£6　学生£4.80

近郊の見どころ

バクルー公爵家が代々受け継いできた邸宅　Map P.16B2

ボウヒル・ハウス Bowhill House

美しい自然に囲まれたボウヒル・ハウス

セルカーク近郊に位置する邸宅。18世紀にボウヒル卿によって建てられたものだが、第2代バクルー公であるフランシス・スコットが1747年に購入すると、歴代のバクルー公がこの家を引き継いでいった。現在もバクルー公爵の邸宅として使用されている。

ボウヒル・ハウスは個人宅である為、自由に出入りはできないが、夏期ならツアーでのみ見学が可能。内部は豪華な調度品が多く置かれており、特にダイニングルームにはカナレットやゲインズバラ、レノルズなどの作品が多く飾られている。ボウヒル・ハウスの敷地は広く、夏期なら庭や森の中をウオーキングがおすすめ。事務所ではウオーキング・コースを掲載したパンフレットを配布しており、1時間くらいの手軽なウオーキングから半日ほどの本格的なものまで種類も豊富。

■ボウヒル・ハウス
72番でセルカークSelkirkまで行き、そこから徒歩約5km
メルローズから約18km
住Bowhill, Selkirk, TD7 5ET
TEL(01750)22204
URLwww.bowhillhouse.co.uk
●庭園
開4/11〜13、5/8〜10、6〜8月10:00〜17:00
休上記以外の時期
料£5.50　学生£4.50
ヴィクトリア朝時代の厨房と展示も見学可能
●邸宅ツアー
Beautiful Bowhill Tour
開4/11〜13、5/8〜10、8月12:00〜15:00の毎正時発。所要1時間15分
休上記以外の時期
料£11　学生£10
(庭園入場料込み)
邸宅内不可

Hotel&Restaurant ホテル&レストラン

ハイ・ストリートにホテルやB&Bが数軒、レストランやパブはマーケット・スクエア周辺に点在している。

日本からホテルへの電話　国際電話会社の番号 + 010 + 国番号44 + 市外局番の最初の0を取った掲載の番号

バーツ Burts Hotel

TV　無線LAN

●メルローズで最も高級なホテルで、広場に面した便利な立地。併設のレストランとパブは、受賞歴がある人気店。部屋は赤などを基調にした暖色系でまとめられ、リラックスできる。向かいのタウン・ハウスというホテルも同経営。

Map P.152　中級　20室
住Melrose, TD6 9PL
TEL(01896)822285
URLwww.burtshotel.co.uk
£79〜
£148〜
£　AMV

キングズ・アームズ Kings Arms Hotel

●1793年創業のインを利用した歴史のあるホテル。客室は2019年に改装済み。1階のパブレストランの評判もよく、いつも多くの人でにぎわっている。なお、レストランのカウンターがフロントデスクを兼ねている。

Map P.152　中級　10室

住High St., TD6 9PB
TEL (01896) 820101
URL www.kingsarmsmelrose.com
£80～
£　A M V

フィオールン Fiorlin

●オーナーは旅の相談に積極的で、気さくな人柄も魅力。部屋は木材を多用した家具でまとめられている。朝食はフル・スコティッシュで、ポリッジ、スコーンなど、ボリュームたっぷりのメニュー。

Map P.152　B&B　2室

住Abbey St., TD6 9PX
TEL (01896) 822984
URL www.melrosebedandbreakfast.co.uk
£40～
£　A M V

マルミオンズ Marmions Brasserie

●店内はリラックスできるカフェテリア風で、地元の人の支持も厚い人気店。グリル系からシーフードまでメニューの幅も広い。人気のステーキは10オンス(約283g)で£23.95。

Map P.152　バラエティ

住Buccleuch St., TD6 9LB
TEL (01896) 822245
URL www.marmionsbrasserie.co.uk
開9:00～21:00　休日
£　A M V

Information

ボーダーズ鉄道

ボーダーズ鉄道Borders Railwayは、英国鉄道ネットワークに属するスコットレイルScotrailの新規路線として2015年に運行を開始した。開通式典にはエリザベス2世も出席した。実はこの路線、1849年に開通し、1960年代に廃止された英国国鉄のウェイヴァリー線の一部（終点はカーライルまで続いていた）を復活させたものだ。廃線になった路線が保存鉄道ではなく、英国鉄道に入った形で復活するのは非常に珍しいことなのだ。

路線は、エディンバラからエスクバンクEskbank、国立鉱業博物館があるニュートングレンジNewtongrangeを経由し、メルローズ近郊のツイードバンクTweedbankへとボーダーズを縦断する形で走る。車窓の景色も美しいと評判だ。

ツイードバンクの鉄道駅

■ボーダーズ鉄道
TEL (01835) 826539
URL www.bordersrailway.co.uk
運行:エディンバラ・ウェイヴァリー駅発5:44～23:54（日9:11～23:11）の1時間に1～2便程度。ツイードバンク発5:20～23:28（日8:45～22:46）
所要:55分～1時間

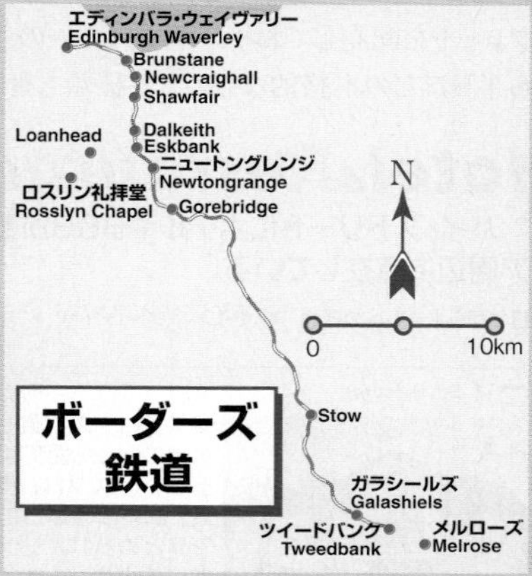

ポップカルチャーの発信源

グラスゴーとスコットランド南部

Greater Glasgow & Southern Scotland

グラスゴーのジョージ・スクエア（上）／エアのシンボル、ウォリス・タワー（右）／グラスゴーのアシュトン・レーン（左）

Introduction

グラスゴーとスコットランド南部

Greater Glasgow & Southern Scotland

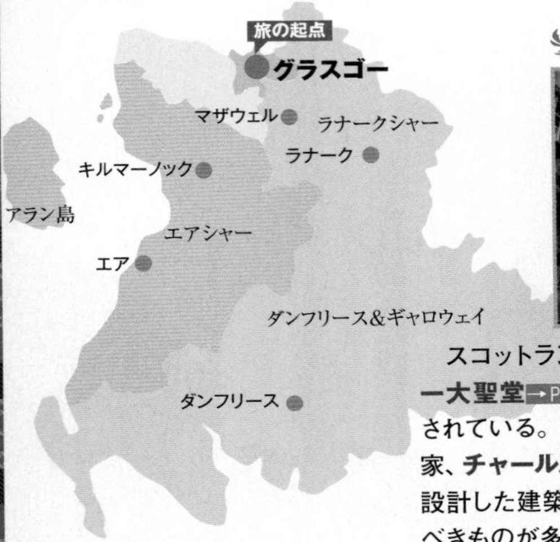

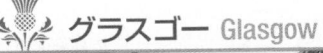

グラスゴー Glasgow

ブキャナン・ストリート

スコットランドの商工業、文化の中心地。**グラスゴー大聖堂**→P.167周辺には、比較的古い建物が保存されている。19世紀末～20世紀初めに活躍した建築家、**チャールズ・レーニー・マッキントッシュ**→P.169が設計した建築など、ヴィクトリア朝以降の建物に見るべきものが多い。

ラナークシャー Lanarkshire

世界遺産、ニューラナーク

ラナークシャーは豊富な石炭を産することから産業革命以降急速に発展を遂げた地域。特に、ラナークの近郊にある**ニューラナーク**→P.182には、かつては英国最大の生産量を誇った紡績工場があり、ロバート・オーウェンが経営者として理想の共同体作りを実践した。グラスゴーの南東はクライド渓谷Clyde Valleyと呼ばれている。ハミルトンHamiltonとマザウェルMotherwellといった町が観光の起点となる。

ダンフリース&ギャロウェイ Dumfries & Galloway

ボーダーズ地方の西側に広がるダンフリース&ギャロウェイの自然は、なだらかな丘陵地帯が続くボーダーズと比べると、ハイランドのように起伏が大きく雄大だ。西側に広がるギャロウェイ森林公園Galloway Forest Parkは780㎢（琵琶湖よりやや大きいぐらい）という規模を誇るイギリス最大の森林公園だ。

エアシャー&アラン島 Ayrshire & Arran

エアシャーは**エア**→P.186を中心とするスコットランド南部の西海岸一帯のエリアだ。**ロバート・バーンズ**→P.193の生まれ故郷のエア周辺には彼とその著作にゆかりの見どころやモニュメントが多い。また、海岸から30kmほど先に浮かぶ**アラン島**→P.198は、ミニチュア・スコットランドと呼ばれ、ブロディック城など多くの見どころがある。

Pick Up 見どころ & アクティビティ

スコティッシュ・プレミアリーグ

football 詳細記事 P.172

セルティックのオフィシャル・ショップ（→P.181）

セルティックとライバルのレンジャーズの2つのクラブはグラスゴーを拠点とするサッカークラブで、スコットランド・サッカーの盟主的な存在だ。オールドファームと呼ばれるダービーマッチは1888年から続く伝統の一戦で大いに盛り上がる。市内にはオフィシャルショップもある。

アート・ギャラリー巡り

museum 詳細記事 P.168 ～ 171

マッキントッシュ関連のおみやげも充実している

グラスゴーはイギリスの中でもモダン・アートの発信地として知られている。アール・ヌーヴォーの巨匠、レーニー・マッキントッシュゆかりのハンタリアン美術館をはじめ、ケルヴィングローヴ美術館＆博物館など、グラスゴーには芸術に関する見どころが多い。

交通ガイド

周辺の公共交通機関は、グラスゴーを中心に放射状に延びている。グラスゴーからのアクセスは非常によく、便数も多いが、他の都市間を移動する場合、鉄道の路線も限られ、バスの便も少ない。効率よく観光地を回るなら、グラスゴーからの日帰りを繰り返すのが現実的だ。

グラスゴーの地下鉄とペイズリー、マザウェルといった町への近郊電車が乗り放題のラウンドアバウト・チケットや、さらに広範囲の電車が乗り放題になり、バスにも使えるデイトリッパーといったチケットをうまく活用したい。

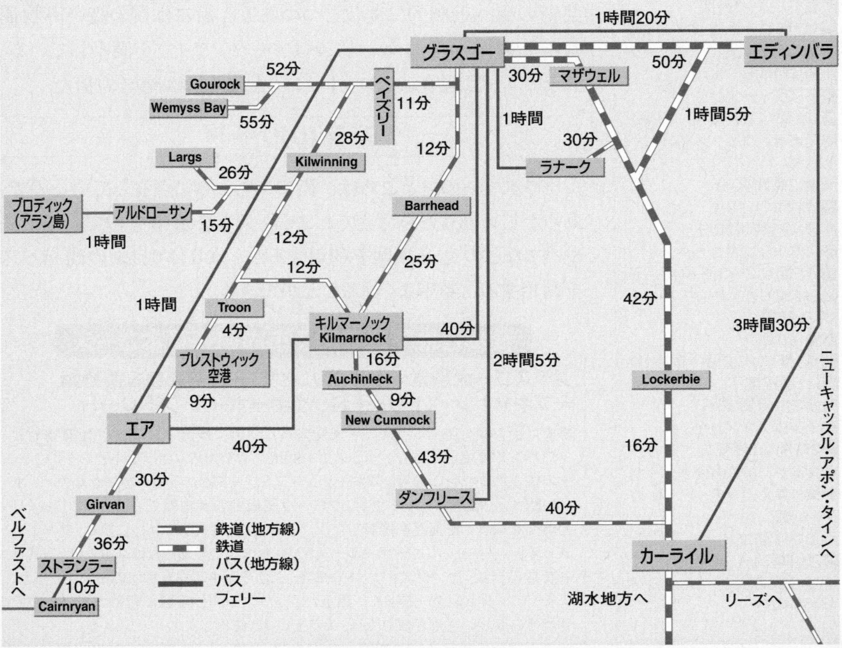

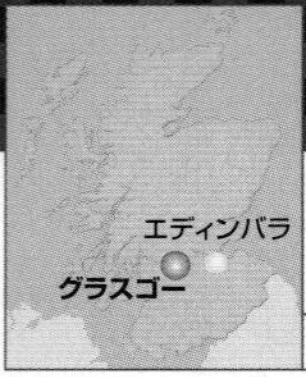

スコットランド最大の人口を擁する街

グラスゴー Glasgow

●市外局番0141　●人口75万4600人

❖グラスゴーへの行き方
✈国内、欧州各都市などから便がある
🚆国内主要都市から便がある
🚌国内各地から便がある

●ロンドンから
✈ヒースロー空港をはじめ、ガトウィック空港、ロンドン・シティ空港、ルトン空港、スタンステッド空港から便がある。1時間に1～2便程度。
所要:1時間20分
🚆直行便はユーストン駅から1時間に1～2便程度。グラスゴー・セントラル駅着。
所要:4～7時間
🚌ヴィクトリア・コーチステーション発、ナショナル・エクスプレスとメガバス合わせて1日12便程度
所要:8～11時間

●エディンバラから
🚆1時間に4便程度、日曜1時間に1～2便、クイーン・ストリート駅着。セントラル駅着の便も1時間に1便ほどある
所要:50分～1時間
🚌1時間に4便程度、日曜1時間に2便以上
所要:1時間5～30分

●アバディーンから
🚆1時間に1便程度、日曜2時間おき、クイーン・ストリート駅着
所要:2時間40分
🚌1時間に1～2便
所要:約3時間30分

●スターリングから
🚆1時間に2～3便程度、日曜2時間おき、クイーン・ストリート駅着
所要:40分
🚌1時間に1～2便、日曜1時間に1便程度
所要:約1時間30分

●インヴァネスから
🚆2時間に1便程度。直行便もあるが、多くの便がパースで乗り換え、クイーン・ストリート駅着
所要:3時間30分
🚌2時間に1～3便程度
所要:3時間30分～4時間40分

グラスゴー大学のすぐそばに建つケルヴィングローヴ美術館＆博物館

スコットランド最大の人口を抱える大都市グラスゴーは、スコットランドにおける貿易と重工業の中心地として、大英帝国の発展に多大な貢献をしてきた。そのため、工業都市という印象が非常に強いが、この10年くらいの間にそんなイメージは文化、芸術の街へと劇的に変化しつつある。街には質の高い博物館やギャラリーがあふれ、人々はアーバンライフを満喫している。グラスゴーは現在のスコットランドを知るには絶好の街だ。

モデルルート

グラスゴーの見どころは、街のあちこちに点在しているので、あらかじめ回り方を考えておこう。大きな都市なので、地下鉄やバスなどの交通機関を利用するか、乗り降り自由の観光バスを利用すると効率よく回ることができる。

徒歩と地下鉄で回る市内観光基本コース

グラスゴー大聖堂➡ケルヴィングローヴ美術館＆博物館➡ブキャナン・ストリート＆ソウキーホール・ストリート

まずは街の東にあるグラスゴー大聖堂へ。周辺には聖マンゴー宗教博物館とプロバンド領主館があり、グラスゴー観光には外せないポイントとなっている。その後、街の中心に戻り、ブキャナン・ストリート駅から地下鉄でケルヴィンホール駅へ。少し歩くとケルヴィングローヴ美術館＆博物館だ。ここではじっくりと時間を取って美術品を鑑賞しよう。その後は再び街の中心に戻り、ブキャナン・ストリートとソウキーホール・ストリートへ。このあたりはスコットランドでも有数のショッピングストリートなので、ここでみやげ物を探すのもいいだろう。ショッピングセンターも多く、路上パフォーマンスも頻繁に行われているので街歩きも楽しい。歩き疲れたら、カフェでひと休みしよう。

歩き方

イベントが頻繁に行われるジョージ・スクエア

グラスゴーはクライド川River Clydeの岸辺に発展した街。見どころのほとんどは川の北側に位置している。中央はシティセンター City Centre、東側は通称イーストエンドEast End、西側はウエストエンドWest Endとそれぞれ呼ばれている。

◉シティセンター

街の中心はジョージ・スクエアGeorge Sq.。この広場の付近に❶、鉄道駅、バスステーションがある。広場からウエスト・ジョージ・ストリートWest George St.を西へ進むと、中心部を南北に貫くブキャナン・ストリートBuchanan St.と交差する。この通りを北上すると、ソウキーホール・ストリートSauchiehall St.に出る。このあたりが一番にぎやかなエリアだ。

ブキャナン・ストリートの路上パフォーマンス

◉イーストエンド

街の東側、イーストエンドへはシティセンターからでも十分に徒歩で移動が可能だ。イーストエンドはグラスゴー大聖堂や15世紀建造の家、プロバンド領主館など、グラスゴーの歴史地区になっている。

◉ウエストエンド

街の西側、ウエストエンドには広大なケルヴィングローヴ公園Kelvingrove Parkが広がっている。周辺にはグラスゴー大学Glasgow Universityやケルヴィングローヴ美術館&博物館などがある文教地区だ

◉南岸

バレル・コレクションBurrell Collectionのあるポロック・カントリーパークPollock Country Parkやグラスゴー・サイエンス・センター Glasgow Science Centreなどがある。グラスゴーは近郊電車や地下鉄、バスといった公共交通機関が発達している街なので、うまく活用しよう。

■ジョージ・スクエア

ウォルター・スコットや、蒸気機関を発明したジェイムス・ワットといったスコットランドの偉人の像が並んでいる。東側に面した市議会議事堂Glasgow City Chambersではガイドツアーも催行されている。

●市議会議事堂
Map P.164B2
住City Chambers, George Sq., G2 1DU
TEL(0141)2874018
URLwww.glasgow.gov.uk
開ガイドツアーは10:30、14:30（議会があるときなどは入れないので、事前に確認が必要）
休土・日・祝　料無料
一部不可

広場のステージで催されるジャズ・フェスティバル

クライド川で地区が分けられる

ロイヤル・エクスチェンジ・スクエアのライトアップ

ウエストエンドに広がるケルヴィングローヴ公園

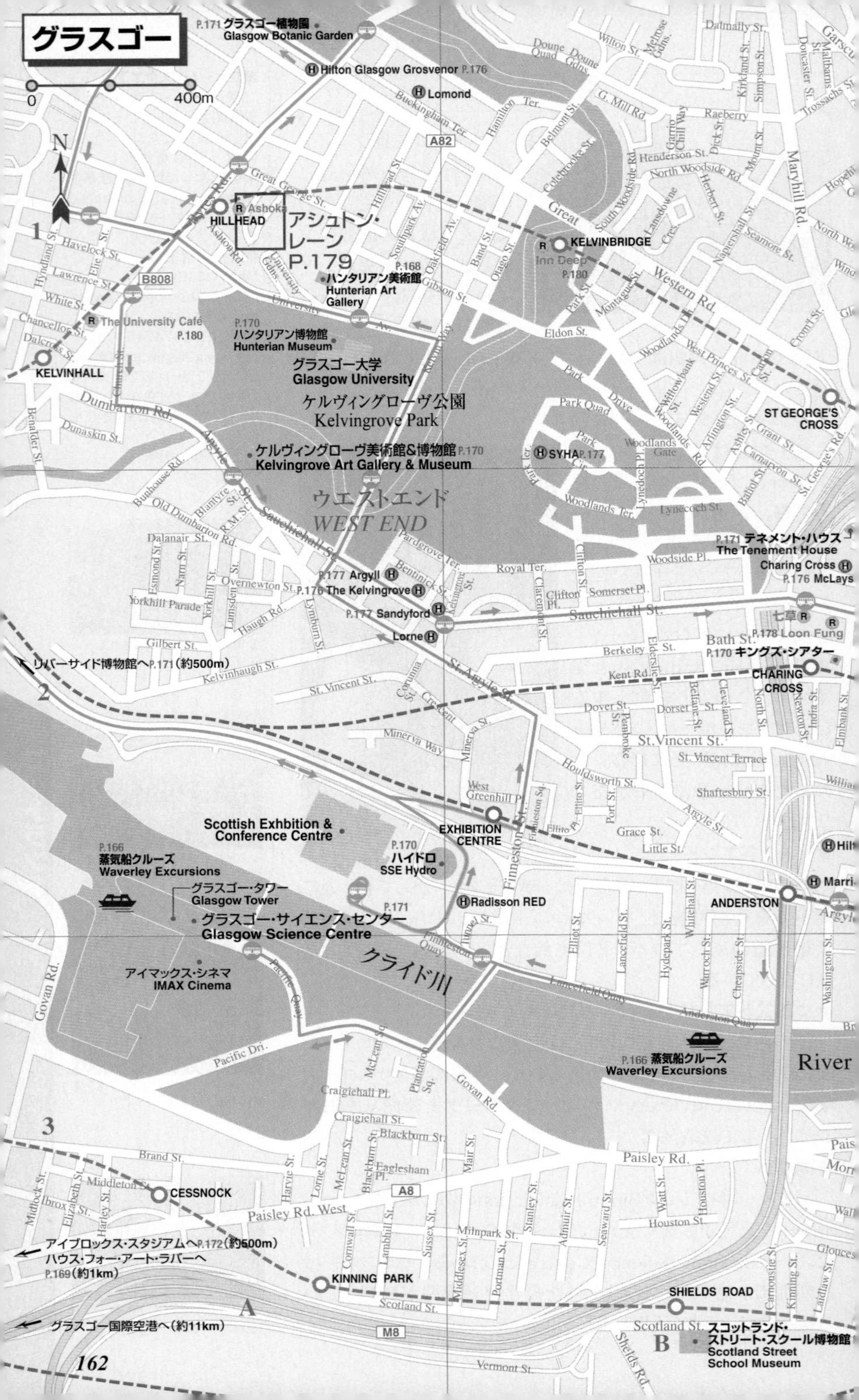
グラスゴー
0
400m
N
P.171 グラスゴー植物園
Glasgow Botanic Garden
Hilton Glasgow Grosvenor P.176
Lomond
A82
B808
Ashoka
HILLHEAD
アシュトン・レーン
P.179
KELVINBRIDGE
Inn Deep
P.180
P.168 ハンタリアン美術館
Hunterian Art Gallery
The University Café
P.180
KELVINHALL
P.170 ハンタリアン博物館
Hunterian Museum
グラスゴー大学
Glasgow University
ケルヴィングローヴ公園
Kelvingrove Park
ケルヴィングローヴ美術館&博物館 P.170
Kelvingrove Art Gallery & Museum
SYHA P.177
ウエストエンド
WEST END
ST GEORGE'S CROSS
P.171 テネメント・ハウス
The Tenement House
Charing Cross
P.176 McLays
P.177 Argyll
P.176 The Kelvingrove
P.177 Sandyford
Lorne
七草
P.178 Loon Fung
P.170 キングズ・シアター
CHARING CROSS
リバーサイド博物館へ P.171（約500m）
Scottish Exhbition &
Conference Centre
EXHIBITION CENTRE
P.170 ハイドロ
SSE Hydro
P.166 蒸気船クルーズ
Waverley Excursions
グラスゴー・タワー
Glasgow Tower
グラスゴー・サイエンス・センター
Glasgow Science Centre
P.171
Radisson RED
ANDERSTON
アイマックス・シネマ
IMAX Cinema
クライド川
River
P.166 蒸気船クルーズ
Waverley Excursions
CESSNOCK
A8
アイブロックス・スタジアムへ P.172（約500m）
ハウス・フォー・アート・ラバーへ
P.169（約1km）
KINNING PARK
SHIELDS ROAD
グラスゴー国際空港へ（約11km）
M8
スコットランド・ストリート・スクール博物館
Scotland Street School Museum

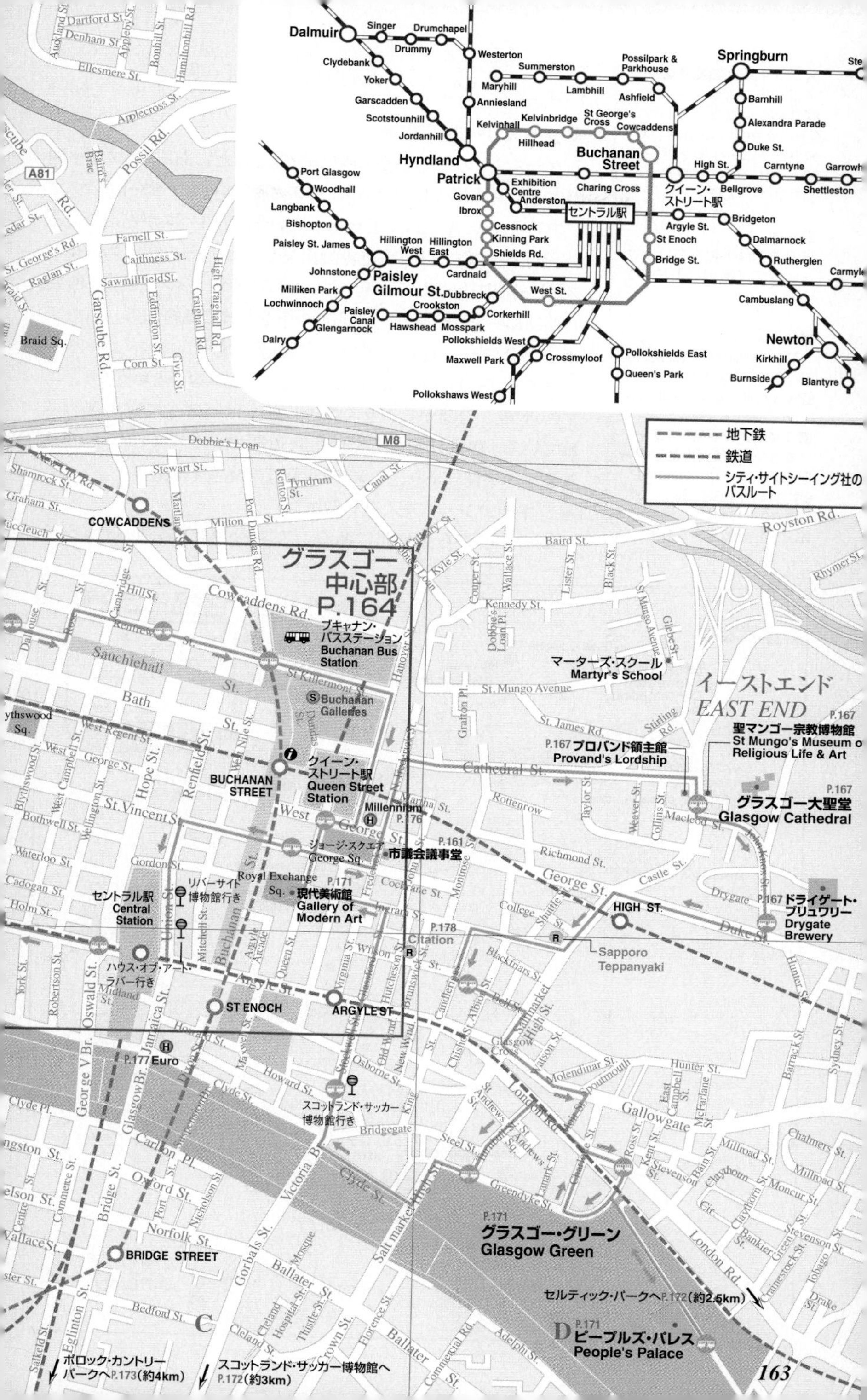

Dalmuir
Singer
Drumchapel
Drummy
Westerton
Clydebank
Yoker
Garscadden
Scotstounhill
Jordanhill
Hyndland
Anniesland
Maryhill
Summerston
Lambhill
Possilpark & Parkhouse
Ashfield
Springburn
Barnhill
Alexandra Parade
Duke St.
Kelvinhall
Kelvinbridge
Hillhead
St George's Cross
Cowcaddens
Buchanan Street
Partick
Exhibition Centre
Anderston
Charing Cross
High St.
Bellgrove
Carntyne
Shettleston
Garrowhill
クイーン・ストリート駅
セントラル駅
Govan
Ibrox
Cessnock
Kinning Park
Shields Rd.
West St.
St Enoch
Bridge St.
Argyle St.
Bridgeton
Dalmarnock
Rutherglen
Carmyle
Cambuslang
Newton
Kirkhill
Burnside
Blantyre
Port Glasgow
Woodhall
Langbank
Bishopton
Paisley St. James
Hillington West
Hillington East
Cardonald
Johnstone
Paisley Gilmour St.
Milliken Park
Lochwinnoch
Glengarnock
Dalry
Paisley Canal
Hawshead
Crookston
Mosspark
Dubbreck
Corkerhill
Pollokshields West
Maxwell Park
Crossmyloof
Pollokshields East
Queen's Park
Pollokshaws West
地下鉄
鉄道
シティ・サイトシーイング社のバスルート
COWCADDENS
グラスゴー中心部 P.164
ブキャナン・バスステーション Buchanan Bus Station
Buchanan Galleries
BUCHANAN STREET
クイーン・ストリート駅 Queen Street Station
Millennium P.176
ジョージ・スクエア George Sq.
P.161 市議会議事堂
P.171 現代美術館 Gallery of Modern Art
Royal Exchange Sq.
リバーサイド博物館行き
セントラル駅 Central Station
ハウス・オブ・アート・ラバー行き
ST ENOCH
ARGYLE ST
P.177 Euro
P.178 Citation
マーターズ・スクール Martyr's School
イーストエンド EAST END
P.167 プロバンド領主館 Provand's Lordship
P.167 聖マンゴー宗教博物館 St Mungo's Museum of Religious Life & Art
P.167 グラスゴー大聖堂 Glasgow Cathedral
HIGH ST
P.167 ドライゲート・ブリュワリー Drygate Brewery
Sapporo Teppanyaki
スコットランド・サッカー博物館行き
P.171 グラスゴー・グリーン Glasgow Green
BRIDGE STREET
セルティック・パークへ P.172（約2.5km）
P.171 ピープルズ・パレス People's Palace
ポロック・カントリーパークへ P.173（約4km）
スコットランド・サッカー博物館へ P.172（約3km）
C
D

ターミナルから市の中心部へ

◉グラスゴー国際空港

グラスゴーの中心部から西に約15kmほどにあるグラスゴー国際空港から市内へは、ファースト社のグラスゴーエアポートエクスプレスGlasgow Airport Expressというシャトルバスが結んでいる(片道£9、往復£14.80)。空港を出発し、セントラル駅、クイーン・ストリート駅を経由してブキャナン・バスステーションが終点。所要時間は15～25分。タクシーなら市の中心部までは約£35。

◉グラスゴー・プレストウィック国際空港

グラスゴーの南西約50kmにある。グラスゴーというより、エアの近郊。空港からグラスゴー市街へはバスと鉄道が運行されている。空港に隣接している鉄道駅はグラスゴーのセントラル駅～エア間にあり、セントラル駅まで所要約50分。

◉ブキャナン・バスステーション

街の中心から少し北にある。スコットランド各地へ行くシテ

■グラスゴー国際空港
Map P.162A3外
TEL 0344 481 5555
URL www.glasgowairport.com

●グラスゴー国際空港のi
TEL (0141)5664089
開7:30～17:00
(日8:00～15:30)
休無休
宿の予約は手数料£4とデポジットとして宿泊料の10%が必要。

■グラスゴー・プレストウィック国際空港
TEL 0871 223 0700
URL www.glasgowprestwick.com

■ブキャナン・バスステーション・トラベルセンター
住Killermont St., G2 3NP
TEL (0141)3333708
開9:00～17:00
休日、1/1・2、12/25・26

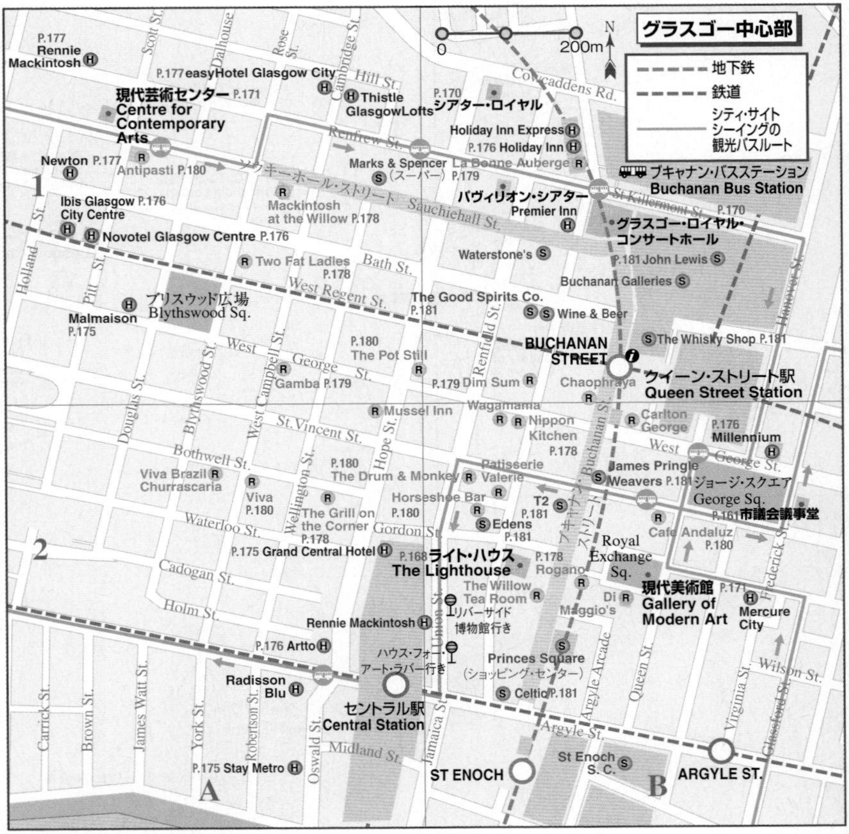

ィリンクやイングランド主要都市へ行くナショナル・エクスプレスなど多くの長距離バスが発着。トラベルセンターや荷物預かり所も併設されており、イギリスでも屈指の規模を誇る。

◉クイーン・ストリート駅

クイーン・ストリート駅は、街の中心、ジョージ・スクエアのすぐそばにあり、エディンバラやスターリング、パース、インヴァネスなど、グラスゴーから北と東へ行く便が発着する。

◉セントラル駅

セントラル駅は、クイーン・ストリート駅から徒歩7～8分。ボーダーズやイングランド（湖水地方、リヴァプール、マンチェスター、ロンドン方面）など、グラスゴーより南の地域への便が発着している。

旅行者の絶えないグラスゴー・セントラル駅

市内交通

グラスゴーの市内交通は、市内バス、地下鉄、近郊電車があり、非常に充実している。時刻表やルートマップは、ⓘやブキャナン・バスステーション、地下鉄セント・イーノックSt Enoch駅構内のトラベルセンターでもらえる。

◉市内バス

グラスゴーの市内バスは、ファースト・グラスゴーFirst Glasgowなど数社が運営している。バスの1日券（£4.70）などもあるので、頻繁に利用する人には便利。おもなバス停はユニオン・ストリートUnion St.やジョージ・スクエア、ジャマイカ・ストリートJamaica St.周辺などに点在している。

◉地下鉄

グラスゴーにはスコットランドで唯一、地下鉄がとおっている。とはいえ環状線になっている1路線のみで、どこまで行っても1回片道£1.65。1日乗り放題になるディスカバリー・チケットDiscovery Ticketは£4.20とお得。

グラスゴーの地下鉄

◉近郊電車

グラスゴーを中心に延びる鉄道網はとても充実しているが、東京並みに複雑なので、よく確認して乗ろう。近郊電車と地下鉄の1日乗り放題券ラウンドアバウト・チケットRoundabout Ticket（£7.40）もある。

◉タクシー

エディンバラ同様、黒塗りのタクシーが多いが、カラフルな車体も多い。タクシー乗り場はセントラル駅やクイーン・ストリート駅周辺などにある。

クイーン・ストリート駅

■クイーン・ストリート駅
Map P.163C2
Map P.164B1

■セントラル駅
Map P.163C2-3
Map P.164A2

バス会社ごとに番号が表示されている

■ファースト・グラスゴー
TEL (0141)4236600
URL www.firstgroup.com
1日券£4.70

■グラスゴーのお得なチケット
URL www.spt.co.uk

●ディスカバリー・チケット
地下鉄が1日乗り放題（月～土9:30以降と日曜終日）。
料 £4.20

●ラウンドアバウト・チケット
地下鉄と近郊電車が1日乗り放題（月～金9:00以降と土・日終日）。チケットは鉄道駅などで購入可能。
料 £7.40

●デイトリッパー
グラスゴーおよび周辺都市をカバーしている。この地域のほとんどのバス、近郊電車、地下鉄が1日乗り放題（月～金9:00以降）。チケットは鉄道駅などで購入可能。
料 £13.10（15歳以下の子供2人の同伴可）

■グラスゴーのⓘ
Map P.164B1
住156-158 Buchanan St., G1 2LL
TEL(0141)5664083
URLwww.visitscotland.com
開6～8月9:00～19:00
（日10:00～17:00）
9～5月9:00～17:00
（日10:00～16:00）
休1/1、12/25
宿の予約は手数料£4とデポジットとして宿泊料金の10%が必要。

旅の情報収集

◉観光案内所

地下鉄ブキャナン駅前にある。宿やツアーの予約、ガイドブックや各種みやげ物の販売なども行っている。

◉情報誌

2ヶ月に1度発行される情報誌『ザ・リストThe List』は、グラスゴーとエディンバラの両都市の各種イベントなど最新情報を掲載。

町の中心にあるグラスゴーのⓘ

ⓘではみやげ物も販売している

シティ・サイトシーイングのバス

観光バスは音声ガイド付き

ツアー

便数も多くて便利な乗り降り自由の市内観光バスのほか、ウオーキングツアーなどもある。ローモンド湖やハイランドなどへのツアーも催行されているが、エディンバラに比べると種類や本数が少ない。下記ツアーの一部はⓘでも予約が可能。

市内観光バスツアー

シティ・サイトシーイング City Sightseeing

TEL(0141)2040444　URLwww.citysightseeingglasgow.co.uk
料2日間有効£17　学生£16

東はグラスゴー・グリーンGlasgow Green、グラスゴー大聖堂Glasgow Cathedral、西はリバーサイド博物館、グラスゴー大学、ケルヴィングローヴ美術館&博物館まで、全21のポイントを回る乗り降り自由のバスツアー。バスは10～30分間隔でジョージ・スクエアから出発。

市内ウオーキングツアー

スピリット・オブ・グラスゴー Spirit of Glasgow

TEL(0141)6280602　URLspiritofglasgow.co.uk

グラスゴーの歴史や怪談を語りながら街を歩くツアーを催行している。最少催行人数は10人。ツアーはいずれも夏期に催行。ホラー・ウオークHorror Walk(£12)は週に1～3回、20:00～22:00の間に出発する。人気のツアーなので要予約。ⓘでの予約は扱っていない

バスツアー

ディスカバー・スコットランド Discover Scotland

TEL(0141)887677　URLwww.discoverscotlandtours.com

スコットランド南西部～中西部への日帰りのバスツアーを催行している。ネス湖とハイランドを巡るコース（£42～56）や、ローモンド湖とスターリング城へ行くコース（£35～36）はシーズン中は毎日運行。ほかにもインヴァレリーへ行くコースなどもある。プライベートツアーのアレンジも可能。滞在ホテルからのピックアップは無料。

蒸気船クルーズ

ウェイヴァリー号 Waverley Excursions

TEL(0141)2432224　URLwww.waverleyexcursions.co.uk

ウェイヴァリー号は、1947年にグラスゴーで建造された蒸気船。海を航行する世界で唯一の現役の蒸気船だ。クライド川からクライド湾をとおって近郊の島や村を巡る優雅な船の旅が楽しめる。夏期のみの運航で、コースも毎日変更される。出発はグラスゴー・サイエンス・センター、またはアンダーストン・キーAnderston Quayから。ボイラー故障で営業停止していたが、2020年夏に営業再開予定。

見どころ（大聖堂周辺）

宗教改革による破壊を免れた大聖堂

Map P.163D2

グラスゴー大聖堂 Glasgow Cathedral

荘厳な雰囲気の大聖堂内部

中世スコットランドの大聖堂は、宗教改革の際にほとんど破壊されてしまったが、この大聖堂は、例外的に破壊を免れたたいへん貴重なもの。12世紀にデビッド1世によって建てられて以来、幾度もの増改築を重ね、現在のような姿になったのは15世紀に入ってから。地下にはグラスゴーの創設者、聖マンゴーの墓がある。

グラスゴー最古の館

Map P.163D2

プロバンド領主館 Provand's Lordship

当時の暮らしぶりを再現

1471年建築の、グラスゴーで最古の館。当時このあたりは、教会関係の建築物が林立していたそうで、この建物も、教会に関連した施設であったと考えられている。内部は3階建てになっており、15世紀のスコットランドの家屋がどのようであったのかを雄弁に語っている。入口では日本語のパンフレットをもらえる。

世界の宗教を紹介

Map P.163D2

聖マンゴー宗教博物館 St Mungo's Museum of Religious Life & Art

グラスゴー大聖堂のすぐそばにある博物館。聖マンゴーの名前を掲げているが、キリスト教だけでなく、世界各地の宗教、宗教美術を紹介している。1階はショップとカフェになっており、2階の展示場の入口の右には洗礼者ヨハネの像が、そして左側にはヒンドゥー教のゾウの神ガネーシャの像が置かれており、何とも奇妙。また、18～19世紀に作られた『踊るシヴァ神』のブロンズ像も見逃せない。

2014年に稼働したグラスゴー発のビール

Map P.163D2

ドライゲート・ブリュワリー Drygate Brewery

ドライゲート・ブリュワリー

2014年から醸造を始めた新しいビール工房。レストランと工場はガラス1枚隔てただけで、その上階には市場が開けるイベントスペースを設けるなど、生産者が近くに感じられる造り。早くも英国での人気が急上昇中だ。

■グラスゴー大聖堂
住Cathedral Sq., G4 0QZ
TEL(0141)5528198
URLwww.glasgowcathedral.org.uk
開4～9月9:30～17:30
（日13:00～17:00）
10月～3月10:00～16:00
（日13:00～16:00）
最終入場は閉館の30分前まで
休1/1・2、12/25・26
料寄付歓迎

地下にある聖マンゴーの墓

■プロバンド領主館
住3 Castle St., G4 0RB
TEL(0141)2761625
URLwww.glasgowlife.org.uk/museums
開10:00～17:00
（金・日11:00～17:00）
休月、1/1・2、12/25・26
料寄付歓迎

■聖マンゴー宗教博物館
住2 Castle St., G4 0RH
TEL(0141)2761625
URLwww.glasgowlife.org.uk/museums
開10:00～17:00
（金・日11:00～17:00）
休月、1/1・2、12/25・26
料寄付歓迎

『踊るシヴァ神』のブロンズ像

■ドライゲート・ブリュワリー
住85 Drygate, G4 0UT
TEL(0141)2128815
URLdrygate.com
開11:00～24:00
休1/1・2、12/25・26
●ブリュワリー見学ツアー
月～金12:00～17:00
土13:00、15:00、17:00
日12:00、17:00
料£10

ケルヴィングローヴ美術館＆博物館（→ P.170）にもマッキントッシュ関連の展示が充実している

■ライトハウス
住11 Mitchell Ln., G1 3NU
TEL(0141)2765365
URLwww.thelighthouse.co.uk
開10:30〜17:00
（日12:00〜17:00）
休12/24〜1/3
料無料

展望台へ続くらせん階段

■スコットランド・ストリート・スクール博物館
地下鉄シールズ・ロード駅 Shields Rd.下車
住225 Scotland St., G5 8QB
TEL(0141)2870500
URLwww.glasgowlife.org.uk/museums
開10:00〜17:00
（金・日11:00〜17:00）
休月、1/1・2、12/25・26
料寄付歓迎

マッキントッシュがデザインしたガラス窓

■ハンタリアン美術館
住82 Hillhead St., G12 8QQ
TEL(0141)3304221
URLwww.gla.ac.uk/hunterian
開10:00〜17:00
（日11:00〜16:00）
マッキントッシュ・ハウスの最終ツアーは閉館の1時間前
休月、1/1・2、12/25・26
料無料（特別展示は£5、学生£3）

見どころ（マッキントッシュ関連）

Map P.164B2

マッキントッシュが設計したオフィスビル

ライトハウス The Light House

新聞社のビルとして建てられた

ライトハウスは元々、ヘラルド新聞社のバックオフィスとしてマッキントッシュが1895年に設計した建築。

併設のマッキントッシュセンターで彼の建築物に関する資料や展示を見ることができるほか、2ヵ所ある展望台からグラスゴーの街並みを見渡すことができる。そのうち一つは長いらせん階段を登る必要があるが、一見の価値あり。

Map P.162B3

マッキントッシュが設計した校舎

スコットランド・ストリート・スクール博物館
Scotland Street School Museum

第2次世界大戦当時の教室

1906年にマッキントッシュの設計した校舎を利用した博物館。1979年まで現役の学校だった。教室は改装され、ヴィクトリア女王時代や第2次世界大戦当時の教室の様子など、19〜20世紀後半までの教室を再現している。企画展や家族向けのイベントを開催することも。

Map P.162A1

グラスゴー大学付属の美術館

ハンタリアン美術館
Hunterian Art Gallery

グラスゴー大学の敷地内にある。ここの卒業生で、博士でもあったW・ハンタリアンのコレクションが展示されている。建物は、ユニバーシティ・アベニュー University Av.を挟んで博物館と美術館に分かれている。

美術館のほうはといえば、何といっても最大の見どころはマッキントッシュの自宅のインテリアが再現されたマッキントッシュ・ハウスMackintosh Houseだ。美しい曲線で飾られた彼の作品を見ることができる。そのほか、19世紀の画家ジェイムス・ホイッスラー James McNeill Whistlerの風景画をはじめ、スコットランドの作家の作品を多数収蔵している。

独特なデザインのマッキントッシュ・ハウス

マッキントッシュ・デザインの館 Map P.162A3外

ハウス・フォー・アート・ラバー House for An Art Lover

1901年にマッキントッシュ夫妻によってデザインされた美しい館。ドイツの建築コンクールへの応募作品だった。残念ながら締め切りまでに内部の設計図が仕上がらず、優勝は逃したが、あまりに秀逸なデザインが評価され特別賞を受賞。100年近くたった1996年にやっと日の目を見た。開館以来、結婚披露宴場としてダントツの人気なので、行く前に開館しているかどうか確かめて。併設のカフェ&ショップもおしゃれ。

建物の見た目は意外とシンプル

■ハウス・フォー・アート・ラバー
🚌9番でベラホーストン Bellahouston下車
住10 Dumbreck Rd., G41 5BN
TEL (0141)3534770
URL www.houseforanartlover.co.uk
開10:00〜16:00
（週2〜3日12:30や13:00で閉める日もある）
休不定休
料£6.50　学生£5

Topics

マッキントッシュの生涯

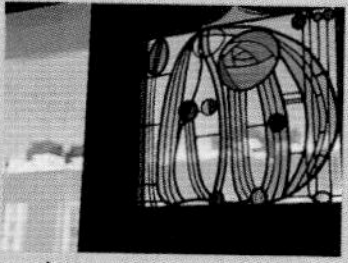
ハウス・フォー・アート・ラバーのステンドグラス

チャールズ・レーニー・マッキントッシュ Charles Rennie Mackintosh（1868〜1928）。彼の才能は、建築家としてのみならず、絵画、ジュエリーのデザインにも幅広く発揮された。そしてその名はいまや詩人バーンズと並ぶスコットランドの誇りだ。しかし、彼の業績が再評価されたのは、没後20年もたってから、また全作品が回顧されたのは何と1996年だった。

グラスゴー・スクール・オブ・アート、後に自分が改築を任されることになる美術学校の学生の頃から頭角を現し、20代ですでにヘラルド新聞社のビルなどいくつものプロジェクトを手がけている。その作風は19世紀末にヨーロッパの芸術全般を席巻したアールヌーボーに多大な影響を与えた。ウィーンで開かれた個展では「間違いなく世紀の巨匠となるであろう若き才能に」乾杯がささげられたという。しかし"トッシー"（マッキントッシュのあだ名）の幸運は続かなかった。いまや英国のモダンアート建築の象徴とされる、彼の代表作スクール・オブ・アート（2018年の火災の影響で大規模な修復作業が行われているため封鎖中）の校舎のデザインは、当時の人々の理解をはるかに超えていたのだ。そこへ戦争が勃発、折から進んでいたドイツやオーストリアでの仕事の話もふいになってしまう。失意の彼はイングランドのとある村へ移住。不運は重なり、スパイ容疑をかけられ、そこからも立ち退く羽目になる。ロンドンへ出たものの、仕事も金もほとんどない身ではこの不名誉を晴らす手段はなく、すでに傷ついていた心はさらに打ちのめされた。ついに建築を捨て、水彩画家に転向したトッシーは最愛の妻、デザイナーとしてもともに働いたマーガレットと南仏へ渡るが、展覧会のための絵を描き貯めている間に舌癌を患い、報われない59年の生涯を閉じてしまった。

バラの花は作品のモチーフとして用いられている

まるでルービック・キューブのようなランプ。彼のデザインした家具も独自性に溢れている

見どころ（博物館と美術館）

Map P.162A1

グラスゴーが誇る美の殿堂
ケルヴィングローヴ美術館＆博物館
Kelvingrove Art Gallery & Museum

美術館のダリに関する展示コーナー

ソウキーホール・ストリートの西端にある。1902年に建てられたヴィクトリア様式の建物は、グラスゴーで最も美しい建築物であるといわれるほど。

美術館では、古代エジプトの美術品や中世の兜や甲冑に始まり、ゴッホ、モネなどの巨匠の作品やオランダ絵画、イギリス絵画など幅広いコレクションを誇る。展示品で必見なのが、ダリの絵画『十字架の聖ヨハネのキリスト』。1951年にグラスゴー市がダリ本人から購入した作品だ。もちろんグラスゴーが生んだマッキントッシュの作品群も充実している。

博物館では、高さ4mのケラトサウルスCeratosaurの標本や、第2次世界大戦で活躍した戦闘機スピットファイアなどの大型の展示物が充実している。

■ケルヴィングローヴ美術館＆博物館
地下鉄ケルヴィンホールKelvinhall駅下車、徒歩5分。
9、16、18、42、62番でケルヴィングローヴ博物館Kelvingrove Museum下車
住Argyle St., G3 8AG
TEL(0141)2769599
URLwww.glasgowlife.org.uk/museums
開10:00～17:00
（金・日 11:00～17:00）
休1/1·2、12/25·26
料無料

博物館の迫力ある展示

Map P.162A1

大学付属の博物館
ハンタリアン博物館
Hunterian Museum

グラスゴー大学の敷地内にある博物館。コインのコレクションや恐竜の化石、ローマ時代の遺跡などさまざまなものが展示されている。人体の不思議に迫った展示も迫力がある。

マンモスの化石標本

■ハンタリアン博物館
住University Av., G12 8QQ
TEL(0141)3304221
URLwww.gla.ac.uk/hunterian
改修のため2021年まで閉鎖予定

グラスゴーの劇場

シアター・ロイヤル Theatre Royal
住282 Hope St., G2 3QA　TEL(0141)3323321　URLwww.atgtickets.com　Map P.164B1
スコティッシュ・オペラと、スコティッシュ・バレエが拠点とする劇場。

グラスゴー・ロイヤル・コンサートホール Glasgow Royal Concert Hall
住2 Sauchiehall St., G2 3NY　TEL(0141)3538000　URLwww.glasgowconcerthalls.com　Map P.164B1
ロイヤル・スコティッシュ・ナショナル・オーケストラが拠点にしているコンサートホールで、定期公演が行われる。

キングズ・シアター King's Theatre
住297 Bath St., G2 4JN　TEL(0141)2401111　URLwww.atgtickets.com　Map P.162B2
ミュージカルをはじめ、さまざまな演劇の公演を行っている、グラスゴーを代表する劇場。

ハイドロ The SSE Hydro
住Exhibition Way, G3 8YW　TEL(0141)2483000　URLwww.thessehydro.com　Map P.162A·B2
2013年にオープンした1万2000人収容のコンサートホール。有名歌手のコンサートも行われる。

テネメント・ハウス The Tenement House Map P.162B2

19世紀の末に建てられたヴィクトリア王朝様式のアパート。1階は建物の歴史や、ここで50年間生活したアグネス女史の身の回りの品を展示。2階部分では、彼女が生活していた当時の部屋の様子が再現され、20世紀初頭の人々の暮らしがよくわかる。

住145 Buccleuch St., G3 6QN　TEL(0141)3330183　URLwww.nts.org.uk
開3～10月10:00～17:00、11～2月11:00～16:00
休11月～2月の土・日、12/22～1/2　料£7.50　学生£5.50

グラスゴー・グリーン&ピープルズ・パレス Glasgow Green & People's Palace Map P.163D3

クライド川沿いに広がるグラスゴー最古の公園。1178年にはすでに公共の地だったという記録がある。ジェイムス・ワットは1765年の夏、ここを散歩していて、突然シリンダーによる動力機（エンジン）を思いついた。公園の東側にはピープルズ・パレスという博物館があり、グラスゴーの歴史を紹介している。また、ピープルズ・パレスの1階部分はウインター・ガーデンズWinter Gardensという温室になっており、カフェもある。

■グラスゴー・グリーン

住Greendyke St., G1 5DB　TEL(0141)2875064　URLwww.glasgow.gov.uk/glasgowgreen
開随時（一部施設は8:30～日没）　休無休　料無料

■ピープルズ・パレス

住Glasgow Green, G40 1AT　TEL(0141)2760788
URLwww.glasgowlife.org.uk/museums　開10:00～17:00（金・日11:00～17:00）
休月・祝、1/1・2、12/25・26　料無料

グラスゴー植物園 Glasgow Botanic Garden Map P.162A1

巨大なガラス張りの温室のキブル・パレスKibble Palaceと、ランのコレクションで有名な植物園。キブル・パレスはもともとはロング湖Long Lochにあった豪商のJ・キブルの館にあったものを、1873年にはるばるここに移築して社交場にしたそうだ。

住730 Great Western Rd., G12 0UE　TEL(0141)2761614
URLwww.glasgowbotanicgardens.com　開7:00～日没　温室 10:00～18:00（冬期10:00～16:15）　休無休　料寄付歓迎

リバーサイド博物館 The Riverside Museum Map P.162A2外

館内では馬車や路面電車、自動車、蒸気機関車など3000点を超えるコレクションがところ狭しと展示されている。19世紀後半～20世紀中頃のスコットランドの街並みを再現しているエリアでは、石畳の道の上に馬車や自動車が展示されている。

Union St.のバス停から100番でリバーサイド博物館Riverside Museum下車
住100 Pointhouse Pl., G3 8RS　TEL(0141)2872720
URLwww.glasgowlife.org.uk/museums
開10:00～17:00（金・日11:00～17:00）　休1/1・2、12/25・26　料無料

グラスゴー・サイエンス・センター Glasgow Science Centre Map P.162A2・3

ミレニアム・プロジェクトの一環としてオープンした新名所。ふたつのドームのうち、東側正面から見て右がサイエンス・モールScience Mallで、左がアイマックス・シネマ。サイエンス・モールでは科学に関するさまざまな展示が並び、その数何と300以上。ほとんどが実際に触ったり、自分で動かしたりできるものだ。アイマックス・シネマではスコットランド最大のスクリーンで、科学や生物に関する映像を上映している。奥のグラスゴー・タワー Glasgow Towerは127mの高さで、町並みを見下ろすことができる。

住50 Pacific Quay, G51 1EA　TEL(0141)4205000
URLwww.glasgowsciencecentre.org　開10:00～17:00（冬期10:00～15:00）
休10～3月の月曜　料サイエンス・モール£11.50　学生£9.50
※サイエンス・モールのチケットを購入すると、アイマックス・シネマの入場券が£2.50、グラスゴー・タワーが£3.50、プラネタリウムが£3で購入できる。

現代美術館（GOMA） Gallery of Modern Art Map P.164B2

ジョージ・スクエアの近くにある。本来は図書館として建てられたもので、現在も地下に図書館がある。コレクションは、世界中から集められた絵画、彫刻、家具といった現代アート。

住Queen St., G1 3AH　TEL(0141)2873050　URLwww.glasgowlife.org.uk/museums
開10:00～17:00（木10:00～20:00、金・日11:00～17:00）　休1/1・2、12/25・26　料無料

現代芸術センター Centre for Contemporary Arts Map P.164A1

通称CCA。絵画、写真をはじめ、音楽、舞台芸術、映画など、多種多様の現代芸術を公開している。カフェ、レストランさらにパブが併設されており、それぞれおしゃれな内装で人気がある。

住350 Sauchiehall St., G2 3JD　TEL(0141)3524900　URLwww.cca-glasgow.com
開10:00～24:00（金・土10:00～翌1:00、日12:00～24:00）
ギャラリー11:00～18:00（日12:00～18:00）　休月、1/1・2、12/25・26　料無料（公演は有料）

■スコットランド・サッカー博物館
🚌Stockwell St.のバス停から75番でアイケンヘッド・ロードAikenhead Rd.下車。鉄道ならフロリダ駅またはキングズ・パーク駅から徒歩5分。
住Hampden Park, G42 9BA
TEL(0141)6166139
URLwww.scottishfootballmuseum.org.uk
開10:00〜17:00
(日11:00〜17:00)
休試合当日
料£8 スタジアムツアーとの共通券£13
●スタジアムツアー
11:00、12:30、14:00、15:00発
休試合当日 料£8

見どころ(サッカー観戦)

Map P.163C3外

サッカーファン必見
スコットランド・サッカー博物館
Scottish Football Museum

ハンプデン・パークHampden Parkの中にあるサッカー博物館。ハンプデン・パークは、1902年に建てられた世界最古の国際試合用のサッカースタジアムだが、1999年の改築によって生まれ変わった。2002年にはUEFAチャンピオンズ・リーグの決勝が行われた。スコットランド代表の国際試合が行われることも多い。博物館では、スコットランドのサッカー史をさまざまな角度と資料から紹介している。また、試合のない日は、スタジアムツアーも行われており、ピッチ、プレスルーム、選手の更衣室などを見学できる。

欧州屈指のスタジアム

Information
グラスゴーの2大サッカーチーム

グラスゴーは、セルティックCelticとレンジャースRangersという、世界的に名の知れたふたつのサッカークラブのホームタウン。

1888年設立のセルティックは、緑と白のユニホームで、アイルランドの象徴であるシャムロックがエンブレム。グラスゴーはもとより、アイルランドにも熱狂的ファンが多い。

一方のレンジャースは1873年設立。リーグ優勝54回(セルティックは50回)というスコティッシュ・プレミアリーグの盟主的存在だ。

この2チームは歴史的に、カトリックがセルティック、プロテスタントがレンジャースを応援するという宗教がからんだ敵対心も手伝い、大のライバル同士。最近はだいぶよくなったが、この2チームが直接対戦するグラスゴー・ダービー(オールド・ファーム・ダービー Old Firm Derby)は熱狂的サポーターたちが騒ぎを起こし、毎回のように負傷者、ひどいときは死者が出たほど。

ダービーマッチは熱狂的に盛り上がるので、チケットの入手も困難。しかし、ダービーマッチと国際試合以外では、比較的チケットは取りやすい。当日券が出ることもしばしばだ。チケットは各スタジアムにあるチケットセンターで入手可能。セルティックは街の東にあるセルティック・パークCeltic Parkを、レンジャースはアイブロックス・スタジアムIbrox Stadiumをそれぞれホームにしている。

■セルティック・パーク
🚌ブキャナン・バスステーションからファースト社の43、61、62番でパークヘッドParkhead下車
住Kerrydale St., G40 3RD
TEL(0141)2301967(スタジアムツアー予約)
URLwww.celticfc.net
開スタジアムツアー:月〜金11:00、13:00、
土・日10:00〜15:30の30分おき(試合日以外)
試合当日の土・日9:30、10:00、10:30、11:00
料£13.50

■セルティック・チケットセンター
TEL0871 226 1888 開9:30〜17:00 休土・日

■アイブロックス・スタジアム
🚇地下鉄アイブロックス駅Ibrox下車
住150 Edmiston Drive
TEL0871 702 1972(スタジアムツアー予約)
URLwww.rangers.co.uk
開スタジアムツアー:金〜日のみ
日によりツアーの時間が異なるので要注意
料£15〜

■レンジャース・チケットセンター
TEL08717021972
開月・火・金9:00〜17:00、水10:00〜17:00、木9:00〜18:00、土10:00〜14:00 休日

近郊の見どころ

ポロック・ハウスとバレル・コレクションは必見 Map P.163C3外

ポロック・カントリーパーク Pollok Country Park

ポロック・ハウス

グラスゴーの中心部から電車で10分ほど。1.46km²（東京ドーム約31個ぶん）という広大な敷地をもつポロック・カントリーパークは、ジョギングやサイクリングなど、さまざまなスポーツを楽しむ人でにぎわう、市民の憩いの場。公園には、多くの植物が見られ、ハイランドキャトルも飼われている。

公園内のハイランドキャトル

ポロック・ハウスPollok Houseはジョージ王朝様式のカントリーハウスの傑作で、中は、美しい調度品と美術品で満たされている。

また、バレル・コレクションはW・バレル卿が生涯かけて集めた蒐集品8000点以上を収蔵する博物館（改修工事のため2021年春まで閉館の予定）。

ローランド・モルトの秘密に迫る Map P.15D1

オーヘントッシャン蒸溜所 Auchentoshan Distillery

ローランドの大地に佇む静かな蒸溜所

オーヘントッシャンはローランド・モルトの代表といえる存在。ゲール語で「野原の片隅」を意味しており、ローランドの穏やかな気候でつくられたシングルモルトはすっきりとした味わいで知られている。

スコットランドのシングルモルトは通常2回ほど蒸溜されるが、ここのウイスキーは3回蒸溜される。作業行程が増えることにより、アルコール度数が高くなり、味も爽やかになるという仕組みだ。見学ツアーでは蒸溜所を周りながら、ウイスキーづくりの行程を解説してくれる。ツアーの最後は試飲コーナーで数種類の銘柄を飲み比べできる。

■ポロック・カントリーパーク
🚉ポロックショーズ・ウエストPollokshaws West駅下車
🚌45、57番でポロックショーズ・ロードPollokshaws Rd.下車
住2060 Pollokshaws, G43 1AT
開日の出～日没
休無休　料無料
●ポロック・ハウス
メインゲートから徒歩15分。
住Pollok Country Park, G43 1AT
TEL(0141)6166410
FAX(0141)6166521
URLwww.nts.org.uk
開10:00～17:00
休1/1·2、12/25·26
料£7.50　学生£5.50
📷一部不可
●バレル・コレクション
TEL(0141)2872550
URLwww.glasgowlife.org.uk
メインゲートから徒歩10分。2021年春まで改装工事のため閉館の予定

■オーヘントッシャン蒸溜所
🚉キルパトリックKilpatrick駅下車。駅からはバスは出ていないので蒸溜所まで約2kmを歩くか、もしくはタクシーのみ。徒歩でも20分程度。
住Clydebank, G81 4SJ
TEL(0138)9878561
URLwww.auchentoshan.com
開10:00～17:00
ツアーは毎日10:00、12:00、13:00、15:00発
休1/1·2、12/25·26
料£12

最後は試飲コーナーで飲み比べ

かつての貴族の邸宅を公園にした

シャッテロー・カントリー・パーク

Chatelherault Country Park

Map P.15D1

ビジターセンター内にあるパルテール

グラスゴーの南東19.3kmの位置にある都市ハミルトン。その郊外に広がる自然豊かな公園がシャッテロー・カントリー・パーク。かつてはハミルトン宮殿Hamilton Palaceを中心とした個人の邸宅だったが、現在は遊歩道などが整備された広大な公園となっている。

宮殿はハミルトン公爵が代々受け継いできたが、1927年に解体され、現在はビジターセンターとして利用されている狩猟小屋Hunting Lodgeが残るだけ。この建物はバンケティング・ハウスとしても使用されていて、正面には手入れをされたパルテール（幾何学的にレイアウトされた花壇）もあり、往時の雰囲気をよく残している。ビジターセンターでは園内に生息する動植物などを解説したパネルや剥製などが展示されているので、散策の前に軽く見学しておくとより楽しめる。敷地内の遊歩道は20分で終わるコースから最大で3時間かかるものまで豊富にあるのでウオーキングにはもってこいだ。大都市から近く、手頃に自然と触れあうことができるからか、休日はウオーキングやランニングなどを楽しんでいる人々が多い。

"マッサン"の妻、竹鶴リタの故郷

カーキンティロッホ

Kirkintilloch

Map P.15D1

グラスゴー郊外にある小さな町、カーキンティロッホ。ここは「日本のウイスキーの父」、竹鶴政孝の生涯の伴侶となったリタ（ジェシー・ロバータ・カウン、1896～1961）の出生地。NHKで放映された連続テレビ小説『マッサン』の人気もあり、日本人旅行者も増えてきている。町の歴史にまつわるものは、かつての教会、オールド・カーク博物館に展示されている。

■シャッテロー・カントリー・パーク

🚉シャッテロー・カントリー・パークChatelherault Country Park駅下車。入口までは徒歩3分ほど。

住Hamilton, ML3 7UE

TEL(01698)426213

URL www.slleisureandculture.co.uk

●ビジターセンター

開10:00～17:00

休1/1・2、12/25・26

料無料

園内を流れるエイヴォン川

ビジターセンター内の展示コーナー

■カーキンティロッホへの行き方

🚌グラスゴーのブキャナン・バスステーションからX85番で約25分、1時間に1～2便。

■オールド・カーク博物館
Auld Kirk Museum

住Cowgate, G66 1AB 0SX

TEL(0141)5780144

開10:00～13:00
14:00～17:00

休日・月、イースター、12月下旬～1月上旬　料無料

博物館近くのタウンホールには竹鶴リタに関するコーナーもある

Hotel　ホテル

高級ホテルは中心部の西側に点在している。B&Bやゲストハウスは、街の中心からやや北のレンフリュー・ストリートRenfrew St.やウエストエンドに多い。B&B街は坂が多いので大きな荷物がある人はタクシーで行こう。

日本からホテルへの電話　国際電話会社の番号 + 010 + 国番号44 + 市外局番の最初の0を取った掲載の番号

マルメゾン Malmaison

●もともとはギリシア風の教会を改装して造られた、おしゃれなデザイナーズホテル。建物ばかりでなく、ベッドやソファなどのインテリアにも凝っており、部屋のデザインも一つひとつ異なっている。地下のレストランでは本格的フランス料理も楽しめる。朝食は別料金。

TV　無線LAN

Map P.164A1　高級　72室

住278 West George St., G2 4LL
TEL(0141)5721000
FAX(0141)5721002
URLwww.malmaison.com
料£85～
£
A D J M V

ステイ・メトロ Stay Metro Glasgow Central

●セントラル駅近くにあるアパートメント形式のホテル。客室は広めに設計されており、併設されているキッチンには冷蔵庫や食器、調理用具一式も備えられているので、長期滞在する人には特におすすめ。洗濯機もあり無料で使用できる。人気の宿なので早めに予約しよう。

TV　無線LAN

Map P.164A2　高級　30室

住15/3 Oswald St., G1 4PD
TEL(0141)2432094
URLstyleplusgroup.com
£84～
£92～
£　A M V

Pick Up HOTEL　グランド・セントラル Grand Central Hotel

Map P.164A2
高級
230室

1883年創業のホテルで、セントラル駅の出口正面にある。スコットランドを代表する建築家ロバート・アンダーソンによる設計で、内部はヴィクトリア朝時代の豪華絢爛な造りとモダンなデザインが見事に融合している。ウィンストン・チャーチルやケネディ大統領など、歴代の宿泊客も豪華だ。

住99 Gordon St., G1 2SF
TEL(0141)2403700
FAX(0141)2403709
URLwww.phcompany.com
料£118～
£　A M V
TV　無線LAN

1なんとケネディ大統領が宿泊した部屋にも泊まれる！　2カフェの屋上に残る装飾は開業当時からそのまま　3歴代の有名人宿泊者の写真が飾られていた　4螺旋階段の中央に配された美しいシャンデリア

ケルヴィングローヴ The Kelvingrove Hotel

TV 無線LAN

●ケルヴィングローヴ公園近くのB&B街にある。淡い暖色を基調とした明るい部屋には、ゆったりとくつろげるカウチもついている。バスルームも使いやすく、シャワーのお湯の出もよい。朝食はフル・スコティッシュ以外にもアレンジ可能。チェックインが深夜になる場合はあらかじめ連絡を。

Map P.162A2　中級　24室
住944 Sauchiehall St., G3 7TH
TEL(0141)3395011
URLwww.kelvingrove-hotel.co.uk
S £60～65
W £80～90
£
AMV

アーット Artto Hotel

TV 無線LAN

●セントラル駅のすぐ近くにあり、夜遅くの到着や早朝の出発でも安心。客室は日本のビジネスホテルのように機能的に整えられ、必要最低限の設備が確保されている。掃除も行き届いているので、快適に滞在できる。エレベーター付きなので荷物が多くても安心だ。朝食は別料金。併設されているインド料理レストランは、カレービュッフェが人気。

Map P.164A2　中級　50室
住37-39 Hope St., G2 6AE
TEL(0141)2482480
FAX(0141)2239640
URLwww.arttohotel.com
S £45～90
W £60～180
£
ADJMV

Map P.162A1　大型　97室

ヒルトン・グラスゴー・グロヴナー
Hilton Glasgow Grosvenor

住1-9 Grovenor Ter., G12 0TA
日本での予約:TEL(03)6864-1633
TEL(0141)3398811　FAX(0141)3340710
URLwww.hilton.com
S/W £93～
£ €　ADMV

●ウエストエンドにある高級ホテル。ヴィクトリア様式のテラスが非常にすばらしい。地中海料理やスコットランド料理を出すレストランのほか、スパも併設。

Map P.164B2　大型　60室

ミレニアム・ホテル・グラスゴー
Millennium Hotel Glasgow

住40 George Sq., G2 1DS
TEL(0141)3326711
URLwww.millenniumhotels.com
S/W £65～
£　ADMV

●町の中心、ジョージ・スクエアの北側に面した高級ホテル。重厚感あるロビーのほか、客室の設備も充実しており、アメニティグッズも揃っている。朝食は豪華なビュッフェ方式。

Map P.164A1　大型　141室

ノヴォテル・グラスゴー・センター
Novotel Glasgow Centre

住181 Pitt St., G2 4DT
日本での予約TEL(03)4455-6404
TEL(0141)2222775　FAX(0141)2045438
URLwww.novotel.com
S/W £74～
£　ADJMV

●地下鉄チャリング・クロスCharing Cross駅の近くにある。レストランが並ぶソウキーホール・ストリートにも近くて便利。フィットネスセンターなど設備も充実。

Map P.164B1　大型　113室

ホリデイ・イン・グラスゴー
Holiday Inn Glasgow

住161 West Nile St., G1 2RL
日本での予約:FREE0120-455-655
TEL(0141)3528300　FAX(0141)3327447
URLwww.higlasgow.com
S/W £79～
£　ADMV

●ブキャナン・バスステーションのすぐそばにある。部屋はビジネスタイプだが、広々としており、設備も機能的。併設のフレンチレストランも本格派。

Map P.164A1　大型　141室

アイビス・グラスゴー・シティ・センター
Ibis Glasgow City Centre

住220 West Regent St., G2 4DQ
日本での予約:TEL(03)4455-6404
TEL(0141)2256000　FAX(0141)2256010
URLibis.accor.com
S/W £65～
£　ADMV

●ノヴォテルのすぐ裏にある、同じグループのホテル。エントランス奥にはバーや朝食スペースがある。客室のベッドはダブルまたはツインのみ。

Map P.162B2　ゲストハウス　81室

マクレイズ
McLays Guest House

住260-276 Renfrew St., G3 6TT
TEL(0141)3324796
URLwww.mclays.com
S £40～　S £50～
W £50～　W £60～
£　ADJMV

●レンフリュー・ストリートにあるゲストハウス。部屋数が多く、中心部では比較的手頃な料金がうれしい。部屋にはテレビや電話、ティーセットなどを完備。

サンディフォード Sandyford

TV 無線LAN

●ケルヴィングローヴのB&B街入口にある。規模は中級ホテル並みだが、ゲストハウス並みの良心的な値段設定がうれしい。さわやかなブルーとホワイトの外観なのですぐにわかる。朝食もいろいろとアレンジできて、種類も豊富。モバイル環境がない人のためにロビーにはPCも置いている。

Map P.162A2　中級　55室

住904 Sauchiehall St., G3 7TF
TEL (0141)3340000
FAX (0141)3371812
URL www.sandyfordhotelglasgow.com
£35〜
£56〜
£　A J M V

アーガイル Argyll Guest House

TV 無線LAN

●ソウキーホール・ストリートの西の外れにあり、ケルヴィングローヴ美術館&博物館にも近い。全19室中、約半数の部屋はバスタブ付き。チェックインなどの手続きは通りを挟んだ向かい側にあるアーガイル・ホテル（朝食もここで出す）へ。ホテルで滞在する場合、£65、£80となる。

Map P.162A2　ゲストハウス　19室

住970 Sauchiehall St., G3 7TH
TEL (0141)3575155
URL www.argyllhotelglasgow.co.uk
£55〜
£75〜
£
A M V

レーニー・マッキントッシュ Rennie Mackintosh Hotel

TV 無線LAN

●マッキントッシュ・ファンの家族が経営するホテル。マッキントッシュの設計というわけではないけれど、彼の意匠を採った家具がところどころに置いてあったりする。客室は一部改装済み。街の中心部、ユニオン・ストリートUnion St.などにも同じ系列のホテルがある。

Map P.164A1　ゲストハウス　24室

住218-220 Renfrew St., G3 6TX
TEL (0141)3339992
FAX (0141)3339995
URL www.rmghotels.com
£30〜
£50〜
£　M V

ニュートン Newton Hotel

TV 無線LAN

●町の中心からから徒歩10分ほど、バース・ストリートにある、リーズナブルなホテル。2018年に館内を一部改装している。朝食付きで、フル・スコッティッシュかコンチネンタルを選べる。地図や観光パンフレットなども豊富に取り揃えている。

Map P.164A1　ゲストハウス　18室

住248-252 Bath St., G2 4JW
TEL (0141)3321666
FAX (0141)3327722
URL www.newtonhotel.co.uk
£45〜
£70〜
£　A M V

Map P.164A1　大型　125室

イージー・グラスゴー・シティ

easyHotel Glasgow City

住1 Hill St., G3 6RN
TEL 0843 902 7001
URL www.easyhotel.com
£40〜60
£　A M V

●ブキャナン・ストリート駅から徒歩5分ほどのところにある。格安航空会社系のホテルとあって、テレビは1日£5、チェックインが少しでも早いと+£10などなかなか厳格だが、なんといっても価格は魅力。

Map P.162B1　ユースホステル　ベッド数110

SYHAグラスゴー

SYHA Glasgow

住7-8 Park Ter., G3 6BY
TEL (0141)3323004
URL www.hostellingscotland.org.uk
DOM £14〜
£40〜
£　J M V

●地下鉄ケルヴィンブリッジKelvinbridge駅下車、徒歩10分。ヴィクトリア様式の建物が建ち並ぶ一角にある。朝食は別料金で£5.95〜7.50。

Map P.163C3　ホステル　ベッド数365

ユーロ・ホステル

Euro Hostel

住318 Clyde St., G1 4NR
TEL (0141)2222828　FAX (0141)2222829
URL www.eurohostels.co.uk
DOM £15〜　£35〜
£36〜　£　M V

●クライド川の手前にある大型のホステル。客室はモダンなデザイン。ドミトリーは男女混合で4人から14人収容。プライベートルームにはテレビがある。朝食はビュッフェ方式で£5。

Restaurant

レストラン

コスモポリタン都市グラスゴーは食に関してもバラエティ豊か。レストランはシティセンターと、ウエストエンドに集中している。ショッピングセンター内のフードコートも安くておいしい。

トゥー・ファット・レイディーズ Two Fat Ladies

スコットランド料理 / Map P.164A1 / グラスゴー中心部

●市内に3店舗を持つ人気のレストラン。店名はビンゴの88番がこのように呼ばれることから来ているとか。新鮮なシーフードと伝統的スコットランド料理が楽しめる。ディナーの予算は£35～。

住118A Blythswood St., G2 4EG TEL(0141)8470088 URLtwofatladiesrestaurant.com
開12:00～14:30 17:00～22:00（金・土12:00～14:30 17:00～22:30、日13:00～21:00） 休1/1・2、12/25・26 £ ADJMV

ロガノ Rogano

スコットランド料理 / Map P.164B2 / グラスゴー中心部

●1935年創業の老舗レストラン。店内はアールデコ調の内装で、1階部分がレストランで予算は£40～。地下はカジュアルな雰囲気のビストロとなっている。生ガキは6個£16.50、9個£24.50。

住11 Exchange Pl., G1 3AN TEL(0141)2484055
URLwww.roganoglasgow.com 開12:00～24:00
休1/1 £ ADMV

グリル・オン・ザ・コーナー The Grill on the Corner

英国料理 / Map P.164A2 / グラスゴー中心部

●高品質な素材にこだわるステーキ専門店。牛肉はアンガス地方の牧場から直接仕入れているという。自慢のステーキは量や部位により£22～80。

住21-25 Bothwell St., G2 6NL TEL(0141)2486262
URLblackhouse.uk.com 開12:00～23:00 休12/25
£ AMV

マッキントッシュ・アット・ザ・ウィロー Mackintosh at the Willow

ティールーム / Map P.164A1 / グラスゴー中心部

●マッキントッシュが手がけたティールームを現代の職人たちの手によって再現したカフェ。併設する資料館（入場料別途）では建物の歴史展示が見られるほか、当時の茶会衣装を着ることができる。

住215 Sauchiehall St., G2 3EX TEL(0141)3327696
URLmackintoshatthewillow.com 開9:00～17:00（日10:00～17:00）
休1/1、12/25・26 £ MV

サイテーション Citation Taverne & Restaurant

スコットランド料理 / Map P.163C3 / イーストエンド

●1階がパブで2階がレストランになっており、店内は吹き抜けのモダンな空間が広がる。週末は若者であふれており、ちょっとお洒落して出かけてみよう。ランチは飲み物1杯付きで2品£14.95。

住40 Wilson St., G1 1HD TEL(0141)5596799 URLwww.citation-glasgow.com
開12:00～23:00（金・土12:00～24:00） 休無休 £ AMV

ニッポン・キッチン Nippon Kitchen

日本料理 / Map P.164B2 / グラスゴー中心部

●メニューは幅広く、味も本格的と評判の日本食レストラン。店の自慢はグラスゴー近郊から仕入れた魚介類を使った寿司は各種£11.50～37.50。七草Nanakusaという姉妹店（Map P.162B2）もある。

住91 West George St., G2 1PB TEL(0141)3283113 URLwww.nipponrestaurant.co.uk
開12:00～22:00（金・土12:00～23:00、日12:30～22:00）
休1/1、12/25 £ MV

大龍鳳酒樓 Loon Fung

中華料理 / Map P.162B2 / グラスゴー中心部

●広東料理が専門の中華料理店。味にも定評があり、地元の中国人にも評判。海鮮料理が充実しており、ロブスターも中華風に調理してくれる。点心は47種類あり、全品£3.88と値段も手頃。

住417-419 Sauchiehall St., G2 3LG TEL(0141)3321240
URLwww.loonfungglasgow.com 開12:00～23:00 休無休
£ DJMV

ディム・サム（点心） Dim Sum

中華料理
Map P.164B1
グラスゴー中心部

●点心を中心に広東料理や四川料理など幅広いメニューを出す人気店。ハギスやスモークハドックといったスコットランドの食材を使った餃子£5.20～などもある。

住69 West Nile St., G1 2QB　TEL(0141)32808000
URLdimsum-glasgow.com　開12:00～22:00（金・土12:00～23:00）　休無休
予£　カMV

ラ・ボン・オーベルジュ La Bonne Auberge

フランス料理
Map P.164B1
グラスゴー中心部

●ホリデイ・インの中にある老舗フランス料理店で受賞歴もある名店。エディンバラにも支店がある。おもに地中海風のメニュー。ランチはサンドイッチセットが£9.95、ディナーのセットが2品で£19.95。

住161 West Nile St., G1 2RL　TEL(0141)3528310
URLwww.labonneauberge.co.uk　開12:00～14:30　17:00～22:00
休無休　予£　カADJMV

ガンバ Gamba

シーフード
Map P.164A1
グラスゴー中心部

●建物の地下にあり、隠れ家的なシーフードレストラン。近海で取れた良質な魚介類を使用したメニューが評判。前菜には刺身£15や生ガキ£18もある。

住225a West George St., G2 2ND　TEL(0141)5720899
URLwww.gamba.co.uk　開12:00～14:30 17:00～21:30（日17:00～21:00）
休1/1～7、12/25　予£　カJMV

グルメなお店が集う！ アシュトン・レーン

Map P.162A1

ウェストエンド地区、地下鉄ヒルヘッド駅近くのアシュトン・レーンにはお洒落なカフェやパブが集まるグラスゴー屈指のグルメエリア。日曜は出店も並ぶ。

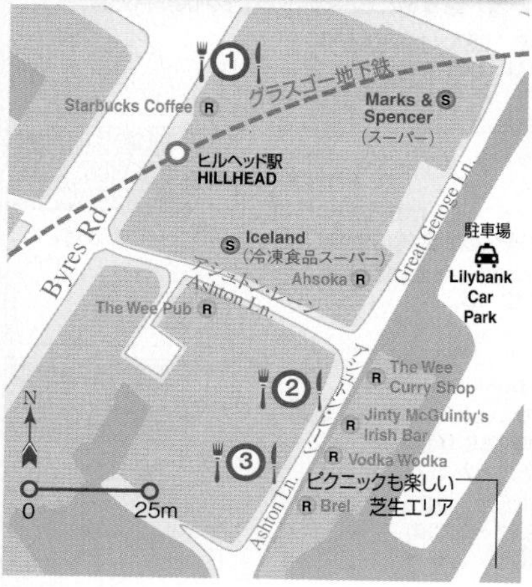

① カーラーズ・レスト The Curler's Rest

パブ

住256-260 Byres Rd., G12 8SH
TEL(0141)3410737
URLwww.nicholsonspubs.co.uk
開12:00～24:00（日～23:00）
休無休　予£　カADJMV

●600年以上の歴史を誇る、グラスゴーでも老舗のパブ。店内はオーク材を使っており、温かみのある内装だ。エールは常時5種用意しており、食事メニューは日替わりと何度行っても楽しめる。

② ユビキタス・チップ Ubiquitous Chip

スコットランド料理

住12 Ashton Ln., G12 8SJ
TEL(0141)3345007
URLwww.ubiquitouschip.co.uk
開バー11:00～翌1:00　レストラン12:30～23:00
休無休　予£　カADJMV

●店内は吹き抜けで陽光あふれる造り。通りに面したテラス席もある。メニューは伝統的なスコットランド料理をアレンジ。パブコーナーも人でいっぱいの人気。予算は£30～。

③ イニス&ガン Innis & Gunn Brewery Taproom

ビール&スコットランド料理

住44 Ashton Ln., G12 8SJ
TEL(0141)3346688　URLwww.innisandgunn.com
開11:00～24:00（土・日10:00～24:00）
休12/25　予£　カAMV

●店内で醸造しているオリジナルビール3種のほかにもいろいろなビールが楽しめる。食事のメニューも豊富でメインディッシュは£9.25～24.50。エディンバラやダンディーにも支店がある。

ヴィヴァ Viva

イタリア料理
Map P.164A2
グラスゴー中心部

●薄い生地のピザを食べるならここが一番。18種類から選べて£8.95～12.95。パスタ£8.95～12.95も本場ゆずりでおいしいと評判だ。

住77 Bothwell St., G2 6TS　TEL (0141)2432162　URL www.viva-ristorante.com
開10:00～21:30（金9:30～22:00、土12:00～22:00、日16:00～21:30）
休1/1、12/25・26　£　ADJMV

アンティパスティ Antipasti

イタリア料理
Map P.164A1
グラスゴー中心部

●モダンなインテリアのカフェスタイルの店。平日の12:00～17:00は2品のランチが£6.95～。パスタや石釜で焼いたピザは£8.45～。ワインも各種あり。メインの料理は£10.95～。ムール貝なども出す。

住305 Sauchiehall St., G2 3HQ　TEL (0141)3329002
URL antipasti.co.uk　開12:00～22:00　休1/1、12/25・26
£　MV

カフェ・アンダルス Cafe Andaluz

スペイン料理
Map P.164B2
グラスゴー中心部

●青いタイルや寄せ木細工が壁を彩るアンダルシア風の店内はエキゾチックなムードたっぷり。人気のパエリャは2人前からでひと皿£25～。スペイン産ワインも各種あり。£14.95とお得なランチも。

住12-15 St Vincent Pl., G1 2DW　TEL (0141)2222255
URL www.cafeandaluz.com　開11:30～22:00（日12:00～22:00）
休1/1、12/25　£　AMV

ユニバーシティ・カフェ The University Café

カフェ
Map P.162A1
ウエストエンド

●独自のヨーロッパ大陸的なカフェ文化を保ってきた老舗のカフェ。グラスゴー大学の学生から旅行者まで1950年代風の小さな店内で和んでいる。自家製アイスは£2.10～。軽食もある。

住87 Byres Rd., G11 5HN　TEL (0141)3395217
開9:00～22:00（金・土9:00～22:30、日10:00～22:00）
休1/1・2、12/25・26　£　不可

イン・ディープ Inn Deep

パブ
Map P.162B1
ケルヴィンブリッジ

●地下鉄のケルヴィンブリッジ駅を降りてすぐの川沿いにある。クラフトブリュワリーのコースターが数えきれないほど壁に貼ってある。ハーフパイントでビールを頼んでとっかえひっかえ楽しみたい。

住445 Great Western Rd., G12 8HH　TEL (0141)3571075
URL www.inndeep.com
開12:00～24:00　休1/1、12/25　£　MV

ホースシュー The Horseshoe Bar

パブ
Map P.164B2
グラスゴー中心部

●グラスゴーのパブはどこも満杯で狭いイメージだが、ここは広くてゆったりした造り。スコットランドのエールは常に置いてあり、ゲストビールも豊富。朝食メニューは10:00（土9:00）～12:00。

住17-19 Drury St., G2 5AE　TEL (0141)2486368
URL www.thehorseshoebarglasgow.co.uk
開10:00～24:00　休12/25　£　MV

ポット・スチル The Pot Still

パブ
Map P.164A1
グラスゴー中心部

●地元の人に人気のウイスキーパブ。これまでに数多くの賞を受賞している。スコットランド各地から集められたウイスキーのストックは常時750種類超。店内の壁はウイスキーのボトルで装飾。

住154 Hope St., G2 2TH　TEL (0141)3330980
開11:00～24:00　休1/1、12/25
£　MV

ドラム&モンキー The Drum & Monkey

パブ
Map P.164B2
グラスゴー中心部

●夕方からは地元の人々でいっぱいになる伝統的なパブ。スコットランド産のエールの種類も豊富。グラスゴーのパブ・オブ・ザ・イヤーにも選ばれたことがある。

住93 St Vincent St., G2 5TF　TEL (0141)2216636
開12:00～23:00（金・土12:00～24:00）
休12/25　£　ADMV

Shop　ショップ

グラスゴーの中心部はまさにショッピング天国。アーガイル・ストリート、ソウキーホール・ストリート、ブキャナン・ストリートは特に店が集中している。また、ショッピングモールの数も多い。

ジョン・ルイス John Lewis

Map P.164B1　デパート

●ブキャナン·ギャラリーズの中にある、グラスゴーで最大級のデパート。ハイブランドをはじめ、カジュアル用品、電化製品、食料品まであらゆる店舗が入っている。ウィンドウショッピングにも最適。

住Buchanan Galleries, G1 2GF
TEL(0141)3536677
URLwww.johnlewis.com
開9:00〜19:00
休無休
£　店舗による

ジェイムス·プリングル James Pringle Weavers

Map P.164B2　民芸品

●ブキャナン・ストリートにあるキルトの専門店。マフラーやスカーフなど手頃な品も多い。ほかにショートブレッドやキーホルダー、アクセサリーなどスコットランドみやげもひととおり取り扱っている。

住130 Buchanan St., G1 2JR
TEL(0141)2213434
開9:00〜19:00（日10:00〜16:00）
休無休
£
ADJMV

イーデンズ Edens

Map P.164B2　民芸品

●セントラル駅近くにあるキルトの専門店。高品質として評判なジョンストンズJohnstons社製のマフラーや手袋などのアイテムが揃う。デザインの種類も幅広い。隣接するハウス·オブ·カシミアHouse of Cashmereも系列店。

住36 Gordon St., G1 3PU
TEL(0141)2485551
URLwww.kiltsandcashmere.com
開9:00〜21:00（冬期9:00〜20:00）
休1/1·2、12/25·26
£　ADJMV

グッド·スピリッツ The Good Spirits Co.

Map P.164B1　ウイスキー

●建物の地下にあり、隠れ家的なウイスキー専門店。ウイスキーは地域ごとに分けて陳列されている。試飲会（要予約）をしばしば行っている。角を曲がったところにワイン＆クラフトビール専門の支店がある。

住23 Bath St., G2 1HW
TEL(0141)2588427
URLwww.thegoodspiritsco.com
開10:00〜19:00（木10:00〜20:00、日12:00〜17:00）　休1/1·2、12/25·26
£　AJMV

ウイスキー·ショップ The Whisky Shop

Map P.164B1　ウイスキー

●ブキャナン・ギャラリーズの最下階にある。スコットランド各地のウイスキーはもちろん、樽の原酒、ミニチュアボトルなどを豊富に取り揃えている。扱っている銘柄は、常時100種以上とか。

住220 Buchanan St., G1 2FF
TEL(0141)3310022
URLwww.whiskyshop.com
開10:00〜18:00（木10:00〜21:00）
休1/1、12/25
£　ADJMV

セルティック Celtic

Map P.164B2　スポーツ

●セルティックのオフィシャル・ショップ。レプリカ・ユニホームやグッズも置いているが、ファッション性が高く、普段でも着られるような服の品揃えが多い。サイン入りユニホームなどの限定商品も取り扱う。

住154 Argyle St., G2 8BX
TEL(0141)2041588
URLwww.celticfc.net
開9:00〜18:00（日11:00〜17:00）
休1/1、12/25
£　AMV

ティー•ツー T2

Map P.164B2　紅茶

●オーストラリアから満を持して紅茶の国イギリスに展開した紅茶専門店。紅茶からハーブティー、抹茶まで世界のお茶がカラフルな箱に入っており試飲も可能(£6〜)。おしゃれなティーカップや茶かごなどの雑貨も豊富。

住131 Buchanan St., G1 2JA
TEL(0141)2219114
URLwww.t2tea.com
開10:00〜19:00（日11:00〜18:00）
休1/1、12/25
£　AJMV

ロバート・オーウェンの夢の結晶

ニューラナーク New Lanark

●市外局番01555　●人口8900人（ラナーク）

❖ラナークへの行き方

ニューラナークへの起点はラナーク。まず、ラナークまで行ってから、バスか徒歩でニューラナークへ行く。

●グラスゴーから

🚃セントラル駅から30分に1便程度（日曜は1時間に1便程度）
所要:約1時間

🚌ステュアーツ・コーチズ Stuarts Coaches社の240Xが7:55、9:23、11:50、13:40、15:23発
241Xが8:35、10:50、14:40、16:23、17:18、18:00発。
240X、241Xともに土・日運休。
所要:1時間5分

終点駅のラナーク駅

産業革命時の工業遺産ニューラナーク

グラスゴーから列車で1時間ほどのラナークは、何の変哲もない田舎町。そんな場所に世界中から観光客が訪れる秘密が、この町から徒歩で20分ほど離れたニューラナークにある。ニューラナークは、産業革命時に建てられた紡績工場と労働者用の住宅地のコンプレックス（複合施設）。当時、この工場は英国一の生産量を誇ったほどだった。また、ここは空想的社会主義者、ロバート・オーウェンが工場の経営者として、労働者の劣悪な労働条件の改善、社会保障、子供のための幼稚園設立といった、自らの理想を実践していった壮大な「実験場」でもある。工場は当時の様子がよく保存されており、ユネスコの世界遺産にも登録されている。工場周辺の自然は、野生保護区に指定されているので、ウオーキングにも挑戦してみよう。

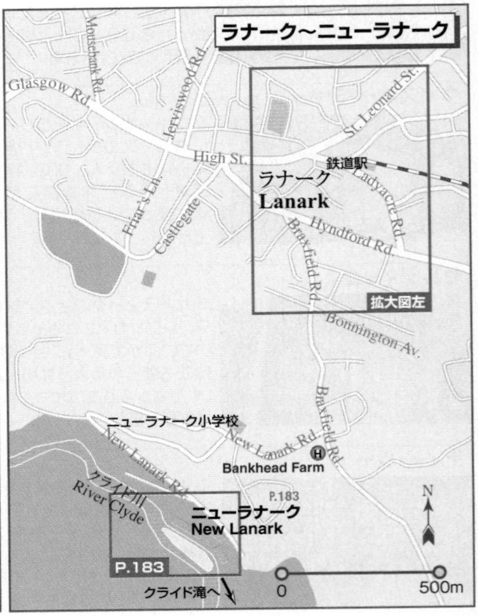

歩き方

鉄道駅を出た東側にあるバスロータリーからニューラナーク行きの135番のバス（1時間おき）が出ている。

◉ラナークからニューラナークへ　ラナーク駅を出て駅前のLadyacre Rd.を左へ進み、突き当たりを右折。そのまましばらく進んで行くと、左側にニューラナークNew Lanarkへの表示が出ているので、そこで左折してそのままずっと道なりに進んで行く。ここから10分ほど歩き、下り坂を下っていくと、ニューラナークの町並みと、クライド川の光景が突然眼下に広がってくる。2kmほどなので徒歩でも20分ほどだが歩道が狭くて歩きにくく、帰りは上り坂なのでタクシー（£5前後、所要10分）も便利。帰りのタクシーはビジターセンターで頼めば呼んでもらえる。

見どころ

ニューラナークは、ゆっくり回ればそれだけで1日かかるほど見応え十分。また、ニューラナークの東はクライド滝・野生保護区という人気の散策エリアになっている。

産業革命期の工場の見本　Map P.183

ニューラナーク・ビジターセンター New Lanark Visitor Centre

ニューラナークは、ロバート・オーウェンが運営した工場とそれに付属するさまざまな施設の集合体で、ひとつの村を形成している。ロバート・オーウェンは、空想的社会主義者ともいわれるように、産業革命時の劣悪な労働環境で苦しむ労働者たちのため、理想の共同体を作り出すことに情熱を傾けた人物。彼の理想を具現化したのが、ここニューラナークというわけだ。もともとニューラナークは水力紡績機を発明したリチャード・アークライトとデビッド・デイルが1785年に共同で設立

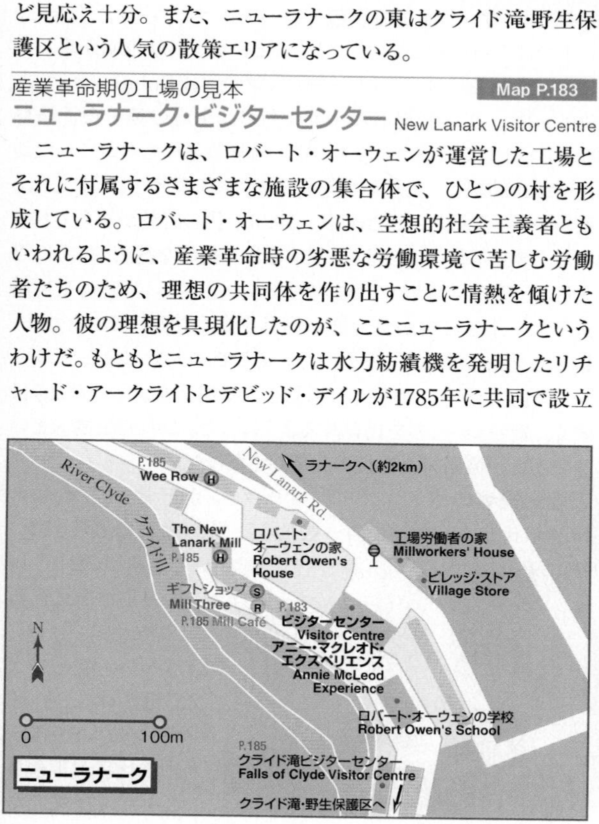

標識を頼りに行こう

ラナークの聖母マリア・ローマ・カトリック教会

ニューラナークへ続く道

■ニューラナーク・ビジターセンター
住New Lanark Mills, New Lanark, ML11 9DB
TEL(01555)661345
FAX(01555)665738
URLwww.newlanark.org
開4〜10月10:00〜17:00
11〜3月10:00〜15:00
（土・日〜16:00）
休1/1・2、12/25・26
料£13.95　学生£11.95
㊛

産業革命の時代に使われていた紡績機

アニー・マクレオド・エクスペリエンスの展示

ジョージ王朝様式の建物で統一されたニューラナーク

したもので、その経営にロバート・オーウェンが携わることになったのは1800年のこと。それからアメリカ合衆国にニューハーモニー村という新たな共同体を設立する1825年までの25年間、ロバート・オーウェンはここでさまざまな進歩的、実験的な経営を行った。

見学者はまずビジターセンターでチケットを購入し、そのままアニー・マクレオド・エクスペリエンスAnnie McLeod Experienceへ行こう。乗り物に乗りながら、産業革命頃の工場と労働者の待遇に関する解説を聞くアトラクションで、アニー・マクレオドというかつてここで働いていた女の子の幽霊がニューラナークでの生活を語ってくれる。日本語の解説も聞くこともできる。それ以降は4つあるアトラクションを自分の好きな順に回っていく仕組みになっている。

ロバート・オーウェンの学校　ロバート・オーウェンが発案し、いまでは当たり前になっているものといえば、幼稚園が真っ先に挙げられる。ロバート・オーウェンの学校Robert Owen's Schoolは、工場労働者の子供たちの幼少時の健全な性格形成を目的として設立されたもので、当時普通に行われていた幼児労働を制限し、その時間を教育のために費やすようにした。

ビレッジ・ストア　1820年代と1920年代の店舗が再現されている。1820年代のものは、一見すると一般的な商店のように思えるが、産業革命時には画期的なものだった。当時の工場周辺では、小さな店が質の低い商品を高く販売していたため、借金を重ねる労働者も多かった。そこでオーウェンは、ビレッジ・ストアを作り、食料や日用品を大量購入し、一人ひとりに安く、質のよいものを提供するようにした。この大量購入という発想は、協同組合制度の先駆けとなった。

工場労働者の家　ロバート・オーウェンが経営していた頃の1820年代と、1930年代の一般的な工場労働者の暮らしについて展示しており、両時代の生活を比べることができる。

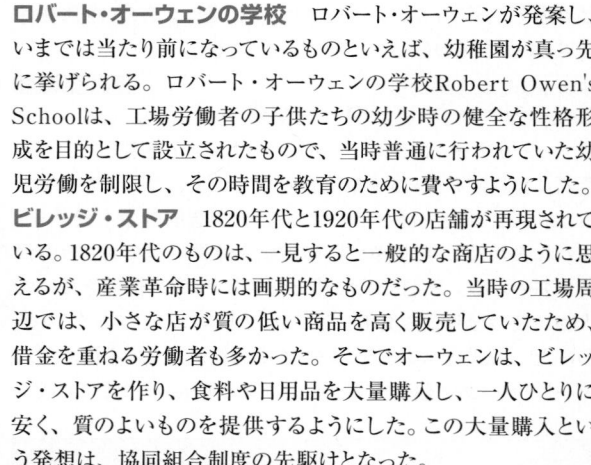

ロバート・オーウェンの書斎

ロバート・オーウェンの家　ロバート・オーウェンのニューラナークでの家が再現されており、彼のここで

建物の屋上に造営されたルーフガーデン

ロバート・オーウェンの学校。彼は子供の教育を重視し、ニューラナークに世界初の幼稚園を設立

1820年代の店舗を再現したビレッジ・ストア

当時の暮らしぶりがよくわかる工場労働者の家

ロバート・オーウェンの家

の生活ぶりがわかる。また、彼の生涯についての展示が行われている。

そのほかニューラナークには、スコットランド最大の屋上庭園、レストラン、ホテル、ユースホステルといった施設があり、クライド滝・野生保護区と合わせて1日たっぷり楽しめる。

ニューラナークの周辺は自然がいっぱい Map P.183外

クライド滝・野生保護区 Falls of Clyde Wildlife Reserve

クライド滝ビジターセンター

ニューラナークの東はクライド滝・野生保護区。クライド川は、ニューラナークの先で何度か滝となり、激しく流れ落ちる。その美しさはターナーをはじめ、数々の風景画家を引きつけた。ニューラナークから最初の滝までは、往復で1時間〜1時間30分程度で行くことができる。周囲の自然も美しく、ウオーキングに最適だ。ニューラナークの中にはクライド滝ビジターセンター Falls of Clyde Visitor Centreがあり、周辺の自然に関する展示を行っているほか、野生保護区の地図も手に入り、野生保護区を散策するためのスタート地点になっている。

■クライド滝・野生保護区
●クライド滝ビジターセンター
住 New Lanark, ML11 9DB
TEL (01555)665262
URL www.scottishwildlifetrust.org.uk
開 10:00〜16:00
休 日、1/1・2、12/25・26
料 £3
遊歩道への立ち入りは無料

クライド川を流れ落ちる滝

Hotel&Restaurant ホテル&レストラン

ニューラナークには、産業革命当時の工場を改装した宿泊施設がある。また、レストランやパブはラナーク駅周辺かハイ・ストリートHigh St.に点在している。

日本からホテルへの電話 国際電話会社の番号 + 010 + 国番号 44 + 市外局番の最初の0を取った掲載の番号

ニューラナーク・ミル The New Lanark Mill Hotel

●工場を改装したニューラナークの名物ホテル。古い工場の重厚なたたずまいを残しつつも、内装は全面改装済みで、屋内スイミングプールも完備する。宿泊者のみ敷地内の駐車場が利用できる。キッチン付きの別棟もある。

Map P.183 中級 38室
住 New Lanark Mills, Lanark, ML11 9DB
TEL (01555)667200 FAX (01555)667222
URL www.newlanarkhotel.co.uk
/ £89〜
£ A J M V
無線LAN

ウィー・ロウ Wee Row Hostel

●ニューラナーク内の工場跡を利用しているホステル。レセプションには観光情報のファイルがある。3人、4人部屋はあるがドミトリーはない。ランドリーやキッチンといった設備も整っている。11月〜3月下旬は休業。

Map P.183 経済的 18室
住 Wee Row, New Lanark, ML11 9DJ
TEL (01555)666710
URL www.newlanarkhostel.co.uk
/ £49〜
£ A M V
無線LAN

ミル・カフェ Mill Café

●ニューラナークの中にあるカフェ。アニー・マクレオド・エクスペリエンスの出口からそのまま下の階へ下りるとある。日替わりのスープは£3.95。ニュー・ラナークで作られている名物のアイスクリーム£2がおすすめ。

Map P.183 ティー&カフェ
住 New Lanark, ML11 9DB
TEL (01555)667200
開 9:00〜17:00(日10:00〜17:00)
休 1/1・2、12/25・26
£
M V

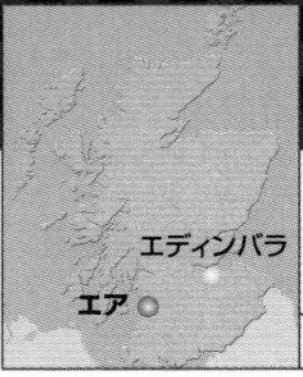

ロバート・バーンズゆかりの町

エア Ayr

●市外局番01292　●人口4万9800人

❖エアへの行き方

●ロンドンから

✈スタンステッド空港からライアンエアRyanairがエア近郊のグラスゴー・プレストウィック国際空港へ就航している。空港からエアへは列車やバスで10～15分程度。
所要:約1時間20分

●グラスゴーから

🚃セントラル駅から1時間に1～2便
所要:約1時間
🚌1時間に2便
所要:約1時間

●キルマーノックから

🚃1時間に1便
所要:30分
🚌ほぼ30分おき、日曜は1時間おき
所要:40分

エア川に架かるオールド・ブリッジ

　エア川River Ayrのほとりに広がる美しい町、エア。ここは、近郊の村アロウェイAllowayとともに、『オールド・ラング・サイン』(『蛍の光』の原詩)の作者として日本でも有名な、詩人ロバート・バーンズRobert Burnsが7歳までを過ごした土地だ。

　町の中心部をほんの少し離れれば、そこには彼の詩に歌われた美しいスコットランドの風景がそのままに広がっている。ここでは急ぎ足の旅は似合わない。たっぷりと時間を取って、バーンズの詩の世界を感じてほしい。

ハイストリートとウォリス・タワー

モデルルート

　エアの中心部にはさほど大きな見どころはないが、ここは周辺に散在するバーンズゆかりの見どころを巡る拠点となる町。ここでは、エアから最も近いアロウェイを中心に回るプランを紹介しよう。

徒歩でバーンズの足跡をたどる

エア➡バーンズ・コテージ➡詩人の小径➡ロバート・バーンズ・バースプレイス博物館

駅前のバーンズ像からスタート

バーンズゆかりのエアとアロウェイは4kmほど離れている。バーンズの足跡をたどりながら歩いていくにはちょうどいい距離だ。スタートはバーンズ像がある鉄道駅前の広場。ここからまっすぐ南下すると、すぐに学校が見えてくる。左へ進む道がミッドトン・ロードで、この道をまっすぐ15分(1km)ほど進むと、正面に緑が見える。これがベルアイル公園Belleisle Parkの北側だ。公園の中を突っ切るように歩こう。南端がバーンズ・コテージ。コテージを見学したら「詩人の小径」を10分ほど歩いてバースプレイス博物館へ。アロウェイでゆっくり時間を満喫したら、エアへの帰りはバスで。旅の最後は、タム・オ・シャンター・インでくつろぐのもいい。

馬と出会うこともある

歩き方

町の中心部は、15世紀のオールド・ブリッジAuld Brigが架かるエア川より南に広がっている。西側には美しい海岸線や、ロウ・グリーンLow Greenという緑地があり、市民の憩いの場となっている。駅は町の南東に位置し、繁華街ハイ・ストリートHigh St.は、駅を出てバーンズ像が立つ交差点を右へ行けばすぐ。この通りには、ショッピングセンター、銀行、レストランなどのほか、バーンズゆかりのパブや、高さ34mのウォリス・タワー Wallace Towerなど見どころもある。さらにハイ・ストリートを進むとバスステーションがある大通り、サンドゲートSandgateに突き当たる。

ウェリントン広場に建つ戦争記念碑とカウンティ・ホール

エアのバスステーション

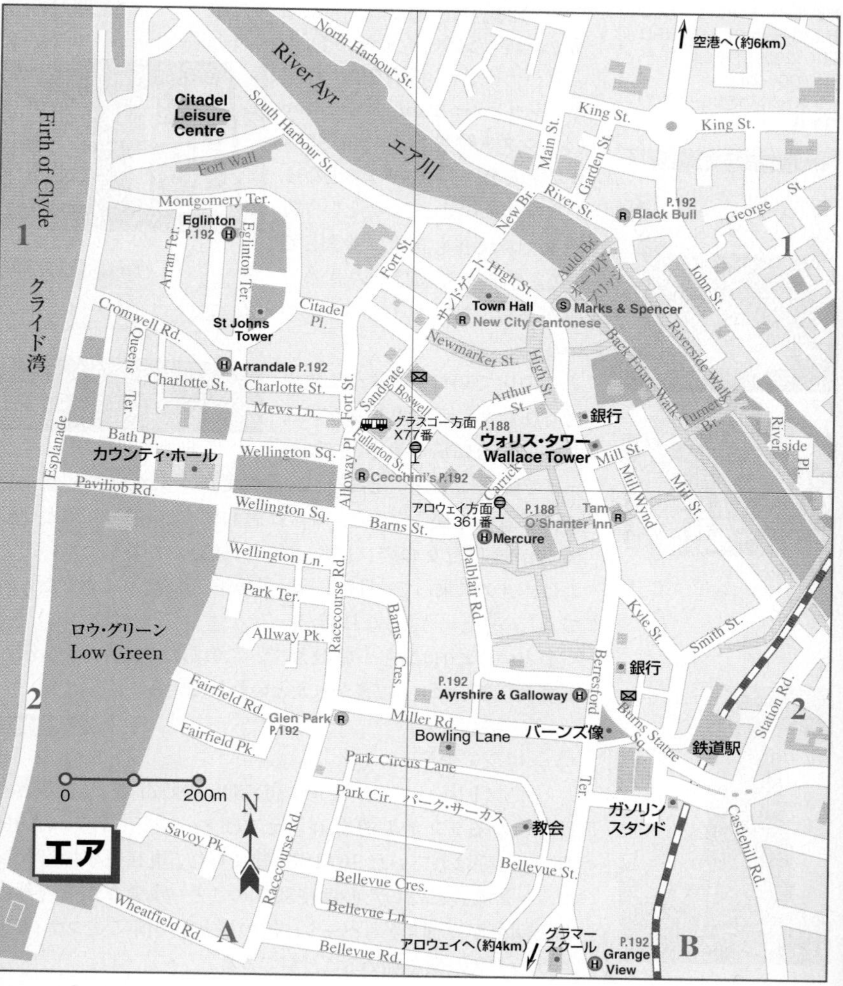

◉アロウェイ　アロウェイは、エアから南へ約4kmの所にある、バーンズの生まれ故郷。穏やかな自然に恵まれたこの小さな村で、彼は7歳までの幼少期を過ごした。

エアからアロウェイへは361番バスが運行しているが、歩いて行くなら片道50分ほど。アロウェイの見どころは、エアからのバスが停車するバーンズ・コテージと、そこからさらに南へ10分ほど歩いた所に数ヵ所が集中している。

アロウェイ行きの361番バスはバスステーションではなく、キャリック・ストリートから発着している

エア川を中心に町は広がる

見どころ

エアの町自体にはこれといった見どころはない。アロウェイにあるバーンズゆかりの見どころを訪ねたり、ロウ・グリーンや海岸の散歩をしてゆったりと過ごしたい。

バーンズゆかりのパブ　Map P.187B2

タム・オ・シャンター・イン Tam O'Shanter Inn

■タム・オ・シャンター・イン
住230 High St., KA7 1RQ
TEL(01292)611684
開10:00～24:00
　レストラン 11:00～17:00
休無休

ロバート・バーンズの傑作『タム・オ・シャンターTam O'Shanter（シャンター牧場のタム）』に登場する主人公、タムのモデルとなった人物が入り浸っていたという居酒屋で、現在も立派に営業している。店内の壁にはその詩の一節があちこちにちりばめられている。

タム・オ・シャンター・イン

パブの壁には詩の一節が書かれている

パブの中にある暖炉

パブの隣にあるレストラン

この店でいつものように飲んだくれたタムが、愛馬メグにまたがって家に帰る途中、アロウェイで魔女に遭遇。ところが、その魔女が突然美女に変身して、下着姿で踊り出すと、タムは思わずウットリ。するとその美女が再び魔女の姿に戻り、タムに襲いかかる！　驚いたタムは、メグに乗って一目散、命からがら逃げ切ってめでたしめでたし……というようなお話だ。

詩というよりは楽しい物語風で、このあたりに古くから伝わる魔女伝説をヒントに書かれたといわれている。

町のランドマーク　Map P.187B1

ウォリス・タワー Wallace Tower

ハイ・ストリートにそびえ立つ高さ34mの時計塔で、町歩きの目印になるシンボル的存在。元々はオールド・タワーAuld Towerと呼ばれていた。1673年に建てられ、現在見られるネオ・ゴシック様式になったのは1832年のこと。残念ながら内部は非公開だが、通りからベージュ色の塔とその前に立つウィリアム・ウォリスの像を眺めることができる。

ウォリス・タワー

バーンズの生家

バーンズ・コテージ Burns Cottage

Map P.189

1757年、バーンズの父親、ウィリアムによってこの家が建てられた。その2年後、バーンズはこの小さな茅葺きの家に生まれた。家族とともに慎ましく暮らしたここでの7年間が、後の彼の詩作に大きな影響を与えたといわれている。

家の中は、家畜小屋と台所、居間があるだけの質素なもので、バーンズ一家の生活ぶりをうかがい知ることができる。バーンズ・コテージとロバート・バーンズ・バースプレイス博物館の入場券は共通。ふたつは詩人の小径Poet's Pathという遊歩道で結ばれている。ゆっくり歩いて10分ほどの気持ちのよいコースだ。

作品の舞台となった石橋

ブリガドゥーン Brig O'Doon

Map P.189

バーンズの作品『タム・オ・シャンター』の中に登場する石橋。主人公タムを乗せた彼の愛馬メグが、背後に迫る魔女から逃げる途中、しっぽを取られたのがこの橋の上である。必死の形相で逃げるタムとメグの姿を想像しながら橋の上まで行ってみよう。また、そのすぐ先にある新しい橋から見るブリガドゥーンもおすすめ。美しいアーチを描いてドゥーン川をまたぐその姿は、周囲の自然に溶け込み絵のように美しい。

■バーンズ・コテージ

🚌キャリック・ストリートのバス停から361番でコテージ前下車

所要:10分

住Alloway, Ayr, KA7 4PQ

TEL(01292)443700

URLwww.nts.org.uk

開11:00～17:00

※最終入場は閉館30分前

休1/1·2、12/25·26

料£10.50　学生£7.50

ロバート・バーンズ・バースプレイス博物館の入場料も含む。3日間有効

バーンズ・コテージ

バーンズ・コテージの館内

■ブリガドゥーン

バーンズ・コテージから徒歩10分強。バーンズ・モニュメントのある庭園からは、南側の門を出てすぐ目の前。

ブリガドゥーン

魔女が出るかも

Map P.189

オールド・カーク・アロウェイ Auld Kirk Alloway

オールド・カーク・アロウェイ

『タム・オ・シャンター』に出てくる古い教会。酔っぱらって帰宅する途中のタムが、恐ろしい魔女に遭遇したのがこの朽ち果てた教会の前だ。

また、ここでは教会の正面にあるバーンズの父親が眠る墓もお見逃しなく。その墓石には、彼が父にささげた愛情あふれる詩が刻まれている。

詩のような風景

Map P.189

バーンズ・モニュメントと庭園 Burns Monument & Gardens

バーンズ・モニュメント

バーンズ・モニュメントは美しい庭園の中に建つギリシア風の記念碑。アロウェイの誇り、ロバート・バーンズをたたえ、1823年に村の人々が建てたものだ。季節ごとに彩りを変える庭園の花々も美しい。

制作は建築家のトーマス・ハミルトン。エアのウォリス・タワーやエディンバラのカールトン・ヒルにあるバーンズ・モニュメントも彼の作品だ。庭園のすぐ南にはドゥーン川が流れ、ブリガドゥーンを眺めることができる。

バーンズファン必見の博物館

Map P.189

ロバート・バーンズ・バースプレイス博物館

Robert Burns Birthplace Museum

2012年にはバーンズの詩を用いたマイケル・ジャクソンの未発表アルバムが寄贈された

2010年にオープンした博物館。キルマーノック版といわれるバーンズ初の詩集の展示をはじめ、『蛍の光』の原詩である『オールド・ラング・サインAuld Lang Syne』や『タム・オ・シャンター』など特に知られる作品の紹介、バーンズの詩を用いた曲が聴けるジュークボックスなど、ロバート・バーンズの人物と作品をさまざまな角度から紹介する。展示と解説はすべて英語で、しかもバーンズの英語はスコットランド方言を多く含んでいるため、高度な英語の知識が必要。

■オールド・カーク・アロウェイ

バーンズ・コテージから道なりに南へ徒歩8分ほど。

バーンズの父親の墓。墓碑の裏側にはバーンズが父にささげた詩が刻まれている

■バーンズ・モニュメントと庭園

🚌キャリック・ストリートのバス停から361番でコテージ前下車後、徒歩で15分ほど
住Alloway, Ayr, KA7 4PQ
URL www.nts.org.uk
開10:00～17:00
休無休　料無料

■ロバート・バーンズ・バースプレイス博物館

🚌キャリック・ストリートのバス停から361番でコテージ前下車後、徒歩で10分ほど
住Murdoch's Ln., KA7 4PQ
TEL 0844 493 2601
URL www.nts.org.uk
開10:00～17:00
休1/1・2、12/25・26
料£10.50　学生£7.50
バーンズ・コテージの入場料も含む。3日間有効

『タム・オ・シャンター』をモチーフにした絵画と彫刻

美しい城と周囲に広がる広大な公園

Map P.15C2

カリーン城&カントリーパーク

Culzean Castle & Country Park

スコットランドが誇る名城、カリーン城

エアの南20km、海沿いの崖の上に建てられたカリーン城は、スコットランドを代表する名城のひとつ。1770年代にこの地域を支配した第10代カッセルス伯爵が、ロンドンのケンウッド・ハウスやバースのパルトニー橋などを手がけた建築家ロバート・アダムに建てさせた。1945年にはナショナル・トラスト・フォー・スコットランドに寄贈されることになったが、その際の取り決めで、城の最上部の部屋は、第2次世界大戦の連合軍最高司令官アイゼンハワーに感謝の印として与えられており、アイゼンハワーは米国大統領の任期期間中も含め4度この城に滞在している。現在アイゼンハワーに贈られた最上階はアイゼンハワー・アパートメントThe Eisenhower Apartmentとして、6室を一般に開放、宿泊することができる。最上階以外は一般の見学も可能で、膨大な武器のコレクションがとりわけ印象的。

美しい花が咲き誇るウォール・ガーデン

カリーン城の周辺は広大な公園、カントリーパークCountry Parkとなっており、その広さは東京ドームの約50倍。レンタカーなどがない場合は、チケット売り場からカリーン城まで約20分歩かなくてはならない。公園内は、噴水のある前庭やウオール・ガーデン、池、フットパスなどがあり、散策するのにぴったり。レストランやカフェなどもあるので、ゆっくりとくつろぎたい。

■カリーン城

🚌60番のバスがエアのバスステーション発でカリーンCuzlean下車、1日8～12便、所要30分。バス停を下りるとすぐにチケット売り場がある。

住Culzean Castle & Country Park, Near Maybole, KA19 8LE

TEL 0844 493 2149

URL www.nts.org.uk

開10:30～16:30

休11～3月（カントリーパークは入場可）

料£17　学生£12.65

城内不可

■アイゼンハワー・アパートメント

TEL 0844 493 2149

(01655)884455

FAX (01655)884503

URL www.culzean-eisenhower.com

シングル £200～275

ダブル £250～400

城のすぐ横にはアイリッシュ海が広がっている

カリーン城と向かい合うように建つクロック・タワー

Hotel & Restaurant ホテル&レストラン

ゲストハウスはパーク・サーカスPark Circus周辺に集中。レストランやパブは、ハイ・ストリートや駅周辺などに点在している。

日本からホテルへの電話 国際電話会社の番号 + 010 + 国番号44 + 市外局番の最初の0を取った掲載の番号

エアシャー&ギャロウェイ Ayrshire & Galloway Hotel

TV 無線LAN

●エア駅の近くに位置するホテル。遅く着いた時など便利。1階はバーとなっており、隣には同経営のレストランもある。朝食は別途£8.95。周囲にはカフェやレストランが多いので困らないだろう。

Map P.187B2 中級 26室
住1 Killoch Pl., KA7 2EA
TEL(01292)262626
URLayrshireandgalloway.co.uk
£45〜55 £60〜80
£ M V

アランデール The Arrandale Hotel

TV 無線LAN

●白壁のモダンな外観で、植え込みの緑と調和している。館内のラウンジは、ソファや暖炉を配し、あたたかみがある。部屋は白を基調とした清楚なコーディネート。1室のみトイレ・シャワーなしの部屋(£35)がある。

Map P.187A1 中級 10室
住2-4 Cassillis St., KA7 1DW
TEL(01292)289959
£50〜65
£60〜70
£ D J M V

エーリントン Eglinton Guest House

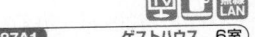

TV 無線LAN

●入口前に掲げられた青い看板と、通りに面した花咲く小さな庭が目印。前に広いテニスコートがある。オーナーのあたたかい人柄で、アットホームな雰囲気が自慢。朝食はフル・スコティッシュ。

Map P.187A1 ゲストハウス 6室
住23 Eglinton Ter., KA7 1JJ
TEL(01292)264623 URLwww.eglintonguesthouse.com
£30〜40 £50〜60
£60〜80 £65〜85
£ M V

グランジ・ビュー Grange View Guest House

TV 無線LAN

●鉄道駅から歩いて3分ほどと便利な場所にあり、笑顔が素敵な夫婦が出迎えてくれる。部屋も明るく、1階の部屋は玄関から段差なしでアクセスできるので、重い荷物がある人はぜひリクエストしよう。最低2泊から。

Map P.187B2 B&B 3室
住3 Carrick Rd., KA1 2PA
TEL(01292)257364
URLwww.grange-view.co.uk
£60〜 £75〜
£ M V

グレン・パーク Glen Park Hotel

●町の中心、やや南側にあるホテルだが、なんといってもここが知られているのは、クラフトビール、エア・ブリューイングAyr Brewingの醸造所を兼ねていること。パブではオリジナルの生ビールが楽しめる。

Map P.187A2 パブ
住5 Rececourse Rd., KA7 2DG
TEL(01292)263891
URLwww.theglenparkhotel.co.uk
開11:00〜24:00
休無休
£ M V

ブラック・ブル Black Bull

●1754年創業と由緒あるパブだが2014年に火事で焼失、2016年3月に再オープンし、「町で最も古く最も新しいパブ」といわれている。メニューにはバーガーやマカロニ・チーズといった定番のほか、天ぷらや串焼きもある。

Map P.187B1 パブ
住22 River St., KA8 0AX
TEL(01292)288799
開10:00〜23:00
休無休
£
M V

チェッキーニ Cecchini's Bar-Bistro & Restaurant

●イタリアのトスカーナ地方出身の家族が経営する本格的な店。店内は白を基調とした明るくモダンな造り。パスタ15種類、ピザ14種類、そのほか魚を使った料理などメニューも豊富。2品のコースランチは£11.95。

Map P.187A1 イタリア料理
住72 Fort St., KA7 1EH
TEL(01292)263607
URLwww.cecchinisayr.co.uk
開10:00〜22:00(日10:00〜21:00)
休無休
£ M V

Topics

ロバート・バーンズ

バーンズの詩で一躍有名になったブリガドゥーン

ロバート・バーンズRobert Burns(1759～96)の名前は知らなくても、『蛍の光』を知らない日本人はいないだろう。バーンズは「蛍の光」の原歌詞"Auld Lang Syne"を書いた詩人である。その生き方は敬虔で、貧しくとも正直一途、日々労働に精を出した。そのかたわら祖国の言葉で祖国を歌い、同胞にナショナリズムや郷土愛を鼓舞した。そのためスコットランドでは国民詩人として慕われ、今なお"Rabbie"という愛称で親しまれている。

1759年1月25日、バーンズはエアシャーの寒村アロウェイの貧農に長男として生まれた。父親が建てた生家は、現在では資料館"バーンズ・コテージ"となっている。7歳のとき、一家はアロウェイを離れマウント・オリファントに引っ越ししたが、地味が悪く一家は12年間過酷な労働と極度の節約を強いられた。借地契約が切れるとロッホリーに移住。この頃から女性との交際が盛んになり、恋愛詩を書くようになった。

父親の死後、一家はモスギールに移ったが、地質が悪いうえ、農業技術の未熟さも加わり、収穫はまったくあがらなかった。この地に来てすぐ未来の妻ジーン・アーマーJean Armourと恋仲になり、ジーンは身ごもったが、彼女の父親は結婚を許さなかった。同じ頃メアリー・キャンベルMary Campbellとも恋愛関係にあり、泥沼化した女性関係と借金で身動きが取れなくなり、ジャマイカ移住を計画した。その費用工面で出版されたのが『詩集―主としてスコットランド方言による*Poems, Chiefly in the Scottish Dialect*』(1786年)である。これによってバーンズは一躍有名になり、エディンバラの文壇、社交界から招かれた。

1788年、バーンズはジーンとの結婚もかない、エリスランドに農場を借り、妻子とともに移った。バーンズはここを非常に愛したが、収穫はあがらず、暮らしは苦しいままだった。そのため収税官の仕事にもつき各地を巡回した。バーンズ畢生の傑作"Tam O'Shanter"はこの頃書かれた詩で、主人公Tamのモデルとなった人物が通った居酒屋がエアにある(→P.188)。エリスランドの農場経営はついに失敗、一家はダンフリースに移る。ここではスコットランド歌謡集のためにエリスランド時代の2倍の詩を書いた。しかし、持病のリュウマチは悪化し、健康は衰え、1796年、37歳の若さで生涯を閉じた。

(照山　顕人)

バーンズが生まれたバーンズ・コテージは現在博物館に

バーンズが最晩年を過ごしたダンフリースの家

自然を楽しむ旅の起点に

ダンフリース Dumfries

●市外局番01387　●人口3万2914人

ダンフリースは、スコットランド南西部の中心都市。町の周辺は勾配が少なく、サイクリングやウオーキング、乗馬などに最適な所だ。また、この町から西は、大きな町もなく、鉄道もとおっていない大自然エリア。ダンフリースを起点として数日かけて周囲の小さな町を回りながら自然を満喫する旅も人気が高い。また、ここはロバート・バーンズが晩年の5年間を過ごした町でもあり、町の中には、バーンズにゆかりのある見どころが点在している。

歩き方と見どころ

ダンフリースは、ニス川River Nithのほとりに開けた町。バス停は川の東岸にあり、ⓘもバス停のすぐ近くだ。鉄道駅は町の外れにあり、町の中心部までは徒歩で10分ほど。

町の見どころは、何といってもロバート・バーンズ関連だが、ⓘでもらえるバーンズ・トレイルの地図には、バーンズゆかりの場所以外の見どころも組み込まれている。

❖ダンフリースへの行き方

●エディンバラから

🚆グラスゴーで乗り換え。直通はない

🚌8:20～18:35の1～2時間に1便程度、日10:15、16:15発）所要:約3時間

●グラスゴーから

🚆セントラル駅発、1～2時間に1便（日曜1日2便）所要:1時間45分

🚌1～2時間に1便（日曜減便）所要:約1時間50分

町の中心、ハイ・ストリート

■ダンフリースのⓘ

Map P.194

住 64 Whitesands, DG1 2RS

TEL (01387)253862

URL www.visitscotland.com

開 4/1～11/1
9:00～17:00
（日10:00～16:00）
11/2～3/31
9:30～16:30
（日10:00～15:00）

休 無休

宿の予約は手数料£4とデポジットとして宿泊料金の10%が必要

ダンフリースのⓘ

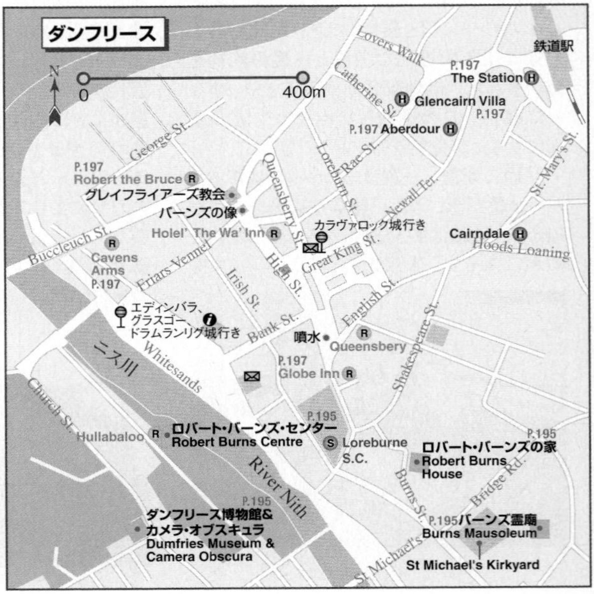

バーンズ最晩年の住居

ロバート・バーンズの家 Robert Burns House

Map P.194

ロバート・バーンズが死ぬまでの５年を過ごした

ロバート・バーンズが1796年7月21日に37年という短い生涯を閉じたのが、この家。家の中には、バーンズが生前に執筆していた机や、直筆の原稿などが展示されている。また、1階には小さなショップがあり、バーンズの作品など、さまざまなバーンズに関するみやげ物が販売されている。

ひときわ目立つ白亜の霊廟

バーンズ霊廟 Burns Mausoleum

Map P.194

バーンズ霊廟は、町の南東にある聖マイケル教会墓地St Michael's Kirkyardに、バーンズの死から23年後の1819年に建てられた。薄暗い色の墓が並ぶなか、真っ白に輝く霊廟は非常に美しい。霊廟にはスタッフがいないので、内部を見学する場合は、事前にロバート・バーンズの家に連絡しておこう。

ダンフリース博物館&カメラ・オブスキュラ Dumfries Museum & Camera Obscura

Map P.194

世界で最も古いカメラ・オブスキュラ

ダンフリース博物館は、周辺に生息する動物の剥製や、古代人の遺物などが多岐にわたって展示されている。

また、風車小屋を改装した白い建物の最上階には1836年に建造されたカメラ・オブスキュラがあり、暗い部屋のスクリーンに映し出される町の様子を観察できる。

バーンズファン必見

ロバート・バーンズ・センター Robert Burns Centre

Map P.194

バーンズとダンフリースとの関わりがよくわかる

ニス川西岸にあった工場を利用した、ロバート・バーンズに関するビジターセンター。バーンズが生前使用していた道具や原稿などが展示されている。18世紀のダンフリースの再現模型や映像展示（有料）なども興味深い。平日の夕方からは映画館としても営業している。

■ロバート・バーンズの家
住Burns St., DG1 2PS
TEL(01387)255297
URLwww.dumgal.gov.uk
開4～9月10:00～17:00
（日14:00～17:00）
10～3月10:00～13:00、
14:00～17:00
休10～3月の日・月
料寄付歓迎

■バーンズ霊廟
住Burns St.
TEL(01387)255297
（内部見学のための連絡先）
開随時
休10～3月　料無料

ギリシア風建築の霊廟

■ダンフリース博物館
住The Observatory,
DG2 7SW
TEL(01387)253374
URLwww.dumgal.gov.uk
開4～9月10:00～17:00
（日14:00～17:00）
10～3月10:00～13:00、
14:00～17:00
休10～3月の日・月　料無料

■カメラ・オブスキュラ
開休上記博物館と同じ
料£3.40　学生£1.70

■ロバート・バーンズ・センター
住Mill Rd., DG2 7BE
TEL(01387)264808
URLwww.dumgal.gov.uk
開4～9月 10:00～17:00
（日14:00～17:00）
10～3月10:00～13:00、
14:00～17:00
休10～3月の日・月
料£7
●映画館
URLwww.rbcft.co.uk
開10:00～13:00、14:00～17:00
料£3.50

近郊の見どころ

貴重な美術品を所有するバクルー公爵家の居城 Map P.16A2

ドラムランリグ城 Drumlanrig Castle

現在も公爵家が暮らすため、一般公開は夏期のみ

ドラムランリグ城は、17世紀の英国王チャールズ2世の流れを汲む、バクルー公爵家の城。バクルー家は西ヨーロッパ美術の熱心なコレクターとして知られ、ここではレンブラントの『読書する老女の肖像』を含む数多くの貴重な美術品が公開されている。2003年に盗難に遭い、2007年に発見されたダ・ヴィンチ作ともいわれる『糸車の聖母』も盗難されるまでドラムランリグ城で展示されていたが、現在スコットランド国立美術館にて展示されている。

城の背後は16haの広大な庭園が広がっており、散策が楽しい。庭園の地図や散策コースは城のビジターセンターで無料でもらえる。本格的なウオーキングやサイクリングのコースもあり、コースごとに色分けされた標識が設置されている。

■ドラムランリグ城

バス ステージコーチ246番がダンフリースのホワイトサンズWhitesandsバス停発。1日8便、所要約30分。キャロンブリッジCarronbridgeを越した先にある城と幹線道の分岐点で降ろしてもらい、そこから標識に従い徒歩約2km。

住 Drumlanrig Castle, Thornhill, DG3 4AQ

TEL (01848)331555

URL www.drumlanrigcastle.co.uk

●ドラムリング城庭園

開 4～9月 10:00～17:00

休 10～3月　料 £6

●ドラムリング城

5月上旬～8月10:00～17:00

休 9～4月、5/22～24

料 £12（庭園込み）

城内不可

翼と王冠の付いたハートマークが城のシンボル

三角形をしたユニークな城 Map P.16A3

カラヴァロック城 Caerlaverock Castle

堀と塔で周りを囲んだ堅牢な城塞

ダンフリースから南に約13km、ソルウェイ湾に隣接して建てられたカラヴァロック城は、周囲を堀に囲まれた中世の城塞。三角というユニークな形をしており、各辺に円形塔が設けられ堅い守りを誇った。1300年のエドワード1世のスコットランド侵攻では、3000人の兵士で城を攻め込んだイングランド軍に対してわずか60人の兵士で防衛した。陥落したものの、その英雄的な戦いぶりは後に詩に詠われるほど人々の記憶に残った。

17世紀になると、城の防衛的な目的は薄れ、城内にはルネッサンス様式の優雅な建物が建てられるようになったが、1640年の清教徒革命時に攻撃を受け破壊され、その後再建することはなかった。現在城の回りには中世の攻城兵器が置かれ、併設のビジターセンターでは城の歴史を紹介する展示やビデオの上映がされている。

■カラヴァロック城

バス 6A番がダンフリースのグレート・キング・ストリートGreat King St.バス停発。7:40、9:30、13:00、15:45 、17:45発、所要約30分。日曜運休。

住 Caerlaverock Castle, DG1 4RU

TEL (01387)770244

URL www.historicenvironment.scot

開 4～9月9:30～17:30
10～3月10:00～16:00
最終入場は30分前まで

休 1/1・2、12/25・26

料 £6　学生£4.80

城内の装飾された建物は17世紀に加えられた

Hotel & Restaurant　ホテル＆レストラン

ダンフリースのB＆B街は鉄道駅周辺にある。レストランやパブは、町の中心のハイ・ストリートに集中している。

日本からホテルへの電話　国際電話会社の番号 + 010 + 国番号44 + 市外局番の最初の0を取った掲載の番号

ステーション The Station Hotel

●ダンフリース駅を出てすぐ目の前にあるベスト・ウエスタン系列のホテル。創業1897年の老舗。ヴィクトリア朝様式の重厚な雰囲気は健在で、スタッフの応対もていねい。室内も美しく装飾されている。半分ほどの部屋はバスタブ付き。レストラン、バーも併設。

Map P.194　中級　32室
住 49 Lovers Walk, DG1 1LT
TEL (01387)254316
URL www.stationhoteldumfries.co.uk
£59～
£65～
£　A D M V

アベルダワー Aberdour Hotel

●駅から町の中心へと向かう途中にある便利な立地。ホテルよりは、ゲストハウスという感じだが、バーが併設されており、建物の正面は無料の駐車場になっているなど、設備はしっかりしている。客室は淡い色を多用し、かわいらしい。20世紀初頭には学校として利用されたこともある。

Map P.194　中級　10室
住 16-20 Newall Ter., DG1 1LW
TEL (01387)252060
FAX (01387)262323
URL www.aberdour-hotel.co.uk
£40～
£60～
£　J M V

グレンケアン・ヴィラ Glencairn Villa

●駅周辺にあるB＆Bのひとつ。客室は白を基調としたナチュラル系の内装でまとめられている。地元の食材にこだわった朝食は、前日までに希望する食材を紙に書いて提出するシステム。ベジタリアンメニューもリクエスト可能。

Map P.194　B&B　4室
住 45 Rae St., DG1 1JD
TEL (01387)262467
URL www.glencairnvilla.co.uk
£26～48
£68～74　£　A M V

グローブ・イン Globe Inn

●1610年築のパブ。ロバート・バーンズが私のパブ（my howff）と称したことから、多くのバーンズ・ファンが訪れる巡礼地と化している。入口を入ってすぐ左奥が当時からのパブで、バーンズが座っていた椅子も残る。ランチは£7～10。夜は前菜とメインで£25前後。

Map P.194　パブ
住 58 High St., DG1 2JA
TEL (01387)252335
URL www.globeinndumfries.co.uk
開 11:00～23:00（料理12:00～15:00、18:00～21:30）
休 日・月
£　M V

ロバート・ザ・ブルース Robert the Bruce

●かつての教会を活かした店内は広く、高い天井が当時の面影を残す。朝食セット（12:00まで）のほか、ハンバーガーやピザなど料理の種類も豊富。月～木の14:00～17:00と金8:00～翌1:00はフィッシュ＆チップスとビールで£6.99のお得なセットがある。

Map P.194　パブ
住 81-83 Buccleuch St., DG1 2DJ
TEL (01387)270320
URL www.jdwetherspoon.co.uk
開 8:00～24:00（木～土8:00～翌1:00）料理は22:00まで
休 無休
A M V

ケヴィンズ・アームズ Cavens Arms

●地元の人でいつもにぎやかなダイニングパブ。ダンフリースのパブ・オブ・ザ・イヤーを2006年から13年連続で獲得している。中はパブ・セクションとレストラン・セクションに分かれている。メニューは伝統的なイギリス料理。ビールの種類が充実している。

Map P.194　パブ
住 20 Buccleuch St., DG1 2AH
TEL (01387)252896
URL www.cavensarms.com
開 11:00～24:00（月・火11:00～23:00、日12:00～23:00）
月曜はドリンクのみ
休 無休　£　M V

庭園のような美しい島

アラン島 Isle of Arran

●市外局番01770　●人口4500人

アラン蒸溜所の前で記念写真をパチリ!

まるでソラマメのような形をした島、アラン島。ここは、ハイランドとローランドという、ふたつの典型的なスコットランドの自然が存在することから、「ミニチュア・スコットランド」と呼ばれ、古くから観光地としての人気を保っている。

その景観は島の中央でほぼ南北に分けることができる。北部に見られるのは、800m級の山や荒々しい波が打ちつける海岸線など、ハイランド的な風景。それが南へ下ると、なだらかな丘陵地帯が広がる典型的なローランドの風景へと一変する。車で島を1周すれば、その違いは一目瞭然、多様性に満ちた島の景観にあらためて驚かされるに違いない。

❖アラン島(ブロディック)への行き方

アラン島へのフェリーが出ているアルドローサン港Ardrossanへは周辺の町から鉄道かステージコーチのバスで行く。バスの場合はフェリー乗り場まで10分ほど歩くので鉄道のほうが便利。車をフェリーに載せて移動する場合は予約しておこう。

●エアから アルドローサン・港へ

🚆キルウィニング駅Kilwinningでアルドローサン・ハーバー行きに乗り換え。キルウィニング〜アルドローサン・ハーバーは1時間に1便、日曜4便。

🚌585番が1日5便

所要:50分

●グラスゴーから アルドローサン港へ

🚆グラスゴー・セントラル駅発、アルドローサン・ハーバー行きで終点下車。1時間に1便程度(日曜4便)。

所要:約1時間

🚌ステージコーチ社のX36番が1時間に1便程度。

所要:1時間15分

歩き方

観光の中心は、本土アルドローサンからの船が発着するブロディックBrodick。フェリーを降りるとすぐ右側にバスステーションやタクシー乗り場などがあり、正面にⓘも見える。ⓘ前を走るショア・ロードShore Rd.が町のメインストリート。西へ向かうとホテル、レストランなどが並び、北へ進めばブロディック城へと続いている。

島内交通

◉市内バス

ウェスタン・バス社のバスの便がある。外周を走る323、324番、中央を横断する322番でおもな見どころに行くことができるが、2～3時間に1便と数が少ない。1日券は£6.30。

◉レンタカー

島の外周は約90kmあり､2時間ほどで1周できる。道路が狭く、対向車とすれ違えない場所も多い。荒れた路面も多く、幹線以外は未舗装路もあるので運転は慎重に。

見どころ

アラン島の見どころは島内に点在しているので、ツアーやバスで効率よく回ろう。夏期はツアーバスもある。

均整の取れた建築美

ブロディック城 Brodick Castle

Map P.198右

ブロディックから約1.5km北へ行った所にある美しい城。13世紀から長い年月を経て、現在の形になったのはヴィクトリア朝時代のこと。敷地内の広大な庭園に咲くシャクナゲの美しさでも知られている。中には、銀製品、家具、陶磁器、絵画など、

■ブロディックのⓘ
Map P.198右
住The Pier, Isle of Arran, KA27 8AU
TEL(01770)303774
URLwww.visitscotland.com
開4～10月9:00～17:00
(日10:00～17:00)
11～3月10:00～16:00
休10～4月の日曜
宿の予約は手数料£4とデポジットとして宿泊料金の10%が必要。

■アラン・レンタカー・タクシー
Arran Rent a Car and Taxis
住The Pier, Brodick, KA27 8AU
TEL(01770)700345
URLwww.arran-motors.com
開夏期8:00～18:00
(日10:00～17:30)、
冬期8:00～17:30
(日10:00～17:00)
休無休　料£30～

■アラン・ブリュワリー
Map P.198右
2000年に生産を開始した醸造所で、2013年にはダークビールがワールド・ビア・アワードのヨーロッパエリア銀賞を受賞。工房ツアーで見学可能。
住Cladach, Isle of Arran, KA27 8DE
TEL(01770)302353
URLwww.arranbrewery.co.uk
開夏期10:00～17:00
(日12:30～16:30)
冬期12:00～16:30
休冬期の日曜
●見学ツアー
11:00、14:00発　料£7

アラン島へのフェリー

カレドニアン・マクブレイン Caledonian MacBryne
URLwww.calmac.co.uk

●アルドローサン（本土）➡ブロディック（アラン島）
アルドローサンのフェリー事務所:TEL(01294)463470　FAX(01294)601063
ブロディックのフェリー事務所:TEL(01770)302166　FAX(01770)302618
出発:1日5～6便（日4便）　所要:約1時間　料片道£4.10　自動車片道£16.45　往復割引あり

●クロニッグ（キンタイヤー半島）➡ロッフランザ（アラン島）
クロニッグ、ロッフランザにはフェリー事務所がないため船内で乗船券を購入する。
出発:1日8～9便（11月～3月下旬は運休）　所要:約30分　料片道£3.10　自動車片道£10.25　往復割引あり
冬期はキンタイヤー半島のターバート発の便がある。ターバート発12:15、ロッフランザ13:45発。

アラン島の見どころを回るバス

ウェスタン・バス Western Buses
住Ferry Terminal, Brodick, Isle of Arran　TEL(01770)302000　URLwww.spt.co.uk

●ブロディック城行きオープントップバス Open Top Trip to Brodick Castle
ブロディックからアラン・ヘリテージ博物館を経由し、ブロディック城へ行く。5月下旬～8月中旬のみ1日5便運行。

ハミルトン公爵のコレクションが飾られた絢爛豪華な部屋や、ヴィクトリア時代の台所などが当時のままに保存されている。台所には自動野菜スライサー、水力利用の回転肉焼き器など、あっと驚く便利器具がいっぱい。さらに地下に下りると幽霊が出る!?　とうわさされる牢屋もある。

ブロディック城

昔の暮らしをリアルに再現 Map P.198右

アラン・ヘリテージ博物館 Arran Heritage Museum

19世紀頃のアラン島の人々の生活を紹介した博物館。展示されている生活用品や農機具などは、すべて実際に使われていたものだ。当時の島の人々の暮らしぶりが手に取るようにわかりとても興味深い。

アラン島で使用されていたプラウ（犂）

幻の銘酒を再現 Map P.198左

アラン島蒸溜所 Isle of Arran Distillery

アラン島蒸溜所のビジターセンター

1995年に再建されたウイスキー蒸溜所。もともと19世紀初頭までのアラン島にはたくさんの蒸溜所があり、その質の高さで知られていたが、施設の老朽化などにより衰退、ずっと閉鎖されたままであった。その後、幻のシングルモルトの復活をかけて再建されたのがこの蒸溜所だ。ガイドツアーで内部を見学でき、種類により内容は異なる。ハチミツのような甘さと独特のフルーティなフレーバーが特徴だ。

マッフレー・ムーア・スタンディング・ストーン Map P.198左

Machrie Moor Standing Stone

スタンディング・ストーン

約6000年前に立てられたという巨大な石柱群。周囲にはこんもりと盛り上がった所に石が並ぶストーンサークルも見られる。その下のピート（泥炭）層の奥深くには、はるか遠い昔の人類の痕跡が無数に埋まっているといわれている。幹線道路A841から約30分、羊が草をはむ牧草地を行く気持ちのよいウオーキングだ。

■ブロディック城
ⓘから海岸沿いのA841を北へ徒歩50分
🚌ブロディック港から324番。1日5～7便（日曜4便）程度。所要:10分
オープントップのバス（5月下旬～8月中旬に1日5便運行）所要15分
住Brodick, KA27 8HY
TEL 0844 493 2152
URL www.nts.org.uk
開6～10月10:00～17:00
入場は閉館30分前まで
休11～5月
料£13.75　学生£9.75
一部不可

■アラン・ヘリテージ博物館
ブロディック港から徒歩30分ほど
🚌ブロディック港から324番。1日5～7便（日曜4便）。夏期のみオープントップのバスも運行。所要5分。
住Brodick, Isle of Arran, KA27 8DP
TEL (01770)302636
URL www.arranmuseum.co.uk
開10:30～16:30
休11～3月
料£5

■アラン島蒸溜所
🚌ブロディック港から324番。1日5～7便（日曜4便）。ブロディックから約25km。所要:40分
住Lochranza, Isle of Arran, KA27 8HJ
TEL (01770)830264
URL www.arranwhisky.com
開3月中旬～11月
10:00～17:15
12月～3月中旬
10:00～16:00
休冬期に不定休
●蒸溜所見学ツアー
10:00、11:00、12:00、14:00
15:00、16:00発　料£10

■マッフレー・ムーア・スタンディング・ストーン
ストリング・ロードString Rd.をとおって島の西側へ行き、A841へ入って"Machrie Moor Stone Circle"の表示の所で車を降り、徒歩30分。
🚌ブロディック港から324番。ステージコーチのツアーバスは行かないので注意。
所要:約1時間
🚖片道£25ほど

Hotel&Restaurant&Shop ホテル&レストラン&ショップ

ホテルやレストランは島内全域に点在している。車を使わない場合はブロディックのショア・ロード周辺が便利。島の特産品の直売所もある。

日本からホテルへの電話 国際電話会社の番号 + 010 + 国番号 44 + 市外局番の最初の 0 を取った掲載の番号

オークラニー Auchrannie Hotel

●美しい庭園を囲むように建てられたヴィクトリア調の高級ホテル。28室のスパホテルのほかコテージも30棟あり、さらにプールや体育館も備えたアラン島最大のリゾート施設。ホテル内のレストランも充実しており、夕食付きの宿泊プランも選べる。

無線LAN

Map P.198右　高級　28室

住 Auchrannie Rd., Brodick, KA27 8BZ
TEL (01770) 302234
FAX (01770) 302812
URL www.auchrannie.co.uk
£129～
£　A M V

ダグラス Douglas Hotel

●2011年にオープンしたホテル。ブロディック港を出たすぐの場所にあり、一部の部屋からは海を臨むことができる。エレベータもついているので重い荷物があっても安心。客室はそれぞれが異なるデザインだが、ベッドも大きめでシーツには高級エジプト綿を使用。ビストロも併設している。

無線LAN

Map P.198右　高級　22室

住 Brodick, Isle of Arran, KA27 8AW
TEL (01770) 302968
URL www.thedouglashotel.co.uk
£90～195
£
D J M V

ダンヴェガン・ハウス Dunvegan House

●❶からショア・ロードを西へ約5分行った所にある。大きな窓があるダイニングルームからは、海岸沿いの景色が眺められ気持ちよい。朝食はもちろん、追加料金でディナーも楽しめる。客室は5室がシービューになっている。1室のみバスルーム別の部屋がある。

無線LAN

Map P.198右　ゲストハウス　9室

住 Shore Rd., Brodick, Isle of Arran, KA27 8AJ
TEL&FAX (01770) 302811
URL www.dunveganhouse.co.uk
£50　£80
£　不可

ブロディック The Brodick Bar & Brasserie

●島の特産品を使った料理を提供するレストランで、なかでもアラン島産のホタテやキジ鳥の胸肉を使用したメインの料理が自慢。料理は季節の食材を使うため随時変わる。写真はスロー・ロースト・ポークとブラック・プディング(£15.50)。バーは11:00～21:00の営業。

Map P.198右　英国料理

住 Alma Rd., Brodick, Isle of Arran, KA27 8BU
TEL (01770) 302169
URL www.brodickbar.co.uk
開 12:00～14:30、17:30～21:00
休 無休
£　A D M V

ジェイムス James Chocolate Factory

●アラン島産の良質なミルクをたっぷり使ったチョコレートを製造、販売している。パッションフルーツなどの甘酸っぱいクリームを閉じ込めたチョコレートなど30種前後が並ぶ。店内にある窓からは、チョコレートの製造工程を見学できる。

Map P.198右　チョコレート

住 Brodick, Isle of Arran, KA27 8AP
TEL (01770) 302873
URL www.jamesofarran.com
開 10:00～17:00
休 無休
£
J M V

アラン・アロマティクス Arran Aromatics

●自然派石けんで特に若い女性に人気。5月下旬～8月の木曜18:00～19:30には工場見学ツアーも行っている。隣には手作りチーズが並ぶアイランド・チーズ・カンパニーや薫製工房の直売店、地元の食材を使ったレストランもある。

Map P.198右　コスメ

住 Brodick, Isle of Arran, KA27 8DD
TEL (01770) 303003
URL www.arran.com
開 9:30～17:30
休 無休
£　M V

変化に富んだ地形が生み出す景観美

スコットランド中西部

Middle Western Scotland

ウォリス・モニュメントから見下ろしたスターリングの町並み(上)／アイラモルトと一緒にいただくアイラ島の料理（右）／オーバンの港と町並み(左)

Introduction

スコットランド中西部

Middle Western Scotland

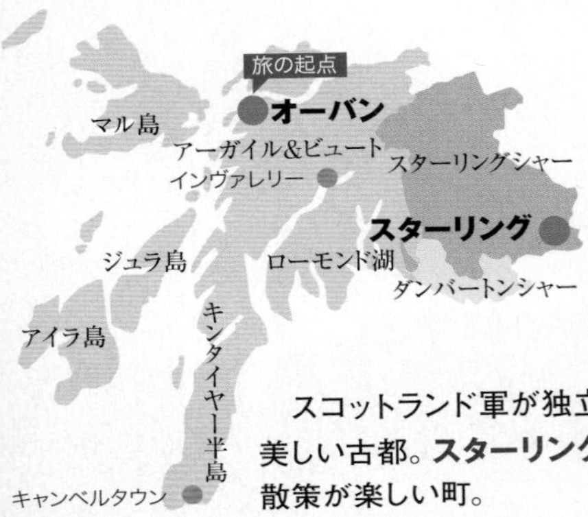

スターリング Stirling

スコットランドで最も壮麗な城といわれるスターリング城

スコットランド軍が独立を勝ち取った地として、歴史にその名を刻む美しい古都。**スターリング城**→P.208など旧市街には多くの史跡が残り、散策が楽しい町。

ローモンド湖 Loch Lomond

ローモンド湖畔にたたずむキャメロン・ホテル

ローモンド湖と周囲のトロサックス地方は、スコットランド初の国立公園として指定された風光明媚な所で、英雄ロブ・ロイゆかりの土地。観光の中心となる**バーロッホ**→P.215は、クルージングや釣り、湖畔のウオーキングなど、アクティブな休日を過ごしたい人におすすめ。湖畔のリゾート地としても名高い。

アーガイル&ビュート Argyll & Bute

キャンベルタウン

スコットランド北西部を占めるアーガイル&ビュートは、**オーバン**→P.225とマル島を中心とした北西部、南部のキンタイヤー半島、**アイラ島**→P.235とジュラ島などに分かれる。

オーバン&マル島 蒸溜所など見どころも充実した港町のオーバンを起点に、その西側に浮かぶ**マル島**→P.230、**アイオーナ島**→P.232、**スタッファ島**→P.234への日帰りクルーズがハイライトだ。

キンタイヤー半島 半島の付け根にある**インヴァレリー**→P.218はファイン湖の前にたたずむ町。整然とした白い町並みが美しい。半島の先端にある**キャンベルタウン**→P.221はポール・マッカートニーが愛した地で、のんびりとした雰囲気。

アイラ島&ジュラ島 **ボウモア蒸溜所**→P.237をはじめ数多くの蒸溜所があるアイラ島はヘブリディーズ諸島最南端の島。隣のジュラ島Isle of Juraには手つかずの自然が残っている。バスなど公共交通で行ける場所は限られているので、事前にレンタカーなどを予約しておこう。

Pick Up

見どころ & アクティビティ

日帰りで島巡り

nature **詳細記事 P.230、232、234**

インナー・ヘブリディーズ諸島を巡るならオーバンを基点に。ここからはマル島やアイオーナ島、スタッファ島などへ行くフェリーやツアーがある。冬期は運休してしまう便があるが、マル島とアイオーナ島へ行くフェリーは通年営業している。ウイスキー好きならばアイラ島を行程に組み入れるのもおすすめ。

スタッファ島では自然の力で造られた美しい奇岩が見られる

ファイン湖のシーフード

gourmet **詳細記事 P.220**

インヴァレリー周辺のファイン湖はカキの養殖に適しており、そのおいしさは格別。エディンバラやグラスゴーのシーフードレストランでは最高級の食材として出されているほどだ。オーバンのシーフードも人気がある。

ファイン湖でとれたシーフードの燻製

交通ガイド

オーバンは周辺の島々へのフェリーが発着する港町だ。ただし、グラスゴーやインヴァネスなどの都市へのバスや列車の便はそれほど多くはない。

オーバンより南のキンタイヤー半島は、バスのみが公共交通機関となる。アイラ島へのフェリーの乗り継ぎもそれほどよくない。できればレンタカーで回るのがベスト。ⓘなどでバスやフェリーの時刻の確認を。アイラ島だけを訪れるならグラスゴーから飛行機で往復するのが効率的。

ローモンド湖の玄関口、バーロッホへはグラスゴーから列車とバスが頻発しているので、グラスゴーからの日帰りが便利。

オーバン港からはマル島へのフェリーが発着する

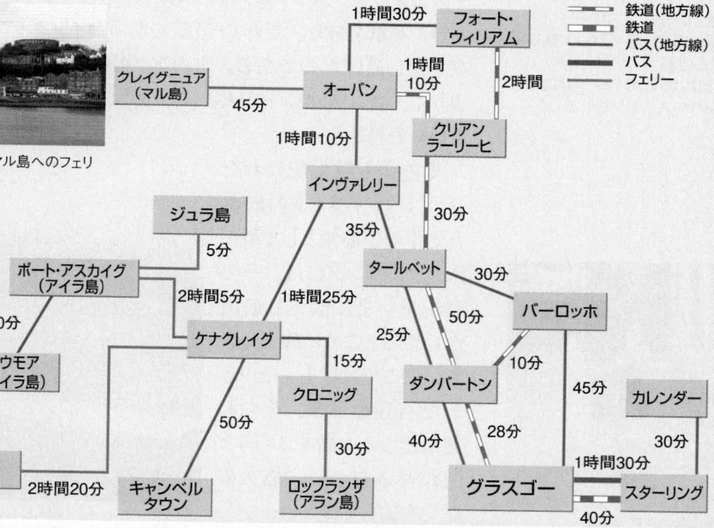

独立を勝ち取った栄光の都

スターリング Stirling

●市外局番01786　●人口3万500人

❖スターリングへの行き方

鉄道、バスともに幹線上にあり、エディンバラ、グラスゴーからの便が多く、どちらからも日帰りが可能。

●グラスゴーから
1時間に2便程度
所要:30〜40分
ファースト社のX36、X10が、それぞれ1時間に1便程度
所要:約1時間30分

●セント・アンドリューズから
ステージコーチ社のX36、X10が3時間おき、日曜運休
所要:2時間

●パースから
1時間に1〜2便程度、日曜減便
所要:35分
シティリンクM8が1時間に1便程度　所要:1時間

●エディンバラから
1時間に2便程度
所要:50分
シティリンク909番が2時間に1便程度
所要:1時間15分

●リンリスゴーから
ファースト社のバスX38が1時間に1〜4便程度
所要:1時間10分

●インヴァネスから
直通1日3便。パース乗り換えも便利
所要:2時間30分〜3時間30分
パースで乗り換える

激戦の舞台となったスターリング橋。かなたに小さく見えるのはウォリス・モニュメント

城郭を中心に広がる古都、スターリング。その中世の面影を残した風情ある町並みから“ミニチュア版エディンバラ”と呼ばれることもある。

ここは古くから「スコットランドへの鍵 (Key to Scotland)」、すなわち「スターリングを制するものがスコットランドを制する」と言われるほど重要な町であった。そのため、何世紀にもわたる戦いの舞台となってきた。しかし、13〜14世紀にかけて現れたふたりの英雄、ウィリアム・ウォリスとロバート・ザ・ブルースによって、スコットランド軍はスターリング橋でついにイングランド軍を破り、長年の悲願であったイングランドからの独立をなし遂げたのである。町の名の由来が“努力の地”であるように、スコットランドの人々にとってこの町は「独立の象徴」ともいえる場所なのだ。

その後も数世紀にわたり、スコットランドの政治と文化の中心地として栄えたスターリングには、その歴史をいまに伝える名所がいたるところに残っている。ここでは、しっとりとした石畳を歩き、その両側に連なる史跡をふらりと訪ね歩きながら、悠久の歴史を旅してほしい。

旧市街ではバッグパイプの演奏者も見かける

ウォリス・モニュメントから見たフォース川と町並み

モデルルート

石畳の旧市街は道に迷いながらの散策が楽しい。スコットランドの歴史を理解するうえで重要なバノックバーンなど郊外の見どころも外せない。

スコットランド独立の歴史と旧市街の魅力に触れる1日

ウォリス・モニュメント➡アーガイルの宿➡スターリング城➡バノックバーン・ヘリテージセンター

まずはバスステーションへ行き、朝一番のバスでウォリス・モニュメントへ。塔からの眺めを堪能したら、正午頃発のバスで旧市街へ戻ろう。徒歩で戻るのなら、途中でイングランドとの戦いの舞台になったオールド・ブリッジを渡ることもできる。旧市街へ戻ったら、のんびり旧市街の散歩を楽しみながらアーガイルの宿を訪れよう。周辺のレストランなどで軽く昼食を済ませてスターリング城を見学したら、再びバスでバノックバーンへ。1時間ほど楽しんだら、閉館時間になるだろう。

スターリングの鉄道駅

ポート・ストリート周辺

歩き方

◉鉄道駅とバスステーション　鉄道駅とバスステーションは町の東、グースクロフト・ロードGoosecroft Rd.沿いに隣り合って建っている。バスステーションはショッピングセンターと隣接している。

◉町の中心部　グースクロフト・ロードの1本西側に南北に延びるのが、町で最もにぎやかな通りバーントン・ストリートBarnton St.。銀行や郵便局などもこの通り沿いにあり、南へ行くに従いマリー・プレイスMurray Pl.、ポート・ストリートPort St.と名を変える。

◉スターリング城と旧市街　町の北西に位置するスターリング城へは、駅から徒歩15分ほど。マリー・プレイスと交差するキング・ストリートKing St.からセント・ジョン・ストリートSt John St.へと旧市街の坂道をたどった先にある。このあたりは見どころも多く、ぶらぶら散策するのが楽しいエリアだ。

◉観光のコツ　スターリング城を中心とした市内観光は徒歩で十分だが、中心部から3～4km離れたウォリス・モニュメントやバノックバーン・ヘリテージセンターなどへは、ファースト社のバスを利用すると便利だ。また、効率よく回るためにバスの発車時刻をチェックしておくこと。事前に❶やバスステーションで時刻表を入手しておこう。

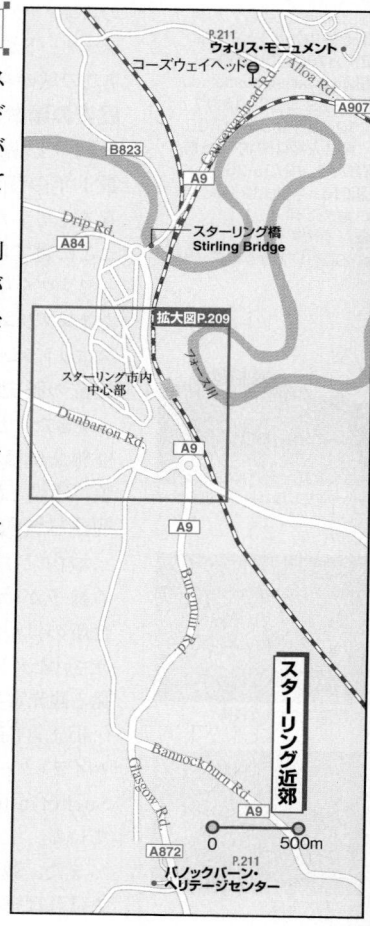

■スターリングのⓘ
宿の予約は手数料£4とデポジットとして宿泊料の10％が必要。
Map P.209A1
住 Old Town Jail, St John St., FK8 1EA
TEL (01786)475019
URL www.visitscotland.com
開 10:00～17:00
休 1/1·2、12/25·26

スターリングのⓘ

■スターリング城
ⓘから旧市街を歩いて20分ほど。
住 Stirling Castle, Castle Wynd, FK8 1EJ
TEL (01786)450000
URL www.stirlingcastle.scot
開 4～9月 9:30～18:00
10～3月 9:30～17:00
最終入場は閉城45分前
休 1/1·2、12/25·26
料 £16　学生£12.80
城内不可
●ガイドツアー
10:00～17:00の毎正時発

チケット売り場はみやげ店も兼ねている

礼拝堂に施された装飾

大広間の玉座

旅の情報収集

◉観光案内所　スターリングのⓘはスターリングの牢獄横にある。スターリングや周辺の資料が豊富に揃っている。

見どころ

スターリング城とその城下町ともいうべき旧市街に見どころが集中しており、徒歩で回るなら半日～1日はみておきたい。時間があれば周辺の見どころやローモンド湖方面にも足を延ばしてみよう。

歴史の舞台であり続けた　Map P.209A1

スターリング城 Stirling Castle

スコットランドで最も壮麗な城といわれているルネッサンス様式の城郭。生後わずか9ヵ月のスコットランド女王メアリー・ステュアートが戴冠式を行ったのもこの城の礼拝堂である。

重厚な構えの城門

歴史の舞台となった名城

城の土台となっている岩山は、数千年の昔からすでに砦として存在していたといわれる。以来ここに建てられた城塞は、スターリングを中心に繰り広げられたイングランドとの独立戦争や、スコットランド王家の興亡など、波乱の歴史をじっと見守ってきた。現在見られる優雅な城は、15～16世紀頃に建設されたもの。

1503年に建てられたグレートホール

簡素な城内

城内では、16世紀当時の様子がそのままに残る台所のほか、1999年に復元されたグレートホールにはレプリカの玉座があり、記念写真を撮る観光客も多い。

城から眺めた景色

旧王宮King's Old Buildingは、アーガイル&サザーランド・ハイランダー連隊博物館Regimental Museum of Argyll & Sutherlandになっており、軍服や軍旗、武器などが展示されている。

また、城壁から町を見下ろすパノラマもすばらしく、天気がよければ遠くエディンバラまで見渡すことができる。

ルネッサンス期の都市住宅 Map P.209A1

アーガイルの宿 Argyll's Lodging

旧市街の坂道に建つアーガイルの宿

スコットランドに現存する17世紀のルネッサンス様式の建物のなかでは、最も美しく完全なものといわれている。

アーガイルの宿はもともと都市住宅として建てられたもので、1666年に第9代アーガイル伯爵が購入後この名がつけられた。また、1992年まではユースホステルとしても使われていたというから驚きだ。現在、内部はアンティーク家具などで装飾されており、建設当時の様子をうかがい知ることができる。

■アーガイルの宿
見学はガイドツアーでのみ可。
TEL (01786) 450000
URL www.historicenvironment.scot
開 2017年6月から屋根の修復工事のため、閉鎖中。今後の公開予定については2020年4月現在未定。

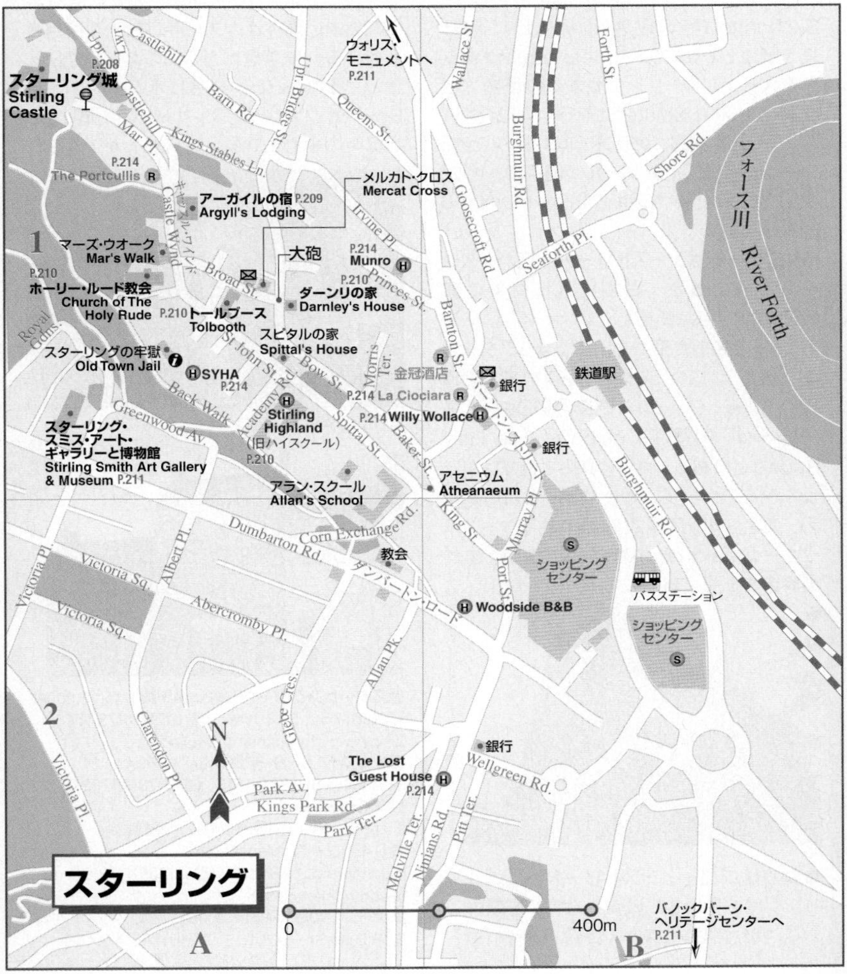

Topics

風情ある旧市街の歴史散歩道

旧ハイスクール

◆スピタル・ストリートへ　歴史散歩のスタートはキング・ストリートKing St.から。コーン・エクスチェンジ・ロードCorn Exchange Rd.の緩やかな坂を上り、時計塔を冠したアセニウムAtheanaeumがある角を入り、スターリング城までの坂道スピタル・ストリートSpittal St.を行く。スピタル・ストリートの左側にアラン・スクールAllan's Schoolや**旧ハイスクール（現スターリング・ハイランド・ホテル**Stirling Highland Hotel）がある。

◆セント・ジョン・ストリート　旧ハイスクールを過ぎると、右側にスピタルの家Spittal's Houseが見え、セント・ジョン・ストリートと名前が変わる。ここからスターリング城までには、スターリングの牢獄Old Town Jail、ジェイムス6世が戴冠された**ホーリー・ルード教会**Church of The Holy Rudeなどがある。さらに進むと通りはキャッスル・ワインドCastle Wyndと名前を変え、ルネッサンス様式の都市住宅マーズ・ウオークMar's Walkなど、中世の建物が当時のまま残っている。

ホーリー・ルード教会

◆帰りはブロード・ストリートへ　スターリング城を見学し、城からの眺めを堪能したら、帰りはキャッスル・ワインドからブロード・ストリートBroad St.に入ろう。このあたりは13世紀頃、スターリングで最もにぎわっていた場所。ブロード・ストリートにあるメルカト・クロスMercat Crossのてっぺんに見えるユニコーンは当時から残るものだ。行政の中心だった**トールブース**Tolboothはライブイベントなどを行う最新アートスポットに生まれ変わり、おしゃれなレストランも併設している。すぐ東側にある**ダーンリの家**Darnley's Houseはダーンリ卿がスコットランド女王メアリーを訪ねたときに滞在した家だが、現在はカフェテリアとして使用されている。歩き疲れたらこのあたりでひと休みするのもいい。最後はボウ・ストリートBow St.、キング・ストリートを直進していけば町の中心まで戻ってくることができる。

城門のようなマーズ・ウオーク

中央の建物がダーンリの家

■スターリング・ハイランド・ホテル　Map P.209A1
住Spittal St., FK8 1DU　TEL(01786)272727
URLwww.stirlinghighlandhotel.co.uk
■ホーリー・ルード教会　Map P.209A1
住St John St., FK8 1ED　TEL(01786)475275
URLholyrude.org
開11:00～16:00　休10～4月　料無料
■トールブース　Map P.209A1
住Jail Wynd, FK8 1DE　TEL(01786)274000
URLstirlingevents.org
■ダーンリの家　Map P.209A1
住18 Bow St., FK8 1DE　TEL(01786)474468

町の歴史がよくわかる

Map P.209A1

スターリング・スミス・アート・ギャラリーと博物館
Stirling Smith Art Gallery & Museum

スターリング・スミス・アート・ギャラリーと博物館

1874年に設立された、画家兼収集家のトーマス・スチュアート・スミス Thomas Stuart Smith氏のコレクションを公開したギャラリーと博物館。入口に向かって左が美術館、右奥が博物館になっている。また、スターリングの歴史をテーマにしたザ・スターリング・ストーリー The Stirling Storyは必見。ここで予習してから旧市街を回るといっそう楽しめる。特にウィリアム・ウォリスに関する展示が充実。企画展も定期的に行われており、展示品もテーマによって変化する。館内にはショップもある。

近郊の見どころ

スコットランド独立の父

Map P.207

ウォリス・モニュメント The National Wallace Monument

スコットランドの独立に生涯をかけた英雄、ウィリアム・ウォリス(→P.212)の記念塔。高さ67mを誇るヴィクトリア王朝様式の塔で、1869年に完成した。塔の内部はウォリスの人生に関する展示がされており、彼が使用していた道具なども見ることができる。特に彼の両手持ちの長剣は必見。

モニュメントまでは、246段の急な石段を10分ほど上って行く。ちょっとたいへんそうという人は、無料のミニ・シャトルバスを利用しよう。さらに高さ67mの塔の頂上へ上れば、南西方向にスターリングの町が広がるすばらしい眺望が得られる。

独立を勝ち取った戦場

Map P.207

バノックバーン・ヘリテージセンター
Bannockburn Heritage Centre

3D映像やジオラマなどを用いて、スコットランド独立の経緯をわかりやすく紹介した資料館。建物の外に立っているのは、完全武装をした険しい表情のロバート・ザ・ブルース(1274～1329／在位1306～1329)像だ。スコットランドの王であり、また優れた指揮官でもあったロバート・ザ・ブルースは、1314年6月、ここバノックバーンの地でエドワード2世率いるイングランド軍を破り(バノックバーンの戦い)、スコットランドを独立へと導いた。ロバート・ザ・ブルースはスコットランドの歴史上で、最も重要な人物のひとりである。

2014年には「バトルルーム」がオープンし、バノックバーンの戦いに参加できるシミュレーションゲームや、戦いの様子を映像で解説したコーナーもある(それぞれ要予約)。

■スターリング・スミス・アート・ギャラリーと博物館
住Dumbarton Rd., FK8 2RQ
TEL(01786)471917
URLwww.smithartgalleryandmuseum.co.uk
開10:00～17:00
(日12:00～17:00)
休月 休1/1·2、12/25·26
料無料

■ウォリス・モニュメント
町の中心から約3kmほどの所にある。徒歩約30分。
🚌スターリングから北へ向かうバスに乗り、コーズウェイヘッドCausewayhead下車。徒歩10分ほど。
住Abbey Craig, FK9 5LF
TEL(01786)472140
URLwww.nationalwallacemonument.com
開11～2月10:30～16:00
3月10:00～17:00
4～6·9·10月
9:30～17:00
7·8月9:30～18:00
最終入場は閉館の1時間前
休1/1、12/25·26
料£10.50 学生£8.50

ウォリス・モニュメント

■バノックバーン・ヘリテージセンター
スターリングから南に約4kmほどの所にある。
🚌バスステーションから24、X39、54番で約10分
住Bannockburn, Glasgow Rd., FK7 0LJ
TEL0844 493 2139
URLbattleofbannockburn.com
開3～9月10:00～17:30
10～2月10:00～17:00
休1/1·2、12/25·26
料£11.50 学生£8.50

3D映像でバノックバーンの戦いを再現

Information

ウィリアム・ウォリスとロバート・ザ・ブルース

スターリング郊外にあるウォリス・モニュメント

◆独立への夢を手に国民を導いたウォリス

王国最大の苦難は1286年3月の吹雪の夜、国王アレグザンダー3世（Alexander Ⅲ 1241～86）がファイフのキングホーンで愛馬もろとも崖下へ転落死したことに始まった。王位はノルウェー王室で生まれた4歳の孫娘マーガレット（Margaret, Maid of Norway）が継ぎ、隣国の強烈な王エドワード1世（Edward I）の息子との結婚が目論まれた。だが王国の不幸は続いた。幼い王女は帰国の航海の途次、オークニーで亡くなり、エドワードの意向に従い、器量に欠けるJ.ベイリオル（King John Balliol）が王位に就いたが、間もなくこの愚かな王はエドワードに反抗、結果は敗れてフランスへ追放された。王国はエドワードの支配下に置かれ、国民は占領軍の残虐な圧制にひたすら耐えねばならなかった。

そこで立ち上がったのが小地主出身のウォリス（William Wallace 1270～1305）である。1297年9月、彼を頭に民衆がスターリング城指呼のアベイ岩山（Abbey Craig）で蜂起。ただちに城から鎮圧の騎馬隊が出撃したが、途中フォース川にかかる木橋（現オールド・ブリッジ）は騎馬が2列に並べない狭さ、しかも渡った対岸は湿地帯、重装備の彼らが抜き差しならずにいるところへ蜂起軍が急襲し、鎮圧軍は散々に打ちのめされた。これが有名な「スターリング橋の戦い」である。だが勝利の余韻は続かなかった。翌年7月彼はフォルカークの戦いで敗北、以後、アウトローとして反抗を続けたが1305年に捕らえられ、ロンドンで処刑されてしまった。

モニュメントに展示されているウォリスのソード

スターリング城にあるロバート・ザ・ブルースの像

◆ウォリスの意志を継いだブルースの出現

しかし彼の蜂起が民衆決起の起爆剤となり、その意志はブルース（Robert the Bruce 1274～1329）に受け継がれた。1306年、ブルースは王位継承問題でイングランド寄りの貴族J.カミン（John Comyn）とダンフリースのグレイフライアーズ教会の祭壇前で会談、その最中に激昂したブルースがカミンを刺殺してしまった。これは救い難い事件である。権勢を誇る貴人を、それも神の面前で殺害したことに弁明の余地はない。こうなってはブルースの生きる道はただひとつ、王としてこの王国を支配するだけである。

こうしてブルース対エドワードの激突が始まった。寡兵のブルースはゲリラ的奇襲でエドワード軍を攻撃するしかなかったが、それがことごとく成功、たび重なる敗戦にエドワードは憤怒したが、1307年、ソルウェイ湾の陣営で死去。次王エドワード2世（Edward II 在位1307～27）は1314年6月、ブルース軍の攻撃に籠城を続けるスターリング城の自軍救出とブルースに鉄槌を下そうと、1万8000の大軍を率い北上してきた。一方、城を睨みながらこの大軍を迎え撃つブルース軍の兵力は7000。6月24日早朝、寡兵のブルース側から攻撃開始、結果はエドワード軍が大敗北。エドワードはわずかな供に守られ遁走、ブルース軍は大勝利を収めた。これがスコットランド史に輝く「バノックバーンの戦い」であり、この勝利によりスコットランドは悲願の独立を達成することができた。現在、この戦いの折のブルース軍本陣跡はナショナルトラストの手で保存、公開されている。1328年には両国間に和平条約が結ばれ、翌年ブルースは亡くなり、遺体はダンファームリン・アビーに、心臓はメルローズ・アビーに埋葬された。　　（宮崎　昭威）

ロバート・ザ・ブルースの遺体はダンファームリン・アビーに埋葬された

ロバート・ザ・ブルースの心臓は、ボーダーズ地方のメルローズ・アビーに埋葬されている

Hotel&Restaurant ホテル&レストラン

中心部には手頃な宿が少ないが、バーントン・ストリートを南へ下った周辺には宿が数軒ある。レストランはバーントン・ストリートに多い。

日本からホテルへの電話 国際電話会社の番号 + 010 + 国番号 44 + 市外局番の最初の 0 を取った掲載の番号

ロスト Lost Guest House

TV 無線LAN

●旧テラシズホテルの経営を2016年から引き継いだゲストハウス。1階にある部屋は、近年改築されて客室になったため、2階の客室に比べて設備が新しく、重い荷物を持つ人にとっても便利。レストランはないが、周囲に食べるところは多い。アバディーンにも姉妹ゲストハウスがある。

Map P.209B2 中級 28室

住4 Melville Ter., FK8 2ND
TEL(01786)430349
£50
£75
£
MV

マンロー Munro Guest House

TV 無線LAN

●バーントン・ストリートから西に少し入った坂道の右側にある。駅からも徒歩5分と近く、スターリングでは数少ない中心部にあるゲストハウス。朝食には、イチゴや桃など季節のフルーツもたっぷり出る。4～9月は£10ほど料金が上がる。

Map P.209A1 ゲストハウス 6室

住14 Princes St., FK8 1HQ
TEL(01786)472685
URLwww.munroguesthouse.com
£50 £55
£65
£ DMV

SYHAスターリング SYHA Stirling

Map P.209A1 無線LAN

●1740年に建てられた教会を改装したユースで、石造りの立派な外観だ。スターリング城にも近く、スターリングの牢獄のすぐ隣という好立地。中はとても近代的で、キッチンなど設備も整っている。シングルやツインの個室もある。

ユースホステル ベッド数92

住St John St., FK8 1EA
TEL(01786)473442 FAX(01786)645715
URLwww.hostellingscotland.org.uk
DOM £18～
£28～
£38～ £ MV

ウィリー・ウォリス Willy Wallace Hostel

無線LAN

●鉄道駅のすぐ近くにあるホステル。レセプションは階段を上った上階にある。パステルカラーの壁が印象的。キッチンやランドリー、インターネットなどの設備が整う。朝食は出さないが、コーヒーや紅茶は無料。8人部屋の女性用ドミトリーあり。

Map P.209B1 ホステル ベッド数84

住77 Murray Pl., FK8 1AU
TEL(01786)446773
URLwww.willywallacehostel.com
DOM £12～20
£26～65
£ MV

ポートカリス The Portcullis

Map P.209A1 イン

●建物は18世紀に建てられた男子校を改装したパブ兼レストラン。石壁とろうそくの明かりで当時の雰囲気が再現されている。ホームメイドのステーキ・パイなどが好評。夜は予約がベター。上階に宿泊施設も併設されており、£79～ £99～。

住The Portcullis, Castle Wynd, FK8 1EG TEL(01786)472290
URLwww.theportcullishotel.com
開12:00～15:30 17:30～20:30
(バーは11:30～23:30)
休1/1·2、12/25·26
£ AMV

ラ・チョチャーラ La Ciociara

Map P.209B1 イタリア料理

●町の中心部にある気軽に立ち寄れるイタリア料理店。カフェ部門とレストラン部門に入口は分かれているが、中はつながっており、2階にも席がある。パスタやピザは£9.25～11.75、アイスクリームも人気がある。ランチセットは2品£9.95、3品£11.95。

住41 Friars St., FK8 1HA
TEL(01786)451552
開月～木10:00～22:00
金・土11:00～23:00
日12:00～22:00
休1/1·2、イースター、12/25·26
£ DJMV

アウトドア・アクティビティ充実のリゾート地

ローモンド湖 Loch Lomond

●市外局番01389（バーロッホ）　●人口1440人（バーロッホ）

ロッホ・ローモンド・ショアーズ

イギリス最大の淡水湖として知られるローモンド湖とその周辺は、大都会と隣り合わせにあるリゾート地。グラスゴーから北西へわずか32kmという近さから、特に夏は多くの観光客でにぎわいを見せる。

観光の中心となるのは、湖の南端に位置する町バーロッホと、魅力的な町や風光明媚な景観が点在する西岸一帯。スコットランドのTVドラマ『Take the High Road』の舞台となった湖畔の町ラスLussがあるのも西岸だ。

歩き方

ローモンド湖観光の拠点となる町はいくつかあるが、グラスゴーから最もアクセスがよいのが湖の南端に位置する**バーロッホ**Balloch。町の中心は、バーロッホの駅前を東西に延びるバーロッホ・ロードBalloch Rd.。B&Bや🅘があるのもこの通り沿いだ。クルーズ船が発着するバーロッホ橋Balloch Bridgeを渡って東へ500mほど行くと、ファースト社のバスが発着するバスステーションがある。バーロッホの🅘付近から川沿いに延びるフットパスを約1km北西へ行った所には湖を一望できる展望台やショップ、レストランが集まった複合施設ロッホ・ローモンド・ショアーズLoch Romond Shoresがある。自転車やカヌーのレンタルも可能だ。展望台の下は水族館になっており、週末は家族連れで混み合う。

湖の北側にある**タールベット**Tarbetは、湖上クルーズの種類はバーロッホより多く、ベン・ローモンド登山への起点にもなる町。ホテルの数は少ないものの、鉄道駅を共有している隣町のアローチャに多くの宿泊施設がある。

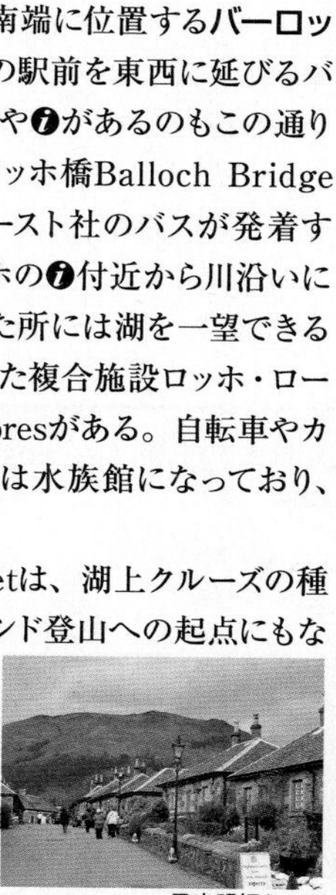
風光明媚なラス

バーロッホとタールベットの間にある**ラス**も宿の数こそ少ないが、自然に囲まれた美しい村で、クルーズ船も出ている。

◉観光案内所

🅘はバーロッホにあり、ホテル予約、ツアー情報の提供、地図などの販売を行う。

❖バーロッホへの行き方

🚃グラスゴーからは、クイーン・ストリート駅とセントラル駅の両駅から出発。曜日により発着駅が異なるので、事前に確認を。

🚌バーロッホ中心部にあるバスステーションは、ファースト社のバスのみが発着し、シティリンク社のバスは、中心部から約1.5km離れたハイウエイ上で乗り降りしなければならない。なお、ハイウエイから中心部へは徒歩15～20分。

●グラスゴーから

🚃月～土クイーン・ストリート駅発30分おき、日曜セントラル駅発30分おき
所要:45分

🚌ファースト社のバス1、1AはOsborne St.のバス停から10～20分おきに頻発
所要:1時間30分
シティリンクは1～2時間に1便程度
所要:45分

❖タールベットへの行き方

🚃タールベットの最寄り駅はアロチャー＆タールベットArrochar & Tarbetで、町の中心から徒歩15分ほど

●グラスゴーから

🚃クイーン・ストリート駅発5:20、8:23、10:33、12:24、16:36、18:23発、日9:56、12:20、18:21発
所要:1時間15分

🚌シティリンク社のバスが1～2時間に1便程度
所要:約1時間5分

❖ラスへの行き方

🚌バーロッホのバス停から305番が6:22、7:41、9:38、12:08、14:08、16:13、18:38、21:05（日9:13、10:23、12:08、13:13、14:18、16:28、17:23、18:23、21:05）
所要:約15分

■ローモンド湖の🅘

宿の予約は手数料£4とデポジットとして宿泊料の10%が必要。
Map P.216
住Balloch Rd., G83 8LQ
TEL(01389)753533
開5/30～10/2 9:30～17:00
10/3～5/29 10:00～17:00
休無休

■バーロッホ城カントリー・パーク
TEL (01389)752977

ローモンド湖を眺めながらのウオーキングが楽しめる

湖を見下ろす

バーロッホ城カントリー・パーク Balloch Castle Country Park

Map P.216

ローモンド湖を見下ろすように建つバーロッホ城と、その周囲に広がる広大な公園。ここに最初に城が建てられたのは13世紀頃だといわれているが、現在の城は、後の19世紀初頭に再建されたものである。城の内部は残念ながら非公開となっている。81haにも及ぶ敷地内には庭園やフットパスなども整備され、湖岸沿いの遊歩道をのんびり散歩する人の姿も見かける。

緑に包まれたバーロッホ城

ネイチャー・アクティビティ

英国最大の淡水湖

ローモンド湖 Loch Lomond

Map P.217

ローモンド湖とその北東部にあるトロサックス地方一帯は、国立公園Loch Lomond & The Trossachs National Parkに指定され、注目を浴びている。クルージングやウオーキングのほか、フィッシングなどのアクティビティも充実している。

◉クルーズ　ローモンド湖での楽しみのひとつは、のんびりと楽しむ湖上のクルーズ。1時間のショートクルーズやイブニングクルーズなど、内容もさまざま。

◉カヌー　湖畔でカヌーをレンタルして湖面をスイスイと探索するのもおすすめ。陸から眺めるのとは違った風景が楽しめる。

◉自転車　バーロッホとタールベットをつなぐローモンド湖西

ローモンド湖のクルーズ船

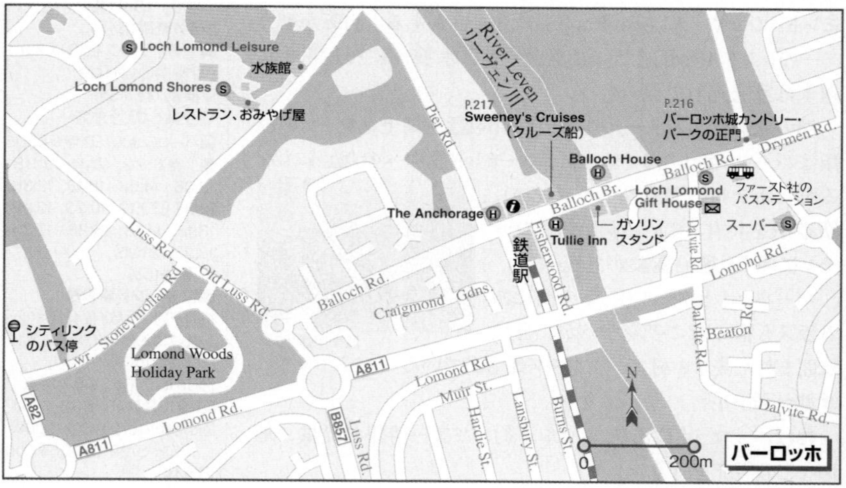

ローモンド湖から眺めるベン・ローモンド

岸は全長27kmの人気自転車コース。どちらの町からも自転車のレンタルが可能。

◉釣り　ターゲットはマス。サーモンならリーヴェン川River Levenへ。どちらも解禁期間は3～10月で、サーモンは6～10月がベスト。釣り具のレンタルは難しいので持参のこと。許可証は🅘で購入可能。

ローモンド湖を見下ろす名峰

Map P.217

ベン・ローモンド Ben Lomond

　ローモンド湖東岸にそびえる標高974mのベン・ローモンドは、スコットランドで最も多くの登山客が訪れる山。登山ルートはいくつかあるが、一般的なのは、麓の村ロワーデナンRowardennanからのもので、登山にかかる時間は往復で3～4時間。村にはホテル、ユースホステルがあるが、タールベット、ラスから夏期はフェリーの便があり、日帰り可能。

スウィニーズ・クルーズの船

カヤックも人気

ローモンド湖クルーズ

スウィニーズ・クルーズ Sweeney's Cruises

TEL (01389)752376　URL www.sweeneycruises.com

バーロッホ橋のたもと（🅘の東側）に乗り場がある。チケットは船着場付近のキオスクまたは船内で。

●1時間クルーズ Experience Cruise

出発:4～10月11:30、13:30、14:30、15:30、16:30　11～3月11:30、13:30　料 £12.50
ローモンド湖最大のインシュマリン島Inchmurrin Islandまでを往復する。
夏期はラスの町へ行く2時間のクルーズ（£21）や、サンセットクルーズ（£16.50）もある。

クルーズ・ロッホ・ローモンド Cruise Loch Lomond

TEL (01301)702356　URL www.cruiselochlomond.co.uk

タールベットの船着場付近にキオスクがある。ラスでのチケット購入は船内で

●ノーザン・ハイライツNorthern Highlights

出発:4～10月11:30、13:45、15:00、16:00（11～3月運休）　料 £12
タールベットから北に向かい、途中アークレットの滝を通り、ハネムーン島Honeymoon Islandまでを往復する。

●アイランド・エクスプローラー Island Explorer

出発:4月下旬～10月10:00、11:30、13:00（11月～3月下旬運休）　料 £15
ラスからローモンド東岸までを往復し、途中ローモンド湖に浮かぶ島やベン・ローモンドの風景を楽しむ。

●ベン・ローモンド・ハイクBen Lomond Hike

出発:3月下旬～10月タールベット8:45発、ロワーデナン16:45発　ラス10:00発　料 £15
タールベット、ラスからベン・ローモンドの麓の村ロワーデナンへ朝出発し、夕方に戻るフェリー。ベン・ローモンド登山を日帰りで楽しめる。

ファイン湖畔の貴婦人

インヴァレリー Inveraray

●市外局番01499　●人口500人

❖インヴァレリーへの行き方

●グラスゴーから
🚌1日6便程度
所要:1時間40分
●バーロッホから
🚌1日6便程度
所要:約1時間
●オーバンから
🚌1日2～3便程度
所要:1時間10分
●キャンベルタウンから
🚌1日4便程度
所要:2時間30分

■インヴァレリーのⓘ
2020年4月現在インヴァレリーに観光案内所はない。最寄りの観光案内所はオーバンなど

風光明媚な自然に囲まれたインヴァレリー

インヴァレリーはファイン湖畔に開けた小さな町。18世紀、アーガイル公によって都市計画が進められ、インヴァレリー城の建設とともに町が築かれていった。この計画は、構想から完成にいたるまでに約100年を費やす大規模なものとなった。ファイン湖に面して整然と並ぶ白い家並み、教会のある小さな広場、城まで続く美しい緑の散歩道……。アーガイル公が思い描いた町並みはいまも大切に保存され、私たちの目を楽しませてくれる。

歩き方と見どころ

大きなバスステーションはなく、バスはすべてフロント・ストリートFront St.のバス停に到着する。町の中心はこのフロント・ストリートと、そこから南西に延びるわずか100mほどのメイン・

湖から南へと延びるメイン・ストリート

緑のなかに建つ鐘楼

ストリートMain St.。ホテル、レストラン、みやげ物屋などを両側に見ながら、中心に教会が建つチャーチ・スクエアChurch Sq.まで行けば、銀行や郵便局がある。

キャンベル家の居城

Map P.219外

インヴァレリー城 Inveraray Castle

町の中心から徒歩約15分。ファイン湖を見渡すように建つ美しい城。ここは15世紀にこの町に移り住んできたキャンベル一族の代々にわたる住居であり、現在も第13代アーガイル公爵トーキル・キャンベルが城主を務めている。

四隅に円錐形の塔をもつ優雅な建物は、フランスのバロック様式やパッラーディオ様式などの影響を受けた建築様式で、1744年から1788年にかけて建設されたもの。城内に展示された豪華な調度品のコレクションもすばらしい。

リアルに懲役体験

Map P.219

インヴァレリー監獄博物館 Inveraray Jail

裁判の風景

ろう人形などを用いて19世紀の監獄の様子を当時のままに再現した博物館。なかでも裁判の様子を再現した部屋は必見。監獄はジョージ王朝様式で1820年に完成し、1889年まで使用されていた。罪状や性別によって収容する建物を区別するなど、当時としては近代的な設計で建てられた。

公聴席には思わずギョッとするほどリアルで表情豊かなろう人形が並び、ヤジをとばす人の声や、被告人が泣きながら告白する様子など、現実と見まがうほどによくできている。牢屋の中の囚人の様子も身震いするほどリアルだ。

中庭に出ると、日光浴用の屋根のない監房があり、その前には当時の服装をした険しい表情の男女の監守が！　写真を撮ろうとする観光客を捕まえて牢屋に放り込む、といった茶目っ気たっぷりのパフォーマンスで楽しませてくれる。

湖を一望できる

Map P.219

鐘楼 Bell Tower

第1次世界大戦で戦死したキャンベル一族の人々を追悼して、第10代アーガイル公ニール・キャンベルが10年の歳月をかけて1931年に完成させた鐘楼。いくつかある鐘のうちのひとつは世界で2番目に重く、なんと約8トンもあるのだとか。

83段のらせん階段をたどって約40mの塔のてっぺんへ上れば、ファイン湖とインヴァレリーの町並みを見下ろすすばらしい眺めを満喫できる。

■インヴァレリー城
住 Inveraray, PA32 8XE
TEL (01499)302203
FAX (01499)302421
URL www.inveraray-castle.com
開 10:00～17:45
最終入場は17:00
休 11～3月
料 £11.50　学生£10
一部不可

均整の取れたたたずまいのインヴァレリー城

■インヴァレリー監獄博物館
住 Church Sq., PA32 8TX
TEL (01499)302381
FAX (01499)302195
URL www.inverarayjail.co.uk
開 4～10月9:30～18:00
11～3月10:00～17:00
最終入場は閉館の1時間前
休 1/1、12/25･26
料 £12.25　学生£9.25

ジョージ王朝様式の監獄

■鐘楼
住 The Avenue, PA32 8YX
URL www.inveraraybelltower.co.uk
開 11:00～16:00
休 土･日、9月中旬～6月

Hotel&Restaurant&Shop ホテル&レストラン&ショップ

日帰りで観光する人も多いが、宿は町の中心部に数軒ある。ファイン湖で取れたばかりの新鮮な魚介類が名物で、パブなどで気軽に味わえる。

日本からホテルへの電話 国際電話会社の番号 + 010 + 国番号 44 + 市外局番の最初の 0 を取った掲載の番号

ロッホ・ファイン
Loch Fyne Hotel & Spa

TV 無線LAN

●インヴァレリーの町から湖沿いに南に1kmほどの所にあるスパ施設完備の高級ホテル。インヴァレリーのバス停から南へ向かうバスでひとつ先の停留所で下車すると目の前。客室は、シーツがタータン模様にしているなど、レストランとバーも併設。

Map P.218外 高級 67室
住 Inveraray, PA32 8XT
TEL (01499)302980
FAX (01499)302348
URL www.crerarhotels.com
S £94～
W £109～
£ A J M V

インヴァレリー・イン
The Inverarey Inn

TV 無線LAN

●かのロバート・バーンズも泊まったという1750年から続く歴史あるホテル。1階には落ち着いた雰囲気のラウンジバーとレストランがある。スタンダード、エグゼクティブ（+£10）の部屋があり、おすすめはファイン湖を見渡せるレイクビューの部屋。バスタブ付きの部屋もある。

Map P.218 中級 36室
住 Front St., PA32 8XB
TEL (01499)302466
FAX (01499)302389
URL www.inveraray-inn.co.uk
S £55～
W £98～
£
A D M V

インヴァレリー・ホステル
Inverarey Hostel

無線LAN

●バス停のほど近くだが、閑静な環境にあるホステル。キッチンがついているので自炊派にも便利。10:00～16:00は立ち入りができなくなるので注意しよう。4～10月のみ£3.50で簡単な朝食がとれる。

Map P.218 ホステル ベッド数:22
住 Dalmally Rd., PA32 8XD
TEL (01499)302454
URL www.inveraryhostel.co.uk
DOM £21～
S/W £40～
£ M V

ジョージ The George Hotel

●ジョージ・ホテルの1階にあるバー&レストラン。石壁に木製家具を配した店内は、まるでどこかの時代にタイムスリップしたかのような雰囲気だ。サーモンやムール貝などは、ファイン湖産を使用している。前菜とメインで£20～30が目安。18:00でランチとディナータイムが切り替わる。客室は17室あり、W£80～。

Map P.218 英国料理
住 1 Main St., East, PA32 8TT
TEL (01499)302111
FAX (01499)302098
URL www.thegeorgehotel.co.uk
開 11:00～翌1:00
（食事12:00～21:00）
休 無休 £
A M V

ブランブルズ Brambles Bistro

●オークニー産のチーズを使ったマカロニ・チーズ£8.25や、スモークしたハドックのチャウダー £9.95、インヴァレリー産スモークサーモンのサンドイッチ£7.95など軽食が中心。緑茶を含むティー £2.70～の種類もたくさんある。

Map P.218 ビストロ
住 5 Main St., West, PA32 8TU
TEL (01499)302252
開 夏期8:00～17:00（日～16:30）
冬期8:00～16:30
休 12/25・26
£
A D J M V

ロッホ・ファイン Loch Fyne Whiskies

●ボトラーズウイスキーを販売する小さなお店だが、世界中からウイスキーファンが訪れる。お店の中には2種類の樽が置いてあり、そこから直接ボトリングしているので、試飲してから選ぶことができる。

Map P.218 ウイスキー
住 Main St., PA32 8UD
TEL (01499)302219
URL www.lochfynewhiskies.com
開 10:00～17:30
休 無休
£ J M V

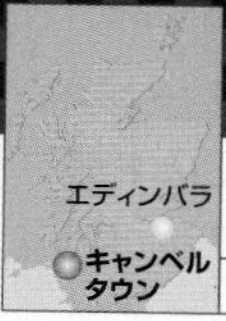

キンタイヤー半島南部の町

キャンベルタウン Campbeltown

●市外局番01586　●人口5100人

リンダ・マッカートニー記念庭園

キャンベルタウンは、キンタイヤー半島の南の中心都市。この半島はポール・マッカートニーが歌った『マル・オブ・キンタイヤー Mull of Kintyre』という曲（オリジナルは古い民謡）で知られている。ちなみにマル・オブ・キンタイヤーとは、キンタイヤーの先端（つまり岬）という意味。グレート・ブリテン島の中で、最も アイルランドに近い場所でもある。ポールといまは亡き妻リンダは、非常にこの地を愛した。港のそばにはリンダ・マッカートニー記念庭園The Lady Linda McCarttey Memorial Gardenもある。

❖キャンベルタウンへの行き方

●グラスゴーから

🚌1日4便

所要:4時間

🚃⛴夏期の週3便、アルドローサン港発のフェリーがある。グラスゴー・セントラル駅発

所要4時間50分

●エディンバラから

🚌1日4便

所要:約6時間

●インヴァレリーから

🚌1日5便

所要:約2時間20分

●北アイルランドから

⛴北アイルランドのバリーキャッスルBallycastleとキャンベルタウンは、キンタイヤー・エクスプレス社Kintyre Expressのフェリーが4～9月に運行。

所要:1時間30分

URL kintyreexpress.com

歩き方と見どころ

キャンベルタウンはこの地域の中心地だが、小さな町なので移動は徒歩が基本だ。バス停は港の近く、そこから海の方へ向かえば、キャンベルタウン・クロスがある広場に出る。

ハイクロスが建つこの広場から南西に延びるのがメインストリートMain St.。この通りはキャッスルヒルCastlehillと名前が変わるが、このあたりが町の中心で、ホテルも数軒ある。B&Bは町の南側に延びる通りに集まっている。

キャンベルタウンには博物館やウイスキー蒸溜所などの見どころもあるが、郊外の観光を目的に町を訪れる人が多い。

車で行く場合はインヴァレリーからA83を海沿いに約120km。ところどころ美しい砂浜もあり、景色も変化に富んでいる。道路の整備状態もよく、道幅も十分あるので、快適なドライブが楽しめる。

伝統的製法を守り続ける

Map P.221A

スプリングバンク蒸溜所 Springbank Distillery

貯蔵庫で静かに出荷のときを待つ

19世紀には34もの蒸溜所があったキャンベルタウンだが、現在残るのは、3ヵ所のみ。スプリングバンク蒸溜所は、1828年に創立されて以来、同じ場所で変わらぬ製法を守り続け、ロングロウやヘーゼルバーンといったかつてのキャンベルタウンウイスキーのブランドも復活させた。蒸溜所内は予約制で見学可。2004年に再稼働したグレンガイル蒸溜所の見学を組み合わせたツアーなど各種ある。

キンタイヤー半島に関するさまざまなものを展示

Map P.221A

キャンベルタウン・ヘリテージセンター Campbeltown Heritage Centre

かつての教会を利用している

1868年に建てられた教会を利用した博物館。ここには、周辺で発見された彫刻の施された十字架や、この地の主要な産業であったウイスキー製造に関するものなど、キンタイヤー半島南部にまつわるさまざまな展示がある。また、地元出身の画家の手による聖コロンバや聖キアランをテーマにした壁画などもある。

徒歩で近郊の島へ

Map P.221B外

ダバー島 Davaar Island

キャンベルタウンの東2kmほどの沖合にある島。島といっても、潮が引いているときは地続きになるので歩いて渡ることが

キャンベルタウンの港

■スプリングバンク蒸溜所
住85 Longrow,
PA28 6EX
TEL(01586)552009
TEL(01586)551710（テイスティングルーム）
URLwww.springbankwhisky.com
●蒸溜所見学ツアー
テイスティングルームで申し込む。月～金曜の10:00、11:30、13:30、15:00発
グレンガイル蒸溜所の見学は10:00、11:30、13:30出発（土曜10:00、14:00発）。
料各蒸溜所£10
両方見学する場合£12

発酵はここで行われる

■キャンベルタウン・ヘリテージセンター
住Witchburn Rd.,
PA28 6JU
TEL(01586)551400
URLwww.campbeltownheritagecentre.co.uk
開11:00～16:00
休日、10～4月
料寄付歓迎

■ダバー島
キャンベルタウンの中心部からキルケラン・ロードKilkerran Rd.を約3.5km南西に行くとゲートがある。そこから島まで徒歩約30分。

干潮時にはこのゲートから島に行くことができる

キャンベルタウンから眺めるダバー島

できる。潮が満ちてしまうと、船でしか戻れなくなるので気をつけて。また、この島で最大の見どころが、19世紀にここに住んでいた画家、マッキノンが描いたキリストの磔刑の壁画。壁画は、島の南東部にある洞窟の中に描かれており、神秘的な照明のなかに浮かび上がるキリストの姿は、人の心に訴えかける力強さに満ちている。

■マル・オブ・キンタイヤー
Mull of Kintyre

マルとは、先端、岬のこと。つまりキンタイヤー半島の先端部分のことだ。ここには、灯台が建てられており、天気がよければアイルランドをはっきりと見ることができる。キャンベルタウンからマル・オブ・キンタイヤーへは30kmあるが公共の交通手段はない。

Hotel&Restaurant&Shop ホテル&レストラン&ショップ

交通の便があまりよくなく、宿泊施設の数も多くないので、特に夏期は予約したほうがいいだろう。また、ほとんどの宿泊施設はレストランやパブなど飲食施設を併設している。

日本からホテルへの電話 国際電話会社の番号 + 010 + 国番号44 + 市外局番の最初の0を取った掲載の番号

アルドシール
Ardshiel Hotel

●スプリングバンク蒸溜所のオーナーによって1836年に建てられた歴史ある建築。客室には、薄型テレビ、ティーセットなどを完備。海が見える客室もいくつかある。庭を見渡すレストランや、ウイスキーで有名なバーも併設している。朝食のチョイスもバラエティ豊富。

Map P.221B 中級 16室
住Kilkerran Rd., PA28 6JL
TEL (01586)552133
URL ardshiel.co.uk
£95～
£100～
£
ADMV

キャンベルタウン・バックパッカーズ Campbelltown Backpackers

●かつて学校だった建物を修復して利用しているホステル。内装はとてもきれいで、体の不自由な旅行者のことも考えてバリアフリーとなっている。キッチンのある広いリビングを中心に、2部屋のドミトリーが配置されている。共同トイレ&シャワーは4ヵ所。予約しておけば£2割引。

Map P.221A ホステル ベッド数16
住Big Kiln, PA28 6JF
TEL (01586)551188
URL www.campbeltownbackpackers.co.uk
DOM £22～
£
不可

ウスケボー・バー Usquebaugh Bar

●アルドシール・ホテル内併設の名物バー。ウイスキー・バー・オブ・ザ・イヤーなど様々な受賞歴があり、800種類のウイスキー銘柄を取り揃えているほか、クラフトビールやジンの種類も豊富。レストランでは、キンタイヤー半島産の厳選食材を使ったステーキやシーフードなどが自慢。

Map P.221B パブ
住Kilkerran Rd., PA28 6JL
TEL (01586)552133
URL www.ardshiel.co.uk
開10:00～翌1:00
休無休
£
AJMV

キャンベルタウン・ポッタリー Campbeltown Pottery

●町の中心にある小さな陶器工房。陶工のサイモンさんは、スプリングバンクやラフロイグなど数々の蒸溜所オフィシャルのウオーターピッチャーを手がけている人気の職人だ。食器のほか、タイルや小物なども展示販売している。

Map P.221A 陶器
住11 Bolgam St., PA28 6HZ
TEL (01586)553550
URL www.campbeltownpottery.co.uk
開8:30～17:00
休日
£
DMV

Topics

竹鶴夫妻の足跡をたどって

山崎や余市の蒸溜所立ち上げに関わり、日本のウイスキーの父とも呼ばれる竹鶴政孝（1894〜1979）。彼は摂津酒造の社員だった1918年、ウイスキー製造を学ぶためにスコットランドへ派遣された。

◆リタとの出会い　スコットランドに着いた竹鶴が学びの場としたのが**グラスゴー大学**（→Map P.162A1）。このグラスゴーの町で醸造学を勉強し、また生涯の伴侶となるリタ（ジェシー・ロバータ・カウン）と出会うことになった。

グラスゴー大学の南門

◆エルギンでの修行

大学で多くを学んだ竹鶴だが、やはり現場で実際にウイスキー造りに携わる必要があった。しかし、当時はいまのように蒸溜所を積極的に開放しているところはなく、かなり苦戦したようだ。そんななかエルギンにある**ロングモーン蒸溜所**（→Map P.284B1）は彼を迎え入れてくれた。1週間という短い期間ながら、彼はひと通りの作業を教わった。当時彼が泊まっていた**ステーションホテル**は、**ライヒモレイ・ホテル**と名を変えて現在も営業を続けている(→P.290)。

ライヒモレイ・ホテルのバーでロングモーン16年を楽しむ

ロングモーン蒸溜所の蒸溜室

1836年のヘーゼルバーン蒸溜所

◆ヘーゼルバーン蒸溜所　その後も竹鶴政孝はウイスキー造りの勉強を続ける。そして体系的にウイスキーを学ぶ場として選んだのが、キャンベルタウンの**ヘーゼルバーン蒸溜所**だった。竹鶴はリタと簡単な結婚式を挙げ、彼女を連れてホワイト・ハート・ホテル（2015年閉鎖）に長期滞在し、詳細にウイスキー造りの手法を学んだ。帰国後摂津酒造に保管され、現在は余市のウイスキー博物館が所有している当時のノートには、この蒸溜所で学んだ詳細なメモが記されている。

蒸溜所は1926年に閉鎖されたが、当時の事務所は現在**ヘーゼルバーン・ビジネスパーク**として利用されている。また、ヘーゼルバーンのブランド名は近隣のスプリングバンク蒸溜所（P.222）が1997年から生産を開始した新しいウイスキーとして引き継がれている。

◆グラスゴーで披露宴　キャンベルタウンから戻ったふたりは、グラスゴーの**セントラル・ホテル**（現グランド・セントラル・ホテル、→P.175）で結婚披露宴を行った。当初は結婚に反対していたリタの家族や摂津酒造の社長も結婚を祝福し、披露宴に出席。ふたりは日本へと旅立った。

山崎蒸溜所が造られたのはその3年後となる1923年。竹鶴政孝は初代所長に就任することとなる。

グランド・セントラル・ホテルの結婚式が行われるバンケット・ホール。往時の姿を今にとどめている

フェリーが行き交う港町

オーバン Oban

●市外局番01631　●人口8200人

マッケイグズ・タワーから眺めるオーバン港

ゲール語で「小さな湾」を意味するオーバンは、アーガイル地方の中で最も活気ある港町のひとつ。南からの暖流によって豊かな恵みがもたらされ、古くから漁業を中心に発達してきた。周辺地域の経済と交通の中心としても重要な役割を担っており、港を絶え間なく行き交う船や駅前のにぎやかな町並みからも、その活気が伝わってくる。

また、ここはマル島Isle of Mullをはじめ、西に点在する島々や、西ハイランド方面へ向かう起点ともなる町。オーバンから船でマル島へ渡れば、穏やかに暮らす人々のあたたかさに触れることができるだろう。

モデルルート

オーバンは歩いて回れるコンパクトサイズの町。港町独特の活気を肌で感じながら散策しよう。2～3日滞在して周辺の島々へも足を延ばしてみたい。

ウオーキング気分で回るオーバン1日ベーシックプラン

プルピット・ヒル➡オーバン蒸溜所➡マッケイグズ・タワー➡ダノーリー城

プルピット・ヒルへの朝のお散歩からスタートするアクティブなプラン。アーガイル・スクエアから歩いて片道20分ほどだが、時間のない人は行きだけタクシーを利用するという手もある。町一番の景色を堪能したら中心部へ戻り、ガイドツアーでオーバン蒸溜所を見学しよう。シーフードレストランでランチを済ませたら、今度は腹ごなしに、ジェイコブズ・ラダーを上って、マッケイグズ・タワーへ向かおう。タワーから見渡す海沿いの景色は最高だ！　元気な人は、海沿いの静かな道コーラン・エスプラネイドをのんびりお散歩。ダノーリー城が見える付近まで行ってみよう。

❖オーバンへの行き方

●グラスゴーから
🚃5:20、8:23、10:32、12:23、16:36、18:23
所要:約3時間
🚌1日8便
所要:約3時間

●フォート・ウィリアムから
🚃7:44、11:40、17:37発。クリアンラーリーCrianlarichで乗り換え。時間もかかるのでバスのほうが便利。
所要:約4時間
🚌1日3便、日曜運休
所要:約1時間30分

●インヴァレリーから
🚌1日3便、日曜1便
所要:約1時間

●インヴァネスから
🚌1日2便、フォート・ウィリアム乗り換え
所要:約3時間30分

港からのボートツアーではアザラシや海鳥を見ることができる。

■レンタカー

●ヘーゼルバンク・モーターズ
Hazelbank Motors
Map P.226B
住Lynn Rd., PA34 4PL
TEL(01631)566476
URLwww.obancarhire.co.uk
開8:30～17:00
休日、1/1·2、12/25·26
料1日£40～　1週間£255～

フェリーから見たダノーリー城

■オーバンの🅘
Map P.226A
住3 North Pier, Columba Buildings, PA34 5QD
TEL(01631)563122
URL www.visitscotland.com
開4月9:00～17:00
（日10:00～17:00）
5～9月9:00～18:00
（日10:00～17:00）
10～3月10:00～17:00
（日11:00～15:00）
休1/1・2、12/25・26
宿の予約は手数料£4とデポジットとして宿泊料の10%が必要。

歩き方

オーバンには大きなバスターミナルはなく、各地から来る長距離バスは、ジョージ・ストリートGeorge St.に面した駅前のバス停に到着する。ジョージ・ストリートは、港に沿って南北に延びる、町で最もにぎやかな通り。ホテルや銀行、みやげ物屋やレストランなど何でも揃っている。マル島へのフェリー乗り場も駅のすぐ西側にある。

町の中心のアーガイル・スクエア

🅘はノース・ピアNorth Pier内のコロンバ・ホテルの1階にある。ジョージ・ストリートの西側を南北に延びるコーラン・エスプラネイドCorran Esplanadeは、海岸沿いの静かな通り。のんびり散歩する人の姿も見られる。北へ進めば、岩の塊のように朽ちたダノーリー城Dunollie Castleが見えてくる。ここは私有地なので敷地内には入れないが、通り沿いから眺めることができる。

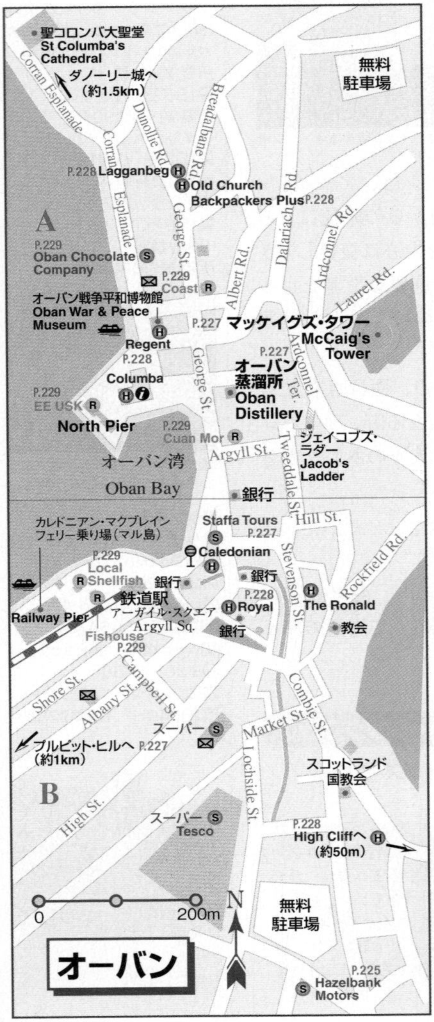

旅の情報収集

◉観光案内所

オーバンの🅘はノース・ピアにある。駅から徒歩5分。フェリーや列車、バスの時刻表のほか、オーバン近郊の町に関する情報誌も無料で配布している。ウオーキング情報もここで。両替可。

見どころ

小さな港町なので、半日もあれば見どころを回ることができる。マル島やアイオーナ島へのツアーやフェリーの手配は早めにしておこう。

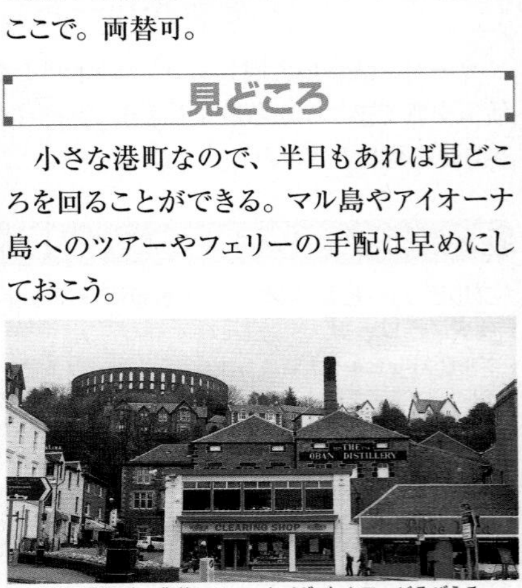

オーバン蒸溜所の背後にはマッケイグズ・タワーがそびえる

さわやかなピートの香り
オーバン蒸溜所 Oban Distillery

Map P.226A

1794年にスティーブンソン兄弟によって設立された、オーバンで唯一のウイスキー蒸溜所。

おみやげ用のウイスキーも販売している

ここのウイスキーの特徴は、マイルドなピートの香りとフルーティで芳醇な味わい。その味の秘密は、かすかに海水の成分を含んだピートにあるのだとか。まさに、海に面したこの土地ならではの逸品なのだ。蒸溜所ではガイドツアーも行われており、製造工程の見学ができるほか、試飲も楽しめる。

■オーバン蒸溜所
ジョージ・ストリートから少し東に入った所にある
住Stafford St., PA34 5NH
TEL(01631)572004
URLwww.obanwhisky.com
開3～6月9:30～17:00
7～9月9:30～19:30
(土・日9:30～17:00)
10～11月9:30～17:00
12～2月12:00～16:30
休1/1、12/25・26
料£10
ツアーは要予約。所要1時間。
工場内不可

港を見下ろす
マッケイグズ・タワー McCaig's Tower

Map P.226A

マッケイグズ・タワー

小高い丘の上に町を見下ろすように建つ円形競技場のような建物。失業者雇用対策の一環として、地元の名士マッケイグ氏が19世紀末に建設し始めたもので、当初はアートギャラリーにする計画だったとか。ところが、マッケイグ氏の死により建設は中断、現在にいたっている。また、ここは湾と島々を見渡せる絶好のビューポイントでもあり、いまでは多くの観光客が訪れる町のシンボルとなっている。

■マッケイグズ・タワー
オーバン蒸溜所の裏にあるジェイコブズ・ラダー Jacob's Ladderという長い階段を上り切って左へ50m。そこに見えるサインに従い、ローレル・ロードLaurel Rd.を上るとすぐ。町の中心から徒歩約10分。

オーバン港を望む

おすすめウオーキング・コース
プルピット・ヒル Pulpit Hill

Map P.226B外

オーバンの町と対岸のケルラー島が一望できる、オーバンで一番眺めのいい丘。町の中心から片道約20分、ちょっとしたウオーキング気分も味わえる。まずは、アーガイル・スクエア

オーバン発　近郊の島巡りツアー

スタッファ・ツアーズ Staffa Tours
住Ferry Terminal, Oban　07831 885985
URLwww.staffatours.com

開8:00～18:00（夏期～20:00）　休11～3月

オーバンからマル島Isle of Mull、アイオーナ島Isle of Iona、スタッファ島Isle of Staffaへの日帰りツアーを催行する。バスとボートで各島を効率よく回ることができる1日ツアーだ。料金はマル島&アイオーナ島&スタッファ島の3島巡り£71など。火曜から土曜までの早朝発の「アーリーバード」ツアーは混みあう時間を外しており、より自然を堪能したい人や時間のない人にはおすすめ。

■コースタル・コネクション
Coastal Connection
オーバン戦争平和博物館の向かいにある桟橋から出航するボートツアー。マル島やケルラー島Island of Kerreraなど近隣の島の城や自然を楽しめるツアーは、通常14:00出航（出発時間は天候によって変わるので要問い合わせ）、所要2時間で£30。予約は下記ウェブサイトのほか、❶でも可能。
URLcoastal-connection.co.uk

標識に従って進んでいく

からアルバニー・ストリートAlbany St.を南へ、突き当たりの丘に続く坂を左のほうへ上る(車は右)。上り切ったら10m直進、再び右折して細い脇道へ。三差路に出ているサインに従い、静かな住宅地の脇道を進むとすぐ。

プルピット・ヒルからの眺め

Hotel ホテル

島巡りの拠点となるだけにシーズン中の予約は必須。中級ホテルはジョージ・ストリートに集中している。B&Bはブレッダルバン・ロードBreadalbane Rd.、ダノーリー・ロードDunollie Rd.などに並んでいる。

日本からホテルへの電話 国際電話会社の番号 + 010 + 国番号44 + 市外局番の最初の0を取った掲載の番号

ロイヤル Royal Hotel Oban

TV 無線LAN

●鉄道駅やバス停にほど近い便利な場所にあり、フロントの人の応対もていねい。1階のレストランでは、おもに英国料理を出しており、ランチタイムはいつもにぎわっている。部屋は比較的広く、バスタブ付きの部屋もあるが同料金。

Map P.226B 中級 91室

住Argyll Sq., PA34 4BE
TEL (01631) 563021
URL strathmorehotels-theroyaloban.com
£35～
£47.50～ £ M V

リージェント The Regent Hotel

TV 無線LAN

●ノース・ピアのそばにあり、海を見わたすように建っている。建築はアール・デコ様式。シービューの部屋からはマル島を望むすばらしい景色が楽しめる。レストランではシーフードを中心にメニューが充実。ホテルでは2食付きのプランも用意している。

Map P.226A 中級 83室

住Corran Esplanade, PA34 5PZ
TEL (01631) 562341
URL www.bespokehotels.com
£50～
£69～
£ A D J M V

ハイ・クリフ High Cliff

TV 無線LAN

●宿名のCliff(絶壁)が示すように、隣に豪快な岩場がそびえる。朝食は前日までにリクエストを出せばキッパーやベジタリアンなども用意できるとのこと。チェックインは原則16:00～18:00で、それ以外の時間帯にチェックインしたい場合は、事前に連絡すること。

Map P.226B外 B&B 4室

住Glencruitten Rd., PA34 4EW
TEL (01631) 564134
URL www.highcliffoban.co.uk
£90～
£
不可

ラガンベッグ Lagganbeg Guest House

TV 無線LAN

●ジョージ・ストリートを北に直進し、ダノーリー・ロードDunollie Rd.を入った右側にある。マリンブルーを基調にした内装。部屋は清潔でティーセットやテレビなどを完備している。朝食はフル・スコティッシュ。

Map P.226A ゲストハウス 5室

住4 Victoria Pl., PA34 5PH
TEL&FAX (01631) 563151
£70～91
£
D J M V

オールド・チャーチ・バックパッカーズ・プラス The Old Church Backpakers Plus

無線LAN

●ラガンベッグ・ゲストハウスの隣にある、古い教会を利用したホステル。建物は古いが、2014年オープンとあって内装はきれいで居心地がよい。ランドリーは1回£7。タオルのレンタルは1枚につき£1。大きなキッチンもあるので、港で魚を買ってさばくのもいいかも。

Map P.226A ホステル ベッド数53

住Breadalbane St., PA34 5PH
TEL (01631) 567189
URL www.backpackersplus.com
DOM £19～23
£22～27
£40～54 £ M V

Restaurant & Shop　レストラン&ショップ

オーバンは港町だけあって、どのレストランでも水揚げされたばかりのフレッシュなシーフードが食べられる。レストランは町中に点在しているので、エビやロブスター、カキなどを気軽に試してみよう。

コースト Coast

Map P.226A　英国料理

●テーブルや椅子、食器などが白で統一されたモダンな店内。季節によりホタテやアンコウなど近海で取れたシーフードに、ヨーロッパ各国のエッセンスを加えた創作料理が楽しめる。肉料理もアンガスビーフやアーガイル産ポークなどスコットランドの食材を使用。前菜2品とデザートで£15、前菜、メイン、デザートの3品で£18.50など、お得なセットもある。

住104 George St., PA34 5NT
TEL(01631)569900
URLwww.coastoban.co.uk
開12:00～14:00　17:30～21:00
　(日17:30～21:00)
休日曜の昼、1月、12/25･26
£
J M V

クアン・モア Cuan Mor

Map P.226A　英国料理

●ジョージ・ストリートにある、眺めのいいダイニングバー。地元産の食材にこだわったシーフードやグリルは£14～18前後。ハンバーガーも各種あり£10～12。ランチ(12:00～16:00)は各種£7.99。バー部門では100種以上のウイスキーを揃えている。

住60 George St., PA34 5SD
TEL(01631)565078
URLwww.cuanmor.co.uk
開12:00～21:30
休無休
£
D J M V

イーウスク EE USK

Map P.226A　シーフード

●ノース・ピアNorth Pierにあるシーフードレストラン。壁は全面ガラス張りになっており、オーバン湾を眺めながら食事が楽しめる。メインは£11.95～23.95で、その日に取れた食材を使った特別メニューもある。隣にピアッツァというイタリア料理店もある。

住North Pier, PA34 5QD
TEL(01631)565666
URLwww.eeusk.com
開夏期12:00～15:00　17:45～21:30
　冬期12:00～14:30　17:45～21:00
休1/1、1月の3週間、12/25･26
£　M V

フィッシュハウス Fishouse

Map P.226B　シーフード

●屋台ではなく座ってカキを食べたいという人にはおすすめのお店。カキは生、焼き、揚げの3種類から選べ、3つで£6.50～6.99。サーモンやトラウト、ムール貝、テナガエビなども地元産でおすすめ。1階は中華料理レストランになっている。

住1 Railway Pier, PA34 4LW
TEL(01631)563110
URLwww.waterfrontfishouse.co.uk
開12:00～14:00　17:30～21:00
休12/25
£　D J M V

ローカル・シェルフィッシュ Local Shellfish

Map P.226B　ファストフード

●店の前にいつも行列ができる人気のスタンド。店先には、水揚げされたばかりでまだ生きているカニ、ロブスター、カキなど、何種もの魚介類が並んでいる。生ガキはひとつ£0.95。サンドイッチは種類により£3.95～4.95。シーフードプラッターは2人前で£18。

住Railway Pier, PA34 4LW
URLwww.facebook.com/obanseafoodhut
開10:00～18:00
休11月～3月中旬
£
不可

オーバン・チョコレート・カンパニー Oban Chocolate Company

Map P.226A　チョコレート

●フルーツクリームをくるんだトリュフなどホームメイドのチョコレートが人気。ショーケースのチョコレートは、フォルムやフレーバーもさまざまで、まさにアートといった趣。窓越しにショコラティエの繊細な技も見学することができる。

住34 Corran Esplanade, PA34 5PS
TEL(01361)566099
URLwww.obanchocolate.co.uk
開7･8月9:30～17:30(金･土9:30～21:00)、9～6月10:00～17:30
休1月、12/25･26
£　A D J M V

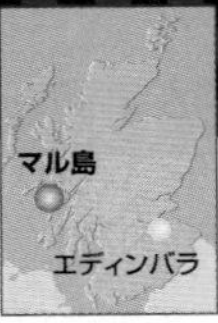

のんびりとした空気が流れるホリデー・アイランド

マル島 Isle of Mull

●市外局番01680　●人口2800人

❖マル島への行き方

カレドニアン・マクブレイン社のフェリーがオーバンとマル島のクレイグニュアとを往復している。ロッハラインLochalineからフィシュニッシュ Fishnishへの航路もあり、フォート・ウィリアムやインヴァネス方面からのアクセスはよいが、港へのバスの便が非常に乏しい。船の便数は少なくないので、レンタカーがあるなら便利。

●クレイグニュアへ

⛴オーバンのレイルウェイ・ピアRailway Pier発、夏期は毎日5～7便（冬期は便数が減るので要確認）

所要:約45分

●トバモリーへ

🚌クレイグニュアからボウマンズ・バス社Bowmans Busesのバスがフェリーの到着に合わせて1日3～4便程度の運行。（冬期減便）

所要:50分

⛴マル島北の対岸にあるキルホーアンKilchoan発1日5～7便（冬期は便数が減るので要確認）

所要:35分

フェリーの船内で会ったキルト姿のおじさん

バーやレストランなど、フェリーの設備はなかなか豪華

のどかな風景が広がるマル島

オーバンの西に浮かぶマル島は、インナー・ヘブリディーズInner Hebridesと呼ばれる島々のなかでスカイ島に次いで2番目に大きな島。とはいえ、人口はわずか2800人ほど。港に着くと同時に感じられるゆったりとした雰囲気もこの島の魅力である。

島最大の見どころは、崖の上に建つデュアート城Duart Castle。オーバンからのエクスカーションとしても人気がある。

また、マル島からさらに西にあるアイオーナ島へ行く人にとっても、この島が足がかりとなる。

歩き方

マル島観光の拠点は、フェリーが着く島の南東部にあるクレイグニュアCraignureか、北部のトバモリー Tobermory。

◉クレイグニュア

多くの旅行者にとっては、デュアート城などの見どころに近いクレイグニュアが便利だろう。クレイグニュアの港前には❶があるので、情報収集も簡単にできる。

◉トバモリー

トバモリーは対岸のキルホーアンKilchoanや西に浮かぶコル島Isle of Collへのフェリーが発着する港町。カラフルな家

並みも美しい。ユースホステルの隣にはマル島博物館Mull Museumがある。また、村の外れには200年前から続くトバモリー蒸溜所Tobermory Distilleryといった見どころもある。

旅の情報収集

◉観光案内所

クレイグニュアの❶

マル島の❶はクレイグニュアにある。オーバンからのフェリーを降りるとすぐ目の前にあり、マル島とアイオーナ島の地図、フェリー&マル鉄道の時刻表が無料で手に入る。ドライブマップもある。カレドニアン・マクブレイン（フェリー会社）のオフィスも同じ建物内に隣接。トバモリーには公営の❶はないが、カレドニアン・マクブレインのオフィスに観光パンフレットなどが置いてある。

見どころ

クレイグニュアの見どころだけならオーバンから日帰りで十分。マル島で泊まるならトバモリーやアイオーナ島へも行ってみよう。

クロムウェルも落とせなかった Map P.230

デュアート城 Duart Castle

マル海峡Sound of Mullを見渡す崖の上に建つ古城。その優美な姿は、島へ渡る船上からも眺められ、周囲の自然と調和したその美しさには一瞬ハッとさせられる。

デュアート城は約700年前から現在にいたるまで、代々マクリーン一族の住居として受け継がれてきた。人が住んでいる城としては、スコットランドで最古とされている。城内では、アンティークの調度品に彩られた各部屋を見学できるほか、その昔、囚人を留置していたという土牢なども見学できる。

マル島行きフェリー

カレドニアン・マクブレイン Caledonian MacBrayne
住Railway Pier, Oban
TEL(01631)566688 URLwww.calmac.co.uk

開7:00～18:00（冬期7:00～17:30）
船の発着時間は時期によって異なることも 休無休

●デュアート城エクスペリエンス Castle Duart Experience 料£21
オーバン～マル島間のフェリー往復、デュアート城へのバス往復、デュアート城の入場券の3つがセットになった便利でお得な共通券。チケットはカレドニアン・マクブレインのオフィスで購入できる。4～9月のみ。

クレイグニュアの船着場

■マル島の❶
宿の予約は手数料£4とデポジットとして宿泊料金の10%が必要。
●クレイグニュアの❶
住Pier Head, Craignure, PA65 6AY
TEL(01680)812377
開夏期9:00～18:00
冬期9:00～17:00
（日10:00～17:00）
休1/1・2、12/25・26

クレイグニュアとフィナフォートを結ぶバス

■デュアート城
🚌公共交通機関はないが、デュアート城エクスペリエンスの共通券を購入すればバスが利用できる。
住Craignure, Loch Don, PA64 6AP
TEL(01680)812309
URLwww.duartcastle.com
開4月11:00～16:00
5/1～10/18 10:30～17:30
休4月の金・土、10/19～3/31
料£8 学生£7

フェリーから見たデュアート城

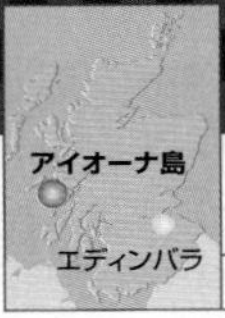

キリスト教布教の中心となった島

アイオーナ島 Isle of Iona

●市外局番01681　●人口170人

❖アイオーナ島への行き方

●マル島の
　クレイグニュアから

ボウマンズ・バス社Bowmans Busesのバスでフィナフォート Fionnphortまで行き、そこからカレドニアン・マクブレインのフェリーでアイオーナ島のジェッティ・ピアへ。

🚌1日1～3便
所要:1時間10分
⛴1時間に1～2便
所要:10分

アイオーナ島行きのフェリー

波の静かな港周辺

■アイオーナ・ナナリ
Map P.232
開随時
料無料

尼僧院として利用されていたアイオーナ・ナナリ

アイオーナ・ヘリテージセンターでひと休みしよう

フェリーから見たアイオーナ島

アイオーナ島は、マル島の西にちょこんと浮かぶ小さな島。全周わずか5kmのこの島が人々を引きつけるのは、ここがスコットランドにおけるキリスト教の中心地であったからだ。

聖コロンバSt Columbaが島にアイオーナ・アビーIona Abbeyを建てたのは西暦563年。彼はこの僧院を中心に布教活動を続け、やがてその教えはスコットランド全土へと広まっていった。聖コロンバは、アイルランド王族の血を受けて生まれ、学者にして統率力にも長けた人物だったといわれ、インヴァネスのネス湖で恐竜を戒めたという伝説も残っている。

歩き方

島のおもな見どころは、マル島からフェリーが着く港付近に集中しており、歩いて回ることができる。船を降りて真っすぐ行くと、右側に11世紀末建立の尼僧院跡のアイオーナ・ナナリIona Nunneryがある。右へ出ると小道のかたわらにマックレーン・クロスMacLean's Cross、ケルト模様のついた不思議な碑が立っている。その手前左側にあるアイオーナ・ヘリテージセンター は、著名な建築家トーマス・テルフォードの建てた教会のそばにある。そして、そのまま道なりに進むと、この

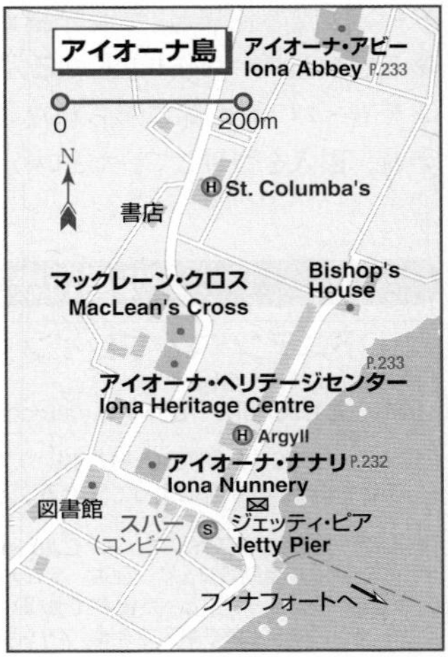

島最大の見どころであるアイオーナ・アビー Iona Abbeyにたどり着く。ここから港へは海沿いに戻ろう。

聖コロンバゆかりの
アイオーナ・アビー Iona Abbey
Map P.232

観光客が絶えないアイオーナ・アビー

港の北側に建つ、アイオーナ・アビーは、聖コロンバが563年に開いたとされる修道院。

ローマ・カトリックとケルト ローマ帝国が崩壊して以降ブリテン島のキリスト教布教は、ヨーロッパ大陸からイングランド南部へ伝わったローマ・カトリックと、アイルランドからスコットランド、北部イングランドへと伝わったケルト系キリスト教の2種類の流れがあり、後者の布教を代表する人物が聖コロンバ。

ケルト系キリスト教文化の中心 彼が建てたアイオーナ・アビーは、スコットランド屈指の聖地およびキリスト教文化の中心だった。ケルト風装飾が施された8世紀の聖書の写本『ケルズの書』(現在はアイルランドのダブリンにある) もここで作成されたといわれている。

歴代スコットランド王の埋葬地 初期スコットランド王たちが埋葬されたことからも、いかにこの地が神聖視されていたかがよくわかる。修道院の南側にある聖オーラン礼拝堂St Oran's Chapelの手前、少し盛り上がった場所に歴代王が埋葬されたと考えられており、シェイクスピア劇でおなじみのダンカンとマクベスも眠っているという。

修道院の衰退と解散 ケルト系キリスト教はその後衰退していき、アイオーナ・アビーも13世紀にベネディクト会の規則を受け入れるようになった。修道院本堂や回廊など、現在見られる建物の多くは、この時期に建てられたものだ。宗教改革の最中の1539年に発せられた大修道院解散法の発令後は放置され、屋根が崩れるなどしたが、1910年になってようやく再建された。

併設の博物館ではハイクロスのオリジナルを展示している

ハイクロス 本堂の前にそびえる円環のある石造りの十字架は、ハイクロスと呼ばれるケルト系キリスト教独特のデザイン。聖書の場面が彫り込まれており、字が読めない人に、聖書の内容を伝えるためにも使われたという。本堂前に置かれたものはレプリカでオリジナルは敷地の北東端にある博物館に展示されている。

■**アイオーナ・ヘリテージセンター**
Map P.232
住Isle of Iona, PA76 6AJ
TEL(01681)700576
URL www.ionaheritage.co.uk
開10:30～16:30
休日、11～3月
料£3.40

■**アイオーナ・アビー**
住Isle of Iona, PA76 6SQ
TEL(01681)700512
URL www.historicenvironment.scot
開夏期9:30～17:30
冬期10:00～16:00
最終入場は閉館の1時間前
料£9　学生£7.20

修道院の回廊

修道院の本堂はベネディクト会によって建てられた

博物館も見逃さないように

自然が織りなす奇観

スタッファ島 Isle of Staffa

●無人島

❖スタッファ島への行き方

フェリーなど公共交通機関はないので、オーバン、マル島のフィナフォートFionnphort、アイオーナ島からツアーを利用する。クレイグニュアまたはオーバンの🛈で確認を。

●オーバンから

⛴スタッファ・ツアーズ社(→P.227) などがツアーを出している。

料 £70

●フィナフォートから

⛴スタッファ・ツアーズ社Staffa Toursなどが運航。9:30発。

料 £35

●アイオーナ島から

⛴スタッファ・ツアーズ社Staffa Toursなどが運航。12:20発。

料 £35

自然が造り上げた芸術品

六角柱の玄武岩によって形成された奇観で知られる小さな無人島。北アイルランドにある世界遺産のジャイアンツ・コーズウェイGiant's Causewayと同じ、火山性の岩柱群は、まるでモダンアートのオブジェのようである。ケルトの人々が"巨人のとおった道"と呼んだその威容を目にすると、何か不思議な魔力さえ感じられる。なかでも、島にあるフィンガルの洞窟Fingal's Caveは必見。中に入って耳を傾けると、風と波が洞窟内に共鳴して不思議な響きを奏でているのに気づくだろう。

ここを訪れた大作曲家メンデルスゾーンは、この音に感銘を受け、かの名曲『Fingal's Cave』を一気に書き上げたといわれている。ほかにもこの島に魅せられた芸術家たちの中には、画家ターナーや詩人ワーズワースもいる。

海が穏やかなときには、ボートで洞窟内に入り、島に上陸することができる。上陸してからもう一度歩いて洞窟内へ行ってみよう。かなり奥のほうまで続いていて、人ひとりやっととおれる程度の通路がある。メンデルスゾーンも聴いた響きに、じっと耳を傾けてみよう。洞窟の上部は平らな草原で、階段を上がると広々とした眺めが広がっている。

フィンガルの洞窟へ向かう道

自然に造られた6角柱

フィンガルの洞窟

数々の銘酒を生み出すウイスキーの島

アイラ島 Isle of Islay

●市外局番01496　●人口3000人

蒸溜所見学はアイラ島観光ならではの楽しみ

ヘブリディーズ諸島の中で最も南に位置するアイラ島は､「ヘブリディーズ諸島の女王」の別名をもつ島。漁業や観光、ウイスキーが島の主産業だ。現在でも9つの蒸溜所が操業を続けている。中世、ヴァイキング時代はスコットランド西部の中心として栄えたが、1494年にジェイムス4世によって編入された。その後ヘブリディーズ諸島を支配したマクドナルド家は、ポート・アスカイグ近くのロッホ・フィンラガンLoch Finlagganを拠点に島を統治した。その後、島は農業や漁業で栄えたが、19世紀には1万8000人いた住民も、強制移住を強いたハイランド清掃によって、いまでは3000人を数えるのみである。

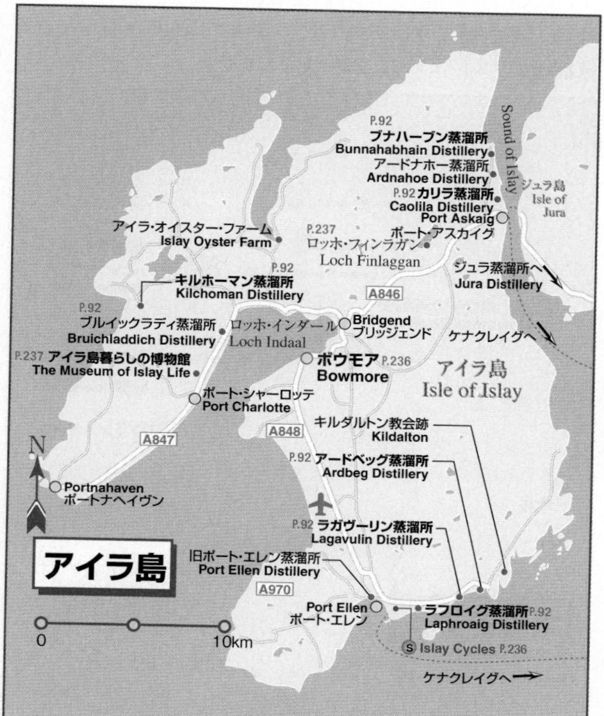

❖アイラ島への行き方

キンタイヤー半島のケナクレイグKennacraigからカレドニアン・マクブレイン社のフェリーか、グラスゴー、オーバンから飛行機で行く。

●グラスゴーから

✈1日2便、土1便
所要:45分
空港を出た左側にバス停があり、ボウモア、ポート・エレン方面へのバスが停車する。レンタカーの手配も空港で可能。

●ケナクレイグから

⛴1日3～4便。ポート・エレンとポート・アスカイグに着く便がある。ケナクレイグに停車する便はグラスゴーからキャンベルタウン行きのバス（1日4便）で3時間。車を積み込む場合は予約が望ましい。
所要:2時間20分

ポート・アスカイグ

■アイラ空港

TEL (01496)302361
開 8:30～18:00（土8:00～10:00、日14:00～18:00）
休 無休

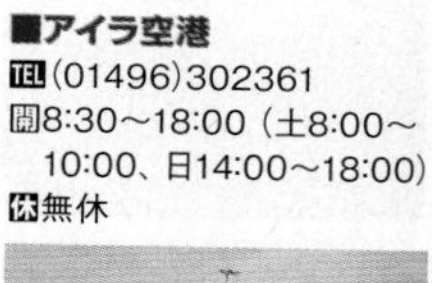
アイラ空港

■レンタカー

●D&Nマッケンジー
D&N MacKenzie
道路を挟んで空港の反対側。連絡すればフェリーターミナルにも迎えにきてくれる。予約が望ましい。
住 The Airport, PA42 7AS
TEL (01496)302300
URL www.carhireonislay.co.uk
料 £35～

■ボウモアの🅘
Map P.236
住The Square, PA43 7JP
TEL(01496)305165
URLwww.visitscotland.com
開7･8月9:00～17:30
（日12:00～15:00）
4～6･9･10月
10:00～17:00
11～3月10:00～15:00
休9･10月の日曜、11～3月の土･日
宿の予約は手数料£4とデポジットとして宿泊料金の10%が必要。

ボウモアの🅘

アイラ島から対岸のジュラ島を眺める

■レンタサイクル
●Islay Cycles Map P.235
ポートエレンの港近くにある
住2 Corrsgeir Pl.,
Port Ellen, PA42 7EJ
📱07760 196592
URLwww.islaycycles.co.uk
開9:00～18:00　休日
料1日£20～　1週間£70～

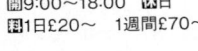

空港近くの風景

歩き方

◉主要港　キンタイヤー半島からのフェリーが発着する港はふたつあり、南にあるポート・エレンPort Ellenが島の主要港。北東のポート・アスカイグPort Askaigからは対岸のジュラ島Isle of Jura行きのフェリーも出ている。フェリーの運航時間に合わせてポート・エレン～ボウモア～ポート・アスカイグを結ぶバスが運行されている。

◉島の中心地、ボウモア

ザ・スクエア

入江のロッホ・インダールLoch Indaalを望む人口およそ1000人の小さな町。スーパーマーケットや銀行（ATMあり）がある、アイラ島の中心地。ホテルやB&Bも数軒あるので島の滞在拠点となる町だ。町の中心はザ・スクエアThe Squareという広場。そこから延びるメイン・ストリートMain St.の坂の上にはラウンド・チャーチRound Churchと呼ばれる円形の教会があり、町の西側にはボウモア蒸溜所がある。島内を結ぶバスはメイン・ストリートのスーパーの前のバス停に発着している。

◉観光案内所　ボウモアのザ・スクエアにある。見学できる蒸溜所のリストや、パンフレットなどが豊富。

見どころ

バスを使って行ける見どころは限られている。くまなく回る場合は、レンタカーを借りたり、タクシーをチャーターするとよいだろう。

島を代表する蒸溜所

ボウモア蒸溜所 Bowmore Distillery

Map P.236

蒸溜所のビジターセンター

町の中心に位置する蒸溜所。アイラ島で最古の歴史を誇り、いまなお伝統的製法でアイラモルトを造り続けている。見学ツアーではフロアモルティングの過程からマッシング、蒸溜など製造過程を見学でき、最後には試飲もできる。ショップの品揃えも充実している。

町を見下ろす丸い教会

ラウンド・チャーチ Round Church

Map P.236

メイン・ストリートの南端にある円形の教会。1767年の創建。スコットランド民話によると、悪魔が隠れる場所をなくすために教会の角をなくし、丸い形にしたといわれている。

島の古道具を集めた

アイラ島暮らしの博物館 The Museum of Islay Life

Map P.235

博物館内の展示

ポート・シャーロッテの町の入口近くにある小さな博物館。もともとは教会だった建物を改装して造られた。先史時代の発掘物から島で使われていた家財道具まで展示している。昔の蓄音機や、以前ウイスキー造りで使っていた道具なども展示されている。島に関する書物も充実している。

湖畔にたたずむ遺跡

ロッホ・フィンラガン Loch Finlaggan

Map P.235

12世紀から16世紀にかけてマクドナルド家が島の統治の拠点としていた集落跡。ヘブリディーズ諸島を勢力下においていたが、当時の繁栄ぶりは見る影もない。葦が茂る湖畔には遊歩道が設けてあり、教会跡や住居跡を見ることができる。

湖畔の教会跡

■ボウモア蒸溜所
住School St., Bowmore, PA43 7JS
TEL(01496)810441
URLwww.bowmore.com
開3月上旬～10月下旬
9:30～18:00
(日12:00～16:00)
10月下旬～3月上旬
10:00～17:00
休10月上旬～3月上旬の日曜
料£10
クラフトマンツアー£55

■ラウンド・チャーチ
住Bowmore, PA43 7JH
開8:00～18:00
料無料

メイン・ストリートを見下ろすラウンド・チャーチ

■アイラ島暮らしの博物館
住Port Charlotte, PA48 7UA
TEL(01496)850358
URLwww.islaymuseum.org
開10:00～16:30
休土・日、11～3月
料£4　学生£3

■ロッホ・フィンラガン
バスポート・アスカイグ行きのバスで遺跡近くの分岐点で下車し、徒歩20～30分
住Finlaggan Cottage, Ballygrant, PA45 7QL
URLwww.finlaggan.org
開随時　休無休
料寄付歓迎
●ビジターセンター
開4～9月10:30～16:15
10月はボウモアの❶で確認のこと
休日、11～3月
料£4（内部の展示）

Hotel&Restaurant ホテル&レストラン

ボウモアのほかにはポート・エレン、ポート・シャーロッテにもホテルがある。どのホテルにも基本的にレストランが併設されている。

日本からホテルへの電話 国際電話会社の番号 + 010 + 国番号44 + 市外局番の最初の0を取った掲載の番号

ハーバー・イン The Harbour Inn

TV 無線LAN

●港近くにあるエレガントなホテルでボウモア蒸留所の直営。部屋のテーマカラーはそれぞれ異なるが、ナチュラル系で統一された客室は広々としている。バスルームも機能的。冬期のみ3泊以上でお得な宿泊プラン（£80～）あり。こだわりの朝食も自慢。

Map P.236 高級 7室

住Bowmore, PA43 7JR
TEL (01496)810330
URL www.bowmore.com/harbour-inn
£100～
£
J M V

ロッホサイド・ホテル Lochside Hotel

TV 無線LAN

●ショア・ストリートにある小さなホテル。家庭的な雰囲気で、アイラモルトファンには人気が高いホテル。バスルームは少々狭いが、部屋はかわいらしくまとまっており、港や海が見える部屋もある。朝食を取るレストランからの眺めもすばらしい。バスタブ付きの部屋は3室ある。

Map P.236 中級 12室

住Shore St., PA43 7LB
TEL (01496)810244
URL www.lochsidehotel.co.uk
£90
£140
£
M V

ボウモア・ホテル Bowmore Hotel

TV 無線LAN

●ジェミーソン・ストリートにある家族経営のホテル。ホテルとして町で最も長い歴史をもっているのだとか。オーナーのピーターさんは、礼儀正しい日本人が大好きという親日家で、とてもフレンドリー。室内はシンプルな内装だが、改装済みできれい。海が一望できる裏庭からの眺めもいい。

Map P.236 ゲストハウス 12室

住Jamieson St., PA43 7HL
TEL (01496)810416
URL www.bowmorehotel.co.uk
£100～170
£150～230
£
A J M V

ハーバー・イン The Harbour Inn

●同名のホテルに併設されたレストラン&バー。シーフードなどアイラ島の厳選素材を使った料理を取り揃えている。海を間近に望むテーブルを予約しよう。予算はメインとデザートで、ランチ£15、ディナーは前菜をプラスすると£35前後。

Map P.236 英国料理

住Bowmore, PA43 7JR
TEL (01496)810330
URL www.bowmore.com/harbour-in
開12:00～15:00 18:00～21:00
休無休
£
J M V

ダフィーズ・パブ Duffy's Pub

●ロッホサイド・ホテル内にある。ボウモア蒸溜所の職人さんもおすすめの、町で一番人気のバー。カウンターにはシングルモルトのボトルがずらり。バーの横がレストランになっていて、海を眺めながら食事が楽しめる。食事はパブフードのほかシーフードも各種あり。

Map P.236 パブ

住Shore St., PA43 7LB
TEL (01496)810244
URL www.lochsidehotel.co.uk
開11:00～24:00(金・土11:00～翌1:00)
休無休
£
M V

ボウモア・ホテル・バー Bowmore Hotel Bar

●2014年に新たにオープンしたホテル併設のバー。アイラモルトを中心に、750種類以上のスコッチウイスキーを揃えており、そのコレクションはウイスキーファンからも注目を集めている。また、土曜の23:00～翌1:00はディスコとしてときおり利用されている。

Map P.236 バー

住Jamieson St., PA43 7HL
TEL (01496)810416
URL www.bowmorehotel.co.uk
開12:00～15:00 18:00～21:00
休無休
£
A J M V

ゴルフの聖地、釣り好きの天国

セント・アンドリューズとスコットランド中東部

St Andrews & Middle Eastern Scotland

セント・アンドリューズのゴルフコース（上）／パースのブラック・ウオッチ軍事博物館（右）／ダンディーのマリーゲート（左）

Introduction

セント・アンドリューズとスコットランド中東部

St Andrews & Middle Eastern Scotland

ファイフ Fife

セント・アンドリューズのゴルフ場

ファイフ地方（通称ファイフ王国）を代表する都市は、**セント・アンドリューズ**→P.252と**ダンファームリン**→P.242。

セント・アンドリューズ　いわずと知れたゴルフ発祥の地。**聖アンドリュー大聖堂**→P.254など聖地として栄えた中世の史跡も残る。なお、ゴルフにチャレンジしたい人は、あらかじめ予約が必要なので注意。特にシーズン中は予約が殺到するため、半年～1年前からの予約がおすすめ。

ダンファームリン　ロバート・ザ・ブルースが埋葬されている**ダンファームリン・アビー**→P.243のほか、かつての首都だった頃の面影を残す趣のある町。

ダンディーとアンガス Dundee & Angus

南極を目指して出港したディスカバリー号

アンガス地方を代表する都市**ダンディー**→P.246には、**V&Aダンディー**→P.248や**ディスカバリー・ポイント**→P.248に代表される、質のよい博物館やギャラリーがめじろ押し。レストランでは名物アンガス・ビーフのステーキを試したい。ダンディーの郊外には**エッツェル城**→P.250などの古城や歴史的建造物といった見どころも多い。

パースシャー Perthshire

パース郊外のスクーン宮殿

パース→P.257の町を起点に、その北には森と湖に囲まれた小さな町や村が点在している。パースシャー北部はハイランド・パースシャーと呼ばれる。

蒸溜所巡りが楽しめる**ピトロッホリー**→P.262や、**ブレア城**→P.266があるブレア・アーソルは、ここまで来たらぜひ訪れてほしい魅力的な町。アウトドア派なら、ピトロッホリーに滞在し、釣りやウオーキングなどを満喫したい。レンタサイクルで周囲を巡るのもおすすめ。

Pick Up 見どころ & アクティビティ

アンガス・ビーフ

gourmet 詳細記事 P.251、279

アンガス地方といえば、世界でも指折りの品質を誇るアンガス種の牛が飼育されていることで有名。肉質は柔らかく、ステーキにするのには最適だ。ダンディーとアバディーンのレストランで食べられる。高級食材だがぜひ食して欲しい一品だ。

ステーキで頂くのが一番！

ゴルフの聖地

museum 詳細記事 P.252

セント・アンドリューズは全英オープンが行われることで有名な町。憧れのコースでプレイするのもいいが、博物館にある昔のゴルフ用品や、歴代優勝者たちの展示もゴルフ好きにはたまらない。

英国ゴルフ博物館（→P.254）にあるタイガー・ウッズの展示

美しいガラス細工

handcraft 詳細記事 P.260

パースを代表する伝統工芸はガラス細工。郊外のクリーフにあるケイスネス・グラスの工房では、美しい花模様などが浮かぶペーパーウエイトが作られることで有名だ。

色鮮やかなペーパーウエイト

蒸溜所へのウオーキング

walk 詳細記事 P.267

リゾート地、ピトロッホリーでは周囲の自然を満喫しながらのウオーキングが楽しめる。特に郊外のエドラダワー蒸溜所へのフットパスが歩きやすい。途中で滝が眺められるスポットもあり、気持ちのいい散策ルートだ。

標識もあるので、道に迷う心配もない

交通ガイド

どの町へもバスや列車など公共交通機関を利用して、比較的楽に移動することができる。特にパースは、その北に続くピトロッホリーなど、ハイランド・パースシャーへの玄関口。ダンディー近郊に点在する古城などへは、やはりレンタカーがベスト。基点となる町はパースやダンディーだが、大都市を訪れるだけならばエディンバラから日帰りでも構わない。

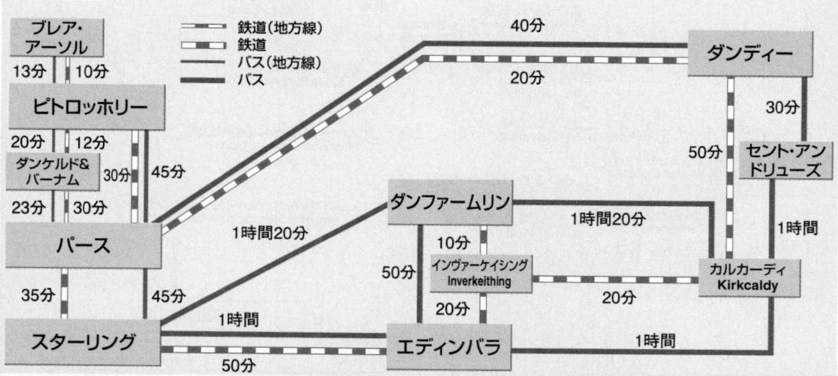

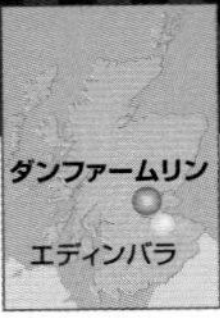

スコットランドの古都

ダンファームリン Dunfermline

●市外局番01383　●人口3万9200人

❖ダンファームリンへの行き方

●エディンバラから
🚆1時間に1～2便程度。ダンファームリン・タウン駅着
所要:30分
🚌ステージコーチ社X55が1時間に1～3便程度
所要:約1時間

●グラスゴーから
🚌ステージコーチ社X26が1時間に1便
所要:1時間10分

■ダンファームリンの🛈
2020年3月現在ダンファームリンに観光案内所はない。最寄りの🛈はエディンバラやセントアンドリュースなど

ハイ・ストリート

バスステーション

ダンファームリン市議会場

ファイフ地方の西の中心、ダンファームリンはゲール語で「曲がった川の近くの城塞」が語源とされる。1060年にマルコム3世が王宮を築き、彼の2番目の妻の聖マーガレットが、現在のダンファームリン・アビーの前身となる教会を建設した。町はその後17世紀までスコットランドの首都として栄えた。ロバート・ザ・ブルースが埋葬されたことでも知られるダンファームリン・アビーや、王宮跡、アボット・ハウスなどの史跡が古都を彩っている。また、この町は、アメリカの鉄鋼王、アンドリュー・カーネギーの出身地でもある。

歩き方

◉ハイ・ストリート　町自体は広いが、ハイ・ストリートHigh St.を起点に考えるとシンプル。ハイ・ストリートの西、市議会場City Chamberの手前から南に行くとダンファームリン・アビーとアボット・ハウス・ヘリテージセンターがある。

◉バスステーション　ダンファームリンのバスステーションは町の中心、キングズゲートKingsgateというショッピングセンターに隣接している。

◉**鉄道駅**　ダンファームリンにはダンファームリン・タウンDunfermline Town駅とダンファームリン・クイーン・マーガレットDunfermline Queen Margaret駅のふたつがあるが、タウン駅が町の中心に近く、ハイ・ストリートまでは徒歩10分ほど。

ダンファームリン・タウン駅

見どころ

ダンファームリンの見どころはハイ・ストリート周辺にコンパクトにまとまっており、徒歩で十分観光できる。半日もあればすべての見どころを回ることができる。

ロバート・ザ・ブルースが眠る　Map P.242A・B

ダンファームリン・アビー Dunfermline Abbey

堂々とした外観のダンファームリン・アビー

ダンファームリン・アビーは、マルコム3世の妻、聖マーガレットによって建てられたベネディクト会修道院。現存する最古の部分は、彼女の末の息子、デビッド1世によって建てられた身廊の部分である。

聖マーガレットは、もともとはイングランドの王女で、熱心なカトリック信者であった。彼女はそれまでアイルランドのキリスト教の影響が強かったスコットランドに、ローマ・カトリックの要素をもち込み、王族の埋葬場所も、聖コロンバゆかりのアイオーナ島の修道院から、ダンファームリン・アビーへと移した。マルコム3世やマーガレット王妃、デビッド1世は皆ここに埋葬されている。さらに、スコットランド独立の英雄であるロバート・ザ・ブルースも埋葬されている(彼の心臓のみは、ボーダーズ地方のメルローズ・アビーに埋葬)。

王宮跡　アビーのすぐ横には王宮の跡がある。17世紀になって、スコットランドの王がイングランドの王も兼ね、王がロンドンへ去ってから使われなくなり、そのまま廃墟になっているが、見るべきものは多く残っている。ジェイムス6世（イングランド王ジェイムス1世）の息子で、後にピューリタン革命で処刑されるチャールズ1世はここで生まれた。

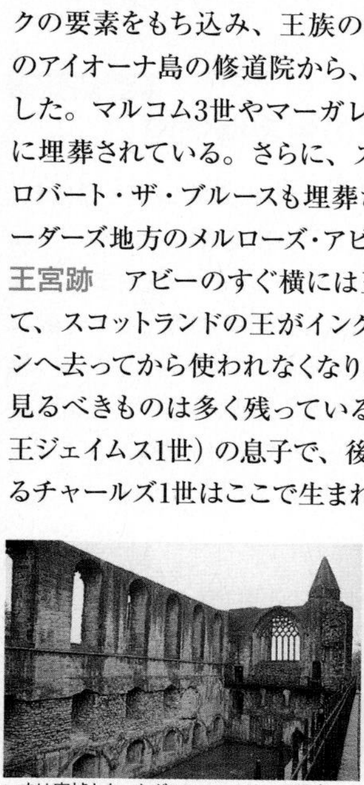

いまは廃墟となったダンファームリンの王宮

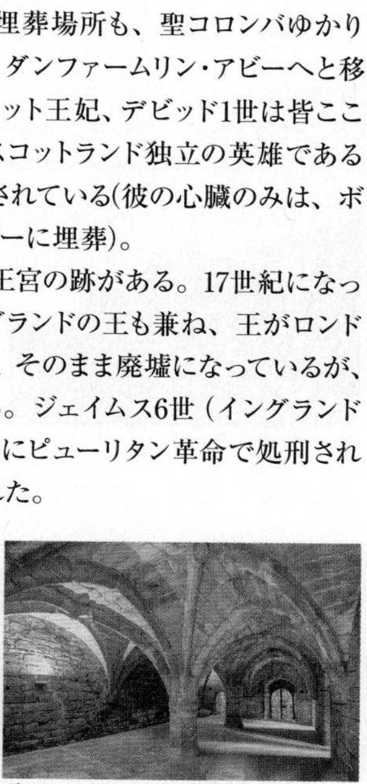

ダンファームリン・アビーの地下礼拝堂

■ダンファームリン・アビー
住Dunfermline Abbey, KY12 7PE
TEL(01383)724586
URLwww.dunfermlineabbey.com
開10:00～16:30
（日14:00～16:30）
休無休（結婚式などの催事時は一般入場不可）、ショップは10月～イースター
料寄付歓迎
●身廊と王宮跡
TEL(01383)739026
URLwww.historicenvironment.scot
開4～9月9:30～17:30
10～3月10:00～16:00
入場は閉館30分前まで
休10～3月の木・金、1/1・2、12/25・26
料£6　学生£4.80

ダンファームリン・アビーの内部

■聖マーガレットの洞窟
St Margarets Cave
Map P.242A
シティホテル裏側の駐車場の隅にある。マルコム3世の妻マーガレット王妃が祈りを捧げていたという地下礼拝堂があった洞窟。
開4～9月11:00～16:00

Map P.242B

町の歴史を語る
アボット・ハウス・ヘリテージセンター
Abbot House Heritage Centre

アボットとは、修道院長のこと。ここはダンファームリン・アビーの修道院長が居住していた場所だ。建物は15世紀に建てられたもので、ダンファームリンで最も古い建築のひとつ。市民に愛されてきたが、改修のため長期閉鎖中。

Map P.242A

誰もが気軽にくつろげる
ピットゥンクリフ公園 Pittencrieff Park

ダンファームリンの町の西に広がる広大な公園。ここはかつては限られた人しか入ることができなかったが、故郷を大事に思うアンドリュー・カーネギーが公園の土地を購入し、市民に開放した。カーネギー自身もアメリカに渡って財をなす前の子供時代に、入場を断られた経験があったとか。公園の北には、アンドリュー・カーネギーの像が建っている。

公園の中にあるオレンジ色の建物は17世紀に建てられたピットゥンクリフ・ハウスPittencrieff House(かつては博物館だったが現在は内部非公開)。白い建物のグレン・パビリオンGlen Pavilionは結婚式をはじめ様々なイベントに利用されている。公園内にある小高い丘には、マルコム3世が自らの住居として建てたマルコム・カンモアの塔Malcolm Canmore's Towerの跡も残っている。

Map P.242B

鉄鋼王の成功の背景に迫る
アンドリュー・カーネギーの生家博物館
Andrew Carnegie Birthplace Museum

カーネギーの生家の外観

アメリカで鉄鋼王と呼ばれ、巨万の富を築いたアンドリュー・カーネギーの生まれた家は、現在博物館として一般に公開されている。リネンの織物職人の息子として生まれたカーネギーがいかにしてアメリカで成功したかを、豊富な資料とともに説明している。

Map P.242B

鉄鋼王の成功の背景に迫る
ダンファームリン・カーネギー図書館
Dunfermline Carnegie Library

2017年にオープンしたモダンな建築の図書館で同年にエディンバラ建築家協会の賞を受賞している。館内にある博物館では、19世紀から20世紀にかけてこの町を支えた、繊維工業の歴史を解説している。

■アボット・ハウス・ヘリテージセンター
住Maygate, KY12 7NE
※2020年3月現在閉鎖中。周辺の再開発も含めたプランがカーネギー財団の支援の下で進行中。

広大な敷地のピットゥンクリフ公園

■ピットゥンクリフ公園
URLpittencrieff.fife.scot
●ピットゥンクリフ・ハウス博物館
住Pittencrieff Park, KY12 8QH
TEL(01383)722935
URLwww.fifedirect.org.uk
※2020年3月現在、一般公開されていない。

■アンドリュー・カーネギーの生家博物館
住Moodie St., KY12 7PL
TEL(01383)724302
URLwww.carnegiebirthplace.com
開3～6・9・10月
10:00～17:00
(日13:00～16:00)
7・8月10:00～17:00
11月10:00～16:00
(日13:00～16:00)
最終入場は30分前
休12～2月 料無料

■ダンファームリン・カーネギー図書館
住1-7 Abbot St., KY12 7NL
TEL(01383)602365
URLwww.onfife.com
開月・火・水・金10:00～17:00
木10:00～19:00
土10:00～14:00
日12:00～16:00
休無休 一部不可

■カーネギー・ホール
Map P.242B
カーネギー一族の資金援助で1937年に建てられた劇場。現在もコンサートや演劇などに使用されている。
住Eeast Port, KY12 7JA
TEL(01383)602302
URLwww.onfife.com
開10:00～17:00(土9:00～13:00) 休日

Hotel&Restaurant　ホテル&レストラン

エディンバラから日帰りする旅行者が多いので、宿泊施設はあまり多くない。レストランやパブはハイ・ストリート沿いに多い。

日本からホテルへの電話　国際電話会社の番号 + 010 + 国番号44 + 市外局番の最初の0を取った掲載の番号

ダヴァー・ハウス Davaar House Hotel

●町の中心から少し北西に外れた所にあるが、バスステーションまでは徒歩10分ほど。周囲は住宅街で、静かな環境でのんびりと過ごせる。ヴィクトリア様式の建物に合わせて、内装もクラシカルな調度品を多く使っているが、清潔にされている。バーも併設されている。

Map P.242A　中級　10室

住 126 Grieve St., KY12 8DW
TEL (01383)721886
URL www.davaar-house-hotel.co.uk
S £37.80〜
W £49.50〜
£
M V

ギルドホール The Guildhall & Linen Exchange

●19世紀以来、商工会議所と繊維取引所として利用された建物を改装し、2012年にオープンしたホテル。町のシンボル的な建物での宿泊は、その利便のよさもあいまって快適だ。1階には系列のバーがあり、クラフトビールの品揃えもよい。

Map P.242B　中級　19室

住 79-83 High St., KY12 7DR
TEL (01383)625960
URL www.jdwetherspoon.com
S/W £39〜
£
A M V

シティ City Hotel

●ダンファームリン中心部では数少ないホテルのひとつで、建物は1775年に建てられた旅籠に遡る。古い建物なのでエレベータはない。1階部分はウィーヴァーズWeaversというパブ&レストランになっており、食事のメニューもなかなか豊富。週末はやや料金が安くなる。

Map P.242A　中級　32室

住 20 Bridge St., KY12 8DA
TEL (01383)722538
URL www.thecityhotel.com
S £35〜
W £55〜
£　A J M V

ルームズ・アット29ブルース・ストリート Rooms@29 Bruce Street

●ブルース・ストリートを北に行った左側。建物は白い地味な感じだが、内部はモダンなインテリアで統一されている。ジャクージ付きの部屋もある。1階のレストランはピザやパスタを中心にナチョスやバーガーなども出す。朝食付きプランは£10プラス。

Map P.242A　中級　17室

住 29 Bruce St., KY12 7AG
TEL (01383)840041
URL roomsat29.co.uk
S £45〜
W £55〜
£　A M V

アシクス Ashiq's

●ピットゥンクリフ公園の入口近くにあるインド料理店。カレーやビリヤーニは各種£10〜11前後。ハギスを揚げたハギスパコラなどもある。内装は白を基調にしたモダンな感じでワインも揃っている。3品のコースランチ（木〜土のみ）は£7.95と£8.95の2種類。テイクアウエイも可能。

Map P.242A　インド料理

住 27 Bridge St., KY12 8AQ
TEL&FAX (01383)624900
URL www.ashiqs.co.uk
開 火・水16:30〜23:00
木〜土12:00〜14:30、16:30〜23:00
日16:00〜22:00
休 月　£　M V

カルルッチ Carlucci

●ハイ・ストリートの人気店。パスタ各種£11〜17、リゾット£12〜17、ピザ£10〜16のほか、£4〜7の小皿料理など幅広いメニュー。ランチ（12:00〜15:00）は2品£11.95、3品£14.95のセットあり。18:00までオーダー可能なコースメニュー £15.95〜もある。

Map P.242A　イタリア料理

住 8-12 High St., KY12 7AR
TEL (01383)721194
URL www.carluccirestaurant.co.uk
開 12:00〜21:00（金・土12:00〜22:00）
休 無休　£
M V

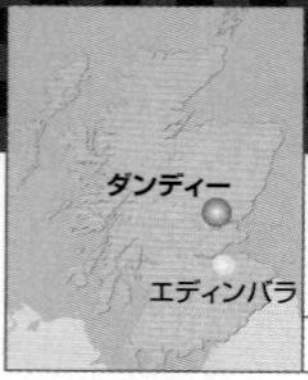

スコットランド第4の都市

ダンディー Dundee

●市外局番01382　●人口14万2700人

❖ダンディーへの行き方

●ロンドンから

キングズ・クロス駅発、直通10:00、14:00、16:00、21:15発
所要:約6時間

8:00、22:30、23:00発
所要:11〜12時間

●アバディーンから

1時間に1〜2便
所要:1時間20分

1時間に1便程度
所要:1時間30分

●パースから

1時間に1便程度
所要:約20分

ステージコーチ社57番が1時間に1便程度
所要:約2時間

●グラスゴーから

1時間に1便程度
所要:1時間30分

1時間に1便程度
所要:2時間30分

●エディンバラから

1時間に1〜2便
所要:1時間30分

1時間に1便程度
所要:約1時間40分

●セント・アンドリューズから

ステージコーチの99、99A〜Dが頻発
所要:30分〜1時間

●ダンファームリンから

直通なしインヴァーキースィングInverkeithingなどで乗り換える便が1時間に1〜2便程度
所要:約1時間20分〜1時間40分

V&AダンディーとRRSディスカバリー号

ダンディーはスコットランド第4の都市。背後にグランピアン高地を従えたこの町は、19世紀後半から20世紀前半にかけて、ジュートという麻布の繊維産業で栄えた。ピーク時には約5万人がそれに従事し、スコットランドで最も豊かな町のひとつであった。

しかし、そのあと、繊維産業は衰退。1990年代に町は起死回生を期して、産業の中心を繊維業から観光・金融業などへと移行する大変換をなし遂げた。1993年には、スコット隊長の南極探検で知られるRRSディスカバリー号が町のメインアトラクションとして帰還。博物館や美術館も続々と誕生し、観光客にとって魅力的な町へと生まれ変わった。

モデルルート

町の中心部には博物館や美術館などの見どころが満載。時間のない人はタクシーの利用も検討しよう。時間がある人は郊外へも足を延ばしてみよう。

博物館&ショッピング三昧の1日

ダンディーの丘➡ディスカバリー・ポイント➡V&Aダンディー（昼食）➡HMSフリゲート・ユニコーン➡オールド・スティープル➡オーバーゲート・センター

1日を有効に使うためにまずは早起きを！ 8:00頃にホテルを出発し、博物館が開く前にタクシーでダンディーの丘へ。町とテイ湾の美しい景色を眺めたらヒル・ストリートHill St.まで歩いて下り、博物館の開館時間に合わせてバスかタクシーでディスカバリー・ポイントを目指そう。RRSディスカバリー号への乗船を果たしたら、すぐ隣にあるV&Aダンディーをじっくりと見学。館内にあるレストランTatha Bar & Kitchenは眺めがいいのでランチや休憩におすすめ。昼食後はテイ湾沿いを散歩しながらHMSフリゲート・ユニコーンへ。ついでにウインドーショッピングも楽しもう。元気がある人は、オールド・スティープルを眺めたあと、オーバーゲート・センターでショッピングを楽しもう。

歩き方

ダンディーの町はテイ川が北海へ注ぐ入江の北側に広がり、対岸とは鉄道橋テイ・ブリッジTay Br.と道路橋テイ・ロード・ブリッジTay Road Br.で結ばれている。駅はテイ川岸の近くにあり、駅を出ると右側にダンディーのシンボルRSSディスカバリー号と博物館のディスカバリー・ポイントDiscovery Pointが見える。町の中心のシティ・スクエアCity Sq.へは、駅から北へ徒歩5分ほど。広場の北側をほぼ東西に延びるのが目抜き通りハイ・ストリートHigh St.。広場から通りを南西に向かうと大きなショッピングモールがあり、その中央に聖メアリー教会St Mary's Churchとその鐘楼のオールド・スティープルOld SteepleがそびえるネザーゲートNethergateがある。反対の北東へ向かえば300mほどでバスステーションだ。シティ・スクエア周辺は歩行者天国でレストランやショップ、銀行などが並び、街歩きが楽しいエリア。中心部から徒歩15分圏内に美術館や博物館が点在している。

■エンタープライズ・レンタカー
Enterprise Rent-a-Car
Map P.247B1
予約すればダンディー空港でのピックアップも可能。
住131 Seagate,DD1 2HW
TEL(01382)205040
URLwww.enterprise.co.uk
開8:00〜18:00(土8:00〜16:00、日10:00〜15:00) 休1/1・2、12/25・26、イースターの日曜
料1日£45〜（時期による）

ダンのブロンズ像

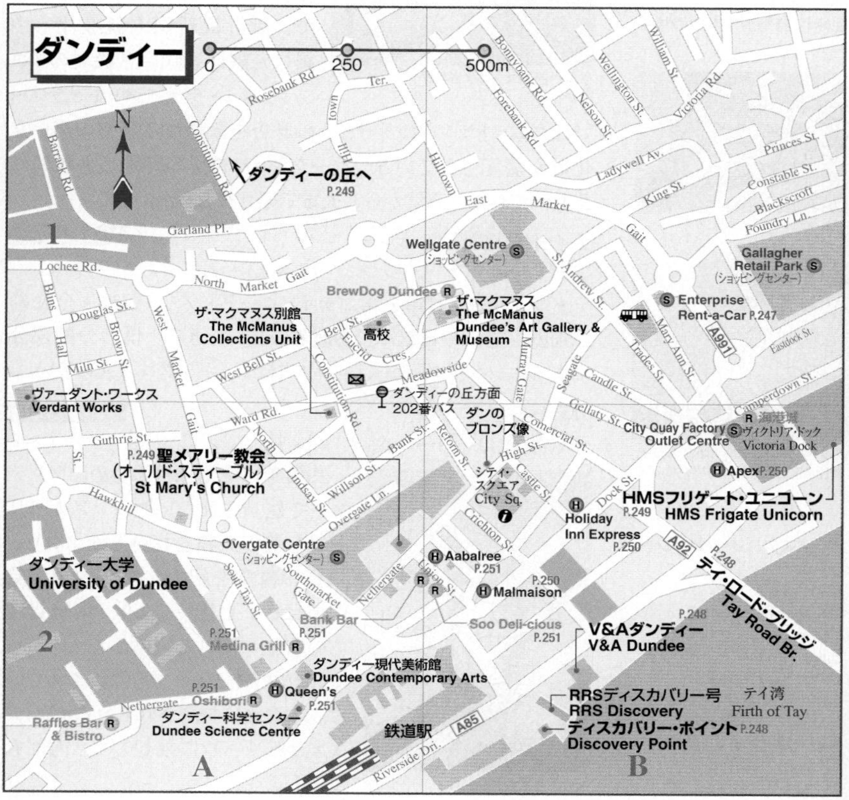

市内交通

◉市内と近郊バス　ナショナル・エクスプレス・ダンディーの1日券Day Saverは£3.70で何度でも乗り放題。また、ステージコーチ・ストラステイ社の1日券Tayside Dayriderは£4.50。近郊のエッツェル城やハウス・オブ・ダンなど1日2ヵ所以上へ行くならおすすめ。

見どころ

V&Aダンディーなどの博物館や美術館のほかにもディスカバリー号やフリゲート・ユニコーンといった船も港町ダンディーならではの見どころ。ショッピングセンター巡りも楽しい。

スコットランド初のデザインミュージアム
Map P.247B2

V&Aダンディー V&A Dundee

家具や服飾などさまざまなデザインの変遷がわかる

2018年に開館したばかりのデザイン博物館でロンドンのヴィクトリア&アルバート・ミュージアムの分館。木材を基調とする建物で、設計は新国立競技場も手掛けた隈研吾氏。常設展のスコティッシュ・デザイン・ギャラリーではスコットランドのデザインの歴史を象徴する価値の高い文化財が展示されている。ワークショップ型の特別展も頻繁に行われており、子供から大人まで楽しむことができる。

テイ川から望むダンディー
Map P.247B2

テイ・ロード・ブリッジ Tay Road Bridge

ダンディーと対岸を結ぶテイ・ロード・ブリッジは、全長約2.5km。徒歩や自転車でも渡ることができる。橋の分岐部分にあるエレベーターが入口。夕方はジョギングする人も多い。

港町ダンディーの誇り
Map P.247B2

ディスカバリー・ポイント Discovery Point

RRSディスカバリー号

1901年に南極探検のためにダンディーで建造されたRRSディスカバリー号と南極探検を指揮したスコット隊長の偉業を紹介した博物館。館内ではビデオ上映もあり、乗組員たちの苦悩に満ちた冒険が伝わってくる。カフェやショップも併設されている。すぐ横に接岸されているRRSディスカバリー号に乗船して、内部も見学しよう。

■空港から市内へ
空港から市内への公共交通機関はないので、レンタカー（→P.247）またはタクシーを利用する。市の中心部へは所要約5分、運賃は£9～12程度。

■ダンディーのⓘ
Map P.247B2
住16 City Sq.
DD1 3BG
TEL(01382)527527
URLwww.visitscotland.com
開9:30～17:00
休日、1/1·2、12/25·26
宿の予約は手数料£4とデポジットとして宿泊料の10%が必要。

■V&Aダンディー
住1 Riverside Esplanade,
DD1 4EZ
TEL(01382)411611
URLwww.vam.ac.uk/dundee
開10:00～17:00
最終入場は閉館の1時間前
休12/25·26
料無料(特別展は有料の場合あり)

ショップやカフェも充実

橋の中央には幅2mほどの歩行者用道路がある。眺めがすばらしい

■ディスカバリー・ポイント
住Discovery Quay,
DD1 4XA
TEL(01382)309060
URLwww.rrsdiscovery.com
開4～9月10:00～18:00
（日11:00～18:00）
10～3月10:00～17:00
（日11:00～17:00）
最終入場は閉館の1時間前
休1/1·2、12/25·26
料£11.50　学生£8.95

19世紀の軍艦

Map P.247B2

HMSフリゲート・ユニコーン HMS Frigate Unicorn

カブトムシのような形をした軍艦

テイ・ロード・ブリッジ脇のヴィクトリア・ドックVictoria Dockに浮かぶ、1824年に造られた軍艦。現存する木造の軍用帆船のなかでは世界で最も保存状態のよいもので、現在は博物館として一般公開されている。船首を飾るのは、名前の由来ともなっている一角獣の像。内部には、いくつもの大砲が船外の敵をにらむように並んでいる。

スコットランド最古の鐘楼

Map P.247A2

オールド・スティープル Old Steeple

聖メアリー教会

聖メアリー教会St Mary's Churchの鐘楼は15世紀後半に建てられたもので、その高さは47m。スコットランドに現存する中世の鐘楼のなかでは、最も高いものとされている。以前は内部にある232段のらせん階段で、塔の頂上へ出ることができたが、現在は特別公開時にかぎられている。

町を見下ろすビューポイント

Map P.247A1外

ダンディーの丘 Dundee Law

標高174m、町一番の高所からダンディー市街を一望できるビューポイントで、頂上には第1次、2次の両大戦の慰霊碑が建つ。丘の上に立って南側を見ると、テイ川沿いに町が広がっており、対岸とを結ぶふたつの橋、テイ・ロード・ブリッジと鉄橋も視界に入ってくる。晴れた日なら、北方に遠くグランピアンの山並みまで見渡すことができる。

近郊の見どころ

長い歴史を誇る名城

Map P.20B2

グラミス城 Glamis Castle

スコットランドを代表する名城のひとつ

ダンディーの北約20kmの所にあるこの城は、シェイクスピアの『マクベス』に登場する城のモデルとなったことで知られる。1372年以降

■HMSフリゲート・ユニコーン
住Victoria Dock, DD1 3BP
TEL(01382)200900
URLwww.frigateunicorn.org
開4～10月10:00～17:00
11～3月10:00～16:00
最終入場は閉館の30分前
休11～3月の月～水、12/20～1/4
料£6.50　学生£5

■オールド・スティープル
住Nethergate, DD1 4DG
TEL(01382)226271
URLwww.dundeestmarys.co.uk
開2020年の内部一般公開は夏期の週末に不定期で行われる可能性あり

■ダンディーの丘
🚌郵便局前のバス停から202番でロウ・クレセントLow Crescent下車。9:40～15:40の1時間おき、日曜運休。または4、201番のバスで丘の東側のHill St.下車、徒歩15～20分

■グラミス城
🚌ステージコーチ・ストラステイ社の20、21番などでフォーファー Forfarへ行き、イースト・ハイ・ストリートEast High St.でJPコーチズ社の125番に乗り換える。グラミス城へは寄らず、村へ入る便もあり、その場合は村から1Kmあまり歩くことになる。
🚗レンタカーで行く場合はA90、A94で約20km。
住Glamis, DD8 1RJ
TEL(01307)840393
FAX(01307)840733
URLwww.glamis-castle.co.uk
開10:00～17:00
休11～3月
料£15.50　学生£12
庭のみ£9.50　学生£7.50
📷城内不可

■エッツェル城
🚌ステージコーチ・ストラステイ社の21番でEdzell下車。フォーファーで21A・Bに乗り換える手もある。徒歩15分
住By Brechin, DD9 7UE
TEL(01356)648631
URLwww.historicenvironment.scot
開9:30〜17:30
休10〜3月
料£6　学生£4.80
城内不可

美しく手入れされた庭園

は王家の邸宅として使われ、エリザベス女王の母君はここで幼年期を過ごし、マーガレット王女もこの城で生まれたという、英国王室にゆかりの深い城だ。城内は約15分おきに行われるガイドツアーで回ることができる。

Map P.21C2

庭のデザインが独創的な
エッツェル城 Edzell Castle

ブレヒンBrechinから北へ10kmの所にある、16世紀頃に建てられた城。特に見逃せないのは、後の1604年にデビッド・リンゼイDavid Lindsayによって造られたユニークな庭園。生け垣や植え込みに家紋や家訓がデザインされており、その独創的な美の世界に目を奪われる。ぜひ城の中から庭を見下ろしてみたい。

Hotel ホテル

宿の数そのものが多いとはいえないダンディーで、中心部の便利な場所で安いB&Bを探すのは難しい。ユニオン・ストリートと聖メアリー教会前に各1軒と、町の北東に1軒あるだけ。日帰り要検討。中級〜高級ホテルは、ディスカバリー・ポイント周辺と、ネザーゲートからパース・ロードにかけて点在している。

日本からホテルへの電話 国際電話会社の番号 + 010 + 国番号44 + 市外局番の最初の0を取った掲載の番号

マルメゾン Malmaison

TV　無線LAN

●鉄道駅の向かいにそびえる堂々たる建物。2014年にオープンしており、設備は新しいが、もとは120年以上前のホテル。調度品もあいまって、マルメゾンらしい重厚感がある。シックなビストロやバーも併設しており、とくに日曜限定のブランチメニューは人気がある。

Map P.247B2　高級　91室
住44 Whitehall Crescent, DD1 4AY
TEL(01382)239715
URLwww.malmaison.com
£60〜
£
A D J M V

エイペックス Apex City Quay Hotel & Spa

TV　無線LAN

●ウオーターフロント地区、フリゲート・ユニコーンのそばにある大型ホテル。「ゆ」Spaという名前のスパが入っており、50種類以上のバラエティあふれるトリートメントが受けられる。最近日本でも知られるようになってきたエレミスのクリームトリートメントで、旅の疲れをリフレッシュするのにピッタリ。朝食はビュッフェ式でコンチネンタルとイングリッシュの2種で£11。

Map P.247B2　大型　151室
住1 West Victoria Dock Rd., DD1 3JP
TEL(01382)202404
URLwww.apexhotels.co.uk
£68〜
£
A D J M V

ホリデイ・イン・エクスプレス Holiday Inn Express

TV　無線LAN

●テイ・ロード・ブリッジのたもとにあり、市の中心にも近くて便利な大型ホテル。ビジネスユースでの利用が多い。手頃な料金ながら、24時間対応可能なビジネスセンターを備えており、ファクス送受信なども可能。部屋も必要なものはひととおり揃っており、機能的にまとめられている。朝食はコンチネンタルブレックファスト。

Map P.247B2　中級　95室
住41 Dock St., DD1 3DR
TEL(01382)314330
URLwww.ihg.com
£59.52〜
£
A J M V

クイーンズ Queen's Hotel

●「ステーション・ホテル」として1878年に建てられた老舗ホテルだが、現在はベストウエスタンの系列に入っている。テイ川に面した眺めのよい部屋も同額なので、ぜひリクエストしてみよう。一部バスタブのない部屋もある。バーも併設されている。週末は割安に泊まれることもる。

TV 無線LAN

Map P.247A2　中級　53室

住160 Nethergate, DD1 4DU
TEL (01382)322515
FAX (01382)202668
URL www.queenshotel-dundee.com
S £55〜
W £75〜
£　A D M V

アーバーリー Aabalree Guest House

●駅から徒歩2〜3分という便利な立地条件のゲストハウス。ユニオン・ストリートに面して青い看板が出ているのですぐわかる。入口は階段を上がった上階にある。全室バス、トイレなしだが、共同シャワーとトイレが各4つずつある。客室は狭くて簡素な造りだが清潔。朝食は別途£5。

TV 無線LAN

Map P.247B2　ゲストハウス　14室

住20 Union St., DD1 4BH
TEL (01382)223867
URL www.aabalree.com
S £35〜
W £55〜
£　M V

Restaurant　レストラン

レストランはハイ・ストリート周辺に点在しており、ケバブやインド料理などのテイクアウエイも多い。ダンディーの名物はアンガス・ビーフを使ったステーキやスコッチ・パイ。ナッツとドライフルーツがたっぷり入ったダンディー・ケーキは甘党におすすめ。オレンジマーマレードの苦みも利いた大人のケーキだ。

メディナ・グリル Medina Grill

●町の中心部にあるカジュアルな雰囲気のバー。手頃な料金もあってお客さんの年齢層は若め。朝食はパンと紅茶だけだと£1.95〜。定番メニューのハンバーガーは各種£7.25〜8.95。スコーンと紅茶のセットが£2.80など。少しだがモロッコ料理も置いている。

Map P.247A2　英国料理

住107-113 Nethergate, DD1 4DH
TEL (01382)201500
開10:00〜24:00 (日11:00〜24:00)
休1/1・2、12/25・26
£
M V

ソー・デリ・シャス Soo Deli-cious

●サンドイッチやスープなど、軽食を中心に出して人気のあるカフェ。店内は明るい雰囲気でテイクアウエイの人も多い。朝食はフル・ブレックファストが£5、目玉焼きやベーコンなどを挟んだロールが£2.40〜。スープとハーフ・サンドイッチのセットが£3.50など。

Map P.247B2　カフェ

住41 Union St., DD1 4BS
TEL (01382)227226
開8:00〜20:00 (金・土8:00〜21:00)
休無休
£
J D M V

おしぼり Oshibori

●ダンディーで人気の日本食レストラン。ランチセットは2品で£12.95、3品で£14.95、ディナーは丼物は£22.99〜24.99、弁当ボックス£16.95〜26.95とやや値段は高めだが、それでもいつもお客さんでいっぱいだ。英国産のコウベビーフを使ったメニューもある。

Map P.247A2　日本料理

住162 Nethergate, DD1 4EE
TEL (01382)690370
URL www.oshiborirestaurants.co.uk
開12:30〜15:30　17:30〜22:30
休日曜の昼、1/1〜10
£
A J M V

バンク・バー Bank Bar

●その名のとおり、かつて銀行だったという、地元で人気のパブ。壁には古いコインや昔の白黒写真が飾られレトロな雰囲気だ。ハンバーガーとビール1パイント£9.99のセットもあるが、食事のオーダーは11:00〜18:00と早いので注意しよう。

Map P.247A2　パブ

住7-9 Union St., DD1 4BN
TEL (01382)205037
開11:00〜23:00 (金・土11:00〜24:00、日12:30〜23:00)
休1/1、12/25
£
J M V

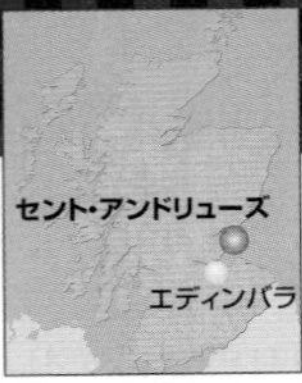

ゴルフと大学の町

セント・アンドリューズ St Andrews

●市外局番01334　●人口1万1100人

❖セント・アンドリューズへの行き方

セント・アンドリューズに駅はなく、町の約10km北に位置するルーカスLeucharsが最寄り駅。ここからステージコーチのバス99、99A～Dに乗り換えて約10分。15～30分に1便の運行。乗り換えの手間を考えると、どの町からもバスのほうが便利。

グレンローゼスGlenrothesやリーヴェンLevenで乗り換える場合もある

●エディンバラから
30分～1時間に1便
所要:約1時間15分
ステージコーチのX59、X61番が1時間に1便程度
所要:2時間～2時間30分

●ダンファームリンから
ステージコーチのX24番が1時間に1便程度
所要:約1時間30分

●ダンディーから
ステージコーチの99、99A～Dが頻発
所要:30分～1時間

●スターリングから
ステージコーチの23番が9:10、12:10、15:10、18:55発、日曜運休
所要:約2時間

■ランド・トレイン
おもな見どころを巡回する観光列車。運行は4～9月のみ。チケットは❶で購入できるほか、運転手からも買える。
URL localmotionlandtrains.co.uk
料 £7.50

聖ルールの塔からの展望

北海に面した美しい町セント・アンドリューズは、ゴルフ発祥の地としてあまりにも有名な所。世界最大のゴルフトーナメントの全英オープンも、潮の香りが漂うこの町の広大なグリーンが舞台である。その同じコースでプレイしようと、夏期シーズンともなれば世界中から多くのゴルファーが訪れる。

町の名の由来ともなっている聖アンドリューは、イエス・キリストの使徒のひとり。4世紀頃ギリシアの修道士が、彼の遺骨をこの地に運んできたのを機に、多くの巡礼者が訪れるようになった。12～13世紀頃には壮大なセント・アンドリューズ大聖堂が、15世紀初頭にはスコットランド初の大学であるセント・アンドリューズ大学が設立され、町は栄華を極めた。しかし16世紀半ばに押し寄せた宗教改革の波によって、その多くが破壊される運命となった。

モデルルート

ゴルフ目当てでこの町を訪れる人も、2日は滞在して、半日だけでも史跡散策を楽しもう。中世の雰囲気を肌で感じるには、歩いて回るのがベスト。

中世の史蹟をメインに巡る半日コース

聖アンドリュー大聖堂➡セント・アンドリューズ城➡英国ゴルフ博物館

町を代表するふたつの史跡を中心に歩いて回る半日コース。❶を出発してマーケット・ストリートを東へ徒歩5分、最大の見どころ聖アンドリュー大聖堂へ。聖ルールの塔からの爽快な眺めを楽しんだら、セント・アンドリューズ城へ。ここでは地下のトンネルと牢獄をお見逃しなく。最後に潮風が気持ちいい海岸沿いのザ・スコアーズを散歩しながら英国ゴルフ博物館へ。時間があれば手作りパターなどこの町ならではのゴルフグッズのショッピングを楽しもう。ウエスト・サンズ・ロード沿いに広がる砂浜の散策も気持ちいい。

歩き方

見どころは町の中心から半径1km以内の所に集中している。バスステーションは町の西寄りにあり、町の中心のマーケット・ストリートMarket St.にある❶へは徒歩5分ほどだ。

マーケット・ストリートにはレストラン、ショップ、銀行などが並び、シーズン中は観光客でにぎわう。この通りをさらに東へ行くとセント・アンドリューズ大聖堂だ。

ノース・ストリートNorth St.と、北の海沿いに延びるザ・スコアーズThe Scoresに挟まれた一帯は、セント・サルバトール・カレッジSt Salvator's Collegeがあるアカデミックなエリア。ザ・スコアーズの東にはセント・アンドリューズ城が、西に世界中のゴルファー憧れのオールド・コースThe Old Courseが広がっている。

町の中心のマーケット・ストリート

■セント・アンドリューズの❶
Map P.253B
住70 Market St., KY16 9NU
TEL(01334)472021
URL www.visitscotland.com
Mail standrews@visitscotland.com
開9:15～17:00
休日、1/1·2、12/25·26
宿の予約は手数料£4とデポジットとして宿泊料金の10%が必要。

旅の情報収集

◉観光案内所　町の地図や見どころが掲載されている『St Andrews Town Map and Guide』ほか無料のパンフレットなども豊富。頼めば町を紹介した日本語のリーフレットのコピーももらえる。ゴルフ関連のちょっとしたみやげ物を販売するショップも併設。

セント・アンドリューズの❶

見どころ

市内観光だけなら徒歩でも十分に回れる。夏期は観光列車が午後のみ出ているので、時間がない人は利用するのもよいだろう。

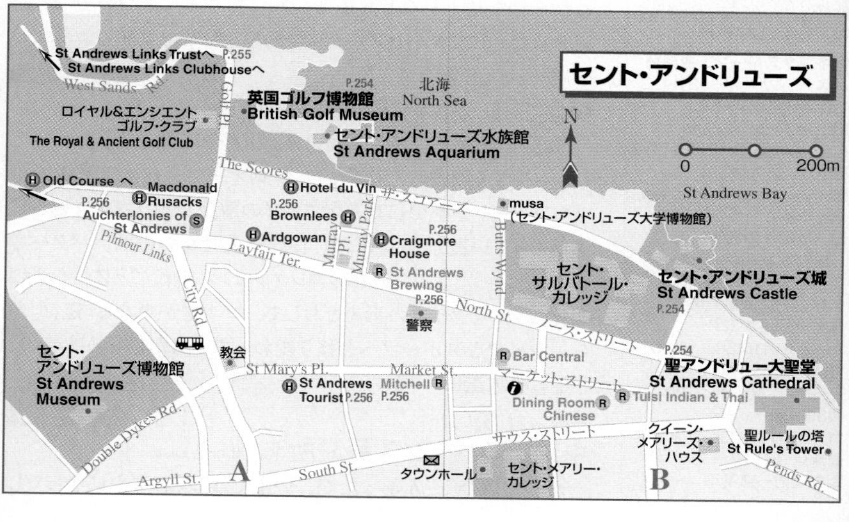

スコットランドの守護聖人を祀る　Map P.253B

聖アンドリュー大聖堂 St Andrews Cathedral

聖アンドリュー大聖堂

かつてスコットランドで最大規模を誇っていたという、12～13世紀頃に建設された聖堂跡。当時の聖堂は、各地からの巡礼者でにぎわう、スコットランドにおける宗教の中心地であったが、16世紀の宗教改革によってその壮大な建物のほとんどが破壊されてしまった。いまもわずかに残る聖堂の壁や尖塔の一部から、当時の面影をしのぶことができる。

敷地内中央にそびえ立つ聖ルールの塔St Rule's Towerは、大聖堂の建設以前からここにあった聖ルール教会St Rule's Churchの一部。157段のらせん階段をたどって塔のてっぺんに上れば、北海に抱かれたセント・アンドリューズの町を眼下に収めることができる。潮風も心地よく、海岸線を順に西へ目で追っていくと、セント・アンドリューズ城やオールド・コースのグリーンまで見渡せる。

町の歴史を凝縮した　Map P.253B

セント・アンドリューズ城 St Andrews Castle

セント・アンドリューズ城

北海を見下ろす岸壁にたたずむ、13世紀に建てられた城跡。ここは、代々司教の住居であったが、砦としても重要な役割を果たしていた。地下に巡らされた薄暗いトンネルや、"捕らえられた者は死のほかに道はなし"と恐れられた地下牢なども必見。城に関わる人物や歴史などを紹介した、ビジターセンターの展示も合わせて見学しよう。

ゴルフファン必見　Map P.253A

英国ゴルフ博物館 British Golf Museum

500年にも及ぶゴルフの歴史を、写真や映像などと合わせてわかりやすく紹介した博物館。全英オープンの歴代優勝者のプロフィールや歴史に残る名プレイの解説など、ゴルフ好きにはたまらない展示が満載だ。特に見逃せないのは、パターやクラブといったゴルフ道具のコレクション。年代ごとに少しずつ変化していくクラブの形をとおして、ゴルフが単なる「遊び」から、シビアなスポーツへと移り変わっていった様子がわかり、とても興味深い。

新進気鋭の蒸溜所　Map P.21C3

キングスバーンズ蒸溜所 Kingsbarns Distillery

かつてはたくさんあったが、いまではごくわずかになってし

■聖アンドリュー大聖堂
住The Pends, KY16 9QL
TEL(01334)472563
URLwww.historicenvironment.scot
開4～9月9:30～17:30
10～3月10:00～16:00
最終入場は閉館の30分前まで
休1/1·2、12/25·26
料塔内部と博物館£6
（大聖堂の敷地内は無料）
セント・アンドリューズ城との共通券£12

■セント・アンドリューズ城
住The Scores, KY16 9AR
TEL(01334)477196
URLwww.historicenvironment.scot
開4～9月9:30～17:30
10～3月10:00～16:00
最終入場は閉館の30分前まで
休無休
料£9　聖アンドリュー大聖堂との共通券£12

■英国ゴルフ博物館
住Bruce Embankment, KY16 6AB
TEL(01334)460046
URLwww.britishgolfmuseum.co.uk
開4～10月9:30～17:00
（日10:00～17:00）
11～3月10:00～16:00
最終入場は閉館の30分前まで
休1/1、12/24～26·31
料£10　学生£6.50（2日間有効）

古い時代の道具も展示

■キングスバーンズ蒸溜所
バスターミナルから95番バスでCambo Lodge下車。
住East Newhall Farm, Kingsbarns, KY16 8QE
TEL(01333)451300
URLwww.kingsbarnsdistillery.com
開3·4·10月10:00～17:00
5～6月10:00～18:00
7～9月10:00～19:00
11～2月11:00～16:00
●蒸溜所見学ツアー
3～6·10月10:30～15:30の毎時30分発
7～9月10:30～16:30の　毎時30分発
11～2月11:30、13:00、14:30発
休無休　料£12
工場内一部不可

まったローランドのモルトウイスキー蒸溜所。ここはそんな風潮に風穴を開けるべく2014年に稼働を開始した気概ある蒸溜所だ。麦芽をピートによる香りづけをせずに乾燥させるため、ナチュラルで甘い味わいのウイスキーになるんだとか。

これが初仕込み、2015年の樽

Information

憧れのセント・アンドリューズでゴルフがしたい!

オールド・パヴィリオン

ひと口にセント・アンドリューズのゴルフ場といっても、実はコースもさまざま。オールドOld、ニューNew、ジュビリーJubilee、イーデンEden、ストラスタイラムStrathtyrum、バルゴヴBalgove(ここのみ9ホール、初心者・子供用)の6コースと練習場(イーデン横)がある。

オールド、ニュー、ジュビリーは中～上級者向けで、ハンディキャップ男性24以下、女性36以下が目安。イーデン、ストラスタイラムは初級～中級者向け、ハンディキャップ男性16～28、女性20～36が目安。個人プレイヤーも歓迎とのこと。

このうちのオールド・コースこそ"Home of Golf"と呼ばれ、メアリー女王も回ったという、15世紀からゴルフが行われてきた名門コース。地形を生かしたコースなので"神の造ったコース"と呼ばれている。ここは世界からゴルフ巡礼者が集まるので、次シーズン予約受付時(10月)からどんどん予約が入っていく。多くの観光客の熱い視線を浴びながらのティーオフとなるので、腕だけでなく度胸も必要。

セント・アンドリューズのコースデータ

コース名	ホール	パー	距離
オールド	18	72	6721
ニュー	18	71	6625
ジュビリー	18	72	6742
イーデン	18	70	6250
ストラスタイラム	18	69	5620
バルゴヴ	9	30	1520

距離はyard

夏期はオールド・コースのガイド付きウオーキングツアーも行われる。詳細情報は🅘でも確認できる。

オールド・コースのPutting Green

■予約・問い合わせ
予約は通常少なくとも1ヵ月前に。ただし、ジュビリー、イーデン、ストラスタイラムは前日予約受付もあり。オールド・コースはハンディの証明書が必要。

●セント・アンドリューズ・リンクス・トラスト
St Andrews Links Trust　Map P.253A外
コースの予約やクラブのレンタル、コース情報などが得られる。1階がイーデン・クラブ・ハウスEden Club Houseで、建物の2階にある。コース内にはほかにもいくつかのクラブハウスが点在している。
住St Andrews Links Trust, Pilmour House, KY16 9SF
TEL(01334)466666　URLwww.standrews.com
開夏期9:00～19:00、冬期9:00～17:00
休土・日　料レンタル料(1日):キャロウェイのスティール・クラブやキャロウェイのグラファイト・クラブ£35(レディースもあり)、シューズ£12.50

■コース
開4～10月6:30～日没、11～3月8:30～日没
休無休
日照条件などによっても異なるので要確認。全英オープン・チャンピオン大会の開催年は7月の大会中はクローズされるので注意。

■練習場
開7:00～21:00　休無休

■コースの料金

オールド	£95～195
キャッスル	£60～120
ニュー	£40～85
ジュビリー	£40～85
イーデン	£25～55
ストラスタイラム	£15～35
バルゴヴ	£8～15

■キャディ
キャディ・フィー£50
トレイニーキャディ(見習いキャディ) £35
チップも忘れずに

■オールド・コースのガイドツアー
TEL(01334)466694
4・5月の11:00、6～9月の11:00、14:00発。クラブハウスから出発。
休日　料£10

Hotel & Restaurant & Shop ホテル&レストラン&ショップ

B&B街はマリー・パークとマリー・プレイス一帯。ザ・スコアーズには、高級ホテルが集中。ゴルフシーズンやトーナメントの前後は満室になる。

日本からホテルへの電話 国際電話会社の番号 + 010 + 国番号44 + 市外局番の最初の0を取った掲載の番号

クレイグモア・ハウス Craigmore House

●受賞歴もあるB&B。部屋は白やブルーを基調としており、ゆったりとできる雰囲気。共同のラウンジには、ウイスキーやフルーツなどを用意するなど、さりげないもてなしも。朝食はハムやチーズなどのほか、フル・スコティッシュやキッパーズなどもリクエストできる。

Map P.253A　B&B 7室
住 3 Murray Pk., KY16 9AW
TEL (01334) 472142
FAX (01334) 477963
URL www.standrewscraigmore.co.uk
£55～80
£80～100
£　J M V

ブラウンリース Brownlees Guest House

●ゲストハウスが並ぶ地区にある。内装は真っ白な壁に木の風合いを生かしたシックで落ち着いたデザイン。ランドリーサービスあり。朝食はさくっとした食感のクリスプロールやスクランブルエッグ&スモークサーモンなどアレンジ可能。

Map P.253A　ゲストハウス 5室
住 7 Murray Pl., KY16 9AP
TEL (01334) 473868
URL www.brownlees.co.uk
£50～
£80～120
£　M V

セント・アンドリューズ・ツーリスト St Andrews Tourist Hostel

●バスステーションのそばにある。セント・アンドリューズは比較的宿の料金が高めなので、ここの存在はありがたい。ドミトリーは全6室男女混合。朝食は提供していないがキッチンがあり、コーヒーや紅茶はここで自由に飲める。洗濯機もある。

Map P.253A　ホステル ベッド数:44
住 Inchape House, St Mary's Pl., KY16 9UX
TEL (01334) 479911
Mail standrewshostel@gmail.com
DOM £11～
£　不可

セント・アンドリューズ・ブリューイング St Andrews Brewing

●地元のブリュワリーのフラッグシップ店。5タップのオリジナルビールのほかゲストタップも数種ある。日本人に馴染みのあるラガー系もあり、ゴルフ後の一杯におすすめ。1パイント£4.5～。人気のフィッシュ &チップスは£11.95。サウスストリートにも店舗がある。

Map P.253A　クラフトビール
住 119 North St., KY16 9AD
TEL (01334) 845455
URL www.standrewsbrewingcompany.com
開 11:00～深夜 (料理は12:00～21:00)
休 1/1、12/25
£　A M V

ミッチェル Mitchell

●地元で人気の店。周辺で取れた食材を使った料理が自慢。メニューはシーフードからステーキまで幅広く、前菜が£5～7。メインは£11～17。朝食メニューも各種あり、自然食品のショップやデリカテッセンも併設している。

Map P.253A　スコットランド料理
住 110-112 Market St., KY16 2PB
TEL (01334) 466970
URL www.mitchellsdeli.co.uk
開 18:00～22:00 (金・土8:00～深夜、日9:00～23:00)
休 無休
£　A M V

オフタールーニーズ・オブ・セント・アンドリューズ Auchterlonies of St Andrews

●オフタールーニーズは1895年創業のクラブメーカー。世界中から注文が殺到しているヒッコリー・パターは抜群の性能をもつ芸術品。頼めば、奥の工房を見学できることもある。手作り木製パターは£120～。Glenmuir社のゴルフウエアなども取り扱っている

Map P.253A　ゴルフ用品
住 2 Golf Pl., KY16 9JA
TEL (01334) 473253
URL www.auchterlonies.com
開 9～5月9:00～17:00 (日12:00～16:00)
6～8月8:00～20:00 (土9:00～17:00、日10:00～17:00)
休 1/1、12/25・26
£　A M V

「スコットランドの心臓」と呼ばれる古都

パース Perth

●市外局番01738　●人口4万1500人

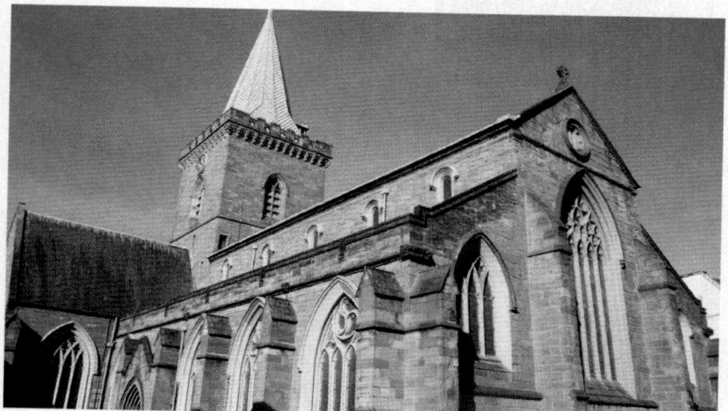

パースの中心にそびえる聖ジョン教会

スコットランドのほぼ中央に位置するパースは、13〜15世紀の間スコットランドの首都として栄えた町。「スコットランドの心臓(Heart of Scotland)」とも呼ばれ、町には聖ジョン教会St John Kirkなど当時の面影を残す古い建物がいまもなお残っている。

四季折々の花に彩られた町並みの美しさもこの町の魅力。これまで数回にわたり「花の町コンクール」で入賞、住みたい町No.1にも選ばれたというだけあり、住みやすい町づくりへの努力とゆとりが感じられる。

モデルルート

中心部から離れたスクーン宮殿やクリーフ・ビジターセンターなどは、帰りのバスの心配を避けるために、朝一番で見学。午後は町の中心部をのんびり散策しよう。

パースに連泊するなら、ピトロッホリーなどの町やブレア城にも足を延ばしたい。

❖パースへの行き方

交通の要所だけあって列車、バスともに各都市からのアクセスがよい。エディンバラやダンディー、グラスゴーから日帰りで訪れることも可能。

●スターリングから

🚃1時間に1〜2便、日曜減便
所要:28〜40分
🚌9:05〜19:05の2時間に1〜2便程度、日曜減便
所要:約1時間

●ピトロッホリーから

🚃1時間に1便程度。日曜は1日6便程度
所要:約30分
🚌1時間に1便
所要:45分

●ダンディーから

🚃日中1時間に1〜2便程度
所要:約20分
🚌1時間に1便程度
所要:40分

●エディンバラから

🚃1時間に1便程度、日曜1〜2時間に1便程度
所要：1時間10分〜1時間40分
🚌1時間に1〜2便
所要:1時間30分

●グラスゴーから

🚃1時間に1便、日曜1〜2時間に1便程度
所要:約1時間
🚌1時間に1〜2便程度
所要:1時間30分

スクーン宮殿と市内の博物館をメインに回るパース早わかり1日コース

スクーン宮殿➡パース博物館とアートギャラリーまたはブラック・ウオッチ軍事博物館➡聖ジョン教会

まずは3番のバスでスクーン宮殿へ。門から宮殿までは1.5kmほどあるので、歩くのがきつい場合や天気の悪いときはタクシーを使うと便利。宮殿は内部だけでなく、庭園もじっくり見学したい。おなかがすいたらパース市内へ戻って昼食。午後はパース博物館とアートギャラリーまたはブラック・ウオッチ軍事博物館のどちらかを見学。天気の悪い日はスクーン宮殿を早めに切り上げ、両方を見学するのもよい。ハイ・ストリートでアフタヌーンティーを楽しんだら、聖ジョン教会経由でテイ・ストリートからサウス・インチ公園までを散歩。途中、パース・ブリッジやクイーンズ・ブリッジを渡って、対岸からパースを眺めるのも楽しい。夕方に時間があればジョージ・ストリートでアンティークショップをのぞいてみよう。

パースのバスステーション

歩き方

パース駅のプラットフォーム

パースの市街地は南北に流れるテイ川River Tayの西側に広がっている。駅とバスステーションがあるのは町の南西。そこから❶のある中心部までは、レオナルド・ストリートLeonard St.からメスヴェン・ストリートMethven St.を北へ歩いて10分ほどだ。❶の南を東西に延びるハイ・ストリートHigh St.と、それに並行して走るサウス・ストリートSouth St.は、ショップやレストランが並ぶ町のメインストリート。そのふたつの通りに挟まれるようにして、聖ジョン教会などの古い建物が点在している。テイ川に架かるパース・ブリッジPerth Bridgeは、18世紀に造られた美しいアーチを描く橋。川の対岸から町を背景にして見るその姿はとても美しく、パースを代表する風景となっている。B&Bはマーシャル・プレイスに多い。

■パースの❶
Map P.258B1
住45 High St., PH1 5TJ
TEL(01738)450600
URLwww.visitscotland.com
開9～6月9:30～16:30
（日11:00～16:00）
7・8月9:30～17:30
（日10:00～16:30）
休1/1・2、12/25・26
宿の予約は手数料£4とデポジットとして宿泊料金の10%が必要。
●パース市＆パースシャー観光サイト
URLwww.perthcity.co.uk
イベント情報や見どころなどの観光情報を網羅

旅の情報収集

◉観光案内所　パースの❶は駅から徒歩10分ほどのミル・ストリートにある。古い製粉場を改装した建物。

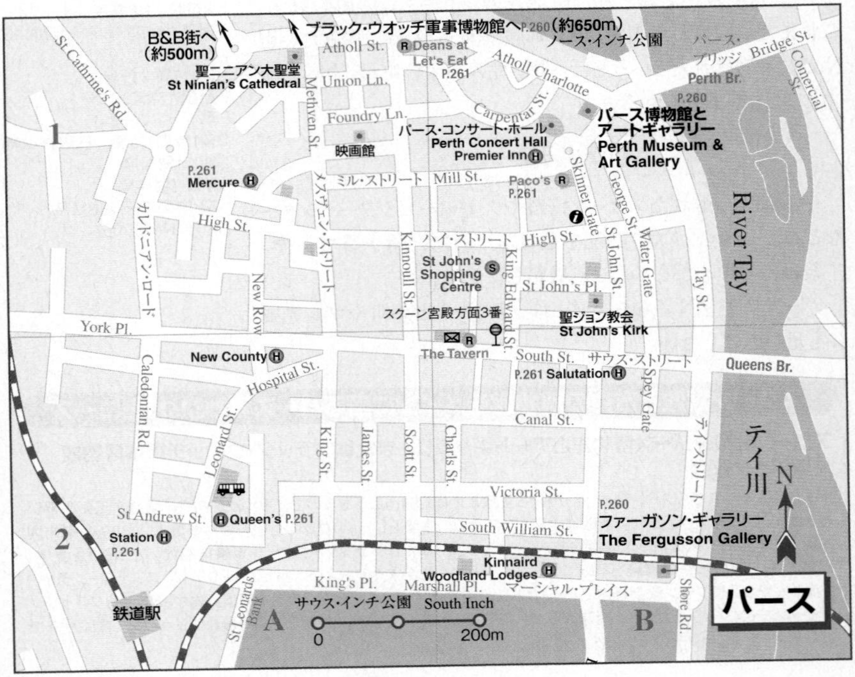

見どころ

博物館やギャラリーを見たり、ショッピングをしたり。パースを足がかりに周辺の見どころを回るだけでなく、町そのものも楽しみたい。

歴代の王の戴冠式が行われた

スクーン宮殿 Scone Palace

Map P.20B2

周囲の緑も美しいスクーン宮殿

1580年に修道院跡に建てられた宮殿。19世紀初頭に増築され、現在はマンスフィールド伯爵夫妻の邸宅となっている。

宮殿内は一般公開されており、約400年にわたって収集されてきた伯爵家のコレクションを見ることができる。そのなかでも精緻な細工を施したフランス製の家具や装飾品は豪華絢爛。あのマリー・アントワネットが使っていたという机も展示されている。図書館にあるマイセンなどの陶磁器コレクションもすばらしい。

また、この宮殿が歴史上重要なのは、ケネス2世以降ジェイムス6世まで、歴代スコットランド王の戴冠式の場であったことによる。敷地内のスクーン・アビー Scone Abbeyの前にポツンと置かれている四角い石が、その戴冠式の際に王たちが座った「運命の石」のレプリカ。オリジナルは現在エディンバラ城にあり、一般公開されている。

■スクーン宮殿

🚌サウス・ストリートのバス停より3番のバスで約20分。乗車時にドライバーに目的地を告げておくと近いところで降ろしてくれる。下車後、宮殿まで約1.5km歩く(3番のバスは日曜運休。平日も1時間に1便程度しかないので帰りの時刻は❶で確認しておくこと)。また、バスステーションから出ている58番のバスもある(日曜は3便のみ)。

🚖£8程度

住Scone Palace, PH2 6BD

TEL(01738)552300

URLscone-palace.co.uk

開4·10月10:00～16:00
5～9月9:30～17:00

休11～3月

料£14　学生£11.50

※庭園と共通

宮殿内不可

●スクーン宮殿の庭園

開金～日10:00～17:45

休月～木

料£9　学生£7.50

※冬期無料

運命の石のレプリカ

History

運命の石 The Stone of Destiny

「運命の石」とは、スコットランドで約600年にわたり王の戴冠式に使われてきた、重さ180kgの一枚岩。スコットランドの象徴ともされる大切な石だが、1296年には、イングランド王エドワードにより、戦利品としてロンドンのウェストミンスター寺院へ運び去られてしまった。700年後の1996年、総選挙を翌年に控え、スコットランド独立分権派をなだめようとした当時の首相ジョン・メージャー氏は、この石をスコットランドに返還した。しかしメージャー首相が返還した先はスクーン宮殿ではなくエディンバラ城だった。

スコットランドの人々の反応は「今更戻されても……」「もともとはアイルランドから来たものだっていうし」「帰ってきた石は偽物。本物はスクーン宮殿地下に隠してあり、実はこの700年間一度もこの地を離れたことはないのじゃ」といろいろ。ちなみにチャールズ皇太子が即位する際は、その期間だけまたロンドンまで運ぶことになっているそうだ。

■パース博物館と アートギャラリー
住George St., PH1 5LB
TEL(01738)632488
URLwww.culturepk.org.uk
開10:00〜17:00
休月、11〜3月の日曜、1/1·2、12/25·26
料無料

パース博物館

■ファーガソン・ギャラリー
Map P.258B2
19世紀後半から20世紀にかけて活躍したスコットランドの画家、ジョン・ファーガソンの作品を収集、展示している。
住Marshall Pl., PH2 8NS
TEL(01738)783425
URLwww.culturepk.org.uk
開10:00〜17:00
（日12:00〜16:30）
休月、冬期　料無料

■ブラック・ウオッチ 軍事博物館
町の北側、ノース・インチというテイ川沿いの緑地の西側にある。
住Balhousie Castle, Hay St., PH1 5HR
TEL(01738)638152
URLwww.theblackwatch.co.uk
開4〜10月9:30〜16:30
11〜3月10:00〜16:00
最終入場は閉館30分前
休1/1·2、12/25·26
料£8.50　学生£6.50

■クリーフ・ビジターセンター
🚌クリーフへはバスステーションから15番のバスで約30分。1時間に1便（日曜2時間に1便）。
住Muthill Rd., Crieff, PH7 4HQ
TEL(01764)654014
URLwww.crieff.co.uk
開9:00〜17:00
休1/1・2、12/25・26（ガラス工房およびギャラリーは土・日、クリスマス、12/31など）
●ケイスネス・グラス
URLwww.caithnessglass.co.uk
開9:00〜16:15
休土・日、クリスマス、12/31ほかメンテナンスのため不定休
料無料

芸術の域に発展したガラス工芸の歴史がわかる
Map P.258B1

パース博物館とアートギャラリー

Perth Museum & Art Gallery

パース博物館とアートギャラリー

パースの歴史、自然史、文化を中心とした博物館とギャラリー。特にパースの伝統工芸でもあるガラス工芸の展示がすばらしく、ペーパーウエイトやグラスなどの作品が工房ごとに紹介されている。ほかにも、銀製品やアンティーク家具、パースに関わる歴史上の人物の肖像画など、さまざまな展示が楽しめる。

多くの連隊（レジメンタル）の軍服が飾られた
Map P.258A1外

ブラック・ウオッチ軍事博物館

The Black Watch Regimental Museum

ブラック・ウォッチ軍事博物館はバルハウジー城内にある

町の北に位置するバルハウジー城Balhousie Castle内にある軍事博物館。1740年から現在にいたるまでの、パースシャー、アンガス、ファイフ地方の軍の歴史が、武器や軍服など多くの展示品とともに紹介されている。"ブラック・ウオッチ"とは、18世紀に創設されたスコットランドのエリート連隊の名称で、兵士が暗い色調のキルトを身につけていたことからそう呼ばれた。

精巧な細工に思わずうっとり
Map P.20A3

クリーフ・ビジターセンター Crieff Visitor Centre

パースの西、約30kmのクリーフCrieffにあるビジターセンターで、ケイスネス・グラスのガラス工房兼ショップや地元の特産品ショップなどが出店している。なかでもケイスネス・グラスはスコットランドにあるガラス工房のなかでも、最も有名な工房のひとつである。工房では、美しい作品が次々に生み出されていく様子を順に見ることができる。精緻な切り子細工のカットグラスや、美しい花模様が中心に浮かぶペーパーウエイトなど、一つひとつ見ているだけでも楽しめる。

美しい細工のペーパーウエイト

Hotel&Restaurant ホテル&レストラン

大型中級ホテルは駅前に集中。B&Bは、町の南端マーシャル・プレイスや、北側のダンケルド・ロードなどに点在する。

日本からホテルへの電話 国際電話会社の番号 + 010 + 国番号 44 + 市外局番の最初の 0 を取った掲載の番号

メルキュール Hotel Mercure Perth

●12世紀の製粉所を改装した石造りの建物で、ロビーの一角に水車も残っている。大型のホテルだが、歴史的な建造物のため、エレベータはない。駐車場が無料で利用できるので、レンタカー派にもうれしい。The Brasserieというレストランも併設しており、2品のディナーが£22、3品は£25。

TV　無線LAN

Map P.258A1　大型　76室

住West Mill St., PH1 5QP
TEL08448159105　FAX(01738)643423
日本での予約:TEL(03)4455-6404
URLwww.accorhotels.com
S £60〜
W £70〜
£　A D J M V

サルテーション Salutation Hotel

●17世紀までその起源がさかのぼるという、スコットランドで最古の宿ひとつ。レストランも評判で外から食べにくる人も多い。公共エリアでは無料無線LANが使えるが客室での使用は24時間£5の料金がかかる(公式サイトから予約すると無料になる)。

TV　無線LAN

Map P.258B2　中級　84室

住34 South St., PH2 8PH
TEL(01738)630066
FAX(01738)633598
URLwww.strathmorehotels.com
S £40〜　W £80〜
£　A M V

クイーンズ Queen's Hotel

●駐車場を併設し、鉄道駅とバスステーションに挟まれた申しぶんない立地のホテル。ただ、その立地のよさもあって部屋によっては外の音が気になるかも。建物内にレストランやジムなども揃っている。室内にアイロンなどもあり設備はよい。バスタブ付きの部屋もある。

TV　無線LAN

Map P.258A2　中級　51室

住Leonard St., PH2 8HB
TEL(01738)442222
FAX(01738)638496
URLwww.queensperth.co.uk
S £59〜
W £68〜
£　A D J M V

ステーション Station Hotel

●鉄道駅の目の前にあり、夜遅くの到着や朝早くの出発に便利。1890年に建てられた歴史のある建物で、設備は新しくはないが、清潔にされており、料金設定も良心的。パブやレストランも併設されており地元産食材を使った料理が楽しめる。ディナーは2品£16、3品は£19。

TV　無線LAN

Map P.258A2　経済的　65室

住1 Leonald St., PH2 8HE
TEL(01738)637237
URLwww.perthstationhotel.co.uk
S £35〜
W £55〜
£
A M V

ディーンズ Deans at Let's Eat

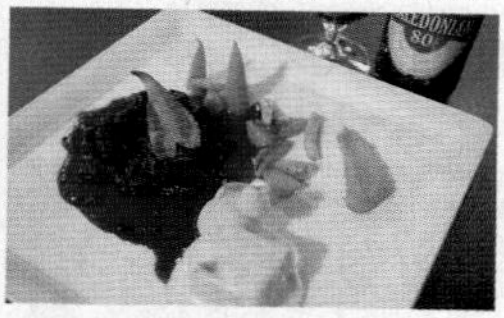

●ミシュランにも掲載されている地元で評判の店。自慢は斬新なアレンジのモダン・スコティッシュ。メニューは新鮮な食材を使うため日替わりで、メインが£14.50〜25。ランチのコースは、2品£22.50、3品£27.50。水〜土の日替わりランチは、£9.50とお得。

Map P.258A1　英国料理

住77-79 Kinnoull St., PH1 5EZ
TEL(01738)643377
URLwww.letseatperth.co.uk
開水・木12:00〜14:30 18:00〜22:30
金・土12:00〜14:30 18:00〜21:00
日12:00〜18:00　休月・火、1/1
£　M V

パコズ Paco's Restaurant

●カジュアルな雰囲気で、テラス席もある大きなレストラン。石窯で焼くピザ£9.95〜はトッピング(£0.65〜1.75)を自由にチョイスできる。ランチは、ピザやパスタが£6.95〜など、かなりお得。併設のデリも人気でタパスからジェラートまで揃っている。

Map P.258B1　イタリア料理

住3-5 Mill St., PH1 5HZ
TEL(01738)622290
URLwww.pacos.co.uk
開12:00〜23:00
休12/25・26
£
A M V

ヴィクトリア時代からのリゾート

ピトロッホリー Pitlochry

●市外局番01796　●人口2541人

❖ピトロッホリーへの行き方

●パースから
🚃1～2時間に1便程度。日曜10:54、12:19、15:14、15:46、17:10、18:00、19:17発
所要:30分
🚌10:20、10:32、12:20、15:20、16:20、19:25発、日曜減便
所要:40～50分

●アヴィモアから
🚃1～2時間に1便、日曜2時間に1便程度
所要:約1時間
🚌7:30、11:00、12:00、16:35、17:00、18:00発
所要:1時間30分

●インヴァネスから
🚃1～2時間に1便、日曜9:40、10:53、12:41、1332、15:22、16:26、18:52発
所要:1時間30～1時間50分
🚌6:45、10:15、15:45、15:45、16:15、17:15発
所要:約2時間

●グラスゴーから
🚃2時間に1便程度。直行便もあるが、多くはパースで乗り換え。
所要:1時間20～50分
🚌2時間に1便程度。パースで乗り換えの便が多い。
所要:2時間20分

●エディンバラから
🚃2時間に1便程度。パースやスターリングで乗り換える便が多い。
所要:約2時間
🚌1時間に1便程度。パース乗り換えの便が多い
所要:2時間20分

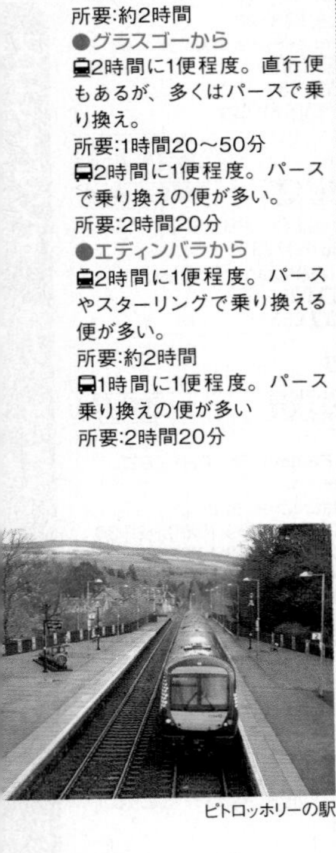
ピトロッホリーの駅

町の高台にあるスコットランド教会

ピトロッホリーはタンメル川のほとりに開けた町。1842年にヴィクトリア女王が訪れるまでは地図にも載らなかったほど小さな町だった。その後、町自らホリデーセンターの名乗りをあげ、現在ではスコットランドきってのリゾート地として人気の町になった。かの夏目漱石もロンドン留学中、ここで休暇を過ごしたというのだから、ピトロッホリーの魅力は本物だ。

モデルルート

ピトロッホリーは小さな田舎町。美術館や博物館のような見どころはないが、緑多い周囲の自然が最大の見どころ。徒歩でゆっくりと回ってみたい。🅘ではさまざまなウオーキングマップを置いており、相談にものってくれる。

ピトロッホリーの町並み

ブルアーの滝とブレア城1日コース

ピトロッホリー➡ブルアーの滝➡ブレア城➡ピトロッホリー

犬と一緒にゴルフを楽しむ人々

バスの本数が少ないので、ブルアーの滝に最初に行くのがポイント。入口のハウス・オブ・ブルアーから滝まで山道を登っていくが、ゆっくり歩いて往復しても30分から1時間程度。バス停に戻ったらブレア城へ。周囲はウオーキングコースが整備されているので、ウオーキングマップがあれば、バスに乗らずに森の中を通って歩いていくこともできる。ブレア城へは8kmほどの道のりだ。ブレア城は部屋数が多く、ゆっくり見て回るなら2～3時間は必要だ。帰りはブレア・アーソルの駅から列車で帰るか、バスに乗ってキリークランキー峠を通ってピトロッホリーへと戻る。

歩き方

メインストリートはアーソル・ロードAtholl Rd.。銀行や郵便局、ショップ、レストランなど町の主要な機能はすべてここにある。アーソル・ロードの北側は斜面になっており、ホテルやB&Bが点在している。また、町の南側にはタンメル川が流れ、ダムがある。ダムの西側には川を堰き止めてできたファスカリー湖Loch Faskallyが広がっている。

アーソル・ロード

ウオーキングコースの標識

ターミナルから市の中心部へ

◉鉄道駅　アーソル・ロードの南側にあり、町の中心まで徒歩3分ほど。

◉バス　インヴァネスやエディンバラからのシティリンクのバスはアーソル・ロードのフィッシャーズ・ホテルFishers Hotelの前で乗降する。

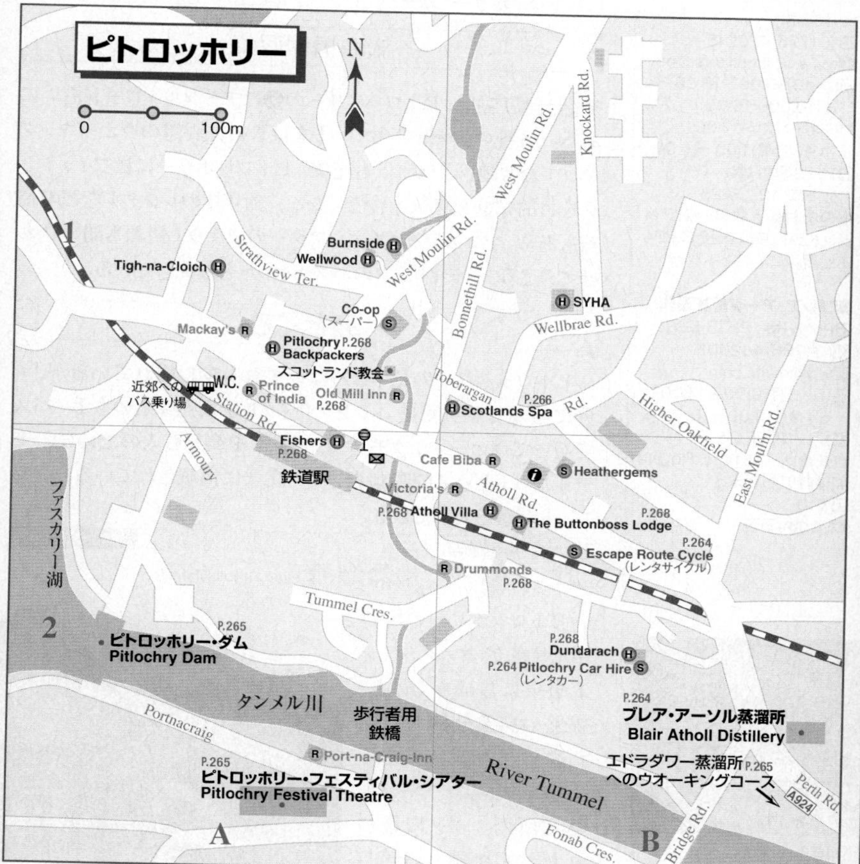

市内交通

◉近郊へのバス　周辺の町へのバスはエリザベス・ユールElizabeth Yule社やステージコーチ社が運行している。発着は鉄道駅の近くにあるバス車庫、ウエスト・エンド・カー・パークWest End Car Park。

◉レンタサイクル　ⓘの東側のアーソル・ロード沿いに、エスケープ・ルート・サイクルEscape Route Cycleという自転車屋がある。台数も豊富で、コースの相談にも乗ってくれる。自転車の配送は応相談。隣のカフェも人気がある。

エスケープ・ルート・サイクル

◉レンタカー　大手のレンタカー会社のオフィスはないが、ⓘからアーソル・ロードを東へ7〜8分歩いたDundarach Hotel内にピトロッホリー・カー・ハイヤー Pitlochry Car Hireがある。

旅の情報収集

◉観光案内所　ピトロッホリーのⓘはアーソル・ロード沿いにある。各種の無料パンフレットをはじめ、周辺のウオーキングマップなど地図やガイドも充実。ピトロッホリーにはフィッシングを目的に訪れる人も少なくなく、釣り具のレンタルなどの情報もある。フェスティバル・シアターのチケット情報も問い合わせてみよう。シティリンクのバスチケットも販売している。

見どころ

ピトロッホリーの見どころはいずれも少し離れているが、十分に徒歩で移動可能。レンタサイクルを利用するのも手。バスで行ってウオーキングやサイクリングを楽しむ人のために、モデルルートとバスの時刻表がいっしょに掲載されているパンフレットがⓘで入手できる。

若い酒が自慢の

ブレア・アーソル蒸溜所 Blair Atholl Distillery

Map P.263B2

ピトロッホリーの町の中心からアーソル・ロードを東にしばらく行き、線路の高架をくぐり、少し歩いた左側に見えるのが、ブレア・アーソル蒸溜所だ。ツタに覆われたれんが造りの美し

ブレア・アーソル蒸溜所

■Elizabeth Yule
住Station Crossing Garage
TEL(01796)472290

■Escape Route Cycle
Map P.263B2
住3 Atholl Rd., PH16 5BX
TEL(01796)473859
URLwww.escape-route.co.uk
開9:00〜17:30
休日、1/1·2、12/25·26
料24時間£24　4時間£16

■Pitlochry Car Hire
Map P.263B2
住Perth Rd., PH16 5DJ
TEL(01796)472203
URLwww.pitlochrycarhire.co.uk
開8:00〜21:00　休無休

■ピトロッホリーのⓘ
Map P.263B2
住22 Atholl Rd., PH16 5BX
TEL(01796)472215
URLwww.visitscotland.com
開5〜10月9:00〜18:00
（日10:00〜16:00）
11〜4月9:30〜17:00
（4月の日曜11:00〜16:00）
休11〜3月の日曜、
1/1·2、12/25·26
宿の予約は手数料£4とデポジットとして宿泊料金の10%が必要。

■ブレア・アーソル蒸溜所
住Perth Rd., PH16 5LY
TEL(01796)482003
URLwww.malts.com
開10〜5月10:00〜17:00
6〜9月10:00〜18:30
休1/1、12/25·26
自転車レースEtape Royale開催時（'21は未定）
料£10
撮影工場内不可

併設のバーはマッシュタンを改装したもの

い建物が印象的。この蒸溜所は1798年に創設され、現在でも製造を続けている蒸溜所のなかではスコットランドで最古の蒸溜所のひとつといえる。試飲ツアーに参加することができ、製造の過程を見学することができる。ショップの品揃えも充実している。

スコットランドで最も小さな蒸溜所

エドラダワー蒸溜所 Edradour Distillery

Map P.263B2外

エドラダワー蒸溜所

ピトロッホリーの町から北約4kmの所にある小さな蒸溜所。1825年に造られ、小川を挟んで、白壁のかわいい建物が並んでいる。この小川はピート（泥炭）や花崗岩の地層をとおって地表に出る。このおいしい水がエドラダワーのウイスキーの特徴のひとつ。いまでも昔ながらの製法と道具で、10年の熟成期間を経てウイスキーが造られている。そのため、生産量が少なく、なかなかお目にかかれない銘酒としても知られている。蒸溜所の内部はツアーで見学することができる。

タンメル川の

ピトロッホリー・ダム Pitlochry Dam

Map P.263A2

ピトロッホリー・ダムは1951年に完成したダム。遊歩道になっているダムの上を渡って、ダムや、ダム湖のファスカリー湖を見渡すことができる。ビジターセンターもあり、魚梯Fish Ladderを使ってサケが川を遡る様子のビデオ上映が行われている。ダム周辺は遊歩道が整備されている。

ダムの上は遊歩道になっており、湖が見渡せる

バラエティあふれる公演内容の

ピトロッホリー・フェスティバル・シアター Pitlochry Festival Theatre

Map P.263A2

タンメル川沿いにあるモダンな建物がピトロッホリー・フェスティバル・シアターだ。1951年にオープンしたが、紆余曲折を経て、1981年に現在の建物として再オープンした。バックステージツアーも行われている。併設のレストランも眺めがよく、味も評判だ。

眺めのよいレストラン

■エドラダワー蒸溜所
車や自転車ならピトロッホリーの町から3kmほどA924沿いに進むとある。また、ウオーキングコースを歩いていけば、滝を見て30～60分ほどの距離（→P.267）にある。
住Edradour, PH16 5JP
TEL(01796)472095
URLwww.edradour.com
開4～10月10:00～17:00
　11～3月10:00～16:30
　最終ツアーは、閉館の1時間前
休4～10月の日曜、11～3月の土・日、12/21～1/7
料£25

蒸溜所と町の間のウオーキングコース

■ピトロッホリー・ダム・ビジターセンター
TEL(01796)484111
URLpitlochrydam.com
開9:30～17:30
休1/1・2、12/25・26
料無料

上からタンメル川とファスカリー湖が眺められる

■ピトロッホリー・フェスティバル・シアター
住Portnacraig, PH16 5DR
TEL(01796)484626
URLwww.pitlochryfestivaltheatre.com
開10:00～17:00
●バックステージツアー
6月中旬～9月中旬の水曜11:00発（公演期間中は別スケジュール）
料£5

近郊の見どころ

Map P.20B2

まさに白亜の城

ブレア城

Blair Castle

青空に白壁が映える、堂々とした優美な姿のブレア城

ブレア城の歴史は、13世紀後半にまで遡るが、それから何度も増築と改築を重ねてきた。現在のアーソル公爵家のマリーMurray家がこの地にやってきたのは、15世紀、ジェイムス2世の時代のことだ。1564年にはスコットランド女王メアリーもブレア城に滞在している。

17世紀には王党派の拠点だったことから、クロムウェル軍の標的となり、1652年からチャールズ2世が復位する1660年まで城を占領されるが、その後王家への忠誠を認められ、1676年に侯爵、1703年から公爵位となった。

17～18世紀に城はさらに改築され、ほぼ現在の姿となった。その美しい白亜の外観もさることながら、内部の絵画コレクションや財宝も必見。なかでも階段の踊り場の壁一面に飾られた銃や剣の武器コレクションは圧巻だ。アーソル・ハイランダースAtholl Highlandersと呼ばれる私兵をもっているのは、このアーソル公爵だけというのもうなずける。

周囲は広大な庭園が広がっており、散策するのも楽しい。また城内には1860年代からある、ポニーを使った歴史的な乗馬センターがあり、夏の間オープンしている。

■ブレア城

ピトロッホリーの隣駅、ブレア・アーソル駅から徒歩15分ほど。城門を入り、並木道を直進。バスは城の前で停車。

🚉1日6便、日曜3便
所要:10分
🚌1日2便　冬期運休
住Blair Atholl, PH18 5TL
TEL(01796)481207
URLblair-castle.co.uk
開9:30～17:30
入場は閉館の1時間前まで
休11～3月
料£14　学生£11.75
庭園のみ£7.70
城内不可

●ポニートレッキング
TEL(01796)481568
URLatholl-estates.co.uk
開2019年は4/2～7/27。毎年時期が異なるので要確認。
10:00、14:00（要予約）
料午前2時間£50～
午後1時間£30～
休日・月

■ブルアーの滝

Map P.20A2

ブレア城といっしょに訪れるのにちょうどいい、森の清流の小さな滝。手軽なトレッキングコースになっている。

●ハウス・オブ・ブルアー
House of Bruar
トレッキングコース入口にある、ニットや食品が揃うショップ。バス停もここにある。
住Blair Atholl, PH18 5TW
TEL(01796)483236
URLwww.houseofbruar.com
開10:00～17:00
休1/1、12/25
店内不可

Hotel ホテル

ピトロッホリーには国際資本の大型ホテルはなく、アーソル・ロードや町の北側に中小のホテルが点在している。B&Bの数はそれほど多くはないが、町の北西部に並んでおり、駅の周辺にも点在している。また、ホステルも充実している。シーズン中は混み合い、2泊以上するように求められることが多い。

日本からホテルへの電話　国際電話会社の番号 + 010 + 国番号44 + 市外局番の最初の0を取った掲載の番号

スコットランズ・スパ Scotlands Spa Hotel

TV 無線LAN

●高級感漂う重厚な内装が印象的なホテル。20世紀初頭に建てられたヴィクトリア様式の建物。併設のイタリア料理レストランはピトロッホリーでは随一の本格派。スイミングプールなどの設備も完備されている。一部バスタブ付きの部屋もある。

Map P.263B1　中級　72室
住40 Bonnethill Rd., PH16 5BT
TEL(01796)484900
URLscotlandshotel.com
£45～
£80～
£　A M V

SCOTLAND FOOTPATH ROUTE2
森を抜けて蒸溜所へ
ピトロッホリー　ベルズ・ブレア・アーソル蒸溜所

ルートのポイント　町からエドラダワー蒸溜所へのフットパスは、森の中を分け入っていく。やがて小川のほとりに白くかわいらしい建物が現れる。これが世界でいちばん小さなウイスキー蒸溜所だ。帰りはブラックスポウトの滝を通ってベルズ・ブレア・アーソル蒸溜所へ。

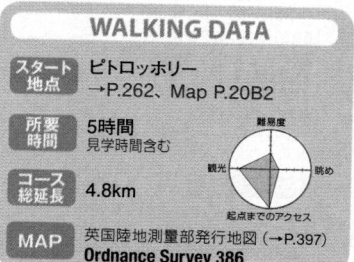

1川のほとりに建つエドラダワー蒸溜所は絵になる風景　2エドラダワーからの川沿いにあるブラックスポウトの滝。近くのフットパスから眺めることができる　3ベルズ・ブレア・アーソル蒸溜所では試飲ツアーに参加してみよう

WALKING DATA

スタート地点	ピトロッホリー →P.262、Map P.20B2
所要時間	5時間 見学時間含む
コース総延長	4.8km
MAP	英国陸地測量部発行地図 (→P.397) **Ordnance Survey 386**

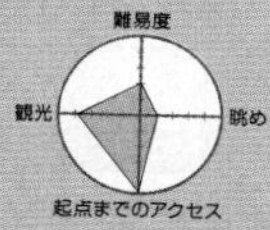

フィッシャーズ Fishers Hotel

TV　無線LAN

●ピトロッホリーのランドマーク的存在のホテル。バス停がすぐ目の前にあるので便利。手入れの行き届いた庭園は受賞歴もあるほど美しい。コーチ・ハウスCoach Houseというバーはいつも大勢の人でにぎわっている。

Map P.263A2　中級　141室

住75-79 Atholl Rd., PH16 5BN
TEL (01796) 472000
URL www.fishershotelpitlochry.com
£59～79
£79～109　£　AMV

アーソル・ヴィラ Atholl Villa

TV　無線LAN

●ⓘの近く、アーソル・ロード沿いにある。花が咲き乱れ、手入れの行き届いた庭園には思わず立ち止まってしまう。ガラス張りで日当たりのよいラウンジも心地よい。朝食のメニューは豊富で、スモークサーモンやハドックも。シングル料金は冬期のみ適用される。

Map P.263B2　B&B　12室

住29 Atholl Rd., PH16 5BX
TEL (01796) 473820
URL www.athollvilla.co.uk
£55～
£65～
£　JMV

ボタンボス・ロッジ The Buttonboss Lodge

TV　無線LAN

●ⓘの目の前と、何かと便利な場所にあるヴィクトリア様式の建物を利用したB&B。部屋には白を基調とした清潔感あふれる優しい空気が漂う。オーナーはとても親切で家庭的な雰囲気が自慢。朝食もスコティッシュ・ブレックファストでボリュームたっぷり。

Map P.263B2　B&B　9室

住25 Atholl Rd., PH16 5BX
TEL (01796) 472065
URL www.buttonbosslodge.co.uk
£35～60
£68～85
£　DJMV

ダンダラック Dundarach Hotel

TV　無線LAN

●貴族のジョン・ヘンリー・ディクソンの邸宅を改装したホテルで、友人であった夏目漱石も邸宅時代、彼に招かれて滞在したことがあり、写真がロビーに飾ってある。写真のデラックスルーム(£140～)からの眺めもよい。レンタカーショップもあるので遠出にも最適。

Map P.263B2　中級　40室

住Perth Rd., PH16 5DJ
TEL (01796) 472862
URL www.dundarach.co.uk
£70～
£120～
£　DMV

ピトロッホリー・バックパッカーズ Pitlochry Backpackers Hotel

無線LAN

●町の中心にあって便利。朝食は£3。ランドリーやインターネット、テレビラウンジ、キッチン、レンタサイクルなど設備が充実している。11～3月下旬は休業。ホステルにしては個室の数も比較的多い。

Map P.263A1　ホステル　ベッド数70

住134 Atholl Rd., PH16 5AB
TEL (01796) 470044
URL pitlochrybackpackershotel.com
DOM £20.50～　£52～
£　MV

Restaurant レストラン

アーソル・ロード沿いにレストランやパブが点在している。中華のテイクアウエイはアーソル・ロード沿いに1軒ある。スーパーマーケットはウエスト・ムーラン・ロードWest Moulin Rd.の坂を上がった右側にコープCo-opがある。

ドラモンズ Drummonds Restaurant & Public House

●手作りのスイーツやハイティーが楽しめるカフェで、気軽にビールが飲めるパブで、本格的な料理が食べられるレストランでもある。看板メニューのハイ・ティーは2品で£13、3品で£15。

Map P.263B2　英国料理

住Ferry Rd., PH16 5DD
TEL (01796) 470000
開10:00～23:00（食事は20:00まで）
休12/25から約2週間
£　不可

オールド・ミル・イン Old Mill Inn

●古い水車の横にあるパブ。テラス席もある。樽仕込みエールはもちろん、レア物のウイスキーも置いている。スコッチビーフのサーロインステーキは£26.95、ハドック＆チップスは£15.95。客室も併設されており宿泊可能。

Map P.263A1　パブ

住Mill Ln., PH16 5BH
TEL (01796) 474020
URL www.theoldmillpitlochry.co.uk
開8:00～22:00（金・土8:00～24:00）（食事は21:00まで）　休12/25・26
£　MV

古城とウイスキーに彩られた大地

アバディーンとグランピアン地方

Aberdeen & Grampian

美しい庭園とキルンで有名なストラスアイラ蒸溜所（上）／スペイサイドのアベラワー蒸溜所の試飲コーナー（右）／古城街道にあるハントリー城（左）

Introduction

アバディーンとグランピアン地方

Aberdeen & Grampian

グランピアン地方の観光は、中心都市の**アバディーン**→P.272のほか、テーマごとに、**古城街道**→P.280、**ウイスキー街道**→P.283、**ディーサイド**→P.280の3つに分かれる。

アバディーン Aberdeen

スコットランド第3の都市。花崗岩で造られた古い建物が多く残り、ショッピングからグルメまで楽しみ方もさまざま。

古城街道 Castle Trail

ハントリー城

アバディーンを訪れる観光客に最も人気のあるドライブルート。**ハントリー城Huntly Castle**→P.282やアルフォードAlford近郊にある**クレイギヴァー城Craigievar Castle**→P.282、バンフBanffにあるダフ・ハウスDuff Houseといったグランピアン地方の名城を回る。全行程約230km。

ウイスキー街道 Malt Whisky Trail

ダフタウン

グランピアン地方の西部、スペイ川流域の小さな町にあるウイスキー蒸溜所を訪ねて回るドライブルート。アバディーンから出発してもよいが、この地域はハイランドとの境目にあたる場所なので、**インヴァネス**→P.294や**アヴィモア**→P.311で車をレンタルするのもよい。全行程で約180km。

ディーサイド Deeside (Victorian Heritage Trail)

ブレイマー城

ディー川の流域を中心に、英国王室とつながりの深い名所や、バラターやバルモラル、ブレイマーといった古城がある魅力的な町々を回るコース。ヴィクトリア期の建物が多いことから、ヴィクトリアン・ヘリテージ・トレイルVictorian Heritage Trailとも呼ばれている。全行程で約200km。

見どころ & アクティビティ

Pick Up

グランピアン地方をドライブ

drive **詳細記事 P.280、283**

羊の大群が道路を横断していることもある

このエリアは交通公共機関が少ないのでレンタカーの利用がおすすめ。城巡りや蒸溜所巡りは郊外を移動するので車が欠かせない。のどかな風景を眺めながら移動するのも魅力のひとつだ。

ケアンゴームなどの山々を眺めたり、美しい水をたたえるスペイ川のほとりで車を止めてみたり。気の向くままに車を走らせるのも楽しい。車があると行動半径がグンと広がる。

見晴らしのよい大地を進む

エルギンと「日本のウイスキーの父」竹鶴政孝

whisky **詳細記事 P.224**

現在はライヒモレイ・ホテルとなっているステーションホテル

竹鶴政孝が初めて本格的なウイスキー造りを学んだエルギンにある蒸溜所。1週間という限られた時間のなかで、蒸溜釜の洗浄からひと通りの酒造りを教わったロングモーン蒸溜所や、滞在したというステーションホテル（→P.290）など、当時の雰囲気ある建物が現存している。

ロングモーン蒸溜所

DATA
- 🚌ロングモーン蒸溜所へは、エルギンのバスステーションからダフタウン行きのバスに乗り、ロングモーン下車。内部は一般公開されていない。
- 住Longmorn Distillery, Longmorn, Elgin, Moray, IV30 2SJ
- TEL(01542)783417 URLwww.chivasbrothers.com

交通ガイド

古城街道、ウイスキー街道、ディーサイドはいずれもドライブ旅行者を対象としたもので、公共交通機関を使うことを前提とはしていない。しかし、グランピアン地方はアバディーンを中心にバスや鉄道網が発達しており、日曜でもそれほど減便されることはない。

ウイスキー街道はエルギンからバスに乗ればいくつかの蒸溜所を回ることができる。ただし日曜は運休なので注意。

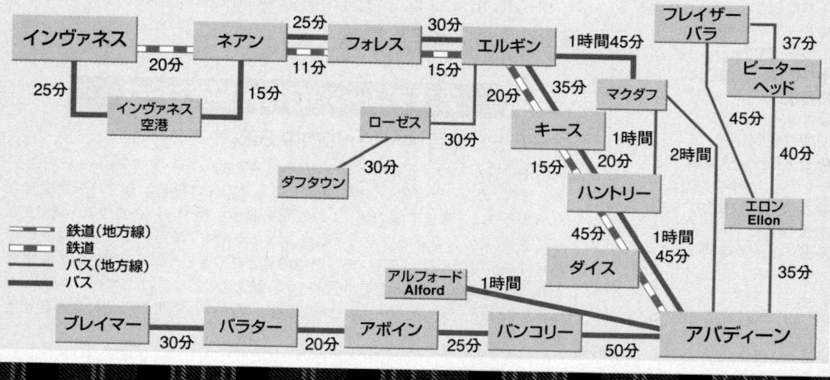

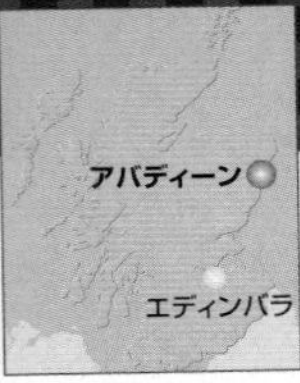

黄金の砂に横たわる銀色の都

アバディーン Aberdeen

●市外局番01224 ●人口18万8300人

❖アバディーンへの行き方

✈イングランドの主要都市をはじめ、アウター・ヘブリディーズの島々や北欧からも便がある。
🚃インヴァネスやエディンバラ、グラスゴーから便がある。
🚌インヴァネスからの便が多発

●ロンドンから
✈1日7便程度
所要:1時間25分
🚃直通1日3便
所要:7時間10分
🚌1日3便
所要：11時間55分～13時間20分

●エディンバラから
🚃1時間に1便程度
所要:約2時間30分
🚌1日4便
所要:約3時間

●ダンディーから
🚃1時間に2～3便
所要:1時間20分
🚌1～2時間に1便
所要:1時間20分

●インヴァネスから
🚃2時間に1便程度
所要:2時間15分
🚌1時間に1便程度（日曜減便）
所要:約4時間

●パースから
🚃1時間に1便程度
所要:1時間40分～2時間
🚌1時間に1便程度。直通便はなく、ブロックスデンBroxdenで乗り換える。
所要:2時間30分～3時間

●オークニー諸島（カークウォール）から
✈1日3便、日曜2便
所要:50分
⛴月・水・金23:00
所要:7時間15分

●シェトランド諸島（ラーウィック）から
⛴月・火・木・土19:00
水・金17:30
所要:12～14時間

マーシャル・カレッジにあるロバート・ザ・ブルースの像

アバディーンはディー川River Deeとドン川River Donの河口に広がる町。北海油田の基地として、またニシンやタラの漁港として発展を遂げ、グラスゴー、エディンバラに続くスコットランド第3の都市となった。

花崗岩の産地であるアバディーンには、マーシャル・カレッジをはじめ、花崗岩でできた建物がたくさん建っている。「花崗岩の町The Granite City」と称されるアバディーンの町並みは、重厚な石造りの建物で統一され、陽光を反射して銀色に輝く。その格調高い町並みに加え、美しい砂のビーチがあることから、「黄金の砂に横たわる銀色の都」というキャッチフレーズでも呼ばれている。

モデルルート

市内中心部と、オールド・アバディーンだけなら1日もあれば十分に観光できる。時間があれば周辺の古城やウイスキー蒸溜所へも足を延ばしたい。

アバディーン1日市内観光コース

オールド・アバディーン➡市内中心部

午前中はウェスト・ノース・ストリートからバスでオールド・アバディーンに行こう。キングズ・カレッジ前のバス停で降りたら、その先は徒歩。聖マハー大聖堂からバルガウニー橋まで緑のシートン公園を散歩。橋からバルガウニー通りをさらに進めば20分ほどでグラバー邸だ。おなかがすいたらグラバー邸向かいのバス停から市内に戻ってランチ。市内の見どころはトールブースや海洋博物館だが、銀色に輝く町並みもアバディーンの魅力のひとつ。ユニオン・ストリートからユニオン・テラス・ガーデンや鉄道駅へ進めば、港町の起伏に富んだ景色を楽しめる。

歩き方

スコットランド第3の都会だが、グラスゴーやエディンバラに比べると町の中心部の規模はそれほど大きくないので、概要は把握しやすい。

◉ユニオン・ストリート　アバディーンの中心は東西に1.2kmほど延びるユニオン・ストリートUnion St.だ。この通りがブティック、レストランなどが並ぶメインストリートとなっている。端から端まで歩いても徒歩20分ほど。ユニオン・ストリートは東端でキング・ストリートKing St.と名前を変え、そのままオールド・アバディーンまで延びている。通りのちょうど中央では、ユニオン・テラス・ガーデンUnion Terrace Gardenという公園が通りの下に広がっている。

◉オールド・アバディーン　ユニオン・ストリートからウェスト・ノース・ストリートWest North St.を経由して20番のバスで北に約10分。古い町並みが保存された、喧騒とは無縁の別世界がオールド・アバディーンだ。石畳の道が延びる、キングズ・カレ

ユニオン・テラス・ガーデンの北側にある図書館

ユニオン・ストリート

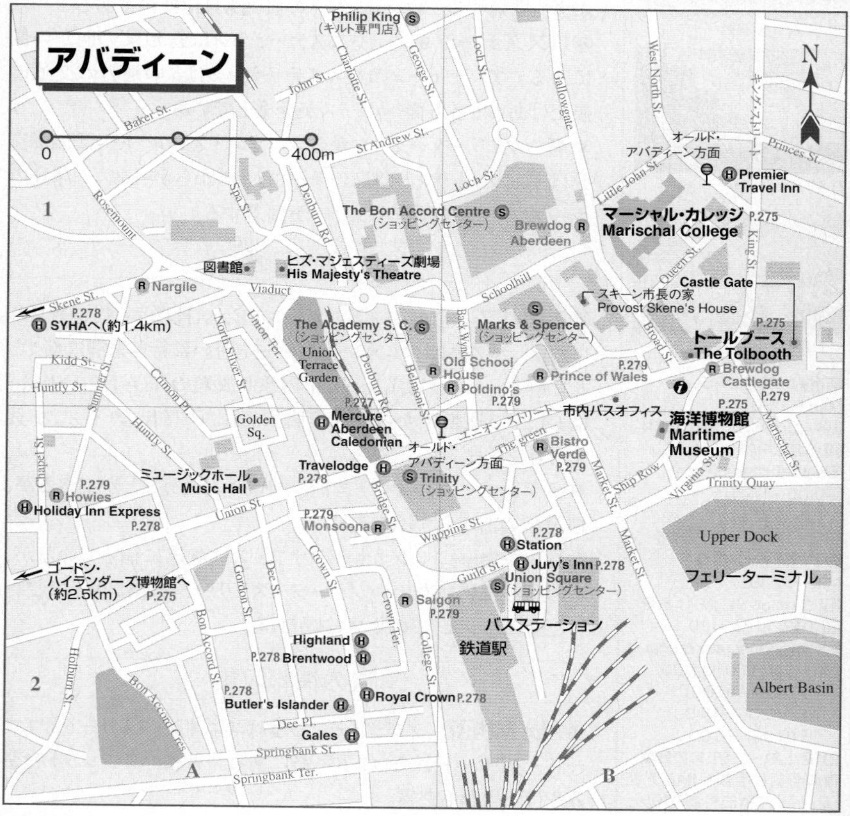

■トーマス・グラバーと日本
トーマス・グラバー Thomas Glover(1838～1911)は、幕末から明治にかけて日本の近代化に大きな役割を果たした人物。21歳で日本に渡り、長崎で炭坑や造船業などに携わった。五代友厚ら薩摩藩士と親しく、五代には妻となるツルを紹介されている。ドン川のほとりにあるグラバー邸は、幼少期に家族とともに移り住んだという邸宅。現在内部は公開されていない。

アバディーン空港

アバディーン駅構内

バスステーション

フェリーターミナル

■市内バスオフィス
Map P.273B1
住47 Union St., AB11 5BN
TEL(01224)219274
URLwww.firstgroup.com
開9:00～17:30
(土～16:30)
休日、1/1・2、12/25・26

■アバディーンのⓘ
Map P.273B1
住23 Union St., AB11 5BP
TEL(01224)269180
URLwww.visitscotland.com
開9～6月 9:30～17:00
(日11:00～16:00)
7・8月 9:00～18:30
(日10:00～16:00)
休1月上旬～3月上旬の日曜
宿の予約は手数料£4とデポジットとして宿泊料金の10%。

ッジや聖マハー大聖堂のある歴史地区からドン川にかけての一帯で、元来はアバディーンとは別の司教区として自治権をもっていた地区だ。18世紀に統合され、キング・ストリートでアバディーンと結ばれた。聖マハー大聖堂とドン川の間にはシートン公園Seaton Parkという大きな公園があり、その北にトーマス・グラバーゆかりのグラバー邸Glover Houseがある。

ターミナルから市の中心部へ

◉アバディーン空港　空港は町の中心部から北西に約10kmのダイスDyceにある。空港と市内を結ぶJet727番バスは1時間に2～6本の運行。所要約25分、運賃は£3.50。また、ダイス駅へも80番のバスが出ており、鉄道に乗り継いで市内に入ることもできる。ターミナルの建物を出て、右側前方にバス停がある。タクシーなら£15前後。

◉鉄道駅　アバディーンの鉄道駅はユニオン・ストリートからブリッジ・ストリートBridge St.を南に行き、高架橋を左に下りた所にある。インヴァネスやグラスゴー、エディンバラからの便が多く発着する。ロンドン行きの直通も1日3便ほどある。

◉バスステーション　バスステーションは鉄道駅の向かい側にある。アバディーンのバスステーションはこの地方の交通の要だけあって多方面へのバスが発着している。

◉港　フェリーターミナルからユニオン・ストリートへは徒歩15分ほど。シェトランド諸島のラーウィックからオークニー諸島のカークウォール経由のフェリーが到着する。

市内交通

◉市内バス　市内バスはファーストFirst社によって運行されており、バス停はユニオン・ストリート沿いに行き先別に点々としている。料金は£1.70～。市内乗り放題の1日券Day Riderは£4.20で運転手から車内で購入。おつりは出ないので小銭を用意しておこう。

◉タクシー　ユニオン・ストリートでもひろうことができるが、鉄道駅の前ならさらに確実。

◉レンタカー　レンタカーのオフィスは空港に揃っているが、市の中心部にはない。ジョージ・ストリートを北に2kmほど行った所にバジェットのオフィスがある。

旅の情報収集

◉観光案内所　アバディーンのⓘはユニオン・ストリートとブロード・ストリートが交わるT字路にある。各種パンフレットやおみやげ、書籍も豊富。

見どころ

アバディーンの見どころは市内中心部とオールド・アバディーンのふたつのエリアに分けられる。

スコットランドの名門　Map P.273B1

マーシャル・カレッジ Marischal College

オールド・アバディーンにあるキングズ・カレッジに次いで歴史のある1593年創設のカレッジ。まるで大聖堂のような高い塔のチャペルが特徴の新ゴシック様式の壮麗な建物。花崗岩で造られた大学の校舎のなかでは世界で最も美しいといわれ、また世界で2番目に大きな、花崗岩でできた建物としても名高い。ライバル関係にあったキングズ・カレッジとは1860年に統合されて、アバディーン大学となった。

大学の構内には1786年創設のマーシャル博物館Marischal Museumがあったが、2008年に閉館し、一部の展示がキングズ博物館King's Museum(→P.276) に引き継がれている。学内にも小さな展示がある。

北海の歴史がわかる　Map P.273B2

海洋博物館 Maritime Museum

港に面した博物館は吹き抜けの丸い建物で、中央に北海油田の海底プラントの巨大な模型が位置するというダイナミックなレイアウト。北海と人間との関わりをテーマに、ヴァイキングや北海油田関連の展示がされている。ビデオやコンピューター端末があるので、楽しみながら勉強してみよう。トーマス・グラバーが1868年にアバディーンで造り、長崎に運ばれたという船の模型も展示されている。

中世に牢獄として使われた　Map P.273B1

トールブース The Tolbooth

ユニオン・ストリートでひときわ目立つ宮殿のような建物。内部は小さな博物館になっており、パネルや模型を使って町の歴史を説明している。急な階段を上った上階では、中世の牢獄が再現されている。独房には囚人の人形が置かれており、何とも不気味。

白亜の外観のトールブース

ハイランダーに関する資料を集めた　Map P.273A2外

ゴードン・ハイランダーズ博物館 The Gordon Highlanders Museum

大英帝国を支えた英国軍のなかでも、最強の軍団としてその名をはせたのが、キルトの軍服で勇猛果敢に戦ったスコット

■マーシャル・カレッジ
URL www.abdn.ac.uk

マーシャル・カレッジの正面に並ぶ紋章

マーシャル・カレッジ

■海洋博物館
住 Ship Row, AB11 5BY
TEL (01224)337700
URL www.aagm.co.uk
開 10:00～17:00
(日12:00～15:00)
土14:00、日12:30に無料のガイドツアーあり
休 1/1·2、12/25·26·31
料 寄付歓迎

北海油田プラントの模型

■トールブース
住 Castle St., AB10 1EL
TEL (01224)621167
URL www.aagm.co.uk
開 10:00～17:00
(日12:00～15:00)
休 1/1·2、12/25·26
料 寄付歓迎

■ゴードン・ハイランダーズ博物館
🚌 ユニオン・ストリートから11、X17のバスでビューフィールド・ロードViewfield Road下車。徒歩約3分
住 St. Lukes Viewfield Rd., AB15 7XH
TEL (01224)311200
URL www.gordonhighlanders.com
開 10:00～16:30
休 日·月、1·12月
料 £8

■キングズ・カレッジ
住King's College, AB24 3FX
TEL(01224)272000
URLwww.abdn.ac.uk

■キングズ博物館
Map P.276
住High St., AB24 3EN
TEL(01224)274330
URLwww.abdn.ac.uk/museum
開13:00～16:30
休日・月、年末年始
料無料

■聖マハー大聖堂
住The Chanonry, AB24 1RQ
TEL(01224)485988
URLwww.stmachars.com
開4～10月9:30～16:30
11～3月10:00～16:00
休無休
料寄付歓迎

■バルガウニー橋
🚌1番のバスがバルガウニー・ロードをとおる。2番のバスも近くをとおる。

バルガウニー橋の近くにはグラバー邸もある

ランドのゴードン・ハイランダーだ。この博物館にはゴードン・ハイランダーの創設から現代にいたるまでの資料や軍服、勲章などが展示されている。こぢんまりとした博物館だが、ビデオ上映や、コンピューター端末によって歴史や戦績がわかりやすく解説されている。

ゴードン・ハイランダーズ博物館

オールド・アバディーンのシンボル
キングズ・カレッジ King's College
Map P.276

1494年に設立された由緒ある大学。校舎は1506年に完成した。王冠をかぶった形の中央部のチャペルは美しいゴシック様式。木工の部分も当時のもの。近くにあるキングズ博物館King's Museumでは、膨大なコレクションからさまざまな企画展が行われている。

キングズ・カレッジ

アバディーン最古の教会
聖マハー大聖堂 St Machar's Cathedral
Map P.276

キングズ・カレッジの北側にある、アバディーン最古の大聖堂。聖マハーは、聖コロンバとともにスコットランドでの布教に活躍した聖人だ。マハーは神のお告げにより、この地に教会を建てたという伝説が残る。現在の建物は15世紀前半にウィリアム・エルフィンストン司教によって建てられ、幾度かの改築を経てきた。大聖堂の裏は緑あふれるシートン公園になっている。

聖マハー大聖堂

ドン川に架かる古い石橋
バルガウニー橋 Brig O'Balgownie
Map P.276

現存するスコットランド最古の橋。14世紀にアバディーンの初代市長によって架けられた。アバディーン出身の詩人バイロンが、「幼い頃、最もお気に入りの場所だった」と語ったという。1830年に下流にドン橋ができるまでは主要道の一部だった。

バルガウニー橋

近郊の見どころ

ディズニー映画のモデルにもなった Map P.21C1

ダンノッター城
Dunnottar Castle

ダンノッター城

アバディーンから南に約25km、北海の崖に建つダンノッター城は、スコットランドを舞台にしたディズニーのアニメ映画『メリダとおそろしの森』のモデルになった城。周りを海に囲まれ、本土とわずかに細い道でつながれた姿は、いかにも守りに固く、美しい。17世紀中頃の清教徒革命中、国王派がスコットランド王の戴冠に使用する三種の宝器をこの城に持ち込んだことからも、この城の持つ防衛力がわかる。最終的に城は共和派に降伏するが、宝器はその前にひそかに持ち出され、現在でもエディンバラ城で見ることができる。

城周辺の海岸沿いは散策が楽しい。城の北約1.5kmにある町ストーンヘイヴンStonehavenまでは海岸沿いのフットパスになっているので、時間がある人は歩いてみよう。

■ダンノッター城
バス アバディーンのバスステーションからX7、107番が1時間に1便(日曜は2時間に1便)ダンノッターDunnotter下車後徒歩15分。
住 Dunnottar Castle, Stonehaven, AB39 2TL
TEL (01569)762173
URL www.dunnottarcastle.co.uk
開 4～9月9:00～18:00
10～3月10:00～17:00
(17:00よりも早く日没した場合は日没時まで、悪天候時は閉城の可能性あり)
入場は閉城の30分前まで
休 1/1·2、12/25·26
料 £7

城の周辺には美しい海岸線が続いている

スコットランドのクラフトビールの代表的存在 Map P.280

ブリュードッグ・ドッグタップ
Brewdog Dog Tap

ブリュワリー内を見学できる

2007年に創業し、ウイスキー蒸溜所とのコラボ商品「Paradox」や、苦みを前面に押し出して大ヒットとなった「Punk IPA」などで知られるクラフトビール、ブリュードッグのブリュワリー&オフィシャルショップ。工場では工程をていねいに説明してくれる。

■ブリュードッグ・ドッグタップ
バス アバディーンのバスステーションから61、62、67、68番でエロンEllonのパーク&ライドPark & Ride下車。徒歩5分
住 Balmacassie Industrial Estate Ellon, AB41 8BX
TEL (01358)724933
URL www.brewdog.com
開 12:00～21:00
●ブリュワリーツアー(要予約)
月～水18:00
木・金16:00、18:00
土・日12:00、13:00、14:00、16:00、18:00
休 無休　料 £15

Hotel ホテル

アバディーンのB&B街はクラウン・ストリートとボン・アコード・ストリートにある。1年を通じてビジネス客が多く、平日は満室のことも多いので、予約は必須と言っていい。逆に週末は割引料金を設定していることもあるので、狙い目だ。

日本からホテルへの電話 国際電話会社の番号 + 010 + 国番号44 + 市外局番の最初の0を取った掲載の番号

メルキュール・アバディーン・カレドニアン Mercure Aberdeen Caledonian

無線LAN

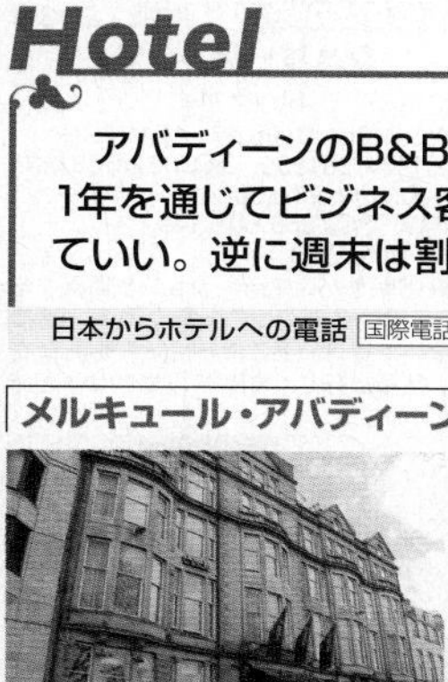

●ユニオン・テラス・ガーデンを見下ろす好立地。ヴィクトリア朝様式の重厚な建物で、市内中心部では歴史と格式のあるホテル。2016年からメルキュール傘下で営業している。広々とした室内は華美な装飾が抑えられた機能的な造り。館内にはブラッスリーやバーも併設されている。

Map P.273A2 高級 83室
住 10-14 Union Ter., AB10 1WE
TEL 0871 376 9003
FAX (01224)641627
日本での予約:TEL (03)4455-6404
URL all.accor.com
S/W £49～
£ € A D M V

ステーション Station Hotel

●鉄道駅とバスステーションのすぐ目の前にあるので夜遅い到着のときにも安心。客室の設備はシンプルだが、天井も高く、古風な造りになっている。朝食はビュッフェ形式。1階にレストランやバーも併設している。朝食は別料金で、ひとり£7.50。

Map P.273B2　中級　120室

住78 Guild St., AB11 6GN
TEL (01224)587214
FAX (01224)573350
URL www.stationhotelaberdeen.com
£30～　£45～
£　A D M V

ブレントウッド Brentwood Hotel

●B&B街のクラウン・ストリートにある中級ホテル。週末料金（金～日曜）があり、かなり安くなる。ウェブサイトの特別料金も要チェック。地下のバー＆レストランは地元でも人気が高い。前菜とメインでだいたい£20ほど。ビールの種類も豊富。

Map P.273A2　中級　67室

住101 Crown St., AB11 6HH
TEL (01224)595440　FAX (01224)571593
URL www.brentwood-hotel.co.uk
£85（週末£45）
£98（週末£59）
£　A D M V

ロイヤル・クラウン Royal Crown Guest House

●ホテルやB&Bが多いクラウン・ストリートにある。夫婦が経営している家庭的な宿で、部屋のタイプはいろいろ。ホテル予約サイトの朝食なしのプランの場合の朝食はひとり6£。

Map P.273A2　B&B　8室

住111 Crown St., AB11 6HN
TEL (01224)586461
URL www.royalcrown.co.uk
£30　£40
£40　£50
£　A J M V

バトラーズ・アイランダー Butler's Islander Guest House

●ロイヤル・クラウンのすぐ向かいにある。インターネット設備があり、宿泊者は無料で使用可能。朝食はフルーツの種類も豊富。すぐ隣にPincerna Roomsという別館もある。

Map P.273A2　B&B　7室

住122 Crown St., AB11 6HJ
TEL (01224)212411
URL www.butlersguesthouse.com
£35～　£55～
£50～　£65～
£　M V

SYHAアバディーン SYHA Aberdeen

●スキーン・ストリートの西端から徒歩約30分、バスならX17番でQueen's Gardens下車。その他にも11、27番のバスを利用できる。通年オープンで家族用の個室もある。朝食は出さないがキッチンが使用可能。

Map P.273A1外

ユースホステル　ベッド数99

住8 Queens Rd., AB15 4ZT
TEL (01224)646988
URL www.hostellingscotland.org.uk
DOM £13～　£22～
£26～　£　D J M V

Map P.273A2　中級　97室

トラベロッジ Travelodge Central

住9 Bridge St., AB11 6JL
TEL 0871 984 6117
URL www.travelodge.co.uk
£45～
£　A M V

●ユニオン・ストリートに面した便利な立地。入口はブリッジ・ストリートにあり、レセプションは階段を上がった2階にある。広いデスクやシャワールームなど部屋はたいへん機能的な造り。

Map P.273A2　中級　155室

ホリデイ・イン・エクスプレス Holiday Inn Express

住29-43 Chapel St., AB10 1SQ
TEL (01224)623500
日本での予約: FREE 0120-455-655
URL www.ihg.com　£65～
£　A J M V

●ハウイースレストランの向かいにあるチェーンホテル。B&Bが比較的とりにくいアバディーンでは、このような大型ホテルはありがたい存在だ。ビジネスセンターも完備している。

Map P.273B2　中級　203室

ジュリーズ・イン Jury's Inn

住Union Sq., Guild St., AB11 5RG
TEL (01224)381200　FAX (01224)381234
URL www.jurysinns.com
£58.50～149
£　A M V

●鉄道駅やバスステーションと隣接するショッピングモールの上階にある。港にも歩いて行け、どこに行くにも便利な立地。部屋は新しく清潔で機能的にまとめられている。

Restaurant　レストラン

ユニオン・ストリート沿いや駅周辺にレストランが軒を連ねる。パブはベルモント・ストリートBelmont St.に多い。ショッピングセンターにはスシバーやヌードルバーもある。特産の牛肉を使ったステーキも試してみたい。

ブリュードッグ・キャッスルゲート
Brewdog Castlegate

●アバディーンを拠点とするブリュワリー、ブリュードッグ(→P.277)の旗艦店。約30タップが揃うビールは1杯£4.70〜。地元の人もよく注文するハンバーガーは£10〜。日本でなかなか手に入らないover worksのビールやTシャツ、雑貨も品揃えが豊富。また、直営のホテル（👥£100〜）が店舗の上にあり、elvis juiceというビールからヒントを得て作られたアメニティがあるなど、マニアにはたまらない。

Map P.273B1　クラフトビール

住5-9 Union St., AB11 5BU
TEL(01224)586650
URLwww.brewdog.com
開11:00〜翌1:00
（金・土〜翌3:00）
休無休　£
カード A M V

ハウイース Howies

●四季折々の素材を用いたモダン・スコティッシュの店。センスあふれる店内には、昼間はランチを楽しむビジネスマンが多く訪れる。ランチは£8.95〜13.95。ディナーは£21〜25。ワインも各種揃っている。

Map P.273A2　英国料理

住50 Chapel St., AB10 1SN
TEL(01224)639500
URLwww.howies.uk.com
開12:00〜14:30　17:00〜23:00
休 1/1〜7、12/25〜28
£　カード M V

ビストロ・ヴェルデ Bistro Verde

●店内は白を基調としており、スタイリッシュなデザイン。北海で取れた良質なシーフードに定評があり、グリルやフライ、サラダなどが楽しめる。ボードには日替わりメニューも書かれている。ディナーは予約が無難。

Map P.273B2　シーフード

住1-2 The Green, AB11 6NY
TEL(01224)586180
URLwww.bistroverde.co.uk
開12:00〜14:00（土12:00〜15:00）
18:00〜21:15　休日・月、1/1・2、12/25・26　£　カード M V

ポルディーノ Poldino's Ristorante & Pizzeria

●40年以上続くイタリアンの老舗。カルボナーラやボンゴレなどのランチパスタは£7.70〜、ランチピザは£8.20〜とディナーに比べ£3ほどお得。イタリア産のワインも多く揃えている。

Map P.273B1　イタリア料理

住7 Little Belmont St.,AB10 1JG
TEL(01224)647777
URLwww.poldinos.co.uk
開12:00〜14:30　17:30〜22:15
休日、1/1、12/24・25　£
カード A D J M V

サイゴン Saigon

●ユニオン・ストリートからほど近い、クラウン・テラスにある。スタッフもフレンドリー。生春巻きやフォーなど、100種以上の料理からオーダーできるビュッフェは£22.80（2人より）。フォーやビーフンは£5.80〜。

Map P.273A2　ベトナム料理

住29a Crown Ter., AB11 6HD
TEL(01224)213212
URLwww.saigonrestaurant.co.uk
開12:00〜14:00　17:30〜22:30
休無休
£　カード M V

モンスーナ Monsoona

●駅の近くにあるインド料理店。こだわりの食材をふんだんに使った料理はヘルシーと地元で人気が高い。南インド料理からアフガン料理、バングラデシュ料理も出しておりメニューの幅は広い。£15以上のオーダーなら無料で周辺に出前もしてくれる。

Map P.273A2　インド料理

住20 Bridge St., AB11 6JJ
TEL(01224)590030
URLwww.monsoona.co.uk
開12:00〜14:00　17:00〜23:30
（金・土12:00〜14:00　17:00〜24:00）
休無休
£　カード M V（£0.50の手数料別途）

プリンス・オブ・ウェールズ Prince of Wales

●1850年創業の老舗。アバディーンで最も有名なパブのひとつ。カウンターには樽仕込みのエールCask Aleもずらりと8本並んでいる。手頃な料金のランチも出している。ビール注ぎのテクニックも一級品だ。

Map P.273B1　パブ

住7 St. Nicholas Ln., AB10 1HF
TEL(01224)640597
開10:00〜24:00
（金・土10:00〜翌1:00）
休1/1、12/25・26
£　カード M V

人気のドライブコース

ディーサイドと古城街道 Deeside & Castle Trail

●市外局番013397

❖ディーサイドへの行き方

●アバディーンから

🚌ステージコーチの201番がバンコリー～アボイン～バラター～ブレイマーと行く。2時間に1便程度。

■ディーサイドのⓘ

URL www.visitscotland.com

宿の予約は手数料£4とデポジットとして宿泊料金の10%が必要。

●バラターのⓘ

住 The Old Royal Station, Station Sq., AB35 5QB

TEL (01339)755306

開 10:00～17:00　休 日

●ブレイマーのⓘ

住 The Mews, AB35 5YL

TEL (013397)741600

開 9月下旬～5月中旬
9:30～16:30
5月中旬～7月·9月上旬～下旬
9:30～17:00
8月～9月上旬9:30～18:00

休 無休

ディー川River Deeに沿った緑深き谷は、19世紀以来、毎年、英国王室が夏の休暇を過ごすことから、ロイヤル・ディーサイドRoyal Deesideと呼ばれている。ディーサイドにはバンコリーBanchory、アボインAboyne、バラターBallater、ブレイマーBraemerといった町が並んでいる。いずれも魅力的な町でホテルやB&Bも多く、アバディーンからの交通の便もよいので、気軽に足を延ばしてみよう。

ブレイマー近くの風景

歩き方

ディーサイドにある古城などの名所旧跡を巡るドライブコースはヴィクトリアン・ヘリテージ・トレイルThe Victorian Heritage Trailと呼ばれている。すべてを回るにはレンタカーが必要だが、バスでも古城のいくつかに行ける。

美しい庭園は必見
ドラム城 Drum Castle
Map P.280

ドラム城

バンコリーの近郊にある、1323年に建てられたアーヴィンIrvine家の城。ロバート・ザ・ブルースにより与えられたドラムの塔Tower of Drumに端を発し、改築と増築を重ね、現在の姿となった。美しく手入れされた広大な庭園も必見。なかでもバラ園Garden of Historic Rosesでは、さまざまなバラの原種を見ることができる。

ロイヤルファミリーが夏の休暇を過ごす
バルモラル城 Balmoral Castle
Map P.280

バルモラル城の庭園

ロイヤルファミリーが夏の休暇を過ごす城として有名。城の起源は15世紀にまで遡り、ヴィクトリア女王と、その夫君のアルバート公がここを購入し、英国王室の所有となった。一般公開はされているが、ロイヤルファミリーの滞在中は見学できないので注意。

内部の調度品にも目を奪われる
ブレイマー城 Braemar Castle
Map P.280

ブレイマー城は1689年にマー伯爵の居城として建てられた。しかし築城間もなく、マー伯爵と敵対していたジョン・ファークワソンの手により焼け落ちた。その後イングランド軍の城として1748年に再建された。現在はファークワソン家の所有になっている。ちなみに幽霊が多く目撃されていることでも有名。

ブレイマー城

こぢんまりしたかわいいお城
カーガフ城 Corgarff Castle
Map P.280

田園風景のなかにポツンとたたずむカーガフ城は16世紀に建てられた。20世紀初頭までは兵舎として使用されていた。

■ドラム城
アバディーンからステージコーチ社の201、202、203番。ドライバーに言っておけば最寄りのバス停で降ろしてくれる。そこから標識に従って徒歩15分。
A93でアバディーンから約20km
住 Drumoak, Banchory, AB31 5EY
TEL (01330)700334
URL www.nts.org.uk
開 1月中旬～3月中旬の土・日 10:30～17:00
6～8月10:30～16:00
9・10月の木～月10:30～16:00
11月～12月下旬の土・日 11:00～15:00
休 11月～3月中旬の月～金、9・10月の火・水、3月中旬～5月、12/23～31
料 £14.50 学生£11
一部不可
●バラ園
開 11:00～17:00
最終入場は16:15
料 ドラム城の入場料に含まれている 休 11～3月

■バルモラル城
アバディーンからステージコーチ社の201番
住 Balmoral Estates, AB35 5TB
TEL (013397)42534
URL www.balmoralcastle.com
開 10:00～17:00
最終入場は16:30
休 8～3月 料 £12 学生£11
一部不可

■ブレイマー城
アバディーンからステージコーチ社の201番
アバディーンの町からA93を約95km
住 Braemar, AB35 5XR
TEL (013397)41219
URL www.braemarcastle.co.uk
開 10:00～17:00
休 3月下旬～6月と9・10月の月・火、9/5、11月～3月下旬
料 £10 学生£7
一部不可 一部不可

■カーガフ城
アバディーンの町からA944を約100km
住 Corgarff, Strathdon, AB36 8YP
TEL (01975)651460
URL www.historicenvironment.scot
開 9:30～17:30
休 10～3月
料 £6 学生£4.80

■クラテス城
[バス]アバディーンからステージ・コーチの201、202、203番でCrathes Estate下車。
[住]Banchory, AB31 5QJ
[TEL]0845 094 9273
[URL]www.nts.org.uk
[開]1/2～3月下旬、
11/1～12/23の土・日
11:00～16:00
3月下旬～10月
10:30～17:00
[休]11/1～12/23の月～金、12/24～1/1
[料]£14.50　学生£11
[車椅子]一部不可
●庭園
[開]1月の土・日11:00～16:00
2・3月の木～月11:00～16:00
11/1～12/23の木～月
11:00～16:00
4～10月10:30～17:00
[休]上記以外　[料]城と共通

■クレイギヴァー城
[車]アバディーンの町からA93を約50km
[住]Alford, AB33 8JF
[TEL](01339)883635
[URL]www.nts.org.uk
[開]4～9月10:30～16:00
10/1～10月中旬の土・日
11:00～15:00
[休]4・5月の水・木、10/1～10月中旬の月～金、10月下旬～3月
[料]£14.50　学生£11
[車椅子]一部不可

■ハントリー城
[鉄道]ハントリー駅下車。徒歩15分
[住]Huntly, AB54 4SH
[TEL](01466)793191
[URL]www.historicenvironment.scot
[開]4～9月9:30～17:30
10～3月10:00～16:00
[休]10～3月の木・金、1/1・2、12/25・26　[料]£6　学生£4.80

■ファイヴィー城
[バス]アバディーンからステージコーチ・ブルーバードの35番が1時間に2便、所要約1時間10分、ファイヴィー Fyvie下車。徒歩15分。
[住]Turriff, AB53 8JS
[TEL](01651)891266
[URL]www.nts.org.uk
[開]4～6・9月11:00～16:30
7・8月11:00～17:00
10月～12月中旬の金～月
11:00～15:00
[休]10月～12月中旬の火～木、12月中旬～3月
[料]£14.50　学生£11
[車椅子]一部不可
●庭園　[開]9:00～日没
[休]無休

中世のたたずまいをいまに伝える　Map P.280

クラテス城 Crathes Castle

16世紀に建てられた城郭のなかでは屈指の美しさと保存状態のよさを誇る名城。バンコリー周辺を長年治めてきたバーネット家の居城だった。緑豊かな庭園も有名で、きれいに刈り込まれたトピアリーも見ることができる。

庭園も美しいクラテス城

華麗な調度品も必見　Map P.280

クレイギヴァー城 Craigievar Castle

均整の取れた建築美は古城街道の城のなかでも屈指。7階建ての高い城で、内部の調度品や装飾……どれも豪華絢爛。緑豊かな周囲の風景と美しく調和している。

クレイギヴァー城からの眺め

塔も見応えがある　Map P.280

ハントリー城 Huntly Castle

12世紀後半に建てられた、この地方で最も古い城。ロバート・ザ・ブルースもここに滞在したと伝えられており、5階建ての塔が残っている。

ハントリー城とその庭園

広々とした庭園に囲まれた名城　Map P.280

ファイヴィー城 Fyvie Castle

創建は13世紀だが、城内の装飾は20世紀初頭のエドワード朝様式で統一されており、絵画と武器の展示がすばらしい。広大な庭園は散策にぴったりで、庭園内に造営された池は一周2km。ウォール・ガーデンやアメリカン・ガーデン、ティー・ハウスなどもある。

幽霊が出没する呪われた城ともいわれている

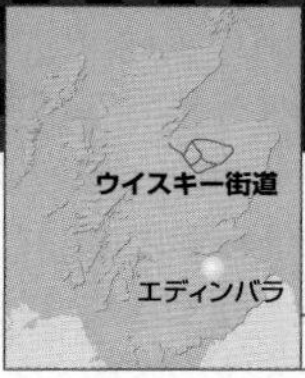

銘酒の故郷、スペイサイド
ウイスキー街道 Malt Whisky Trail

●市外局番01786

最も美しい蒸溜所のひとつと名高いトーモア蒸溜所（Map P.284A2）

ウイスキー街道Malt Whisky Trailとはアバディーン北西のキースKeithから、インヴァネスの東にあるフォレスForresにかけての小さな町や村に点在するウイスキー蒸溜所を巡るドライブルートだ。

グランピアン地方を流れるスペイ川の流域、スペイサイドはウイスキーの蒸溜所が多いスコットランドの酒蔵。試飲をしながら蒸溜所を巡って、お気に入りの1本を見つけよう。

モデルルート

ウイスキー街道の標識

バスを使って回るなら、キース→エルギン→クライゲラヒ→ダフタウンと巡るのが一般的。エルギンとダフタウンを結ぶ36番バスは、ベンリアック、ロングモーン、グレン・グラント、クライゲラヒ、ザ・マッカラン、アベラワーなどの蒸溜所をとおる。

レンタカーがあるなら、スペイ川沿いにアベラワーからA95号線をさかのぼり、グレンファークラス、トーモアの両蒸溜所を経てグランタウン・オン・スペイ（→P.317）へ行くルートもいい。

❖ウイスキー街道への行き方

ウイスキー街道へは、アバディーンとインヴァネスを結ぶ鉄道か、ほぼそれに並行して走るステージコーチ社の10、10A番で入るのが一般的で、キースまたはエルギンが玄関口となる。なお10、10A番のバスはアバディーン、インヴァネス両空港を経由する。エルギンへの行き方については→P.289。

❖キースへの行き方

●アバディーンから

🚃1～2時間に1便
所要:1時間10分

🚌ステージコーチ社10、10A番、10:30～23:00の1時間に1便程度
所要:1時間45分

●インヴァネスから

🚃1～2時間に1便
所要:1時間10分

🚌ステージコーチ社10、10A番、7:50～19:15に1時間に1便程度
所要:2時間

蒸溜所のとんがり屋根は、麦芽を乾燥させるために湿気を外に逃がす役割がある。形が仏塔と似ているので「パゴダ」と呼ばれている（グレンフィディック蒸溜所）

スペイサイドの蒸溜所巡り

アバディーン➡キース➡エルギン➡ダフタウン➡アベラワー➡クライゲラヒ

アバディーンからダフタウンへと蒸溜所を見ながら移動する。朝アバディーンを出発できるなら、キースでストラスアイラ蒸溜所、エルギンでグレンモレイ蒸溜所、ダフタウンでグレンフィディック蒸溜所、バルヴェニー蒸溜所と見て回れるだろう。シーズン中の週末ならエルギンをパスして保存鉄道でダフタウンに入るのもまたいい。アベラワーやクライゲラヒではウイスキーに囲まれた贅沢な夜を過ごそう。

■ストラスアイラ蒸溜所
キースの鉄道駅、バス停から徒歩15分ほど。
住Seafield Ave., Keith, AB55 5BS
TEL (01542)783044
開夏期10:00～18:00
　冬期10:00～16:30
休冬期の土・日
●蒸溜所見学ツアー
夏期は30分おきに出発。冬期は10:00、14:00発
料£15
工場内不可

蒸溜所の入口

歩き方

ウイスキー街道は1辺が40～50kmの三角地帯の形になっていて、ひととおり回ると約200km。レンタカーを使うと効率よく回ることができる。バスで回るならクライゲラヒやダフタウンを目指そう。見学できない蒸溜所もあるので事前に確認を。

Map P.284B1

シーバスリーガルで有名な
ストラスアイラ蒸溜所 Strathisla Distillery

創業は1786年。現在でも操業を続ける蒸溜所のなかではこの地方でも最古の歴史を誇る伝統ある蒸溜所。緑多いスペイサイドの風景に溶け込むその姿は、「ハイランドで最も美しい蒸溜所」とも称される。ここで造られる「ストラスアイラ」はシーバスリーガルのキーモルトとなっている。

ストラスアイラ蒸溜所

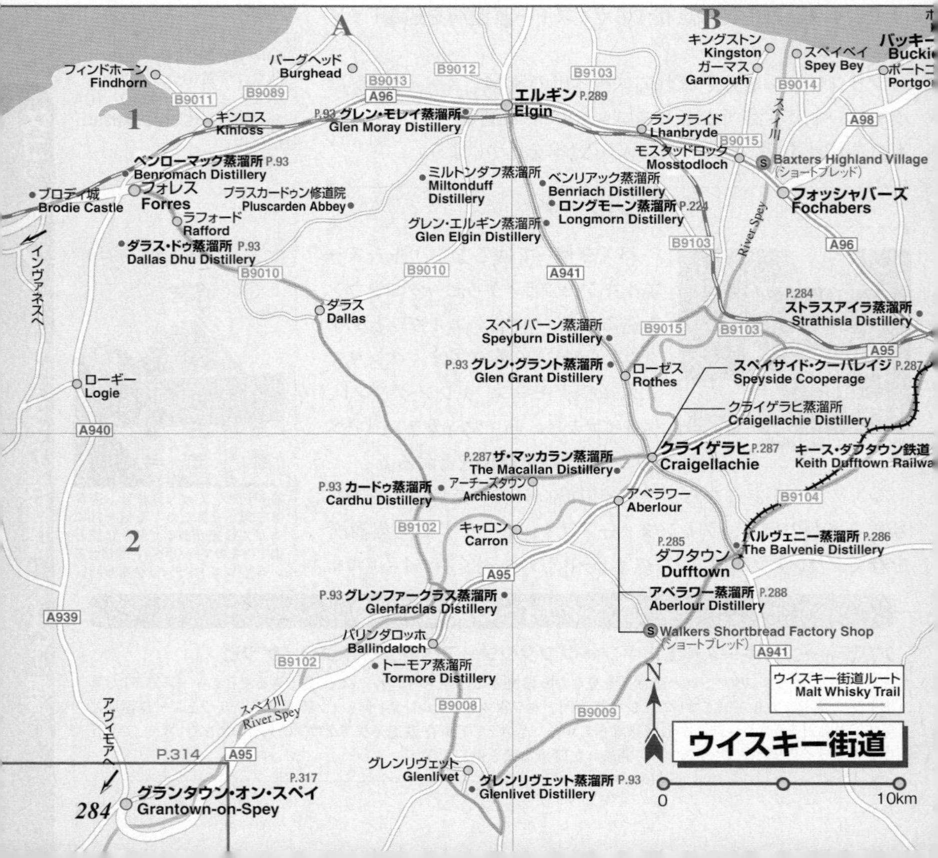

スペイサイドウイスキーの聖地

ダフタウン Dufftown

●市外局番01340　●人口1546人

ウイスキー好きはぜひ訪れたい

6つの蒸溜所を抱えるダフタウンはスペイサイドで最も有名なウイスキーの町。1817年にファイフ伯ダフによって整備された町だ。毎年5月と9月にはウイスキーフェスティバルも催されている。

歩き方

町の中心は時計塔のある広場。この広場を中心に、北にバルヴェニー・ストリートBalvenie St.、東にファイフ・ストリートFife St.、南にチャーチ・ストリートChurch St.、西にコンヴァル・ストリートConval St.が延びている。町の北側にはバルヴェニー城Balvenie Castleが鎮座している。

シカのマークで有名な

Map P.285

グレンフィディック蒸溜所 Glenfiddich Distillery

いくつもの蒸溜釜が並ぶ

グレンフィディックはゲール語で「シカの谷」を意味し、1887年にウィリアム・グラントによって創業されて以来、現在では世界で最も飲まれているシングルモルトウイスキーの地位を築いている。

見学ツアーでは、まず蒸溜所の歴史に関する映画を見てから、ウイスキー造りの工程を見学し、最後に試飲を楽しむ。より内容の充実した有料のツアーもある。

ふたつの街道の接点

Map P.285

バルヴェニー城 Balvenie Castle

バルヴェニー城

ウイスキー街道と古城街道は一部重なり合っているが、その接点となるのがバルヴェニー城。12世紀に建造され、コミン家の居城として使用されていたが、14世紀にコミン家がロバート・ザ・ブルースによって滅ぼされるとダグラス家やステュワート家の所有となった。18世紀初頭まで使用されていたが、現在は外壁の一部と基礎部分を残すのみだ。

❖ダフタウンへの行き方

🚌エルギンから36番のバスが1時間に1便（日曜運休）
所要:50分

■ウイスキー博物館

Map P.285
ダフタウンにはⓘはなく、博物館が代理で対応している
住12 Conval St., AB55 4AE
TEL(01340)820507
URLwww.whisky.dufftown.co.uk
開4/1～10/17 10:00～16:00
休冬期　料£10（1年間有効）

■グレンフィディック蒸溜所

住Dufftown, AB55 4DH
TEL(01340)820373
URLwww.glenfiddich.com
開4～10月 9:30～16:00
11～3月 11:00～15:00
休クリスマス～年末年始にかけての2週間
料£10、£50、£100の有料ツアーもあり。要予約
工場内不可

■バルヴェニー城

住Dufftown, AB55 4DH
TEL(01340)820121
URLwww.historicenvironment.scot
開4～9月9:30～17:30
10月10:00～16:00
12:30～13:30は昼休み
最終入場は30分前
休11～3月下旬
料£6　学生£4

■キース・ダフタウン鉄道
TEL(01340)821181
URLwww.keith-dufftown-railway.co.uk
運行：3・4月の土・日と5～9月の金～日
ダフタウン発
10:30、13:30、15:30
キース発11:30、14:30、16:20
料キース～ダフタウン
片道£7　往復£11
学生　片道£6　往復£9

■バルヴェニー蒸溜所
ダフタウン駅の北側にある。
住Dufftown, AB55 4BB
TEL(01340)822210
URLwww.thebalvenie.com
●蒸溜所見学ツアー
10:00、11:30、14:00
休金の午後、土・日
料£50
（倉庫内での樽からのオリジナルボトル作りは£30プラス）
工場内不可

森を駆け抜ける保存鉄道

キース・ダフタウン鉄道 Keith Dufftown Railway

Map P.284B2

ダフタウンからキースまでの約17.6kmを約40分で結ぶ保存鉄道。長く廃線になっていたが、2001年に有志の手により復活した。アイラ川River Isla沿いのなだらかな丘陵地帯や緑深い渓谷を進んでいく。駅はどちらも町外れにある。

地元の人々の貴重な足でもある

フルーティーな味わいにファンが多い

バルヴェニー蒸溜所 The Balvenie Distillery

Map P.285外

ダフタウン駅の近くにある蒸溜所。グレンフィディックと同じ水を使いながら、かなり味わいが違うので、飲み比べると楽しい。蒸溜所ツアーでは、かなり詳しいところまで見せてくれるので、ウイスキーに興味がある人にはおすすめだ。

バルヴェニー蒸溜所

Hotel&Restaurant ホテル&レストラン

大型のホテルはないが、町の規模に比べて宿、レストランともに多い。キャッスル・ストリート周辺にもB&Bが多い。

日本からホテルへの電話　国際電話会社の番号 + 010 + 国番号 44 + 市外局番の最初の0を取った掲載の番号

ファイフ・アームズ Fife Arms Hotel

TV　無線LAN

●ダフタウンの中心にある家族経営のイン。町の中心にあって便利な宿。蒸溜所巡りの相談にも気さくに応じてくれる。全6室のうち、ダブルもしくはツインが4室。1階はパブになっており、スペイサイドのウイスキーがいろいろ揃っている。

Map P.285　イン　6室
住2 The Square, AB55 4AD
TEL(01340)820220
URLwww.fifearmsdufftown.co.uk
£35～
£70～
£　MV

コマーシャル Commercial Hotel

TV　無線LAN

●チャーチ・ストリートにある老舗のB&B。シャワー付きの部屋もあるが、少し割高になる。1階はパブになっており、地元の人でにぎわっている。料理は軽食が中心だが、日曜の12:00～18:30はサンデー・ローストがある。朝食はフルスコティッシュで評価も高い。

Map P.285　B&B　6室
住4 Church St., AB55 4AR
TEL(01340)820313
URLwww.commercialhoteldufftown.co.uk
£40～
£60～
£　MV

テイスト・オブ・スペイサイド A Taste of Speyside

●スペイサイドを代表するレストラン。赤と緑を基調とした店内は、スコットランドらしさであふれ、メニューもアンガスビーフのステーキ、スコティッシュ・サーモン、ハギスなど郷土料理が豊富。ウイスキーも充実している。

Map P.285　英国料理
住10 Balvenie St., AB55 4AB
TEL(01340)820860
URLatasteofspeyside.com
開11:00～14:00　18:00～21:00
休月・日、1月中旬
£　AJMV

ウイスキーファンが集う町

クライゲラヒ Craigellachie

●市外局番01340　●人口422人

ダフタウンの北西5kmほどにある小さな村。この村にはまるで聖地に巡礼するかのように、多くの人が訪れる。ザ・マッカランなどの蒸溜所だけではなく、クエイク・バー、ハイランダー・インという世界中のウイスキーファンをうならせる有名なバーもあるからだ。

クライゲラヒの町

歩き方

クライゲラヒへのバスはクライゲラヒ・ホテル前とクライゲラヒ蒸溜所前に停車する。ザ・マッカラン蒸溜所は村から約3kmのイースター・エルチーズEaster Elchies地区にある。

樽作りの工程を見学ができる

Map P.287右

スペイサイド・クーパレイジ Speyside Cooperage

60年以上にわたり、伝統的工法と用具を使って樽の製作や修繕を行っている工房。ここで作られた樽は、スコットランドはもちろん世界中に輸出されている。工房では職人による実演や樽作りの工程を見学できる。

ここで作られる樽は世界中で使われる

シングルモルトのロールスロイス

Map P.287右

ザ・マッカラン蒸溜所 The Macallan Distillery

ザ・マッカランは、スペイサイドを代表する銘酒。2度目の蒸溜時に使われる再蒸溜釜は、スコットランドでも最小のものを利用するなど、いたるところにこだわりを感じさせる。ビジターセンターは樽作りに関する展示が充実している。

❖クライゲラヒへの行き方

●ダフタウンから
36番のバスが1時間に1便
所要:20分（日曜運休）

●エルギンから
36番のバスが1時間に1便
所要:30分（日曜運休）

■スペイサイド・クーパレイジ
住Dufftown Rd., Craigellachie, AB38 9RS
TEL(01340)871108
URLwww.speysidecooperage.co.uk
開9:00～16:45
（最終のツアーは15:30）
休土・日、クリスマスの2週間
料£4　学生£3

■ザ・マッカラン蒸溜所
住Craigellachie, AB38 9RX
TEL(01340)872280
URLwww.themacallan.com
開9:00～17:00
ツアーは各種あり、10:00から催行
休土・日、クリスマスの2週間
料£15～（要予約）
工場内不可

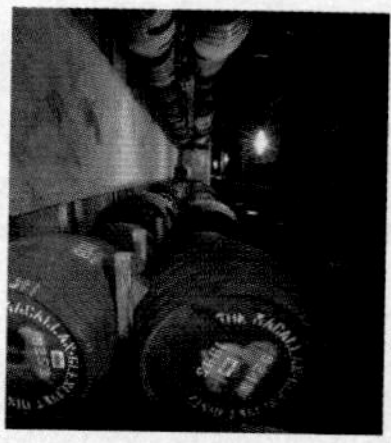

貯蔵所に並ぶウイスキー樽

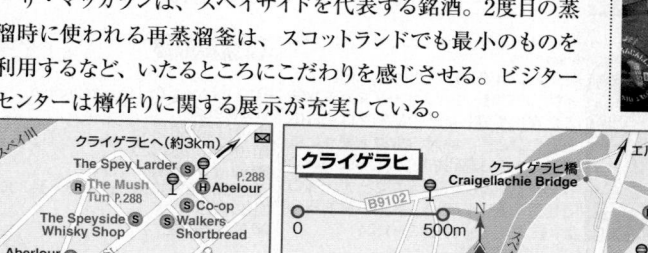

■アベラワー蒸溜所
🚌36番でアベラワー下車
住Aberlour, AB38 9PJ
TEL(01340)881249
URLwww.aberlour.com
開9:30～17:00、
休11月中旬～3月中旬の土・日、クリスマスの2～3週間
料£20（ツアー要予約）
撮影 工場内不可

日本でもおなじみ

アベラワー蒸溜所 Aberlour Distillery

Map P.287左

アベラワー蒸溜所

ラワー川とスペイ川が合流するアベラワー村にある蒸溜所。1879年の創業と歴史は長い。日本にもファンが多く、特に12年と16年物に定評がある。ツアーは10:00、14:00発だが繁忙期は12:00発が追加される場合も。

Hotel&Restaurant ホテル＆レストラン

エルギンやダフタウンからのアクセスも悪くないエリアだが、村にあるクライゲラヒ・ホテル、ハイランダー・インはウイスキーファンには有名。蒸溜所巡りのアドバイスもしてもらえるB&Bもある。クライゲラヒから4kmほど西にあるアベラワー村にもB&Bやレストランがあり、こちらを起点にするのもいい。

日本からホテルへの電話 国際電話会社の番号 + 010 + 国番号44 + 市外局番の最初の0を取った掲載の番号

クライゲラヒ Craigellachie Hotel

TV ドライヤー ポット 無線LAN

●1893年創業と、1世紀以上の歴史を誇る、町で最も高級なホテル。いちばんの自慢は以前と変わらぬクエイク・バー Quaich Bar。壁がウイスキーのボトルで埋め尽くされた光景はまさに圧巻。店内に置いてあるシングルモルトウイスキーは750種類以上という充実ぶりだ。

Map P.287右 高級 26室
住Craigellachie, AB38 9SR
TEL(01340)881204
URLwww.craigellachiehotel.co.uk
👤/👥 £165～
両替 £
カード A M V

アベラワー Abelour Hotel

TV ポット 無線LAN

●アベラワーの村の中心にある家族経営のホテル。改装を経ており、内装はスタイリッシュで明るい。スタッフも親切で対応もていねい。1階にあるレストランはこの地方で取れた季節の食材を使った料理に定評がある。クラフトビールやウイスキーも揃っている。

Map P.287左 中級 19室
住87 High St., Aberlour, AB38 9QB
TEL(01340)871287
URLwww.aberlourhotel.co.uk
👤 £70～80
👥 £140
両替 £ カード M V

ハイランダー・イン The Highlander Inn

●何といってもパブが有名な宿。スペイサイドで唯一ウイスキー・マガジン誌の金賞を受賞したその品揃えはまさに圧巻のひと言。地元の食材を使った食事メニューの評判も高い（12:00～14:00 17:30～21:00）。日本人がオーナーなので言葉の面でも安心。夏期の宿泊料金は、👤£65～75、👥£95～110。

Map P.287右 パブ
住10 Victoria St., Craigellachie, AB38 9SR
TEL(01340)881446
FAX(01340)881520
URLwww.whiskyinn.com
開12:00～23:00（金・土12:00～翌0:30）
休12/25
両替 £ カード M V

マッシュ・タン The Mush Tun

●マッシュ・タンとは乾燥した麦芽とお湯を混ぜて糖分を出す、ウイスキーの仕込み槽のこと。その名の通り、ウイスキーのコレクションは充実しており、なかでもグレンファークラスは世界でも最大なんだとか。インなので宿泊も可能で、全室にウイスキーの名前が付けられている。👤£85～、👥£120～。

Map P.287左 パブ
住8 Broomfield Sq., Aberlour, AB38 9QP
TEL(01340)881771
URLwww.mashtun-aberlour.com
開12:00～14:00　18:00～21:00（土12:00～21:00、日12:30～21:00）
休1/1、12/25
両替 £ カード A D J M V

モレイ地方の中心

エルギン Elgin

●市外局番01343　●人口2万5678人

グレン・モレイ蒸溜所

エルギンは、市内や近郊などにウイスキー蒸溜所が多く点在することから、「ウイスキー・キャピタル」の愛称で親しまれ、観光の起点としてもにぎわう。11世紀に城が築かれた後、王室直轄の町として、モレイ地方の中心都市として発達してきた。ハイ・ストリートHigh St.を中心に古い建物が残されている。また、廃墟となった修道院のエルギン大聖堂は、この町最大の見どころ。

歩き方

鉄道駅は町の外れ。🅘のある町の中心部までは徒歩10分ほど。町歩きは、ハイ・ストリートHigh St.を起点にするとよい。ハイ・ストリートは、銀行やショップ、レストランなどが建ち並ぶ町一番のメインストリート。聖ジャイルズ教会から東へ行くと、モレイ地方の歴史や文化などを紹介したエルギン博物館、町を代表する史跡のエルギン大聖堂がある。バスステーションは、ハイ・ストリートの中間にあるセント・ジャイルズ・センターSt. Giles Centreというショッピングモールの裏側にある。

❖エルギンへの行き方

●インヴァネスから

🚆2時間に1便、日曜減便
所要:50分

🚌1時間に2便程度
所要:1時間30分

●アバディーンから

🚆1～2時間に1便程度
所要:1時間30分

🚌1～2時間に1便、日曜減便
所要:約1時間30分

■エルギンの🅘

Map P.289B

住Elgin Library, IV30 1HS

TEL(01343)562608

URLwww.visitscotland.com
visitorinfo@moray.gov.uk

開10:00～20:00
(土10:00～16:00)

休日、1/1・2、12/25・26

図書館内にあり、スタッフがいないときは司書さんが対応してくれる。宿の予約は行っていない。

エルギン図書館

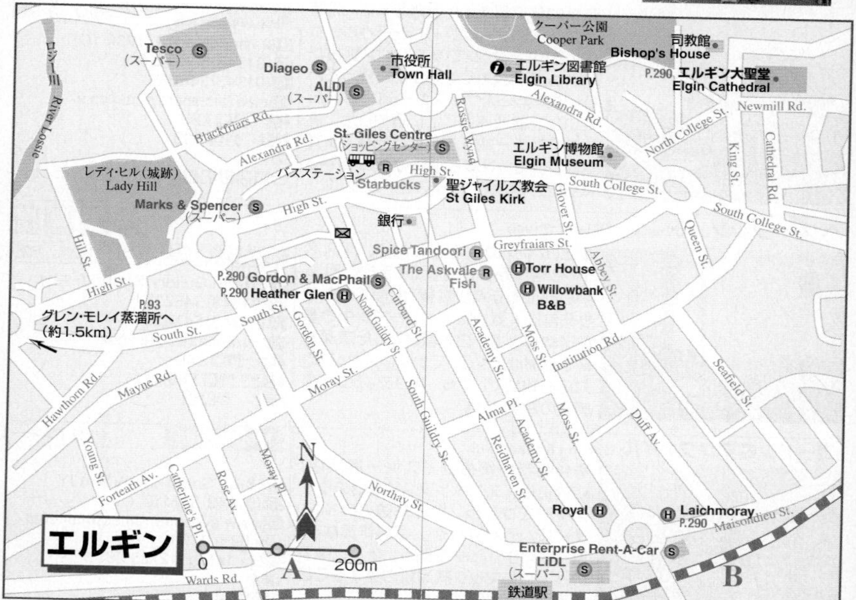

■エルギン大聖堂
住King St., IV30 1HU
TEL(01343)547171
URLwww.historicenvironment.scot
開4～9月9:30～17:30
10～3月10:00～16:00
入場は閉館の30分前まで
休1/1・2、12/25・26
料£9

大聖堂の正面

北の灯火Lantern of the Northの名で知られる
エルギン大聖堂 Elgin Cathedral
Map P.289B

南側の塔からは、荘厳な修道院跡を見渡すことができる

町の東の外れ、ロジー川のほとりにある。13世紀に建造されたが、14世紀末には司教によって破門された恨みを晴らすべくアレキサンダー・スチュワートによって放火された。その後、建物は再建されたが、16世紀の宗教改革によってその壮大な建物のほとんどが壊された。いまもわずかに残る聖堂や壁の一部から、往時の面影をしのぶことができる。正面入口にそびえる塔は、内部に入ることができ、らせん階段を上っていくと、廃墟となった修道院を見渡すことができる。また、敷地内の北西部には、チャプター・ハウスChapter Houseという八角形の建物があり、壁や天井など手の込んだ装飾は一見の価値がある。

Hotel&Shop ホテル&ショップ

宿泊施設はそれほど多くはなく、中級ホテルが駅周辺に、B&Bや小規模ホテルがモス・ストリートMoss St.に数軒ある程度。ウイスキー街道の起点とあって、夏期は事前の予約が望ましい。レストランやパブ、ショップは、ハイ・ストリート沿いやその周辺に集中している。

日本からホテルへの電話 国際電話会社の番号 + 010 + 国番号44 + 市外局番の最初の0を取った掲載の番号

ライヒモレイ Laichmoray Hotel
TV 無線LAN

●1853年に創業した由緒ある宿。当時はグレート・ノーザン・ステーション・ホテルといい、かつてのエルギン駅舎がいまも通りを挟んだ向かいに残っている。1919年にはウイスキー造りを学んでいた竹鶴政孝もここに宿泊した。併設するステーブル・バー Stable Barではロングモーンなど地元のものを中心に150種類前後のウイスキーが並ぶ。

Map P.289B 中級 34室
住Maisondieu Rd., IV30 1QR
TEL(01343)540045
FAX(01343)540055
URLwww.laichmorayhotel.co.uk
S £85
W £98
£
ADJMV

ヘザー・グレン Heather Glen Guest House
TV 無線LAN

●エルギンの中心部にあり、バスステーションからも徒歩3分ほどと近い。中心部にある希少な宿ということもあり非常に人気がある。シーズン中の事前予約は必須。白を基調とした清潔感ある部屋は広々としている。スタッフの対応も親切で、フル・スコティッシュの朝食の評判もよい。

Map P.289A ゲストハウス 6室
住1 North Guildry St., IV30 1JH
TEL(01343)545221
FAX(01343)543429
URLwww.heather-glen.com
S £40～
W £80～
£ MV

ゴードン&マクファイル Gordon & MacPhail

●1895年創業のウイスキー専門店。店内には、スコットランド各地のウイスキーをはじめ、世界各国のワイン、チーズ、チョコレート、食料雑貨など、選りすぐりの品々が揃う。また、傘下のベンローマック蒸溜所の見学もここで手配できる(→P.93)。

Map P.289A ウイスキー
住58-60 South St., IV30 1JY
TEL(01343)545110
URLwww.gordonandmacphail.com
開9:00～18:00
休日、1/1・2、12/25・26
£
AMV

スコットランドの自然、その神髄を楽しむ

ネス湖とハイランド、スカイ島

スカイ島のトレッキングコース（上）／絶海の孤島、セントキルダ（右）／インヴァネスのハイ・ストリート（左）

Introduction

ネス湖とハイランド、スカイ島

Loch Ness, Highland and Isle of Skye

ハイランドといっても範囲は広大。**インヴァネス**→P.294を中心としたネス湖、**アヴィモア**→P.311などのスペイ渓谷、**フォート・ウィリアム**→P.320周辺のロッホアーバー、**スカイ島**→P.339など4つのエリアに分けられる。

インヴァネスとネス湖 Inverness & Loch Ness

ネス湖へと続くフォート・オーガスタスの水門

ネス湖は年間を通じて多くの観光客を集めるスコットランド観光のハイライト。ほかにもカロードゥンの戦場、マクベスで有名なコーダー城など見どころも多い。

アヴィモアとスペイ渓谷 Aviemore & Speyvalley

アヴィモアを中心としたスペイ渓谷はアウトドアスポーツやネイチャー系のアクティビティなど自然を満喫するのには絶好のエリア。ケアンゴーム山のスキー場やアングラー憧れのスペイ川、その支流にある湖ではウオータースポーツも盛ん。ウイスキー街道への起点にもなる。

スカイ島 Isle of Skye

ハイランドの西方に位置するのが、スカイ島。翼のような形に見えることからその名が付けられ、風光明媚な景色や荒々しい大地にたたずむ城などが見どころ。**ポートリー**→P.340を起点に手軽にウオーキングやフィッシングが楽しめる。ただ、日曜になると島を回るバス路線がストップしてしまうのが難点。

フォート・ウィリアムとロッホアーバー Fort William & Lochaber

フォート・ウィリアムを中心とするエリアで英国最高峰**ベン・ネヴィス**→P.328などの起点。夏はウオーキングやフィッシング、冬はスキーなどが楽しめる。マレイグとを結ぶ**ウエスト・ハイランド鉄道**→P.332は鉄道ファン憧れの景勝路線。映画『ハリー・ポッター』シリーズで使用されたことでも有名だ。

Pick Up 見どころ & アクティビティ

恐竜の生き残り(?)、ネッシー

nature **詳細記事 P.307、310**

ご存知、ネス湖に住んでいると噂される怪物ネッシー。1500年以上も人に目撃され続けているが、今だに謎に包まれた存在。ネス湖の周辺では目撃写真を展示した施設も多く、湖でカメラを構えていれば、あなたも目撃できるかも?

ネッシーランド前にある像

ハイキング

walk **詳細記事 P.328、346**

ハイランドはスコットランドの中でも山脈の多いエリア。ベン・ネヴィス山（→P.328）やオールド・マン・オブ・ストール（→P.346）など、世界中のハイカーが集まる。初心者でも楽しめる登山コースもあるので、気軽にトライしてみよう。

オールド・マン・オブ・ストールの遊歩道

映画『ハリー・ポッター・シリーズ』のロケ地

nature **詳細記事 P.332、333**

ハイランドの大自然は映画の撮影でもよく利用された。『ハリーポッターと秘密の部屋』で使われたウエスト・ハイランド鉄道（→P.332）の高架橋や『ハリーポッターと炎のゴブレット』に登場するグレンコー（→P.333）の渓谷など、ファンならロケ地となった場所を巡るのもおすすめだ。

背景として使用されたこともあるグレンコー

交通ガイド

鉄道もあるが、この地域の移動の基本はバス。ただしスコットランド全土を結ぶスコティッシュ・シティリンクでも、インヴァネス～パース間では、1日に数便しか停車しない小さな町も多い。また、ステージコーチのローカルバスも日曜は運休、もしくは大幅減便される。レンタカーがあると心強いが、そうもいかない人はインヴァネスやスカイ島などではツアーに参加すると効率よく見どころを回ることができる。

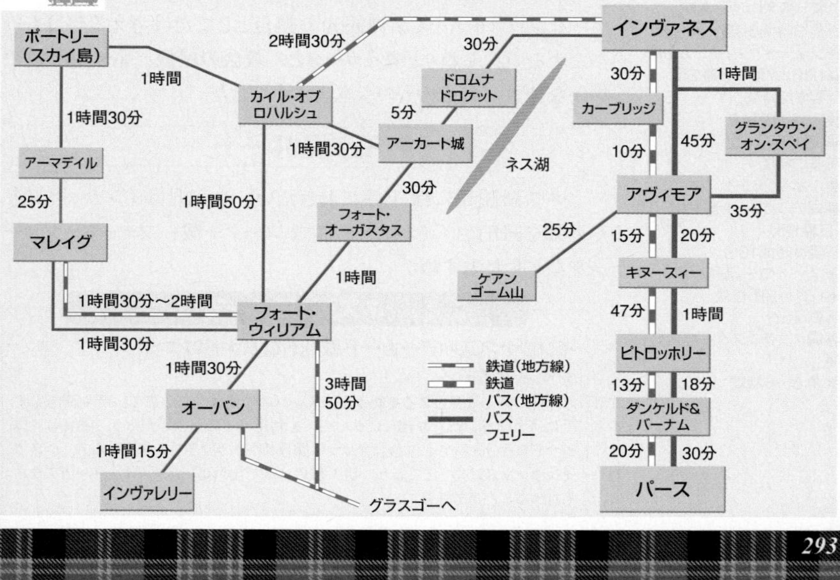

ネス湖を望むハイランドの都

インヴァネス Inverness

●市外局番01463　●人口5万970人

❖インヴァネスへの行き方

●ロンドンから
✈1日6～7便
所要:1時間45分
🚃1日2便、そのうち1便は夜行で土曜運休
所要:8時間～11時間30分
🚌1日1便
所要:12時間30分

●アバディーンから
🚃1～2時間おき
所要:約2時間30分
🚌1時間おき、日曜減便
所要:約4時間

●パースから
🚃1日約13便、日曜5便
所要:2時間20分
🚌1時間に1便程度（ブロクスデン・パーク&ライドBroxden Park & Ride乗り換え含む）
所要:約3時間

●エディンバラから
🚃直通1日6便程度
所要:3時間40分
🚌2時間に1便程度
所要:4時間30分

●グラスゴーから
🚃パースで乗り換え、直通1日5便程度（日曜1便）
所要:3時間30分
🚌2時間に1便程度、パースで乗り換えの便もあり
所要:3時間30分～4時間

●フォート・ウィリアムから
🚌1日6～7便、日曜2便
所要:約2時間

●スカイ島から
🚌1日1便
所要:3時間

●ルイス島から
⛴🚌アラプール経由1日2便（日曜1便）
所要:4時間15分

●オークニー諸島から
✈1日1～2便程度
所要:45分
⛴🚌スクラブスター経由1日2便
所要:5～6時間

朝日を浴びるインヴァネス城

インヴァネスは古くからハイランドの都だったが、歴史の表舞台に現れるのは、12世紀にデビッド1世がインヴァネス城を築いてから。当時から毛皮や魚などの交易拠点として栄えたが、この町の知名度が世界的に高まったのは、ひとえにネス湖Loch Nessの怪物ネッシー（ロッホ・ネス・モンスターLoch Ness Monster）のおかげだろう。

インヴァーInverが河口を意味するように、インヴァネスはネス川River Nessの河口の町。ネス川は全長約10kmのスコットランド最短の川のひとつとして知られている。また、南北に細長いネス湖はインヴァネスから南へ約8kmの所にある。

インヴァネスをネス湖観光の拠点としてだけ考えるのはもったいない。ふわりと舞うカモメと、教会の屋根。ネス川の緩やかな流れ。町そのものも本当にすてきだ。

モデルルート

ネス湖観光には1日みておきたい。もう1日はインヴァネスと近郊を回りたい。カロードゥンやコーダー城、フォート・ジョージなどもおすすめだ。

ネス湖1日コース

インヴァネス➡アーカート城➡ドロムナドロケット➡インヴァネス

ネス湖のおもな見どころを回るコース。バスの便は少ないので、時刻表を必ず手に入れよう。行きか帰りにクルーズを利用するのもよいだろう。昼食はドロムナドロケット村で。午後はネッシー関連のアトラクションを楽しんで、バスでインヴァネスに帰ってこよう。朝一番のバスで出れば、フォート・オーガスタスも加えることができる。

コーダー城とカロードゥンの戦場を訪ねる1日コース

インヴァネス➡コーダー城➡カロードゥンの戦場➡インヴァネス

コーダー城へはバスの便がないので、レンタカーやタクシーなどを使って回ることになる。体力に自信のある人は自転車を借りて回る手もある。コーダー城内や庭園、森林のウオーキングコースを歩けば1日がかりだ。

インヴァネス市内散策コース

インヴァネス城➡ネス川➡聖アンドリュー大聖堂➡イーデン・コート・シアター➡ネス島➡トムナヒューリック橋

インヴァネス城をスタートし、ネス川沿いに散策するコース。聖アンドリュー大聖堂とイーデン・コート・シアターに寄ったあとは、川沿いの道を歩いて、ネス川の中州のネス島に寄ったりして、トムナヒューリック橋まで行こう。トムナヒューリック橋はネス湖クルーズの船が発着する所なので、そのままクルーズに参加してもよいだろう。

トムナヒューリック橋

郊外へはバスも利用しよう

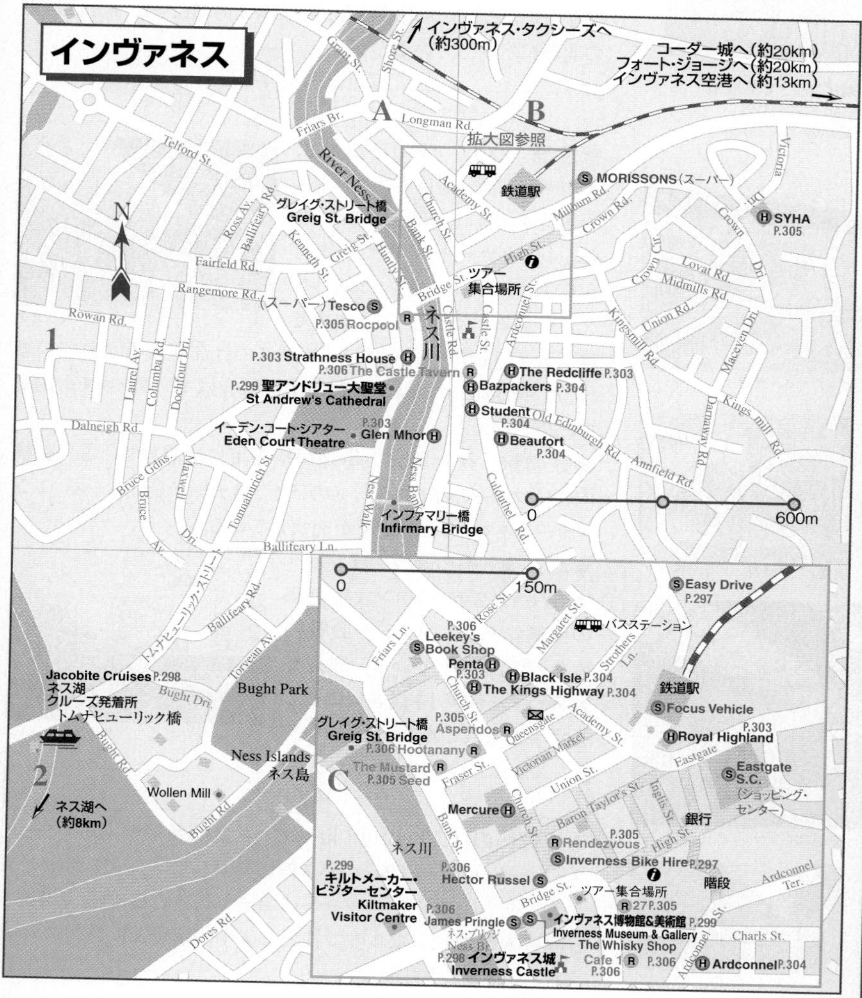

歩き方

町の中央をネス川が流れるが、インヴァネスの中枢機能は東岸に集中している。メインストリートは歩行者天国のハイ・ストリートHigh St.。西に進むとブリッジ・ストリートBridge St.、ネス川の橋を渡るとトムナヒューリック・ストリートTomnahurich St.と名前を変え、ネス湖まで延びている。インヴァネスの繁華街はハイ・ストリートから鉄道駅にかけての一帯だ。ハイ・ストリートの東端には、イーストゲート・ショッピングセンターが、さらに東に行くとスーパーマーケットのモリソンズなどがある。

ネス川沿いのネス・バンクNess Bankは気持ちのよい散歩道になっている。ネス川が注ぎ込むモレイ湾Morray Firthは町の北側に広がっている。

ハイ・ストリート

ブリッジ・ストリートにある時計台

■インヴァネス空港
Map P.295B1外
URL www.hial.co.uk

インヴァネス空港

ターミナルから市の中心部へ

◉空港　ハイランドの空の玄関、インヴァネス空港はインヴァネスの町から東に約13kmの所にある。レンタカーオフィスや、銀行ATM、インフォメーションカウンターもある。空港から市内まではジェットJET11というシャトルバスの11番が運行されている(片道£4.50)。タクシーを利用する場合はインヴァネス市内まで£20～24。

インヴァネス空港のターミナル内

◉鉄道駅　鉄道駅は市街地のやや東に位置している。駅構内にはツアーの予約オフィスのほか、ホテル予約オフィス、レンタカーオフィスなど、設備が充実している。

◉バスステーション　インヴァネスのバスステーションは鉄道駅の西側にある。タクシー会社のオフィスも隣接している。周辺や近郊へのバスの時刻表はここで必ず手に入れておこう。

バスステーション

空港と市内を結ぶのは11番バス

鉄道駅のプラットホーム

市内交通

◉近郊へのバス　周辺の町へのバスは郵便局があるクイーンズ・ゲートQueens Gateのバス停に発着している。空港やグランタウン・オン・スペイ、フォート・ジョージ行きのバスもここから。日曜は大幅減便になるので注意しよう。時刻表はバスステーションやⓘで入手可能だ。

クイーンズ・ゲートのバス乗り場

◉レンタカー　空港内に大手レンタカー会社のオフィスがある。町の中心部では、鉄道駅の北側にイージー・ドライブが、鉄道駅構内にも地元系のフォーカス・ヴィークルFocus Vehicleのオフィスがある。

駅近くのイージー・ドライブ

◉タクシー　博物館横のキャッスル・ストリートCastle St.や、鉄道駅前のアカデミー・ストリートAcademy St.にタクシー乗り場がある。また、観光用チャーターのタクシーの会社では、インヴァネス・タクシーズInverness Taxisがある。ネス湖、アーカート城、コーダー城、スカイ島など、45分コースから1日コースまで豊富なプランが揃っている。

旅の情報収集

◉観光案内所　インヴァネスの❶は町のほぼ中心、ハイ・ストリートにある。

年間およそ100万人の観光客が訪れるだけあって、インヴァネスの❶は情報量、スタッフ、設備の面でスコットランドでもトップクラスの質を誇る。各種ツアー、ホテルの予約やチケット購入はもちろん、両替、インターネットも完備。おみやげ品なども豊富に揃い、観光に関するほとんどのことはここでできてしまう。夏期は混雑しているため、質問を箇条書きにして行くのが賢い利用法。

スタッフの数も多く、頼りになるインヴァネスの❶

◉インターネット　市内のホテル、ホステルともにほとんどの宿が無線LANを備えている。無料で無線LANが使えるカフェやレストランも多い。

ツアー

市内ツアーをはじめ、ネス湖や近郊、遠くはオークニー諸島への1日ツアーが出ている。ほとんどのツアーは❶でチケット購入が可能。ツアーの集合場所はブリッジ・ストリートやバスステーションなど。インヴァネス周辺の見どころはどれも距離があるのでツアーで訪れると効率的。ただし、冬期は催行していないものもある。

クルーズ船乗り場までの送迎車

■レンタカー
●イージー・ドライブ
Easy Drive
Map P.295C
住Railway Ter., IV1 1NW
TEL(01463)712525
URLwww.easydrivescotland.co.uk
開8:00～17:00
（日8:00～16:00）
休1/1·2、12/25·26
料1日£35～

■インヴァネス・タクシーズ
Map P.295A1外
住15 Lotland St., IV1 1ST
TEL(01463)222222
URLwww.inverness-taxis.com

■インヴァネスの❶
Map P.295C
住36 High St., IV1 1JQ
TEL(01463)252401
URLwww.visitscotland.com
開4月9:00～17:00
（日10:00～17:00）
5·6月9:00～18:00
（日10:00～17:30）
7月～9月中旬9:00～19:00
（日9:30～18:00）
9月中旬～10月下旬
9:00～17:00
（日10:00～16:00）
10月下旬～3下旬
9:00～17:00
（日10:00～15:00）
休1/1·2、12/25·26
宿の予約は手数料£4とデポジットとして宿泊料金の10%が必要

■インヴァネスのレンタサイクル
●Inverness Bike Hire
Map P.295C
おみやげもの店Caledonian Gift & Souvenir内にある。
住12 Church St., IV1 1EA
TEL(01463)710664
URLwww.invernessbikehire.co.uk
開夏期9:00～22:00
冬期9:00～17:00
天候により短縮あり
休1/1·2、12/25·26
料1日£20

みやげもの店の看板が目印

ネス湖方面へのツアー

ジャコバイト・クルーズ Jacobite Cruises
住Tomnahurich Br., Glenurquhart Rd., IV3 5TD　TEL(01463)233999　URLwww.jacobite.co.uk

出発はトムナヒューリック橋だが、ⓘの前やバスステーションから下記出発時刻の前に送迎バスが出ている。チケットもⓘで購入可能（予約手数料別途）。一部のツアーはクランズマン・ハーバー Clansman Harbourから出発。クランズマン・ハーバーはインヴァネスの南14kmのネス湖岸にあり、ネス湖方面行きのバスに乗り、クランズマン・ホテルClansman Hotel前で下車。

●パッション Passion
出発:10:15　所要:7時間　料 £46　学生£42
ネス湖をクルーズして、アーカート城、ネス湖エキジビジョン・センター、青銅器時代の遺跡を訪れる（入場料込み）。冬期は運休。

●センセーション Sensation
出発:10:00　所要:4時間　料 £35　学生£32
アーカート城へのバスとクルーズツアー。アーカート城を入場見学し、ネス湖エキジビジョン・センターを見学する。

●テンプテーション Temptation
出発:14:00　所要:2時間30分　料 £35　学生£32
アーカート城までのクルーズ。アーカート城に入場。帰りはミニバス。

●インスピレーション Inspiration
出発:夏期10:00～16:00の毎時　冬期11:00～15:00の毎時
所要:1時間　料 £15.50　学生£14.50
クランズマン・ハーバー発。ネス湖をクルーズして、船上よりアーカート城を見学。

●フリーダム Freedom
出発:夏期10:00～15:00の毎時　冬期11:00、14:00発
所要:2時間　料 £23.50　学生£21
クランズマン・ハーバー発。ネス湖をクルーズして、アーカート城を入場見学。

●リベリオン Rebellion
出発:9:30　所要:4時間　料 £35　学生£32
ネス湖をクルーズして、アーカート城を入場見学。2時間弱じっくりとアーカート城を散策できる。

●リフレクション Reflection
出発:夏期9:50、13:30　所要:3時間　料 £24　学生£21
ジャコバイト・クイーン号に乗って歴史的な水路やネス湖をロングクルーズ。クルーズを満喫したい人向け。

オークニー諸島へのツアー

ジョン・オグローツ・フェリーズ John O'Groats Ferries
TEL(01955)611353　URLwww.jogferry.co.uk

出発:6～8月の10:30　料 £66
バスステーション発。ブリテン島最北端にあるジョン・オグローツJohn O'Groatsのフェリー会社が主催するツアー。リング・オブ・ブロッガーやスカラ・ブレエ（入場料別、フェリー内でチケット購入可）、カークウォールの聖マグナス大聖堂などオークニーのメインランドにあるおもな見どころを訪れる。インヴァネスへ戻ってくるのは18:00頃。時間のない人におすすめだ。

■インヴァネス城
住Inverness Castle, Castlehill, IV2 3EG
※入場不可
撮影不可 城内不可

フローラ・マクドナルドの像

見どころ

インヴァネス市内に見どころはそれほど多くなく、徒歩で移動可能。ネス川沿いを散歩したり、にぎやかなハイ・ストリート周辺で町歩きを楽しもう。

町のランドマーク
Map P.295C
インヴァネス城 Inverness Castle

町とネス川を見下ろす絶好の位置に建つインヴァネス城は、町のどこからでも見えるランドマークだ。もともと古い要塞があった所に1835年、現在の建物が造られた。今は裁判所として使われているために城内には入れない。城の前には、ボニー・

プリンス・チャーリーの逃亡を助けたフローラ・マクドナルドの像がある。

ハイランドの歴史や自然がよくわかる

Map P.295C

インヴァネス博物館&美術館 Inverness Museum & Art Gallery

インヴァネスの城前にある。2007年に改装オープンし、最新技術を使ったわかりやすい展示になっている。ハイランドの歴史や自然をテーマにした展示で、1階部分は地誌、自然、考古学の展示を、2階部分は、ジャコバイト運動を中心とする近代の歴史や文化を中心に紹介している。そのほか2階部分には、企画展用のスペースもある。

自然に関する展示

ネス川を見下ろす

Map P.295A1

聖アンドリュー大聖堂 St Andrew's Cathedral

聖堂内はシンプルな造りだが厳かな雰囲気

ネス川の河畔に建つ建物のなかでもひときわ目立つネオ・ゴシック様式の聖アンドリュー大聖堂。1866年にできた監督派（聖公会）の大聖堂で、イギリス国内では、宗教改革のあとに最初に建てられた大聖堂とされる。

タータン好きならぜひ訪れたい

Map P.295C

キルトメーカー・ビジターセンター
Kiltmaker Visitor Centre

キルトメーカー・ビジターセンターではキルトの歴史やその変遷、製作過程などを見学できる。展示室は2階にあり、さまざまな柄のキルトコレクションは圧巻。ビデオ上映も行っている。1階のショップも品揃えが豊富。

時代ごとに並べられたキルト

近郊の見どころ

ハンドウイルカに会えるかな？

Map P.307

チャノンリー・ポイント Chanonry Point

ネス川がインヴァネスで河口に達し、湾を抜けて外海に出るところにあるのがチャノンリー・ポイント。ここはイギリスで最もハンドウイルカと出会える確率が高いことで知られている。船に乗ってイルカを追うのもいいけれど、ここでじっくり探してみては？　イルカだけではなくカツオドリやウミスズメなど野鳥も多く、バードウォッチャーにとっても楽しいところだ。

インヴァネス城

■インヴァネス博物館&美術館
住Castle Wynd, IV2 3EB
TEL(01463)781730
URLinverness.highland.museum
開4～10月10:00～17:00
11～3月12:00～16:00
（金・土11:00～16:00）
休日・月、1/1・2、12/25・26
料無料

■聖アンドリュー大聖堂
住15 Ardross St., IV3 5NS
TEL&FAX(01463)225553
URLwww.invernesscathedral.com
開9:00～17:00
休無休　料無料

聖アンドリュー大聖堂

■キルトメーカー・ビジターセンター
住4-9 Huntly St., IV3 5PR
TEL(01463)222781
www.highlandhouseoffraser.com
開5月中旬～10月中旬
9:00～22:00
10月中旬～5月中旬
9:00～18:00
（日9:00～17:00）
入場は閉館の45分前まで
休1～3月の日曜、1/1、12/25
料£2.50、学生£1.50

■チャノンリー・ポイント
🚌バスステーションから26、26Aのバスがほぼ30分おき（日曜減便）に出ている。ローズマーキー Rosemarkieで下車。所要30分程度。ここから徒歩20～30分。インヴァネスから見てひとつ手前のフォートローズFortroseで降りても、2km程度の距離で徒歩で行くことができる。

Map P.307

ジャコバイト軍が散った
カロードゥンの戦場 Culloden Battlefield

かつての戦場には散策路が整備されている

インヴァネスの東、約8kmの所には、スコットランド史上に残るカロードゥンの戦いの戦場となったムーア(荒野)が広がっている。歴史を知らなければ格好のピクニック地に見える平原だが、政府軍、反乱軍、両軍の陣地を示す旗が翻り、この地で散ったハイランダーの墓標がところどころに見られる。この墓標に花を手向ける人はいまも絶えない。「空中に浮かぶ千人の兵士」の目撃談も多いという。ビジターセンターの展示も見応えがある。

■カロードゥンの戦場
🚌クイーンズゲートのバス乗り場からステージコーチ社2番(古戦場まで行かない便も)で所要約30分。日曜運休。
住Culloden Moor, IV2 5EU
TEL(01463)790607
URLwww.nts.org.uk
開11～2月10:00～16:00
3～5·9·10月9:00～18:00
6～8月9:00～19:00
休1/1·2、12/24～26
料£11　学生£9.50

ビジターセンター内の展示

Map P.307

マクベスで有名な
コーダー城 Cawdor Castle

インヴァネスとネアンNarinの中間地点にあるコーダー城は、シェークスピアの名作『マクベス』の舞台としてあまりにも有名な城だ。森の中に建つその姿は、ハイランドでも指折りの優美な城と称されており、堀に架かる跳ね橋からの眺めなど、絵本から飛び出てきたような美しさだ。城内には手入れの行き届いた広大な庭園、城の背後に控える森林のウオーキングコースなど、すべてを回ろうと思ったら半日がかりだ。城のすぐ近くには9ホールのゴルフコースも併設されている。

コーダー家の紋章

■コーダー城
🚌クイーンズゲートのバス乗り場からステージコーチ社2、113番(日曜運休)コーダー・チャーチCawdor Churchまで所要約1時間。徒歩10分。
住Cawdor, IV12 5RD
TEL(01667)404401
FAX(01667)404674
URLwww.cawdorcastle.com
開10:00～17:30
最終入場は17:00
休10月上旬～4月中旬
冬期はコーダー伯爵の住居となる。
料£13.50　学生£12.50
日本語解説書あり

History

カロードゥンの戦い

1746年4月16日、イングランド政府軍に追い詰められたジャコバイト派反乱軍は、ここカロードゥンで、絶望的な戦いを強いられていた。ボニー・プリンス・チャーリー率いる彼らハイランダーは、一匹狼的な武士の集まり。ハイランドの険しい岩山や窪地などを利用した戦術を得意とした。しかし長い戦いと飢えで疲労困憊していたうえに、見とおしのよい平原での戦に勝ち目はなかった。片がつくまでたったの40分。彼らを壊滅させたカンバーランド公は、チャーリーのいとこ。ブッチャー Butcher(屠殺人)とあだ名された残酷さで、降参する者まで皆殺しにしたという。

この日を境に、スコットランドの強力なイングランド化(Anglicise)政策が始まる。逆らう者は容赦なく殺され、あるいは遠くアメリカへと流されたのだ。

コーダー城正面

入口にいるアヒル

跳ね橋

森の中の橋

夢のお告げ　コーダー城が建てられたのは14世紀。マクベスの死後約300年後のことである。当時のコーダー家当主は、彼のロバが夜休む所に城を建てよ、というお告げを夢に見た。そこに建てられた城はその後増改築を重ね、17世紀に現在の形となる。丸天井のソーン・ツリー・ルームThorn Tree Roomでは、そのときロバが選んだというイバラの木をいまだに見ることができる。

コーダー城内　歴代当主や、家族の肖像画が壁に飾られたドローイング・ルームThe Drawing Roomや、日本を代表する彫刻家、佐藤忠良の作品が飾られたイエロー・ルームYellow Room、古い調理器具がずらっと並んだオールド・キッチンThe Old Kitchenや、牢獄として使用されていたスモール・ダンジョンSmall Dungeonなど興味深い部屋が多い。

庭園　コーダー城の正面に向かって右側には迷路式庭園があり、左側には美しく手入れされた庭園と植物園がある。チケット売り場近くにはアヒルが放し飼いにされており、餌を買って与えることもできる。

コーダー城の森　コーダー城の裏にはザ・ビッグ・ウッドThe Big Woodと呼ばれる広大な森林が広がっている。コーダー城の出口左奥にある青い橋を渡ると、小川に沿ったウオーキングコースが始まる。コースの長さによって道標が色分けされており、紫のコースで約1.6km。本格的に歩きたい人は地図を入手しておこう。

モレイ湾を見下ろす巨大な砦

Map P.307

フォート・ジョージ Fort George

モレイ湾Morray Firthを挟んでチャノンリー・ポイントの向かいに突き出た砦がフォート・ジョージだ。この地にはかつて城があったが、1746年にジャコバイトの包囲の末、破壊された。

カロードゥンの戦いの後、ジャコバイトの再決起を恐れたジョージ2世は、破壊された城を堅固な要塞に造り変えさせた。

■フォート・ジョージ

🚌バスステーションからステージコーチ社11番（日曜減便）でアーダージャー・チャーチArdersier Church下車（所要40分）し、徒歩30分。

🚕タクシーを利用するなら市内よりインヴァネス空港からの方が近い。

住 Ardersier, IV2 7TD

URL www.historicenvironment.scot

TEL (01667) 460232

開 4～9月9:30～17:30
10～3月10:00～16:00
入場は閉館45分前まで

休 1/1·2、12/25·26

料 £9　学生£7.20

●ハイランダー博物館

開 夏期9:30～16:45
冬期10:00～15:15

休 1·12月の土·日

料 フォート・ジョージと共通

❖カーブリッジへの行き方

●インヴァネスから

🚉1日約4便　所要:約30分
ランドマークへは鉄道駅から徒歩25分

🚌ステージコーチ社34X番
所要:約40分
ランドマークへはバス停から徒歩5分

■ランドマーク・フォレスト・ヘリテージ・パーク

インヴァネス南東のカーブリッジ村にある。

住Landmark Carrbridge, PH23 3AJ
TEL(01479)841613
URLwww.landmarkpark.co.uk
開9月下旬～3月下旬
10:00～17:00
3月下旬～7月中旬、
8月下旬～9月中旬
10:00～17:00
(～18:00の日もある)
7月中旬～8月下旬
10:00～19:00
休1/1、12/25
料3月下旬～10月£23
11月～3月中旬£8.50
冬期は悪天候で屋外施設が閉まることもある。

のこぎりの使い方を教えてもらう体験コーナー

■トマーチン蒸溜所

🚌インヴァネスからステージコーチ社のバス34X番かスコットバスScotbusの300番を利用する
所要:約40分
住Tomatin, IV13 7YT
TEL(01453)248148
URLwww.tomatin.com
開4～9月9:30～17:30
10～12月10:30～16:30
1～3月10:30～16:30
休1/1、12/25・26

●蒸溜所見学ツアー

TEL(01463)248144
人数が集まり次第行われる。通常のツアーのほか、テイスティング・ツアーも用意されている。
料 £10

しかし、完成した1769年には世の中は平和になっていたという。現在でもカメロン・ハイランダーズの兵舎として使用されており、軍人の姿も見かける。

多くの兵舎が並ぶ

吊り橋を渡り城門をくぐった所の詰め所はビジターセンターになっており、簡単な説明や展示がある。広い敷地内はミニ・トレイン（夏期のみ）での移動が可能。広大な敷地にれんが造りの兵舎が並んでいるが、そのなかのひとつはハイランダー博物館The Highlanders' Museumになっている。第2次世界大戦のコーナーでは旧日本軍の銃剣やハチマキなども展示されている。さらに兵舎の間を進むと、古い礼拝堂があり、その背後を上ると、モレイ湾を一望できる展望台になっている。

人形が置かれている兵舎もある

ハイランドの森で思いっきり遊ぼう Map P.307

ランドマーク・フォレスト・ヘリテージ・パーク

Landmark Forest Heritage Park

カーブリッジ村にある森のテーマパークで、広大な敷地内はいくつかのゾーンに分かれている。レセプションを出て東側はアント・シティ Ant Cityと呼ばれる遊園地になっており、ウオーター・コースターやアスレチックパーク、迷路などがある。北側のティンバー・トレイルTimber Trailはハイランドの林業をテーマにしたエリア。蒸気機関で動く製材用のこぎりSteam Powered Sawmill、火の見やぐらFire Towerなどがある。西側に広がる森はエインシェント・フォレストAncient Forestという、森の生態系にスポットを当てたゾーン。レストランも併設されている。

インヴァネスから最も近い蒸溜所 Map P.307

トマーチン蒸溜所 Tomatin Distillery

インヴァネスの南、トマーチン村にある小さな蒸溜所。1897年創業で、かつてはスコットランド最大級の規模を誇っていた。蒸溜所ツアーは1日2回行われており、ガイドの説明を聞きながら、ウイスキーの製造工程を見学。ツアーの最後には、試飲もできる。また、時間の都合でツアーには参加できなくても、ビジターセンターでは、トマーチン蒸溜所の歴史と製造工程を紹介するビデオの上映を随時行っている。

トマーチン蒸溜所

Hotel

ホテル

　観光地だけあって、ホテルはバラエティにあふれている。中級ホテルはネス川沿いに多く並んでおり、B&Bはアードコンネル・ストリートArdconnel St.や、オールド・エディンバラ・ロードOld Edinburgh Rd.に多い。グレイグ・ストリートGreig St.にも数軒並んでいる。高級ホテルはあまり数が多くなく、中心部にチェーン系列のホテルが数件ある程度。カントリー・ハウスなど、由緒あるホテルは郊外に点在する。

日本からホテルへの電話 国際電話会社の番号 + 010 + 国番号44 + 市外局番の最初の0を取った掲載の番号

ロイヤル・ハイランド Royal Highland

●鉄道駅に隣接したステーションホテル。1859年創業の老舗で、エントランスはこぢんまりとしているが、ホールの階段がゴージャス。客室は多少の老朽化は否めないが、広々としており、花柄のファブリックがアクセントになっている。レストランやバーも併設されている。

TV 無線LAN
Map P.295C 高級 89室
住 Station Sq., IV1 1LG
TEL (01463)231926
FAX (01463)710705
URL www.royalhighlandhotel.co.uk
S £86～
W £139～
£ A M V

グレン・モア Glen Mhor

●聖アンドリュー大聖堂と川を挟んで向かい側にあるホテル。全室に衛星放送視聴可能なテレビ付き。ネス川が見える部屋は少し高い。専用駐車場のスペースも広い。併設のニッキー・タムズNicky Tam'sは、ウイスキーの種類も豊富で、定番パブフードのほか、生ガキなどシーフードも出す。

TV 無線LAN
Map P.295A1 中級 75室
住 9-12 Ness Bank, IV2 4SG
TEL (01463)234308
FAX (01463)231362
URL www.glen-mhor.com
S £54.90～
W £64～
£ M V

ペンタ Penta Hotel

●駅やバスステーションに近い便利な立地。もとはラマダ系列だったホテルを全面的に改装し、2014年に開業した。1階の大きなホールは現代的な雰囲気のパブになっており、ここがレセプションも兼ねている。部屋の内装もスタイリッシュ。

TV 無線LAN
Map P.295C 中級 90室
住 63 Academy St., IV1 1LU
TEL (01463)228850
FAX (01463)228879
URL www.pentahotels.com
S/W £79～
£ J M V

レッドクリフ The Redcliffe Hotel

●B&Bの多いアードコンネル・ストリートの南端にあり、川へ下りる坂道とのT字路にある。眺めがよく、日当たりのよいコンサバトリー(テラス)が自慢。テラスではアフタヌーンティーでゆったりした時間を過ごせるほか、屋外にはインヴァネス唯一というピザ釜があり、バーベキューも楽しめる。

TV 無線LAN
Map P.295B1 中級 13室
住 1 Gordon Ter., IV2 3HD
TEL (01463)232767
URL www.redcliffe-hotel.co.uk
S £60～110
W £85～165
£
J M V

ストラスネス・ハウス Strathness House

●ネス川畔のインヴァネス城の真向かいにあるエレガントなホテル。立地条件は最高で、高級そうな外観だが料金はリーズナブル。大きめのソファが置かれたロビーも居心地がいい。大きな窓のあるダイニングルームでいただくフル・スコティッシュの朝食はボリューム満点。

TV 無線LAN
Map P.295A1 中級 12室
住 4 Ardross Ter., IV3 5NQ
TEL (01463)232765
FAX (01463)232970
URL www.strathnesshouse.co.uk
S £55～
W £86～
£ A D J M V

ボーフォート Beaufort Hotel

TV 無線LAN

●坂の上にあり、インヴァネス駅からも徒歩圏内。部屋の空き具合によって料金が大きく変動するので、タイミングが合えばリーズナブルな料金で泊まれる。部屋によって広さや設備は異なる。併設のバーではパブフード(オーダー可能時間17:30～21:00)もある。

Map P.295B1 中級 34室

住11 Culduthel Rd., IV2 4AG
TEL (01463)222897
FAX (01463)711413
£85～
£105～
£
J M V

ザ・キングス・ハイウェイ The Kings Highway

TV 無線LAN

●駅、バスターミナル、街の中心に近いロケーション。スタッフもフレンドリーで親切に対応してくれる。広めの客室が多く、飲料水も置かれている。冬期はお得な料金で宿泊できることもあるのでネットからの予約がおすすめ。ホテル内のパブでは23:00まで食事ができる。

Map P.295C 中級 27室

住72-74 Church St., IV1 1EN
TEL (01463)251800
URL www.jdwetherspoon.com
£60～
£
A J M V

アードコンネル Ardconnel Guest House

TV 無線LAN

●鉄道駅から徒歩5分ほどの静かな住宅街にある4つ星のゲストハウス。2018年2月から経営が変わり、ご主人のグレアムさん、奥様のオードリーさんの素敵なご夫妻が運営している。2階にはラウンジがあり、宿泊者が自由に使うことができる。きれいに手入れされた庭も自慢。

Map P.295C ゲストハウス 6室

住21 Ardconnel St., IV2 3EU
TEL (01463)418242
URL www.ardconnel-inverness.co.uk
£50～55
£75～85
£
J M V

ブラック・アイル Black Isle Hostel

無線LAN

●地元ブリュワリーが手掛けるホステル。客室は2段ベッドのみのシンプルな内装だが中心部にある希少なホステルだけあって人気。すぐ隣には個室メインの系列ホテルもある。近くに運営元のビアパブがあり、宿泊者はピザとビールのセットが£10になるのでランチに最適。

Map P.295C ホステル ベッド数56

住47-49 Academy St., IV1 1LP
TEL (01463)233933
URL www.blackislebrewery.com/hostel
DOM £26
£
A M V

バズパッカーズ Bazpackers Hostel

無線LAN

●インヴァネス城の裏にあるホステル。共用のラウンジは、世界各国からのバックパッカーでにぎわう。個室は別の建物が入口。部屋にはロッカーが完備しており、セキュリティ面でも安心。全館禁煙。キッチンも無料で使用することができる。ランドリーは1回£5。

Map P.295B1 ホステル ベッド数31

住4 Culduthel Rd., IV2 4AB
TEL (01463)717663
URL www.bazpackershostel.co.uk
DOM £19～39
£60～99
£
A M V

ステューデント Inverness Student Hotel

無線LAN

●スコットランド各地にあるバックパッカーズ・ホステルの系列。1部屋あたりのベッド数は5～10。共同シャワーとトイレはそれぞれ5ヵ所。キッチンにあるコーヒーや紅茶は自由に飲むことができる。£3の簡単な朝食も頼めば出してくれる。ランドリーは1回£5。キッチンも使用できる。

Map P.295B1 ホステル ベッド数57

住8 Culduthel Rd., IV2 4AB
TEL (01463)236556
URL invernessstudenthotel.com
DOM £16～24
£
M V

SYHAインヴァネス SYHA Inverness

Map P.295B1　無線LAN

●町の中心からミルバーン・ロードMillburn Rd.を15分ほど歩いた所に看板が出ているので、右折し、しばらく歩いた左側にある。すぐ横がラグビー場になっている。建物も比較的新しく、キッチンやインターネットが使えるPCなど設備も充実している。広い駐車場も完備。非会員の宿泊は1泊あたりひとり£3割増しになる。

ユースホステル　ベッド数154

住15 Victoria Dri., IV2 3QB
TEL(01463)231771
URLwww.hostellingscotland.org.uk
DOM £12～
👤 £25～
👤👤 £31～
£　M V

Restaurant　レストラン

インヴァネスは観光地だけあって、バラエティ豊富な店が揃っている。鉄道駅周辺やハイ・ストリート、チャーチ・ストリートChurch St.、キャッスル・ストリートCastle St.などにパブやレストランが多い。また、スーパーマーケットやショッピングモールも町の中心にいくつかあるので、郊外にお弁当を持っていきたい人や自炊したい人にも便利だ。

マスタード・シード The Mustard Seed

Map P.295C　スコットランド料理

●バンク・ストリート沿いにあるれんが造りのレストラン。19世紀に教会として利用されていた建物を改装している。メニューは毎週変わるが、伝統的なスコットランド料理が中心。ランチのセットメニューは11.95で、ディナーの予算は£25～30。

住16 Fraser St., IV1 1DW
TEL(01463)220220
URLmustardseedrestaurant.co.uk
開12:00～15:00　17:30～22:00
休1/1、12/25･26　£
A M V

トゥウェンティ・セブン 27

Map P.295C　英国料理

●町の中心部にあるおしゃれなレストラン&バー。シーフードや肉料理などのグリル系メニューが充実しており、メインメニューは約£17～25。おすすめはステーキ。バー部門は11:00～23:00の営業。

住27 Castle St., IV2 3DU
TEL(01463)241999
開11:00～23:00（料理12:00～21:30）
休1/1、12/25
£　M V

ロクプール Rocpool Rendezvous Restaurant

Map P.295A1　英国料理

●橋のたもとにあるレストランで、内装はシックでモダンな感じ。イタリア料理のテイストを加えたさまざまな創作料理を出す。ランチは£18.95。18:45までのアーリー・イブニング・メニューは£21.95。アラカルトのメインメニューは£12.95～25.95。

住1 Ness Walk, IV3 5NE
TEL(01463)717274
URLwww.rocpoolrestaurant.com
開12:00～14:30　17:45～22:00
休日、12/24～26、12/31～1/3
£
M V

アスペンドス Aspendos

Map P.295C　トルコ料理

●鉄道駅の近くにある明るい雰囲気のトルコ料理店。ランチはチキンケバブ（写真）などの2品のメニューが£11.95、メゼ（前菜）は12種類のセレクション（2人前）で£12.95と料金も手頃。ディナーは肉のグリルが各種£13.95～25.95。

住26 Queensgate, IV1 1DJ
TEL(01463)711950
URLwww.highlandaspendos.co.uk
開12:00～23:00（日12:00～22:00）
休12/25
£
J M V

ランデヴー・カフェ Rendezvous Vintage Cinema Cafe

Map P.295C　カフェ

●デビュー前のビートルズが1960年5月21日に演奏したという伝説のカフェ。往年の名画の写真も並び、明るい中にも静かな雰囲気がある。フル・スコティッシュ・ブレックファストは£7.95、ランチは日替わりメニュー。ベルギーワッフルやケーキは£2.95～。

住14a Church St., IV1 1EA
TEL(01463)718444
URLwww.rendezvous-cafe.co.uk
開8:00～16:00
休1/1･2、12/25･26
£　J M V

カフェ・ワン Cafe 1

●インヴァネス城近くの白い外観が目印。パスタやシーフードなどメニューは幅広い。ランチメニューは2品で£15。手作りデザートも人気で、パッション・フルーツのチーズケーキやクレーム・ブリュレなどを出している。

Map P.295C　カフェ

住 75 Castle St., IV2 3EA
TEL (01463)226200
URL www.cafe1.net
開 12:00〜14:30　17:30〜21:30
休 日、1/1·2、12/25·26
£　M V

キャッスル・タヴァーン The Castle Tavern

●インヴァネス城のすぐ前にある。スコットランド産のクラフトビールの品揃えがいい。眺めのよいテラス席もある。食事は12:00〜22:00。2階はレストランで、ハギスやヴェニゾン（鹿肉）など地元の食材を使ったメニューが並ぶ。

Map P.295B1　パブ

住 1-2 View Pl., IV2 4SA
TEL (01463)718178
URL www.castletavern.net
開 11:00〜翌1:00
（土11:00〜24:30、日12:00〜24:00）
休 12/25　£　M V

フータナニー Hootanany

●人気のパブのひとつ。ライブイベントが有名で、ほぼ毎日、多彩な音楽ジャンルのバンドがライブをやっている。20:00過ぎから盛り上がる。上階は金·土の21:30〜翌3:00のみ開放する。地元産エールのほか、食事メニューも豊富。

Map P.295C　パブ

住 67 Church St., IV1 1ES
TEL (01463)233651
開 12:00〜翌1:00（金·土12:00〜翌3:00、日17:00〜24:00）
休 1/1、12/25
£　M V

Shop　ショップ

ショップはメインストリートのハイ・ストリートとブリッジ・ストリートに集中。駅前のヴィクトリアン・マーケットにもみやげ物屋が多い。イーストゲート・ショッピングセンターも品揃え豊富。

ジェイムス・プリングル James Pringle Weavers of Inverness

●ネス・ブリッジのたもとにある。衣類や小物、テキスタイルなどの店。手頃なものから、ハリス・ツイードのジャケットや帽子まで幅広い商品を取り扱っている。インヴァネス市内にもう1店舗ある。

Map P.295C　民芸品

住 21 Bridge St., IV1 1HG
TEL (01463)236517
開 7·8月9:00〜22:00
5·6月9:00〜17:30（日11:00〜17:00）
9〜4月9:00〜17:30（日11:00〜17:30）
休 11〜3月の月曜、1/1、12/25　£　M V

ヘクター・ラッセル Hector Russel

●キルトの専門店。タータンのキルトのほかに、Tシャツ、セーター、ショートブレッドなど、スコットランドを代表するみやげ物が勢揃い。ネッシーグッズも豊富に揃う。

Map P.295C　民芸品

住 6-8 Bridge St., IV1 1HD
TEL (01463)713083
開 6〜8月9:00〜22:00（日11:00〜18:00）
9〜5月10:00〜17:00（日11:00〜16:00）
休 1/1、12/25　£　A M V

ウイスキー・ショップ The Whisky Shop

●トマーチンをはじめ、ハイランドやスペイサイドのウイスキーを中心に品揃えは常時1000種類以上だとか。かわいらしいミニボトルやウイスキーサーバなど関連グッズもいろいろあるのでおみやげにいいかも。日本への発送は基本料金£30、1本あたりにつき£5追加。

Map P.295C　ウイスキー

住 17 Bridge Rd., IV1 1HG
TEL (01463)710525
URL www.whiskyshop.com
開 夏期10:00〜22:00
冬期10:00〜17:30（日11:30〜16:00）
休 12/25、1/1
£　A J M V

リーキーズ・ブックショップ Leakey's Bookshop

●チャーチストリートにあるフォトジェニックな古本屋。店主チャールズさん選りすぐりのレトロな地図やアートプリント（£3.50〜）、ポストカード（£0.50）も販売しており、おみやげにぴったり。

読者投稿 インスタ映えで近年有名になりつつある古本屋さん。本のほか、アンティークの地図や絵も取り扱っています。（福岡県　M.N.　'19春）

Map P.295C　古書

住 Church St., IV1 1EY
TEL (01463)239947
開 10:00〜17:30　休 1/1·2、12/25·26
£　M V

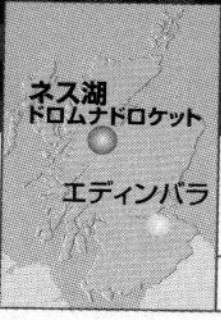

ネス湖観光の中心

ネス湖 Loch Ness ドロムナドロケット Drumnadrochit

●市外局番01456　●人口740人

波もなく穏やかなネス湖

花と緑で造ったアーカート城

　ネス湖は南北に約38kmと細長い湖で最大水深は29m。この美しい湖にすむといわれるネッシーの最初の記録は、西暦565年、キリスト教布教のために訪れた聖コロンバにまで遡る。聖コロンバは、村人を苦しめる怪物を、神通力で追い払ったという。それ以来1500年にわたって目撃され続けているこのネッシー、果たして代々ここにすむ湖の主なのか、それとも古代ピクト人の残していった幻なのか……。

歩き方

　ネッシー関連のアトラクションやネス湖クルーズなどネス湖観光の中心はドロムナドロケット村。ホテルやレストランもあり、滞在拠点にもなる町だ。

❖ネス湖への行き方

🚌インヴァネスからのツアー(→P.298)のほか、エディンバラからもツアーが出ている。
⛴インヴァネスからアーカート城まで行くクルーズ船が出ている(→P.298)。

●インヴァネスから
🚌フォート・ウィリアム行きや、スカイ島行きのバスで途中下車。1日13便、土曜11便、日曜4便
所要:約30分

●フォート・ウィリアムから
🚌1日6便、日曜2便
所要:約1時間30分

●スカイ島から
🚌1日2便
所要:約2時間40分

ドロムナドロケットのバス停

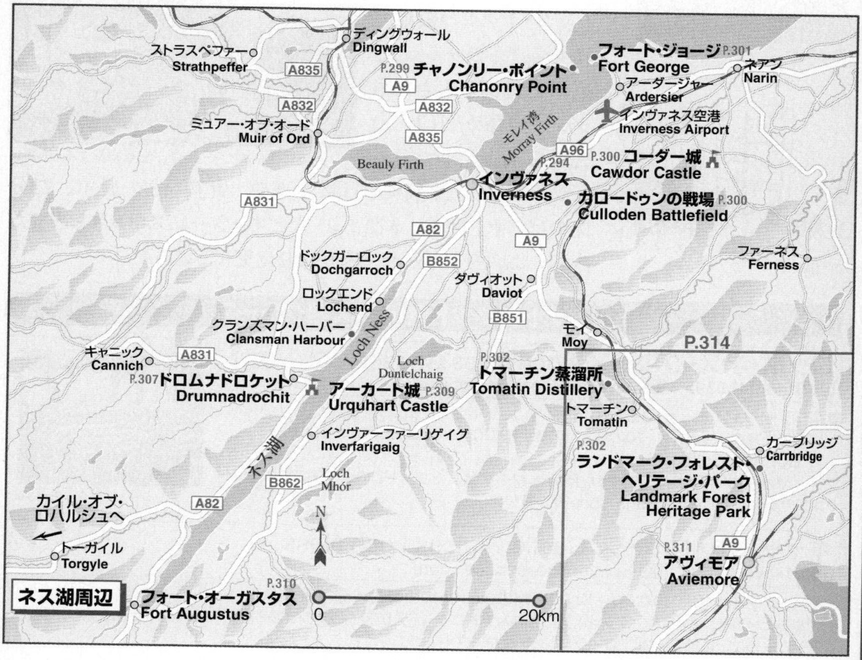

■ネス湖エキジビジョン・センター
住Drumnadrochit, IV63 6TU
TEL(01456)450573
FAX(01456)459432
URLwww.lochness.com
開イースター〜6・9・10月 9:30〜17:00
7・8月9:30〜18:00
11月〜イースター 10:00〜15:30
休12/25
料£8.45　学生£7.25

ネス湖の秘密に鋭く迫る

ネス湖エキジビジョン・センター Loch Ness Exhibition Centre

Map P.309

ネス湖エキジビジョン・センター

おみやげコーナー

長年にわたるネス湖調査の結果をもとに、映像や音声を駆使してネス湖の謎に迫るアトラクション。ドキュメンタリー番組のようなタッチで、ネッシーだけでなく、ネス湖の歴史やネス湖に生息する生物の生態系、気候条件などからネッシー生存の可能性を探る構成になっている。日本語のナレーションで回ることもできるので、入口で係の人に聞いてみよう。おみやげコーナーにあるネッシーグッズなどの品揃えは圧巻。

■ネッシーランド
住Drumnadrochit, IV63 6TU
TEL(01456)450342
URLwww.nessieland.co.uk
開夏期9:00〜19:00
冬期11:00〜15:00
休無休　料£7

ロッホ・ネス・ロッジ・ホテル

クルーズ船ネッシー・ハンター受付のケルティック・クラフツ・ショップ

元祖ネッシーのアトラクション

ネッシーランド Nessieland

Map P.309

入口に立つネッシーの像。記念撮影する人も多い

バス停から北に見える坂を上り、T字路の左側にあるロッホ・ネス・ロッジ・ホテルの敷地内にあるアトラクション。道沿いにある大きなネッシーの像が目印。過去から現在にいたるネッシーが写った?数々の目撃写真や、資料などの展示、25分間のビデオ上映（日本語あり）などネッシーにスポットを当てた内容。おみやげコーナーもかなり充実している。

ドロムナドロケット発のネス湖クルーズ

ロッホ・ネス・クルーズ Loch Ness Cruises
TEL(01456)450395　URLwww.loch-ness-cruises.co.uk

ネッシー・ハンターの船内

●ネッシー・ハンター Nessie Hunter
出発:イースター〜10月　10:00、11:00、12:00、14:00、15:00、16:00、17:00、18:00　料£16
ソナーや水中カメラ、GPSといった最新器材を搭載したボートでのクルーズ。ネッシーランドの奥にあるCeltic Crafts Shop内で受付。

キャッスル・クルーズ Castle Cruises Loch Ness
TEL(01456)450695　URLwww.lochnesscruises.com

出発:イースター〜10月　10:00〜12:00、14:00〜18:00の毎正時発　料£15
受付はLoch Ness Giftsというショップ。ドロムナドロケット入口近くのテンプル・ピアTemple Pierを出発し、船上からアーカート城を見学。夏期にはイブニング・クルーズもある。

アーカート城とネス湖

湖畔にたたずむ廃城

アーカート城 Urquhart Castle

Map P.307

ネス湖の湖面に朽ち果てた姿を映すアーカート城。1230年の築城だが、1296年にエドワード1世率いるイングランド軍に包囲されて破壊された。駐車場の下に位置するビジターセンターから入場し(クルーズで来た場合は城に直接入れる)、建築当初の模型や、城に関する展示を見てから城へ下りていこう。跳ね橋を渡って城内に入れば、チャペル跡や厩舎、厨房などの廃墟が残る。一番保存状態のよいグラント・タワー Grant Towerからはネス湖のすばらしい景色が望める。

アーカート城の城門

ビジターセンター入口

■アーカート城
ドロムナドロケットのバス停からバスで約5分。徒歩なら約45分。一部遊歩道あり。
ネス湖のクルーズ船でも訪れることができる
住Drumnadrochit,
IV63 6XJ
TEL(01456)450551
URLwww.historicenvironment.scot
開4・5・9月9:30～18:00
　6～8月9:30～20:00
　10～3月9:30～16:30
入場は閉館の45分前
休12/25・26
料£12　学生£9.60

船上から見たアーカート城

保存状態のよいタワー

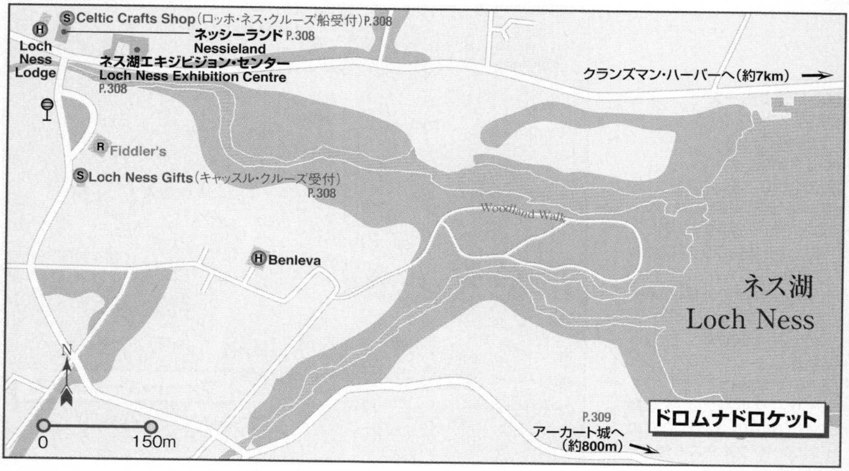

ネス湖南端の町

ネス湖 Loch Ness フォート・オーガスタス Fort Augustus

●市外局番01320　●人口600人

❖フォート・オーガスタへの行き方

●インヴァネスから

🚌フォート・ウィリアム行きのバスで途中下車。1日6便、日曜2便

所要:約1時間

●フォート・ウィリアムから

🚌1日6便、日曜2便

所要:約1時間

■おすすめドライブコース（裏ネス湖）

ネス湖観光はA82を利用するのが一般的だが、幹線で交通量も多く神秘的な雰囲気に欠ける。それに対し対岸のB862、B852はミステリアスなネス湖の魅力を味わえる。狭く荒れた道、樹木でネス湖が遮られることも多く、観光施設は皆無だが、湖畔に降りられる場所もある。対岸から眺めるアーカート城も必見だ。

■ネス湖クルーズ

●ロイヤル・スコット Royal Scot

Map P.310

TEL (01320)366277

URL www.cruiselochness.com

開 3月下旬～6月・9・10月
10:00～16:00の1時間おき
7・8月
10:00～17:00の1時間おき
11月～3月下旬
13:00、14:00発

休 無休

料 £15　学生£14

デイリークルーズは所要約50分。5～8月は20:00発のイブニング・クルーズも催行

フォート・オーガスタスは、中央を川が流れ、山に囲まれた美しい村だ。ネス湖南端に位置し、1724年にウェイド将軍により、戦略的重要性から、ハイランド支配の拠点としてその基礎が造られた。その後、1729年に反乱軍ジャコバイトに対して、政府軍が砦（フォートFort）を造って以来、ジョージ2世の息子のウィリアム・オーガスタスWilliam Augustus（後にカロードゥンの戦いで名をはせたカンバーランド公）の名を取り、こう呼ばれるようになった。18世紀の大きな建設プロジェクト、カレドニアン運河とネス湖の中継地点にあり、ウオータースポーツがとても盛ん。運河に関する展示は、カレドニアン運河ヘリテージセンターCaledonian Canal Heritage Centreで見学できる。

船を通すための水門

川はネス湖へと続く

歩き方

バスの乗降は駐車場入口のバス停。メインストリートが1本と村の中央にカレドニアン運河が流れるシンプルな造り。バス停前の掲示板に地図が張り出されているので、概要をつかんでおこう。橋の上からネス湖が見える。運河沿いにレストランやB&Bが並び、散策路になっている。

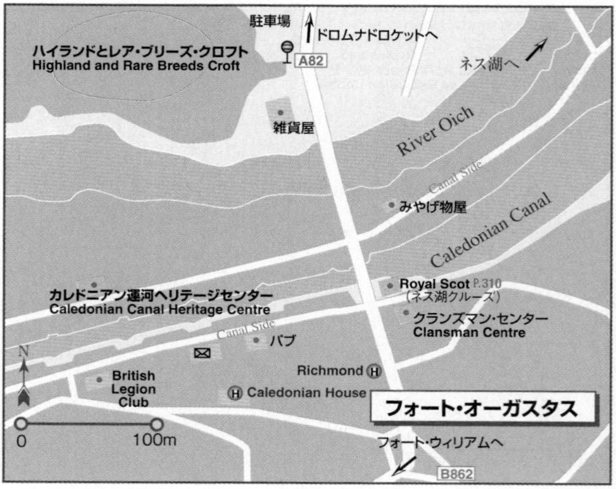

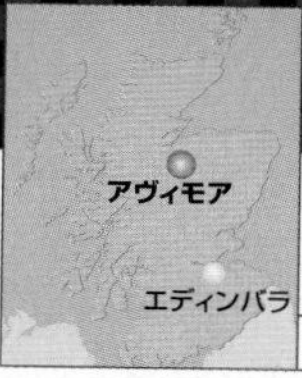

ハイランドの大自然を満喫できる

アヴィモア Aviemore

●市外局番01479　●人口3000人

モーリッヒ湖近くの森

アヴィモアは、広大なスペイ渓谷Spey Valleyの真ん中にあるマウンテンリゾート。周囲にはケアンゴーム山などの山々が連なり、町の横をスペイ川が流れ、蒸気機関車の汽笛が響く小さな町だ。

ケアンゴーム山

ここには、およそ考えられるかぎりのレジャー施設がすべて揃っている。ハイランドの大自然やスポーツなどのアクティビティを満喫するには最高の場所。夏は散策をしたり蒸気機関車で観光するファミリーでにぎわい、冬はスキー客というように、1年をとおして観光客が絶えない地域だ。

モデルルート

アヴィモアには自然を満喫するためのアウトドアアクティビティが満載。しかし、アヴィモアの町自体には見どころがないので、ケアンゴーム山やウイスキー街道といった周辺に足を延ばして自然を楽しむのがここでの過ごし方だ。日曜はローカルバスの便が運休する路線も多いので注意しよう。

ケアンゴーム山と湖の1日

アヴィモア➡ケアンゴーム山➡グレンモア森林公園（ロシマーカス・エステート）➡アヴィモア

午前中にケアンゴーム山に行き、午後は森や湖を散策するコース。じっくり楽しみたい人はどちらかに的を絞ったほうがよい。バスの便は多くはなく、春と秋は運休しているため、時刻表で確認しておこう。決して平坦な道とはいえないが、自転車で回る旅行者も多い。

❖アヴィモアへの行き方

🚆インヴァネス～グラスゴー、エディンバラを結ぶ路線上にある。
🚌インヴァネス～エディンバラの路線上にあり、2時間に1便程度

●パースから
🚆1日約10便、日曜7便
所要:1時間25～48分
🚌1日5便
所要:約2時間10分

●インヴァネスから
🚆1日10便、日曜7便
所要:35分
🚌1～2時間に1便程度、シティリンクのほかに、カーブリッジ、グランタウン・オン・スペイ経由のローカルバスの便もある。
所要:40分

●ピトロッホリーから
🚆1日約10便、日曜7便
所要:約1時間
🚌1日5便
所要:1時間20分

●グランタウン・オン・スペイから
🚌1時間に1便程度、土・日減便
所要:35分

●グラスゴーから
🚆直通1日5便
所要:2時間30分
🚌パースで乗り換えの便が多い。直通1日5便
所要:4時間30分

●エディンバラから
🚆直通1日5便、日曜4便
所要:約3時間
🚌1～2時間に1便程度
所要:3時間40分

ロシマーカス・エステート内を流れる川

歩き方

町は、メインストリートであるグランピアン・ロードGrampian Rd.が南北に走るシンプルな造り。鉄道駅周辺が中心でアウトドアショップやおみやげ店、カフェが軒を連ねるアヴィモア・ショッピングセンターになっている。その向かい側にはスーパーマーケットのテスコTescoがある。

お店が並ぶショッピングセンター

鉄道駅から北は、レストランやショップ、ホテルやB&Bが点在するエリア。鉄道駅の南には、ウオーキングコースがある。スペイ川を渡ってロシマーカス・エステート方面へ続く道はスキー・ロードSki Rd.と呼ばれるサイクリングロードで、ケアンゴーム山まで延びている。

ターミナルから市の中心部へ

◉鉄道駅　町の中心にあり、ストラススペイ蒸気機関車も発着する駅。日曜はチケット売り場が休みなので車内で買う。ホームは3つあり、ストラススペイ蒸気機関車が発着するホームへは歩道橋を渡って行く。

アヴィモア駅

◉バス　インヴァネスからパース方面へ向かうバスは警察署の横で乗降する。パースからインヴァネス方面へのバス停は駅前のケアンゴーム・ホテルの前。

アウトドアショップのアクティブ

市内交通

◉レンタサイクル　駅周辺にはアウトドアショップがあり、アヴィモア・バイクではレンタサイクルも可能。グレンモア森林公園やロシマーカス・エステートでもレンタルできる。

◉レンタカー　駅にアヴィモア・カー・ハイヤー Avimore Car Hire(Highland Holiday Homesがオフィスを兼ねる)がある。

旅の情報収集

◉観光案内所　アヴィモアの❶は、駅前のショッピングセンターの一角にある。小さなオフィスだが、資料は豊富に揃っている。

◉釣り具店　有名なスペイ川をはじめ、周辺の湖など、アヴィモア周辺には、釣り場が多い。サーモンは2月上旬から9月下旬、トラウトは3月中旬から9月下旬がシーズン。アウトドアショップでも釣り具が手に入る。許可証や、ルアーなどの販売もしている。

◉スキー用具　数軒あるアウトドアショップのほか、何軒かのレンタルスキーの店がある。グレンモア森林公園や、ケアンゴーム山でもレンタル可能。冬のシーズン中はスキー教室も開校。

見どころ

アヴィモアに来たら、山や森、湖に出かけよう。装備がなくても、アウトドアグッズや地図はショップで購入可能。

ノスタルジックな機関車でハイランドの野を駆ける　Map P.314

ストラススペイ鉄道 Strathspey Steam Railway

ストラススペイ鉄道は一度は廃線になった路線を観光用に復活させた蒸気機関車の路線。駅のプラットホームや時計までノスタルジックに復元されている。アヴィモアを出発し、ボート・オブ・ガーテンBoat of Garten駅を経て、ブルームヒルBloomhillまでの約40分間の短い旅。最も古い機関車は1926年製のものが使用されている。1等の車内では優雅なティータイムやランチ、ディナーなどのサービスを受けることができる。12月にはサンタ・トレインといったイベントもある。

レトロに再現された駅舎

ボート・オブ・ガーテン駅に入ってきた機関車

■レンタサイクル

●アヴィモア・バイクス
Aviemore Bikes
Map P.312A
住Myrtlefield,
PH22 1SB
TEL(01479)810478
URLwww.aviemorebikes.co.uk
開冬期9:30〜17:30
(日11:00〜16:00)
夏期9:30〜21:30
(日11:00〜16:00)
休12/25·26　料1日£20〜

■アヴィモアの❶
Map P.312B
住7 The Parade,
Grampian Rd.,
PH22 1RH
TEL(01479)810930
URLwww.visitscotland.com
開夏期9:00〜18:00
(日10:00〜17:00)
冬期9:00〜17:00
(日10:00〜16:00)
休無休
宿の予約は手数料£4と、デポジットとして宿泊料金の10%が必要

■ストラススペイ蒸気機関車
TEL(01479)810725
URLwww.strathspeyrailway.co.uk
開7·8月は毎日運行
5·6·9·10月は週4〜5日運行
アヴィモア発
10:30、12:30、14:45
休11〜4月
7·8月はスペシャルイベントあり
料アヴィモア〜ブルームヒル
往復3等£16.25

ティーセットが用意された車内の席

■ケアンゴーム・ブリュワリー
鉄道駅からグランピアン・ロードGrampian Rd.を北上、ダルフェイバー・ドライブDalfaber Driveを右折、線路を越えたところにある
所要:30分
住 Dalfaber Industrial Estate, PH22 1ST
TEL (01479)812222
URL www.cairngormbrewery.com
開 10:00～17:30
(11·12月10:00～16:30)
休 日、オフシーズンの月曜、1/1·2、12/25·26
●見学ツアー
14:00発。予約が望ましい
料 £7

展望台からの景色

■ケアンゴーム山
🚌アヴィモアから1時間に1便程度。1日約10便。
所要:25分
●ケアンゴーム登山鉄道
The Cairngorm Funicular Railway
TEL (01479)861261
URL www.cairngormmountain.co.uk
メンテナンスのため運行休止中。2021年再開予定
●リフト券
料 1日£28
●レンタルスキー
料 1日£26
●レンタルスノーボード
料 1日£26

ケアンゴーム登山鉄道

気軽に見学できるクラフトビール醸造所

ケアンゴーム・ブリュワリー Cairngorm Brewery

Map P.312A

ケアンゴーム・ブリュワリー

2001年に創業をスタートした新しいクラフトビールのメーカーでありながら、国内外の賞を数々受賞している醸造所。若いスタッフが多く、対応もとてもフレンドリー。工場内部の見学は、平日午後に行われるツアーに参加しよう。併設しているショップでは樽出しのビールが楽しめるほか、製造している全種類のビールはもちろん、ブリュワリーのオリジナルグッズもいろいろある。他社のクラフトビールやお酒も置いている。

ネイチャー・アクティビティ

スペイ渓谷のパノラマが広がる

ケアンゴーム山 Cairngorm Mountain

Map P.314

標高1245mのケアンゴーム山は、夏は登山客やトレッキング客でにぎわい、冬はスキー場となるスコットランド有数の山。特に17基のリフトを誇る本格的なスキー場で有名だ。貸スキーもあるし、スキー学校もあるので気軽に楽しめる。

山へはバスを終点で降り、ケアンゴーム登山鉄道に乗る。終点の展望台までは所要約7分。晴れた日に展望台まで行けば、吸い込まれそうな広大な景色が眼下に広がる。レストランもあるので眺めを楽しみながら食事もできる。ちなみに展望

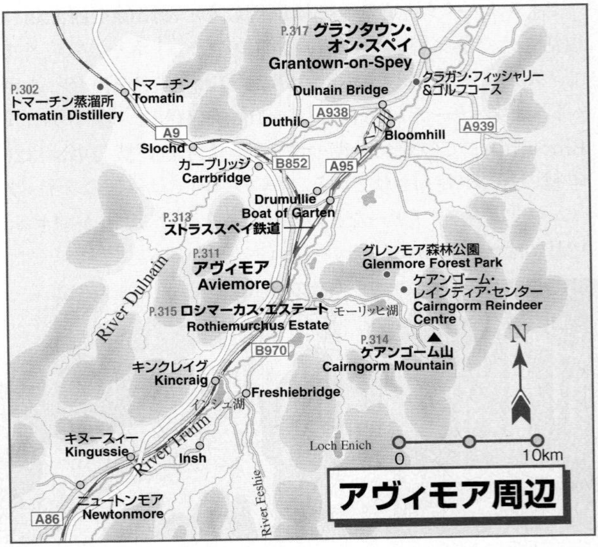

台から外へ出歩くことはできない。

登山鉄道は2018年よりメンテナンスのため、営業停止中。2021年再開予定。夏期はハイキング可能だが展望台は閉まっているので注意。

数々のアクティビティが楽しめる Map P.314

ロシマーカス・エステート Rothiemurchus Estate

アヴィモアの中心部から約1.5kmの所にあり、徒歩でも行ける。広い自然公園にレジャー施設が合体したような所。ウオーキングコース（ガイド付きのウオーキングもある）やマウンテンバイクのレンタルはもちろん、4WDに乗ってハイランド牛や馬を見にいくランドローヴァー・ツアーやオフロードドライブ体験、クレー射撃にも挑戦できる。ビジターセンター内のスタッフに相談してみよう。貸竿のある釣り場には、初心者用釣り堀などもあり、気軽に楽しめる。釣り好きには敷地内にいくつかある湖の釣り場が用意されている。

■ロシマーカス・エステート
住By Aviemore, PH22 1QH
TEL(01479)812345
FAX(01479)811778
URLwww.rothiemurchus.net
●ビジターセンター
開9:30〜17:00　休12/25
●ロシマーカス・フィッシャリー
開9:30〜17:00（冬期休業）
●ロッホ・アン・エレイン・ビジターセンター
開9:00〜日没
休12/25

家族連れでにぎわう釣り堀

Hotel ホテル

ホテルやB&Bはグランピアン・ロード沿いにある。中級ホテルは駅周辺、B&Bはグランピアン・ロードの北側のクレイグ・ナ・ゴウワー・アベニュー Craig Na Gower Av.の周辺に数軒ある。スキーのシーズン中はどこも混雑する。

日本からホテルへの電話 国際電話会社の番号 + 010 + 国番号 44 + 市外局番の最初の0を取った掲載の番号

マクドナルド・ハイランズ Macdonald Highlands Hotel

●町で一番の大型ホテル。60億円もの巨費を投じて2004年にオープンした。同じ敷地内に系列ホテルが複数あるほか、大型屋内プールや映画館、スパなどアヴィモアの一大リゾートを形成している。チェックインは予約したホテル棟へ。

Map P.312B　大型　151室
住Aviemore, PH22 1PN
TEL0344 879 9152
URLwww.macdonaldhotels.co.uk
£98〜
£103〜
£ €　A M V

ケアンゴーム Cairngorm Hotel

●駅のすぐ目の前にある、アヴィモアのランドマーク的存在で、このあたりでは老舗の部類に入るホテル。立地条件のわりにリーズナブルな料金がうれしい。全室、電話、ズボンプレッサー付き。スタッフもフレンドリーで家庭的な雰囲気がある。正面に向かって右にあるレストランも人気がある。

Map P.312B　中級　32室
住Grampian Rd., PH22 1PE
TEL(01479)810233
URLwww.cairngorm.com
£74〜
£108〜
£
M V

ダンローミン Dunroamin B&B

●グランピアン・ロードをそれた、静かな環境。各部屋はそれぞれ、赤や白、ブルーなど、テーマカラーが異なるものの、落ち着いたテイストでまとまっており、機能性も抜群。朝食はシリアルやトーストなどのコンチネンタルまたは卵料理などのフル・スコティッシュ。おかみさんの気さくな人柄も魅力。通年営業。

Map P.312A　ゲストハウス　4室
住Craig Na-Gower Av., PH22 1RW
TEL(01479)810698
URLwww.dunroaminaviemore.com
£35〜
£55〜90
£　J M V

レイヴェンスクレイグ Ravenscraig Guest House

●3軒並んだゲストハウスの一番北側にある。玄関の横にあるラウンジには観光情報が掲示されており、旅の計画に重宝する。日当たりのよい朝食ルームも心地よい。地元産やフェアトレードなど素材にこだわった朝食もいろいろとアレンジ可能。トリプルやファミリールームもある。

Map P.312A　ゲストハウス　14室

住Grampian Rd., PH22 1RP
TEL (01479)810278
URL www.ravenscraighouse.co.uk
£45～80
£70～120
£
J M V

ケアンゴーム・ゲストハウス Cairngorm Guest House

●町で一番人気のゲストハウスで、過去には受賞歴もある。上階の客室は、モダンなブティックホテル風に仕上がっている。シャワールームも広く、アメニティグッズも揃っている。モバイル環境がない人のために、入口にPCも用意している。

Map P.312A　ゲストハウス　12室

住Grampian Rd., PH22 1RP
TEL (01479)810630
URL www.cairngormguesthouse.com
£75～
£
M V

SYHAアヴィモア SYHA Aviemore

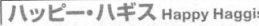

Map P.312B

●町の南側にあるロータリー手前の坂を上った、緑に囲まれた所にある。静かな環境にありながら町の中心からも近く、設備も近代的なので、当然人気も高い。キッチンやランドリーはもちろん、広々としたラウンジにはインターネットができるPCも置いている。朝食は£5.95（コンチネンタル）、昼食は£6.50。YH会員は£3割引。

ユースホステル　ベッド数82

住25 Grampian Rd., PH22 1PR
TEL (01479)810345
URL www.hostellingscotland.org.uk
DOM £15～
£30～
£40～
£
D J M V

Restaurant　レストラン

鉄道駅の周辺など、グランピアン・ロード沿いにレストランが並ぶ。レジャータウンだけあって、カジュアルなカフェスタイルやファストフード風の店が多い。エスニック系の飲食店はあまりない。

ハッピー・ハギス Happy Haggis

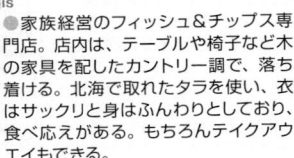

Map P.312B　ファストフード

●家族経営のフィッシュ＆チップス専門店。店内は、テーブルや椅子など木の家具を配したカントリー調で、落ち着ける。北海で取れたタラを使い、衣はサックリと身はふんわりとしており、食べ応えがある。もちろんテイクアウエイもできる。

住45 Grampian Rd., PH22 1PT
TEL (01479)810430
URL www.harkai.co.uk
開夏期12:00～21:00
冬期16:00～21:00
（金～日12:00～21:00）
休12/25・26　£　M V

スキーイング・ドゥー The Ski-ing Doo Restaurant

Map P.312A　バラエティ

●名前のとおり店内には多くのスキー板が飾ってある、カントリーな雰囲気のレストラン。パスタなどのメニューがあるが、グランタウン・オン・スペイ産牛肉のビーフステーキ£19～25が有名。ビールも各種あり。

住9 Grampian Rd., PH22 1RH
TEL (01479)810392
開12:00～23:00
料理のラストオーダー21:00
休無休
£　M V

ウィンキング・アウル The Winking Owl

Map P.312A　パブ

●ケアンゴーム・ビールの生ビールが飲めるパブ＆レストラン。3種類のビールの飲み比べが1杯分の料金で飲めるお得なセットあり。料理にも随所にビールが使われており、地元の食材にもこだわっている。料理は21:00まで。

住123 Grampian Rd., PH22 1RH
TEL (01479)812368
URL thewinkingowl.co
開12:00～23:00(金・土11:00～翌1:00、日12:30～23:00)
休12/25　£　M V

スペイ川河畔の美しい町

グランタウン・オン・スペイ Grantown-on-Spey

●市外局番01479　●人口2380人

町の南を流れるスペイ川

スペイ川のほとりに開けた町。町の名前は18世紀の領主サー・ジェイムス・グラントSir James Grantに由来する。ジェイムスは都市計画に基づき、この町を整備し、ジョージ王朝様式の建物が並ぶ美しい町を造った。町全体が落ち着いた雰囲気で、春から秋にかけてはスペイ川で釣りを楽しむ人や、ゴルファーなどでにぎわう。作家や芸術家などもオフシーズンに長期滞在をするそうだ。

歩き方

町の中心はザ・スクエアThe Squareという大きな広場。広場に面してホテルやレストラン、銀行などが並ぶ。メインストリートはザ・スクエアから南西に延びるハイ・ストリートHigh St.だ。アヴィモアやインヴァネスからのバスがとおるのもこのハイ・ストリート。ハイ・ストリートをさらに南に行けば、幹線道路のA9に出る。スペイ川は町の南を流れている。

ザ・スクエアが町の中心

◉釣具店　ハイ・ストリートのザ・スクエア寄りにあるモーティマーズMortimer'sでは釣り竿のレンタルや許可証の販売を行っている。釣り場や道具などはオーナーが親切にアドバイスしてくれ、フィッシングマップなどももらえる。

❖グランタウン・オン・スペイへの行き方

🚌シティリンクのバスはなく、アヴィモアかインヴァネスからのバスで行く。日曜は運休されるので注意しよう。

●インヴァネス

🚌1日6便程度、土曜3便、日曜運休

所要:約1時間

●アヴィモアから

🚌1時間に1便程度、土曜減便、日曜4便

所要:35分

■モーティマーズ

Map P.317

住3 High St., PH26 3HB

TEL(01479)872684

URLwww.mortimersofspeyside.co.uk

開8:45～17:30　休日

料ロッドとリールで1日£25など。ウェーダーなどもレンタル可能。許可証は£55～、1週間£215。

■グランタウン・オン・スペイのⓘ Map P.317
住Burnfield Av., PH26 3HH
TEL(01479)872477
開10:00～17:00
休11～3月、日
グランタウン博物館にある。

■グランタウン博物館
住Burnfield Av., PH26 3HH
TEL(01479)872478
URLwww.grantownmuseum.co.uk
開10:00～17:00
休11～3月、日
料£4

町の歴史をつづった
グランタウン博物館 Grantown Museum

Map P.317

ザ・スクエアの北東にある博物館。町の歴史やなり立ちが展示のメインで、過去の貴重な資料や写真なども多く展示されており、グランタウン・オン・スペイの生みの親、サー・ジェイムス・グラントに関する資料なども多い。町の歴史に関するビデオ上映もやっており、スクリーンの下に映し出されるアニメーションがコミカル。

郷土史がわかる小さな博物館

Hotel & Restaurant ホテル&レストラン

静かで環境もよく、レンタカーがあれば観光拠点としても便利なので、町の規模にしては宿が多い。中級クラスのホテルは、ザ・スクエアとハイ・ストリート沿いに点在している。B&Bはハイ・ストリートの西端や、サウス・ストリート周辺などに数軒ある。

レストランは全般的に数が少ないので、食事付きの宿泊プランを検討するのもいいだろう。カフェやレストランはハイ・ストリート沿いにいくつかある。

日本からホテルへの電話 国際電話会社の番号 + 010 + 国番号44 + 市外局番の最初の0を取った掲載の番号

グラント・アームズ Grant Arms

TV 無線LAN

●広場に面した町のランドマーク的存在。1760年創業でヴィクトリア女王も泊まったことがある由緒あるホテルだが料金は比較的手頃。ストラススペイゴルフ場の利用券をセットにしたプランやバードウオッチャー向けプランも人気。ホテルはバードウォッチング・ワイルドライフ・クラブの支部でもあり、展示ルームも併設している。

Map P.317 中級 54室
住25 The Square, PH26 3HF
TEL(01479)872526
URLwww.grantarmshotel.com
S £70～85
W £140～170
£
MV

ガース Garth Hotel

TV 無線LAN

●ゴルファーに人気のホテルでゴルフパック宿泊プランもあり、フィッシングのアレンジなどもしてくれる。バーやレストランも併設しており、2食付きのプラン（ひとり£79.50～）を利用する人も多い。バーは小さいが、ウイスキーの種類が豊富。月替りのシングルモルトを£3.50で出しているアヴィモアにあるケアンゴーム・ホテルと同経営。

Map P.317 中級 18室
住Castle Rd., PH26 3HN
TEL(01479)872836
URLwww.garthhotel.com
S £54.50～
W £109～
£
MV

ウィー・パフィン The Wee Puffin

Map P.317 英国料理

●ハイ・ストリートにあるかわいいレストラン。店内はパフィンのイラストもあり明るい雰囲気。地元のクラフトビール、スペイサイド・ブリュワリーをはじめ、スコットランドのクラフトビールがいろいろ楽しめる。料理はハンバーガーやラップなど軽食が中心。

住15 High St., PH26 3EG
TEL(01479)873377
開17:00～21:00（7・8月17:00～22:00）
休火・水
£
MV

スコットランドの魅力を満喫する
自然の旅

サーモンフィッシングの聖地
スペイ川で釣り三昧

グランタウン・オン・スペイを流れるスペイ川

スペイ川はシングル・モルト・ウイスキーの銘酒を造り出し、北海からサーモンが帰る母なる川。世界中のアングラー憧れの川で、釣りを体験してみよう。

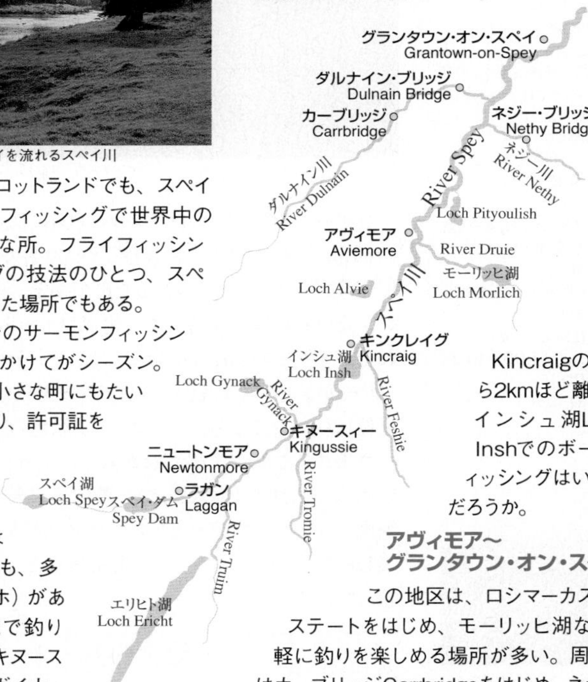

釣りの盛んなスコットランドでも、スペイ川流域はサーモンフィッシングで世界中のアングラーに有名な所。フライフィッシングのキャスティングの技法のひとつ、スペイキャストが生まれた場所でもある。

スコットランドでのサーモンフィッシングは、春から秋にかけてがシーズン。川や湖の近くなら小さな町にもたいてい釣り具店があり、許可証を売っている。

キヌースィー〜インシュ湖

スペイ川上流は

スペイ川のほかにも、多くの川や湖（ロッホ）がある。スペイ川上流で釣りの起点となる町はキヌースィー。町を流れるガイナック川River Gynackや、キヌースィーとアヴィモアの中間、キンクレイグKincraigの町から2kmほど離れたインシュ湖Loch Inshでのボートフィッシングはいかがだろうか。

アヴィモア〜グランタウン・オン・スペイ

この地区は、ロシマーカス・エステートをはじめ、モーリッヒ湖など手軽に釣りを楽しめる場所が多い。周辺ではカーブリッジCarrbridgeをはじめ、ネジー・ブリッジNethy Bridge、ダルナイン・ブリッジDulnain Bridgeに釣り場が多い。

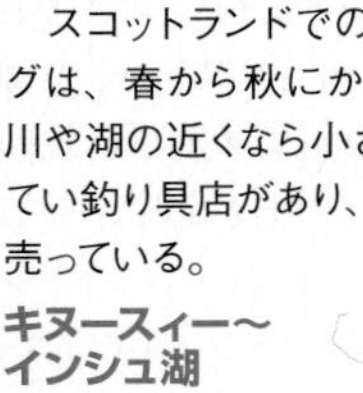
品揃え豊富なグランタウン・オン・スペイの釣り具店

TRAVEL DATA トラベル・データ

■釣りのシーズン
スペイ川の流域では、サーモン、シートラウトは2/11〜9/30、ブラウントラウトが3/15〜9/30。ちなみに日曜にサーモンを釣ることは禁止されている。

■許可証
スコットランドでは許可証(パーミット) なしにサーモン、あるいはマスを釣ることは法的に禁止されている。シーズンにより料金は異なるが、1日有効のものが£55〜、1週間有効で£215〜。置き竿が禁止されていたり、フライフィッシングのみ(Fly only) の所もある。

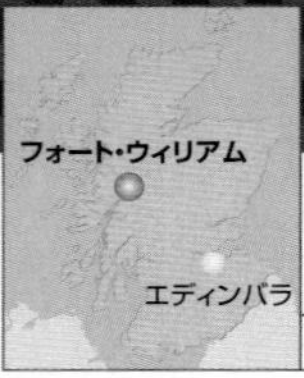

ハイランドの名峰への入口

フォート・ウィリアム Fort William

●市外局番01397　●人口5万970人

❖フォート・ウィリアムへの行き方

●インヴァネスから
1日5便（日曜4便）
所要:約2時間
●グラスゴーから
クイーン・ストリート駅から1日3便（日曜2便）
所要:約3時間45分
1～2時間に1便
所要:約3時間
●オーバンから
グラスゴー行きに乗り、クリアンラーリーCrianlarichで乗り換え1日3便
所要:約4時間
1日2便、日曜運休
所要:1時間30分
●マレイグから
6:03～18:15に1日4～5便程度（うち夏期の1～2便が蒸気機関車）
所要：1時間30分（蒸気機関車は約2時間）
シール社Sheilが運行
7:10、8:50、11:00、15:30（土・日11:00）
所要:1時間30分

リニー湖に沿って広がるフォート・ウィリアムの町

ベン・ネヴィス山頂へと続く道、途中も絶景の連続

フォート・ウィリアムはインヴァネスに次いでハイランド2番目の都市。フォートとは「砦」の意。その名のとおり、ここはかつて軍事的に重要な砦のあった町である。その砦を築いたオレンジ公ウィリアムにちなんで、町はフォート・ウィリアムと命名された。イギリスの名誉革命で、オレンジ公ウィリアムとその妻メアリーがジェイムス7世（イングランド王ジェイムス2世）に代わり王位に就いたことが、ジャコバイト派蜂起の引き金となった。

さまざまな歴史を秘めながらも、現在の町はスコットランドを代表する観光地のひとつ。英国最高峰のベン・ネヴィスや、映画『ハリー・ポッターとアズカバンの囚人』の撮影が行われた美しい峡谷グレンコーへの観光拠点として、多くの旅行者が訪れている。

モデルルート

フォート・ウィリアムでは町の見どころはもちろん、蒸溜所巡りやベン・ネヴィスやグレンコーなど、近郊に広がる大自然も合わせて楽しみたい。

フォート・ウィリアムを満喫する欲張り1日コース

ベン・ネヴィス蒸溜所とビジターセンター➡ネヴィス・レインジスキー場➡ウエスト・ハイランド博物館➡フォート・ウィリアム城塞跡

まずは朝一番にベン・ネヴィス蒸溜所へ。おみやげにウイスキーを買ったら、いったんフォート・ウィリアムへ戻り、駅前のスーパーでランチを調達。そのままタクシーかバスでネヴィス・レインジ・スキー場へ直行しよう。ゴンドラで山頂付近まで行ったら、そこから延びるフットパスに沿って片道約10分のウオーキング。軽く汗を流したあとは、ベン・ネヴィスを仰ぎ見ながらのランチタイムを。再びフォート・ウィリアムに戻り、時間があればウエスト・ハイランド博物館や城塞跡などへ。夜はハイ・ストリートのレストランやパブなどで、ディナーを楽しもう。

歩き方

ハイ・ストリート

町はリニー湖に沿うように細長く広がっている。駅は北側。長距離バスが発着するバス停も、駅前のスーパーMORRISONS横に隣接している。駅の南西側にある地下道をくぐると、目の前に真っすぐ延びているのがハイ・ストリートHigh St.。🅘をはじめ、銀行、ショップ、レストランなどが約1kmにわたって建ち並ぶ歩行者天国となっている。

市内交通

◉バス　長距離バス、市バスともに駅前（スーパー・モリソンズMORRISONSの南）のバス停に発着する。41、44番など近郊の見どころに行く市バスは、幹線道路A82の脇に延びるミドル・ストリートMiddle St.にも停車する。

◉タクシー　ザ・パレードThe Paradeという広場の西にあるスーパー周辺に多い。1時間チャーターする場合£20が目安。人数が集まれば、グレンコーへのドライブにも便利だ。

◉レンタカー　グレンコーなどの交通の便が悪い所へは、レンタカーが便利。市内にはレンタカー会社も数軒ある。

◉ツアー　🅘の前にその日に行われるツアー情報が掲示される。ツアーの多くは、🅘での予約も可能だ。

■フォート・ウィリアムの🅘
Map P.321A
住15 High St., PH33 6DH
TEL(01397)701801
URLwww.visitscotland.com
開4・5月9:00～17:00
（日10:00～17:00）
6月9:00～18:00
（日9:00～17:00）
7月～9月9:00～18:30
（日9:30～18:00）
10～3月9:00～17:00
（日10:00～15:00）
休1/1・2、12/25・26
宿の予約は手数料£4とデポジットとして宿泊料金の10%が必要。各種ツアー、長距離バスの予約もできる。

■レンタカー
●イージードライブ
Easydrive
Car & Van Rental
Map P.321B外
ベン・ネヴィス・ホテルの向かい側にある。駅でのピックアップ可。
住North Rd., PH33 6PP
TEL(01397)701616
URLwww.easydrivescotland.co.uk
開8:30～17:00
（土8:00～13:00）
休日、1/1・2、12/25・26
料1日£45～

見どころ

周辺へのバスの便は多くないので、まずは時刻表を❶でゲット。グレンコーやベン・ネヴィスで本格的に山歩きをするなら、町のショップで装備を整えよう。

豊富な展示内容の

Map P.321A

ウエスト・ハイランド博物館 West Highland Museum

自然から歴史や文化にいたるまで、およそハイランドに関することなら何でもわかる博物館。見逃せないのは、2階奥の展示室にあるボニー・プリンスの「秘密の肖像画The Secret Portrait」。一見、絵の具を塗りたくっただけの紙だが、それを真鍮の筒の側面に映して見ると摩訶不思議、王子の姿が浮かび上がって見える。ジャコバイトを応援する民は、隠れキリシタンのように密かにこれを持っていたのだ。

大自然が造り出す銘酒

Map P.321B外

ベン・ネヴィス蒸溜所 Ben Nevis Distillery

1825年に設立された蒸溜所。背後にはベン・ネヴィスがそびえる。ここで製造されている10年物のシングルモルトBen Nevisはコンテストで3年連続金賞を受賞したという逸品。ビジターセンターには、ウイスキーの誕生秘話や製造方法に関するビデオ上映や展示がある。ガイドツアーでは白鳥のような形の巨大な蒸溜ポットが並ぶ所内を見学しながら、ユーモアを交えた解説が楽しめる。

蒸溜所とベン・ネヴィス山

■ウエスト・ハイランド博物館
住Cameron Sq., PH33 6AJ
TEL(01397)702169
FAX(01397)701927
URLwww.westhighlandmuseum.org.uk
開11～3月10:00～16:00
4～10月10:00～17:00
休9～6月の日曜、1/1・2、12/25・26
料寄付歓迎

セント・キルダに関する展示もある

■ベン・ネヴィス蒸溜所
フォート・ウィリアムからA82を北へ約3kmの所。タクシーなら町から£5ぐらい。
🚌41番のバスが1日4～5便。所要時間10分。グレンモア・テラスGlenmhor Terrace下車。
住Lochy Br., PH33 6TJ
TEL(01397)700200
URLwww.bennevisdistillery.com
開9～6月9:00～17:00
（土10:00～16:00）
7・8月9:00～18:00
（土10:00～16:00、日12:00～16:00）
休4～6・9月の日曜、10～3月の土・日
●蒸溜所見学ツアー
15分～1時間おき　料£5

フォート・ウィリアム発のツアー

ロッホ・シール・クルーズ Loch Shiel Cruises

TEL&FAX(01687)470322　URLwww.highlandcruises.co.uk
開9:00～18:00　休月、10月中旬～イースター

クルーズはグレンフィナンGlenfinnan発だが、予約の際に申し出ればフォート・ウィリアムまでの送迎も可能。下記以外のスケジュールの詳細は確認を。7・8月にはイブニング・クルーズも催行。予約は❶または電話で。

●グレンアラデイル・コース Glenaladale
出発:5月中旬～10月下旬の火・木・日10:40　所要:2時間　料£23
グレンフィナンまでを往復。5月中旬～10月ならグレンフィナン高架橋を通過する蒸気機関車も見られる。

クランノッグ・クルーズ Crannog Cruises

住Town Pier, PH33 7DB　TEL(01397)700714　URLwww.crannog.net
開10:00～18:00　休10月初旬～イースター

埠頭にある同名のシーフードレストラン（→P.331）が催行するクルーズ。チケットはレストラン横の小さなキオスクでのみ購入可。

●シール・アイランド・クルーズ Seal Island Cruises
出発:3月下旬～10月の11:00、13:00、15:00
所要:1時間30分　料£17.50
アザラシの群れを眺め、サーモンの養殖場も訪れる。イブニング・クルーズもある。

クルーズ船

ハイランド征伐の拠点

Map P.321A・B

フォート・ウィリアム城塞跡 Old Fort William

町の名の由来ともなった城塞跡。ハイランド統治の中心として1635年に建設されたもので、後の1690年に再建されている。インヴァネスまで続く全長118kmのグレート・グレン・ウェイThe Great Glen Wayも、ここが起点になっている。城塞は、19世紀の鉄道建設にともない取り壊され、現在見られるのは、わずかに残る城壁部分だけ。緑の芝の中心には、かつての存在を示す記念碑が建てられている。

大砲がかつて城塞があったことを伝える

■フォート・ウィリアム城塞跡
開随時

ネイチャー・アクティビティ

ウオーキング　フォート・ウィリアム周辺には、手軽に楽しめるウオーキングコースがたくさんある。❶で尋ねれば、それぞれの体力に合わせたコースを紹介してくれる。

ウインタースポーツ　グレンコーやベン・ネヴィスといったスコットランドを代表する大自然に恵まれたフォート・ウィリアムでは、ウインタースポーツも盛ん。ネヴィス・レインジ・スキー場もあり、道具一式のレンタルも可能。

フィッシング　フォート・ウィリアム近郊には、マスやサーモンが釣れるポイントが多い。釣りには海を除き、各エリアや湖ごとに許可証が必要だが、名前が“湖＝Loch”でも、地図で見て海と近くでつながっていれば許可証は不要。例えば、リニー湖Loch Linnheやグレンコーのリーヴェン湖Loch Levenなどでは許可証は不要。詳細は❶で確認を。

Old fortの標識をたどって行けば城塞跡にたどり着く

■アウトドアグッズ
●ネヴィスポート
Nevisport
Map P.321B
住High St., PH33 6EU
TEL(01397)704921
開9:00～17:30
（日9:30～17:00）
休12/25
アウトドアグッズを売る店はフォート・ウィリアムには多いが、ここは入口の掲示スペースに貼られた情報も多く、利用価値が高い。

ゴンドラが目印

SCOTLAND **FOOTPATH** ROUTE3

ウエスト・ハイランドの自然を気軽に楽しむ周遊ルート

フォート・ウィリアム ▶ カウ・ヒル

フォート・ウィリアムの町とリニー湖

Sハイ・ストリート周辺からスタートして南西方面へ進もう　1出発してしばらくはリニー湖を右に見ながら進む

ルートのポイント　フォート・ウィリアムはウエスト・ハイランドの中心的都市。ここを起点にさまざまなアウトドアアクティビティが楽しめる。町の背後にそびえるカウ・ヒルの周遊ルートは道案内がしっかりしていて歩きやすいおすすめルート。本格的なトレッキングやクライミングの前に足慣らしとしても最適だ。

WALKING DATA

スタート地点	フォート・ウィリアム →P.320、Map P.19D2
所要時間	3～4時間
コース総延長	9km
MAP	英国陸地測量部発行地図（→P.397） **Ordnance Survey 392**

2カウ・ヒルの頂上からはフォート・ウィリアムとリニー湖の美しい景色が広がる　3林を抜けた丘の東側からはベン・ネヴィス山などが見える
4ネヴィス川沿いにあるグレン・ネヴィス・ビジター・センター

SCOTLAND **FOOTPATH** ROUTE4

ロープウエイに乗って行く楽々絶景フットパス

ネヴィス・レインジ・スキー場

スクール・フィニスエグからの景色

S出発はロープウエイ駅。すぐ横にはマウンテンバイクの施設がある　1スクール・フィニスエグの頂上へは起伏のある道を進む　3ミル・ベグから見た標高1344mのベン・ネヴィス山

ルートのポイント　フォート・ウィリアムからバスで10分。登山はたいへんだけど、気軽に山からの景色を楽しみたい人におすすめなのがネヴィス・レインジ・スキー場。ロープウエイに乗り標高650mまで一気に上り、そこからウオーキングを楽しむ。ビューポイントまで続くフットパスはふたつあるが、どちらも往復1時間弱（ミル・ベグは片道30分、スクール・フィニスエグは片道20分）なので、両方を歩いて見比べるのも楽しい。どちらからもベン・ネヴィス山とフォート・ウィリアムの町を眺めることができる。

WALKING DATA

スタート地点	ネヴィス・レインジ・スキー場ロープウエイ駅 Map P.19D2（ベン・ネヴィス山）
所要時間	約1時間40分
コース総延長	3.8km
MAP	英国陸地測量部発行地図（→P.397） **Ordnance Survey 392**

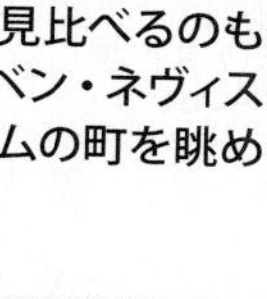

ネヴィス・レインジ・スキー場

ネヴィス・レインジスキー場はイギリスの中で最も高い所にあるスキー場だ。ロープウエイ駅からリフトを乗り継げば標高約1200mの地点まで上がることができる。スキー場は12～4月がシーズン。スキーやスノーボードの板やブーツ、ウエアの各種レンタルも可能。

■ネヴィス・レインジ・スキー場
🚌ロイ・ブリッジRoy Bridge、ネヴィス・レインジNevis Range行き41番が1日5～6便。冬期減便、所要約15分。
住Nevis Range, Torlundy, PH33 6SQ
TEL(01397)705825
URLwww.nevisrange.co.uk
開夏期10:00～17:00（7・8月は9:30～18:00）
冬期9:30～日没
休無休（11月中旬～12月中旬は運休）
料ロープウエイ1日券£21
リフト1日券£35.50、学生£23.50
スキーセット、ボードセットの1日レンタル£24.50
ウエアレンタル上下1日£18.50

SCOTLAND CLIMBING ROUTE1

英国最高峰 ベン・ネヴィス山に登る

グレン・ネヴィス・ビジター・センター▶ベン・ネヴィス山頂

ベン・ネヴィス山頂に到着。時間に余裕があれば視界が晴れるのを待ってみてもよい

ルートのポイント　標高1334mのベン・ネヴィスは英国最高峰の山。6～9月のシーズン中には多くの登山者が訪れる。頂上の気温は平均マイナス1℃で夏でも5℃、防寒具、雨具、地図、コンパス、非常用の食料や水といった準備はきちんとしておくこと。

ベン・ネヴィスの語源には、『雲に覆われた山』という説があり、頂上部が晴れ渡るのは年間60日程度。おおよそ1000m以上には雲がかかっていることが多い。もちろん晴れたときの頂上部からの景色は息をのむほど美しい。

振り返って途中の景色も楽しもう

登山口は川の反対側100mほど下流の橋を渡った所にある。

WALKING DATA

スタート地点　グレン・ネヴィス・ビジター・センター
Map P.19D2（ベン・ネヴィス山）

🚌フォート・ウィリアムからグレン・ネヴィスGlen Nevis行き41番が1日3～5便。冬期減便、所要約15分。

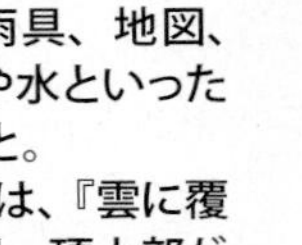

住Glen Nevis Visitor Centre, Glen Nevis, PH33 6PF
TEL(01397)705922
開3～6･9･10月9:00～17:00
7･8月8:30～18:00
11～2月9:00～15:00　休無休

所要時間　上り：4～5時間
下り：3～4時間

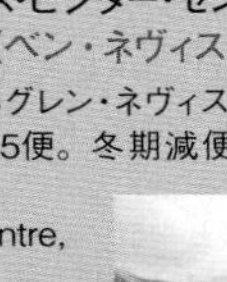

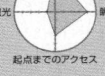

起点までのアクセス

コース総延長　往復16km

MAP　英国陸地測量部発行地図（→P.397）
Ordnance Survey 392

1

2

4

S

3

S出発地点近くを流れるネヴィス川
1登山道に入ると視界がどんどん開けた
2途中に見えるミール湖は標高約560m。時間がない人はここで戻ってもOK　3小さな滝があるあたりが標高700mの中間地点だ　4頂上が近くなると視界が悪いことが多い。ケルン(石積み)を頼りに迷わないように

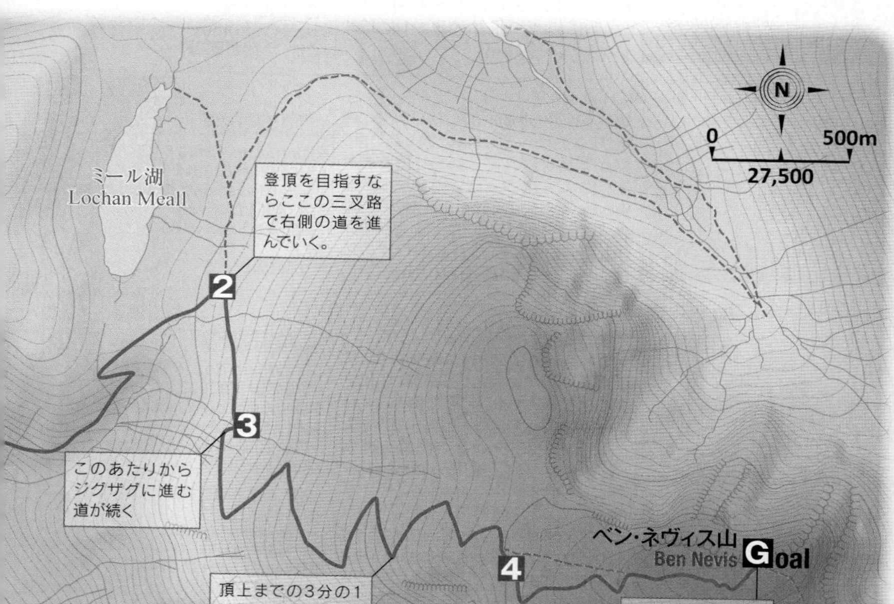

N
0
500m
27,500
ミール湖
Lochan Meall
登頂を目指すならここの三叉路で右側の道を進んでいく。
2
3
このあたりからジグザグに進む道が続く
頂上までの3分の1は石ころが続く足場の悪い道で、足を挫く人も多い。
4
ベン・ネヴィス山
Ben Nevis
Goal
頂上はとにかく寒いので防寒対策を

Hotel ホテル

中級ホテルは、ハイ・ストリート周辺に数軒点在している。B&Bは、ファシフェレン・ロードFassifern Rd.沿いにある。家族経営の居心地のよい宿が多い。

日本からホテルへの電話 国際電話会社の番号 + 010 + 国番号 44 + 市外局番の最初の0を取った掲載の番号

アレクサンドラ Alexandra Hotel

●ザ・パレードに面した3つ星ホテル。鉄道駅やバス停にも近く、立地は抜群。風格ある建物はフォート・ウィリアムのシンボル的存在。併設のレストランとビストロではハイランド産の食材を使ったステーキやグリルが楽しめる。エレベーターがあるので重い荷物があっても安心。

Map P.321B 中級 93室
1 The Parade, PH33 6AZ
TEL (01397)702241
FAX (01397)705554
URL www.strathmorehotels.com
£55〜90
£69〜139
£ A M V

ライム・ツリー Lime Tree

●1850年に建てられたかつての牧師館を利用した3つ星ホテル。館内にはアートギャラリーが入っており、国立美術館のコレクションを展示していたこともあるとか。受賞歴があるレストランも併設されている。レセプションは7:00〜23:00のオープン。

Map P.321A外 中級 10室
The Old Manse, Achintore Rd., PH33 6RQ TEL (01397)701806
URL www.limetreefortwilliam.co.uk
夏期£130〜150
冬期£80〜90
£ A J M V

クロアカン Cruachan Hotel

●町の南西にあるホテル。リニー湖を望むロケーション。半分近くの部屋から湖が眺められる。エレベータがあるので便利。一部バスタブ付きの部屋もある。天蓋付きベッドがある部屋もいくつかあるので、予約する際に希望を伝えておくといい。

Map P.321A外 中級 56室
Achintore Rd., PH33 6RQ
TEL (01397)702022 FAX (01397)702239
URL www.cruachanhotel.co.uk
£70〜
£150〜
£ D J M V

ベン・ネヴィス Ben Nevis Hotel & Leisure Club

●鉄道駅からBelford Rd.(A82)をベン・ネヴィス方面へ約1.5km。ネヴィス川に架かる橋を越えてしばらく行くとある。広々としたスイミングプールや充実したスパ施設が自慢で、カウ・ヒル(→P.324)を散策したり、蒸溜所を見学したりしながら休日を過ごすのにピッタリ。右記は調査時の実勢料金。

Map P.321B外 大型 119室
North Rd., PH33 6TG
TEL (01397)702331
URL strathmorehotels-thebennevis.com
£43〜60
£60〜100
£
A J M V

セント・アンドリューズ St Andrews Guest House

●駅から徒歩約8分。もとは学校だったという石造りの重厚な建物。庭も広く貴族の館のよう。部屋はゆったりとしたスペースがあり、落ち着いた色調の絨毯とカーテンにも品のよさが感じられる。シャワーのない部屋もあり、やや安くなる。11月初旬〜2月は休業。

Map P.321B ゲストハウス 7室
Fassifern Rd., PH33 6BD
TEL (01397)703038
URL www.standrewsguesthouse.co.uk
£55〜75
£75〜85
£ M V

オシアンズ Ossian's Accomodation

●ハイ・ストリートにあり、どこに行くにも便利な宿。部屋は広くはなく、設備も充実しているとはいえないが、料金を考えるとお得。料金に含まれている朝食はごく簡単なもので、周囲にはお店が多いので、外で朝食を楽しむのもいい。

Map P.321A 中級 27室
High St., PH33 6DH
TEL (01397)700857
URL www.ossians.com
£42
£65
£ J M V

Restaurant　レストラン

ハイ・ストリートを中心に、リニー湖で取れた魚介類を出すレストランやパブが豊富に揃う。なかには、バッグパイプとバイオリンの生演奏をBGMに、スコティッシュ・ダンス・ショーが楽しめる趣向を凝らした店もあり、ナイトライフも充実！

クランノッグ Crannog Seafood Restaurant

●リニー湖の畔にあるシーフードレストラン。一見カジュアルな雰囲気だが味は一流。素材の味を生かした上品な味わいが人気。メニューは地元の新鮮な海鮮や肉料理があり、コースランチは2品£16.95、3品£19.95。人気店なので特に夏は予約するのがよい。

Map P.321A　シーフード

住 Town Pier, PH33 6DB
TEL (01397)705589
URL www.crannog.net
開 12:00～14:30　18:00～21:00
休 11月中旬の2週間、1/1、12/25･26
£
M V

ガリソン・ウェスト Garrison West

●博物館の並びに2017年5月にオープンした隠れ家的なレストラン。月～金のランチは2品で£8もあり、店内のボードにチョイスが書かれている。メインディッシュは£9～22.50。店内にはバーエリアもあり、ドリンクのみの利用もおすすめ。

Map P.321A　英国料理

住 4 Cameron Sq., PH33 6AJ
TEL (01397)701873
URL www.garrisonwest.co.uk
開 11:00～深夜
料理のラストオーダー21:00
休 1/1･2、12/24～26･31
£　A J M V

ベン・ネヴィス Ben Nevis

●ハイ・ストリート沿いにある2階建てのパブ兼レストラン。1階のバーでは音楽の生演奏が定期的に行われ、2階のレストランでは、リニー湖の美しい眺めを楽しみながら伝統的なスコットランド料理が食べられる。店のおすすめは地元産の魚を使ったグリルやパイ。

Map P.321A　パブ

住 103 High St., PH33 6DG
TEL (01397)702295
開 バー12:00～翌1:00
(日12:00～24:00)
レストラン12:00～22:00（夏期のみ）
休 12/25
£　A D M V

グロッグ&グルーエル The Grog & Gruel Traditional Alehouse

●英国ではラガービールを置くパブが増えるなか、このお店からはクラフトビールを強力にサポートしたいという心意気が感じられる。エールを中心に100種類以上のボトルを扱っている。ここ数年のおすすめはケアンゴームだとか。上階はレストランになっている。

Map P.321A　パブ

住 66 High St., PH33 6AD
TEL (01397)705078
URL www.grogandgruel.co.uk
開 バー12:00～23:00
(金･土12:00～24:00)
レストラン12:00～21:00
休 12/25　£　J M V

ザ・グレート・グレン The Great Glen

●300人は収容可能な広々とした明るい店構えのチェーン系パブ。ビールは1パイント£2～、朝食セット£3.99～、ピザはソフトドリンク付きで£6.95～と手頃な価格帯なので若い世代を中心に人気が高い。専用アプリを用いての注文をすすめているが、カウンターでもオーダーできる。

Map P.321A　パブ

住 104 High St., PH33 6AD
TEL (01397)709910
URL www.jdwetherspoon.com
開 7:00～24:00（金･土7:00～翌1:00）
休 無休
£　J M V

ホット・ロースト・カンパニー The Hot Roast Company

●ビーフやポーク、ターキーなどに、ラズベリーやリンゴといった甘酸っぱいソースを組み合わせたホットロール(£4.95～)が名物の人気店。具もたっぷりで食べ応えがある。テイクアウエイして、リニー湖を望むベンチでランチ(£3.25～)をとるのもおすすめ。

Map P.321A　ファストフード

住 127 High St., PH33 6DG
TEL (01397)700606
開 9:00～15:00
休 日、1/1～14、12/25･26
£
D J M V

フォート・ウィリアムから足を延ばして

近郊の旅

蒸気機関車で絶景を走る！

ウエスト・ハイランド鉄道

フォート・ウィリアム～マレイグ間の全長68kmを走る
ウエスト・ハイランド鉄道は、1894年に開通した単線。
何といまでも開通当時さながらに、ジャコバイト号という蒸気機関車
Jacobite Steam Trainが走っており、
鉄道ファンの憧れの列車として知られている。

ジャコバイト号

ジャコバイト号 Jacobite Steam Train

乗車時間は約2時間。なかでも最大の見どころは、フォート・ウィリアムから約1時間ほどの地点で進行方向左側に現れるグレンフィナン高架橋Glenfinnan Viaductだ。これは世界最古のコンクリート製高架橋で、高さ30m、長さ381mにも及ぶもの。映画『ハリー・ポッターと秘密の部屋』にも登場している。橋がきれいにカーブを描いているため、最後部の車両に乗れば、この高架橋を渡るときに、モクモクと煙を上げて進む機関車の先頭車両が車窓から眺められる。その雄姿は、周囲の山並みを背景にして、まるで絵のように美しい。

その後、すぐ左側に見えてくる塔がグレンフィナン・モニュメントGlenfinnan Monument、そしてここで旗揚げをしたボニー・プリンス・チャールズの像。帰りの機関車は、ここで20分間停車するので、タワーに上り、博物館も見学できる。

再び列車に乗り、岩がそそり立つ渓谷に入って行くあたりは、この線を敷いたロバート・マカルピンRobert McAlpineの息子が、岩盤爆破工事で重傷を負った所。知らせを聞いた父は、まだレールが敷かれたばかりの所へむりやり機関車を乗り入れて徹夜でグラスゴーから駆けつけ、息子の命を救ったという。

観光地として人気のアリセイグArisaigを過ぎ、左に海、右にモラー湖Loch Morarを見る最後の橋もなかなか壮観。この近辺の湖はすべて、地下深くでつながっているという説にも何となくうなずける。列車は、湖を過ぎるとほどなくマレイグに到着。同じ列車が往復するので、日帰りも可能だ。

映画にも登場した高架橋

TRAVEL DATA トラベル・データ

■ジャコバイト号
6～9月のシーズン中は混むので下記の予約専用ダイヤルにて予約必須。空席があれば乗車当日に列車の乗車口で車掌から直接購入できる。
運行：午前便は4/9～10/26の月～金、6/2～9/30は毎日。午後便は5/14～9/14の月～金、6/16～9/2は毎日運行。
午前便フォート・ウィリアム発10:15、マレイグ発14:10
午後便フォート・ウィリアム発14:30、マレイグ発18:38
料片道£36（2等のみ）　往復1等£65、2等£43
TEL (01524)732100
URL www.westcoastrailways.co.uk

ハイランドらしい景色が広がる渓谷

グレンコー Glencoe

●市外局番01855　●人口500人

美しい湖とバラフーリッシュの村

フォート・ウィリアムの南に位置するグレンコーは、スコットランドで最も美しいといわれる峡谷。3つの連続した頂“スリー・シスターズThree Sisters”をはじめ、緑の谷の両側には標高1000m前後の山並みが連なり、スコットランドを代表するドラマチックな景観が広がっている。また、ここは歴史上でも意味深く、1692年、オレンジ公ウィリアムへ忠誠宣誓書を納める期日に数日遅れたマクドナルド一族が皆殺しにされた、“グレンコーの大虐殺Massacre of Glencoe”の場所としても知られる。

歩き方

グレンコーには中心となる町はない。多くの旅行者はフォート・ウィリアムから日帰りしているのが現状だ。ホテルやゲストハウスがある比較的大きな村は、🅘があるバラフーリッシュBallachulishとグレンコー村のふたつ。グレンコー村には、伝統的なこの地域の暮らしに関する展示を行うグレンコー&ノース・ローン民俗博物館Glencoe & North Lorn Folk Museumがある。ナショナル・トラストが運営するグレンコー・ビジターセンター Glencoe Visitor Centreは、グレンコー村の南2kmにあり、ビデオや写真など趣向を凝らした展示が見学できるほか、登山、ウオーキングに関する情報なども入手できる。比較的容易なウオーキングコースは、ビジターセンターからA82を1.6kmほど東に進んだ駐車場からスタートするもので、シグナル・ロックSignal Rockまで行く1.5kmのコース。ビジターセンターで解説付きの地図が購入可。

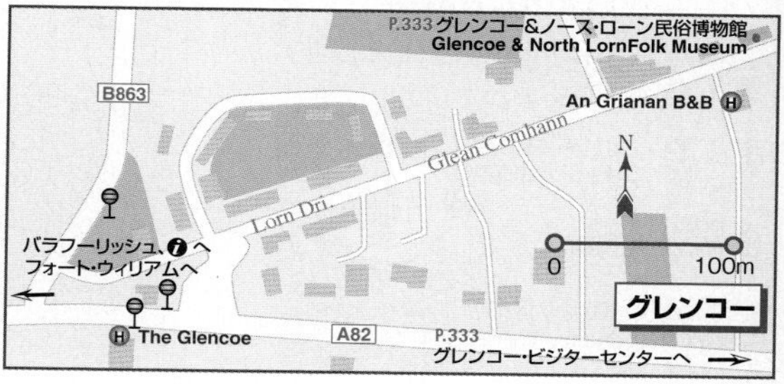

❖グレンコーへの行き方

●フォート・ウィリアムから

🚌シティリンク、ステージコーチ合わせて1日数便。日曜減便。シティリンクは、グラスゴー行きがバラフーリッシュ、グレンコー村、ビジターセンターと経由する。ステージコーチ44番のバスはバラフーリッシュ、グレンコー・ジャンクションGlencoe Junctionのみで、ビジターセンターへは行かないので注意。

■バラフーリッシュの🅘

Map P.333外
住Ballachulish, PH49 4JB
TEL(01855)811866
URLwww.glencoetourism.co.uk
開4～10月9:00～17:00
　11～3月の日曜10:00～16:00
休11～3月の月～土、12/25

■グレンコー&ノース・ローン民俗博物館

Map P.333
住Main St., Glencoe, PH49 4HS
TEL(01855)811664
URLwww.glencoemuseum.com
開10:00～16:30
(入場は閉館の30分前まで)
休日、11～3月
料£3　学生£2

■グレンコー・ビジターセンター

Map P.333外
TEL(01855)811307
URLwww.nts.org.uk
開4～10月9:30～17:30
　11～3月10:00～16:00
　入場は閉館の45分前まで
休11～3月の月～水、12/18～26
料展示£6.50　学生£5

SCOTLAND **CLIMBING ROUTE2**

グレンコー村の裏山 スクール・ナ・キーチャへ

グレンコー村 ▶ スクール・ナ・キーチャ

S出発地点の村からもスクール・ナ・キーチャの頂が見える
Gスクール・ナ・キーチャの標高は742m。リーヴェン湖と山々が見渡せる

ルートのポイント ハイランドらしい荒涼とした風景が広がるグレンコー渓谷は『ハリー・ポッター』など映画のロケ地にもなった風光明媚な土地。公共交通の便がよくないので、レンタカーなどがないと回りづらいが、グレンコー村の背後にそびえるスクール・ナ・キーチャならアクセスがいい。頂上からは真下に広がるリーヴェン湖の眺めを楽しめる。

WALKING DATA

スタート地点	グレンコー村 →P.333、Map P.19D2
所要時間	上り：2〜3時間 下り：1〜2時間
コース総延長	往復8km
MAP	英国陸地測量部発行地図（→P.397） **Ordnance Survey 384**

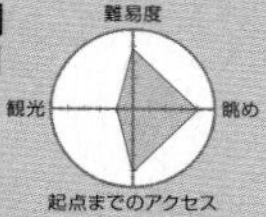

1村のメインストリートをしばらく行って橋を渡ったら左へ　**2**おわん型の山が柵の向こうに見える。登山道は次第に細くなる**3**視界が開けて眺めが良くなるが足場に注意して進んでいこう　**4**頂上付近は岩が多い

スカイ島やヘブリディーズ諸島への入口

マレイグ Mallaig

●市外局番01687　●人口730人

❖マレイグへの行き方

●フォート・ウィリアムから

🚃8:30*、12:12、16:19、22:11（*日曜運休）。これに加えて4月上旬〜9月下旬はジャコバイト号（→P.332）が1日1〜2便運行。

🚌シール社Sheilが運行
月〜金8:50 13:25、15:30、17:40、土15:30、日13:30
所要:1時間30分

■マレイグのⓘ
（Mallaig Visitor Centre）
Map P.337A
みやげ物店だが周辺の観光資料なども置いている
住Main St., PH41 4QT
開4〜10月9:00〜19:00
　11〜3月10:00〜16:00
休11〜3月の日曜、
　1/1･2、12/25･26

マレイグは、オーバンと並ぶ重要な漁港として知られる静かな港町。旅行者にとってはスカイ島をはじめとする島々へ渡る拠点でもあり、朝早いフェリーや、人気アトラクションの蒸気機関車のジャコバイト号に乗るために滞在する人が多い。

また、マレイグの北側に位置するノイダート半島Knoydartは、まさに「陸の孤島」と呼ぶにふさわしい所。本土にあるにもかかわらずフェリーが唯一の交通手段で、人口もわずか50人ほど。

スカイ島へのフェリー

カレドニアン・マクブレイン Caledonian MacBrayne

住Ferry Terminal, PH41 4QD　TEL(01687)462403　URLwww.calmac.co.uk

●マレイグ→アーマデイル Armadale（スカイ島）

出発:3月末〜10月末1日9〜11便（日曜6〜8便）、10月末〜3月末8:40、16:00（日16:00）発　所要:30分
休12/25･26、1/1･2　料£3　乗用車£9.95

周遊割引があるので、スカイ島からほかの島へ行く場合は割引が適用されるか確認しよう。アーマデイルに着くと、フェリーの到着に合わせてポートリー Portree行き52番のバスが出る。地元の人たちの生活用路線でもあり、便数の少ない冬期は混雑することもあるので、車を積み込むときは予約するほうが無難。

ノイダート半島へのクルーズ

ウエスタン・アイルズ・クルーズ Western Isles Cruises

住Western Isles, East Bay, PH41 4DD　TEL(01687)462233
URLwww.westernislescruises.co.uk　開9:30〜10:10、13:30〜14:10
運行:チャーター可能（要予約）

●ノイダート・フェリー Knoydart Ferry

出発:4〜10月7:30、10:15、14:15、18:00（日8:30、10:30、14:15、18:00）　所要:1時間35分　料£20
ノイダート半島のインヴァリー Inverieを訪れる。

●1時間クルーズ 1 Hour Wildlife Cruise

出発:5･9･10月12:45、14:30、17:00発　6〜8月12:45発　所要:約1時間　料£12
ジャコバイト号の出発に合わせたクルーズ。

歩き方

駅を出て、南北に延びるステーション・ロードStation Rd.を南へ行くと、すぐ左側に港が見える。ステーション・ロードは港近くの交差点を越えたあたりからイースト・ベイEast Bayと名を変え、B&Bなどが点在する町の南へと続いている。

レストランやB&B、銀行などもイースト・ベイに集中しており、すべてが徒歩5分圏内にある。また、マレイグにはバスターミナルがないため、フォート・ウィリアム行きバスは、メイン・ストリート沿いのバス停に発着する。

フォート・ウィリアム～マレイグ間にあるグレンフィナン高架橋は映画『ハリー・ポッター』でおなじみ

スカイ島へ行くフェリー

見どころ

小さな港町なので、フェリーの待ち時間でも見どころは回れてしまう。時間があればノイダート半島へのクルーズなどにも参加してみたい。

港の暮らしがわかる

Map P.337A

マレイグ・ヘリテージセンター Mallaig Heritage Centre

ヘリテージセンター

駅前にある小さな博物館。マレイグ周辺の歴史や生活を、写真やビデオなどを使って紹介している。内部には、ジャコバイト号の蒸気機関車製造に関する資料や写真のほか、この地域の地場産業でもある漁業に関する展示品も多い。なかには、まるで宇宙服のような昔の潜水服なども展示されており興味深い。最初にここを訪れておけば、町歩きがいっそう有意義なものになる。

■マレイグ・ヘリテージセンター
住Station Rd., PH41 4PY
TEL(01687)462085
URLwww.mallaigheritage.org.uk
開4～6·10·11月
11:00～16:00
7～9月11:00～1800
休11月の日曜、12～3月
料£2.50　学生£2

ヘリテージセンターの展示

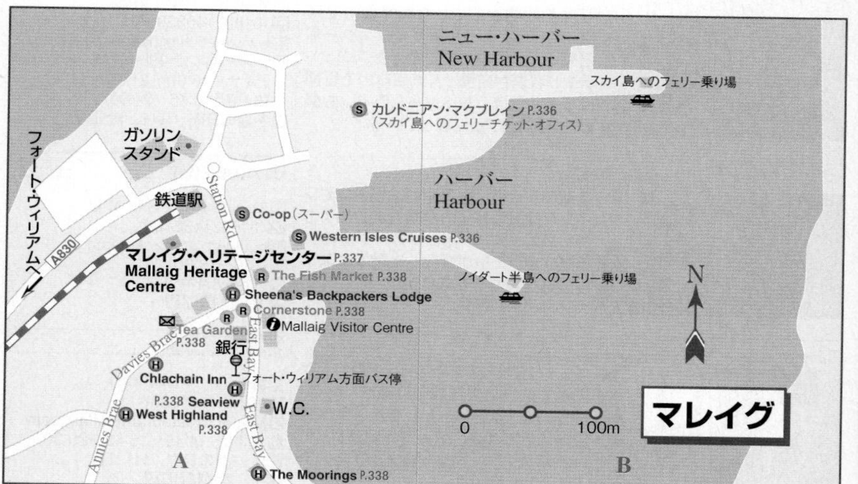

Hotel & Restaurant ホテル&レストラン

スカイ島などへ行く起点となるため、安くて快適な宿がたくさんある。地元で取れた鮮度抜群のシーフードは格別。料理も本格的だ。

日本からホテルへの電話 国際電話会社の番号 + 010 + 国番号44 + 市外局番の最初の0を取った掲載の番号

ウエスト・ハイランド West Highland Hotel

TV 無線LAN

●マレイグの町や海を見渡す高台にある、町のランドマーク的存在。シービューの部屋は全体の半分ほど。料金は変わらないので、可能なら眺めのいい部屋をリクエストしよう。また、一部バスタブ付きの部屋もある。レストランではシーフードをふんだんに使ったスコットランド料理が楽しめる。

Map P.337A 中級 40室

住Mallaig, PH41 4QZ
TEL (01687)462210
URL www.westhighlandhotel.co.uk
£67.50～
£95～
£
D M V

シービュー Seaview B&B

TV 無線LAN

●ⓘの斜め向かいにある。部屋ごとにベッドリネンの色調やインテリアが異なり、明るい雰囲気で心地よい。落ち着いた雰囲気のダイニングルームでいただくフル・スコティッシュの朝食はスモークサーモンなどもアレンジ可能でボリュームたっぷり。シャワー共同の部屋は2室。通年営業。

Map P.337A B&B 4室

住Main St., PH41 4QS
TEL (01687)462059
URL www.seaviewguesthousemallaig.com
£45
£75～80
£80～90
£ 不可

モーリングズ The Moorings Guest House

TV 無線LAN

●クリーム色の外観が目印で、看板にはBed&Breakfastと表示されている。客室はアザミやタータン、ハイランドの野生動物などをモチーフにしている。朝食は、定番の卵やソーセージ、ベーコンなどのほか、地元産キッパーズ(ニシンの燻製)など4～5種類から選べ、ボリューム満点。

Map P.337A ゲストハウス 6室

住East Bay, PH41 4QF
TEL&FAX (01687)462225
URL www.themooringsmallaig.co.uk
£80～
£90～
£
不可

フィッシュ・マーケット The Fish Market

●店内はカジュアルな雰囲気で、抑え気味の照明がおしゃれな雰囲気を演出している。ムール貝やロブスターなどマレイグ産の食材を使ったスコットランド料理が自慢。人気店なので夏期は予約したほうがベター。ワインも豊富。2階はカフェになっている。

Map P.337A シーフード

住Main St., PH41 4PS
TEL (01687)462299
URL www.thefishmarketrestaurant.co.uk
開ランチ通年12:00～15:00
ディナー18:00～21:00
(6～8月16:45～21:00)
休冬期の日曜 £ M V

ティー・ガーデン The Tea Garden

●駅のすぐ横にある手軽にビールやワインを飲みながらの食事を楽しめるカフェレストラン。特にマレイグ産のプラウンカクテルが好評。上階はホステルの客室になっており1泊£22～。キッチンの利用も可能。

Map P.337A カフェ

住Station Rd., PH41 4PU
TEL (01687)462764
URL mallaigbackpackers.co.uk
開9:00～18:00
休11月～3月中旬
£ J M V

コーナーストーン Cornerstone Restaurant

●ムール貝やロブスターなどマレイグ近海で取れた良質な魚介類を、焼く・蒸す・揚げるといった、さまざまな調理法で楽しめる。メインの料理は£15～25前後。フィッシュ&チップスのテイクアウエイも可。

Map P.337A シーフード

住Main St., PH41 4PU
TEL (01687)462306
URL seafoodrestaurantmallaig.com
開12:00～14:45 16:45～20:30
休9～4月の日曜、11～2月
£ A J M V

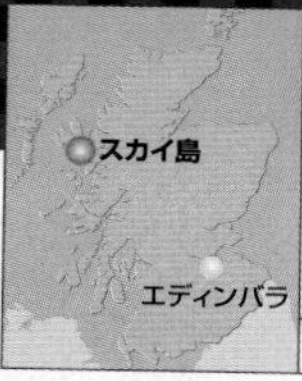

インナー・ヘブリディーズ諸島最大の島

スカイ島 Isle of Skye

●市外局番01478　●人口8800人

荒々しい景観が続く、オールド・マン・オブ・ストールへのウオーキングコース

「スカイ島」とは、「翼のある島」の意。地図で見れば一目瞭然、まるで島が翼を広げたような形をしている。ヘブリディーズ諸島で最大の島でもある。島に着くなり目につくのは、ゲール語と英語が併記された標識。現在もゲール語が日常の言葉として使われており、島の人々は自分たちのルーツにたいへんな誇りをもっている。スコットランドの魅力のすべてを凝縮した所ともいわれ、島に散在する風光明媚な景観や城巡りをはじめ、ハイキング、釣りといった各種アウトドアスポーツを思う存分楽しむことができる。

モデルルート

広範囲に点在する見どころを効率よく回るには、タクシーやツアーを組み合わせるのがポイント。まる1日をウオーキングに充てるのもよい。公共交通機関は限られており、バスだけですべての見どころを回るのは困難。時間がない場合は1日1～2ヵ所に的を絞った計画を立てよう。

レンタカーで回るスカイ島たっぷり1日ドライブコース

ポートリー（A855）➡オールド・マン・オブ・ストール➡キルト・ロック➡スカイ島暮らしの博物館➡ウイグ（A87）➡ポートリー

ポートリーを起点にA855、A87でトロッタニッシュ半島を走るコースは、スカイ島らしい雄大で変化に富んだ景色を存分に楽しめる。美しい風景の連続だが、北部には美しい砂浜や城跡もあるので見逃さないでほしい。大自然がメインのコースなので、車窓から景色を眺めるだけでなく、車を降りて自分の足で歩いてみよう。コースの全長は約80km、走るだけなら2時間ほどだが、ゆっくり1日かけて楽しみたい。全体的に荒れた道路の多いスカイ島だが、北部は道幅が狭くすれ違いが困難な場所も多いので、運転は慎重に。

❖スカイ島（ポートリー）への行き方

本土とスカイ島を結ぶ島の玄関口はカイルアキンKyleakinとアーマデイルArmadaleの2ヵ所。前者はスカイ・ブリッジで、後者はカーフェリーで対岸とつながっている。スカイ・ブリッジは徒歩でも渡ることができ、眺めがすばらしい。

●マレイグから

⛴(→P.336)

●インヴァネスから

🚌8:45、17:35発
所要:約3時間(ポートリーまで)

●フォート・ウィリアムから

🚌10:00、14:00、18:40
所要:約3時間(ポートリーまで)

■スカイ島のⓘ(ポートリー)

宿の予約は手数料£4とデポジットとして宿泊料金の10%が必要。長距離バスチケットも販売。

Map P.340右
住Bayfield House, Bayfield Rd., IV51 9EL
TEL(01478)612992
URLwww.visitscotland.com
開3月下旬～5月下旬
9月中旬～10月下旬
9:00～17:00
(日10:00～16:00)
6月上旬～6月中旬、
9月上旬～中旬
9:00～18:00
(日10:00～17:00)
6月下旬～9月上旬
9:00～18:30
(日9:00～17:00)
10月下旬～3月下旬
9:30～16:30
※毎週水曜は10:00～
休10月下旬～3月下旬の日曜、1/1·2、12/25·26

ポートリーのⓘ

■タクシー

サマレッド・スクエアの東側でひろうことができる。観光用にチャーター可。

シティリンクやステージコーチのバスが発着するサマレッドスクエア

■レンタカー会社
●M2モーターズ
M2 Motors
地図外
ポートリーの町の中心から北へ約1.5km、ダンヴェガン・ロード（A87）沿いにある。
住Portree, IV51 9HL
TEL(01478)613344
URLwww.m2-motors.co.uk
料1日£38〜

シーズン中はクルーズ船も各種出ている

歩き方

◉ポートリー　スカイ島最大の町でもあり、島内観光の拠点として多くの観光客が訪れる。

ポートリーの港

町の中心から港のほうへ坂道を下っていくと、防波堤のように突き出ている半島がザ・ランプThe Lump。町の中心は、各地からのバスが発着するサマレッド・スクエアSomerled Sq.。銀行やタクシー乗り場などもこの広場に面してある。広場の北側に延びるウェントワース・ストリートWentworth St.は、200mほどの間にみやげ物屋、レストラン、商店などが集中する町で一番にぎやかな通り。ⓘはサマレッド・スクエアの南側を走るザ・グリーンThe Greenという通りにあり、広場からも徒歩3分ほどだ。

市内交通

◉バス　島内を走るのはステージコーチ社Stagecoachのローカルバス。ただし、バスの便数は多くて1日6便程度、日曜は運休で、しかも冬期は便数も減るため、時間がない人には向かない。運転手に行き先を言えば、適当な所で降ろしてくれる。

◉レンタカー　島の移動手段として最も効率的なのは、気の向くままに移動できるレンタカーだ。島は南北に縦断しても片道およそ2〜3時間。交通量も少ないので、羊の群れを眺めながらの快適なドライブが楽しめる。

見どころ

スカイ島は見どころも充実している。ウオーキングやドライブなどでスカイ島の美しい自然を満喫することも忘れずに。

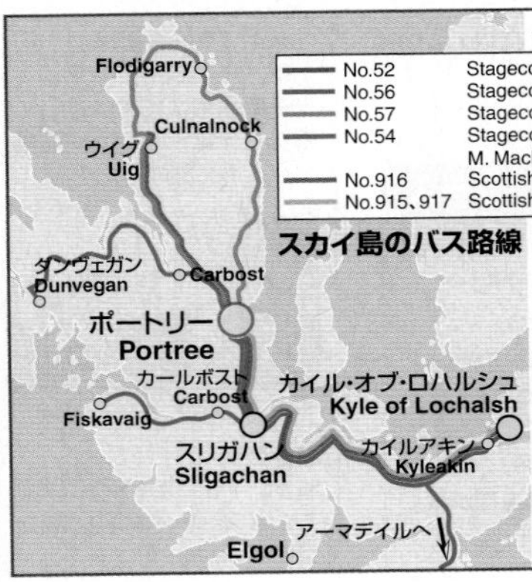

奇跡の旗が保管されている

ダンヴェガン城と庭園 Dunvegan Castle & Gardens

Map P.343

ダンヴェガン城

700年以上も前に建てられた、勇猛果敢を誇ったマクラウドMacleod家の居城。ボニー・プリンス・チャーリーの巻き毛や、妖精からこの一族を祝福して授けられたといわれている巨大な角の盃など、興味深い品々が展示されている。なかでも客間にある1300年前の旗、フェアリー・フラッグFairy Flagは必見。これは、一族を幾度もの窮地から救ったとされる曰くつきの旗。夏期なら、城前から出発するボートトリップに参加して、アザラシウオッチングを楽しむのもおすすめ。

島の美術館

トロッタニッシュ・アート・ギャラリー Trotternish Art Gallery

Map P.343

スカイ島の風景や人々の暮らしを描いた絵画のコレクションがすばらしいギャラリー。四季折々の風景を見事に撮った写真もすばらしい。

昔の島の生活風景を再現

スカイ島暮らしの博物館 Skye Museum of Island Life

Map P.343

島の人々の生活の変遷を伝える博物館。茅葺き屋根と石積みの壁で造られた博物館の建物は、この地方の伝統的家屋を再現したものだ。200年前は人も家畜もこのような建物の中で一緒に暮らし、食べ物がなくなると豚の血を採って蒸し、固めて食べたそうだ。これがブラック・プディングの起源。博物館の裏にはボニー・プリンス・チャーリーを助けたフローラ・マクドナルドの墓もある。

スカイ島の伝統家屋

深い味わいのウイスキー

タリスカー蒸溜所 Talisker Distillery

Map P.343

海際にあるウイスキー蒸溜所。製造過程を見学できるガイドツアーは20分おきに行われていて、試飲もある。蒸溜所の歴史をわかりやすく解説した展示室やショップなどもある。

タリスカー蒸溜所

■ダンヴェガン城と庭園

サマレッド・スクエアから56番が10:15、13:30発。日曜運休。所要:約40分

住 Isle of Skye, IV55 8WF

TEL (01470)521206

URL www.dunvegancastle.com

開 4～10月中旬10:00～17:30

休 10月中旬～3月

料 £14　学生11

庭園のみ£12　学生£9

一部不可

●ボートトリップ

開 4～9月

料 £10　学生£7

■トロッタニッシュ・アート・ギャラリー

ポートリーからA855を北へ約40kmの所にある。

サマレッド・スクエアから57番が9:10、12:10、13:25発。日曜運休、所要約45分。

住 Kilmaluag, Duntulm, IV51 9UQ

TEL (01470)552302

URL www.art-skye.co.uk

開 10:30～17:00

休 不定休　料 無料

トロッタニッシュ・アート・ギャラリー

■スカイ島暮らしの博物館

サマレッド・スクエアから57番が9:10、12:10、13:25発。日曜運休、所要約50分

住 Kilmuir, IV51 9UE

TEL&FAX (01470)552206

URL www.skyemuseum.co.uk

開 9:30～17:00

休 日、9月下旬～イースター

料 £3

■タリスカー蒸溜所

サマレッド・スクエアからM. Macdonald社のバス(608番)でカールボストCarbost下車。月～金12:50発、土・日は運休

住 Carbost, IV47 8SR

TEL (01478)614308

URL www.malts.com

開 11～2月10:00～16:00

3～10月9:30～17:00

(日10:00～17:00)

休 不定休

●蒸溜所見学ツアー

所要45分～1時間　料 £10

工場内不可

近郊の見どころ

湖に城が浮かぶ幻想的な風景

Map P.23C3

アイリーン・ドナン城 Eilean Donan Castle

スコットランドが誇る名城、アイリーン・ドナン城

　ネス湖とスカイ島を結ぶA27を車で進むと、湖に城が浮かぶ不思議な風景を目にするだろう。これがスコットランドで最も美しいと噂されるアイリーン・ドナン城だ。

　ドナンという名は7世紀にこの地を広めた聖ドナンSt Donnán of Eiggから来ている。島に城が建てられたのは13世紀頃だが、18世紀のジャコバイトの反乱の際に城は壊されてしまい、現在見られる姿は20世紀に修復したもの。本棟のバンケティング・ホールには美しいアンティークが多く飾られており、中世の世界を再現したかのようだ。

■アイリーン・ドナン城
🚌サマレッド・スクエアからシティリンク915、917番が7:30、9:00、10:15、17:50発。Dunan, at Housesで下車。
所要:約1時間30分
住Dornie, IV40 8DX
TEL(01599)555202
URLwww.eileandonancastle.com
開3/29〜10/26
　10:00〜18:00
　10/27〜3月下旬
　10:00〜16:00
休1月、12/24〜26·31
料£10　学生£9

本棟にあるバンケティング・ホール

入口にあるステンドグラス

バードウォッチングも楽しめる

ネイチャー・アクティビティ

　スカイ島へ渡るフェリーやバスに乗ると、大きなザックにハイキングブーツといったいでたちの旅行者が次々に乗り込んでくる。それもそのはず、スカイ島はスコットランドの中でも屈指

ポートリー発のツアー

M.V.スターダスト M.V. Stardust

住Portree Harbour, IV51 9DD　📱07798 743858　URLwww.skyeboat-trips.co.uk

申し込みは港にあるハーバー・フィッシュ&チップス（→P.348）で。ポートリー湾を中心に巡るクルーズと、ラーセイ海峡をより幅広く巡る2種類のコースがある。野鳥やイルカを探しながら移動するので、時期によって見られるものやコースは異なる。冬期は4人以上で催行。12:00、14:00のみ。

●ポートリー湾クルーズ Portree Bay Trip
　出発:10:00、12:00、14:00、16:00（夏期は場合により18:00も）　所要:2時間　料£20

●ラーセイ海峡 Sound of Raasay Trip
　出発:10:00、12:00、14:00、16:00（夏期は場合により18:00も）　所要:2時間　料£25

ツアー・スカイ Tour Skye

住Somerled Sq., Portree, IV51 9EH　TEL(01478)613514　URLwww.tourskye.com

ミニバスでスカイ島の見どころを周るツアー。スカイ島を知り尽くしたスタッフがドライバー兼ガイドとして、島の各所を案内してくれる。写真を撮りたい、ツアー途中でトレッキングをしたいなどの希望にも、柔軟に対応してくれ、希望があればコースにないポイントにも連れていってくれる。ツアーのコースは季節や時間帯によってさまざまなので、スケジュールや料金は要確認。予約の際に希望を伝えれば、可能なかぎり対応してくれる。

のアウトドア天国として知られ、特に天候の安定する5～9月はたくさんの人が訪れる。どこまでも広がる緑の丘を駆け巡り、アクティブな休日を過ごそう。

フィッシング　島のあちこちにはいくつもの湖や清流があり、おもにマスやサーモンなどが釣れる。なかでもポートリーから近くて観光客にも人気なのが、ストール湖Storr Loch。ここではブラウン・トラウトがターゲットだ。釣りにはエリアごとに許可証が必要。ストール湖の許可証はポートリーの❶近くにあるアウトドアショップInside Out(Map P.340右)で入手できる。

ハイキング　島内にはいくつものウオーキングルートがあり、2～3時間の初心者向けから、本格的なロッククライミングまで実にさまざま。各自の体力と経験に応じて選ぶことができる。❶ではウオーキング用の地図やガイドブックを販売しているほか、各ルートや天気などの情報も入手できるので、おおいに活用しよう。ただし、安全面からもふたり以上で行動し、水や食料は必ず多めに持参すること。

■ストール湖
Map P.343
🚌ポートリーのサマレッド・スクエア 発57A番。6:55、7:05、9:10、12:10、15:40、17:50発、日曜運休、所要20分。戻りは57Cを利用。
🚗ポートリーのサマレッド・スクエアから約15分
※ストール湖の釣りシーズンは4～9月。詳細は確認を。

ストール湖は人気のフィッシング・ポイント

スカイ島を代表する絶景スポット　Map P.343

フェアリー・プールズ Fairy Pools

インスタ映えする場所として、近年注目を集めている

フェアリー・プールズは、背後にそびえる荒々しいクィリン・ヒルズと、天然のプールに湛えられた透明度の高いクリスタル・クリアな水とのコントラストが素晴らしく、まさに妖精のプールという名がぴったりの絶景スポット。以前はそれほど知られていなかったが、ソーシャルメディアによってその美しさが広く知れ渡り、訪問者数が急増した。駐車場からは約2.5km離れており、途中川沿いに滝などを見ながら歩いて行く。ルートに起伏は少ないものの、ところどころ滑りやすい所もあるので、トレッキング用の靴を履くなど、それなりの装備を整えておくこと。水はかなり冷たいが、7·8月など、夏の天気のよい日には、水遊びも楽しめるので、水着を持って行くとよいだろう。

■フェアリー・プールズ
拠点となるのはスリガハンSligachanだが、そこからフェアリー・プールズまでの公共交通機関がないので、レンタカーなどがない人は、ポートリーからツアーに参加しよう。

SCOTLAND **FOOTPATH ROUTE5**

スカイ島の自然に触れる お散歩コース

ポートリー　スコリーブレイ・サーキット

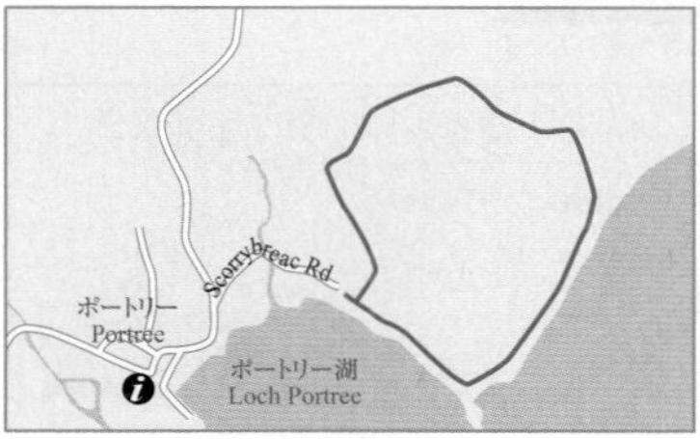

ルートのポイント　スカイ島はインナー・ヘブリディーズ諸島で最大の島。起伏に富んだ地形と荒涼とした景色を求め、多くのクライマー、トレッカーが訪れる。時間がない人はバスツアーなどを利用して効率よく回ることができるが、ほんの少しでも自分の足でこの地の自然を踏みしめたい。スコリーブレイ・サーキットは、スカイ島の主要都市ポートリーから気軽に楽しめるおすすめコースだ。

WALKING DATA

スタート地点	ポートリー →P.340、Map P.23C3
所要時間	1〜2時間
コース総延長	3km
MAP	英国陸地測量部発行地図（→P.397） **Ordnance Survey 410**

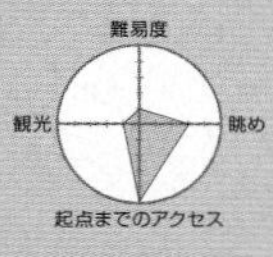

ニコルソン・クラン・メモリアルから見たポートリー湖

Sボート・クラブの先がスタート地点　1途中でポートリー方面を振り返るとカラフルな建物が並ぶボスヴィル・テラスが見える　219世紀前半までこのあたりを所有していたニコルソン家の記念碑のある丘からの眺め　3海岸沿いの道はスカイ島らしい険しい海岸線の風景が続く　4内陸のコースは打って変わり、のどかな牧草地帯　5林を抜けるとスタート&ゴール地点

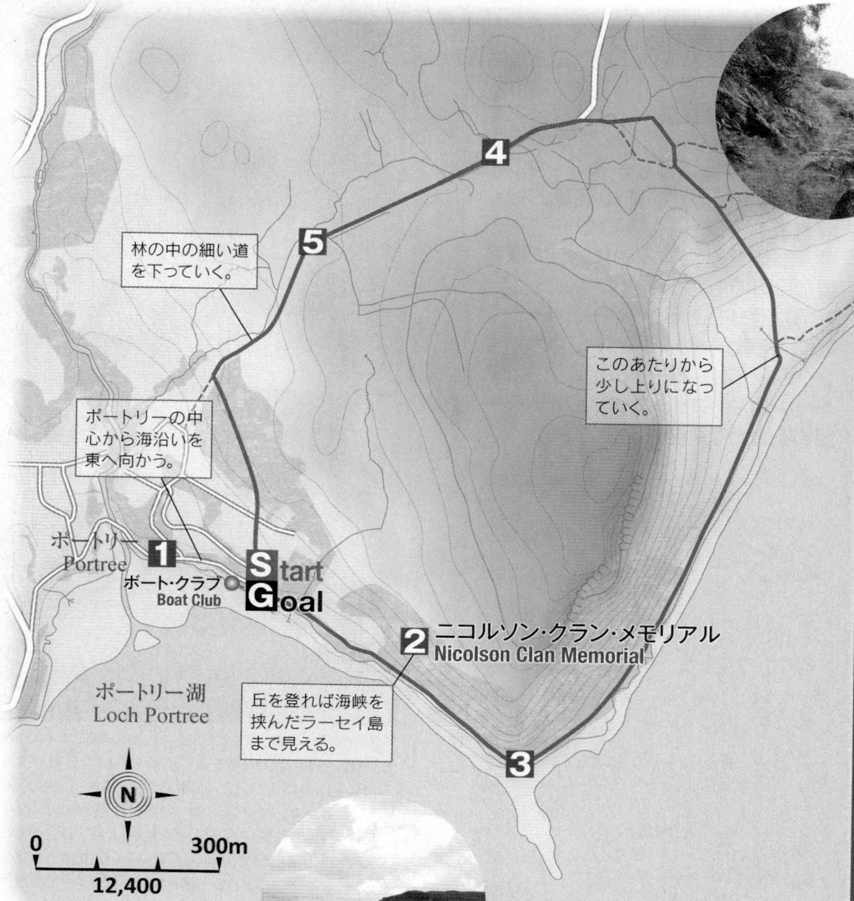

SCOTLAND CLIMBING ROUTE3

孤高の巨岩 オールド・マン・オブ・ストールを眺める

オールド・マン・オブ・ストール、ストール山

ルートのポイント　ポートリーからA855を北へ約8km、左前方にそそり立つ岩の尖塔がオールド・マン・オブ・ストールだ。その姿は、遠く離れた場所からも確認でき、その昔、周辺を航海する船にとっては重要な目印でもあった。

急な登りもあるが、ポートリーから近く、比較的トライしやすいウオーキング・コース。ストール山頂からはストール湖やトロッタニッシュ半島を一望する雄大な眺めを堪能できる。

WALKING DATA

スタート地点　オールド・マン・オブ・ストール駐車場
→P.340、Map P23C3（ポートリー）

ポートリーから駐車場近くのバス停まで57Aのバスが1日4便（日曜運休）。戻りは57Cのバスを利用。所要約20分

所要時間　4時間（ストール山頂まで）
1時間（オールド・マン・オブ・ストール）

コース総延長　8km（ストール山頂まで）
3.6km（オールド・マン・オブ・ストール）

MAP　英国陸地測量部発行地図（→P.397）**Ordnance Survey 408**

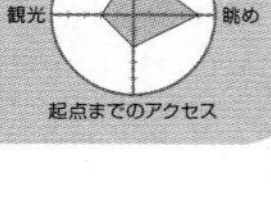

Sスタート地点の駐車場にはストール山の解説パネルもある　1伐採地を抜けて丘を進むとストール山の全景が見えてくる　2丘を越えてしばらくは平地が続く。さらに先の上り道がオールド・マン・オブ・ストールへと続く　3オールド・マン・オブ・ストールに到着。ここでひとやすみした後、体力があればストール山頂へ4ストール山頂へ続く登山道から見たオールド・マン・オブ・ストール　Gきつい坂道を登って山頂へ到着するとトロタニッシュ半島やストール湖を見渡せる

2

3

G

写真を撮るなら
このあたりから
がベスト
4
このあたりの道
は滑りやすく岩
場も不安定。ケ
ガに注意しよう
Goal
ストール山
The Storr
3
オールド・マン・オブ・ストール
Old Man of Storr
2
1
A835
Start
N
0
500m
18,600
ストール湖
Storr Loch

Hotel ホテル

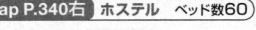

ポートリーの中級ホテルはサマレッド・スクエア周辺に、B&Bは港を見下ろす高台の大通りボスヴィル・テラス沿いと、坂道を下りた港沿いのキー・ストリートに集中している。春〜夏期は軒並み満室となることも多いので、予約を入れておくと安心。

日本からホテルへの電話 国際電話会社の番号 + 010 + 国番号 44 + 市外局番の最初の 0 を取った掲載の番号

ボスヴィル Bosville Hotel

TV 無線LAN

●ボスヴィル・テラスにある。スカイ島初のブティック・ホテルで、内装の客室は、派手さを抑えたスタイリッシュなデザイン。ベッドリネンやアメニティにもこだわりを感じさせる。2階の窓からは港が一望できる部屋もある。併設するレストランも評判がいい。

Map P.340右　高級　20室

住9-11 Bosvillle Ter., IV51 9DG
TEL (01478)612846
URL perlehotels.com
£211〜
£　A M V

ローズデイル Rosedale Hotel

TV 無線LAN

●港に面して建つ、静かなたたずまいのホテル。1階レストラン（月〜土18:00〜21:00）はローカル料理アワード受賞のシェフを擁する人気店。部屋は少し狭いが、ハーバービューの部屋からは港が一望できる。朝食はスモークサーモンも選べる。11〜3月は休み。

Map P.340右　中級　24室

住Beaumont Cres., IV51 9DF
TEL (01478)613131
URL www.rosedalehotelskye.co.uk
£70〜75
£90〜155
£　M V

ピンク Pink Guest House

TV 無線LAN

●港に並ぶカラフルな建物のうちのひとつ。名前のとおり、鮮やかなピンク色の外観が目印。内装は外観とはうって変わっておとなしい雰囲気で、シンプルさを重視したデザインになっている。10〜3月は休み。

Map P.340右　ゲストハウス　10室

住1 Quay St., IV51 9DE
TEL (01478)612263
URL www.pinkguesthouse.co.uk
£115〜
£　M V

マリーン・ハウス Marine House

TV 無線LAN

●ローズデイル・ホテルの隣にある小さなB＆B。港に向かい合うように建っているので、2階の部屋からはカラフルな家並みや港を一望できて、リラックスできる。1室のみトイレ・シャワー別。11〜3月は休み。

Map P.340右　B&B　3室

住2 Beaumont Cres., IV51 9DF
TEL (01478)611557
URL www.marinehouse.co.uk
£80〜
£　不可

ポートリー・インディペンデント Portree Independent Hostel

無線LAN

●旧郵便局を改装した黄色い外観が目印。冷蔵庫やキッチン道具など設備の整った共同キッチンは、まるでレストランの厨房のように広くてとても清潔。ランドリー設備（専用コインをレセプションで購入）も完備。

Map P.340右　ホステル　ベッド数60

住The Green, IV51 9BT
TEL (01478)613737
URL www.hostelskye.co.uk
DOM £17〜
£　M V

Restaurant レストラン

スカイ島では、新鮮なシーフードをウリにしたレストランがいっぱい。パブで試したいのは島の地酒。ビールならブラック・クィリンやレッド・クィリン、ウイスキーならマイルドなピートが香るタリスカーがおすすめ。

ハーバー Harbour Fish & Chips

●港に面したテイクアウエイ専門店。かわいい魚の看板が目印。看板メニューのフィッシュ＆チップスやスカンピ（エビ）＆チップスは、サックリとした厚手の衣で、ジューシーな味わい。

Map P.340右　ファストフード

住Bayfield Rd., IV51 9DD
TEL (01478)613612
開11:00〜21:00
休クリスマス時期に約1週間
£　不可

カフェ・アリーバ Cafe Arriba

Map P.340右　カフェ

●地元の人でにぎわうカジュアルなカフェ。素材は近隣で取れたものを使う自然志向。ボードに日替わりメニューが記されている。デザートはすべて当日の早朝に仕込み、作り置きはしない。手作りのドーナツがおすすめ。朝食メニューは16:30までオーダー可。

住Quay Brae, IV51 9DB
TEL (01478) 611830
URL www.cafearriba.co.uk
開4～9月7:00～18:00
　10～3月8:00～17:00
休1/1・2、12/25・26
£　AMV

アイルズ・イン The Isles Inn

Map P.340右　パブ

●ポートリーで人気のパブ兼レストラン。茅葺きの屋根などをあしらったバーカウンターなど、内装は古きよきスコットランドの雰囲気。ヴェニゾンを使ったソーセージなど、この地方独自の素材を使ったパブフードも好評。夏期は伝統的なスコティッシュ音楽のライブ演奏が行われる日も。

住Somerled Sq., IV51 9EH
TEL (01478)612129
URL www.accommodationskye.co.uk
開11:00～翌1:00
　(土11:00～翌0:30)
レストラン
　12:00～15:00 17:30～20:30
休12/25　£　MV

Topics

絶海の世界遺産、セント・キルダへ

島には石を積み上げて作られたクレイトという倉庫が千以上もある

6000万年前の火山活動が作り出した迫力ある光景

アウター・ヘブリディーズ諸島のさらに西、大西洋に浮かぶセント・キルダSt Kildaは、世界文化遺産、世界自然遺産を兼ねるイギリス唯一の世界複合遺産。隔絶された環境だからこそ生み出された独自の文化と、豊かな自然を保持する、イギリスでも特別な場所だ。

北西ヨーロッパ最大の野鳥の楽園

セント・キルダ周辺には100万を超す野鳥が生息し、パフィン、フルマカモメの繁殖地としてはイギリス最大、ノーザン・ガンネット（シロカツオドリ）の繁殖地としては世界最大を誇る。また、島のあちこちで見かけるソアイ種のヒツジはヨーロッパにもたらされた最古のヒツジの末裔と考えられている。

かわいらしいパフィンの群れを見ることができる

2000年以上続いた人々の営み

セント・キルダでは先史時代から人々が生活してきた。ブラックハウスと呼ばれる民家やクレイトという石積みの倉庫はいずれも、厳しい自然を生き抜くために作られた島民の知恵の結晶だ。しかし、近代に入り、外部との接触が増えると、これまでになかった病気が島に持ち込まれ、多くの島民が亡くなる。1930年に最後の島民が島を退去したことで、島の文化は終焉を迎えた。

■ゴー・トゥー・セント・キルダ

スカイ島のステインStein(Map P.22B3) からツアーを催行する旅行会社。セント・キルダへのツアーは4～9月頃の催行で、日帰りツアーは6:50 (冬期6:30) 発で£260。ステインへはバスでは行けないので車がない人は、タクシーで行くしかない。セント・キルダまではボートで片道4～5時間。島に上陸した後は、徒歩ツアー (£5) に参加するか、完全な自由行動で計4時間ほどの滞在。その後1時間ほどボートで島の周囲を回りながら、パフィンやノーザン・ガンネットなどの海鳥、切り立った岸壁などを見学する。ステインへの帰着は20:30 (冬期20:00) 頃。

住10 Kilmuir, Dunvegan, IV55 8GU
☎07789 914144　URL www.gotostkilda.co.uk

Information

チャールズ・エドワード・スチュアート

当時のジャコバイトの服装

プロテスタントの長老派教会、英国国教会がスコットランド、イングランドそれぞれの宗教の中心となっていた17世紀、ジェイムス7世(イングランド国王ジェイムス2世 James VII and II, 1633〜1701、在位1685〜88)はローマ・カトリックを選んだため、1688年、在位3年にして王座を追われ旧教国フランスへと渡る。彼の娘メアリー(Mary II 1662〜94、在位1689〜94)が夫ウィリアム(William III of the House of Orange 1650〜1702、在位1689〜1702)とともに新教国オランダから帰国し王座についたが、外来の王を嫌う者たちは、ジェイムス7世の息子ジェイムス・スチュアート(James Francis Edward Stuart 1688〜1766)、孫の"The Young Pretender(若き王位僭称者)"チャールズ・エドワード・スチュアート(Charles Edward Louis John Philip Casimir Stuart 1720〜88)を支持し続け、「ジャコバイトJacobite(ラテン語でジェイムス王を支持する者)」と呼ばれることになる。ジャコバイトと国王側の戦いは、17世紀末から18世紀半ばにかけてたびたび起こるが、スチュアート王家の者自身が支持者とともに戦ったのは、1745〜46年の蜂起のみである。

1745年7月23日、チャールズは、スコットランド西岸のエリスキー島に降り立つ。渋るスコットランドの氏族長たちを自ら説得して回り、次々と支持を表明させ、兵員と武器の調達を約束させる。そして、8月19日には本島西のグレンフィナンで、1500名の兵とともに旗揚げをし、ロンドンの玉座を目指す進軍を始めた。このとき、つんだ白バラを帽子に付けた者たちがいたことから、白バラはジャコバイトの象徴となった。首都エディンバラに入ると、若き王位僭称者の姿は多くの女性たちの心を捉え、バーンズ(→P.193)があとに残した「いとしのチャーリー」のような、王子個人の魅力を歌う作品の数々も作られていく。

インヴァネス城(→P.298)前にはボニー・プリンス・チャーリーを助けたフローラ・マクドナルドの像が残る

かつての戦場カロードゥン(→P.300)にはビジターセンターがある

チャーリー軍は順調にイングランドのダービーまで進軍するものの、約束の仏軍は来る気配もなく、ロンドンを目前に撤退を余儀なくされる。そしてついに、1746年4月16日、インヴァネス近郊のカロードゥンで、飢えたジャコバイトたちは敗走した。氏族長たちの家は焼かれ、多くの人々が処刑され、以来、ハイランド・キルト着用や武器の所持が規制されてゆく。

英国海軍に追われ、転々とヘブリディーズの島々を渡っていた王子を助けたのは、サウス・ユイスト島で出会った女性フローラ・マクドナルド(Flora MacDonald 1722〜92)である。彼女のメイド「ベティ・バーク」に化けたチャールズは、小船でスカイ島へと渡り、待機していた仏船で大陸へと去って行く。王子には、3万ポンド(現代で約300万ポンド)という賞金がかけられていたが、誰も彼を売ろうとはしなかったという。チャールズは1788年、ローマで失意のうちに亡くなる。

新教と旧教の対立、大陸列強の思惑に揺れた蜂起は幕を閉じるが、後の世にスコットランド独立の象徴としてよみがえる。1999年7月、スコットランド議会再開式。スコットランド国民党員の胸ポケットに飾られていたのは、一輪の白バラであった。

(井川　恵理)

独自の文化が息づく離島

アウターアイランズ

Outer Islands

オークニー諸島の中心都市、カークウォールの町並み（上）／シェトランドやオークニーのクラフトビール（右）／シェトランドのヤールショフ遺跡（左）

Introduction

アウターアイランズ

Outer Islands

愛らしい海鳥、パフィン

アウターアイランズはスコットランド北部の北海と大西洋上にある島の総称。**オークニー諸島**→P.354、**シェトランド諸島**→P.364、**アウター・ヘブリディーズ諸島**→P.370の3つに区分することができる。

オークニー諸島 Orkney Islands

リング・オブ・ブロッガーの遺跡

ブリテン島本土から最も近く、交通の便がよいので、短い時間でも訪れることができる。メインランドには多くの古代遺跡が残る。なかでも世界遺産の**リング・オブ・ブロッガー**→P.362や5000年前の集落遺跡の**スカラ・ブレエ**→P.362は見逃せない。遺跡見学に1日、**カークウォール**→P.356とその周辺で1日、最低でも2日間はみておこう。時間があれば、ホイ島Hoyやウェストレイ島Westrayにも行って自然を満喫したい。

シェトランド諸島 Shetland Islands

ヤールショフの遺跡

北海に浮かぶ英国最北の領土。ヴァイキングの伝統が今に残る地域で、南北に長いメインランドには古代遺跡の**ヤールショフ**→P.368や野鳥保護区の**サンバラ岬**→P.368などがある。パフィンやアザラシに遭遇する確率はアウターアイランズのなかでも最も高いといえる。冬期にはアップ・ヘリー・アーと呼ばれるイベントも行われる。

アウター・ヘブリディーズ諸島 Outer Hebrides

ストーノウェイにあるルーズ城

南北に連なるアウター・ヘブリディーズ諸島はアイルランドから来たケルト民族の文化が今なお残るゲール語地域。**カラニッシュ**→P.373の遺跡をはじめ、美しい海岸や野鳥保護区もある。また、ルイス島に代表されるアウター・ヘブリディーズ諸島は**日曜はすべての交通機関がストップ**する。これは必ず頭に入れておきたい。

Pick Up

見どころ & アクティビティ

絶品！オークニービーフ

gourmet 詳細記事 P.359

オークニーの豊かな自然の中で育ったオークニー・ビーフはイギリスでも最高品質。肉質はとても柔らかく、ステーキで食べるとおいしい。島内のレストランで食べると本土よりも安く頂けるので一度試してみよう。他にもチーズやアイスクリームなどもおすすめ。

オークニー・ビーフはカークウォールなどで食べられる

バードウォッチング

nature 詳細記事 P.368

パフィンのコロニーも見られる

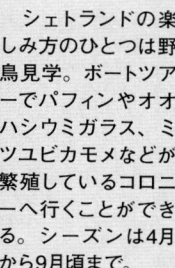

シェトランドの楽しみ方のひとつは野鳥見学。ボートツアーでパフィンやオオハシウミガラス、ミツユビカモメなどが繁殖しているコロニーへ行くことができる。シーズンは4月から9月頃まで。

ストーンサークル

ruin 詳細記事 P.362、373

オークニー諸島に残るリング・オブ・ブロッガーやスタンディング・ストーンズ・オブ・ステネス、そして、ルイス島のカラニッシュ。スコットランドを代表するストーンサークルが見られるのも島巡りの魅力。風が吹き荒れる原野にたたずむ巨石群はなかなかの迫力。ツアーで巡るのが一般的。

カラニッシュ（→P.373）のストーンサークル

交通ガイド

本土と島を結ぶフェリーはどの島も比較的本数が多いが、問題は島内の交通。主要な町や村を結ぶ路線以外はバスの本数は極端に少なく、町外れの遺跡に行く便はないに等しい。夏期ならばどの島でもツアーが出ているので、これらを利用して効率的に回りたい。レンタカーはフェリーに載せると割高になることもあるので、現地で調達するのも手。飛行機で到着する場合は空港でレンタカーを手配することもできる。

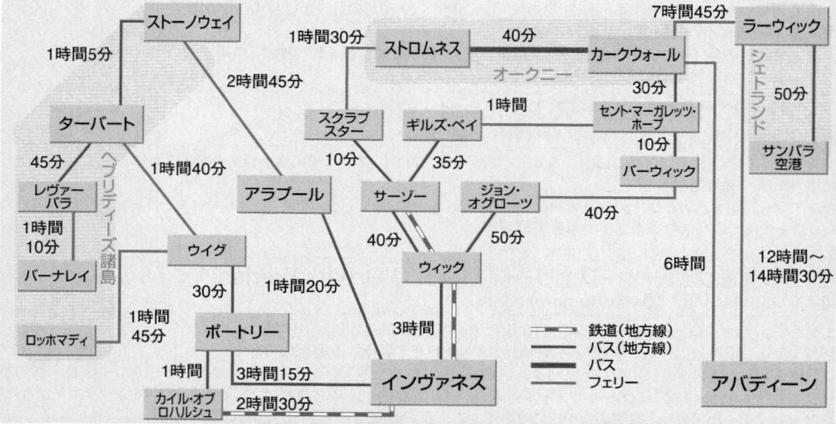

古代遺跡と大自然の神秘の島

オークニー諸島 Orkney Islands

●市外局番01856　●人口1万9480人

❖オークニー諸島への行き方

✈空の玄関はカークウォール空港。エディンバラ、グラスゴー、インヴァネス、ルイス島、シェトランド諸島からの便がある。
⛴メインランドへの便は下表参照。オークニー諸島内はオークニー・フェリーズOrkney Ferriesが結ぶ。
🚃サーゾー Thursoまで行き、そこからフェリーが発着するスクラブスターまでバスの便がある。
🚌インヴァネスからオークニー諸島へのフェリーが出発するスクラブスターやジョン・オグローツへの便がある。夏期はインヴァネスから1日ツアーが出ている。

リング・オブ・ブロッガーの石柱群

大小70もの島からなるこの地域は、ケルト文化とはまた異なった文化をもっている。「自分たちはスコティッシュでなくヴァイキングの末裔のオーケィディアンOrcadianだ」と言う人々だ。メインランドMainland以外の島は、人口も少なく大自然そのもの。アザラシやパフィンなどの野生動物の宝庫として知られ、世界遺産にも登録された、考古学上重要な古代遺跡も多い。旅行シーズンは4～10月。

オークニー諸島（メインランド）へのフェリー

ノースリンク・フェリーズ Northlink Ferries
TEL 0845 6000 449　URL www.northlinkferries.co.uk

●アバディーン→カークウォール（オークニー諸島）→ラーウィック（シェトランド諸島）
出発:火（4～10月のみ）･木･土･日17:00　所要:6時間　料片道£21.45～33（アバディーン～カークウォール）
アバディーンを17:00に出発し、23:00にカークウォール着。火曜の便は11～3月はカークウォールに寄港しない。キャビンもあり、4人部屋£25.50～39、2人部屋£39～61。車も搭載可能。

●スクラブスター→ストロムネス
出発:月～金8:45、19:00発　土･日12:00、19:00発　6～8月の月～土は11:00発も増便
所要:1時間30分　料片道£17.40～20.30
バスや鉄道の便（サーゾー Thursoでバスに乗り換え）とも接続している。車も搭載可能。

ペントランド・フェリーズ Pentland Ferries
TEL (01856)831226　URL www.pentlandferries.co.uk

出発（ギルズ・ベイ）:9:30、13:30、18:45　夏期増便、おもに夕方の便にスケジュール変更あり
所要:1時間　料片道£16
ギルズ・ベイGill's Bayとセント・マーガレッツ・ホープSt Margaret's Hopeを結ぶ。セント・マーガレッツ・ホープからカークウォールへはバスの便がある。車も搭載可能。

ジョン・オグローツ・フェリーズ John O'Groats Ferries
TEL (01955)611353　URL www.jogferry.co.uk

出発（ジョン・オグローツ）:5･9月8:45、16:30、6～8月8:45、10:30、18:00
所要:40分　料片道£21（カークウォールへのバスも合わせて利用する場合£24）
ブリテン島最北端のジョン・オグローツJohn O'Groats（インヴァネスからバスの便がある）とオークニー諸島南端のバーウィックBurwickを結び、カークウォール行きのバス（所要約45分）に接続する。6～8月にはインヴァネスから1日ツアー（£78）も出ており、時間のない人にはおすすめ。車の搭載は不可。10～4月は運休。

モデルルート

公共交通機関に乏しいので、ツアーやレンタカーをうまく活用して、効率的に回ろう。遺跡見学とカークウォール周辺で2日はみておきたい。

メインランドの遺跡巡りコース

カークウォール➡リング・オブ・ブロッガー➡メイズ・ホウ➡カークウォール

オークニー島の代表的なふたつの遺跡は1日ツアーでも訪れることができる。余った時間でカークウォールと周辺の散策もしたい。

歩き方

オークニー諸島の中心はメインランド。ホテルが多く、メインランドでの滞在拠点となる町はカークウォール（→P.356）とストロムネス（→P.360）だ。ふたつの町はバスで結ばれているが、それ以外の集落や見どころへのバスの便は非常に少ない。ツアーに参加したり、レンタカーなどで回ろう。

メインランドとその南のサウス・ロナルドセイ島は橋で結ばれている。また、スキャパ・フロウ湾を挟んでホイ島Hoyがあり、北側にはウェストレイ島Westrayやストロンセイ島Stronsay、サンデイ島Sandayやエデイ島Edayなどがある。

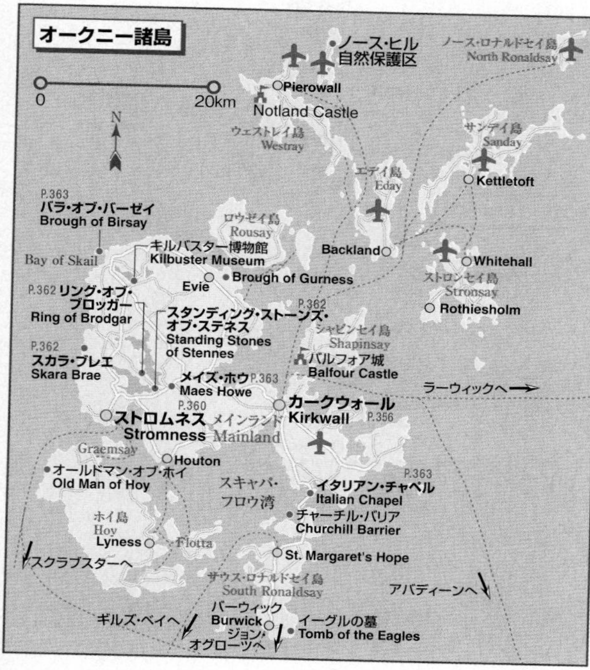

■オークニー諸島のツアー

●ワイルダバウト Wildabout

ⓘでもおすすめのツアー。オークニーの歴史、自然に詳しいマイケル氏がガイド兼ドライバー。主要な遺跡をおさえたものも多く、解説もわかりやすい。下記は1年中行っているツアーだが、夏はさらにツアーの数が多くなる。ⓘでも予約可能。

TEL (01856)877737

URL www.wildaboutorkney.com

開 通年催行

日替わりでさまざまな1日ツアーを催行している。出発時間はツアーにより異なるが、ストロムネス港とカークウォールの聖マグナス大聖堂裏が集合、解散場所となる。

料 £70～（入場料別途）

ワイルダバウトのツアー車

バスの便は少ないが、港から中心部まではバスが結んでいる

セント・マーガレット・ホープの港

良質なミルクで作ったオークニー・チーズは絶品と評判

■オークニー・エクスプローラー・パス

スカラ・ブレエやメイズ・ホウ、司教宮殿と伯爵宮殿など、ヒストリック・スコットランドが管理する見どころの共通券。4～9月のみ有効。ⓘで購入可。

料 £27　学生£22

フィヨルドが造った天然の良港

カークウォール Kirkwall

●市外局番01856　●人口7000人

カークウォール湾に面した港町。カークウォールはヴァイキングのノルン語で「教会のある湾」を意味し、町の歴史は11世紀に遡る。それ以来、数々の為政者に支配され、第1次世界大戦では軍港としても重要な役割を果たした。オークニー諸島最大の町だが、町はいたって静か。

歩き方

町の中心は聖マグナス大聖堂。教会の前のブロード・ストリートBroad St.が町のメインストリート。ここから埠頭にかけてがにぎやかなエリアだ。アバディーンやラーウィックからのフェリーターミナルは町の北西2kmほどに位置する。

カークウォールのハーバー

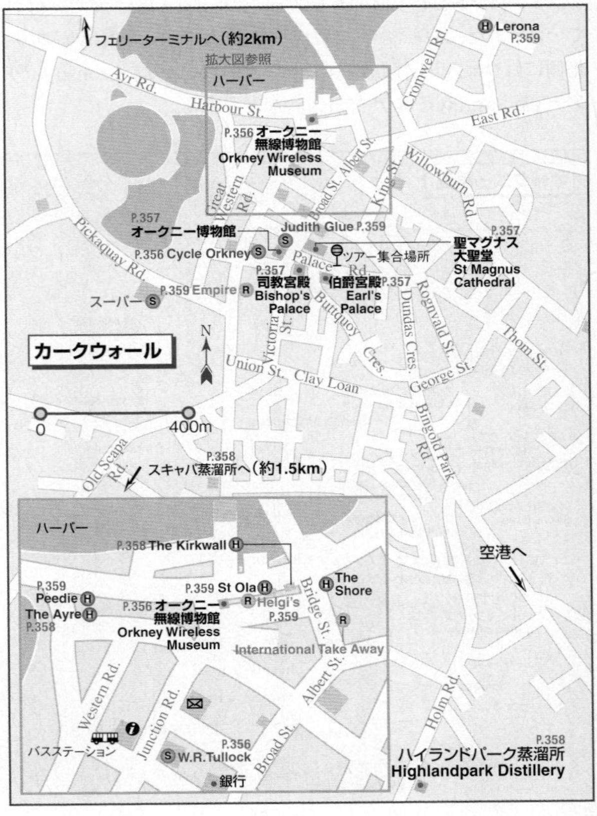

❖カークウォールへの行き方

✈空港からカークウォールバスステーションまで4番の循環バスが6:15～19:15の30分毎に運行。

🚌バスステーションから町の中心まで徒歩10分ほど。カークウォール～ストロムネス線以外は本数が少ない。

●ストロムネスから
🚌1時間に1便程度、土・日曜減便
所要:約40分

■レンタサイクル

●サイクル・オークニー
Cycle Orkney
Map P.356
住Tankerness Ln., KW15 1AQ
TEL(01856)875777
URL www.cycleorkney.com
開4～9月9:00～17:30
10～3月10:00～17:00
休日、1/1·2、12/25
料1日£25
電動自転車1日£35

■レンタカー

●W. R. タロック
W. R. Tullock Car Rental
Map P.356
住Castle St., KW15 1HD
TEL(01856)875500
URL www.wrtullock.com
開8:30～17:30
休日、1/1、12/25
料1日£65～90

■オークニー無線博物館

ラジオ、スパイ無線などを集めたユニークな博物館。
Map P.356
住1 Junction Rd., KW15 1LB
TEL(01856)871400
開10:00～16:30
（日14:30～16:30）
休10～3月
料£3　学生£1.50

ユニークな展示物が並ぶ

見どころ

カークウォールの見どころは聖マグナス大聖堂周辺に集中している。ハイランドパーク蒸溜所へは徒歩でも十分可能。イタリアン・チャペルへはバスでも行ける。

町のシンボル

Map P.356

聖マグナス大聖堂 St Magnus Cathedral

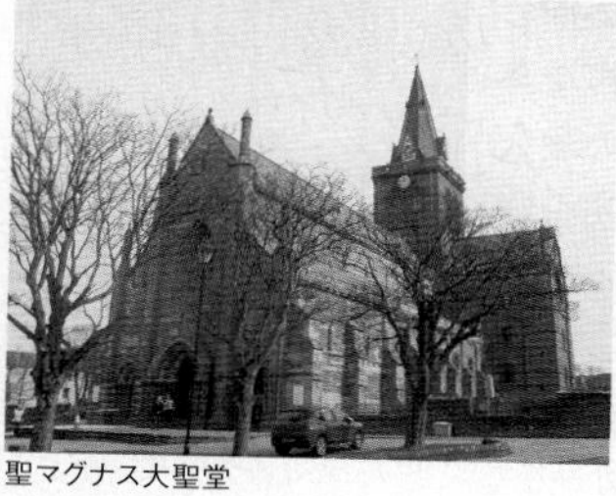
聖マグナス大聖堂

英国最北端にある大聖堂。オークニー諸島がノルウェー領だった12世紀に、ノース人のオークニー伯によって建てられたロマネスク様式の壮麗な大聖堂だ。マグナスはこのオークニー伯のひとりで、従兄弟により暗殺された人物。その甥にあたり、町の創設者であるロンヴァルドがこの大聖堂の建設を開始した。15世紀にオークニー諸島がスコットランド領になるまではノルウェーのトロンハイム大聖堂に属していた。

大聖堂の向かいにあるタンカーネス・ハウスTankernes Houseは聖職者の住居として使用された古い建物。現在ではオークニー博物館Orkney Museumとして島の歴史に関する展示がある。

オークニー博物館

聖と俗、町の権力者の象徴だった

Map P.356

司教宮殿と伯爵宮殿 Bishop's Palace & Earl's Palace

聖マグナス大聖堂の隣にあるふたつの廃墟。大聖堂から見て奥が伯爵宮殿で、手前が司教宮殿だ。司教宮殿は12世紀に建てられ、オークニー司教の館として使用された。戦いに敗れたロバート・ザ・ブルースが身を潜めていたという言い伝えも残る。

司教宮殿

オークニー諸島がスコットランド領となった後、ジェイムス5世の異母兄弟のロバート・スチュアートが領主となり、贅を尽くしたルネッサンス様式の宮殿を造り上げた。息子のパトリックも島民を酷使し、搾取のかぎりを尽くしたため、島民にとっては暗黒の時代となった。

■カークウォールのⓘ
Map P.356
住West Castle St., KW15 1GU
TEL (01856)872856
URL www.visitscotland.com
開5～8月9:00～18:00
　9～4月9:00～17:00
休10～3月の日曜
宿の予約は手数料£4と、デポジットとして宿泊料金の10%が必要。

カークウォールのⓘ

大聖堂内部は厳かな雰囲気

■聖マグナス大聖堂
住Broad St., KW15 1NX
TEL (01856)874894
URL www.stmagnus.org
開4～9月9:00～18:00
　(日13:00～18:00)
　10～3月9:00～13:00、14:00～17:00
休11～3月の日曜
料寄付歓迎

■オークニー博物館
Map P.356
住Broad St., KW15 1DH
TEL (01856)873535
開5～9月10:30～17:00
　10～4月10:30～12:30、13:30～17:00
休日　料寄付歓迎

伯爵宮殿の回廊

■司教宮殿と伯爵宮殿
住Watergate, KW15 1PD
TEL (01856)871918
URL www.historicenvironment.scot
開4～9月9:30～17:30
　10月10:00～16:00
休11～3月
料£6　学生£4.80

■ハイランドパーク蒸溜所
住Holm Rd., KW15 1SU
TEL(01856)874619
URLhighlandpark.co.uk
開10:00～16:00の毎正時発
休11～3月の土・日
料£15　工場内不可

規模の大きな蒸溜所だ

■スキャパ蒸溜所
住St Ola, KW15 1SE
TEL(01856)873269
URLwww.scapamalt.com
開3/9～4/30 10:00～17:00
5・9月10:00～17:00
(日12:30～17:00)
6～8月10:00～18:00
(日12:30～17:00)
10月10:00～17:00
11～12月下旬は短縮営業
休3/9～4/30・10月の土・日、12月下旬～3月上旬
工場内不可

小さなビジターセンター

昔ながらの製法を守る
ハイランドパーク蒸溜所 Highlandpark Distillery
Map P.356

1798年創立、スコッチウイスキー最北の蒸溜所。フェイマス・グラウスThe Famous Grouseというウイスキーのキーモルトとしても有名だ。

創設者はマグナス・ユーンソン。当時は重税のため、非合法に蒸溜していたが、1825年には合法的な蒸溜所となった。代々続く熟練の職人が、フロアモルティングの技法を守りつつ、伝統的製法で造っている。

ハイランドパーク蒸溜所

2番目に北にあるスコッチウイスキー蒸溜所
スキャパ蒸溜所 Scapa Distillery
Map P.356外

1885年創業の小さな蒸溜所。21世紀に入り閉鎖の憂き目にあったが、2009年に操業を再開した。

スキャパの持ち味は手作業や昔ながらの機械を活かしたていねいな作り方を維持していること。発酵にはいまも80時間をかける。1回目の蒸溜に使われるポット・スチル(蒸溜釜)は、「ローモンド・スチル」というたいへん珍しい釜を利用している。見学ツアーは10:00、13:15、16:00の3回(所要45分、£12)。

海岸に建つスキャパ蒸溜所

Hotel ホテル

中級ホテルは埠頭や港周辺に集中している。B&Bはカークウォールの中心部にはほとんどなく、島全体でもそれほど多くはない。

日本からホテルへの電話 国際電話会社の番号 + 010 + 国番号44 + 市外局番の最初の0を取った掲載の番号

エア The Ayre Hotel
TV 無線LAN

●ハーバーの端にあるホテル。バーやレストランは海側に入口がある。バスタブ付きの部屋もあり、快適に過ごせる。港側の眺めのよい部屋は料金が高め。レストランは地元の食材をふんだんに使った料理で人気がある。アパートメントタイプの客室もある。

Map P.356　中級　51室
住Ayre Rd., KW15 1QX
TEL(01856)873001
FAX(01856)876197
URLwww.ayrehotel.co.uk
£90～
£　MV

カークウォール The Kirkwall Hotel
TV 無線LAN

●港の前に建つホテルのなかでは最もよく目立つ外観。規模は大きいが、フロントスタッフの応対はていねいであたたかみがある。レストランは盛り付けや味わいが上品。朝食は1階のレストランで。併設のバーはハイランドパークの銘柄を数多く揃えている。

Map P.356　中級　37室
住Harbour St., KW15 1LF
TEL(01856)872232
URLwww.kirkwallhotel.com
£122.50～
£
MV

セント・オラ St Ola Hotel

●カークウォール・ホテルのすぐ隣にある、こぢんまりとした家族経営のゲストハウス。この並びにある宿のなかでは一番安く、立地のよさからすぐ満室になるので夏期は事前に予約しよう。1階にはバー＆レストランがある。朝食は£9.50。

TV / ドライヤー / 湯沸かし / 無線LAN

Map P.356　ゲストハウス　10室

住 Harbour St., KW15 1LE
TEL (01856)875090
URL www.stolahotel.co.uk
S £45～65
W £55～100
£　M V

レロナ Lerona B&B

●ラウンジに配された人形や、ピンクや白でまとめられた客室などどちらかといえば女性好みの内装。インテリアの随所にオーナーのシルヴィアさんのこだわりが感じられ、センスがよい。朝食はフルーツ・ビュッフェを出す。

TV / 湯沸かし / 無線LAN

Map P.356　B&B　4室

住 Cromwell Cres., KW15 1LW
TEL (01856)874538
S £35～
W £70～
£　不可

ピーディー Peedie Hostel

●エア・ホテルの裏にある小さなホステル。門を入ってすぐの建物が客室。スタッフは常駐していないので、事前に電話してから訪れるといい。キッチン使用可能。部屋のタイプは、4人部屋のドミトリーとシングル2室、ツイン4室。

無線LAN

Map P.356　ホステル　ベッド数18

住 Ayre Houses, Ayre Rd., KW15 1QX
TEL (01856)877177
URL www.stayinkirkwall.co.uk
DOM £20～25
W £40　£　不可

Restaurant　レストラン

オークニー諸島の名物は英国でも最高級の品質を誇るオークニー・ビーフ。良質なミルクを使用したチーズやアイスクリームなどの乳製品も絶品。近海から水揚げされた新鮮な魚介類もぜひ味わいたい。

ヘルジズ Helgi's

●ハーバーの目の前にある人気のレストラン。デラックス・サンドイッチ(写真、£8.95～9.95) など、軽食も評判がいい。メインの料理は£11～15前後。ランチのラストオーダーは14:00まで。ディナーは17:00～。

Map P.356　英国料理

住 14 Harbour St., KW15 1LE
TEL (01856)879293
URL www.helgis.co.uk
開 12:00～21:00 (日12:30～21:00)
休 無休
£　M V

エンパイア Empire Chinese Restaurant

●気さくな人柄の中国人スタッフが多く、気軽に利用でき、地元客にも人気が高い中華料理店。メインの料理は各種£9前後。テイクアウエイもOK。ディナーのコースは2人前からオーダー可能で£15～。日曜のランチにはビュッフェ £8もある。

Map P.356　中華料理

住 51 Junction Rd., KW15 1AR
TEL (01856)872300
開 12:00～14:00　17:00～23:00
(土・日12:00～14:00　16:00～23:30)
休 無休　£
J M V(£10以上)

Shop　ショップ

パフィンやバイキングのグッズはオークニー諸島ならでは。モダンなデザインにアレンジされたニットウエアを扱うショップも。キャラメルのような濃厚な味わいのファッジもおみやげにぴったり。

ジュディス・グルー Judith Glue

●オークニー諸島の名産品を取り扱うショップ。オーナー自らがデザインしたセーターなど、オリジナリティあふれるアイテムが並ぶ。奥にはカフェも併設されており、オーガニックやオークニーのクラフトビールが楽しめる。

Map P.356　民芸品

住 25 Broad St., KW15 1DH
TEL (01856)874225
URL www.judithglue.com
開 9月中旬～5月9:00～17:30 (日10:00～17:30)
6～9月中旬9:00～21:00 (日10:00～18:00)
休 無休　£　M V

石造りの古い港町

ストロムネス Stromness

●市外局番01856　●人口約3000人

❖ストロムネスへの行き方

●カークウォールから

🚌1時間に1便程度、土・日減便
所要:約40分

■ストロムネス・タクシーズ
料金交渉可で近郊の観光もアレンジ可能。
TEL (01856)850750
Mail stromnesstaxis@hotmail.com

フェリーターミナル

カークウォールに続く第2の町、ストロムネスは本土のスクラブスターからのフェリーが到着する港町。ヴァイキング時代はハムナヴォー Hamnavoeと呼ばれた。18世紀にはニシンの漁港として繁栄した。現在ではマリンスポーツが盛んな町。軍艦が沈んでいるスキャパ・フロウ湾は、絶好の沈船ダイブのポイントだ。ダイビングのシーズンは4～10月。

石造りの家並みが続く

歩き方

港から南に延びるヴィクトリア・ストリートVictoria St.が町のメインストリート。ホテルやレストランの多くはこの通りの並びにある。通りの南端には、町の歴史に関する展示のあるストロムネス博物館がある。

Information

スキャパ・フロウ湾の沈没船

メインランドとホイ島の間にあるスキャパ・フロウ湾はヴァイキングの時代から第2次世界大戦まで、重要な軍事拠点だった。第2次世界大戦で、この湾に侵入してきたドイツの潜水艦Uボートに、英国が誇る戦艦ロイヤル・オーク号が撃たれ、多数の犠牲者が出た。時の首相チャーチルは､｢絶対にナチが入ってこられない防壁を造れ｣と命令した。コンクリートのブロックを積み、廃船を英国中から集めて侵入口へ沈めた。これがチャーチル・バリアだ。その一部がサウス・ロナルドセイ島とメインランドをつなぐ橋となり、いまも使われている。湾の海底には、各国の戦艦とその貯蔵品が眠っている。

■ストロムネスのダイビング・ショップ
●スキャパ・スクーバ Scapa Scuba　Map P.360
住 Lifeboat House, Dundas St., KW16 3DA
TEL (01856)851218
URL www.scapascuba.co.uk

町の歴史をたどる

ストロムネス博物館 Stromness Museum

Map P.360

1837年にオークニー自然歴史協会Orkney Natural History Societyによって設立された博物館。館内は2000以上もの展示物が並んでおり、鳥の剥製から船の模型まで幅広い。18世紀に太平洋を探索したことで有名なキャプテン・クックゆかりのコレクションもある。

島の歴史に関する展示

■ストロムネス博物館
住52 Alfred St., KW16 3DH
TEL(01856)850025
URLwww.stromnessmuseum.co.uk
開4～10月10:00～17:00
11～3月11:00～15:30
休11～3月の日曜、1月
料£5　学生£4

ずらりと並ぶ野鳥の剥製

Hotel & Restaurant ホテル&レストラン

中級ホテルはヴィクトリア・ストリート沿い、B&Bはジョン・ストリートJohn St.に数軒ある。レストランは少なく、ホテルに併設している場合が多い。

日本からホテルへの電話 国際電話会社の番号 + 010 + 国番号44 + 市外局番の最初の0を取った掲載の番号

ストロムネス The Stromness Hotel

●1901年に開業した老舗のホテル。第2次世界大戦中はオークニーおよびシェトランド軍本部として使用された。古いホテルなので老朽化は否めないが、部屋は広々としている。バスタブ付きの部屋も13室あり、料金は同じ。2階にあるレストランでは港を眺めながら食事ができる。11～3月下旬は休業。

Map P.360 中級　42室
住Victoria St., KW16 3AA
TEL(01856)850298
URLwww.stromnesshotel.com
£75
£95～115
£
MV

オルカ Orca Hotel

●ヴィクトリア・ストリートに面した小さな宿。ドリスさんとマルコムさんの若い夫婦が経営しており、家庭的な雰囲気が自慢。ダイバーのグループにも人気が高く、ファミリールームも2室ある。洗濯機の使用も可能。朝食ルームには、マルコムさんの絵画が飾られている。

Map P.360 ゲストハウス　6室
住76 Victoria St., KW16 3BS
TEL(01856)850447
URLwww.orcahotel.moonfruit.com
£35～45
£45～56
£
JMV

ロイヤル・ホテル Royal Hotel

●ロイヤル・ホテル内にあるレストランで地元の食材を使った料理が楽しめる。前菜£4.50～。メインの多くは£12～13前後。オークニービーフのステーキは25£。季節のメニューや日替わりメニューもある。フィッシュ&チップスなどはテイクアウエイ可能。

Map P.360 英国料理
住55-57 Victoria St., KW16 3AD
TEL(01856)850342
URLwww.royalhotelstromness.com
開17:30～21:00
ランチは土・日のみ12:00～14:30
休1/1・2、12/25・26
£　JMV

ジュリアズ Julia's Cafe Bistro

●港の前にあるカフェ。フェリーの待ち時間にも便利で、地元の人々もよく訪れている。ベイクドポテトやオープンサンドなどの軽食から、ベジタリアンなどメニューも豊富。自家製のデザートも人気。朝食も出している。

Map P.360 ティー&カフェ
住20 Ferry Rd., KW16 3AE
TEL(01856)850904　URLjuliascafe.co.uk
開9:00～17:00（日10:00～17:00）
ラストオーダーは16:30
休1/1・2、12/25・26
£　MV(10£以上)

近郊の見どころ

Map P.355

謎のストーンサークル

リング・オブ・ブロッガー Ring of Brodgar

リング・オブ・ブロッガー

オークニー諸島に残る古代遺跡のなかでも最も有名なのが、このストーンサークル。リング・オブ・ブロッガーは世界遺産にも登録されており、サークルの直径は104m、60本あったうち27本の石がいまでも立っている。落雷によって折れてしまったものもある。紀元前2500年から2000年の間に建てられたと考えられている。ストーンヘンジよりも直径が大きく、ほぼ円形の形をとどめており、周囲を壕に囲まれている。発掘はあまり行われておらず、このストーンサークルが何のために使用されたのかははっきりとわかっていない。

Map P.355

湖岸に立つ大きな石柱

スタンディング・ストーンズ・オブ・ステネス
Standing Stones of Stennes

大きな石柱

カークウォールとストロムネスを結ぶ道路からもよく見える大きな石柱群。こちらも世界遺産に登録されている。現在では12本の石柱が残るが、もともとはストーンサークルを形作っていた。直径は44mで、中心には何らかの儀式に用いられたセントラル・ストーンがある。サー・ウォルター・スコットが1814年にここを訪れたときには「ここで生贄がささげられたのだろう」と感想を書き残している。当時は月の神殿The Temple of the Moonという名で呼ばれていたという。

Map P.355

約5000年前の集落

スカラ・ブレエ Skara Brae

スカラ・ブレエ遺跡

約5000年前の新石器時代の集落遺跡。1850年の暴風雨で偶然発見されるまでおよそ5000年もの間地中

■リング・オブ・ブロッガー
ツアーやレンタカーで訪れるのが現実的。夏期には直通のバスも出ている。
開随時　休無休　料無料

柱の苔が長い年月を物語る

ヘザーが群生している

■スタンディング・ストーンズ・オブ・ステネス
開随時　休無休　料無料

スタンディング・ストーン

■スカラ・ブレエ
ツアーやレンタカーで訪れるのが現実的。
TEL (01856)841815
URL www.historicenvironment.scot
開4～9月9:30～17:30
10～3月10:00～16:00
(スケイル・ハウスは夏期のみ見学可)
休1/1・2、12/25・26
料£9　学生£7.20
(冬期£7　学生£5.60)
一部不可

に眠っていた。そのため保存状態は比較的良好だ。ビジターセンターを出ると、まずレプリカの家を見学する。内部の調度品まで再現されている。そのあと、本物の集落跡を見学する。集落の横にあるスケイル・ハウスSkaill Houseは、スカラ・ブレエの遺跡を発見し、発掘を始めたスケイル家の邸宅だ。

レプリカの家内部

スケイル・ハウス

ルーン文字が刻まれた墳墓
Map P.355

メイズ・ホウ Maes Howe

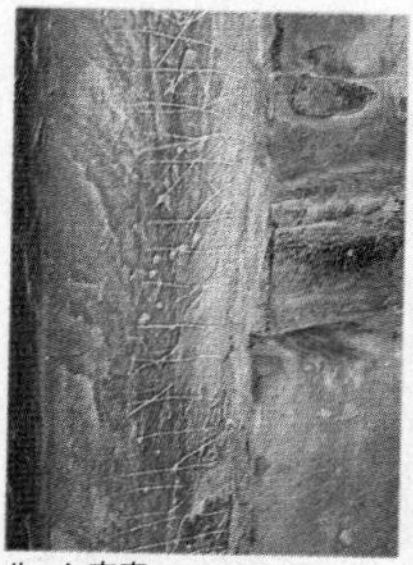
ルーン文字

紀元前2700年頃に建てられた墳墓。内部の財宝はヴァイキングに持ち去られたという。

しかし、ヴァイキングによって刻まれたルーン文字は、スカンジナビア半島以外では最も保存状態のよいものだといわれている。チケットは道の反対側にあるビジターセンターで買う。内部はツアー形式で見学する。

■メイズ・ホウ
URL www.historicenvironment.scot
開 4～9月10:00～17:00
　10～3月10:00～16:00
休 1/1・2、12/25・26
料 £9　学生£7.20
人数制限があるので予約がおすすめ

戦時下に建てられた教会
Map P.355

イタリアン・チャペル Italian Chapel

カークウォールから12kmほど南、バリアでつながっているラム・ホルム島Lamb Holmにある教会。チャーチル・バリアを造ったのは、戦争捕虜のイタリア人たちだった。彼らの信ずるカトリックの教会はどこにもなかったため、捕虜のなかの腕利きの大工たちが、かまぼこ型のバラック兵舎を利用して建てたのがここ。美しい色彩の壁画、マリア像などが印象的。いまでは結婚式場としても人気だそうだ。

チャペル内の祭壇

■イタリアン・チャペル
🚌カークウォールからバーウィック行きのバスで途中下車。所要約20分。
TEL (01856)781580
開 11～3月10:00～13:00
　4・10月10:00～16:00
　(日～15:00)
　5・9月9:00～17:00
　6～8月9:00～18:30
休 不定期　料 £3

ラム・ホルム島にひっそりと立つ

干潮時にしか行けない
Map P.355

バラ・オブ・バーゼイ Brough of Birsay

干潮時に現れる海の道

バーゼイはカークウォールの町ができるまで、オークニー諸島の政治と宗教の中心だった島。メインランドのほぼ北端に位置しており、バーゼイとはノルン語で要塞の島という意味。5世紀にはピクト人が住んでおり、7世紀にヴァイキングがこの地にやってきた。干潮時に道が現れ、島に渡ることができる。そのため1日に数時間しか見学ができない。島には修道院や住居跡が残る。

■バラ・オブ・バーゼイ
TEL (01856)721205
URL www.historicenvironment.scot
開 6月中旬～9月9:30～17:30の干潮時（ⓘやスカラ・ブレエのビジターセンターで確認）
料 £6　学生£4.80

修道院跡

手つかずの自然が残る最果ての地

シェトランド諸島 Shetland Islands

●市外局番01595　●人口2万2240人

❖シェトランド諸島への行き方

✈空の玄関はラーウィックの南にあるサンバラ空港。グラスゴー、エディンバラ、アバディーン、インヴァネスなど主要都市から便がある。サンバラ空港とラーウィックはバスで結ばれている。空港にはレンタカーオフィスもある。
⛴アバディーンからの便はオークニー諸島のカークウォールを経由する。

●エディンバラから
✈1日2便
所要:1時間30分

●グラスゴーから
✈1日1便
所要:1時間30分

●アバディーンから
✈1日2～3便
所要:約1時間
⛴1日1便。月・水・金19:00発、火（4～10月のみ）・木・土・日17:00発（カークウォール経由）
所要：12時間30分～14時間30分

●カークウォール（オークニー諸島）から
✈1日1～2便　所要:35分
⛴火（4～10月のみ）・木・土・日23:45発
所要:7時間45分

■ノースリンク・フェリーズ
TEL 0845 600 0449
URL www.northlinkferries.co.uk

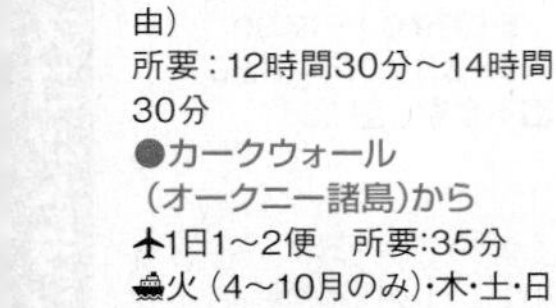
シェトランド諸島の空の玄関口であるサンバラ空港

メインランドの南にあるセント・ニニアン島

大小100以上の島からなるシェトランド諸島は、スコットランドの最北、つまり英国領土の最北端に位置している。英国民にとっても外国のような最果てだ。15世紀までノルウェーの支配下にあり、いまでもスカンジナビア文化が生きている。島には、ユニオンフラッグとスコットランド国旗のほかに、ブルーのスカンジナビアン・クロスのシェトランドの旗も翻っている。1月末に行われるアップ・ヘリー・アーは島の文化を象徴するヴァイキングの祭りだ。

大自然がシェトランド諸島の主。見渡すかぎり木々のない丘陵や入り組んだ海岸線。愛らしい表情で旅行者に人気の海鳥、パフィンなどの珍動物にも間近に出合うことができる。真夏でも強風が吹くことがあるので、防寒具を持って出かけよう。

シェトランド諸島は南北に長いメインランドと、その北のイエール島とアンスト島の3つが主たる島。それぞれの島はフェリーで結ばれている。旅のベースとなる町はラーウィックLerwick。フェリーターミナルがあり、ホテルやレストランも多い。

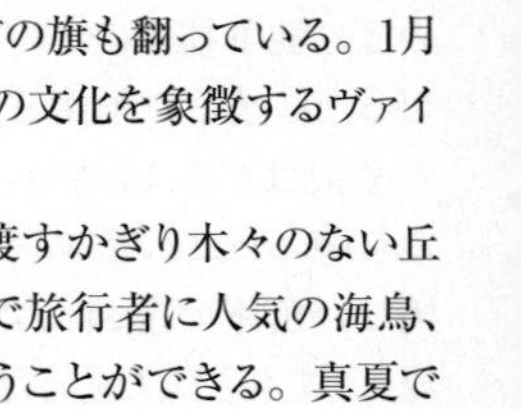
アップ・ヘリー・アーは島を代表するイベント

モデルルート

メインランドにはバス路線もあるが、本数は多くなく、観光には不向き。サンバラ岬とヤールショフを観光するメインランド南部を巡るコースは空港へ行くバスを利用して行くこともできるが、効率よく見どころを回るならレンタカーを借りるか、ツアーに参加するのが現実的だ。特にアンスト島やイエール島、ノス島など、メインランド以外の島へはツアー（→P.368）を積極的に利用したい。

メインランド南部巡りコース

ラーウィック➡サンバラ岬➡ヤールショフ

サンバラ岬はパフィンを中心としたバードウオッチングの名所、ヤールショフは5000年以上も昔の古代遺跡。シェトランドのメインランド南部にあるふたつの見どころを巡る。空港に近いので、空港までバスで行き、そこから徒歩で回ることも可能だが、効率を考えるとラーウィックからのツアーに参加したほうがいいだろう。

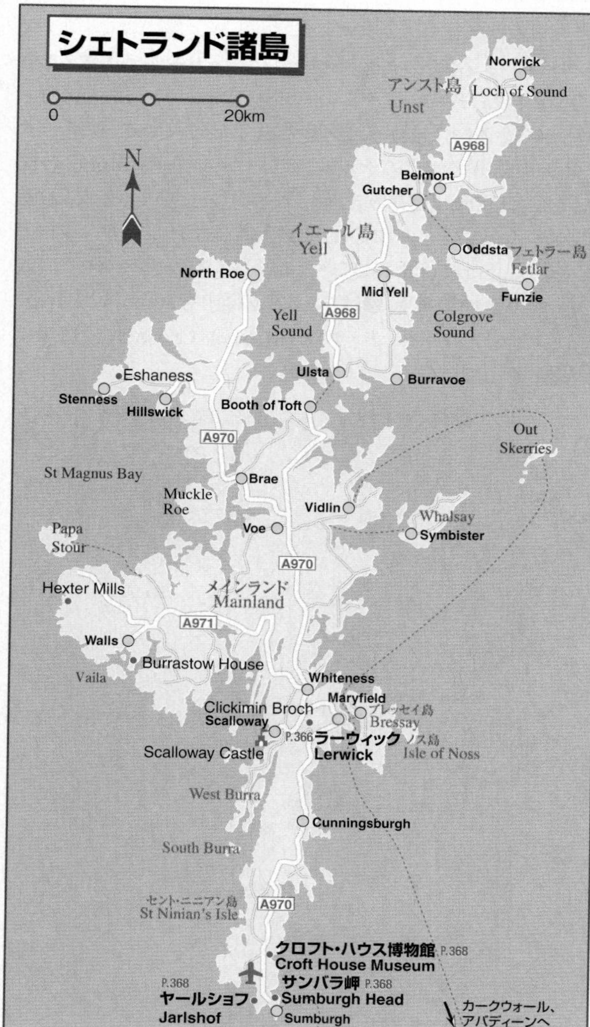

アバディーンやカークウォールからの長距離フェリーが発着するラーウィック・フェリーターミナルは町の中心から1kmほど離れている

ツアーを利用すれば効率よく回ることができる

島と島の間はフェリーが運航されている

ポニーのなかでも特に小さいシェトランド・ポニーは、その名のとおりシェトランド諸島が原産地

シェトランド諸島オリジナルのテディベア、バラ・ベアーズは人気のおみやげ

北海の荒波が打ち寄せるメインランドの海岸

シェトランド諸島の中心都市

ラーウィック Lerwick

●市外局番01595　●人口6830人

❖ラーウィックへの行き方

●サンバラ空港から

🚌空港からラーウィックまでは、バスが1日6便（日曜5便）

所要:50分

■ラーウィックのℹ

Map P.366

住Market Cross, ZE1 0LU

TEL(01595)693434

URLwww.visitscotland.com

開4～9月9:00～17:00

（日10:00～16:00）

10～3月10:00～16:00

休10～3月の日曜

宿の予約は手数料£4と、デポジットとして宿泊料金の10%が必要。

メインランドの中心地であるラーウィックは、シェトランド諸島を代表する町。アバディーンやカークウォールからのフェリーが到着し、シェトランド諸島を巡る数々のツアーもこの町から出発するので、観光の起点として最適の場所だ。冬のシェトランド諸島を彩る一大イベント、アップ・ヘリー・アーの開催地としても知られている。

歩き方

アバディーンやカークウォールからのフェリーが到着するラーウィック・フェリーターミナルLerwick Ferry Terminalは町の中心から北西に1kmほどに位置する。フェリーで着いたら、ターミナルを出てすぐのホルムスガース・ロードHolmsgarth Rd.を南に600mほど進み左折。ノース・ロードNorth Rd.を進んでいくと、中心的な通り、コマーシャル・ロードCommercial Rd.にいたる。バスステーションもこの通り沿いにあり、ℹはさらにこの通りを500mほど進んでいったマーケット・クロスMarket Crossという広場に面している。

シェトランド最大の町ラーウィック

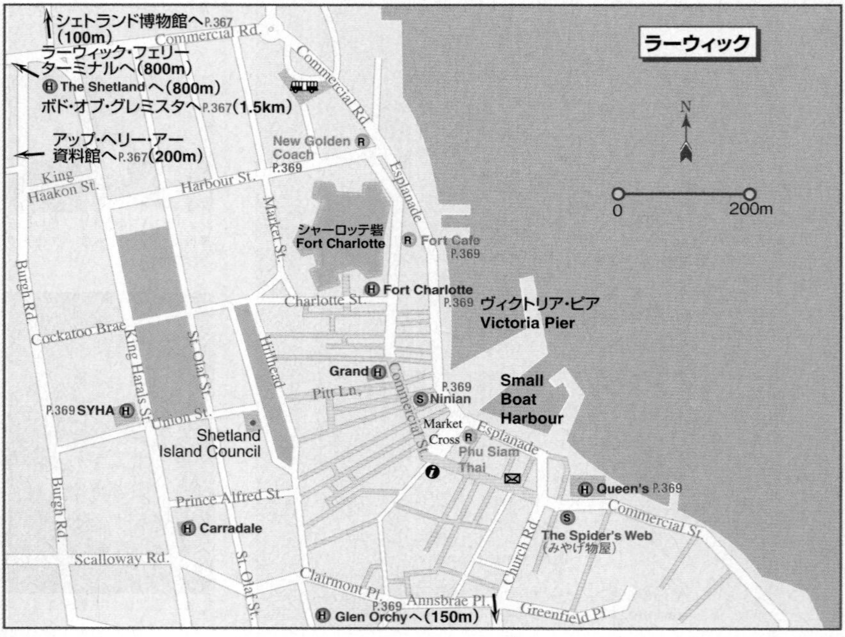

見どころ

ラーウィックの見どころは9～6月のオフシーズン中は閉まるところが多い。ただし、町の北側Hay's Dockにあるシェトランド博物館は通年オープンしている。

島の歴史･生活･文化を凝縮した Map P.366外

シェトランド博物館 Shetland Museum & Archives

趣向を凝らした展示

シェトランド諸島の文化、歴史、生活などをテーマにした博物館。シェトランド諸島の形成から始まり、先史時代、古代、中世、近代、20世紀と年代順に進んでいく形式。メインランドをはじめ、周辺の島々からの出土品や遺品とともに、写真やパネルを使ってわかりやすく解説しており、興味深い。なかでも、18世紀半ばの島の生活を再現したコーナーでは、小石を積み上げた伝統家屋に、ピートを燃やしたスモーキーな匂いまで再現されている。貴重な古文書が保存された資料室もある。2階には、ハーバーを眺められるレストランが併設されており、鑑賞後にひと休みできる。

壮大な炎の祭典 Map P.366外

アップ･ヘリー･アー資料館 Up-Helly-A' Exhibition

毎年1月の最終火曜日に開催されるアップ・ヘリー・アーは、シェトランド諸島最大の祭り。この資料館では、アップ・ヘリー・アーの様子を撮影したビデオの上映や使用された衣装の展示などを行っており、祭りの様子がよくわかる。

倉庫のような外観のアップ・ヘリー・アー資料館

漁業で中心的役割を果たした Map P.366外

ボド･オブ･グレミスタ Böd of Gremista

ラーウィック・フェリーターミナルの1kmほど北にあるこの建物は、18～19世紀に漁の基地として建てられたもの。夏はここをベースに漁に出かけたり、取った魚の加工などが行われた。漁ができない冬の時期には漁の道具や船をここに保管していた。

シェトランドの漁猟生活になくてはならなかった

ラーウィックの❶

❶では、アップ・ヘリー・アーの公式ガイドブックも売られている

■シェトランド博物館
住Hay's Dock, ZE1 0WP
TEL(01595)695057
URLwww.shetlandmuseumandarchives.org.uk
開4月上旬～10月中旬
10:00～17:00
(日12:00～17:00)
10月中旬～4月上旬
10:00～16:00
休10月中旬～4月上旬の日・月、1/1･2、12/25･26
料寄付歓迎
一部不可

■アップ･ヘリー･アー資料館
住St Sunniva St., ZE1 0HL
URLwww.uphellyaa.org/up-helly-aa-exhibition
開火14:00～16:00、
19:00～21:00
金19:00～21:00
土14:00～16:00
休月･水･木･日、9月中旬～5月中旬
料£3 学生£1
一部不可

■ボド･オブ･グレミスタ
住Gremista, ZE1 0PT
TEL(01595)694386
URLwww.shetlandtextilemuseum.com
開12:00～17:00
(木12:00～19:00)
休4月下旬～10月中旬の日･月、11月～4月下旬
料£3
一部不可

また、ここはP&Oフェリーズ社の設立者のひとり、アーサー・アンダーソンの生誕地でもある。建物の中は、テキスタイルやアーサー・アンダーソンゆかりの品物などが展示されている。

近郊の見どころ

島の生活をうかがい知る

Map P.365

クロフト・ハウス博物館 Croft House Museum

サンバラ空港の北6km。19世紀末の島民たちの家を再現したもの。小さな家の中には、さまざまな生活用具が置かれ、当時の生活をうかがい知ることができる。

島の歴史の集大成

Map P.365

ヤールショフ Jarlshof

ラーウィックの南、約35kmの地点にある古代遺跡。19世紀末に発見され、その後の発掘で、遺跡は4000年以上もの期間にまたがることがわかった。最も古いものでは紀元前3200年の、シェトランド最初の集落にまで遡り、石器時代の集落や、ノルウェーから渡ってきたノース人の集落が残る。

ヨーロッパでも有数の古代遺跡

バードウオッチングの名所

Map P.365

サンバラ岬 Sumburgh Head

サンバラ空港からさらに南へ3.5kmの所にある。絶壁の景色も圧巻だが、海鳥の“コロニー”としては最高のビューポイント。特に5月〜8月上旬の、パフィンが滞在する時期にぜひ行きたいもの。灯台の敷地内の道を進み、最初のヘアピンカーブから右下を見下ろせば岩棚にへばりつくようにしてパフィンたちが羽を休めているはず。

パフィンが見られるポイントとして有名

■クロフト・ハウス博物館
🚌サンバラ空港行きのバスで博物館の近くで下車
TEL (01950)460557
URL www.shetlandheritageassociation.com
開10:00〜13:00、
14:00〜16:00
休10〜4月
料寄付歓迎
一部不可

■ヤールショフ
🚌サンバラ空港行きのバスでヤールショフ近くで下車
TEL (01950)460112
URL www.historicenvironment.scot
開4〜9月9:30〜17:30
10〜3月9:30〜日没
休1/1·2、12/25·26
料£6　学生£4.80
冬期はチケットをサンバラ・ホテルSumburgh Hotelにて販売

チケット売り場には展示室もある

■サンバラ岬
🚌サンバラ空港で下車し、そこから徒歩かタクシー
●サンバラ岬灯台
ビジターセンター
Sumburgh Head Lighthouse Visitor Centre
TEL (01595)694688
URL www.sumburghhead.com
開4/4〜10/4 11:00〜17:00
休10月上旬〜4月上旬
料£6　学生£4

シェトランド諸島のツアー（ラーウィック発）

シェトランド・ワイルド・ライフ Shetland Wild Life

TEL (01950)460939　URL www.shetlandwildlife.co.uk

●バードウォッチングツアー
出発:11〜3月8:30　所要:7〜8時間　料£95
通常2名以上での催行だが、人数に満たない場合でも1名£175で催行可。ホットドリンク付き。ランチ持参。防水性、断熱性のある服装とブーツで参加しよう。

Hotel&Restaurant&Shop ホテル&レストラン&ショップ

ホテル、レストランともに町全体に点在している。レストランでは新鮮なシーフード料理を楽しもう。ショップはコマーシャル・ストリートに多い。

日本からホテルへの電話 国際電話会社の番号 + 010 + 国番号 44 + 市外局番の最初の 0 を取った掲載の番号

クイーンズ Queen's Hotel

TV 無線LAN

●町の中心、コマーシャル・ストリートを🅘から200mほど東に行った所にある。港に面しているので多くの部屋から海が見える。朝食はサーモンや卵料理などいろいろとアレンジできる。レストランも併設。同じ通り沿いに同経営のグランド・ホテルもある。

Map P.366 高級 27室

住24 Commercial St., ZE1 0AB
TEL (01595)692826
FAX (01595)694048
URL www.kgqhotels.co.uk
S £65～68 W £95～
£ ADMV

グレン・オーキー・ハウス Glen Orchy House

TV 無線LAN

●港からは、緩やかな坂を上って5分ほど。オーナーは旅の相談に積極的で、気さくな人柄。レセプションの隣はバーとなっており、ラウンジも広くて快適。海岸通りにあるプー・シアム(タイ料理)レストランは同系列。

Map P.366外 ゲストハウス 23室

住20 Knab Rd., ZE1 0AX
TEL (01595)692031
S £70～
W £90～
£ MV

フォート・シャーロット Fort Charlotte Guest House

TV 無線LAN

●中心部に位置するので、立地は抜群。石造りの重厚な外観だが、内部は白やブルーなどでコーディネートされている。部屋ごとに家具や装飾も違うので事前にウェブサイトで確認してみよう。最低2泊から。シェトランドに関する旅行書も豊富。

Map P.366 ゲストハウス 5室

住1 Charlotte St., ZE1 0JL
TEL (01595)692140
URL www.fortcharlotte.co.uk
S £60
W £85
£ JMV

SYHAラーウィック SYHA Lerwick

Map P.366 無線LAN

●ラーウィックの町なかにある。ドミトリーのほか、4人が泊まれる家族向けの部屋もある。キッチンやランドリーなど設備も申しぶんない。レセプションが閉まっている場合は、隣のコミュニティー・センターへ。

ユースホステル ベッド数64

住King Harald St., ZE1 0EQ
TEL (01595)745100
URL www.hostellingscotland.org.uk
DOM £22.50～
£ MV

フォート・カフェ Fort Cafe

●新鮮な食材を提供しているフィッシュ&チップスのお店。テイクアウエイもあるが、ここはぜひ店内のテーブル席で揚げたてをいただきたい。ブラックプディングやパイ、ベーコン&エッグなどもある。

Map P.366 シーフード

住2 Commercial Rd., ZE1 0HY
TEL (01595)693125
開11:00～22:00 (土～19:00)
休無休
£
不可

ニュー・ゴールデン・コーチ New Golden Coach

●中華料理を中心に、日本、韓国、マレーシア、タイなど、アジア全般の料理を幅広く出している。メインの料理は£9～12前後。ベジミートの料理もある。テイクアウエイも可能。

Map P.366 中華料理

住1-3 Commercial Rd., ZE1 0LX
TEL (01595)693848
URL www.newgoldencoach.com
開12:00～22:00 (金・土～22:30)
休無休 £ MV

ニニアン Ninian

●シェトランドのデザイナーによるニットウエアが豊富で、ポップな色使いのモダンなデザインが中心。オーナーが、イギリス国内で買いつけたグリーティング・カードやアロマキャンドルなど、センスのよい雑貨が並ぶ。

Map P.366 民芸品

住80 Commercial St., ZE1 0DL
TEL (01595)696655
URL www.ninianshetland.co.uk
開9:00～17:30
休日
£ MV

ゲール語がいまなお根づく地

アウター・ヘブリディーズ諸島

Outer Hebrides

●市外局番01851　●人口2万6100人

❖アウター・ヘブリディーズ諸島への行き方

フェリー、バスなどこの地域の交通機関は日曜に大半が運休するので注意しよう。

⛴アウター・ヘブリディーズ諸島はカレドニアン・マクブレイン社のフェリーで結ばれている。スカイ島のウイグからはターバートへの便が、アラプールからはルイス島のストーノウェイへの便がある。

■カレドニアン・マクブレイン

TEL0800 066 5000

URLwww.calmac.co.uk

インヴァネスの🛈内にもチケットオフィスがある。

■ルイス島への行き方

●インヴァネスから

🚌⛴アラプール行きの便が月～金の7:05、13 :35発（土・日運休）。ストーノウェイ行きのフェリーに接続している。

所要：アラプールまで1時間20分

●アラプールから

⛴10:30、17:30発、土10:30、19:00発、日11:30発

所要:2時間30分

●ウイグ（スカイ島）から

⛴月・水・金7:20、16:20発。火・木11:40発、土12:10、日16:25発

所要:1時間40分

ターバートからストーノウェイへはバスW10が1日5便程度、日曜運休。

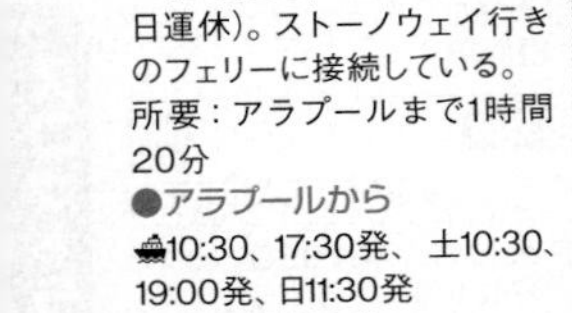

観光の起点となるストーノウェイ

ハリス島のターバート港と蒸溜所

スコットランドの北西の果て、南北に細長く連なった島々をアウター・ヘブリディーズ諸島Outer Hebridesと呼ぶ。一番大きなルイス島Isle of Lewisをはじめ、ハリス島Harris、その南に位置するノース・ユイスト島North Uistとサウス・ユイスト島South Uist、バラ島Barraなどからなり立っている。このあたりは緯度が高く、夏は夜遅くなってもなかなか暗くならない。

8世紀からヴァイキングのノース人が定住し始めたアウター・ヘブリディーズ諸島だが、ヴァイキングの影響を受けつつも、古来のゲール文化を失うことなく、独特の文化が保存され、いまでもゲール語を日常語とする人々が多い。ルイス島のカラニッシュ Callanishにあるストーンサークルをはじめ、古代遺跡が豊富。

モデルルート

交通機関などがストップする日曜を入れずに回るのがよい。レンタカーを借りるにしても給油は土曜のうちに済ませよう。

アウター・ヘブリディーズとスカイ島を巡る

インヴァネス➡アラプール➡ストーノウェイ（ルイス島）➡ターバート（ハリス島）➡ウイグ（スカイ島）➡ポートリー➡マレイグ➡フォート・ウィリアム

フェリーを乗り継げば夏期なら1週間～10日で回ることができる。どの島も公共交通機関に乏しいので、フェリーの運賃は高くなるがインヴァネスから全行程をレンタカーで回るのも検討したい。フェリーは生活路線となっていて、トラックなどで混むので、車の場合は事前予約が望ましい。

歩き方

アウター・ヘブリディーズ諸島の人は信心深く、安息日の日曜には店やレストラン、B&Bのほとんどが閉まってしまうので注意したい。見どころへのバスは1日5～6便程の運行。

◉ルイス島&ハリス島　ルイス島Isle of Lewisはアウター・ヘブリディーズ最大の島。島巡りの拠点はストーノウェイStornoway。ハリス島Harrisは、正確には独立した島ではなく、ルイス島と地続きでターバートTarbertが中心。スコットランドで最も美しい風景のひとつともたたえられるハリスの丘やアトランティック・シー・コーストといった見どころもある。

昆布を使ったジン

ハリス島蒸溜所 Isle of Harris the Social Distillery

Map P.371

2015年に蒸溜を開始したアウター・ヘブリディーズで数少ない蒸溜所。ウイスキーとジンを製造しているが、ウイスキーは熟成が必要なため、初出荷は2020年以降となっている。ジンはコリアンダーやオレンジピールなどのほか、地元産の昆布を使い、自然なやさしい味わいを作り出している。

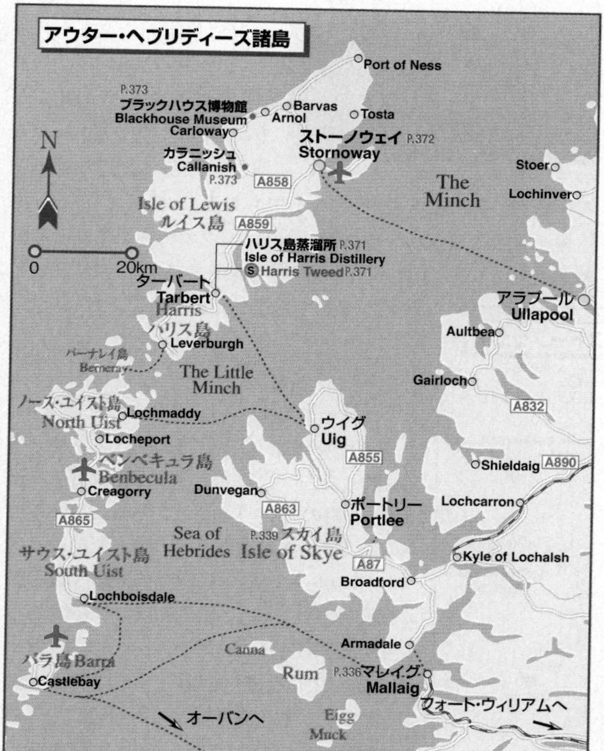

■**ハリス島への行き方**
🚌ストーノウェイのバスステーションからバスW10が1日5便程度、日曜運休。

■**ハリス島蒸溜所**
住Tarbert, Isle of Harris, HS3 3DJ
TEL(01859)502212
URLwww.harrisdistillery.com
●見学ツアー
5～9月10:00～15:00の毎正時発（金10:00、12:00発）
4月12:00、14:00発（金10:00、12:00発）
10月12:00、14:00（金12:00）発
3月12:00発
休土・日、11～2月　料£12

ターバートの港のすぐそばにある

■**ハリス・ツイード・ショップ**
蒸溜所に隣接している。
住Tarbert, Isle of Harris, HS3 3DJ
TEL(01859)502040
URLwww.harristweedisleofharris.co.uk
開9:00～17:30
休日

ハリス・ツイードの本店がここ

■**ルイス島の最北ドライブ**
最北端のポート・オブ・ネスPort of Nessへ続く道は最果ての島なのが信じられないほどのどかな道、穏やかな景色がとても美しい。一方、強風の日には港は巨大で美しい波に包まれる。途中に有名な見どころはないが、レンタカーがあるなら、このふたつの景色は遠回りしても見にいきたい。

ポート・オブ・ネスの港

■ノース・ユイスト島への行き方
●ハリス島から
⛴1日2〜3便
所要:1時間
●ウイグ（スカイ島）から
⛴1日1〜2便
所要:1時間45分
■サウス・ユイスト島への行き方
サウス・ユイスト島でフェリーが発着する港はロッホボイズデイルLochboisdale。
●オーバンから
⛴月・水・木・土・日1便、冬期は運休し、マレイグから不定期運航
所要:5時間10分〜5時間45分

◉ユイスト島　ハリス島の南には、ノース・ユイスト島North Uist、空港のあるベンベキュラ島Benbeculaを挟んでサウス・ユイスト島South Uistがあり、これらの3つの島は橋でつながっている。

これらの島の見どころは、延々と続くすばらしい砂浜と自然保護区、古代遺跡だ。大半の遺跡が島の西半分の道路沿いにあるので、車か自転車があれば簡単に回れる。ベースとなる町はノース・ユイスト島のロッホマディ Lochmaddy。ロッホマディからはスカイ島のウイグへのフェリーの便もある。釣り人にも人気。

ルイス島観光の拠点

ストーノウェイ Stornoway

●市外局番01851　●人口5602人

■ストーノウェイの*i*
Map P.372
住The Ferry Terminal, HS1 2AE
TEL(01851)703088
URLwww.visitscotland.com
開4〜9月9:00〜16:45
　10〜3月10:00〜16:00
　（土10:00〜14:30）
休日
宿の予約は手数料£4と、デポジットとして宿泊料金の10%が必要。

町のすぐそばにあるルース城

アラプールからフェリーで約2時間30分。ルイス島の北部に位置したストーノウェイは、アウター・ヘブリディーズ諸島で最大の町。カラニッシュやブラックハウス博物館など、周辺の見どころへのアクセスもよい観光の中心でもある。

町の北西にあるルース城の周辺は、ウオーキングコースが整備されているので、周囲の自然を楽しみながらのんびりと散策が楽しむことができる。

歩き方

フェリーターミナルは町の南に位置する。ターミナルの前にあるシェル・ストリートShell St.を左へと進むと、すぐ横はバスターミナル。町の郊外への見どころはここからバスで行く。さらに進むと町の中心だ。

対岸のルース城Lews Castleは古城ホテルに改装されており、館内にはカフェやバー、ショップがあるほか、アウター・ヘブリディーズ諸島の生活と文化を紹介する博物館も併設している。城の周囲は美しい公園になっており、休日には散歩を楽しむ人でにぎわう。

広大な土地に立つストーンサークル

カラニッシュ Callanish

Map P.371

数多くの謎が残るストーンサークル

オークニー諸島のリング・オブ・ブロッガーと並ぶ、スコットランドを代表するストーンサークル。ストーノウェイの西、約40kmの所にある。中央のストーンサークルには13本の石柱があり、このストーンサークルを囲んでケルトのハイクロスのような形で石が並んでいる。

島の暮らしを垣間見る

ブラックハウス博物館 Blackhouse Museum

Map P.371

ルイス島に残る藁葺き伝統家屋の博物館。復元された家屋や廃墟になった家屋などがある。家には寒さから守るために煙突がなく、そのためピートを燃やした煙が充満し、家の内部が燻されて真っ黒になってしまった。いまでも内部にはピートの煙の匂いが染みついている。内部には炉端や家具なども復元されている。

■カラニッシュ

ストーノウェイのバスステーションからW2が1日4～6便、日曜運休。所要30分。

●ストーンサークル

開随時　料無料

●ビジターセンター

カフェやショップ、遺跡の展示コーナーがある

TEL (01851)621422

URL www.callanishvisitorcentre.co.uk

開4・5・9・10月10:00～18:00
6～8月9:30～20:00
11～3月10:00～16:00

休日、11～3月の月曜、12/23～1/4

■ブラックハウス博物館

ストーノウェイのバスステーションからW2が1日4～6便、日曜運休。所要30分。

TEL (01851)710395

URL www.historicenvironment.scot

開4～9月9:30～17:30
10～3月10:00～16:00

休日、1/1・2、12/25・26

料£6　学生£4.80

Hotel&Restaurant ホテル&レストラン

ストーノウェイは、宿泊施設が豊富。レストランの数は少ないが、ほとんどの宿泊施設がレストランを併設している。

日本からホテルへの電話　国際電話会社の番号 + 010 + 国番号44 + 市外局番の最初の0を取った掲載の番号

ロイヤル The Royal Stornoway

●iの北50mほど。外観だけみるとやや老朽化した印象を受けるが、中は改装され、エレベータもある。客室もかわいらしくまとまっている。通りに面した部屋からは、港やルース城を眺めることができる。併設のレストランは地元の食材を使った料理で人気。

TV　無線LAN

Map P.372　中級　24室

住 Cromwell St., HS1 2DG

TEL (01851)702109

URL www.royalstornoway.co.uk

S £69～

W £119～

£　A J M V

ヘブ Heb Hostel

●クリスティーンという元気な女性が運営するホステル。港から歩いて3分程度とロケーションもいい。建物は200年前のものだがとてもきれい。共同で利用できるキッチンも清潔。ドミトリーは2段ベッドがなくゆったり。女性用の部屋もある。ランドリーあり。

無線LAN

Map P.372　ホステル ベッド数26

住 25 Kenneth St., HS1 2DR

TEL (01851)709889

URL www.hebhostel.com

DOM £20～

S £50～　W £55～

£　不可

ディグビー・チック Digby Chick Restaurant

●近海で取れた良質な魚や、スコットランド産の牛肉など、地元の食材を使った創作料理が評判の人気店。2品のコースランチは£16.50、3品のコースディナーは£34.95。ディナー時は混み合うので予約が確実。

Map P.372　シーフード

住 5 Bank St., HS1 2XG

TEL (01851)700026

URL www.digbychick.co.uk

開12:00～14:00　17:30～21:00

休日　£

M V

あなたの
旅の体験談を
お送り
ください

地球の歩き方　投稿　検索

『地球の歩き方』は、たくさんの旅行者から
ご協力をいただいて、改訂版や新刊を制作しています。
あなたの旅の体験や貴重な情報を、これから旅に出る人たちに分けてあげてください。
なお、お送りいただいたご投稿がガイドブックに掲載された場合は、
初回掲載本を１冊プレゼントします！

ご投稿は次の３つから！

インターネット
URL www.arukikata.co.jp/guidebook/toukou.html
画像も送れるカンタン「投稿フォーム」
※「地球の歩き方　投稿」で検索してもすぐに見つかります

郵便
〒104-0032　東京都中央区八丁堀 2-9-1
RBM 東八重洲ビル
株式会社ダイヤモンド・ビッグ社
「地球の歩き方」サービスデスク「○○○○編」投稿係

ファクス
(03) 3553-6603

郵便とファクスの場合
次の情報をお忘れなくお書き添えください！　①ご住所　②氏名　③年齢　④ご職業　⑤お電話番号　⑥ E-mail アドレス　⑦対象となるガイドブックのタイトルと年度　⑧ご投稿掲載時のペンネーム　⑨今回のご旅行時期　⑩「地球の歩き方メールマガジン」配信希望の有無　⑪地球の歩き方グループ各社からの DM 送付希望の有無

ご投稿にあたってのお願い

★ご投稿は、次のような《テーマ》に分けてお書きください。
《新発見》ガイドブック未掲載のレストラン、ホテル、ショップなどの情報
《旅の提案》未掲載の町や見どころ、新しいルートや楽しみ方などの情報
《アドバイス》旅先で工夫したこと、注意したいこと、トラブル体験など
《訂正・反論》掲載されている記事・データの追加修正や更新、異論・反論など
※記入例：「○○編 202X 年度版△△ページ掲載の□□ホテルが移転していました……」

★データはできるだけ正確に。
ホテルやレストランなどの情報は、名称、住所、電話番号、アクセスなどを正確にお書きください。
ウェブサイトの URL や地図などは画像でご投稿いただくのもおすすめです。

★ご自身の体験をお寄せください。
雑誌やインターネット上の情報などの丸写しはせず、実際の体験に基づいた具体的な情報をお待ちしています。

ご確認ください

※採用されたご投稿は、必ずしも該当タイトルに掲載されるわけではありません。関連他タイトルへの掲載もありえます。
※例えば「新しい市内交通パスが発売されている」など、すでに編集部で取材・調査を終えているものと同内容のご投稿をいただいた場合は、ご投稿を採用したとはみなされず掲載本をプレゼントできないケースがあります。
※当社は個人情報を第三者に提供いたしません。また、ご記入いただきましたご自身の情報については、ご投稿内容の確認や掲載本の送付などの用途以外には使用いたしません。
※ご投稿の採用の可否についてのお問い合わせはご遠慮ください。
※原稿は原文を尊重しますが、スペースなどの関係で編集部でリライトする場合があります。
※従来の、巻末に綴じ込んだ「現地最新情報・ご投稿用紙」は廃止させていただきました。

to Glasgow Queen Street
gu Sràid na Banrighinn
North Hanover Street
Taxis
Toilets
Platforms 1 - 7
Ticket

旅の準備と技術

【準備】旅の必需品

パスポートや海外旅行保険など旅行を楽しむ前に、必ずしておかなくてはならないことをチェックしよう。

パスポートと残存有効期間

10年間有効のパスポートは赤色

パスポートは海外で身元を証明するための大切な証明書だ。申請は出発の1ヵ月前を目安にして、余裕をもって行おう。パスポートには5年間有効のものと10年間有効のものがある。10年間有効のものは、20歳以上の成人のみ取得可能。

パスポートの申請窓口

各都道府県庁のパスポートセンター（旅券課）、または住民登録している市区町村の窓口など、都道府県によって申請窓口が異なる。必要書類を提出すれば、6〜10営業日後にパスポートを受け取れる。

必要な有効残期間

イギリスを旅行するために必要なパスポートの残存有効期間は、基本的に滞在日数以上あればOKだが、できれば6ヵ月以上が望ましい。

ビザの申請

すべての国で外国人が入国するためには原則としてビザが必要だが、観光旅行など短期旅行者には取得を免除する国が多い。イギリスでは、観光を目的とする6ヵ月以内の滞在であれば、出発前にビザ申請をする必要はない。

海外旅行保険

海外での事故や盗難は増加傾向で、保険なしで現地の病院に行くのは金銭的に大きな負担になる。出発前に、海外旅行保険にはぜひとも加入しておこう。空港でも自動販売機が設置されていることがある。クレジットカードの海外旅行保険は、付帯に条件があったり、治療費の上限が心許ないこともあるので確認を。

海外旅行保険には、必要な保険と補償を組み合わせた「セット型」と、ニーズと予算に合わせて各種保険を選択できる「オーダーメイド型」がある。荷物の多さや、高額な携行品の有無、旅行期間なども考慮に入れて、保険の種類を検討しよう。

アクシデントに遭ったら、速やかに現地デスクに連絡して指示を受ける。その際加入時の書類（インターネットで契約する保険の場合は加入時に確認）が必要なので携帯しよう。また、帰国後の申請に備え、治療や盗難の証明書が必要かどうかについても、出発前に確認しておこう。現地デスクの電話番号も確認してメモを取っておくと安心。

■パスポート取得のために必要な書類

●一般旅券発給申請書（1通）
●戸籍抄本または謄本（1通）
●写真（1枚）
縦4.5cm、横3.5cm、縁なしで背景が無地の白か薄い色、申請日より6ヵ月以内に撮影された正面向きの無帽のものなどの規格を満たすもの。
●本人確認書類（1点または2点）
運転免許証、マイナンバーカード、有効期間内のパスポートなどの場合は1点でよい。各種保険証や印鑑登録証（実印が必要）などの場合は2点必要。

■外務省パスポート（旅券）Passport A to Z

申請方法や各都道府県の申請窓口が確認できる
URL www.mofa.go.jp/mofaj/toko/passport

■パスポートに関する注意

国際民間航空機関（ICAO）の決定により、2015年11月25日以降は機械読取式でない旅券（パスポート）は原則使用不可となっている。日本ではすでにすべての旅券が機械読取式に置き換えられたが、機械読取式でも2014年3月19日以前に旅券の身分事項に変更のあった人は、ICチップに反映されていない。渡航先によっては国際標準外と判断される可能性もあるので注意が必要。
URL www.mofa.go.jp/mofaj/ca/pss/page3_001066.html

■海外旅行保険

●損保ジャパン日本興亜
URL www.sjnk.co.jp
●東京海上日動火災保険
URL www.tokiomarine-nichido.co.jp
●AIG損保
URL www.aig.co.jp
●三井住友海上火災保険
URL www.ms-ins.com

国外運転免許証

レンタカーを借りてイギリスを旅行する場合は国外運転免許証と、日本の免許証が必要。国外運転免許証は、住民登録をしている都道府県の運転免許試験場や警察署などで発行してもらう。必要書類は、東京都の場合、日本国内運転免許証、パスポート、申請料2400円、写真1枚（縦5cm×横4cm）だが、都道府県ごとに異なるので、詳細は最寄りの警察署へ。有効期限は発行日から1年間。

国際学生証&ユースホステル協会会員証

イギリスでは見どころの入場料や公共交通機関などに学生割引制度がある。学生なら国際学生証（ISIC）を取得しておくとよいだろう。

国際学生証の取得

全国主要大学の生協（大学生協組合員のみ）やプレイガイド、一部の旅行会社で申し込みが可能。オンラインでの申請は、ISIC Japanのウェブサイト（URL www.isicjapan.jp）から可能。スマホアプリで使うバーチャルカードは1800円。従来のプラスチックカードの追加発行には750円が必要。

ユースホステル協会会員証

国際ユースホステル協会加盟のユースホステルに割引料金で泊まれるユースホステル協会会員証は、学生でなくても取得でき年齢制限もない。ウェブサイト（URL www.jyh.or.jp）からも申し込みができる。成人パスの場合、登録料は2500円。スマートフォンで提示して使うデジタル会員証なら2000円（即日発行可）。

日本での情報収集

英国政府観光庁（VisitBritain）

英国旅行に関することなら英国政府観光庁。ウェブサイトでもさまざまな情報を提供している。

NPO日本スコットランド協会（JSS）

スコットランドとの交流のために設立されたこの協会には、スコットランドに関する本、ビデオ、資料が勢揃い！　会員には、これらを無料で貸し出している(一般は閲覧可)。

ウイスキー文化研究所

ウイスキー評論家の土屋守氏が代表を務める、スコッチウイスキーや世界のウイスキーについて、情報収集と発信を行う、愛好家のための会員組織。会報の発行（年6回）やウイスキーイベントのほか国内外蒸溜所ツアーも企画している。

現地での情報収集

観光案内所

観光案内所Tourist Information Centre(TIC）は町の中心に位置しているが規模はさまざま。小さな町では、冬期は営業しないところも多い。また、資料配布のみでスタッフが常駐しないインフォメーション・ポイントの場合もある。

■国際学生証取得に必要なもの
URL www.univcoop.or.jp/uct
●申請書
各受付のほか、上記のウェブサイトからもダウンロード可。
●写真
縦3.3 cm×横2.8 cm(6ヵ月以内に撮影されたもの)
●学生証のコピー
発行から3ヵ月以内の在学証明書でも可。
●カード代金
1800円（バーチャルカード）

■日本ユースホステル協会
URL www.jyh.or.jp

■英国政府観光庁
URL www.visitbritain.com

■海外旅行の情報が満載！
URL www.arukikata.co.jp
海外旅行最新情報が満載の「地球の歩き方」ホームページ！　ガイドブックの更新情報はもちろん、136の国と地域の基本情報、エアラインプロフィール、海外旅行の手続きと準備など、旅に役立つコンテンツ満載です。

■日本スコットランド協会（JSS）
住 〒160-0022
東京都新宿区新宿2-15-25
カテリーナ御苑403
TEL&FAX (03)6380-5256
URL www.japan-scotland.jp
Mail info@japan-scotland.jp
年会費:一般会員5000円
家族会員（2名）7500円
学生会員1500円

■ウイスキー文化研究所
住 〒150-0012
東京都渋谷区広尾5-23-6
長谷部第10ビル2F
TEL (03)6277-4103
FAX (03)3445-6229
URL scotchclub.org
入会金:2000円
年会費:7000円

■日本語ガイドの手配
スコットランド観光ガイド協会(STGA)に登録している「ブルーバッジガイド」(公認ガイド）には日本人もたくさんいる。詳しくは検索してみよう
URL www.stga.co.uk

【準備】旅のシーズン

高緯度に位置するため、夏は日が長く冬は夜が長い湖水地方とスコットランド。季節ごとに楽しみ方もさまざまだ。

■イギリスの天気予報
イギリスの天気予報を見るには、BBCやSKY Newsといったイギリスのメディアの情報をとおして見るのが便利。
●BBC Weather
URL www.bbc.co.uk/weather
●Sky News Weather
URL news.sky.com/weather

■エディンバラ国際フェスティバル
URL www.eif.co.uk

ミリタリー・タトゥーはフェスティバルの代名詞的存在

1日のなかに四季がある?

イギリスは天気の移り変わりが激しく、「1日のなかに四季がある Four seasons in one day」といわれるほどだが、なかでもスコットランドはその差が大きいことで知られている。重ね着や雨具の用意は必須。真夏でもトレーナーやセーターの準備はしておいたほうがいいだろう。スコットランドにはアウトドアの店も多く、現地でも調達は可能だ。冬の気候はむしろ比較的温和で、日本にいるより暖かく感じる人もいるだろう。

トップシーズンはやっぱり夏!

それでも、やはり観光に最適なシーズンは夏。真夏でも20℃を超える日が少なく、涼しい湖水地方やスコットランドには、暑さを避けて多くの人が訪れる。夏しか開いていない見どころも少なくないし、さまざまなイベントも行われる。エディンバラではミリタリー・タトゥーを中心に、さまざまなパフォーマンス系イベントがめじろ押しのエディンバラ国際フェスティバルが開かれている(→P.135)。

湖水地方でウオーキング。夏でも長袖の準備を

また、夏は野鳥たちの子育ての季節でもあり、シェトランドのサンバラ岬など営巣地では静かに鳥を探す人々が絶えない。ウオーキングやトレッキング、フィッシング、ゴルフといったアクティビティにも夏は最適だ。

		1月	2月	3月	4月	5月
平均気温(最高/最低) 単位:℃	湖水地方	6.6/0.5	7.1/0.2	9.2/1.6	12.1/2.8	15.8/5.
	エディンバラ	7.0/1.4	7.5/1.5	9.5/2.8	11.8/4.3	14.7/6.
	アバディーン	6.5/0.6	6.8/0.8	8.8/1.9	10.9/3.4	13.6/5.
	ラーウィック	5.9/1.8	5.5/1.5	6.4/2.0	8.1/3.5	10.4/5.
日の出☀ 日の入★ 2020年の各月15日	湖水地方	☀8:24 ★16:17	☀7:33 ★17:18	☀6:27 ★18:14	☀6:11 ★20:13	☀5:08 ★21
	エディンバラ	☀8:34 ★16:10	☀7:38 ★17:15	☀6:29 ★18:15	☀6:08 ★20:18	☀5:01 ★21
	アバディーン	☀8:36 ★15:59	☀7:37 ★17:07	☀6:25 ★18:10	☀6:01 ★20:16	☀4:50 ★21
	ラーウィック	☀8:54 ★15:34	☀7:44 ★16:54	☀6:22 ★18:05	☀5:49 ★20:21	☀4:27 ★21
日本との時差		日本より9時間遅れ			サマータ	

春や秋は混み合うことが少ない

桜の開花が春の訪れを告げる

スコットランドの春は、イースターとともに始まる。観光シーズンがはじまるのはこの頃からだ。保存鉄道も少しずつ走るようになってくる。サマータイムもスタートする。しかし、この時期はそれほど観光客も多くなく、宿も取りやすいしトップシーズンほどは高くもない。

4月30日の夜から5月1日の朝にかけてエディンバラのカールトン・ヒルで行われるベルテンBeltaneは、ケルト文化を起源にもつともいう伝統的な火祭り。また、グラスゴーで6月に行われるウエスト・エンド・フェスティバルWest End Festivalは、さまざまな会場で演劇や演奏会が開かれるグラスゴー最大のお祭りだ。

5～9月には各地でハイランド・ゲームズが行われる。丸太投げや重り投げ競技、ハイランドダンスやバッグパイプの行進などが見られるスコットランドらしさにあふれたお祭りだ。なかでも毎年9月に開催されるブレイマー・ギャザリングBraemer Gatheringは、英国王室が臨席することもあり、特によく知られている。

冬ならではのイベント

湖水地方・スコットランドの冬は夜が長いが、夜長を楽しむこの地域ならではのイベントが行われている。特に、大晦日を中心に行われるスコットランドの伝統行事に、ホグマニーがある。グラスゴーなど大都市はもちろん、地方でも祝われるが、盛大なのはエディンバラ。また大晦日ではないが、1月最終週の火曜日にシェトランド諸島のラーウィックで催されるアップ・ヘリー・アーUp Helly A'(→P.29)は、ホグマニーがヴァイキングの伝統と結びついた希有な祭りで、世界各地から見物客がやってくる。

湖水地方では、3月中旬に「マーマレード・フェスティバルMarmalade Festival」が催される。各部門ごとにマーマレードの賞を選ぶ本格的なものだ。

グラスゴーに現れた観覧車

■ベルテン
URL beltane.org

■ウエスト・エンド・フェスティバル
URL www.westendfestival.co.uk

■ブレイマー・ギャザリング
URL www.braemargathering.org

読者投稿 秋でも寒い
10月初旬にエディンバラに行きましたが、気温は10℃未満で、防寒着にマフラー、手袋、帽子が必要でした。
（三重県　AI　'19秋）

■エディンバラ・ホグマニー
URL www.edinburghshogmanay.com

■アップ・ヘリー・アー
URL www.uphellyaa.org

アップ・ヘリー・アー

6月	7月	8月	9月	10月	11月	12月
8.0 /8.3	19.6 /10.3	19.0 /9.8	16.3 /7.7	12.7 /5.0	9.2 /2.3	6.7 /0.1
7.2 /9.7	19.1 /11.5	18.9 /11.4	16.5 /9.4	13.1 /6.5	9.6 /3.7	7.0 /1.3
6.1 /8.6	18.5 /10.8	18.3 /10.5	15.8 /8.6	12.4 /5.9	8.9 /2.9	6.6 /0.7
2.4 /7.7	14.3 /9.9	14.5 /10.2	12.8 /8.7	10.2 /6.4	7.8 /3.9	6.2 /2.0
:37 ★21:46	☀4:57 ★21:36	☀5:49 ★20:41	☀6:45 ★19:27	☀7:40 ★18:13	☀7:41 ★16:10	☀8:27 ★15:46
:27 ★21:59	☀4:49 ★21:47	☀5:44 ★20:48	☀6:45 ★19:29	☀7:44 ★18:11	☀7:49 ★16:04	☀8:38 ★15:37
:13 ★22:04	☀4:36 ★21:51	☀5:36 ★20:48	☀6:39 ★19:26	☀7:42 ★18:04	☀7:50 ★15:54	☀8:42 ★15:24
:40 ★22:29	☀4:08 ★22:11	☀5:19 ★20:57	☀6:33 ★19:25	☀7:44 ★17:54	☀8:03 ★15:33	☀9:03 ★14:55
時（3月下旬～10月下旬）は日本より8時間遅れ					日本より9時間遅れ	

気温のデータ:英国気象庁（Met Office）／日の出・日没:sunrise-and-sunset.com

【準備】旅のモデルルート

定番コースを中心に、モデルルートを挙げてみた。このコースに肉づけするのもよし、組み合わせるもよし。

レンタカーを操って自由気ままなドライブ旅行もいいけれど、それにしても大まかな旅程ぐらいは決めておきたい。また、公共交通機関を使っての旅なら、決して選択肢が豊富にあるとはいえない。日程を組んでみて、それが本当に可能かシミュレーションをしたほうがいいだろう。

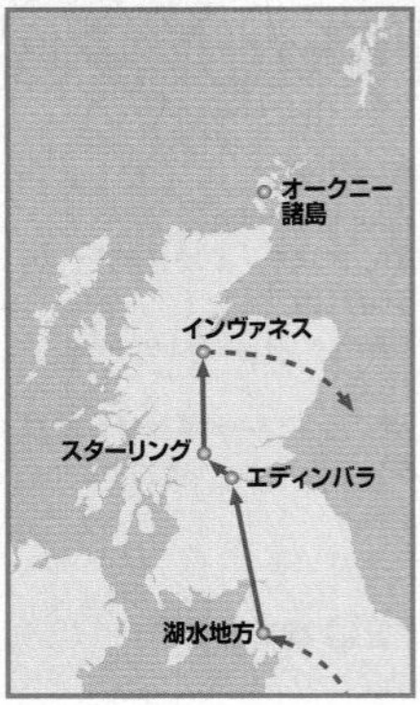

湖水地方+スコットランドハイライト8日間

●湖水地方（2泊）→エディンバラ（3泊）→スターリング（1泊）→インヴァネス（2泊）

定番の見どころをゆったりめのスケジュールで巡る基本コース。

湖水地方へはマンチェスター空港の利用が便利。空港から直通列車も出ており、2時間30分ほどで湖水地方に着く。もちろんロンドンをゲートウェイにしてもいい。

湖水地方では、いくつもの湖を巡ったり、ピーターラビットゆかりの場所を訪れたりするには、バスツアーに乗って巡るのが効率的だ。公共交通機関をうまく使って巡る方法もある(→P.42)。

モス・エクレス湖

湖水地方の玄関口、オクセンホルムからエディンバラまでは鉄道で2時間30分程度。エディンバラでは2～3日滞在して、ゆっくり観光するといい。

プランどおりスターリングでは1泊してもいいし、片道50分程度なので日帰りも十分に可能。

翌日は一路インヴァネスへ。途中、ピトロッホリーでブレア城に立ち寄ったり、次のオプションプランⒶを挟むのもいい。スターリングから直接インヴァネスへ向かえば所要3時間ほど。インヴァネスではネス湖クルーズをしたり、オークニー島へのツアーに参加したり、さまざまな楽しみ方ができる。

オプションプランⒶ ウイスキーの旅

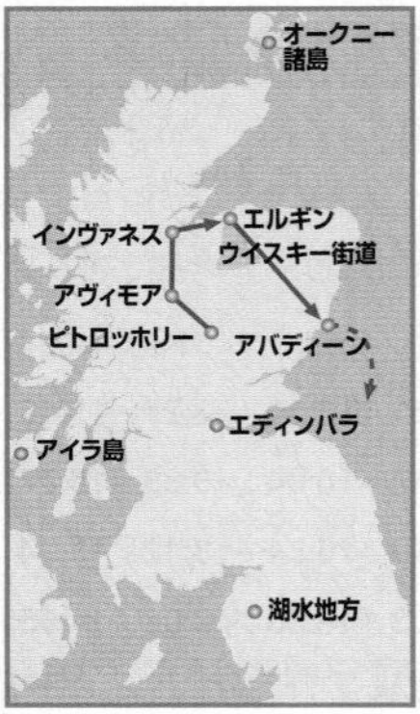

●ピトロッホリー（1泊）→（アヴィモア）→エルギン（1泊）→ウイスキー街道（2泊）→アバディーン

ピトロッホリーからスペイサイドのウイスキー蒸溜所を巡るオプショナルコース。

ピトロッホリーにあるエドラダワー、ブレア・アーソルの両蒸溜所を巡ったら、インヴァネス経由でエルギンへ列車で移動。余裕があれば途中のアヴィモアで1泊して、ケアンゴームのビール醸造所や蒸気機関車に乗るのもいいだろう。

ウイスキー街道の入り口のエルギンではグレン・モレイやフォレスのベンローマックなどの蒸溜所へ。翌日はダフタウン行きのバスに乗ってクレイゲラヒへ。ザ・マッカラン蒸溜所を見学したらアベラワーのアベラワー蒸溜所へ。この日はアベラワーかクライゲラヒで宿泊。翌日はバスに乗り、ダフタウンへ。ここではグレンフィディック、バルヴェニーの蒸溜所を見学できる。夏のシーズン中ならキース・ダフタウン鉄道に乗ってキースのストラスアイラ蒸溜所へも行ってみたい。レンタカーがあればバス路線から離れた蒸溜所も回れて圧倒的に便利。

オプションプランB ジャコバイト号とスカイ島

●グラスゴー→ローモンド湖（1泊）→フォート・ウィリアム（2泊）→マレイグ→スカイ島（1泊）→ルイス島（1泊）

シーズン中には毎日運行されるジャコバイト号やさまざまなウオーキングを通じてウエスト・ハイランドの自然を体感するプラン。

スコットランド最大の都市グラスゴーを起点とし、ローモンド湖へ。美しい湖はスコットランドきってのリゾート地でもあり、クルーズ、フィッシング、カヌーイングなどさまざまな楽しみ方がある。

ローモンド湖の南端バーロッホからフォート・ウィリアムへはバスで2時間半弱。左ページの基本プランに直接つなぐなら、インヴァネスからフォート・ウィリアムに入るといい。いずれにしてもフォート・ウィリアムでは、ぜひとも英国最高峰ベン・ネヴィスに登ってみたい。なお、標高1344mといえども、日本よりはるかに緯度が高いところでの登山となるので、準備は怠りないように。

ジャコバイト号に乗ってマレイグへ、船に乗り継いでスカイ島へ。スカイ島にもさまざまなウオーキングコースが整備されている。旅の終わりはゲール語がいまも日常語として使われているアウターヘブリディーズだ。ルイス島観光の中心、ストーノウェイを中心に巡るとよい。

オプションプランC アバディーンから極北へ

●エディンバラ→ダンディー→アバディーン（1泊）→シェトランド諸島（1泊）→オークニー諸島（1泊）→インヴァネス

ヴァイキングの文化がいまも色濃く残る、「スコットランドの北欧」、オークニー、シェトランド両諸島への旅。

エディンバラから港町ダンディーへ。ダンディーは海洋国家英国を支え続けてきた港。ディスカバリー・ポイントではかつての船の旅を追体験できる。この日はアバディーンに泊まり、翌日小さな飛行機に乗ってシェトランドへ行こう。飛行機はアバディーン発が最も利用しやすい。アバディーンからシェトランドへは船便もあるが、半日以上時間がかかる。

シェトランドではアップ・ヘリー・アー資料館、シェトランド博物館などを見学して、ぜひ独特の文化を知ってほしい。フェロー諸島やアイスランドといった、北欧の島々との共通点が多い。のどかに草を食む羊たちを見たり、サンバラ岬でのバードウオッチングも楽しい。シェトランドから飛行機または船でオークニーへ。オークニー諸島もストーンサークルやハイランドパークウイスキーの蒸溜所、スキャパ・フロウ湾の沈船ポイントなど、見応えのある場所が多い。

オークニーからインヴァネスへは飛行機の便があるほか、バスや船を乗り継いで行くこともできる。

夜はパブでウイスキーを楽しもう

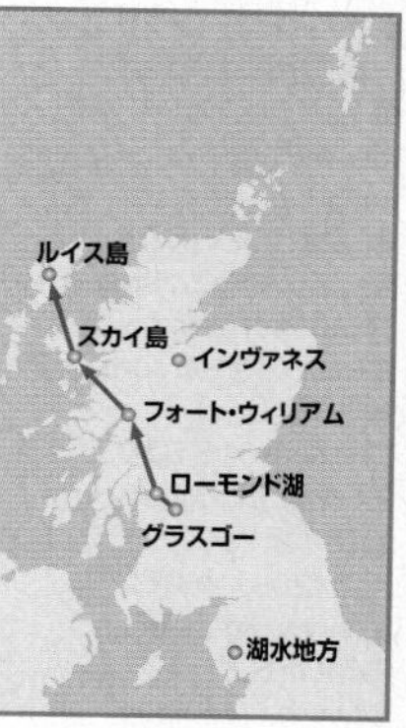

ベン・ネヴィス山の登山道

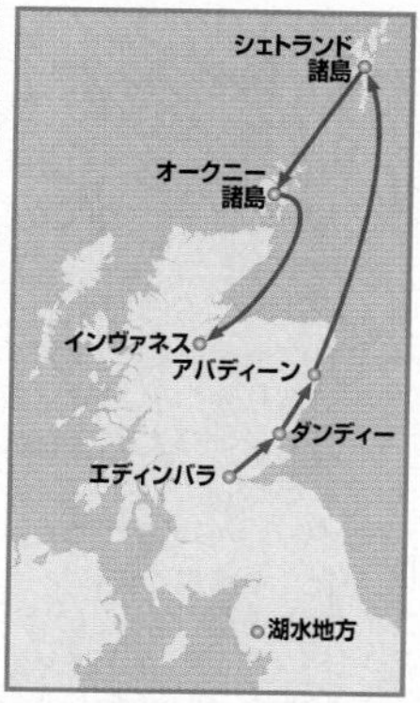

ヴァイキングのコスチュームはシェトランドの誇り

【準備】旅の予算と両替

現金にクレジットカード、プリペイドカードなど、お金をどのような形で持っていくのがいいか検討してみよう。

■おもなクレジットカード会社問い合わせ先

●アメリカン・エキスプレス
URL www.americanexpress.com/japan
●三井住友VISAカード
URL www.smbc-card.com
●MasterCard
URL www.mastercard.co.jp
●JCB
FREE 0120-015-870
URL www.jcb.co.jp
●ダイナース
FREE 0120-041-962
URL www.diners.co.jp
●MUFGカード
URL www.cr.mufg.jp
●クレディ・セゾン
TEL 0570-064-133
URL www.saisoncard.co.jp

※クレジットカードの使用時、パスポートなどのID（身分証明書）の提示を求められることがあるので注意。また、ICチップの入ったICカードの場合、暗証番号の入力を求められるので、出発前に確認を。

読者投稿 イングランドにも行く人は注意

イングランドの、特にいなかだと、スコットランド紙幣自体を見たことがないという人も多く、スコットランド紙幣の使用を拒否されることがあるとのこと。私はスコットランドのATMで現金を全額おろしたので、全額スコットランド紙幣でした。その後、湖水地方とロンドンにも行く予定だったので、エディンバラのウェイヴァリー駅にあるウェイヴァリーモールの郵便局で、スコットランド紙幣を全額イングランド銀行の紙幣に替えてもらいました。手数料は無料でした。パスポートの提示を求められる場合もあるようです。
（千葉県　marco　'19春）

通貨と両替

通貨単位は、イギリス全土共通のポンドPound（£）、補助単位はペンスPence(p)で£1=100p。価格は£のみで表記され、例えば1ポンド50ペンスは「£1.50」となる。

スコットランドのおもな銀行である、ロイヤル・バンク・オブ・スコットランドThe Royal Bank of Scotland、バンク・オブ・スコットランドBank of Scotlandなどは、それぞれ独自の紙幣を発行しており、何の問題もなく使うことができる。ただし、スコットランドの紙幣はイングランドの店舗では受け取りを拒否されることもあるので注意。また、スコットランドの紙幣は日本に持ち帰っても両替できない。

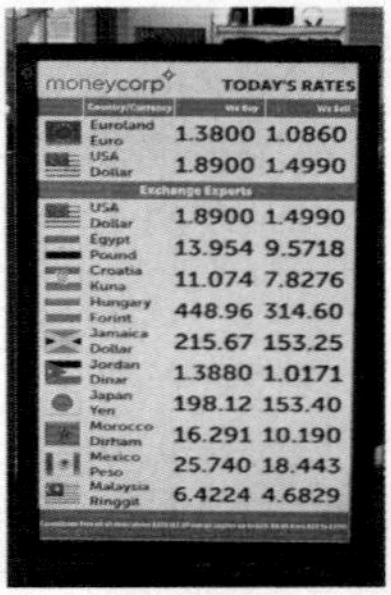

両替商のレートボード

両替ができる場所

両替は、銀行や“Bureau de Change”の看板のある両替所で行える。両替所は、空港や大きな駅の構内、駅周辺などにあり、朝早くから夜10時頃まで営業している。

クレジットカード

ほとんどの支払いにクレジットカードが使えるので、VISA、MasterCard、アメリカン・エキスプレス、JCBなどの国際ブランドのカードを持っていくと重宝する。イギリスではICチップ付きカードが一般的なので、カード申し込み時に登録した暗証番号を忘れずに。また、イギリスではVisa payWaveなどコンタクトレス決済が普及している。

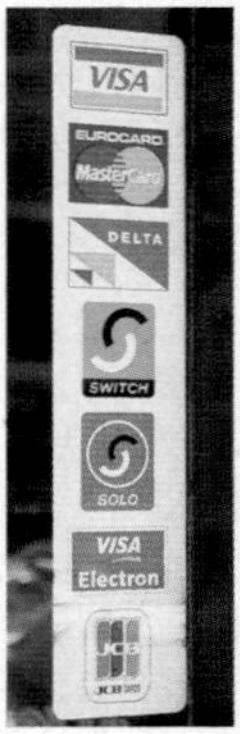

使えるクレジットカードはたいてい店頭に示されている

ATMの利用も便利

クレジットカードを利用したキャッシング（借り入れ）や、国際キャッシュカードを使った現地通貨の入手は、銀行のATMで24時間可能。日曜や夜間でも問題なく利用できる。

有利なレートは現金よりもクレジットカード

レートはよほど大きな変動がない限り、現金払いよりもクレジットカード払いのほうが有利。クレジットカードのレートはカード会社が定めており、公示仲値にほぼ等しい。カード払いではそのレートに1.6～2.2%の手数料が、ATMでキャッシングをした場合は年利18%の利息と引き出し手数料がかかる。現金両替は公示仲値に数円～10数円が上乗せされているので、一般的にはカード払いや、ATMからのキャッシングよりもレートが悪い。

湖水地方とスコットランドの物価

何度かロンドンへ行ったことのある人は、湖水地方とスコットランドのほうが断然、物価が安いように思われるかもしれない。しかし、実はそうでもない。宿泊費はもちろんロンドンよりは安いが、食費に関してはほとんど変わらない。

パブやレストランの店先に貼られているいメニューには料金も掲載されているのでわかりやすい

また、歴史的なスポット（たいてい郊外にある）を回ることが多くなるので、そこまでの交通費、入場料などもチョコチョコと出費することになる。これらもたび重なれば大きい。もちろん、往復券や乗り放題を利用したり、見どころの共通券を使うなどして、割引をうまく活用できることもある。いずれにしても、基本的にはこういった出費を惜しまずにすむように、予算には少し余裕をみておくことが大切だ。

タイプ別の予算

交通費、娯楽費はさておき、宿泊費と食費にかぎり、1日どのくらいかかるかを計算してみよう。ご参考まで。

●徹底切り詰め型→1日5000円程度

ユース（1泊£15前後）に泊まり、食事は基本的に町のスーパーなどで調達したサンドイッチや果物で済ませる。

●一般的メリハリ型→1日1万円程度

安めのB&B(1泊£40前後)に宿泊し、昼、夜の食事はテイクアウエイ中心だが、ときにはレストランも利用する。

●ちょっとだけリッチ型→1日2万円程度

宿はB&B中心だが、1〜2度、高級ホテルにも宿泊。昼、夜の食事はテイクアウエイとレストラン、半々くらい。

■カード払いの請求通貨に注意

外国人旅行者の利用が多いホテルやレストラン、ショップなどでカード払いをする際、カードリーダーや請求書には現地通貨でなく日本円で決済されていることがある。日本円換算でのカード決済自体は合法だが、決済元の銀行や両替商などに有利な為替レートが設定されているので要注意。決済前には通貨を確認すること。店側が説明しないで勝手に決済したときは、帰国後でもカード会社に相談しよう。

レストランではたいていセットメニューが用意されている

朝食をきちんと食べれば、昼ご飯は軽めで済むことも

Information

トラベルプリペイドカード

トラベルプリペイドカードは、外貨両替の手間や不安を解消してくれる便利なカードのひとつだ。多くの通貨で国内の外貨両替よりレートがよく、カード作成時に審査はない。出発前にコンビニATMなどで円をチャージし（入金）、その範囲内で渡航先のATMで現地通貨の引き出しができる。各種手数料が別途かかるが、使いすぎや多額の現金を持ち歩く必要もない。2020年3月現在、発行されているのはおもに右記のカードだ。

■トラベルプリペイドカード会社の連絡先

●ネオ・マネー（NEO MONEY）
URL www.neomoney.jp
クレディセゾン発行

●ガイカ（GAICA）
URL www.gaica.jp
アプラス発行

●キャッシュパスポート（CASH PASSPORT）
URL www.cashpassport.jp
MasterCardプリペイドマネージメントサービシーズ発行

●マネパカード（Manepa Card）
URL card.manepa.jp
マネーパートナーズ発行

【技術】イギリスへのアクセス

日本から湖水地方やスコットランドへの直行便はないけれど、ヨーロッパ主要都市経由の乗り継ぎ便がある。

日本と湖水地方、スコットランドの航空便

格安航空会社でスコットランドに入ることもできる

現在、日本から湖水地方、スコットランドへの直行便は出ていないため、たいていはロンドンを経由することになる。所要時間は東京〜ロンドンが約12時間30分、ロンドン〜エディンバラ間は約1時間20分。

また、アムステルダムやパリ、フランクフルト、ローマなど欧州各都市を経由する便も各航空会社から出ている。

ロンドン経由の場合、スコットランドの到着は乗り継ぎ時間も考えるとかなり夜遅くなる。さらに空港から市の中心部まで1時間ぐらいかかる。到着が遅くなる場合は、ホテルを予約しておこう。

入国手続き

乗り継ぎで、ロンドンの空港へ降り立つ人は、入国手続きはロンドンですることになる。ヨーロッパのほかの国で乗り継ぐ場合は、スコットランドの空港で入国手続きが行われる。

入国審査 Immigration

ロンドン・ヒースローやエディンバラなど主要な空港では、入国審査に自動化ゲートePassport gatesが導入されており、2019年5月より日本人も利用可能になった。また、以前あった入国カードは廃止された。自動化ゲートの利用対象は18歳以上で、12〜17歳は、成人が同伴している場合に限って利用可能。使い方は、機械の読み取り部分にパスポートの顔写真のページを押し当てスキャンさせ、備え付けのカメラに顔を向けて認証させるだけ。自動化ゲートでは入国スタンプは押されないので、押印が必要な人や、11歳以下の子ども連れの人は、有人ゲートを利用すること。

荷物の受け取り Baggage Claim

機内に預けた荷物は、バゲージ・クレームBaggage Claimという表示がある荷物引き渡し所で受け取ることになる。自分の乗ってきた航空会社の便名が出ている回転台の前で待とう。

税関 Customs

自分の荷物を受け取ったら、次は税関へと進む。ヒースローなどの大きな国際空港では、課税対象になるものを持っている人は赤ランプ、そうでない人は緑ランプ（Nothing Declare）の検査カウンターを通過する。たいてい、会話などで何もないことが確認できると、すんなりととおることができる。

■出入国の手順

●日本出国
チェックイン→荷物検査→出国審査→搭乗

●英国入国
入国審査→荷物の受け取り→税関

●英国出国（帰国時）
チェックイン→荷物検査→搭乗

●日本入国（帰国時）
入国審査→荷物の受け取り→税関

■ロンドンからスコットランド各都市までの飛行機の乗り換え

●日本で通しチェックイン
日本の空港でロンドンから先のスコットランドの到着地、まで発券できている場合は、国内線ターミナル（ブリティッシュ・エアウェイズの場合ターミナル5）へ移動する。

●LCCの場合
イージージェットやライアンエアーなどのLCC（格安航空会社）に乗り換える場合は一度荷物を受け取った後、航空会社のカウンターに移動してチェックイン（ライアンエアーは有料）する。日本出発前にオンラインチェックインで済ませておくのが便利。

■ロンドンおよびスコットランド路線を運航する主要航空会社

●日本航空
URL www.jal.co.jp

●全日空
URL www.ana.co.jp

●ブリティッシュ・エアウェイズ
URL www.britishairways.com

●KLM
URL www.klm.com

●エールフランス航空
URL www.airfrance.co.jp

●ルフトハンザドイツ航空
URL www.lufthansa.com

●イージージェット
URL www.easyjet.com

●ライアンエアー
URL www.ryanair.com

出国手続き

関税の払い戻しカウンター

自分の搭乗便が出るターミナルのチェックイン・カウンターで、航空券とパスポートを提示して搭乗券を受け取り、荷物を預ける。続いて、荷物検査に進み、機内持ち込みの手荷物をX線検査器に通す。

なお、イギリスのVAT(付加価値税)の払い戻し手続きをする人は、税関にお店で作成してもらった書類と買った品物を提示する(下記VAT払い戻し方法参照)。したがって対象の品物は預けずに機内持ち込み手荷物にしておくこと。ちなみに、時間帯によっては長蛇の列に並ぶこともあるので注意。以上の手続きを済ませたら、出発ゲートへ行き、搭乗となる。

VATの払い戻し

免税の手続きができる店にはTAX FREEと書かれたマークがある

イギリスでは、ほとんどの商品に20%の付加価値税(VAT)がかけられており、外国からの旅行者は、手続きをすることで、払い戻しを受けることができる。免税の最低額は、£30だが、£50以上、または£100以上の購入より受け付ける店が多い。

手続きの手順

買い物をした店で手続き用紙(VAT form)をもらい、必要事項を記入のうえ、店の人にも払い戻し金額などを記入してもらう。観光客向けの大きなショップでは、たいていこの手続きをしてもらえる。

出国の際、空港の税関で、購入した商品と手続き用紙を税関係官(HM Revenue & Customs)に見せ、スタンプを押してもらう。その後、空港内にあるリファンドカウンターで払い戻しが可能。おもに現金、クレジットカード口座への振り込み、または銀行小切手の郵送という方法が選択できる。しかし、ヒースロー空港では現金を取り扱っていないリファンドカウンターもあるので注意。なお、税関の近くには郵便ポストがあるが、ここで投函した書類は紛失する可能性があるので、事前にリファンドカウンターで手続きをしたほうが確実だ。

日本入国(帰国)

まず、検疫カウンターにある質問票に必要事項を記入して提出する。その後、入国審査を受けてから、荷物の受け取りとなる。税関では、機内で記入済みの「携帯品・別送品申告書」を用意し、免税範囲を超えていない人は「緑の検査台」へ進もう。免税の範囲を超えている人は、「赤の検査台」で検査を受けること。税金は税関検査場内の銀行で納付できる。

読者投稿 VATの払い戻し

実際の還付額は20%ではなく10%なので注意。また、実際に払い戻される金額は、円換算のレートが悪いのかさらに目減りする可能性あり。(私の場合は3件計で6〜7%くらいでした)カウンターは混雑している場合があり(私は1時間かかりました)、手続き予定の方は早めに空港に着くことをおすすめします。

(千葉県　ひーこ　'19夏)

■日本帰国時の免税範囲

●**酒類**…3本(1本760㎖のもの)

●**たばこ**(2021年9月30日まで)
・紙巻きたばこのみの場合 400本
・加熱式たばこのみの場合 個装等20個
・葉巻たばこのみの場合 100本
・その他　500g

●**たばこ**(2021年10月1日より)
・紙巻きたばこのみの場合 200本
・加熱式たばこのみの場合 個装等10個
・葉巻たばこのみの場合 50本
・その他　250g

●**香水**…2オンス(1オンスは約28㎖。オーデコロン、オードトワレは除く)

●**その他のもの**…20万円

詳しくは税関ウェブサイトなどで確認できる。

URL www.customs.go.jp

■検疫

英国から日本へは、ソーセージ、ハム、ベーコン類の肉加工品は基本的に持ち込めないので注意が必要だ。ちなみにスモークサーモンはOK。

検疫の情報

URL www.maff.go.jp/aqs

【技術】ロンドンからのアクセス

飛行機、鉄道、バスなど、交通手段はさまざま。旅行期間や予算、日程などをよく考えて選ぼう。

飛行機

日本からスコットランドまでは飛行機を乗り継ぐのが一番早い

ロンドンからエディンバラ、グラスゴーへの便は花形路線。会社間の競合も激しく、早めに予約すれば鉄道より格安になることも珍しくない。各社ともウエブサイトでのオンライン予約に力を入れているので、料金を比較してみよう。

ブリティッシュ・エアウェイズ British Airways

ヒースロー空港およびガトウィック空港発、エディンバラ、グラスゴー、アバディーン、インヴァネス行き。便数、行き先ともに充実している。時期や時間帯によっては、格安航空会社と変わらない料金で利用することもできる。

ライアンエア Ryanair

ロンドンのスタンステッド空港がメインターミナルでルトン空港の路線もある。エディンバラ、グラスゴーへの便があり、早めに予約すればかなり安く利用できる。

イージージェット easyJet

ロンドン郊外のガトウィック空港、ルトン空港、スタンステッド空港から、エディンバラ、グラスゴー、アバディーン、インヴァネス行きの便がある。格安航空会社のなかでは選択肢も豊富で、利用客もダントツに多い。

■主要航空会社

●ブリティッシュ・エアウェイズ
URL www.britishairways.com
●ライアンエア
URL www.ryanair.com
●イージージェット
URL www.easyjet.com

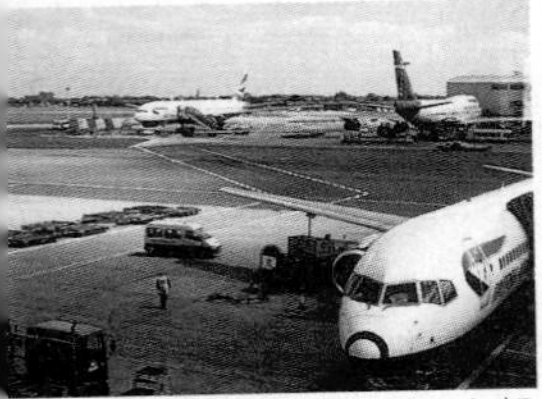
ブリティッシュ・エアウェイズの飛行機

イージージェットの機体

起点となる空港

ヒースロー空港　Heathrow Airport

ヨーロッパを代表する巨大空港。日本やヨーロッパ諸国からロンドンへの便はほとんどヒースロー空港に発着する。

ターミナル5はブリティッシュ・エアウェイズ専用のターミナルだ

●ターミナルは4つ

ヒースロー空港には2、3、4、5とターミナルが4つ(ターミナル1は廃止)あり、それぞれ利用航空会社が決まっている。ターミナル2と3は地下でつながっているが、ターミナル4と5は、それぞれほかのターミナルから離れており、鉄道のヒースロー・エクスプレスHeathrow ExpressやTfLレイルTfL Railを使って行き来することになる(空港のターミナル間は無料)。日本からの直行便は、全日空がターミナル2、日本航空がターミナル3、ブリティッシュ・エアウェイズがターミナル5に発着している。

■英国の主要空港

●ヒースロー空港
TEL 0844 335 1801
URL www.heathrow.com
●ガトウイック空港
URL www.gatwickairport.com
●バーミンガム国際空港
URL www.birminghamairport.co.uk
●マンチェスター国際空港
TEL 0808 169 7030
URL www.manchesterairport.co.uk

ヒースロー空港のチェックイン・カウンター

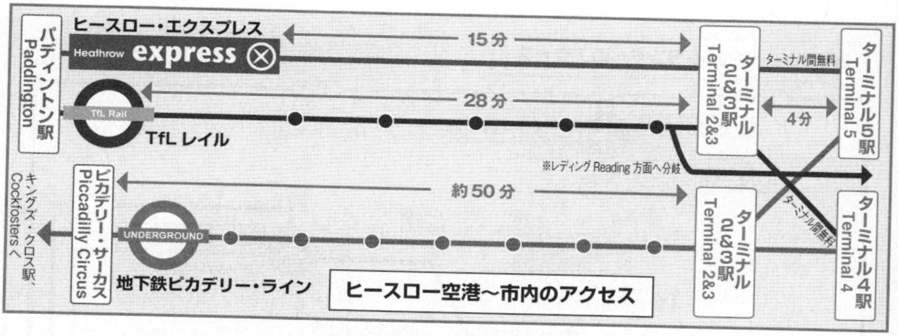

●空港から市内へ

地下鉄　空港と市内は、地下鉄ピカデリー・ラインで結ばれている。空港内にある地下鉄駅からロンドンの中心部まで所要50〜60分。

空港と市内を結ぶヒースロー・エクスプレス

ヒースロー・エクスプレス
もっと早く市内に出たいならヒースロー・エクスプレス（ターミナル5駅始発）がある。ターミナル4駅からは、ターミナル2&3駅で乗り換え(無料)。これなら所要21分（ターミナル2&3駅から所要15分)で、パディントン駅Paddingtonまで行くことができる。ブリットレイルパスなどの鉄道パスで利用できる。

TfLレイル　ヒースロー・エクスプレスと同じ路線を走る普通列車のTfLレイルTfL Rail(ターミナル4駅始発）もある。ターミナル5駅からはターミナル2&3駅で乗り換え(無料)。パディントン駅まで32分（ターミナル2&3駅から所要28分)。なお、TfLレイルは2021年3月にエリザベス・ラインElizabeth Lineに改称される予定。市内から空港へ向かう場合はレディングReading行きもあるので行き先に注意しよう。

バス　ロンドン市内をはじめイギリス各地へ行く便が、空港内のヒースロー・セントラル・バスステーションから出ている。ただし、スコットランド方面への直通バスはない。

ガトウィック空港　Gatwick Airport

ガトウィック空港は、ヒースロー空港に次いでロンドンではメジャーな空港。空港と市内は、急行列車のガトウィック・エクスプレスGatwick Expressがヴィクトリア駅と空港を結んでおり、所要約30分。バスはナショナル・エクスプレスがヴィクトリア・コーチステーションまで運行しており、所要1時間5分〜。

■ロンドン以外の空港

●バーミンガム国際空港　Birmingham International Airport

バーミンガム国際空港にはヨーロッパ各地からの便が発着。鉄道駅（バーミンガム・インターナショナル駅）も隣接しており、ニュー・ストリート駅まで10〜20分。駅からは湖水地方やスコットランド行きの列車が出ている。

●マンチェスター国際空港　Manchester International Airport

マンチェスター国際空港はイギリスではロンドンのヒースロー空

■ヒースロー空港から市内までの交通機関

●地下鉄ピカデリー・ライン
🚃5:23〜23:42（日6:07〜23:25）の15分に1便程度

●ヒースロー・エクスプレス
TEL 0345 600 1515
URL www.heathrowexpress.com
🚃5:17〜23:59（日〜23:47）の15分に1便程度
所要:パディントン駅まで
ターミナル2&3駅から15分
ターミナル5駅から22分
料 片道£25（1等£32）
往復£37（1等£55）
※往復は1ヵ月有効

●TfLレイル
URL tfl.gov.uk
🚃月〜土5:22〜翌0:07の30分に1便、日6:01〜翌0:01の1時間に2便程度
所要:27〜28分
料 片道£10.80

ヒースロー空港のバスステーションにはイギリス各地への長距離バスが発着している

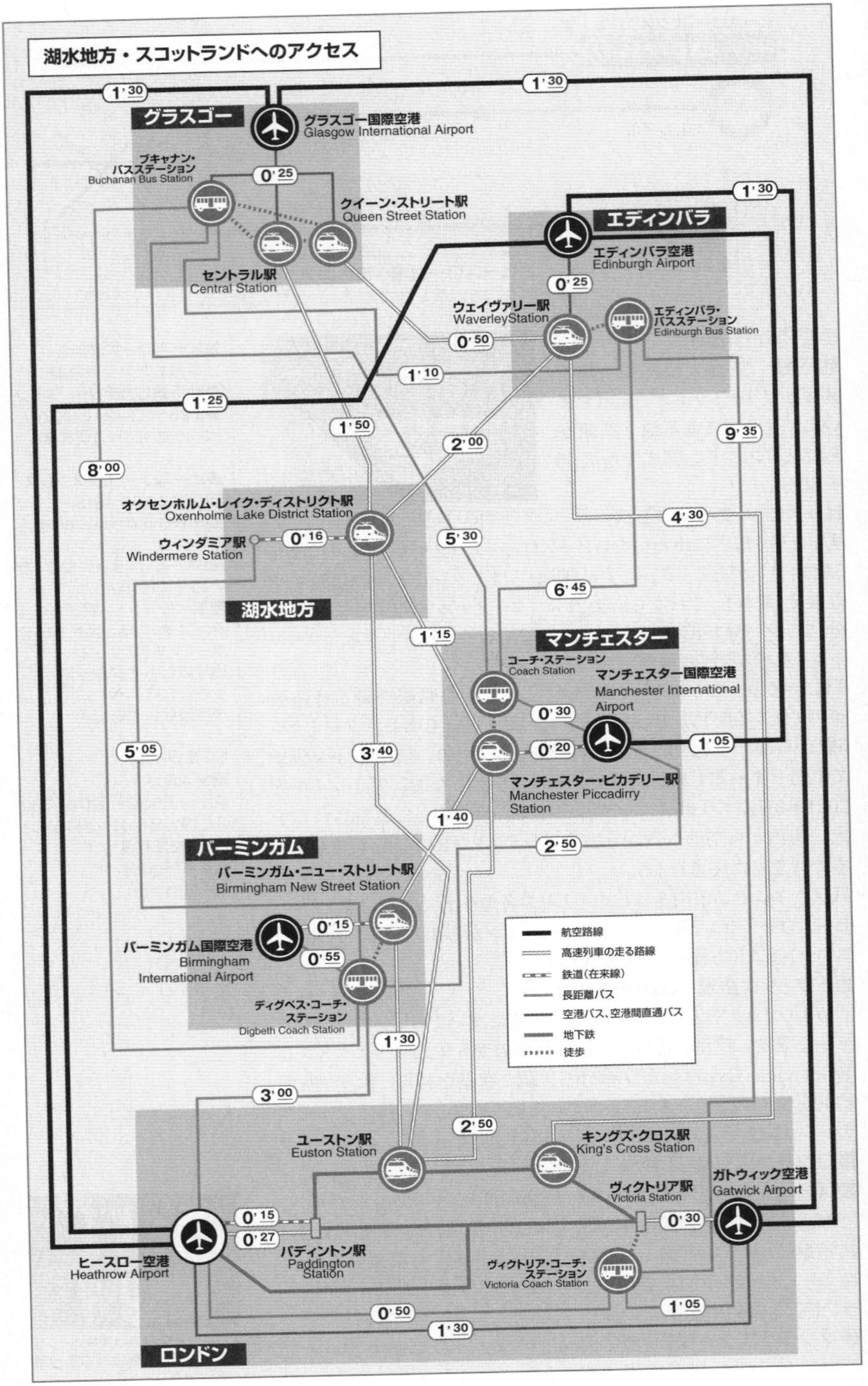
湖水地方・スコットランドへのアクセス
グラスゴー
グラスゴー国際空港
Glasgow International Airport
ブキャナン・バスステーション
Buchanan Bus Station
クイーン・ストリート駅
Queen Street Station
セントラル駅
Central Station
エディンバラ
エディンバラ空港
Edinburgh Airport
ウェイヴァリー駅
WaverleyStation
エディンバラ・バスステーション
Edinburgh Bus Station
オクセンホルム・レイク・ディストリクト駅
Oxenholme Lake District Station
ウィンダミア駅
Windermere Station
湖水地方
マンチェスター
コーチ・ステーション
Coach Station
マンチェスター国際空港
Manchester International Airport
マンチェスター・ピカデリー駅
Manchester Piccadirry Station
バーミンガム
バーミンガム・ニュー・ストリート駅
Birmingham New Street Station
バーミンガム国際空港
Birmingham International Airport
ディグベス・コーチ・ステーション
Digbeth Coach Station
ロンドン
ユーストン駅
Euston Station
キングズ・クロス駅
King's Cross Station
ヴィクトリア駅
Victoria Station
ガトウィック空港
Gatwick Airport
ヒースロー空港
Heathrow Airport
パディントン駅
Paddington Station
ヴィクトリア・コーチ・ステーション
Victoria Coach Station
1'30
1'30
1'30
0'25
0'25
0'50
1'10
1'25
1'50
2'00
8'00
9'35
4'30
0'16
5'30
6'45
1'15
0'30
0'20
1'05
5'05
3'40
1'40
2'50
0'15
0'55
1'30
3'00
2'50
0'15
0'27
0'30
0'50
1'05
1'30
航空路線
高速列車の走る路線
鉄道（在来線）
長距離バス
空港バス、空港間直通バス
地下鉄
徒歩

港に次ぐ大きな空港で、3つのターミナルがある。ヨーロッパの主要都市からの便も多く発着する。空港駅から直接湖水地方やスコットランド方面へ行く列車が多く出ている。

鉄道

●湖水地方、スコットランドまで運行する鉄道会社

イギリスの鉄道は、多くの鉄道会社からなり立っており、そのうち、スコットランド内を運行しているのは、ロンドン・ノースイースタンLondon North Eastern(LNER)、スコットレイルScotRail、アヴァンティ・ウェスト・コーストAvanti West Coast、クロスカントリー CrossCountryの4社。ロンドンからは、キングズ・クロス駅かユーストン駅の出発で、エディンバラやグラスゴーに到着する。インヴァネスやアバディーンへの直通列車もあるが、便数は少ないので、まずは、エディンバラかグラスゴーを目指し、その後乗り換えるのがいいだろう。

スコットランド行きの列車が発着するユーストン駅

●寝台列車

カレドニアン・スリーパー Caledonian Sleeperは、ロンドン・ユーストン駅からグラスゴー、エディンバラ、インヴァネス、アバディーン、フォート・ウィリアムを結ぶ寝台列車。座席車もある。寝台、座席ともに全席指定で要予約。寝台はClassic(いわゆる2等寝台)、Club(ツイン個室、朝食込み)、Caledonian Double(シャワー、トイレ付きダブル、朝食込み)の3クラス制。

●割引料金

鉄道各社が独自の割引料金の設定をしているため、割引システムは各社ごとに異なり、非常に複雑。一般的に、事前の購入や、平日の朝夕のピーク時以外の便が割引対象になっていることが多い。また、往復のチケットは割引率が高いので、スコットランドを観光したあとに、ロンドンに戻ってくる予定なら、往復のチケットを買うのもいいだろう。ウェブサイトや専用アプリでチケットを予約して駅で受け取ることも可能。

長距離バス(コーチ)

時間はかかるが、安くスコットランドへ行ける。ロンドンから湖水地方、スコットランドへ行くバスは、ナショナル・エクスプレスが運行している。発着はヴィクトリア駅の近くにある、ヴィクトリア・コーチステーション。エディンバラへの所要時間は9〜10時間、グラスゴーまでは約9時間。直通便は朝と夜発がほとんど。バーミンガムやマンチェスターで乗り換える便もある。チケット売り場はいつも長蛇の列ができているので、ウェブサイトや専用アプリで早めに予約しておいたほうがいいだろう。

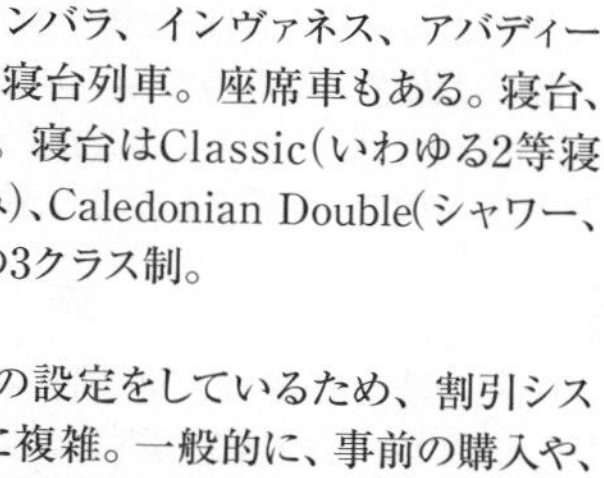
ヴィクトリア・コーチステーション

マンチェスター空港駅から湖水地方に行く列車も出ている

■カレドニアン・スリーパー
URL www.sleeper.scot
寝台車は出発の40〜50分前から乗車可能。

●グラスゴー、エディンバラ行き
出発月〜金・日23:50発
到着
グラスゴー7:22着
エディンバラ7:23着
※カーステアズ駅Carstairsで切り離し

●アバディーン、インヴァネス、フォート・ウィリアム行き
出発月〜金21:15発
日曜20:59発
到着
アバディーン7:45着
インヴァネス8:42着
フォート・ウィリアム9:57着
※エディンバラ・ウェイヴァリー駅で切り離し(降車不可)

●座席・寝台料金
ロンドン〜
グラスゴー、エディンバラ
座席£48〜　寝台£160〜
ロンドン〜アバディーン、
フォート・ウィリアム
座席£53〜　寝台£170〜
ロンドン〜インヴァネス
座席£53〜　寝台£170〜

■スコットランド方面へのバス
URL www.nationalexpress.com

●エディンバラ行き
10:00、22:00発
所要:約11時間
料 £10.50〜

●グラスゴー行き
10:00、22:00発
所要:約10時間
料 £11〜

●アバディーン行き
8:00、23:00発
所要:12時間45分〜13時間40分
料 £28.80〜

【技術】国内移動

イギリスは、飛行機に鉄道、バス、フェリーなどさまざまな公共交通機関が整備されている。

飛行機

シェトランド諸島やオークニー諸島といった島々へのアクセスには、空の旅が時間を節約できておすすめだ。

ブリティッシュ・エアウェイズの機体

スコットランドにある空港は国際空港のエディンバラ空港やグラスゴー空港をはじめ、30ヵ所ぐらい。ブリティッシュ・エアウェイズやロガン・エアなどがこれらの空港を結ぶ便を運航している。料金は比較的安く、全体的に便数も豊富だ。ただ、シェトランド諸島やアイラ島などの離島はスコットランド人にも人気があるわりに1日1～2便と少ないため、週末やピークシーズンなどは満席になるのが早い。島へ行く便にかぎらず、スコットランド内をつなぐ便は小さな飛行機の場合が多い。当然座席数も少ないので、予約をしたほうが確実だ。

■スコットランド内を運航する航空会社
●ブリティッシュ・エアウェイズ
URL www.britishairways.com
●ロガン・エア
URL www.loganair.co.uk

鉄　道

英国の鉄道路線は、元・国営のブリットレイルBritrail(BR)が統括していたが、民営化により運営会社が路線ごとに細分化された。ロンドンやイングランド各地とスコットランドをつなぐ長距離路線、スコットランド内の鉄道路線は、スコットレイルScotrailのほか、アヴァンティ・ウェスト・コーストAvanti West Coast、ロンドン・ノースイースタンLondon North Eastern(LNER)、クロスカントリーCrossCountryの4社が運営している。

■スコットランド内を運行する鉄道会社
●スコットレイル
URL www.scotrail.co.uk
●アヴァンティ・ウェスト・コースト
URL www.avantiwestcoast.co.uk
●ロンドン・ノースイースタン
URL www.lner.co.uk
●クロスカントリー
URL www.crosscountrytrains.co.uk

料金システム

料金システムは各運営会社によりさまざまだが、たいてい1等（ファーストクラス）と2等（セカンドクラスあるいはスタンダードクラス）の区分がある。また、月～金の9:15までのピークPeakとそれ以外のオフ・ピークOff Peakの料金がありピークの方が高い。また、チケットは、片道（シングルsingle）か往復（リターンreturn）いずれかを指定して買い、往復料金のほうがお得となっている。そのほかにも出発前までに予約すると割安料金が設定されるアドバンスAdvanceといったチケットなど、いろいろな割引チケットがある。より安く回りたい人はウェブサイトなどをチェックしよう。また、ブリットレイルパスなど、決められた区間内が乗り放題の周遊パスなどもある。

グラスゴーのクイーン・ストリート駅

グラスゴー・セントラル駅に停車中の列車

検札の車掌さん

Information

鉄道旅行に便利なブリットレイルパス

ブリットレイルパス
BritRail Pass

北アイルランドを除く、イギリス本土の鉄道で利用できる鉄道パス。ロンドンを基点にスコットランドを含めて鉄道移動を考えるなら、便利でお得な周遊券だ。

利用可能な鉄道会社　ナショナルレイルのブランドで運行している鉄道会社（スコットランドでは、スコットレイル、アヴァンティ・ウェスト・コースト、ロンドン・ノースイースタン、クロスカントリーの4社）で利用できる。

利用期間とタイプ　2日間、3日間、4日間、8日間、15日間、22日間、1ヵ月間の通用日連続利用（定期券）タイプと有効期間1ヵ月間内で、2日分、3日分、4日分、8日分もしくは有効期間2ヵ月間内で15日分の鉄道利用日が選べるフレキシータイプの2種類がある。

料金設定　大人、子供（5～15歳）、ユース（16～25歳）、シニア（60歳以上）、セーバー（3人以上のグループ）の料金設定がある。

ブリットレイルパス（通用日連続タイプ）

利用日数	1等	2等	利用日数	1等	2等
	大人	大人		大人	大人
2日間	€169	€112	15日間	€660	€447
3日間	€252	€167	22日間	€838	€559
4日間	€314	€207	1ヵ月間	€993	€660
8日間	€447	€300			

ブリットレイルパス（フレキシータイプ）

利用日数	1等	2等
	大人	大人
2日分	€210	€142
3日分	€314	€212
4日分	€385	€266
8日分	€567	€380
15日分	€846	€572

●地球の歩き方 ヨーロッパ鉄道デスク
住〒104-0032 東京都中央区八丁堀2-9-1
TEL(03)3553-6641　FAX(03)3553-6692
URL rail.arukikata.com
開月～金10:30～13:00、14:00～18:00
休土・日・祝日、年末年始
※通信販売のみ。店頭での対応はいたしません。

スコットランド限定の鉄道パス

以下のパスはスコットランド主要駅のトラベルセンター（スコットレイル）の窓口で購入できるほか、Mパスというスマートフォンで表示して使うタイプならウェブサイトからも購入が可能。

●スコットレイル　URL www.scotrail.co.uk

スピリット・オブ・スコットランド
Spirit of Scotland

スコットランド地方のナショナルレイルと一部のスコティッシュ・シティリンクのバス路線で利用できる周遊券。フレキシータイプのみで2等のみ。一部の区間を除き、月～金曜日の平日は始発から9：15までの便には利用できない。

●4日分（有効期限8日間）　£149
●8日分（有効期限15日間）　£189

ハイランド・ローバー
Highland Rover

グラスゴーからオーバン、フォート・ウィリアム、マレイグへ向かう路線と、インヴァネスからウィック、サーゾー、カイル・オブ・ロハルシュまでのスコットレイルの路線で適用。ほかにスカイ島やマル島へのフェリーにも適用。オークニーやシェトランド行きのノースリンク・フェリーズも20%割引き。

●4日分（有効期限8日間）　£95

セントラル・スコットランド・ローバー
Central Scotland Rover

グラスゴー、エディンバラの両都市間と周辺のスコットレイル路線が乗り放題でグラスゴーは地下鉄にも適用。

●3日分（連続通用タイプ）　£55

長距離バス（コーチ）

スコットランド内での長距離移動に欠かせないのがコーチCoach。スコットランドを走るおもなバス会社はスコティッシュ・シティリンクScottish Citylinkで、スコットランド全土の主要都市間を結ぶ路線網を展開している。

スコティッシュ・シティリンクのバス

鉄道路線図（→P.11）でもわかるとおり、スコットランド内の鉄道路線はエディンバラ、グラスゴーを中心として南北に延びており、東西を結ぶ路線がない。例えばインヴァネスから南西に位置するフォート・ウィリアムに行きたい場合、鉄道だといったんグラスゴーまで南下して再び北西部に延びるラインに乗り換えないと行けない。しかし、こんなときもコーチならバッチリ。鉄道路線図だけを見て旅程を決めないで、バス路線網もチェックすることをおすすめする。

ローカルバス

湖水地方はバス路線が充実しており、ほとんどがステージコーチ社によって運行されている。しかし、主要都市間を結ぶ路線以外は冬期になると減便もしくは運休となる場合が多い。

エディンバラやグラスゴーなどの都市部は、路線バス網も充実している。町から近郊の観光スポットまでの移動にも、ローカルバスは力強い味方だ。

バスの路線図は、ローカルバスを運行しているバス会社のオフィスや❶などで手に入る。

料金

基本的に行き先や区域によって決まり、バスに乗り込んだ際、運転手に目的先、片道か往復かを告げるとメーターに料金が提示される。目安としては、中心部での移動なら£1.50前後。隣町ぐらいまでの移動なら片道£3～5程度。なお、ほとんどの路線バスでは、つり銭が用意されていないので、小銭はいつも用意しておいたほうが無難だ。近年はVisa PayWave、Mastercardコンタクトレスに対応のクレジットカード、デビットカードで、コンタクトレス決済できるバスも増えている。ピーク時を除き利用できる1日券（One Day Ticket）などもある。

乗り降りの仕方

料金を支払ったら、メーターから出るレシート型のチケットを渡される。往復で支払った場合は、帰りに乗り込む際、行きのバスでもらったチケットを見せればよい。

目的地に近づいたら、車内にあるボタンを押すか、運転手に直接言うかして降りる意思を見せる。スコットランドでは町名も何も書かれていない小さなバス停がたくさんあるので、慣れない旅行者はどうしてもわからずに乗り過ごしてしまう。乗り込むとき、自分の行き先を運転手に告げるとともに、「着いたら教えて」とひと声かけてから席に着こう。

■湖水地方、スコットランドを運行する長距離バス会社

●スコティッシュ・シティリンク

TEL 0871 266 3333

URL www.citylink.co.uk

●ステージコーチ

URL www.stagecoachbus.com

おもに中距離路線が専門で、パース、ダンディー、セント・アンドリューズ、アバディーン、インヴァネス、アラン島とその周辺などの路線をもつ。スコティッシュ・シティリンクと同一路線なら、時間はかかるが、本数は多い。

読者投稿 湖水地方のバス

バスの次の停留所は車内の電光掲示と音声案内とで知らせてくれますが、きちんと作動していたのは半分程度で、案内がまったくなかったり、途中からなくなってしまったりということもありました。運転手に声をかけておく、スマホなどで現在位置情報を確認するなどの自衛策が必要です。

（埼玉県　Y.M.　'19夏）

湖水地方ではステージコーチ社のバスがおもな交通手段となる

■おもなローカルバスの会社

●ファースト

URL www.firstgroup.com

エディンバラ、グラスゴー、アバディーンの市内バス、近郊バスを運営。そのほかにもボーダーズなど広範囲にローカル路線をもつ。時刻表をプリントアウトしておくと便利。

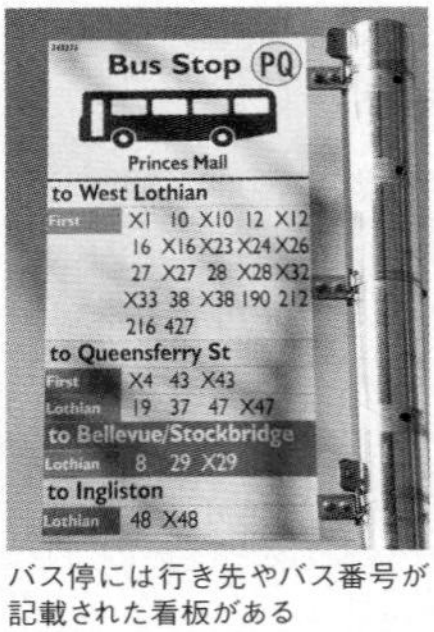

バス停には行き先やバス番号が記載された看板がある

フェリー

周囲に約800もの島が点在するスコットランドでは、船は観光だけでなく、島に在住する人にとって欠かせない交通手段。スコットランドの島々は、西海岸沖のインナー・ヘブリディーズ諸島とアウター・ヘブリディーズ諸島、北海岸沖のオークニー諸島とシェトランド諸島に大別され、各フェリー会社が本土と島、島と島を結ぶ船を運航している。

カレドニアン・マクブレインのフェリー

ノースリンク・フェリーズの船内

おもなルートとフェリー会社　本土から島へ渡るルートとしてはノースリンク・フェリーズNorth Link Ferriesのアバディーンからオークニー、シェトランド行きの便が最も人気で、毎回、たくさんの人が乗り降りする。ほかに、クライド湾と西海岸沖にある20以上の島々との間を運航しているカレドニアン・マクブレインCaledonian MacBrayne、クライド湾のハンターズ埠頭とマッキンロイズ・ポイントの間を運航しているウェスタン・フェリーズWestern Ferriesなどがある。オークニー諸島とシェトランド諸島には、小さな島々を結ぶフェリーも豊富だ。

湖水地方はどこの湖もクルーズ船ばかりだが、ウィンダミア湖の中央に位置するフェリー・ナブ～フェリー・ハウスを結ぶカーフェリー(P.34)などがある。

日帰りクルーズやツアー　島には行ってみたいけど、泊まりはちょっと……という人のための日帰りクルーズや1日ツアーも夏のシーズン中は各社から定期的に出ている。特にオーバン近くのスタッファ島(→P.234)は日帰りクルーズで訪れるしかない。帰りのクルーズや1日ツアーは主要港のオフィスまたは❶で調べることができる。ツアーと同じコースで自由に島巡りができる格安チケットや周遊券もある。これらは本土内の主要港のターミナルで購入できる。

渡し船的な存在であるカーフェリー

■おもなフェリー会社

●ノースリンク・フェリーズ
North Link Ferries
オークニー、シェトランド諸島へ
TEL 0845 600 0449
URL www.northlinkferries.co.uk

●カレドニアン・マクブレイン
Caledonian MacBrayne
スカイ島、マル島、アイオーナ島、アイラ島、アウター・ヘブリディーズ諸島などへ
TEL 0800 066 5000
URL www.calmac.co.uk

●ウェスタン・フェリーズ
Western Ferries
スコットランド南西部のダヌーン周辺へ
TEL (01369)704452
URL www.western-ferries.co.uk

■自転車での旅

スコットランドを自転車で旅をする人も多い。交通手段の乏しい近郊の見どころへ行くのにも重宝するし、自転車を列車に載せて、郊外へ着いてからサイクリングを楽しむこともできる。借りる際に、デポジットを支払う場合も多い。

自転車と一緒に列車で移動

主要都市間の交通運賃

2020年3月現在

下段(黒字)バス料金　上段(赤字)鉄道料金〈左＝1等／右＝2等〉

	エディンバラ	グラスゴー	アバディーン	ダンディー	インヴァネス
エディンバラ		19.10／15.30	86.20／39	36.40／20	101.10／72.30
グラスゴー	8.50		93.70／44.30	51.10／24.60	121.40／98.20
アバディーン	34.80	34.80		42.80／22.20	49.60／31.60
ダンディー	18.60	18.60	19.40		43.80／30.90
インヴァネス	34.30	34.30	51.80	29.10	

表の料金は通常料金です。割引料金が適用されることもあります。

【技術】自動車事情

郊外の見どころが多いイギリスの旅はレンタカーが何かと便利。しかも日本と同じ左側通行で運転もしやすい。

道路事情

イギリスでは日本同様、「右ハンドル、左側通行」。そのため、運転がしやすい国だといえる。ただし、ひとつだけ違う点は交差点。交差点は、ほとんどが信号のないロータリー式(ラウンドアバウト)になっているのだ。

ラウンドアバウトは時計回りに回りながら目的の道路へ進む。進入は右ウインカー、脱出は左ウインカーの合図が原則だが、地域によっては直近の分岐(日本の左折)では進入時に左ウインカー、直進相当の通過の場合はウインカーなしの場合もある。先入車優先なので進入時に右に車が見えた場合は入口で一時停止して待つ。周回中は内側を走り、目的の分岐の手前で左ウインカーで外側に移動する。何度回ってもよいので分岐がわからなくても焦る必要はない。

ホテル前にずらりと並ぶ駐車スペース。スコットランドには広い駐車場をもつ宿も多い

制限速度

市街地の制限速度は時速30マイル(約50km)、指定のない国道では、60マイル(約100km)、高速道路は70マイル(約110km)。なお、高速道路は原則として無料で利用できる。高速道路ではかなりのスピードで走っている車もあるが、運転は慎重に。

ガソリンスタンド

イギリスではガソリンをペトロルPetrolと呼ぶので、ガソリンスタンドはペトロル・ステーションになる。

スコットランドではセルフサービスが主流だ。給油方法は日本のセルフ式スタンドとほぼ同じ。経験のない人は日本で練習しておこう。支払いは店内のレジで給油機の番号を告げて行うのが一般的。現金、クレジットカードが使用できる。

燃料はガソリン車用のUnleaded(無鉛)とディーゼル車用のDiesel の2種類。値段は日本より3割前後高いことが多い。

■家畜の横断に注意

田舎道を走っていると、ときどき車が数台連なっていることがある。渋滞と思い、乗り出して見てみると牛や羊の群れがのんびり道路を横切っていたりする。そんなときは、すぐに速度を落とし、必要ならストップして、彼らが無事とおり過ぎるのを見届けよう。むやみにクラクションを鳴らして驚かせてはいけない。スコットランドならではの、のどかな光景として観賞するくらいの余裕をもってほしい。

■道路地図

ドライブには道路地図が欠かせない。スコットランドの道路地図は日本でも大型書店などで購入できる。現地では書店や主要な空港の売店、ガソリンスタンドなどで入手可能なので、運転を始めるまでに必ず用意しよう。

AA(英国自動車協会)の地図

■海外のドライブでも安心。JAF会員になっておこう

日本のJAFは、国際旅行同盟(AIT)と国際自動車連盟(FIA)の両国際機関に加盟している。そのため、JAF会員は、英国のAAでも現地の会員に準じたサービスを受けることができる。

●JAF
(社団法人日本自動車連盟)
TEL 0570-00-2811(ナビダイヤル)
URL www.jaf.or.jp

●RAC
(英国王立自動車クラブ)
URL www.rac.co.uk

●AA(英国自動車協会)
URL www.theaa.com

駐車場

どこの町にも路上パーキングエリアと地方自治体などによる無料駐車場、チケットやコイン式の有料駐車場の3種が豊富にある。ロンドンのようにパーキングスペースを探してうろうろなんてことはない。

車を借りる

アバディーン空港にあるレンタカーオフィス

レンタカーのオフィスは空港ほか主要な都市には必ずあり、公共交通機関が比較的乏しいスコットランドや湖水地方ではありがたい存在だ。しかしながら、台数はそれほど多くない。夏のシーズンは予約が必要なこともあるので、早めに予約しておこう。地方都市の場合、郊外にオフィスがあることも多いので、空港で借りてしまうのが楽。

現地で直接借りる場合は、国外運転免許証、日本の運転免許証（提示を求められることも）、クレジットカードをレンタカー会社のオフィスに提示し、書類に必要事項を記入する。なお、オートマチック車はかなり前から予約しても、大型高級車以外の小・中型車では保有数が少なく、確保できないことも多いので、必ず事前に確認したい。

日本で予約を入れた場合は、予約確認書、国外運転免許証、日本の運転免許証、クレジットカードの提示とサインのみで即座に車のキーを手渡してくれる。

自動車保険

交通事故を起こした場合、自分のけがには海外旅行保険が適用されても、相手のけがや物損には適用されないので、必ず自動車保険には入るようにしよう。

保険は大手のレンタカー会社ならセットになっていて、万一の事故にも対処できるが、中小のレンタカー会社なら保険内容をチェックしておこう。たいていのケースが補償の対象となるWhole InsuranceまたはFull Protectionに入っておくと無難だ。ドライバーが複数の場合は契約の際に全員の名前を記入すること。予約は旅行会社や各レンタカー会社でも可能だが、インターネットを使って各社のウエブサイトで直接予約したほうが安い場合が多い。

レンタカーの返却

返却は基本的には日本のレンタカーと同じ。スタッフと傷や故障の有無を確認し、キーや書類を返却して完了。なお、レンタカーの場合は借りるときがチェックアウト、返すときはチェックインという。ホテルなどとは逆なので注意しよう。

満タン返しが基本だが、満タンにする必要のない契約条件の場合もある。

■レンタカー会社の日本での予約先

●エイビス
FREE 0120-311911
URL www.avis-japan.com

●ハーツ
FREE 0120-489882
URL www.hertz.com

●バジェット
FREE 0120-113810
URL www.budgetjapan.jp

●ヨーロッパカー
TEL 050-3786-0056
URL www.europcar.jp

●アラモ
FREE 0120-088980
URL www.alamo.jp

●ニッポンレンタカー
エンタープライズEnterprise、アラモAlamo、ナショナルNationalの3社と提携している
FREE 0120-107186
URL www.nipponrentacar.co.jp

■レンタカーの年齢制限

スコットランドでは、レンタカーを借りて運転する人に対しては、年齢制限を設けている会社が多い。おおむね25歳以上75歳未満なら問題ないようだが、この範囲外の場合は保険の内容が異なったり、追加料金がかかったり、あるいは借りられないことがある。詳しくはレンタカー会社へ。

グラスゴー国際空港には大手レンタカー会社が数社入っている

スマートフォンがあればカーナビ代わりに使えて便利

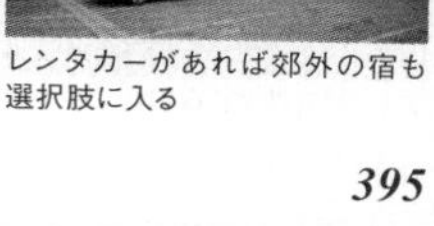
レンタカーがあれば郊外の宿も選択肢に入る

【技術】ウオーキングを楽しむ

自然美あふれる湖水地方とスコットランド。わずかな時間だけでも楽しめるので、ウオーキングに挑戦してみよう。

フットパス

　週末にウオーキングに出かけるのはイギリスの国民的レジャー。フットパスとはウオーキングを楽しむための歩行者用の小径で、イギリス全土に網の目のように張り巡らされている。湖水地方のウインダミア湖を一周するウィンダミア・ウエイや、スコットランドのグラスゴーとフォート・ウィリアムを結ぶウエスト・ハイランド・ウエイWest Highland Wayなど、何日もかけて歩く長大なルートもある。イギリスは町の中心からちょっと離れれば、すぐに牧歌的な美しい景色が広がる。たとえ数キロ、1時間弱のウオーキングであっても、景観の変化に富み楽しいウオーキング体験ができる。本格的なコースでならそれなりの装備が要求されるが、1時間程度のウオーキングなら軽装でも大丈夫。ほんの少しでも自分の足で歩いてみて、この地の自然に直接触れてみてはいかがだろう？

ルート作り

　自分でルートを考えるのもウオーキングの楽しみのひとつ。イギリスはウオーキング関連の書籍も充実しているし、さまざまなルートを地図や写真付きで紹介するウェブサイトも数多くあるので、それらを参考にしながら、ルートを作成するといいだろう。準備なしで、気軽に楽しむなら、本書で紹介しているルートのほか、ⓘで尋ねてみるのがベスト。気軽に楽しめる人気ルートの無料地図を準備しているところもあるので積極的に活用しよう。

ウオーキングに必要なもの

●服装

　短い距離なら、特に気を使う必要はなく、一般的な旅行の服装でまったく問題ない。長距離の場合は、保温性や汗の吸収、発散性のよいものを選び、気温の変化も考え、上に一枚羽織れるものを準備しよう。夏場は帽子とサングラス、冬場は帽子と手袋があるとよい。

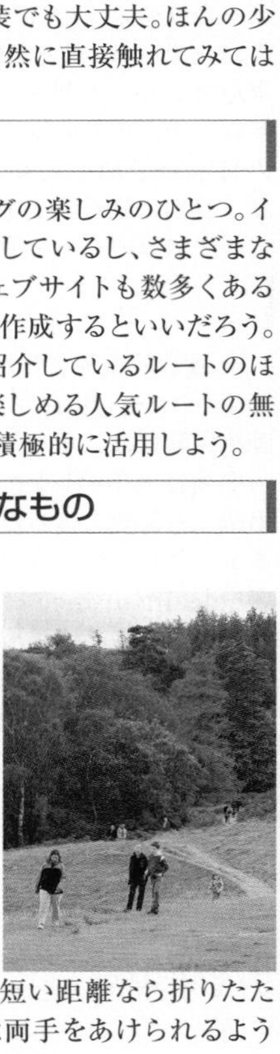
軽めのウオーキングなら普段着で十分

●雨具

　イギリスは1日のなかに四季があるといわれるほど天候が変わりやすい。たとえ短い距離であっても雨具は必須。短い距離なら折りたたみの傘でもよいが、長距離を歩く場合は両手をあけられるように、ポンチョや本格的なレインウエアを準備したい。

■イギリスの長距離ウオーキングルート

イングランドではナショナル・トレイルズNational Trails、スコットランドではスコットランズ・グレート・トレイルズScotland's Great Trailsという組織が、数日かけて行う長距離ウオーキングルートの選定、管理、プロモーションなどを行っている。

●ナショナル・トレイルズ
URL www.nationaltrail.co.uk

●スコットランズ・グレート・トレイルズ
URL www.scotlandsgreat-trails.com

■ルート作りの参考にしたいウェブサイト

●湖水地方国立公園
URL www.lakedistrict.gov.uk
湖水地方国立公園の公式ウェブサイト。数多くのウオーキングルートの紹介している。

●ナショナル・トラスト
URL www.nationaltrust.org.uk/walking
ナショナル・トラストのウェブサイトでは、湖水地方エリアで多くのウオーキングルートを紹介している。

●ウオーク・ハイランズ
URL www.walkhighlands.co.uk
スコットランドのウオーキングルートを2000以上紹介するウェブサイト

フットパスの道しるべ

●靴

さすがに革靴やハイヒールなどは避けたいが、短い距離なら、ウオーキング専用の靴は必要なく、普通のスニーカーで十分。ただ、前述のとおり、イギリスの天気は変わりやすい。たとえウオーキングしているときが快晴でも、道はぬかるんでいたり、途中に水たまりがあることが多いので、ある程度防水性のある靴が望ましい。また、登山や荒れた道を歩く人は、途中で足をひねったりしないように、くるぶしまで覆われたトレッキングシューズを用意したい。履き慣れていない靴は、靴擦れを起こす原因になるので、歩き慣れたものにすること。

●バッグ

雨具や地図、食料などを入れるためのバッグは、リュックサックやウエストバッグなど、転んだときのことを考えて、両手をあけて歩けるものにすること。

●タオル

汗をそのままにしておくと体温を奪われてしまい、体調を崩す原因になる。こまめにタオルで拭くようにしよう。

●地図

簡単なウオーキングであれば、ⓘなどでもらえる簡易地図でも十分だが、長い距離を歩くには地図は必須。イギリスのウオーキング用の地図で最適なのは、オードナンス・サーベイOrdnance Survey（英国陸地測量部）が出版しているＯＳエクスプローラー・マップOS Explorer mapシリーズ。2万5000分の1スケールの地図シリーズで、イギリス全土を403に分割して、販売している。現地の書店やⓘ、アウトドアショップなどで販売されている。ウェブサイトなどをとおして日本でも購入できる。

オードナンス・サーベイは電子版の地図も利用可能。専用アプリOS MAPSを通して購入および使用できるほか、書店などで購入した地図に書かれている12桁のコードを専用アプリに入力すれば、同じ地図の電子版が無料でダウンロードできる。

●コンパス

地図が必須の本格的なコースに挑戦するなら、当然コンパスも必要。短いウオーキングでも、いざというときのために準備しておくと安心。

●携帯電話

携帯電話は、通常のウオーキングには必要ないが、登山など危険をともなう場所に行くときに、緊急連絡を行うための手段となるので海外対応の携帯電話を持っていきたい。

スマートフォンにはGPS機能がついており、徒歩ナビとして使えるものもある。ただし、海外で使う場合は、地図情報を読み込むための通信費が高額になる可能性があるので注意が必要。

●水・食料

水は歩く距離に応じて持っていこう。1時間程度の短い距離であれば、コンビニで売っている500mℓのペットボトルの水で十分。食料も短い距離なら必要はないが、長距離のコースや登山などでは、緊急用にチョコレートやショートブレッドなどを持っていくとよい。

足場が安定していないところではくるぶしまで覆われた靴を

英国を歩くための強い味方オードナンス・サーベイの地図

■地図の購入

OSエクスプローラー・マップは、日本国内では、洋書を扱う大型の書店や地図専門の書店、インターネット上の書店などで購入できる。英国内では、書店のほか、ⓘやアウトドア用品を扱うスポーツ用品店などでも購入できる。

●オードナンス・サーベイ
Ordnance Survey
URL www.ordnancesurvey.co.uk

■OS MAPS

iPhone　android

人気のルートでは、地図標識が設置されているところもある

【技術】通信・郵便事情

旅行先からのはがきはうれしいプレゼントだ。撮った写真をeメールで送ったりするのもいい。

■日本での国際電話の問い合わせ先

●KDDI
FREE 0057
URL www.kddi.com

●NTTコミュニケーションズ
FREE 0120-506506
URL www.ntt.com

●ソフトバンク
FREE 0120-030061
URL www.softbank.jp

●au
FREE 0077-7-111
URL www.au.kddi.com

●NTTドコモ
FREE 0120-800-000
URL www.nttdocomo.co.jp

●ソフトバンク（モバイル）
TEL 157（ソフトバンクの携帯から無料）
URL www.softbank.jp/mobile

■日本語オペレーターに申し込むコレクトコール

●KDDI　ジャパンダイレクト
TEL 0808-5890081
TEL 0800-6312-001

■プリペイドカードで日本に国際電話をかける

KDDIスーパーワールドカードが必要。500円～7000円まであり、日本のコンビニや空港で購入可能。公衆電話からかけるときは、下記のアクセス番号をプッシュしたあとに＊を押し、日本語ガイダンスに従えばいい。

●KDDI
スーパージャパンダイレクト
TEL 0800-6311-001
TEL 0800-89-0181

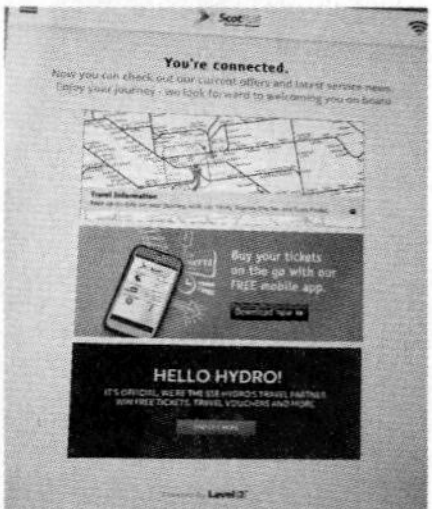

車両内でも無線LANが使える

公衆電話

硬貨のみ使用できるプッシュホンと、カードのみ使用できるカードホンがある。壊れていることも多いので、受話器を上げても何も音がしなかったら別の公衆電話を探そう。

普通の公衆電話の使い方

硬貨は10p、20p、50p、£1が使用可能。硬貨を投入してから電話番号をプッシュするタイプと、相手が出てから硬貨を投入するタイプがある。おつりは余分に入れたぶんしか戻らないので、短い通話に£1硬貨などを入れてしまうと損。小額硬貨をたくさん用意しておこう。

テレホンカードの使い方

テレホンカードは大きく分けて2種類ある。ひとつは、電話機に直接差し込むタイプで、日本の公衆電話と同じタイプ。これはクレジットカードでもかけられる。もうひとつは、まず、コールセンターに電話して、次にカードの裏を削ると出てくるピンコード（ID番号）を入力し、電話をかけるタイプ。このピンコードを入力するタイプは、国際電話の料金が安く、日本にかけるときに便利。

郵　便

どんな小さな町にも郵便局はあり、ここでは通常の郵便物や小包を扱っている。イギリスからの郵便料金（航空便）は、ハガキと10g以下の封書が£1.42、20g以下の封書は£1.63。500g以下の小包は£10.06～。

民間運送会社

国際宅配便の会社はDHL、Fedexなど数社あり、スコットランドから日本に荷物を送ることができる。値段は郵便よりもかなり高いが、確実に早く届くため、利用価値が高い。観光で訪れるような都市ならばすぐに見つかるはず。

無線LAN(Wi-Fi)

ホテルやカフェなどでは無線LANが使えるところも多いので、ノートパソコンやタブレット、スマートフォンなどを持っていくと便利だ。鉄道やバスの主要路線の車内でも利用することができ、空港でも無線LANは完備されている場合が多い。無線LANスポットによってはパスワードを要求される場合がある。他にも現地でSIMカードを購入すれば無線LANを使わなくてもインターネット接続が可能。また、日本でレンタルできる海外用モバイルWi-Fiルーターも便利。データ通信費を抑えるためには、P.399を参考に接続してみよう。

現地で無線LANを使う

❶出国前にモバイルデータ通信を解除

iPhoneは設定→モバイルデータ通信でモバイルデータ通信の項目をオフに設定
Androidは機種により設定画面や用語が異なるが、モバイルネットワークの項目で「ローミング」の項目をオフにすればよい

❷Wi-Fiスポットを検出

Wi-Fiなどのメニュー項目から現在接続できるネットワーク（SSID）を検出する

❸パスワードを入力する

公衆無線LANはパスワードを入力する必要はなく、接続後に個人情報登録をする場合が多い。ホテルの場合はスタッフに聞く。カフェはレシートに記入してあったり、壁にパスワードが書かれていたりとさまざま

海外用モバイルWi-Fiルーターをレンタル

❶出発前に契約する

事前にインターネットなどで、海外用モバイルWi-Fiルーターのレンタルを申請し、空港で受け取る。空港のカウンターでもレンタルできる

❷現地到着後に利用

ネットワーク（SSID）を検出、パスワードを入力してルーターに接続する

現地のSIMカードを使う

❶出国前にモバイルデータ通信を解除

事前にSIMカードを抜いて保管しておこう。モバイル通信の解除法は左記を参照

❷現地でプリペイドSIMカードを購入

現地の携帯電話ショップなどでSIMカードを購入する。キャリアによってプランはさまざま

❸モバイルデータ通信を設定

モバイルデータ通信の設定は、APNやパスワードの入力が必要な場合が多い。手続きは購入した販売店で、スタッフに頼むのがよい。ただし、端末を英語に設定してから手渡す必要がある。
iPhoneは設定→一般→言語と地域→iPhoneの使用言語で設定
Androidは機種により設定画面や用語が異なるが、設定の項目で言語を変更可能

携帯電話会社のパケット定額を使う

キャリアによって異なるが、契約している国外の定額対象事業者の回線ならば定額でパケット通信が利用できる。パケット通信を使ったメールやアプリの利用は可能だが、現地での通話は別料金となることが多い。設定は基本的に不要だが、NTTドコモの「パケットパック海外オプション」などは事前に設定が必要。しかし、国や地域によって利用条件などは異なるので、利用する場合は事前に各キャリアのウェブサイトで確認しておこう

INFORMATION

湖水地方＆スコットランドでスマホ、ネットを使うには

まずは、ホテルなどのネットサービス（有料または無料）、Wi-Fiスポット（インターネットアクセスポイント。無料）を活用する方法がある。湖水地方＆スコットランドでは、主要ホテルや町なかにWi-Fiスポットがあるので、宿泊ホテルでの利用可否やどこにWi-Fiスポットがあるかなどの情報を事前にネットなどで調べておくとよいだろう。ただしWi-Fiスポットでは、通信速度が不安定だったり、繋がらない場合があったり、利用できる場所が限定されたりするというデメリットもある。ストレスなくスマホやネットを使おうとするなら、以下のような方法も検討したい。

☆各携帯電話会社の「パケット定額」

1日当たりの料金が定額となるもので、NTTドコモなど各社がサービスを提供している。

いつも利用しているスマホを利用できる。また、海外旅行期間を通してではなく、任意の1日だけ決められたデータ通信量を利用することのできるサービスもあるので、ほかの通信手段がない場合の緊急用としても利用できる。なお、「パケット定額」の対象外となる国や地域があり、そうした場所でのデータ通信は、費用が高額となる場合があるので、注意が必要だ。

☆海外用モバイルWi-Fi ルーターをレンタル

湖水地方＆スコットランドで利用できる「Wi-Fiルーター」をレンタルする方法がある。定額料金で利用できるもので、「グローバルWiFi（【URL】https://townwifi.com/）」など各社が提供している。
Wi-Fiルーターとは、現地でもスマホやタブレット、PCなどでネットを利用するための機器のことをいい、事前に予約しておいて、空港などで受け取る。利用料金が安く、ルーター1台で複数の機器と接続できる（同行者とシェアできる）ほか、いつでもどこでも、移動しながらでも快適にネットを利用できるとして、利用者が増えている。

▼グローバルWiFi

ほかにも、いろいろな方法があるので、詳しい情報は「地球の歩き方」ホームページで確認してほしい。
【URL】http://www.arukikata.co.jp/net/

【技術】ホテルの探し方

立派な古城ホテルからユースホステルまで、イギリスにはたくさんの種類の宿泊施設が揃っている。

■宿泊施設格づけ基準

●評価基準は★

イギリスの宿泊施設は1つ星～5つ星で格付けされている。

●宿泊施設の種類

「ホテル」、B&Bなどの「ゲスト・アコモデーション」、ホステルなどの「バジェット（格安）」の3種に分類される。

例えばB&Bの場合は「3つ星ゲスト・アコモデーション」、中級クラスのホテルの場合は「2つ星ホテル」といった具合に表示される。ただしバジェットは星による格づけはされない。

●評価基準

1つ星～5つ星の評価基準の内容は以下のようになっている。

★…シンプルで実用的、基本的なサービス

★★…十分な設備とサービス

★★★…高水準のサービスと快適さ

★★★★…すべてにおいて優れたレベル

★★★★★…非常に優れており高級

読者投稿 電子レンジがない

ゲストハウスやB&Bの多くには電子レンジが置いてありません。スーパーで売っていたおいしそうなパスタなども温めることができないので買うのを諦めました。湯わかしポットはたいていあるので、コーンスープなどの粉末の持参をおすすめします。

（三重県　AI　'19秋）

訪れる観光客の数が、年間4000万人以上というイギリス。当然、その観光客を収容するべく十分な数の宿泊施設（アコモデーションaccommodation）があり、歴史的な名城に泊まる古城ホテルや、家庭的な雰囲気のB&B、雄大な自然を満喫できるキャンプ場など、料金的にもピンからキリまで、旅の目的別にもさまざまなものが揃っている。

ホテル

イギリスのホテルは、B&Bとほとんど変わらないような設備のところから、古城ホテル、デザイナーズホテルまでさまざま。料金も古城ホテルなどではダブルまたはツインで1泊£200以上するものも多いが、普通の町にある中級ホテルでは、シングル£60、ダブルまたはツインは£100程度が目安となっている。ただ、季節によって値段が変動するので、オフシーズンに行くと安い。

B&B／ゲストハウス

どんなに小さな田舎町でも必ず見かける「B&B」と書かれたサイン。これはベッド・アンド・ブレックファストBed & Breakfastの略で、宿泊（ベッド）プラス翌日の朝食（ブレックファスト）を提供してくれる、朝食付きの宿のこと。4室以上の客室が備わるところをゲストハウスと呼ぶ傾向にある。

アンスイートとベーシック　アンティーク家具を配したり、花柄のベッドカバーでかわいらしくまとめられたりと、インテリアに家主のカラーが表れる客室には、専用のバス・トイレを備えているところもあれば、ほかの部屋と共同で使用するところもある。英語では、バス・トイレ付きの部屋は一般的にアン・スイートen-suit、バス・トイレ共用の部屋はベーシック・ルームBasic Roomと呼ばれているので、覚えておくと便利。

料金と支払い　上記のような内容で、宿泊料金はシングルで1泊£40～70、ダブルまたはツインで£50～90くらい。訪れる町やシーズンなどにより上下する。また、シングルの部屋を備えているところは意外と少なく、予約時にその旨伝えると、たいていダブルかツインの部屋に泊まらせてもらえる。その場合、宿によっては上記のシングル料金に£5程度の追加料金が必要なところも。小さな町の宿では、クレジットカード決済ができないところもあるので、多少の現金の用意も忘れずに。

また、家族経営の小さなB&Bなどの場合、深夜のチェックインを受け付けていないところがほとんどなので、遅くとも夜21:00頃までに到着できるように心がけよう。到着が遅くなる場合は、事前にその旨伝えることをお忘れなく。

キャンプ場

キャンプ場のフロント

イギリス各地には大小さまざまな規模のキャンプ場がある。キャンプ場の利用法を大きく分類すると、自前のテントやキャンピングカーに寝泊まりする場合と、キャラバンやテントを借りてそこに泊まる場合がある。寝床さえ確保できれば、トイレや簡易シャワーなどの設備は整っているので、あとは食料を持ち込むだけ。大きなキャンプ場だと、カフェやスイミングプールなどの施設が併設されていることもある。

ただし、どのキャンプ場も町からは離れた所にある。車でアクセスすることが前提になり、利用料金も持ち込む車のタイプ(キャンピングカー/ツーリングキャラバン/乗用車など)や利用する施設(キャラバン/テント)により上下する。だが、たいてい1泊£15~25程度で済む。

ホステル

湖水地方など、イングランドの国際ユースホステル協会はYHA(Youth Hostels Association)と呼ばれており、スコットランドの国際ユースホステルはSYHA(Scottish Youth Hostels Association)が運営している(日本での会員証の取得については→P.377)。これらのユースホステルは、いつも混んでいるので、予約をしておいたほうが賢明。また、シーズンオフは休業するところも多いので要注意。非会員でも宿泊できる独立系のホステルも観光地を中心にたくさんある。

ホテル予約シート

(ホテル名) ______________________
Dear Sir / Madame
Please book for person(s)(宿泊する人数)

☐ Single room (シングル)　☐ Double room (ダブル)　☐ Suite room (スイート)
☐ with shower / WC (シャワー、トイレ付き)

Check in ___/___/202___(到着日)　Arrival Time ______(到着時間)
Check out ___/___/202___(出発日)　____Nights (滞在日数)
Message(特記事項) ______________________

Name(名前) ______________________
Address(住所) ______________________
TEL(電話番号) ____________ FAX(ファックス番号) ____________
Credit Card(クレジットカード)

☐ American Express　☐ Diners　☐ Visa　☐ MasterCard　☐ JCB

Account No.(カード番号) ______________________
Expire Date___/___/______(カードの有効期限)
Please Confirm my reservation as soon as possible.
Yours Faithfully
Signature(署名) ______________________

※拡大コピーして使用してください

■愛煙家は注意
イギリスの宿泊施設は、法律により、全面禁煙になっている。そのため、愛煙家は、外に出て吸わなくてはならない。

パフィン(Puff=プカプカとタバコを吸う)とかけた禁煙の表示

読者投稿 暖房を切られた
B&Bやゲストハウスに泊まりましたが、22:00頃にセントラルヒーティングを切られることが多く、寒すぎて、コートを着て寝ました。
(三重県　AI　'19秋)

ホステルはロビーにたくさんの旅行者が集まるので、情報交換も簡単

■宿探しに役立つ単語
シャワー、トイレ付き: en suite アン・スイート
シャワー、トイレ共同: Basic Room ベーシック・ルーム
ひとり当たりの料金: p.p.p (Price per person) プライス・パー・パーソン

■特記事項欄の文例
折り返しFAXで料金を教えてください
Please let me know the price by FAX.
駅からの行き方を教えてください
Please let me know how to get there from the nearest station.
予約確認書をFAXで送信してください
Please send me a confirmation slip by FAX.

クレジットカードの番号は、最初に料金などを問い合わせるときは記入せず、予約するときに初めて知らせるようにしよう。

【技術】レストランの基礎知識

スコットランドは、フランス料理の影響を受け、イングランドとは異なる食文化を誇っている。

レストラン

エディンバラ、グラスゴーなどの大都会を除いて、ネクタイやイブニングドレスの必要なレストランは少ない。だが、高級ホテルなどに宿泊するときや、そこでディナーを取るときは予約時に聞いてみること。これらのレストランでは、ディナーはほとんどコース料理のみで、正装が必要な場合もある。正装をしていないと入店を断られる可能性もあるので注意。

ホテル内のレストラン

パブ

パブはイギリスで最もおいしいものが食べられるところだという人もいる。11:00頃オープンし、ランチタイムはにぎわう。

メニューはフィッシュ＆チップスのほか、サンドイッチやパイなど。レストランを兼ねたパブではハギスなども出す。食事のラストオーダーは20:00ぐらいまで。日曜は昼過ぎからオープンし、ドリンクのみというパブもある。

テイクアウエイ

持ち帰りのことを、アメリカではトゥ・ゴーTo Goというが、英国では“take away(テイカウェイと発音)”。スコットランドでは“キャリー・アウトcarry out”というところもある。

大きな町では、おなじみフィッシュ＆チップス（白身魚のフライにポテトフライをつけ合わせたイギリスの代表料理）や、ピザ、中華料理、インド料理、中近東料理（ドネルケバブなどのサンドイッチが有名）などもテイクアウエイできる。テイクアウエイにすると料金は10%ほど安くなるところが多い。

ただし、田舎へ行くと、テイクアウエイできる店の種類はどんどん減り、フィッシュ＆チップスしかない町も。最近急速に増えた中華のテイクアウエイは、日本で食べる中華に比べ、油がきつく、甘い味つけが多い。

カフェ

カフェは昼だけの営業が多く、アルコール類は出さないところが多い。メニューはファストフード的なものが中心で、値段も手頃。スターバックスやコスタ・コーヒー、カフェ・ネロなどのチェーン系のコーヒー専門店は都市部を中心に支店が多くある。

■食材の対訳

牛肉:Beef ビーフ
豚肉:Pork ポーク
鶏肉:Chicken チキン
シカ肉:Venison ヴェニゾン
キジ肉:Pheasant フェザント
ウズラ肉:Quail クエィル
食用鳩:Pigeon ピジョン
ホロホロ鳥:Guinea Foul ギニア・フォウル
ウサギ:Rabbit ラビット（またはHare ヘア）
マス:Trout トラウト
ウナギ:Eel イール
タラ:Haddock ハドック
サバ:Mackerel マッカレル
ニシン:Herring ヘリング
ヒラメ:Sole ソール
カキ:Oyster オイスター
ホタテ:Scallop スキャロップ
カニ:Crab クラブ
小エビ:Prawn プローン
クルマエビ:Scampi スカンピ
アンコウ:Monkfish モンクフィッシュ
ムール貝:Mussels マッセルズ
トリ貝:Cockles コックルズ
フカヒレ:Shark's Fin シャークス・フィン
バイ貝:Whelks ウェルクス

テイクアウエイのサンドイッチ

ロブスターをテイクアウエイできる店もある

■パブやレストランは禁煙

スコットランドをはじめ英国全土で、公共の場所での喫煙は禁止されている。これはパブやレストランも例外ではない。

【技術】ショッピングの基礎知識

スコットランドは、タータン製品やカシミヤなど、名品の宝庫。工場や直営のショップでじっくり品物を吟味しよう。

タータン

スコットランドといえば、バッグパイプを吹く紳士。彼らの装いに見られるタータン（格子縞）は、そのままスコットランドの象徴だ。現在では世界各国でさまざまなタータンが洋服や小物に用いられているが、発祥の地スコットランドには、数百種類ものタータンがある。タータンで作られた巻きスカート（正式にはキルトKiltという）や小物などは、スコットランドで手に入れたい名品の代表だ。

タータンは家紋のようなもので氏族ごとに柄が異なる

Information

タータンの種類と名前の話

スコットランドのみやげ物店で、タータン柄のマフラーなどを手にすると、MacDonald、MacBeth、Stewartなどの「名前」がついていることに気がつく。デザイナーの名前？　いや、近いけど違う。正確には、これらはそのタータン柄を用いたクラン（氏族）の名前なのだ。

タータンは元来、氏族の証、日本でいうと「家紋」のようなものだった。各クランは、軍服に、礼服に、あるいは普段着に、独自のタータンを用いたものを着用したのだ。ただし「ひとつのクランにつき、ひとつのタータン柄」というわけではなく、例えば狩猟用（ハンティング・タータン）、儀式用（ドレス・タータン）と異なったタータンを用いるクランもあった。“Dress MacDonald”とあったら、マクドナルド家のドレス・タータンというわけ。

現在、世界にあふれるタータン柄には、繊維業者や服飾メーカーが新たに作り出したものも多い。しかし、スコットランドで見られる多くのタータンには、必ずクランの名前がついているので、気に入った柄を見つけたらきちんと名前を覚えておこう。「この柄はMacKenzie っていうんだよ」なんてみやげ話もよいだろう。名前がわからなかったら、お店の人に聞いてみて。きっと笑顔で教えてくれるはず！

ちなみに、現在のスコットランドでは、クラン制度も廃止され、氏族の証として定められたタータンを身に着ける習慣はない。マクドナルドの姓を名乗る人が、マクベス柄を身に着けても、もちろんかまわない。だが、誇りと伝統を守り続けるスコティッシュのこと、やはり正式な場では、自分のクランのタータンを身に着けるようだ。

なお、スコットランドの伝統あるタータンには、クランが用いたタータンだけでなく、これらを身に着ける資格のない人々が用いたといわれる「ディストリクト・タータン」というものもある。これらはCaledonia（カレドニア）、Glenfishie（Fishieの谷）など、地名を表す名称で呼ばれている。そしてまた、クラン・タータンにも、自然色（木や実や草）の色を含んだアンシェント・タータン、カロードゥン・ムーアのピート色で茶系色が基本になっているリプロダクション（またはミューテッド）・タータン、化学染料の発達により原色に近い色で作られたモダン・タータンなど、数々の種類があるという。

タータンの専門店で買うと、ネクタイのタグに、きちんと柄の名前が書かれている。読んでいるだけでもなかなか楽しい

タータンを着たハイランダーが腰にかけているのは財布。おみやげとしても売られている

■シェトランドセーター

スコットランド本土の北、シェトランド諸島産の羊毛を用いて編まれたのが、シェトランドセーター。起毛仕上げされていて、手触りも柔らかくしなやか。寒い土地で生まれただけあって、保温性は抜群。

シェトランドセーターは高いけれど、同じ羊毛を使ったマフラーならお手頃

■スコットランドのアルコール飲料の販売時間

スコットランドではビールやウイスキーなど、アルコール飲料の販売時間は10:00～22:00と決められている。日曜のみスーパーマーケットでは12:30～ということもある（店舗により異なる）。

■コピー商品の購入は厳禁！

旅行先では、有名ブランドのロゴやデザイン、キャラクターなどを模倣した偽ブランド品や、ゲームソフト、音楽ソフトを違法に複製した「コピー商品」は、絶対に購入しないように。これらの品物を持って帰国すると、空港の税関で没収されるだけでなく、場合によっては損害賠償請求を受けることも。「知らなかった」では済まされないのだ。

タータンの種類が豊富なキルト・メーカーへ

タータン製品、雑貨はみやげ物店でも購入できるが、スコットランドだからこそ、どこでも見られる有名なタータン柄ではなく、あまり輸出されていない珍しいタータンを選びたいもの。それなら、キルト・メーカー Kilt Makerという看板を掲げた店へ行こう。ここは伝統ある仕立屋さん。あらゆるタータン柄の既製品のほか、生地も販売している。タータン生地を買って帰り、自分で作るのもよいだろう。キルト・メーカーではキルトを縫っている部屋が見学できることも多く、楽しさ2倍。

いろいろな柄がある

おみやげなら、マフラーや小物入れ、ネクタイなどが手頃。女性用のスカートもある。ただし、上質のカシミヤを使用したものや、ロッキャロン Lochcarron社など有名メーカーのものは基本的には高い。

カシミヤ、ツイード

カシミヤ街道には有名メーカーの工場がめじろ押し。カシミヤを買うなら、ボーダーズ地方に足を運んでみよう。

ツイードが生まれた、ツイード川流域のジェドバラJedburgh、繊維工場の多いモファットMoffatやガラシールズGalashielsなどを結んだラインは、カシミヤ街道Cashmere Trailと呼ばれている。この地方に点在するメーカー直営販売店の品揃えはさすが。価格もみやげ物店より若干安い。歴史ある工場（ミルmill）の見学もよいだろう。

その他

騎士風ウイスキー・ケース

ファッジ

ゴルフなら、オフタールーニーズ Auchterloniesというパターメーカーの手作りパター。ゴルフ好きにはたまらない名品だ。

バッグパイプは、おみやげ用なら小さいもので£30前後からある。ウイスキーなら、ぜひウイスキー蒸溜所（ディスティラリー distillery）で。試飲ができ、蒸溜所内の直売店では、日本では手に入らない銘柄が揃っている。入場料が必要な場合もあるが、チケットは割引券、商品券として使える場合が多い。

100年近くの歴史をもつWalkersが代表的な、こってりとした味わいのショートブレッドshortbreadやバタースコッチなどもスコットランド名物。マーマレードもまたスコットランドの生まれ。フルーツや花が蜜源のハチミツなども、小さな瓶詰めセットがかわいらしく、おみやげに最適だ。大きなキャラメルのようなファッジも日持ちするのでおみやげにいい。

【技術】旅のトラブルと安全対策

イギリスは比較的安全な国。しかしながら、最低限の防犯対策は必要。どんなことに気をつければいいのだろう。

湖水地方、スコットランドの治安

イギリスは概して治安のよい国である。しかし、あえていっておきたい。神経質になる必要は決してないが、エディンバラやグラスゴーなどの大都市では、夜歩くとき、なるべく街灯のない道は避け、バスでは運転手のそばに座ること。これらは日本以外では、大都市に滞在するときの常識だ。私たちは「世界一安全」な国から来ているということをお忘れなく。

また、世界的に見ても、大都市にドラッグ問題はつきものになってしまった昨今、ダンスクラブなどで誰かにすすめられても、決して手を出さないように。スコットランドでも毎年、ドラッグのために、何人もの若者が亡くなっている。

そして、もうひとつ。大都市のパブやクラブ、路上などにたむろしているスキンヘッドの集団を見かけたら近寄らないように。ときに暴力行為に及ぶことがある。

重要な持ち物の管理方法

海外旅行ではパスポート、航空券、クレジットカードおよび現金などの貴重品をすべて持ち歩くことになる。これらは、自己責任においてきちんと管理しよう。パスポートや現金は、ホテルにセーフティボックスがあれば預けてもよいだろう。

パスポートは、めったにかばんから出し入れしないと思うが、財布はそうはいかない。人混みでは、スリの被害も多いので、服のポケットやかばんの前ポケットなど簡単に抜き取れるところには入れないこと。財布とパスポートは一緒にしておかないこと、持ち歩く現金はなるべく少額にとどめておくことなどを心がけておきたい。

●置き引きに注意！

高級ホテルでは、ビュッフェスタイルの朝食が多いが、荷物をイスに置いたまま料理を取りに行ったりしないこと。駅でも同じだが、荷物を手から離したら、持っていってもいいと言っているようなものだ。くれぐれも注意しよう。

●病気や事故に遭ったら

海外旅行保険に加入している人は、保険会社の緊急医療サービスが受けられるので保険会社の現地デスクへ電話すればよい。加入していない人は、ホテルのフロントに相談するなどして医師を紹介してもらおう。診断を受けたら、必ず診断書と領収書をもらうこと。

交通事故や、大きな災害などに遭った場合は、すぐに英国の緊急連絡用の番号（TEL**999**）へ 。

■大使館領事館リスト

●在英国日本国大使館
Embassy of Japan
住101-104 Piccadilly, London, W1J 7JT
TEL(020)74656500
URLwww.uk.emb-japan.go.jp

●在エディンバラ日本国総領事館
Consulate General of Japan
Map P.110A2
住2 Melville Crescent, Edinburgh, EH3 7HW
TEL(0131)2254777
URLwww.edinburgh.uk.emb-japan.go.jp

■紛失に備えて控えておくと便利なもの

●パスポート
ナンバー／発行地／発行年月日 ※写真の予備（2枚）もあるとよい／戸籍謄本

●クレジットカード
クレジットカード番号／カード会社の連絡先

●航空券（eチケット）
フライト情報をプリントアウトしたもの。お客様控えや旅程表（Itinerary Receipt）でもよい

●海外旅行保険
保険ナンバー／保険会社の連絡先

●その他
パスポート以外の身分証明書（運転免許証や保険証など）があると紛失時に役立つ。

■渡航先で最新の安全情報を確認できる「たびレジ」に登録しよう

外務省の提供する「たびレジ」に登録すれば、渡航先の安全情報メールや緊急連絡を無料で受け取ることができる。出発前にぜひ登録しよう。
URLwww.ezairyu.mofa.go.jp/tabireg

【技術】旅の会話集

強い訛で有名なスコットランドの英語。ハイランドや島々では、ケルト古来の言葉ゲール語を話す人々も住んでいる。

■地名に残るゲール語
ben 山、丘
blair 平原、切り開かれた地
craig 険しい岩山、岩、丘
dal, dale 野、広々とした谷
dour 水
dun/dum 要塞
glen 谷、峡谷
inch/innis 小島
inver 合流点、河口
knock 丘
kyle 海峡
loch 湖

■留学情報・手配
イギリスでの留学（正規留学、語学留学、高校生留学など）や留学準備（エッセーの書き方、ビザ手配）のお問い合わせ。
●地球の歩き方 成功する留学
FREE 0120-945-504
URL www.studyabroad.co.jp

スカイ島の標識では英語とゲール語が両方使われている

スコットランドの言葉

スコットランドを旅すると、彼らの話す英語のもつ強い訛、ときには英語とは異なる単語を耳にし、首を傾げることになる。地図を見れば、どう発音するのか皆目わからない地名にぶちあたる。スコットランドの言葉はいったい何語なのだろう？

実は、スコットランドの言葉は、多くの言葉が混ざり合ってできたもの。それぞれのルーツを大まかに説明してみると、まず、もともとアイルランドから来たケルト民族のスコット族がもたらしたゲール語Gaelic。発音の難しい地名の多くは、このゲール語がルーツだ。それにスカンジナビアから来たノルンNorn、イングランドから来た英語English。細かくいえばもっと多くの言語が挙げられるが、英語をベースにしながらそれらをふんだんに取り込んでいる言葉が、スコットランド特有の言葉、スコッツScotsといえるだろう。

とはいっても、16世紀からイングランドの影響を強く受けて言語の英語化が進んだため、現在、スコッツは“標準”英語の地方的な訛（これをスコティッシュという）のように聞こえる程度。一方で、ゲール語を話す人は、約100年前の23万人から6万人弱（2011年）にぐっと減少している。しかも、ゲール語を日常的に耳にすることができるのは、本土北西部のごく一部とヘブリディーズ諸島でのみ。ちなみに、これらの地域でもゲール語しか通じないという所はいまやほとんど存在せず、英語とゲール語のバイリンガルになっている。

Topics

スコットランド訛

ときおり、都市部以外の田舎などで見聞きするスコットランド独特の発音。これはスコットランド訛と呼ばれており、地方によって異なった特徴がある。エディンバラやグラスゴー、アバディーンといった大都市でも、単語によってまったく違った発音で話されることがあるので、慣れない旅行者にはチンプンカンプン。アメリカ人でさえ、通訳を必要とするときがあるほど。

特徴は地域によって違うので、一概にはいえない。ただ、母音をつぶしたように発音されることが多く、語尾や語中のt音が落ちる傾向が強い。また、ofのfが消え、英語とは逆にr音は巻き舌で伸ばしてはっきり発音される単語が目立つ。標準語にはない、ch音（ドイツ語のchと同じ）も、地名などにたくさん残っている。

旅の基本英会話

銀行・両替所で

両替お願いします。 エクスチェンジ　プリーズ
Exchange, please.

（お札を出しながら）小銭にしてください。
スモール　チェンジ　プリーズ
Small change, please.

おつりはありますか？ イズ　ゼ　ア　エニー　チェンジ
Is there any change?

観光案内所で

地図をください。 ア　マップ　プリーズ
A map, please.

ユースホステルはありますか？
イズ　ゼ　ア　ア　ユース　ホステル
Is there a Youth Hostel?

どうやって（どんな交通機関で）行けますか？
ハ　ウ　カナイ　ゴー
How can I go?

ホテルで

安く清潔なシングルルームをお願いします。
ア　チーブ　クリーン　スィングル　ルーム　プリーズ
A cheap, clean single room, please.

２泊したい。 フォー　トゥー　ナイツ　プリーズ
For two nights, please.

部屋を見せてもらえますか？
メ　イアイ　スィー　ザ　ルーム
May I see the room?

シャワー付きの部屋をお願いします。
ア　ルーム　ウィズ　シャワー　プリーズ
A room with shower, please.

通りで

道に迷ってしまいました。 アイム　ロスト
I'm lost.

〜に行きたい。 アイド　ライク　トゥ　ゴー　トゥ
I'd like to go to 〜.

トイレはどこですか？ ウェア　イズ　ザ　トイレット
Where is the toilet?

列車・バスで

インヴァネスへの片道切符をください。
ア　スィングル　トゥ　インヴァネス　プリーズ
A single to Inverness, please.

インヴァネス行きは何番ホームですか？
ウィッチ　イズ　ザ　プラットフォーム　フォー　インヴァネス
Which is the platform for Inverness?

どこで乗り換えればいいのですか？
ウェア　シュダイ　チェンジ
Where should I change?

〜に着いたら教えてください。
プリーズ　テル　ミー　ウェン　ウィ　ゲットゥ
Please tell me when we get to〜.

お店・レストランで

これをください。 ズィス　ワン　プリーズ
This one, please.

ちょっと見ているだけです。
アイム　ジャスト　ルキン
(I'm) just looking.

試着（試食）してみていいですか？
カナイ　トライ
Can I try?

お勘定をお願いします。 ザ　ビル　プリーズ
The bill, please.

困ったとき

助けて！ ヘルプ
Help!

出ていけ！ ゲタウト
Get out!

どろぼう！ ロバー
Robber!

パスポートをなくしました。
アイヴ　ロスト　マイ　パスポート
I've lost my passport.

紛失（盗難）証明書をお願いします。
ア　ロスト　セフト　リポート　プリーズ
A lost (theft) report, please.

日本大使館に連絡してください。
プリーズ　コール　ズィ　エンバスィー　オブ　ジャパン
Please call the Embassy of Japan.

病気になったら

気分が悪いのです。 アイ　フィール　スィック
I feel sick.

救急車を呼んでください。
ウッジュ　コール　ア　ナンビュランス
Would you call an ambulance?

熱があります。 アイ　ハヴァ　フィーヴァー
I have a fever.

スコットランド歴史年表

紀元前8000年頃	スコットランドに初めて人が住み始める。
紀元前4000年頃	オークニー諸島のスカラ・ブレエなど各地にストーンサークルが造られる。
紀元前700年頃	ケルト人がスコットランドに定住し始める。
55年	グレート・ブリテン島にローマ軍侵略。
122～128年	スコットランドとイングランドの国境にハドリアヌスの城壁が造られる。
397年	聖ニニアンによってキリスト教がスコットランドに伝えられる。
400年頃	ローマ軍、グレート・ブリテン島から引き上げる。
563年	**聖コロンバ**、アイオーナ島を拠点にキリスト教布教活動を始める。
800年頃	ヴァイキングの襲来。
843年	ケネス・マカルピン王、ピクト族とスコット族を連合、アルバ王国成立。
1058年	マルコム3世、マクベスを破り王位に就く。
1263年	ラグースの戦い。アレグザンダー3世、ノルウェー王率いるヴァイキング軍を破る
1295年	フランスと同盟を結ぶ。
1296年	イングランド王エドワード1世のスコットランド遠征。 戦利品として運命の石を持ち帰る。
1297年	**ウィリアム・ウォリス**、スターリング橋の戦いでイングランド軍を破る。
1305年	ウィリアム・ウォリス、ロンドンで処刑される。
1314年	**ロバート・ザ・ブルース**、バノックバーンの戦いでエドワード2世率いるイングランド軍を破る。
1328年	ノーザンプトン条約でスコットランドの独立が承認される。
1371年	ロバート2世即位、スチュアート王朝始まる。
1503年	ジェイムス4世、イングランド王ヘンリー7世の娘、マーガレットと結婚。
1513年	フロドゥンの戦い、ジェイムス4世戦死。
1528年	スコットランドで宗教改革始まる。
1542年	**メアリー・クイーン・オブ・スコッツ**、生後6日で即位。
1587年	メアリー・クイーン・オブ・スコッツ、イングランドで処刑される。
1603年	**ジェイムス6世**、ジェイムス1世としてイングランド王を兼ねる。
1688年	ジェイムス7世、名誉革命により退位。
1692年	グレンコーの大虐殺。
1707年	イングランド議会とスコットランド議会が合同、グレート・ブリテンの誕生。
1715年	ジャコバイトの反乱（1745年にも勃発）。
1746年	カロードゥンの戦い。**チャールズ軍**敗れる。タータン着用、バッグパイプの演奏禁止。
1788年	チャールズ・スチュアート、世継ぎのいないまま死去。スチュアート王家断絶。
1822年	ジョージ4世、英国王としてチャールズ1世以来のスコットランド訪問。公式の場でのキルト着用を再確認。
1947年	第1回エディンバラ・フェスティバル開催。
1975年	北海油田、本格的に操業開始。
1997年	労働党党首トニー・ブレア、英国首相に。 運命の石、スコットランドに返還。
1999年	1707年に消滅したスコットランド議会が正式に復活。
2004年	エディンバラのホリルードハウス宮殿の前にスコットランド国会議事堂が完成。
2014年	スコットランド独立の有無を問う住民投票で残留派が僅差で勝利。
2020年	2016年の国民投票の結果、3度に渡る延期の末、1月31日にイギリスがEUから離脱。

索引

地名索引

見どころ索引

教会／修道院

城／宮殿

蒸溜所／ウイスキー関連

「地球の歩き方」の書籍

也球の歩き方 GEM STONE

M STONE（ジェムストーン）」の意味は「原石」。地旅して見つけた宝石のような輝きをもつ「自然」や「文「史跡」などといった「原石」を珠玉の旅として提案ビジュアルガイドブック。美しい写真と詳しい解説しいテーマ&スタイルの旅へと誘います。

地球の歩き方 gem STONE

- 1 パリの手帖 とっておきの散歩道
- 7 クロアチア 世界遺産と島めぐり
- 1 ウィーン旧市街 とっておきの散歩道
- 3 増補改訂版 ヴェネツィア カフェ&バーカロでめぐる、14の迷宮路地散歩
- 9 イギリス人は甘いのがお好き プディング&焼き菓子がいっぱいのラブリーな生活
- 1 コッツウォルズ&ロンドンのマーケットめぐり
- 2 フィレンツェ美食散歩 おいしいもの探しの四季の旅
- 3 改訂新版 フィンランド かわいいデザインと出会う街歩き
- 7 新装改訂版 ベルリンガイドブック 歩いて見つけるベルリンとポツダム13エリア
- 9 アイスランド 地球の鼓動が聞こえる……ヒーリングアイランドへ
- 7 プラハ迷宮の散歩道 改訂版
- 3 デザインとおとぎの国 デンマーク
- 1 アマルフィ&カプリ島 とっておきの散歩道
- 2 とっておきのポーランド 増補改訂版
- 4 グリム童話で旅するドイツ・メルヘン街道
- 7 ザルツブルクとチロル アルプスの山と街を歩く
- 2 イングランドで一番美しい場所 コッツウォルズ
- 3 スイス おトクに楽しむ街歩き
- 5 ローマ美食散歩 永遠の都を食べ歩く

地球の歩き方 BOOKS

「BOOKS」シリーズでは、国内、海外を問わず、自分らしい旅を求めている旅好きの方々に、旅に誘う情報から旅先で役に立つ実用情報まで、「旅エッセイ」や「写真集」、「旅行術指南」など、さまざまな形で旅の情報を発信します。

- 宮脇俊三と旅した鉄道風景
- 世界の高速列車Ⅱ
- ブルガリアブック バラの国のすてきに出会う旅
- アパルトマンでパリジェンヌ体験 5日間から楽しめる憧れのパリ暮らし
- パラダイス山元の飛行機の乗り方
- パラダイス山元の飛行機のある暮らし
- 美しき秘密のイタリアへ 51の世界遺産と小さな村
- 秘密のパリ案内Q77
- 旅するフォトグラファーが選ぶスペインの町33
- 純情ヨーロッパ 呑んで、祈って、脱いでみて
- 人情ヨーロッパ 人生、ゆるして、ゆるされて

D51 アマルフィ&カプリ島 とっておきの散歩道

地球の歩き方 シリーズ年度一覧

地球の歩き方ガイドブックは1～2年で改訂されます。改訂時には価格が変わることがあります。表示価格は本体価格(税別)です。
●最新情報は、ホームページでもご覧いただけます。URL www.diamond.co.jp/arukikata/

2020年8月現在

地球の歩き方 ガイドブック

A ヨーロッパ

A01	ヨーロッパ	2020～2021	￥1700
A02	イギリス	2019～2020	￥1700
A03	ロンドン	2020～2021	￥1600
A04	湖水地方&スコットランド	2021～2022	￥1700
A05	アイルランド	2019～2020	￥1800
A06	フランス	2020～2021	￥1700
A07	パリ&近郊の町	2021～2022	￥1700
A08	南仏プロヴァンス コート・ダジュール&モナコ	2020～2021	￥1600
A09	イタリア	2020～2021	￥1700
A10	ローマ	2018～2019	￥1600
A11	ミラノ ヴェネツィアと湖水地方	2019～2020	￥1700
A12	フィレンツェとトスカーナ	2019～2020	￥1700
A13	南イタリアとシチリア	2020～2021	￥1700
A14	ドイツ	2021～2022	￥1700
A15	南ドイツ フランクフルト ミュンヘン ロマンティック街道 古城街道	2019～2020	￥1600
A16	ベルリンと北ドイツ ハンブルク ドレスデン ライプツィヒ	2020～2021	￥1700
A17	ウィーンとオーストリア	2020～2021	￥1700
A18	スイス	2020～2021	￥1700
A19	オランダ ベルギー ルクセンブルク	2021～2022	￥1700
A20	スペイン	2020～2021	￥1700
A21	マドリードとアンダルシア&鉄道とバスで行く世界遺産	2019～2020	￥1600
A22	バルセロナ&近郊の町 イビサ島／マヨルカ島	2020～2021	￥1600
A23	ポルトガル	2019～2020	￥1650
A24	ギリシアとエーゲ海の島々&キプロス	2019～2020	￥1700
A25	中欧	2019～2020	￥1800
A26	チェコ ポーランド スロヴァキア	2020～2021	￥1700
A27	ハンガリー	2019～2020	￥1700
A28	ブルガリア ルーマニア	2019～2020	￥1800
A29	北欧	2021～2022	￥1700
A30	バルトの国々	2019～2020	￥1700
A31	ロシア ベラルーシ ウクライナ モルドヴァ コーカサスの国々	2020～2021	￥1900
A32	極東ロシア シベリア サハリン	2019～2020	￥1800
A34	クロアチア スロヴェニア	2019～2020	￥1600

B 南北アメリカ

B01	アメリカ	2019～2020	￥1900
B02	アメリカ西海岸	2020～2021	￥1700
B03	ロスアンゼルス	2020～2021	￥1700
B04	サンフランシスコとシリコンバレー	2019～2020	￥1700
B05	シアトル ポートランド ワシントン州とオレゴン州の大自然	2019～2020	￥1700
B06	ニューヨーク マンハッタン&ブルックリン	2021～2022	￥1750
B07	ボストン	2020～2021	￥1800
B08	ワシントンDC	2019～2020	￥1700
B09	ラスベガス セドナ&グランドキャニオンと大西部	2019～2020	￥1700
B10	フロリダ	2019～2020	￥1700
B11	シカゴ	2020～2021	￥1700
B12	アメリカ南部	2019～2020	￥1800
B13	アメリカの国立公園	2019～2020	￥1900
B14	ダラス ヒューストン デンバー グランドサークル フェニックス サンタフェ	2020～2021	￥1800
B15	アラスカ	2019～2020	￥1800
B16	カナダ	2019～2020	￥1700
B17	カナダ西部	2020～2021	￥1600
B18	カナダ東部	2018～2019	￥1600
B19	メキシコ	2019～2020	￥1800
B20	中米	2018～2019	￥1900
B21	ブラジル ベネズエラ	2018～2019	￥2000
B22	アルゼンチン チリ パラグアイ ウルグアイ	2020～2021	￥2000
B23	ペルー ボリビア エクアドル コロンビア	2020～2021	￥2000
B24	キューバ バハマ ジャマイカ カリブの島々	2019～2020	￥1850
B25	アメリカ・ドライブ	2020～2021	￥1800

C 太平洋／インド洋の島々&オセアニア

C01	ハワイI オアフ島&ホノルル	2020～2021	￥1700
C02	ハワイII ハワイ島 マウイ島 カウアイ島 モロカイ島 ラナイ島	2019～2020	￥1600
C03	サイパン	2018～2019	￥1400
C04	グアム	2020～2021	￥1400
C05	タヒチ イースター島	2019～2020	￥1700
C06	フィジー	2018～2019	￥1500
C07	ニューカレドニア	2021～2022	￥1500
C08	モルディブ	2020～2021	￥1700
C10	ニュージーランド	2020～2021	￥1700
C11	オーストラリア	2021～2022	￥1900
C12	ゴールドコースト&ケアンズ グレートバリアリーフ ハミルトン島	2020～2021	￥1700
C13	シドニー&メルボルン	2019～2020	￥1600

D アジア

D01	中国	2019～2020	￥1900
D02	上海 杭州 蘇州	2019～2020	￥1700
D03	北京	2019～2020	￥1600
D04	大連 瀋陽 ハルビン 中国東北地方の自然と文化	2019～2020	￥1800
D05	広州 アモイ 桂林 珠江デルタと華南地方	2019～2020	￥1800
D06	成都 重慶 九寨溝 麗江 四川 雲南 貴州の自然と民族	2020～2021	￥18
D07	西安 敦煌 ウルムチ シルクロードと中国西北部	2020～2021	￥18
D08	チベット	2018～2019	￥19
D09	香港 マカオ 深圳	2019～2020	￥17
D10	台湾	2020～2021	￥17
D11	台北	2020～2021	￥15
D13	台南 高雄 屏東&南台湾の町	2019～2020	￥15
D14	モンゴル	2020～2021	￥19
D15	中央アジア サマルカンドとシルクロードの国々	2019～2020	￥19
D16	東南アジア	2020～2021	￥17
D17	タイ	2020～2021	￥17
D18	バンコク	2021～2022	￥16
D19	マレーシア ブルネイ	2020～2021	￥17
D20	シンガポール	2020～2021	￥15
D21	ベトナム	2021～2022	￥17
D22	アンコール・ワットとカンボジア	2020～2021	￥17
D23	ラオス	2021～2022	￥19
D24	ミャンマー	2020～2021	￥19
D25	インドネシア	2020～2021	￥17
D26	バリ島	2020～2021	￥17
D27	フィリピン	2020～2021	￥17
D28	インド	2020～2021	￥19
D29	ネパールとヒマラヤトレッキング	2021～2022	￥20
D30	スリランカ	2020～2021	￥17
D31	ブータン	2018～2019	￥18
D32	パキスタン	2007～2008	￥178
D33	マカオ	2018～2019	￥16
D34	釜山・慶州	2017～2018	￥14
D35	バングラデシュ	2015～2016	￥19
D36	南インド	2016～2017	￥17
D37	韓国	2020～2021	￥18
D38	ソウル	2019～2020	￥15

E 中近東 アフリカ

E01	ドバイとアラビア半島の国々	2020～2021	￥19
E02	エジプト	2021～2022	￥18
E03	イスタンブールとトルコの大地	2019～2020	￥19
E04	ペトラ遺跡とヨルダン レバノン	2019～2020	￥19
E05	イスラエル	2019～2020	￥19
E06	イラン	2017～2018	￥20
E07	モロッコ	2019～2020	￥18
E08	チュニジア	2020～2021	￥19
E09	東アフリカ ウガンダ エチオピア ケニア タンザニア ルワンダ	2016～2017	￥19
E10	南アフリカ	2020～2021	￥20
E11	リビア	2010～2011	￥20
E12	マダガスカル	2020～2021	￥18

女子旅応援ガイド aruco

1	パリ '19~20	￥1200
2	ソウル '19~20	￥1200
3	台北 '20~21	￥1200
4	トルコ	￥1300
5	インド	￥1400
6	ロンドン '20~21	￥1200
7	香港 '19~20	￥1200
8	エジプト	￥1200
9	ニューヨーク '19~20	￥1200
10	ホーチミン ダナン ホイアン '20~21	￥1300
11	ホノルル '19~20	￥1200
12	バリ島 '20~21	￥1200
13	上海	￥1200
14	モロッコ '19~20	￥1400
15	チェコ '19~20	￥1200
16	ベルギー '20~21	￥1300
17	ウィーン ブダペスト '20~21	￥1200
18	イタリア '19~20	￥1200
19	スリランカ	￥1400
20	クロアチア スロヴェニア '19~20	￥1300
21	スペイン '19~20	￥1200
22	シンガポール '19~20	￥1200
23	バンコク '20~21	￥1300
24	グアム '19~20	￥1200
25	オーストラリア '21~22	￥1300
26	フィンランド エストニア '20~21	￥1300
27	アンコール・ワット '20~21	￥1300
28	ドイツ '18~19	￥1200
29	ハノイ '19~20	￥1200
30	台湾 '19~20	￥1200
31	カナダ '17~18	￥1200
32	オランダ '18~19	￥1200
33	サイパン テニアン ロタ '18~19	￥1200
34	セブ ボホール エルニド '19~20	￥1200
35	ロスアンゼルス '20~21	￥1200
36	フランス '20~21	￥1300
37	ポルトガル '20~21	￥1500
38	ダナン ホイアン フエ '20~21	￥1300

地球の歩き方 Plat

1	パリ	￥1200
2	ニューヨーク	￥1200
3	台北	￥1000
4	ロンドン	￥1200
5	グアム	￥1000
6	ドイツ	￥1200
7	ホーチミン ハノイ ダナン ホイアン	￥1200
8	スペイン	￥1200
9	バンコク	￥1000
10	シンガポール	￥1000
11	アイスランド	￥1400
12	ホノルル	￥1000
13	マニラ&セブ	￥1000
14	マルタ	￥1400
15	フィンランド	￥1200
16	クアラルンプール マラッカ	￥1000
17	ウラジオストク ハバロフスク	￥1300
18	サンクトペテルブルク モスクワ	￥1400
19	エジプト	￥1200
20	香港	￥1000
21	ブルックリン	￥1200
22	ブルネイ	￥1300
23	ウズベキスタン	￥1200
24	ドバイ	￥1200
25	サンフランシスコ	￥1200
26	パース 西オーストラリア	￥1200

地球の歩き方 Resort Styl

R01	ホノルル&オアフ島	￥15
R02	ハワイ島	￥15
R03	マウイ島	￥15
R04	カウアイ島	￥17
R05	こどもと行くハワイ	￥14
R06	ハワイ ドライブ・マップ	￥18
R07	ハワイ バスの旅	￥12
R08	グアム	￥13
R09	こどもと行くグアム	￥15
R10	パラオ	￥15
R11	世界のダイビング完全ガイド 地球の潜り方	￥18
R12	プーケット サムイ島 ピピ島	￥15
R13	ペナン ランカウイ クアラルンプール	￥17
R14	バリ島	￥13
R15	セブ&ボラカイ ボホール シキホール	￥15
R16	テーマパークinオーランド	￥17
R17	カンクン コスメル イスラ・ムヘーレス	￥15
R19	ファミリーで行くシンガポール	￥14
R20	ダナン ホイアン ホーチミン ハノイ	￥15

地球の歩き方　BY TRAIN

ヨーロッパ鉄道の旅 ￥1700
コッパ鉄道時刻表 2020年冬号 ￥2300

地球の歩き方　トラベル会話

米語＋英語 ￥952
フランス語＋英語 ￥1143
ドイツ語＋英語 ￥1143
イタリア語＋英語 ￥1143
スペイン語＋英語 ￥1143
韓国語＋英語 ￥1143
タイ語＋英語 ￥1143
ヨーロッパ5ヵ国語 ￥1143
インドネシア語＋英語 ￥1143
中国語＋英語 ￥1143
広東語＋英語 ￥1143
ポルトガル語(ブラジル語)＋英語 ￥1143

地球の歩き方　JAPAN

] 五島列島 ￥1500
] 奄美大島(奄美群島①) ￥1500
] 与論島 徳之島 沖永良部島(奄美群島②) ￥1500
] 利尻・礼文 ￥1500
] 天草 ￥1500
] 壱岐 ￥1500
] 種子島 ￥1500
] 小笠原 父島 母島 ￥1500
] 隠岐 ￥1500
] 佐渡 ￥1500
] 宮古島 伊良部島 下地島 来間島 池間島 多良間島 大神島 ￥1500
] 久米島 ￥1500
] 小豆島(瀬戸内の島々①) ￥1500
] 直島・豊島 女木島 男木島 犬島 本島 牛島 広島 小手島 佐柳島 真鍋島 粟島 志々島(瀬戸内の島々②) ￥1500
] 伊豆大島 利島(伊豆諸島①) ￥1500
] 新島 式根島 神津島(伊豆諸島②) ￥1500
] 沖縄本島周辺15離島 ￥1500
] 島旅ねこ にゃんこの島の歩き方 ￥1222
の歩き方 全国版 はじめてのダム入門ガイド ￥1556
] 東京 2021～2022 ￥1836

地球の歩き方　御朱印シリーズ

印でめぐる鎌倉のお寺 三十三観音完全掲載 三訂版 ￥1500
印でめぐる京都のお寺 ￥1500
印でめぐる奈良の古寺 改訂版 ￥1500
印でめぐる江戸・東京の古寺 改訂版 ￥1500
印でめぐる東京のお寺 ￥1500
印でめぐる神奈川のお寺 ￥1500
印でめぐる高野山 改訂版 ￥1500
全国 この御朱印が凄い! 第壱集 増補改訂版 ￥1500
全国 この御朱印が凄い! 第弐集 都道府県網羅版 ￥1500
印でめぐる全国の神社 ～開運さんぽ～ ￥1300
印でめぐる関東の神社 週末開運さんぽ ￥1300
印はじめました 関東の神社 週末開運さんぽ ￥1100
印でめぐる秩父の寺社 三十四観音完全掲載改訂版 ￥1500
印でめぐる関東の百寺 坂東三十三観音と古寺 ￥1500
印でめぐる関西の神社 週末開運さんぽ ￥1300
印でめぐる東京の神社 週末開運さんぽ ￥1300
印でめぐる関西の百寺 西国三十三所と古寺 ￥1500
印でめぐる北海道の神社 週末開運さんぽ ￥1300
印でめぐる神奈川の神社 週末開運さんぽ ￥1300
印でめぐる埼玉の神社 週末開運さんぽ ￥1300
印でめぐる九州の神社 週末開運さんぽ ￥1300
印でめぐる千葉の神社 週末開運さんぽ ￥1300
印でめぐる東海の神社 週末開運さんぽ ￥1300
印でめぐる京都の神社 週末開運さんぽ ￥1300

地球の歩き方　コミックエッセイ

が好き! フィンランド・スウェーデン・マーク・ノルウェーのすてきな町めぐり ￥1100
が好き!2 建築×デザインでめぐる ランド・スウェーデン・デンマーク・ノルウェー ￥1100
うも京都で京づくし ￥1100
たり 台湾、行ってきた。 ￥1100
てくてくゲストハウスめぐり ￥1000
スランド☆TRIP 神秘の絶景に会いに行く! ￥1100

地球の歩き方　BOOKS

●日本を旅する本

れで沖縄 旅のアドレス&テクニック117 ￥1000
志穂のかわいい京都＊しあわせさんぽ ￥1429
スーパーのおいしいもの、旅をしながつけてきました。47都道府県! ￥1600
ひとりを楽しむまち歩き ￥1200
・函館めぐり クラフト・建築・おいしいもの ￥1300
全国開運神社 このお守りがすごい ￥1384
べる!できる!ぼうけん図鑑　沖縄 ￥1500

●個性ある海外旅行を案内する本

GIRL'S GETAWAY TO LOS ANGELES ￥1500
絶対トクする! 海外旅行の新常識 ￥1000
アパルトマンでパリジェンヌ体験 5日間から楽しめる憧れのパリ暮らし ￥1700
地球の歩き方フォトブック 旅するフォトグラファーが選ぶスペインの町33 ￥1500
宮脇俊三と旅した鉄道風景 ￥2000
キレイを叶える♡週末バンコク ￥1500
『幸せになる、ハワイのパンケーキ&朝ごはん』～オアフ島で食べたい人気の100皿～ ￥1500
MAKI'S DEAREST HAWAII ～インスタジェニックなハワイ探し～ ￥1400
撮り・旅!　地球を撮り歩く旅人たち ￥1600
秘密のパリ案内Q77 ￥1500
台湾おしゃべりノート ￥1200
HONG KONG 24 hours 朝・昼・夜で楽しむ　香港が好きになる本 ￥1500
ONE & ONLY MACAO produced by LOVETABI ￥1300
純情ヨーロッパ　呑んで、祈って、脱いでみて ￥1280
人情ヨーロッパ　人生、ゆるして、ゆるされて ￥1380
雑貨と旅とデザインと ￥1400
とっておきのフィンランド 絵本のような町めぐり ￥1600
LOVELY GREEN NEW ZEALAND 未来の国を旅するガイドブック ￥1600
たびうた 歌で巡る世界の絶景 ￥1200
はなたび 絶景で巡る世界の花 ￥1200
気軽に始める! 大人の男海外ひとり旅 ￥1000
気軽に出かける! 大人の男アジアひとり旅 地球の歩き方編集者がすすめる最高の楽しみ方 ￥1000
総予算33万円・9日間から行く! 世界一周 大人の男海外ひとり旅 ￥1000
FAMILY TAIWAN TRIP #子連れ台湾 ￥1380
MY TRAVEL, MY LIFE Maki's Family Travel Book ￥1600
香港 地元で愛される名物食堂 ￥1400
マレーシア 地元で愛される名物食堂 ￥1300
いろはに北欧 わたしにちょうどいい"旅の作り方 ￥1600
ヴィクトリア朝が教えてくれる英国の魅力 ￥1200
ダナン&ホイアン PHOTO TRAVEL GUIDE ～絶景プロデューサー・詩歩が巡るベトナム～ ￥1500
WORLD FORTUNE TRIP イヴルルド遙華の世界開運★旅案内 ￥1500
HAWAII RISA'S FAVORITES 大人女子はハワイで美味しく美しく ￥1500
100 NEW YORK - MY BEST ￥1600
最高のハワイの過ごし方 ￥1400

●乗り物deおさんぽ

パリの街をメトロでお散歩 改訂版 ￥1500
台北メトロさんぽ MRTを使って、おいしいとかわいいを巡る旅♪ ￥1380
台湾を鉄道でぐるり ￥1380
香港トラムでぶらり女子旅 ￥1500
香港メトロさんぽ MTRで巡る とっておきスポット&新しい香港に出会う旅 ￥1500
NEW YORK, NEW YORK! 地下鉄で旅するニューヨークガイド ￥1500

●ランキング&マル得テクニック

沖縄 ランキング&マル得テクニック! ￥900
ニューヨーク ランキング&マル得テクニック! ￥1000
香港 ランキング&マル得テクニック! ￥1000
台湾 ランキング&マル得テクニック! ￥900
シンガポール ランキング&マル得テクニック! ￥1000
ハワイ ランキング&マル得テクニック! ￥900

●話題の本

パラダイス山元の飛行機の乗り方 ￥1300
パラダイス山元の飛行機のある暮らし ￥1300
なぜデキる男とモテる女は飛行機に乗るのか? ￥1300
「世界イケメンハンター」窪咲子のGIRL'S TRAVEL ￥1400
さんぽで感じる村上春樹 ￥1450
発達障害グレーゾーン まったり息子の成長日記 ￥1500
鳥居りんこの親の介護は知らなきゃバカ見ることだらけ ￥1200
親の介護をはじめたらお金の話で泣き見てばかり 知らなきゃ損する!トラブル回避の基礎知識 ￥1200
熟年夫婦のスペイン 行き当たりばったり移住記 ￥1350
海外VIP1000人を感動させた 外資系企業社長の「おもてなし」術 ￥1500
理想の旅は自分でつくる!失敗しない個人旅行のつくり方 ￥1500
日本一小さな航空会社の大きな奇跡の物語 業界の常識を破った天草エアラインの「復活」 ￥1500
娘にリケジョになりたい!と言われたら 文系の親に知ってほしい理系女子の世界 ￥1400
食事作りに手間暇かけないドイツ人、手料理神話にこだわり続ける日本人 ￥1000
ゆるゆる神様図鑑 古代エジプト編 ￥909
やり直し英語革命 最短でキチンと話せるようになるための7つの近道勉強法 ￥1000
世界244の国と地域 197ヵ国と47地域を旅の雑学とともに解説 ￥1600
子育て中の管理栄養士がやっているゴールデンエイジ9歳から12歳のための食事術 ￥1000

地球の歩き方　中学受験

お母さんが教える国語 親子で成績を上げる魔法のアイデア ￥1300
こんなハズじゃなかった中学受験 ￥1500
なぜ、あの子は逆転合格できたのか? ￥1500
偏差値が届かなくても受かる子、充分でも落ちる子 ￥1500
名門中学の子どもたちは学校で何を学んでいるのか ￥1650
はじめての中学受験　第一志望合格のためにやってよかった5つのこと ￥1500
第一志望に合格したいなら「社会」の後回しは危険です。 ￥1300
進路で迷ったら中高一貫校を選びなさい 6年間であなたの子供はこんなに変わる ￥1200
親が後悔しない、子供に失敗させない進学塾の選び方 ￥1200
わが子を合格させる父親道　ヤル気を引き出す「神オヤジ」と子どもをツブす「ダメおやぢ」 ￥1200
まんがで学ぶ!国語がニガテな子のための読解力が身につく7つのコツ ￥1400
新お母さんが教える国語 わが子を志望校に合格させる最強の家庭学習法 ￥1500
小6になってグンと伸びる子、ガクンと落ちる子 6年生で必ず成績の上がる学び方　7つのルール【完全版】 ￥1500

地球の歩き方　GemStone

001 パリの手帖 とっておきの散歩道 ￥1500
003 キューバ 増補改訂版 ￥1600
014 スパへようこそ 世界のトリートメント大集合 ￥1500
021 ウィーン旧市街 とっておきの散歩道 ￥1500
025 世界遺産 マチュピチュ完全ガイド ￥1500
026 魅惑のモロッコ 美食と雑貨と美肌の王国 ￥1500
029 イギリス人は甘いのがお好き プディング&焼き菓子がいっぱいのラブリーな生活 ￥1500
030 改訂版 バリ島ウブド 楽園の散歩道 ￥1500
033 改訂新版 フィンランド かわいいデザインと出会う街歩き ￥1600
037 新装改訂版 ベルリンガイドブック ￥1600
047 プラハ迷宮の散歩道 改訂版 ￥1600
052 とっておきのポーランド 増補改訂版 ￥1600
054 グリム童話で旅するドイツ・メルヘン街道 ￥1600
056 ラダック ザンスカール スピティ 北インドのリトル・チベット 増補改訂版 ￥1700
057 ザルツブルクとチロル アルプスの山と街を歩く ￥1600
058 スイス 歩いて楽しむアルプス絶景ルート 改訂新版 ￥1600
059 天空列車 青海チベット鉄道の旅 ￥1600
060 カリフォルニア オーガニックトリップ サンフランシスコ&ワインカントリーのスローライフへ! ￥1500
061 台南 高雄とっておきの歩き方 台湾南部の旅ガイド ￥1500
062 イングランドで一番美しい場所 コッツウォルズ ￥1700
064 シンガポール 絶品! ローカルごはん ￥1500
065 ローマ美食散歩 永遠の都を食べ歩く ￥1500
066 南極大陸 完全旅行ガイド ￥1500
067 ポルトガル 奇跡の風景をめぐる旅 ￥1500
068 アフタヌーンティーで旅するイギリス ￥1500
070 ヨーロッパ鉄道の旅 はじめてでもよくわかる ￥1500
071 ハノイから行ける ベトナム北部の少数民族紀行 ￥1600

地球の歩き方 MOOK

●海外最新情報が満載されたMOOK本

海外1 パリの歩き方[ムックハンディ] ￥1000
海外3 ソウルの歩き方[ムックハンディ] ￥1000
海外4 香港・マカオの歩き方[ムックハンディ] ￥1000
海外6 台湾の歩き方[ムックハンディ] ￥1000
海外8 ホノルルの歩き方[ムックハンディ] ￥1000
海外9 ホノルルショッピング&グルメ[ムックハンディ] ￥1000
海外10 グアムの歩き方[ムックハンディ] ￥1000
海外11 バリ島の歩き方[ムックハンディ] ￥1000
ソウル ランキング&マル得テクニック! ￥790
バリ島 ランキング&マル得テクニック! ￥740
海外女子ひとり旅☆パーフェクトガイド! ￥890
ハワイ スーパーマーケットマル得完全ガイド ￥890
海外子連れ旅☆パーフェクトガイド! ￥890
世界のビーチBEST100 ￥890
ヘルシーハワイ[ムックハンディ] ￥890
aruco magazine vol.2 ￥920

●国内MOOK

沖縄の歩き方[ムックハンディ] ￥917
北海道の歩き方[ムックハンディ] ￥926

■執筆協力

●井川恵理

桜花学園大学准教授。スコットランド伝承文学・生活史を研究。おもに、スコットランド北東沖のオークニー、シェトランド諸島、北西沖ヘブリディーズ諸島で「あざらしびと」伝承等の調査を続けている。論文「失われた<国>を求めて—スコットランド詩歌にみるラメントの系譜」(『JSLA』2017,vol.9 桜花学園大学)、共翻訳『グリーンヴォー』(あるば書房) など。

●佐藤猛郎

1931年東京生まれ。元つくば国際大学教授。エディンバラ・サー・ウォルター・スコット・クラブ会員。大学2年のとき『アイバンホー』を原文で読んで以来スコットに夢中になり、彼の作品を次々に読むうちにその魅力に惹かれ、いつしかスコットランドを第2の故郷と思うまでになっている。数々のスコット作品を翻訳、出版している。

●ジェイン・ベスト・クック

Jane Best Cooke／ロンドン生まれ。ホスピタリティ・マネージメントを学び、1974年アフリカに渡り、ボランティア活動しながらFurther Education Collageで教える。1984年に来日し、88年から12年間、英国料理レストラン「1066」を経営。現在、日本で国際難民支援会のExecutive Directorとして活動。著書に『英国おいしい物語』(東京書籍)。

●関 劭

1944年中国南京生まれ。1987～88年グラスゴー大学に客員研究員として留学。 神戸学院大学名誉教授。著書に、『スコットランド経済とアダム・スミス』(ナカニシヤ出版)、W.エルティス『古典派の経済成長論』〔共訳〕(多賀出版)、M.G.オドーネル『古典派政治経済学者の教育思想』(晃洋書房)などがある。

●照山顕人

関東学園大学准教授。日本カレドニア学会代表幹事。日本スコットランド協会顧問。専攻はスコットランド文学。著書に『ロバート・バーンズ スコットランドの国民詩人』(共編著　晶文社)、『大人のためのスコットランド旅案内』(共編著　彩流社)、訳書に『改訂増補版　ロバート・バーンズ詩集』(共訳　国文社)などがある。

●三村美智子

翻訳家。ピーター・メイルやディック・キング＝スミス、フィリッパ・ピアスの児童文学や絵本など、また『スコットランド』(国土社)、『動物と分かちあう人生』(河出書房新社)、英国の詩などの大人向け作品を訳す。オークニー諸島の民話『人魚と結婚した男』(あるば書房) を共訳。日本スコットランド協会の会員で理事。フェロー・アカデミー講師。

●宮崎昭威

元中央大学名誉教授。長年「イギリスを知る会」会長を務めた。著書に『鉄道・バス利用のイギリスの旅／イングランド編』『鉄道・バス利用のイギリスの旅／スコットランド・ウエルズ・島嶼編』『鉄道・バス利用のアイルランド旅』(以上、太陽出版)がある。2015年没。

●山根雅巳

S. MacNeilに師事してバッグパイプを学ぶ。1974年東京パイピング・ソサエティを創立。早稲田大学名誉教授。工学博士。

東京パイプバンド　バッグパイプ奏者の団体で、内外で活躍。海外コンペで優勝の経験あり。初心者の指導も行っている。練習は毎週行っている。随時入会可。
URL tokyo-pipeband.jp
URL www.facebook.com/TokyoPipeBand
［問い合わせ］山根篤　　yamanex@bb.mbn.or.jp

敬称略／アイウエオ順

愛らしい姿のハイランドキャトル

スコットランドといえばやっぱりバッグパイプ

タータンがかわいいテディ・ベア

パブはみんなの憩いの場

制　作：広瀬正剛　Producer：Seigo Hirose
編　集：どんぐり・はうす　Editors：Donguri House
大和田聡子　Akiko Ohwada
柏木孝文　Takafumi Kashiwagi
平田功　Isao Hirata
黄木克哲　Yoshinori Ogi
岩崎歩　Ayumu Iwasaki
表　紙：日出嶋昭男　Cover Design：Akio Hidejima
デザイン：アートワーク　Design：Art Work
地　図：どんぐり・はうす　Maps：Donguri House
地図（フットパス）：千秋社　Footpath Maps：Sensyusha
校　正：三品秀徳　Proofreading：Hidenori Mishina

協力：P.44～45、54～57、70、76 BEATRIX POTTER™ © Frederick Warne & Co., 2020
The English Lake District Japan Forum　Britain on View　英国政府観光庁
日本スコットランド協会　スコットランド観光ガイド協会（STGA）
早坂孝子　岩間幸司　The World of Beatrix Potter Attraction
辻野良晃　オフィスモンビジ　皆川達也　Taka.H　Mark Fraser
東京管区気象台（東京の気象データ提供）　©iStock

読者投稿
〒104-0032　東京都中央区八丁堀2-9-1RBM東八重洲ビル
株式会社ダイヤモンド・ビッグ社
「地球の歩き方」サービスデスク「湖水地方&スコットランド編」投稿係
FAX.(03)3553-6603
URL www.arukikata.co.jp/guidebook/toukou.html
地球の歩き方ホームページ（海外旅行の総合情報）
URL www.arukikata.co.jp
ガイドブック『地球の歩き方』（検索と購入、更新・訂正情報）
URL www.arukikata.co.jp/guidebook

地球の歩き方 A04 湖水地方&スコットランド 2021-2022年版
1996年4月19日　初版発行
2020年9月1日　改訂第14版第1刷発行

Published by Diamond-Big Co.,Ltd.
2-9-1 Hatchobori, Chuo-ku, Tokyo 104-0032 JAPAN
TEL.(81-3)3553-6667 (Editorial Section)
TEL.(81-3)3553-6660　FAX.(81-3)3553-6693 (Advertising Section)

著作編集　「地球の歩き方」編集室

発行所　株式会社ダイヤモンド・ビッグ社
〒104-0032　東京都中央区八丁堀2-9-1
編集部　TEL.(03)3553-6667
広告部　TEL.(03)3553-6660　FAX.(03)3553-6693
発売元　株式会社ダイヤモンド社
〒150-8409　東京都渋谷区神宮前6-12-17
販売　TEL.(03)5778-7240

DTP制作　有限会社どんぐり・はうす
印刷製本　開成堂印刷株式会社　Printed in Japan

ISBN978-4-478-82497-9